suhrkamp taschenbuch
wissenschaft 2449

Wir leben in einer Zeit gescheiterter Befreiungen. Denn bei Lichte besehen, haben alle Befreiungsversuche früher oder später neue Formen der Herrschaft und damit der Knechtschaft hervorgebracht. Für Christoph Menke verlangt die Erklärung dieser Situation nach einer Umkehrung des Blicks. Anstatt uns einfach dem nächsten Befreiungsprojekt zuzuwenden, müssen wir analysieren, wie die bisherigen Befreiungsversuche verlaufen sind. Vor allem ihr Anfang ist dabei entscheidend – die gewöhnliche, aber faszinierende Erfahrung, dass eine Gewohnheit, die uns knechtet, plötzlich bricht. Sie zu bejahen heißt, in die Praxis der Befreiung einzutreten.

Christoph Menke, geboren 1958, ist Professor für Philosophie an der Johann Wolfgang Goethe-Universität in Frankfurt am Main. Zuletzt sind im Suhrkamp Verlag von ihm erschienen: *Die Kraft der Kunst* (stw 2044) und *Kritik der Rechte* (stw 2241).

Christoph Menke
Theorie der Befreiung

Suhrkamp

Klimaneutral
Druckprodukt
ClimatePartner.com/14438-2110-1001

Erste Auflage 2024
suhrkamp taschenbuch wissenschaft 2449

Umschlag nach Entwürfen
von Willy Fleckhaus und Rolf Staudt
Satz: Satz-Offizin Hümmer GmbH, Waldbüttelbrunn
Druck und Bindung: C. H. Beck, Nördlingen
Printed in Germany
ISBN 978-3-518-30049-7

www.suhrkamp.de

Inhalt

für Petra

Der Kampf der Befreiung

> Leicht fanget aber sich
> In der Kette, die
> Es abgerissen, das Kälblein.
> *Friedrich Hölderlin*[1]

Wir leben in einer Zeit gescheiterter Befreiungen. Alle Befreiungen, die die Moderne seit ihrem Beginn hervorgebracht hat, haben sich – früher oder später – ins Gegenteil verkehrt. Sie haben neue Zwänge, neue Ordnungen der Abhängigkeit und Knechtschaft hervorgebracht. Wir kennen die Diagnosen, ihre Liste ist lang: Die Befreiung von äußerer Herrschaft und Bevormundung hat zu Regimen der Selbstkontrolle und Selbstdisziplin geführt; die Befreiung unserer Bedürfnisse und Interessen aus den Grenzen, die ihnen durch Tradition und Sittlichkeit gezogen waren, hat sie der Verwertungslogik der kapitalistischen Ökonomie unterworfen; die Befreiung der Schwarzen hat die rassistische Ausbeutung in rechtlicher Form reproduziert; die Befreiung der Frauen hat sie in den ökonomischen Verwertungszusammenhang integriert; die Befreiung der Sexualität hat die Kampfzonen der Konkurrenz ausgeweitet; die Befreiung der Worte, Farben und Töne hat die Kunst dem Kalkül der Wirkung unterworfen. Alle Befreiungsversuche, ob politisch, ökonomisch, rechtlich, ethisch, kulturell oder künstlerisch, haben sich in Paradoxien und Widersprüche verfangen; sie haben neue Gestalten und Strategien der Herrschaft hervorgebracht. Mehr noch ist offensichtlich geworden, dass die Befreiung in Wahrheit immer schon der Rechtfertigung von Herrschaft diente. Die eigene Befreiung rechtfertigt, die anderen zu beherrschen – um sie dadurch zu befreien. Im Namen der Befreiung hat Europa seine Herrschaft über die Welt errichtet: den globalen Süden erobert und kolonialisiert, die alten Mächte des Ostens zur Öffnung ihrer Häfen und Grenzen gezwungen, die traditionellen Kulturen den Imperativen der Emanzipation unterworfen.

Dies bedeutet, dass die Befreiung nicht länger ein Versprechen und eine Hoffnung sein kann. Die Befreiung ist nicht die Zukunft, die erst noch kommen wird und kommen soll. Wenn die gegenwärtigen Formen von Herrschaft und Knechtschaft die Folgen gescheiterter Befreiungen sind, dann hat die Befreiung vielmehr schon stattgefunden. Die Befreiung ist unsere Vergangenheit. Daher müssen wir den Blick umwenden: Bevor wir wieder – und immer weiter – fordern und versuchen können, uns von bestehenden Formen der Knechtschaft und Unterdrückung zu befreien, müssen wir begreifen, wie dies bisher, in der Vergangenheit, unternommen worden ist. Bevor wir erneute Versuche der Befreiung entwerfen können, müssen wir zurückschauen: auf frühere Befreiungsversuche.

Darum geht es in diesem Buch: um eine Theorie der Befreiung im Rückblick; im Rückblick auf Geschichten von Befreiungen, die versucht worden und die gescheitert sind. Es geht darum zu verstehen, *wie* die Befreiung versucht wurde, *warum* sie gescheitert ist – und wie es vielleicht anders geht.

*

Wenn man zurückschaut, zeigt sich zuerst, wie unauflösbar Befreiung und Herrschaft ineinander verhakt sind. Jede Befreiungsbewegung, ob politisch, ökonomisch, rechtlich, ethisch, kulturell oder künstlerisch, kämpft gegen Verhältnisse, die als knechtend und unterdrückend erfahren werden. Das treibt die Befreiung an und berechtigt sie; jeder Befreiungsversuch hat recht. Zugleich hat die Befreiung – so zeigt sich im Rückblick – neue Gestalten der Knechtschaft und Herrschaft hervorgebracht; das ist ihr Scheitern. Wie ist dieses Zugleich – die Befreiung bekämpft die Herrschaft und bringt sie erneut hervor – zu verstehen? Die Frage kann auf zwei ganz verschiedene Weisen beantwortet werden. Nach der ersten Antwort ist dies der Kreislauf, der den Lauf der Geschichte bestimmt. Auf jede befreiende Durchbrechung einer Ordnung folgt die Errichtung einer neuen, die wiederum befreiend durchbrochen werden wird, und so weiter; Ordnung und Aufruhr, Polizei und Rebellion sind nur zwei Seiten desselben. Die andere Antwort hält daran fest, zwischen Freiheit und Herrschaft zu unterscheiden. Das ist die Position der Kritik. Sie sucht noch im Scheitern der Befreiung einen emanzipatorischen Gehalt aufzufinden, der ihr Scheitern überlebt – unberührt von der Herrschaft, die sie gegen ihre Absichten und Ziele hervorgebracht hat. Beide Antworten sind einander strikt entgegengesetzt, aber keine von ihnen wird dem Verhältnis von Befreiung und Herrschaft gerecht. Die erste schaut von so weit oben, dass sie nur den Zusammenhang zwischen ihnen sieht und ihre unversöhnliche Gegnerschaft aus den Augen verliert. Die zweite Antwort vertraut darauf, dass Herrschaft und Befreiung – in der Tiefe – voneinander geschieden werden können, und verkennt, dass sie einander herbeirufen, ja hervorbringen.

Ich versuche daher in diesem Buch etwas anderes. Es geht darum, die Verknüpfung von Befreiung und Herrschaft zu erkennen – wie die Befreiung durch sich selbst in Herrschaft umschlägt –, ohne ihre Entgegensetzung aufzugeben. Beides, ihre Verknüpfung mit der Herrschaft und ihre Entgegensetzung zur Herrschaft, bestimmt die Befreiung im Inneren.

Die Befreiung ist sich also im Inneren entgegensetzt; sie ist selbst ihre Entgegensetzung. Das will die Theorie der Befreiung begreifen: Sie will verstehen, wodurch sich die Befreiung sich selbst entgegensetzt. Die Theorie der Befreiung ist eine Theorie des Widerspruchs, des Widerspruchs der Befreiung mit sich selbst.

Auch hier geht es also darum – wie in der Antwort der Kritik –, im Rückblick auf die Befreiung zu unterscheiden. Es geht darum zu erkennen, welche Spannungen, Spaltungen und Gegensätze in Befreiungsversuchen aufbrechen. Aber ich suche diese Spaltungen nicht in ihrem Inhalt – nicht also darin, was in jenen Versuchen gefordert wurde und wie sie sich begründet haben. Sondern in ihrer Form: darin, wie sie verstehen, was es überhaupt heißt, sich zu befreien. Diese Widersprüche in der Form der Befreiung können nicht durch normative Gegensätze ausgedrückt werden, so wie die Antwort der Kritik dies will, wenn sie den emanzipatorischen Anspruch eines Befreiungsversuchs seinen repressiven, knechtenden Mitteln oder Folgen gegenüberstellt. Das ist unmöglich. Denn mit jeder solchen (»kritischen«) Entgegensetzung tut sich ein neuer Gegensatz auf, der den emanzipatorische Anspruch wiederum von sich selbst trennt. Es gibt keinen Weg, keine Methode der Kritik, die uns zu einem normativen Gehalt führt, der frei von Herrschaft ist. Jeder Anspruch, den die Kritik in seinem Gehalt und Grund als emanzipatorisch identifiziert, ist zweideutig, widersprüchlich, der Keim neuer Herrschaft oder Knechtschaft. Wenn es ein Moment gibt, in dem die Befreiung der Herrschaft entkommt, ja, sich ihr entgegensetzt, so liegt dieses Moment dort, wo die Befreiung die Form des Anspruchs selbst unterläuft – wo sie in ihrer Form die Festlegung auf einen gegebenen Inhalt, einen vorbestimmten Gehalt durchbricht. Die Befreiung ist die Befreiung ihrer Form.

Die Befreiung, so sehen wir dadurch, ist gar kein Gegenstand, den wir untersuchen können – indem wir ihre Eigenschaften, ihre Inhalte und Gründe feststellen, sie voneinander unterscheiden und bewertend gegeneinander ausspielen. Die Befreiung ist kein bestimmbarer Gegenstand, sondern, in jedem ihrer Elemente, ein Prozess: das Prozessieren ihres Widerspruchs. Es gibt die Befreiung also nur so, dass sie *sich* befreit: dass sie sich *von sich selbst* befreit. Das ist die Dynamik und Dialektik der Befreiung. Die Befreiung kämpft immer einen doppelten Kampf: Sie kämpft gegen die Herrschaft und zugleich kämpft sie mit und gegen sich selbst. In der Theorie der Befreiung geht es um den Kampf, den die Befreiung gegen sich selbst führen muss, wenn sie die Herrschaft bekämpfen will. Auf diesen Kampf schaut aber die Theorie nicht von außen, betrachtend und teilnahmslos – wie auf ein Schauspiel. An diesem Kampf nimmt die Theorie teil. Sie versucht den Kampf voranzutreiben.

**

Ich untersuche in diesem Buch zwei Etappen im dialektischen Prozess der Befreiung – zwei strategisch-begriffliche Konstellationen in dem Kampf, den die Befreiung mit und gegen sich selbst führt. Das sind nicht seine einzigen Etappen und Konstellationen; es gibt viele andere. Aber es sind zwei für die gegenwärtige Lage wichtige.

In der *ersten Etappe* geht es darum zu verstehen, wie diejenige Figur geboren wurde und bestimmt ist, die im Zentrum unseres – des westlichen – Begriffs der Freiheit steht. Diese Figur ist das Subjekt: nicht als die Instanz transparenter Selbstbeziehung und souveräner Weltbeherrschung (wie es missverstanden wird), sondern als Könner, als fähiges und handelndes, als praktisches und daher immer schon soziales

Subjekt; subjektive Freiheit heißt soziale Freiheit. An ihr zeigt sich zum ersten Mal die Dialektik der Befreiung. Denn die Freiheit des Subjekts wird ebenso durch einen Akt der Befreiung hervorgebracht, wie sie in neue Herrschaft umschlägt; die emanzipatorische Figur subjektiv-sozialer Freiheit ist in ihrem Kern – ihrem Kern der Gewohnheit – knechtend. Deshalb muss die Befreiung über sie hinausgehen. Das kann sie aber nur, indem sie zu ihrem Anfang zurückgeht. Die Befreiung befreit sich von der Subjektfigur, die sie im ersten Schritt hervorgebracht hat, indem sie ihren Anfang erinnert.

Denn der Anfang ist nicht der Grund, der das Folgende trägt und sichert; er ist nicht der Ursprung, der den Verlauf lenkt und ausrichtet. Der Anfang der Befreiung ist vielmehr eine Erfahrung, die uns aus unseren Gewohnheiten herausreißt. Die Befreiung fängt damit an, dass uns etwas fasziniert: dass wir auf etwas treffen, das wir nicht erfassen und bestimmen können und das uns deshalb anzieht und fesselt. Sich zu befreien beginnt damit, dass wir in der Erfahrung befreit werden. Deshalb kann die Befreiung nicht so verstanden werden, dass wir sie *tun*; dass sie unsere (»subjektive«) Leistung ist, die wir unter Einsatz der Fähigkeiten hervorbringen, die wir durch soziale Teilnahme erworben haben. Die Befreiung fängt vor unserem Tun an. Sie fängt damit an, dass uns etwas widerfährt, das über unsere Fähigkeiten – auch schon über die Fähigkeit, das Erfahrene überhaupt nur zu bestimmen: es zu verstehen und zu begreifen – hinausgeht. Die Befreiung fängt in der Erfahrung an, weil die Erfahrung die Befreiung *ist*. Die Befreiung von ihrem Anfang, in der Erfahrung, in der Faszination, her zu denken heißt daher, hinter die soziale Freiheit des Subjekts zurückzugehen – das Selbst aus seiner subjektiven und sozialen Existenz zu befreien. Das ist die *radikale* Befreiung: die Befreiung, die ihren Anfang erinnert, bejaht und wiederholt – die der Erfahrung treu bleibt.

Die *zweite Etappe* wird durch Versuche bestimmt, die Idee der radikalen Befreiung zu verwirklichen. Diese Versuche sind vielfältig und von unterschiedlichster Art. Sie bilden ein unübersehbares (und wenig erforschtes) Feld, in dem ganz verschiedene, sogar einander entgegengesetzte Semantiken und Modelle miteinander im Konflikt stehen. Sie alle sind Modelle radikaler Befreiung, weil sie grundsätzlich in Frage stellen, wie wir gewöhnlich leben. Sie stellen unsere Gewohnheiten in Frage, ja, sie sind Befreiungen aus der Gewohnheit. Und sie sind radikal, weil sie dies tun, indem sie an die Wurzel gehen, weil sie also hinter unsere Gewohnheiten des Bestimmens zu der Erfahrung zurückführen, in der sich uns etwas Unbestimmtes zeigt und fasziniert (und ohne die es gar keine Gewohnheiten des Bestimmens gäbe). Aber wie sich diese Erfahrung und ihre befreiende Kraft begreifen lassen – und wie wir uns von ihr her neu verstehen müssen –, beantworten die vielen Modelle der radikalen Befreiung auf ganz verschiedene Weise.

Ich untersuche zwei solcher Modelle, die einander scharf entgegengesetzt sind, die sich aber beide in polemischer Frontstellung gegen die erste Konzeption, die Befreiung des Subjekts, als sozialem Teilnehmer befinden. Diese beiden Modelle sind: die kapitalistische Ökonomie und die monotheistische Religion. Sie sind die verfeindeten Feinde der emanzipatorischen Grundidee der Moderne, der Idee subjektiv-sozialer Freiheit. Die These lautet also, dass beide Formationen als Gestalten der radikalen Befreiung verstanden werden müssen. Diese These ist kontraintuitiv. Wenn man sich auf sie einlässt, wird aber erkennbar, dass die kapitalistische Ökonomie und die monotheistische Religion die beiden extremen, ja extremistischen Bewegungen im Kampf der Freiheit gegen sich selbst, gegen ihre Subjektfigur, sind; zwischen ihnen verläuft der Riss unserer Gegenwart. Sowohl in der kapitalistischen Ökonomie (die ich in ihrer neoliberal erneuerten Programmatik analysiere) wie in der monotheistischen Religion (die ich im Spiegel einer Philosophie der Transzendenz, als Exteriorität, deute) geht es darum, sich von der Form der Subjektivität zu befreien. Nicht aber, um die Idee der Freiheit preiszugeben; das ist eine völlig falsche Deutung ebenso der kapitalistischen Ökonomie wie der monotheistischen Religion. Sondern um einen ganz anderen, radikalen Begriff der Freiheit zu gewinnen.

Nur wenn man die Ökonomie und die Religion als Modelle radikaler Befreiung versteht, versteht man daher ihre Berechtigung – was sie wollen und worin sie recht haben. Nur so versteht man auch, weshalb sie bestimmend für unsere Gegenwart geworden sind. Denn die beiden Modelle radikaler Befreiung sind keine bloß theoretischen Konstrukte: Sie sind geschichtlich wirksam. Sie sind entscheidende Faktoren in ebender Geschichte der Befreiung, die unsere Gegenwart hervorgebracht hat. Und daher haben sie auch die gegenwärtigen Gestalten der Knechtschaft hervorgebracht, in denen wir leben. Das ist es, was wir erkennen, wenn wir auf die Geschichte der Befreiung zurückschauen: Die gegenwärtigen Formen der Knechtschaft sind – paradoxerweise – die Effekte von Versuchen radikaler Befreiung.

Damit es eine *dritte Etappe* im Kampf der Befreiung geben kann, muss dieser Umschlag der radikalen Befreiung in erneute Knechtschaft verstanden werden. Er muss gestoppt werden. Oder die Befreiung muss darüber hinaus- und weitergetrieben werden. Das kann nur so geschehen, dass die beiden Modelle der radikalen Befreiung – die einander kaum schärfer entgegengesetzt sein könnten – auf ihren wahren Kern reduziert und dadurch in ihrem Gegensatz zusammengedacht werden. Wenn das gelänge, könnte sodann die Frage angegangen werden, wie sich die radikale Befreiung in der

Welt einrichten ließe: wie sich die subjektive Freiheit und die radikale Befreiung verbinden ließen.

***

Darum geht es in dieser Theorie der Befreiung: Es geht um eine Theorie der *radikalen* Befreiung. In der ersten Etappe wird die *Idee* der radikalen Befreiung entwickelt, in der zweiten geht es um zwei *Modelle* und in der dritten Etappe um den *Begriff* der radikalen Befreiung. Diese drei Etappen im Kampf der Befreiung gliedern dieses Buch. Das sind seine Teile:

Der *erste Teil* zeigt, dass die Befreiung in der Erfahrung beginnt, und kritisiert ihre gängige, herrschende Konzeption, die, von den Griechen bis zu Hegel, die Befreiung als die freie Tat eines selbstbewussten Subjekts versteht. Dem stelle ich das Konzept der radikalen Befreiung gegenüber. Das geschieht in einer Ästhetik der Befreiung. Die Ästhetik verortet die Befreiung in der Erfahrung: Wir befreien uns nicht selbst, sondern werden – immer schon – befreit, wenn wir etwas erfahren. Die Erfahrung – genauer: die Erfahrung der Faszination – ist der Anfang der Befreiung. Von Erfahrungen lässt sich aber nur erzählen. Deshalb muss die Theorie der radikalen Befreiung von Erzählungen ausgehen. Die Theorie der radikalen Befreiung ist eine ästhetische Theorie: eine Theorie, die ästhetisch verfährt.

Der *zweite Teil* untersucht die beiden Modelle der radikalen Befreiung. Das erste Modell ist die Befreiung von der Existenz als sozialer Teilnehmer, die die moderne, liberale oder neoliberale Ökonomie verspricht. Das zweite Modell ist der Auszug aus der herrschenden sittlichen Ordnung, die den religiösen Begriff der Befreiung definiert. Diese beiden Modelle der radikalen Befreiung können – aus systematischen Gründen – nur von ihren Erzählungen her verstanden werden; der zweite Teil verfährt daher auf dem Weg der Lektüre. Von der ökonomischen Befreiung erzählt die Fernsehserie *Breaking Bad*, von der religiösen Befreiung die biblische Geschichte in *Exodus*. Beide Erzählungen sind nicht nur geschichtlich denkbar weit voneinander entfernt, sie denken auch den Begriff der radikalen Befreiung in entgegengesetzten Registern (ökonomisch und religiös, immanent und transzendent, als Selbständigkeit und als Hören oder Gehorsam). Gerade deshalb aber lassen sie sich vergleichen; gerade deshalb lässt sich in ihrem Vergleich begreifen, wie die Versuche radikaler Befreiung anfangen, wozu sie führen und weshalb sie scheitern.

Der *dritte Teil* schaut auf die Befreiungsbewegungen zurück, die in den ersten beiden Teilen untersucht wurden, und versucht, aus ihrem Scheitern zu lernen. Dieser Rückblick blickt zugleich voraus: auf die Dialektik der radikalen Befreiung. Darin zeigt sich, worin die beiden Modelle – aber in ganz unterschiedlicher Weise, ja in ganz unterschiedlichem Maß – wahr sind. Ihre Wahrheit liegt darin, dass sie extrem sind, sie liegt in ihrem Extremismus: Die moderne Ökonomie ist der konsequente, radikale Naturalismus, die monotheistische Religion ist der Exzess des Normativen. Beides muss zusammengedacht werden; das ist der Begriff radikaler Befreiung.

I. Ästhetik der Befreiung

Das Leiden zu sein: das heißt,
das freie Spiel jeder Fähigkeit.
Samuel Beckett[1]

Warum überhaupt nach der Befreiung fragen? Weshalb stellt sich die Frage, wie die Freiheit wird, wie sie geworden ist oder hervorgebracht werden kann? *Ist* die Freiheit nicht – ist die Freiheit nicht ein Sein?

Das ist die erste Bestimmung der Freiheit: Die Freiheit ist ein Sein; sie ist eine Weise zu sein. Dieses Sein, das wir frei nennen, umfasst zweierlei. Wir nennen zum einen *etwas* frei: eine Handlung, eine Entscheidung, ein Leben – etwas Besonderes; eine Lebensweise, eine Institution, eine Gesellschaft – etwas Allgemeines; einen Gedanken, ein Kunstwerk, einen Stil – etwas Objektives. Und wir nennen zum anderen *jemanden* frei: einzelne oder ein Kollektiv, natürliche oder künstliche Personen. Frei ist ebenso der Vollzug wie das Selbst. Aber frei sind beide nur in ihrer Beziehung. Denn ihre Beziehung verbindet den Vollzug und das Selbst nicht nur, sondern bringt sie als freie hervor. Sie sind jeweils frei durch ihre Beziehung. Die Freiheit ist daher weder innerlich noch äußerlich. Sie ist weder das subjektive Vermögen des Täters hinter der Tat noch eine Eigenschaft des Vollzugs, die empirisch beobachtet (und daher auch empirisch bestritten) werden kann. Die Freiheit ist vielmehr das Sein des Selbst *in* seinen Vollzügen. Frei sein heißt »Insein«; es heißt, dass das Selbst in seinen Vollzügen *da* ist.

Oder frei zu sein heißt, *dabei* zu sein. Dabeisein aber heißt Außersichsein. Frei zu sein heißt, dabei zu sein, indem man außer sich ist. Ein Beispiel dafür – das Beispiel, das Theodor W. Adorno für die Freiheit des Dabeiseins gibt – ist, wie wir ein Musikstück hören, ein anderes – das Beispiel, an dem Hans-Georg Gadamer diesen Begriff erläutert –, wie wir einem Schauspiel zuschauen.[2] Ein Musikstück zu hören oder einem Schauspiel zuzuschauen heißt, an einem Geschehen teilzuhaben, das sich aus sich selbst heraus vollzieht. Es heißt daher für das hörende oder zuschauende Selbst, außer sich selbst, nicht bei sich selbst, sondern bei dem zu sein, das vor ihm und mit ihm geschieht. Es heißt aber, gerade darin selbst zu sein. Die Freiheit ist ein Sein, eine Weise des Selbst, zu sein. Und frei ist ein Selbst, das in seinem Außersichsein dabei ist.

Diese erste Grundbestimmung der Freiheit enthält unmittelbar zwei weitere. Aus ihr folgt zunächst, dass die Freiheit eine Erfahrung ist und dass diese Erfahrung ein Gefühl ist. Denn wenn die Freiheit darin besteht, dass das Selbst in seinen Vollzügen da – darin und außer sich – ist, dann ist sie kein objektiver Zustand. Das Selbst erfährt sich in seinem freien Dabeisein: Wer frei ist, erfährt sich als frei. Und das heißt in seiner unmittelbaren und zugleich intensivsten Form, dass wer frei ist, sich frei fühlt. Das ist ein Gefühl der Freude, der Lust. Frei zu sein ist ein Zustand der Lust – der Lust des Selbst an sich selbst: daran, wie es in seinen Vollzügen ist. Und weil die Freiheit ein Sein ist, das lustvoll erfahren wird, folgt weiterhin, dass frei zu sein ein Zustand der Affirmation, der Bejahung ist. Denn die Lust ist bejahend; sie ist selbstbejahend, das Gefühl der – oder als – Bejahung. Indem das Selbst seine Freiheit fühlt und Lust daran hat, in seinem Außersichsein dabei zu sein, bejaht es dies also. Das heißt aber nicht weniger, als dass das Selbst darin seine Wahrheit sieht. In seinem Außersichsein dabei und also frei zu sein, ist nicht ein beliebiger Zustand, eine beliebige Seinsweise des Selbst. Frei zu sein ist sein wahres Sein.

Die erste Grundbestimmung der Freiheit lautet also: Die Freiheit ist ein Sein. Und daraus folgt, dass die Freiheit ein Gefühl der Lust, ein Zustand der (Selbst-)Bejahung ist.

Es gibt aber nicht nur das freie Dabeisein, sondern auch das Dabeisein der Hörigkeit. Es gibt nicht nur das Ja der Freiheit, sondern auch das Ja widerstandslos verinnerlichter Knechtschaft. Es gibt nicht nur das Glück der Freiheit, sondern auch das Glück der Unterwerfung. Und daher kann die Freiheit nicht nur lustvoll-affirmativ sein – sie kann nicht nur *sein* –, sondern sie muss Nein sagen. Die Freiheit sagt: »Nieder mit dem Glück der Unterwerfung.«[3] Alle Bestimmungen, die das Sein der Freiheit oder die Freiheit als eine Seinsweise beschreiben – im Außersichsein dabei zu sein, dies lustvoll zu erfahren und es zu bejahen –, sind zutiefst zweideutig. Sie können Bestimmungen der Freiheit *oder* der Knechtschaft sein. Deshalb muss die Freiheit über das Sein – das Sein, das die Freiheit ist: das sie für den ist, der frei ist – hinausgehen und eine Unterscheidung treffen. Das affirmative Sein der Freiheit bedarf einer Negation; die Lust der Teilhabe verlangt ein Urteil. Die Freiheit muss über das Sein, die Lust, die Affirmation hinausgehen. Sie muss negativ, unterscheidend, urteilend werden. Diese Notwendigkeit – über das affirmative Sein hinausgehen zu müssen – *ist* nichts anderes als die Freiheit. Der Schritt hinaus über das Sein – das die Freiheit für die Freien ist – gründet selbst in der Freiheit. Er gründet darin, dass die Freiheit das Andere der Unfreiheit ist. Genauer: dass die Freiheit sich als das Andere der Unfreiheit hervorbringt. Denn die Freiheit ist nicht von der Unfreiheit unterschieden, sie unterscheidet sich von ihr. Das heißt aber nichts anderes, als dass die Freiheit nicht ist, sondern wird. Sie wird, indem sie sich von der Unfreiheit befreit. Das ist die zweite, der ersten entgegengesetzte Grundbestimmung der Freiheit: Die Freiheit ist das Werden der Freiheit – die Befreiung.

Diese zweite Bestimmung besagt, dass die Freiheit niemals aus sich heraus verstanden werden kann: dass sie also kein unmittelbares Sein, nicht eine Seinsweise des Selbst und der Vollzüge (des Selbst in seinen Vollzügen) ist, dass sie nicht aus ihrer Lust und Bejahung begriffen werden kann. Frei zu sein wird vielmehr erst zur Freiheit geworden sein, indem es sich hervorbringt – indem es die Unfreiheit negiert. Adorno schreibt: »Erst an dem von ihm Getrennten und gegen es Notwendigen erwirbt das Subjekt [...] die Begriffe Freiheit und Unfreiheit.«[4] Denn die Freiheit als Unmittelbarkeit und Sein – als Lust, als Bejahung – kann nicht von der Unfreiheit unterschieden werden. Sie verschwimmt mit ihrem Gegenteil; sie löst sich auf. Die Freiheit bloß als Sein verstehen zu wollen heißt, ihren Gegensatz zur Unfreiheit aufzugeben. Es heißt, die Freiheit aufzugeben.

Aber wenn die Freiheit als Sein zu verstehen in das Problem führt, dass sie nicht mehr von der Knechtschaft unterschieden werden kann und man sie deshalb als Werden, als Negation, als Befreiung begreifen muss, verstrickt man sich sogleich erneut in ein Problem, das unlösbar scheint. Es besteht darin, wie das Werden, die Hervorbringung der Freiheit – oder wie die Negation der Unfreiheit – zu verstehen sind. Ist das Hervorbringen der Freiheit oder das Negieren der Unfreiheit nicht eine Tat? Denn wenn sie keine Taten sind, müssten sie ein anonymes, objektives Geschehen sein. Aber wie soll ein Geschehen – der Inbegriff der Unfreiheit – die Freiheit hervorbringen können? Wie sollte sich – zum Beispiel – begreifen lassen, dass der evolutionäre Prozess der Naturgeschichte zur Freiheit führt? Der evolutionäre Prozess kann immer nur bis zur Schwelle, bis zu den notwendigen Bedingungen der Freiheit führen. (Und dann erfolgt ein Sprung.) Wenn das Werden der Freiheit aus der Unfreiheit also nicht geschehen sein kann, muss es getan worden sein. Aber das kann ebenso wenig richtig sein. Denn im Unterschied zu einem Geschehen ist eine Tat frei, und wenn daher das Werden der Freiheit als Tat verstanden wird, setzt es die Freiheit, die erst werden soll, schon voraus. Es ist also ebenso unmöglich, das Werden der Freiheit so zu verstehen, dass es geschehen ist, wie dass es getan worden ist. Beide Auffassungen des Werdens der Freiheit sind selbstwidersprüchlich: Die eine Auffassung, als Geschehen, versteht nicht das Werden der *Freiheit*; sie gelangt nicht bis zur Freiheit. Die andere Auffassung, als Tat, versteht nicht das *Werden* der Freiheit; sie beginnt schon mit der Freiheit. So wie daher die erste Grundbestimmung der Freiheit als lustvoll-affirmatives Dabeisein des Selbst daran scheitert, ihre Differenz von der Unfreiheit nicht denken zu können, so verstrickt sich die zweite Grundbestimmung, nach der die Freiheit in ihrem Werden aus der Unfreiheit besteht, in einen Zirkel. Sah man sich zunächst genötigt, vom Sein zum Werden der Freiheit überzugehen, so scheint man nun wieder vom Werden zum Sein der Freiheit zurückgehen zu müssen.

Ich versuche im Folgenden, einen Ausweg aus dieser Lage von der zweiten Seite aus zu finden: von der Seite der Befreiung her. Der Versuch besteht darin, das Werden der Freiheit und damit die Negation der Unfreiheit zu begreifen, ohne sie *entweder* als eigene, selbstbewusste Tat *oder* als anonymes, selbstläufiges Geschehen zu verstehen. Das Werden der Freiheit, so wird sich zeigen, lässt sich nur begreifen, wenn man diesen Gegensatz – von Tat und Geschehen, allgemeiner: von Aktivität und Passivität – aufzulösen vermag. Die Befreiung muss sich von diesem Gegensatz befreien; sie muss das Werden befreien. Wenn dies gelingt, wenn es gelingt, das Werden der Freiheit jenseits dieses Gegensatzes zu denken, löst sich zugleich auch ihr Gegensatz zu der ersten Grundbestimmung der Freiheit, der Freiheit als Sein, Lust und Bejahung auf. Das Werden der Freiheit richtig zu verstehen heißt nichts anderes und nicht weniger, als zu verstehen, wie das Sein *und* das Werden der Freiheit, ihre Affirmation und ihre Negativität, die Lust und das Urteil der Freiheit intern miteinander verbunden sind. Die beiden Grundbestimmungen der Freiheit müssen in ihrem Gegensatz zusammengedacht werden.

*

Die Untersuchung beginnt in diesem ersten Teil mit einer Rekonstruktion von zwei ganz verschiedenen Weisen, die Befreiung zu verstehen. Ich nenne das erste Verständnis die »griechische« oder »dialektische« Konzeption. Denn es ist das Verständnis, das sich in den Geschichten von der griechischen Entdeckung der Freiheit findet. Diesen Geschichten unterliegt eine dialektische Struktur, die Hegels Philosophie des Subjekts begrifflich auf den Punkt bringt. Dem stelle ich ein zweites Verständnis gegenüber, das in der jüdischen Erzählung vom Exodus zu finden ist und das ich deshalb eine »ästhetische« Konzeption nenne, weil sie die Freiheit als Erfahrung begreift (und weil die Ästhetik von der Erfahrung handelt). Diese beiden Verständnisse der Befreiung stehen im Gegensatz zueinander. Denn indem sie auf entgegengesetzte Weise erklären, wie die Freiheit hervorgebracht wird – entweder indem sie *entdeckt* (und reflektiert) oder indem sie *erfahren* wird –, bestimmen sie zugleich auf entgegengesetzte Weise, worin die Freiheit besteht. In der Frage danach, wie die Freiheit anfängt, geht es nicht um deren Vorgeschichte. Im Werden der Freiheit geht es um ihren Begriff.

Das erste Kapitel dieses Teils beginnt damit, die ästhetische Konzeption der Befreiung gegen die griechisch-dialektische zu verteidigen. Das setzt das zweite Kapitel fort, indem es den ästhetischen Begriff der Freiheitserfahrung – der Befreiung durch die Erfahrung – entfaltet. Das führt zu einer Gegenüberstellung der beiden Konzeptionen der Befreiung (in Kap. 2, Abschnitt [c]), die zeigt, dass sie nicht nur die Befreiung auf entgegengesetzte Weise verstehen, sondern ebenso, was es heißt, die Befreiung *zu verstehen* – also sie zu denken. Es sind zwei verschiedene Konzeptionen des Denkens und seiner Freiheit: ein idealistisches und ein (ästhetisch-) materialistisches Konzept des Denkens. Der zusammenfassende Ausblick (»Zwischenstand I«) erläutert, worin das Problem des ästhetisch-materialistischen Begriffs der Befreiung besteht. Das Problem besteht in seiner Radikalität. Es besteht darin, dass die Befreiung, ästhetisch oder materialistisch verstanden, hinter die Freiheit des Subjekts zurück- oder über sie hinausgeht. Damit stellt sich die Frage, wie die Freiheit jenseits des Subjekts positiv gedacht werden kann. Mit dieser Frage beschäftigen sich die beiden folgenden Teile II und III. Sie werden die enormen Schwierigkeiten erkunden, diesem Anspruch gerecht zu werden.

1.
Anfangen. Der Auszug aus der Knechtschaft

> Im Tanz, im Lied, in den traditionellen Riten und Zeremonien entdeckt man denselben Aufschwung, dieselben Veränderungen, dieselbe Ungeduld. [...] Indem der Kolonisierte die Intentionen und die Dynamik des Kunsthandwerks, des Tanzes und der Musik, der Literatur und des mündlich überlieferten Heldengesanges erneuert, gewinnt auch seine Wahrnehmung eine andere Struktur. Die Welt verliert ihren Fluch. Alle Bedingungen für die unvermeidliche Auseinandersetzung treten zusammen.
>
> *Frantz Fanon*[5]

Die Freiheit ist wesentlich negativ. Sie ist die Negation der Unfreiheit. Es gibt keine Freiheit, die bloß affirmativ ist: die bloß *affirmativ* ist, weil sie bloß *ist*. Die Freiheit wird erst, indem sie negiert. So lautet die Ausgangsthese, die durch zwei weitere Thesen vorgreifend bestimmt werden kann.

Die erste dieser beiden Thesen besagt, dass die Freiheit die Unfreiheit negiert, weil die Freiheit die Kraft des Anfangens ist. Wir nennen etwas oder jemanden, einen Vollzug oder ein Selbst, unfrei, wenn es oder er oder sie durch das bestimmt, also determiniert ist, was ihm oder ihr vorgegeben ist. Unfrei zu sein bedeutet, eine bloße Folge aus etwas Vorgegebenem zu sein; Unfreiheit heißt Folgsamkeit, bestimmt zu sein durchs Vorgegebene. Damit bricht die Freiheit. Die Freiheit ist die Kraft des Anfangens, weil sie Nein sagt – nicht zu dem, was ihm vorgegeben ist, sondern dazu, *dass* es ihm vorgegeben ist. Die Negation der Freiheit gilt der Vorgegebenheit. Sie negiert die Positivität; sie durchbricht die Herrschaft des Vorgegebenen. Die Freiheit ist die Kraft, die Kette der Folgen zu durchbrechen und von selbst anzufangen.

Die zweite These besagt, dass die Freiheitskraft des Anfangens nicht gegeben ist. Denn wenn frei zu sein heißt, dass jemand oder etwas von selbst anfängt, also nicht eine bloße Folge aus etwas Vorgegebenem ist, dann kann auch frei zu sein – also die Kraft zu haben, anzufangen – nicht etwas bloß Vorgegebenes sein: etwas, das man zu befolgen hat. Die Kraft des Anfangens kann mithin keine Eigenschaft und kein Vermögen sein, die ein Vollzug oder ein Selbst *hat* – die sie bestimmen. Die Freiheit ist kein Normalzustand, sie ist weder normal noch ein Zustand. Sondern die Freiheit des Anfangens kann es nur so geben, dass sie nicht gegeben ist, sondern anfängt. Die Kraft des Anfangens muss selbst anfangen. Darin besteht das Werden der Freiheit. Die Befreiung ist das Anfangen des Anfangens.

Wenn die Freiheit des Anfangens die Negation der Unfreiheit ist (erste These); wenn es die Freiheit des Anfangens aber nur so gibt, dass sie nicht ist, sondern wird (zweite These), dann ist die Unfreiheit nicht nur das Andere der Freiheit, dem sie gegenübersteht und das sie hinter sich zurücklässt. Sondern die Unfreiheit ist als das Andere der Freiheit der Anfang der Freiheit. Die Freiheit fängt mit der Erfahrung der Unfreiheit an. Die Hervorbringung der Freiheit fängt also damit an, dass ein Zustand *als* unfrei erfahren wird – als ein Zustand, in dem die Freiheit unterdrückt oder geraubt ist, als ein Zustand der Knechtschaft. Die Erfahrung der Knechtschaft ist der erste, grundlegende Schritt im Werden der Freiheit. Sie ist nichts anderes als der Schritt von der Natur zur Gesellschaft. Der natürliche Zustand ist ein Zustand der Nichtfreiheit – ein Zustand, in dem es keine Freiheit gibt und sie daher auch nicht unterdrückt oder geraubt werden kann. Im natürlichen Zustand gibt es weder Freiheit noch Unfreiheit, sondern nur Stärke und Schwäche (und die Beherrschung der Schwachen durch die Starken). Die Hervorbringung der Freiheit beginnt damit, dass dieser Zustand aufhört natürlich zu sein (oder natürlich zu scheinen) und die Abwesenheit der Freiheit als Unfreiheit erfahren wird: als Negation der Freiheit, als Knechtschaft. Das macht diesen Zustand zu einem nichtnatürlichen; zu einem Zustand, in dem nicht frei zu sein heißt, der Freiheit beraubt zu sein. Mit dieser Erfahrung befinden wir uns zum ersten Mal – in der Gesellschaft. Die erste wahrhaft gesellschaftliche Erfahrung, die erste Erfahrung eines nichtnatürlichen Verhältnisses, ist die Erfahrung der Unfreiheit. Damit fängt das Werden der Freiheit an. Der Anfang der Freiheit ist die Erfahrung der gesellschaftlichen Negation der Freiheit.

So geht die Beraubung der Freiheit ihrer Hervorbringung vorher: Die Freiheit wird hervorgebracht, indem wir erfahren, dass wir ihrer beraubt sind. Also entsteht die Freiheit erst im Einspruch gegen ihre Negation. Die Freiheit gibt es nicht, bevor sie negiert und im Widerspruch gegen ihre Negation hervorgebracht wird. Darin besteht die Befreiung; die Befreiung ist die Hervorbringung der Freiheit aus der Erfahrung der Knechtschaft: die Hervorbringung der Freiheit durch die Negation ihrer Negation.

*

Mit dieser These – die Freiheit ist die Befreiung, weil die Freiheit nur durch die Erfahrung der Unfreiheit, der Knechtschaft, gewonnen wird – ist aber noch nichts gewonnen. Alles kommt darauf an, wie sie verstanden wird.

Dafür müssen wir uns im ersten Schritt klarmachen, dass

das Verständnis der Freiheit als Befreiung nicht weniger als das Grundprogramm unserer Kultur ist – der Kultur des Westens (aus anderer Perspektive: des Nordens). Die westliche Kultur versteht sich als die Kultur der Freiheit, und das heißt, sie versteht die Freiheit als ihre kulturelle Errungenschaft, nicht als eine natürliche Gegebenheit und schon gar nicht als eine Gabe, die sie von einem anderen empfangen hat. Die westliche Kultur hat ihre Freiheit selbst hervorgebracht. Sie ist nichts anderes als diese Hervorbringung: Sie ist die Kultur der oder *als* Befreiung.

Was wir damit meinen, wenn wir dies von uns glauben, können uns die Erzählungen sagen, die zeigen, wie in der griechischen Kultur im fünften Jahrhundert vor unserer Zeit die Freiheit »entdeckt« (Kurt Raaflaub) oder »hervorgebracht« (Orlando Patterson) wurde.[6] Die Freiheit als Befreiung zu verstehen, so zeigen diese Erzählungen, hat eine griechische Genealogie. Hier (oder damals) wurde die Freiheit zuerst »zu einem erstrangigen Politikum entwickelt, das die ganze Gemeinschaft betraf und zur Stellungnahme zwang«.[7] Hier wurde die Freiheit zum ersten Mal »politisiert« und dadurch zu einem grundlegenden geteilten »Wert«, das heißt, zu einem »Ideal, das *aktiv* zu verfolgen ist«.[8] Hier zeigt sich deshalb auch zum ersten Mal und daher in aller Klarheit, wie die westliche Kultur dies von nun an verstehen wird. Sie versteht es so, dass die Freiheit nur »aus der Erfahrung der Knechtschaft hervorgebracht« werden konnte; dass also die Freiheit ein Effekt der Befreiung ist.[9] Und sie versteht vor allem diesen Akt der Befreiung so, dass er nur möglich ist, ja in nichts anderem besteht, als dass uns die Freiheit *bewusst* wird. Dabei heißt Bewusstsein Selbstbewusstsein. Die Befreiung besteht darin, *sich* der eigenen Freiheit bewusst zu werden. Das Sein der Freiheit ist das Bewusstsein – der Begriff – der Freiheit. Das ist die griechische Konzeption der Freiheit als

Befreiung, die die Matrix und das Programm der westlichen Kultur bildet. »Befreiung« heißt hier und seitdem, durch die Erfahrung ihrer Negation zum Bewusstsein der Freiheit zu gelangen. Die Grundoperation in der griechischen Entdeckung der Freiheit ist die »Emanzipation des Bewußtseins« (Herbert Marcuse)[10]: durch die Emanzipation des Bewusstseins zum Bewusstsein, zum Wissen und Wollen, der Emanzipation zu gelangen.

Diese – griechische, europäische, westliche – Verbindung von Freiheit und Selbstbewusstsein werde ich im folgenden Abschnitt (a) zuerst rekonstruieren. In ihr liegt das Besondere der westlichen Kultur – ihre Leistung und Errungenschaft –, und in ihr gründet ihre Zweideutigkeit, ja ihr Widerspruch. Denn durch die Bindung der Freiheit an das Freiheitsbewusstsein schlägt die griechisch-westliche Konzeption der Befreiung in neue Herrschaft um. Sie reproduziert die Knechtschaft, gegen die sie sich richtet, in anderer, neuer Gestalt: in der Gestalt des Subjekts, das diese Befreiung hervorbringt. Solange die Befreiung daher nur von ihrer griechischen Erzählung her und in ihrer westlichen Gestalt gedacht und durchs Selbstbewusstsein definiert wird, bleibt sie kraftlos, reproduziert sie die Knechtschaft, ja, ist die Befreiung nichts anderes als ein Mechanismus der Knechtschaft. Sie muss daher von einer anderen Erzählung her weitergedacht und radikalisiert werden. Eine dieser anderen Erzählungen ist die jüdische Szene und Erfahrung: die Befreiung des Exodus (Abschnitt [b]). Der Exodus bindet die Befreiung nicht ans Bewusstsein, sondern an die Erfahrung. Er denkt die Befreiung, indem er die Erfahrung vom Bewusstsein befreit. Die Lehre des Exodus ist: Die Erfahrung der Befreiung ist die Befreiung der Erfahrung. Darin ist der Exodus eine Konzeption radikaler Befreiung. Der Exodus schneidet die Knechtschaft an ihrer Wurzel ab.

(a) Die Freiheit des Subjekts. Griechischer Ursprung

Die griechische Genealogie der Freiheit besteht in einer fundamentalen semantisch-begrifflichen Transformation. Darin wird aus dem Freisein *die Freiheit*; aus einem natürlich verstandenen Status oder gar Sein wird ein Wert und Ideal. Wie und wodurch das geschieht, rekonstruiert im Folgenden der erste Schritt. In ihm erweist sich, dass diese Transformation zutiefst zweideutig ist. Der westliche Wert der Freiheit ist von seinem griechischen Anfang her durch einen Gegensatz markiert, der sein zweideutiges Verhältnis zur Herrschaft ausmacht. Das zeigt exemplarisch die Kontroverse zwischen Raaflaub und Patterson. Im zweiten und dritten Schritt soll im Anschluss an Patterson die Dynamik nachgezeichnet werden, in der sich die Freiheit gegen ihre eigene Kontamination mit der Herrschaft wendet. Das bringt einen neuen, »praktischen« Begriff der Freiheit hervor. Er versteht die Freiheit als die Macht zu handeln: die Freiheit des Subjekts.

Die Entdeckung der Freiheit

Wie geschieht es, dass das griechische Wort *eleuthería* zum weitverbreiteten Begriff der Freiheit wird – dass also »Freiheit« Freiheit bedeutet? Um diese Frage geht es in der Erzählung davon, wie in Griechenland die Freiheit »entdeckt« wurde. Wie wird ein Wort, das Wort *eleuthería*, das eine alte indoeuropäische Wurzel hat, zum Ausdruck für die neue Idee der Freiheit, derer die griechische Kultur (und hier besonders Athen) sich rühmt? Was treibt diese Entwicklung an? Und wie wird durch den Prozess, in dem *eleuthería* diese Bedeutung gewinnt, in dem die Freiheit also *gedacht* wird, die Freiheit bestimmt? Was ist die Freiheit am Ende und als Produkt dieses Prozesses? Das sind die beiden zentralen Fragen, die beantwortet werden müssen: die Frage nach dem Werden und die Frage nach der Bestimmung der Freiheit (durch ihr Werden).

Die Frage, wie und wodurch *eleuthería* »Freiheit« zu bedeuten beginnt, stellt sich exemplarisch für die erste (adjektivische) Verwendung des Ausdrucks, die sich im Epos, und zwar nur in der *Ilias*, findet. Dort gebraucht Hektor das Wort, als er das Schicksal beklagt, das seiner Gattin Andromache durch die Niederlage Trojas droht:

> Sein wird der Tag, wo einst zugrundegeht die heilige Ilios
> Und Priamos und das Volk des lanzenguten Priamos.
> Doch nicht der Schmerz um die Troer wird mich hernach so kümmern,
> Selbst um Hekabe nicht und Priamos, den Herrscher,
> Noch um die Brüder, die da viele und edle
> In den Staub hinfallen werden unter feindlichen Männern,
> So wie um dich, wenn einer von den erzgewandten Archaiern
> Dich Weinende wegführt und raubt dir den Tag der Freiheit [*eleútheron ẽmar*],
> Und du in Argos webst für eine andere am Webstuhl
> Und Wasser trägst von der Quelle Messeïs oder Hypereia,
> Viel widerstrebend, doch ein harter Zwang liegt auf dir.[11]

Es ist signifikant, dass hier von *eleútheros* in einer Klage die Rede ist: der Klage über einen – nach Hektor: den schlimmsten – Verlust, der Andromache bevorsteht; darauf komme ich gleich zurück. Aber was ist die ausgezeichnete Qualität, die Qualität des Tages, der für Andromache bald für immer vergangen sein wird, die Hektor mit diesem Wort bezeichnet? Dieses Wort ist hier auf ganz verschiedene Weisen übersetzt und damit gedeutet worden. Auf der einen Seite stehen

Deutungen, die mit seiner ersten Verwendung unmittelbar auch schon den Begriff der Freiheit gegeben sehen: Was Andromache verlieren wird, ist der »Tag der Freiheit«.[12] Dieser Freiheitssinn ergibt sich aus der Entgegensetzung zu der Knechtschaft, die ihr droht: für andere und nach ihrem Willen arbeiten zu müssen. Dem stehen Deutungen gegenüber, die Hektors (oder Homers) Verwendung noch die alte, archaische Bedeutung geben, die das Wort *eleútheros* von seiner indoeuropäischen Wurzel her hat. Von dieser Wurzel her bedeutet es, *at home* (Modestus van Straaten) zu sein: *Eleútheron ẽmar*, dessen Andromache beraubt werden wird, »ist der heimatliche Tag, an dem man sein Leben zu Hause leben konnte«,[13] unter seinesgleichen. Denn Andromache wird als Sklavin in die Fremde verschleppt werden. Die Beraubung der Heimat, der Zugehörigkeit, der Seinigen oder aber die Beraubung der Freiheit: das sind die beiden verschiedenen Lektüren, die *eleútheron ẽmar* eröffnet. Die Verwendung des Wortes weist hier geschichtlich in zwei verschiedene Richtungen. Sie weist zurück zur indoeuropäischen Wurzel und voraus zu seiner Politisierung, als Wert und Ideal. Homers Verwendung steht auf der Schwelle.

In seiner alten, archaischen Verwendung bezeichnet *eleuthería* die Zugehörigkeit zur guten, weil eigenen Gemeinschaft. *Eleútheros* ist der »Gemeinfreie«. »Die Grundbedeutung von ἐλεύθερος ist demnach ›zum Volk (Stamm) gehörig‹.«[14] Diese Zugehörigkeit des – im archaischen Sinn – »Freien« ist durch Abstammung definiert und gesichert. *Eleútheros*, »frei«, ist, wer die richtige oder gute Abstammung hat und daher zugehörig ist. Darin weist das griechisch-archaische Verständnis von *eleuthería* auf die indoeuropäische Wurzel des Worts zurück, deren Grundbedeutung Émile Benveniste darin sieht, dass es »die Geburt in der Kontinuität der Generationen [ist], die den ›freien‹ Zustand des Menschen garantiert«.[15] »Frei«

zu sein hat hier den positiven Sinn der richtigen, guten Herkunft, die zugleich den richtigen Aufwuchs, das gute Wachstum umfasst: »Das Wort *eleuthería* hat daher zwei Hauptbedeutungen, die in ihrer Verbindung zu begreifen sind: die Zugehörigkeit zu einem ethnischen Stamm (das Volk, die Leute) und die Idee eines Wachstums, das zu einer vollendeten Form führt, die ihr Ende in voller Blüte erreicht.«[16] »Frei« sagt man »von einer Pflanze, die sich in ihrem Wachstum vollendet«.[17] Im archaischen Sinn, der den der indoeuropäischen Wurzel fortschreibt, ist die Freiheit als *eleuthería* nicht »politisch, sondern biologisch« (Romano) definiert. Die archaische Freiheit ist ein natürliches Sein.

Das impliziert bereits – aber es *impliziert* erst auch nur – die Unterscheidung des Freien vom Sklaven. Die archaisch-biologische Definition des Freiseins impliziert diese Unterscheidung, weil es innerhalb der durch gemeinsame Abstammung gesicherten Gemeinschaft weder Herren noch Sklaven gibt (aber selbstredend eine Vielzahl von Machtverhältnissen unter Ungleichen: zwischen Eltern und Kindern, Männern und Frauen, Herren und Knechten, Reichen und Armen). Die Sklaven, die es gibt, kommen von außen oder werden zu Fremden gemacht. Daher kann einer, der *eleútheros*, einer von uns oder guter Abstammung ist, kein Sklave sein. Aber diese Differenz definiert nicht den archaischen Begriff des Freien; definiert wird dieser Begriff immanent, durch die biologisch gegebene Verbindung der Freien untereinander. Die Freiheit ist archaisch nicht das Andere der Unfreiheit; sie ist hier noch »kein Kontrastbegriff« (wie Dieter Nestle gegen Max Pohlenz festhält).[18] Damit aber, so Kurt Raaflaub in *Die Entdeckung der Freiheit*, ist die archaische »Freiheit« überhaupt noch kein Begriff der *Freiheit*. Sie kennt keine »positive Typologie des Freien«; sie dient nicht dazu, »den [zur Knechtschaft] gegenteiligen, positiven Zustand als solchen«

zu erfassen und herauszuheben.[19] Das kann erst geschehen, wenn die Freiheit als das Andere der Knechtschaft erfahren wird. »[Das] Bewußtsein vom Wert jeder Art von Freiheit (und damit die Fähigkeit, einen entsprechenden Terminus zu prägen) [setzt] die Existenz eines kräftigen Bewußtseins vom Unwert der entsprechenden Art von Unfreiheit (und damit in der Regel die entsprechende Negativterminologie) voraus.«[20] Es kommt erst zu einer positiven Bestimmung der Freiheit, wenn es zu einer negativen kommt, genauer: wenn die Freiheit *negatorisch*, sich entgegensetzend, gefasst wird.

Darin besteht der Schritt, der über die archaische Verwendung des Worts hinausführt und durch den *eleuthería* die Freiheit, das heißt: den *Begriff* der Freiheit, zu bezeichnen beginnt. Die Freiheit zu begreifen heißt, sie im Gegensatz zur Unfreiheit zu begreifen. Die Entdeckung der Freiheit – der Freiheit als dem entscheidenden »Wert« – geht aus der Erfahrung der Unfreiheit hervor. Nur indem das unmittelbare Freisein von der Unfreiheit her gesehen wird, wird es gewusst und gewollt – und damit ganz neu und anders verstanden. Frei zu sein, der natürliche, durch Geburt garantierte Status, wird dadurch erst zur Freiheit, dem Wert, Ideal oder Begriff: Der *eleútheros*, der von guter Abstammung und damit einer von uns ist, wird zu einem, der sich der Knechtschaft entgegengesetzt denkt und daher keinen Herrn über sich duldet. Die »Politisierung« der Freiheit ist beides in einem: Die Freiheit wird zum Wert *und* zum Gegensatz der Unfreiheit oder Knechtschaft – zur »Negation eines Negativums« (Raaflaub). Die Freiheit wird zum Wert, weil sie nur so besteht, dass sie sich der Unfreiheit entgegensetzt. Das heißt: Wenn die Freiheit sich der Erfahrung der Unfreiheit entgegensetzt, *ist* sie nicht mehr bloß, sondern muss behauptet, gar hervorgebracht werden.

Die weitreichenden Konsequenzen dieser Transformation,

die Raaflaubs begriffsgeschichtlicher Erzählung eingeschrieben ist, treten darin hervor, wie Orlando Patterson an sie anknüpft, ja, weshalb er sich überhaupt für die griechische Hervorbringung der Freiheit interessiert. Patterson hat in *Slavery as Social Death* eine große, weltgeschichtliche Untersuchung der Sklaverei vorgenommen, die diese als einen Zustand absoluter Entfremdung, als »sozialen Tod«, bestimmt. Dies führt Patterson zur Frage nach der Freiheit. Aber nicht – oder nicht einfach nur –, weil die Freiheit das Gegenteil der Sklaverei ist. Sondern weil sich Patterson der abgründige Gedanke aufdrängt, dass dieses »Ideal, das der Westen gegenüber allen anderen am höchsten schätzt, als eine notwendige Folge aus der Erniedrigung der Sklaverei und der Anstrengung, sie zu negieren, hervorgegangen ist«.[21] Ohne die Erfahrung der Sklaverei keine Freiheit: Die Freiheit entsteht (und besteht) nur in der Negation – in der Tat: in der Negation einer Negation. Das ist der Hegel'sche Gedanke, um den Pattersons Analyse der Sklaverei kreist: »Freiheit – Leben – ist eine doppelte Negation; denn sein [des Sklaven] Zustand ist schon eine Negation des Lebens, und die Zurückgewinnung dieses Lebens muss daher eine Negation der Negation sein.«[22] Diese Struktur erkennt Patterson in Raaflaubs griechischer Entdeckungsgeschichte der Freiheit wieder: Die Freiheit wird zum Wert, indem sie den Zustand der Sklaverei negiert, der darin selbst bereits als eine erste Negation erscheint; die Freiheit ist die Negation der Negation, die die Sklaverei ist.

Liest man Raaflaubs griechische Entdeckungsgeschichte der Freiheit mit Patterson (und also mit Hegel), dann tritt aber nicht nur in aller Schärfe hervor, dass es die Freiheit überhaupt nur als ein Resultat – also nicht als unmittelbares Sein – einer doppelten Negation – der Negation ihrer Negation – gibt: dass also der Existenz der Freiheit ihr Verlust vorausgeht (und die Freiheit deshalb allein als Befreiung existiert). Patterson betont auch die Konsequenz, die Hegel daraus zieht. Diese Konsequenz formuliert Hegel im Begriff des Neuen: Die aus der Negation der Unfreiheit geborene Freiheit ist neu – eine »neue Form« (so sagt Hegel über das »Resultat« der »bestimmten« Negation: der Negation, die produktiv ist[23]). Die Freiheit ist neu, weil sie nicht immer schon da ist; so wie es das archaische Freisein war, das nicht gewonnen oder erkämpft, sondern biologisch ererbt ist. Die Freiheit, die ein »Wert« oder »Ideal« ist, existiert nicht von sich aus und von selbst, sondern muss immer erst hervorgebracht werden. Aber deshalb, so hebt Patterson, wiederum mit Hegel, hervor, gewinnt die durch Negation gesetzte Freiheit auch einen neuen Inhalt. »[D]ie Freiheit ist mehr als bloß eine doppelte Negation. Sie ist fortdauernd aktiv und schöpferisch.«[24] Die Befreiung ist also nicht deshalb die Negation der Negation, weil sie zu dem ursprünglichen Zustand zurückkehrt, so wie er vor der ersten Negation – der Sklaverei als Negation – bestand. Wer die Erfahrung der Unfreiheit gemacht hat und diese Negation ihrerseits negiert, »wird für sich selbst ein neuer Mensch« (ebd.). Er versteht sein Freisein – sein Freigewesensein – vor der Unfreiheit auf ganz neue Weise. Darin ist die Befreiung schöpferisch: dass sie das Alte neu zu sehen lernt.

Das bedeutet es, mit Raaflaub zu sagen – wenn wir es mit Pattersons Augen lesen –, dass die Freiheit von den Griechen »entdeckt« wurde: Dass die Griechen den Wert der Freiheit entdeckt haben, heißt, dass sie (i) die Freiheit der Sklaverei entgegengesetzt, darin (ii) die Sklaverei als Negation verstanden und damit (iii) die durch die Sklaverei negierte alte Existenz ganz neu beschrieben haben. Die Griechen lernen durch die Erfahrung der Unfreiheit zu sehen, was an der Existenz, die sie bloß deshalb »frei«, *eleútheros*, nannten, weil sie darin unter sich, *chez soi* oder *at home* waren, wahrhaft oder »positiv« (Raaflaub) frei war, weil sie dies nun negatorisch verstehen, als Entgegensetzung zur Unfreiheit. Die Setzung der neuen Freiheit ist, griechisch oder dialektisch verstanden, eine Umbeschreibung, eine schöpferische Aneignung des alten Seins: Selbsterfahrung als (Selbst-)Bewusstwerdung.

Damit ist klar, weshalb und in welchem Sinn die griechische Entdeckung der Freiheit die »Emanzipation des Bewußtseins« (Marcuse) ist. Sie ist die Emanzipation *durchs* Bewusstsein. Es gibt keine Freiheit, als Wert, Ideal oder Idee, ohne sich der Freiheit bewusst zu sein, und sich der Freiheit bewusst zu sein heißt, sie der Unfreiheit entgegenzusetzen. »Freiheit« heißt *Begriff* der Freiheit; die Entstehung der Freiheit und die ihres Begriffs sind eins. Die Befreiung besteht darin, ein Bewusstsein, einen Begriff von dem, was man ist, zu gewinnen: ein Bewusstsein davon, was am Freisein Freiheit ist. Und das ist ein geschichtlicher Prozess, also ein Prozess, der durch die (Negation der) Negation hindurchführt; denn wenn die Geschichte der »Übergang« ist, in dem »neue Formen« entstehen (Hegel), dann ist die Geschichte ein Prozess der Negation. Die Befreiung ist die Emanzipation des Bewusstseins, weil sie eine begreifende, schöpferisch neudeutende Aneignung des vormaligen Seins ist – des Frei(gewesen)seins, das sich dadurch, retrospektiv und prospektiv zugleich, in die Freiheit verwandelt haben wird. Die griechische Entdeckung der Freiheit ist dialektisch (oder die Dialektik ist griechisch).

An dieser Stelle, mit dieser dialektischen Struktur, endet die Übereinstimmung zwischen Raaflaub und Patterson. Patterson knüpft an Raaflaub an, weil dessen Erzählung ihm am griechischen Beispiel vorführt, was er am Schluss seiner Sklavereianalyse vermutet hatte: dass die Freiheit aus der Unfreiheit geboren wird, dass die Geburt der Freiheit eine dialektische Struktur hat. Aber Patterson streitet mit Raaflaub darüber, wer, wann und weshalb das archaische Sein der Freiheit zuerst in einen zentralen Wert transformiert hat. In dieser Kontroverse geht es vordergründig um die historiographische Evidenz.[25] Es geht darum, durch welche – und wessen – Erfahrung der Unfreiheit die Freiheit entdeckt wurde. Ist es, wie Raaflaub zeigt, die »Auseinandersetzung mit der andersgearteten Gesellschafts- und Herrschaftsstruktur und dem ausgeprägten Herrschaftsanspruch nichtgriechischer Völker« – also eine Bedrohung von außen?[26] Oder wurde, wie Patterson meint, »die Freiheit [...] aus der Erfahrung der Sklaverei geboren«,[27] die die neue Gattung der Tragödie in aller Drastik vor Augen zu stellen vermochte? Die Konsequenzen dieses Unterschieds sind weitreichend.[28] Durch sie wird die historiographische Kontroverse zwischen Patterson und Raaflaub – darüber, wer aus welcher Perspektive die Freiheit erfunden hat – zu einer begrifflichen. Es geht darin um einen Unterschied, ja Gegensatz, der dem westlichen Freiheitsbegriff eingeschrieben ist – der diesen Begriff ausmacht.

Auf der einen Seite steht Raaflaubs These, dass durch die Perserkriege im frühen 5. Jahrhundert v. u. Z. die Freiheit zu einem zentralen griechischen Wertbegriff wurde. Der Krieg gegen die Perser wird von den Griechen als Freiheitskampf beschrieben; in diesem Krieg geht es nach Herodot um nicht weniger als darum, ob »aus dem freien Hellas ein geknechtetes« wird. Es geht darum, »die Athener zu Sklaven [zu] machen oder [zu] befreien«.[29] Durch diese Auseinandersetzung, so kommentiert Christian Meier Herodot, wurde »Europa von Asien ›abgespalten‹.«[30] Sie bringt die Griechen dazu, ihr eigenes Leben als ein Leben der Freiheit zu beschreiben. Das definiert nach Raaflaub die Struktur der griechischen Freiheitsentdeckung: Sie erfahren die Unfreiheit in der Form einer Herausforderung, die bedroht und gefährdet, was sie sind und haben. Daher heißt den Wert der Freiheit hervorzubringen für die Griechen, sich gegen diese Herausforderung zu behaupten; Freiheit heißt Selbstbehauptung. Sie ist der Vorzug, den die Griechen entdecken, indem sie sich gegen die fremde Bedrohung erfolgreich verteidigen.[31] Frei zu sein *besteht* demnach darin, eine tödliche Gefahr – wie die Gefahr, die den Griechen von der persischen Tyrannei drohte – siegreich zu bestehen. Und weil dies bedeutet, sich selbst beherrschen zu können; weil »Freiheit« also Selbstbeherrschung heißt, beansprucht der Freie, auch über andere zu herrschen. Die Freiheit, die man sich nach Athener Ansicht im Kampf »verdient« hat, begründet für sie einen »Anspruch auf die Herrschaft«. Wir sehen hier, so Raaflaub, »wie rasch diese aus bitterer Erfahrung gewonnene Einsicht [in die Bedrohung der Freiheit] zum Schema erstarrt, durch ›Ideologie‹ und Propaganda pervertiert und zur Konstruktion einer von der Realität weit abweichenden Überlegenheitsillusion und eines daraus abgeleiteten Herrschaftsanspruchs der freien Griechen gegenüber den orientalischen ›Sklavenvölkern‹ mißbraucht worden ist«. Das ist Raaflaubs griechische Genealogie der Freiheit: Die Freiheit wird in der Selbstbehauptung geboren, und deshalb heißt frei zu sein hier, zu herrschen. »Wirklich frei konnte nur sein, wer selber herrschte.«[32]

Ganz anders Pattersons Erzählung von der griechischen Hervorbringung der Freiheitsidee. Hier erweist sich am geschichtlichen Fall, was in Pattersons Sklavereibuch noch eine bloß spekulative These war: dass zu dem Gedanken der Freiheit nur gelangt, wer den Terror und Horror der Sklaverei erfahren hat. Denn nach Patterson (und gegen Raaflaub) zeigt die griechische Geschichte des Freiheitsbegriffs: »Die Sklaverei hat zumindest anfangs die Idee der Freiheit hervorgebracht.«[33] Diese Hervorbringung aber ist ein komplexer Prozess. Denn weder führt bereits das Erleiden der Sklaverei dazu, den Wert oder die Idee der Freiheit auszubilden. Noch kann das zufriedene oder glückliche Bewusstsein, das diejenigen, die als Gleiche guter Abstammung zusammenleben, von ihrem privilegierten Status als »Freie« haben, schon mit dem Gedanken der Freiheit gleichgesetzt werden. Vielmehr bringt erst eine radikal neue Weise, die Sklaverei darzustellen und zu erfahren, die Idee der Freiheit hervor.

Das Medium dieser neuen Erfahrung ist die Gattung der Tragödie. Während in Raaflaubs Geschichte der griechischen Freiheit Herodots Historien und Pindars Lieder, die Darstellungen des Sieges und die Dichtungen der Sieger, im Zentrum stehen, ist nach Patterson die griechische Entstehung des westlichen Freiheitsbewusstseins nur aus der ganz anderen Erfahrung der Unfreiheit zu verstehen, die erst die Tragödie möglich gemacht hat. Denn die Tragödie erzählt nicht von einer siegreich überwundenen Gefahr, sondern vom Schicksal der Versklavung. Genauer: Sie erzählt von der Versklavung, die die Frauen im Krieg erleiden; die Tragödienerfahrung der Versklavung ist weiblich.[34] Das ist eine ganz andere Erfahrung der Unfreiheit als die der männlichen Griechen, die von den Persern in ihrer politischen Selbständigkeit bedroht wurden. Sie ist anders, weil die in der Tragödie dargestellte Unfreiheit ebenso real wie total ist. Sie ist der wirkliche und gänzliche Verlust des vorherigen Status, nicht nur die von außen drohende Gefahr, eines Privilegs – des Privilegs der politisch Aktiven, also von Männern – beraubt zu werden. Dieser radikale Verlust, den die versklavten Frauen erleiden, bringt die Tragödie so zur Erfahrung, dass er von den Zuschauern als ihr eigener erlebt wird. Auch die Historien, ja selbst schon das Epos kannten Darstellungen der Sklaverei und des Leidens an ihr. Aber erst die mimetische Logik der Tragödie, die nicht mehr von etwas berichtet, sondern es gegenwärtig vorstellt, macht die Sklaverei zum Gehalt einer Erfahrung, in der sie den Zuschauern als ihr eigenes – mögliches oder wahrscheinliches – Schicksal lebhaft vor Augen gestellt wird.

Damit verändert sich das Verhältnis zur Sklaverei grundlegend. Es wird von einem Verhältnis der Entgegensetzung zu einem Verhältnis der Empathie. Die »Entgegensetzung [*contradistinction*] zum Nichteinheimischen, dessen extremer Fall der Sklave war«, definierte, wie gesehen, bereits das archaische Verständnis der Gemeinfreiheit. »Die Masse der griechischen Männer hat diese wertvolle Unterscheidung niemals aus den Augen verloren.«[35] Aber das heißt nur: Ein Sklave – wie die Fremden – wollte man selbst auf keinen Fall sein oder werden (sondern sich weiter des »heimatlichen Tags« erfreuen); das ist die Einstellung, aus der Solon die Schuldknechtschaft abschaffte und aus der die drohende Tyrannei der Perser bekämpft wurde. Die Einstellung zu den versklavten Frauen, die die Tragödie aufführt, ist eine ganz andere. Es ist die Einstellung der Empathie, des Mit- oder Nachvollzugs ihres Schicksals. Deshalb ist auch die Idee der Freiheit, die aus der mimetischen Identifikation mit den versklavten Frauen geboren wird, eine ganz andere als in der »kontradistinktiven« Beziehung der griechischen Männer zur Knechtschaft. Erst hier kommt es zu einer wahrhaft schöpferischen Neubeschreibung des verlorenen »heimatlichen Tags«; erst hier wird entdeckt, was ihn zu einem freien gemacht hatte – ohne dass es damals jemand gewusst hatte und zu schätzen vermochte. Um frei zu werden, musste der heimatliche Tag erst verloren werden. Das belegt für Patterson – wie er bereits mit Hegel (und Paulus) vermutet hat –, dass erst die Erfahrung des totalen Verlusts, des Verlusts von allem, das einem wichtig und wertvoll ist, ja von allem, das man *ist*, die Freiheit hervorbringen konnte. Oder dass nur das »Freiheit« genannt werden sollte, das aus dieser Erfahrung des totalen Verlusts hervorgeht.

*

Das also ist die Alternative, die zwischen Raaflaub und Patterson zur Entscheidung steht. Sie betrifft die Erfahrung der Unfreiheit, aus der die griechische Idee der Freiheit hervorgebracht wurde. Handelt es sich um eine Gefahr, um die Drohung einer – möglichen oder wahrscheinlichen – Beraubung? Oder handelt es sich um einen gegenwärtigen Zustand totalen Selbst- und Seinsverlusts, der, wenn schon nicht wirklich erfahren, so doch wenigstens empathisch-mimetisch nachempfunden wird? Daraus, wie die Unfreiheit erfahren wird, folgt, wie die Freiheit und ihre Entdeckung selbst verstanden werden. Wird die Freiheit in der Erfahrung entdeckt, sich angesichts einer tödlichen Gefahr selbst beherrschen zu können, dann besteht sie darin, über andere zu herrschen. Wird die Freiheit hingegen von denen entdeckt, die erfahren haben, worin der »soziale Tod« eines Lebens in gänzlicher Ohnmacht besteht, und daher wissen, was es heißt, wahrhaft selbstbestimmt zu leben, dann richtet sie sich nicht nur gegen meine oder unsere Knechtschaft, sondern gegen *die* Knechtschaft – gegen jede Knechtschaft überhaupt. Ist also die Freiheit »eine Erfindung *herrschender* Stände« (wie Nietzsche sagt) und damit die Freiheit von Anfang an ein »zentraler Rechtfertigungsbegriff von Herrschaft«?[36] Oder ist »der Anfang« der Freiheit die »Furcht des [Knechts vor dem] Herrn«, wie Hegel sagt? Hat die Freiheit also eine »niedrige, servile Quelle«[37] und ist sie damit die Negation der Negation – die Negation derjenigen Negation, die die Knechtschaft ist?

Auf diese Fragen gibt es keine einfache Antwort. Es gibt sie nicht, weil die Freiheit nicht einfach – nicht einfach Freiheit *oder* Herrschaft ist. Freiheit und Herrschaft sind in der Idee der Freiheit – die Meier die Idee Europas und Patterson die des Westens nennt – miteinander verzahnt. Die Befreiung ist von Anfang an eine Rechtfertigung von Herrschaft; das zeigt Raaflaubs Genealogie. Aber sie ist zugleich – das ist die andere Seite, die Patterson herausstellt – die Bewegung, die die Herrschaft angreift und in Frage stellt. Die Befreiung führt zur Herrschaft und sie führt über die Herrschaft hinaus. Die Befreiung führt also über sich selbst hinaus. Sie tut dies, wenn sie aus der Erfahrung der Knechte hervorgeht. Die Freiheit ist also nicht einerseits mit der Herrschaft im Bunde und andererseits deren Infragestellung (wie es den Anschein hat, wenn man Raaflaubs und Pattersons Geschichten nebeneinanderlegt). Die Freiheit ist die Bewegung, die Bewegung der Befreiung, von der einen zur anderen Seite. Oder die Freiheit ist die Bewegung, die die Befreiung radikalisiert, von ihrer Komplizenschaft mit der Herrschaft zu befreien versucht. Sie ist die Befreiung der Befreiung.

Das geschieht nach Patterson, wenn die Erfahrung der Unfreiheit, aus der die Freiheit geboren wird, konsequent und fundamental und damit die Freiheit nicht als das Vorrecht herrschender Stände, sondern von ihrer niedrigen, knechtischen Quelle her gedacht wird. Wir müssen nun zunächst sehen, wie die Freiheit dann bestimmt wird. Und wir werden danach sehen, dass damit die Verzahnung von Freiheit und Herrschaft nicht aufgelöst ist. Die westliche Freiheitsidee wird dieses Problem nicht los; die Knechtschaft kehrt im Inneren der Freiheit wieder.

Die Spannung, die den Begriff der Freiheit von seiner griechischen Entdeckung her durchzieht, und der Schritt, der von der einen zur anderen Seite führen kann, zeigen sich exemplarisch am Begriff der Demokratie. Denn die Freiheit, sagt Aristoteles, ist ihr »bestimmende[s] Kennzeichen«. Die Freiheit definiert die »Würdigkeit« in der Demokratie – sie ist es, was die Demokratie hochschätzt, ja, worin sie nach Perikles ihr »Glück« sieht.[38] Aber wie sich an den Genealogien von Raaflaub und Patterson zeigt, kann das auf zwei ganz verschiedene, ja entgegengesetzte Weisen verstanden werden.

Das erste Verständnis (das Raaflaub hervorhebt) ist politisch. Es definiert, so Herodot, die demokratische Freiheit als die »Herrschaft des Volkes« durch die »Gleichberechtigung aller«; demokratische Freiheit heißt, so erläutert Thukydides, dass »in den Streitigkeiten der Bürger alle ihr gleiches Teil« haben.[39] So ist es zu verstehen, dass die Freiheit in der Herrschaft besteht: Sie besteht darin, dass jeder den gleichen Teil an der Herrschaft hat. Freiheit und Herrschaft bedingen sich daher in der Demokratie gegenseitig. Und deshalb schließt die demokratische Freiheit aus, ein Sklave zu sein – aber sie schließt nicht aus, Sklaven zu haben, und auch nicht, über andere, andere Menschen und andere Städte, zu herrschen. Die Freiheit des demokratischen Athens – so erklären es seine Gesandten den Spartanern[40] – berechtigt es, Herrschaft auszuüben.

Das zweite Verständnis der demokratischen Freiheit (das Patterson entfaltet) hingegen ist »persönlich«. Es bedeutet, dass jeder »Erlaubnis hat [...] zu tun was er will« – »dass man lebt wie man will«.[41] Diese zweite Bestimmung demokratischer Freiheit setzt sie der Sklaverei – der Sklaverei als solcher oder überhaupt – entgegen; »wenn es denn zutrifft, daß es für einen Sklaven charakteristisch ist, nicht leben zu können, wie er möchte«.[42] Wer dies, sei es am eigenen Leib oder empathisch-mimetisch am Schicksal einer anderen, erlebt hat, will nicht nur die Freiheit, die in der gleichen, demokratischen Beteiligung an der Herrschaft – der kollektiven Selbstregierung – besteht. Die Demokraten wollen noch mehr und anderes. Sie wollen »nicht unter der Macht eines anderen stehen oder nicht durch die Macht eines anderen gehindert werden, das zu tun, was wir möchten«.[43] Sie wollen ihre persönliche Freiheit.

Diese beiden Definitionen demokratischer Freiheit, die die Griechen aus der Erfahrung der Unfreiheit hervorbringen, stehen von Anfang an in Spannung. Die griechischen Kritiker der Demokratie, Platon und Aristoteles, sehen in der persönlichen Freiheit – zu handeln und leben, wie man will – eine Gefährdung der politischen; sie führt in die Anarchie, die Ablehnung des Gesetzes.[44] Patterson dreht dieses Urteil um: Es ist die erste Definition demokratischer Freiheit, die bei ihrer Gleichsetzung mit der Herrschaft stehen bleibt, welche in Unfreiheit umschlägt (so wie es, mehr noch als in Athen, in Sparta geschah, dessen »Herrenklassen-Verständnis der Freiheit« zum »herrschenden Modell der westlichen Freiheit« wurde[45]). Das »persönliche« Verständnis der demokratischen Freiheit steht daher nicht neben dem ersten, politischen. Es ist vielmehr der Ausdruck einer »revolutionären Entwicklung« (Patterson), die die Bedeutung der Freiheit im Ganzen verändert: die einen neuen Begriff der Freiheit schafft; die Befreiung von der falschen, autoritären Freiheit, die im ersten Schritt hervorgebracht wurde.

Damit ist aber noch nicht erklärt, worin die – von Patterson so genannte – »persönliche« Freiheit, die Freiheit jenseits der herrschenden und herrschaftlichen Freiheit, besteht. Die Grundformel, die Platon und Aristoteles prägen – so handeln oder leben, wie man will –, gibt darüber noch keine Auskunft (und verleitet überdies zu negativen, individuellen, kurz: liberalen Fehldeutungen). Sie gewinnt ihre Bedeutung aber aus Aristoteles' Hinweis, dass es genau dies ist, was den Freien vom Sklaven unterscheidet. Denn der Sklave kann nicht so leben, wie er möchte. Das scheint klar; denn der Sklave lebt unter dem Befehl des Herrn. Die Versklavten sind ohnmächtig, weil sie der unbeschränkten Macht der Herren ausgeliefert sind. Sie müssen »nach dem Willen eines anderen leben«, sie sind das »Instrument«, ja der »Ausdruck des Seins eines anderen«.[46] Aber erst eine genauere Erläuterung der Kondition, des Zustands der Versklavten kann klären, worum es in der Freiheit, zu tun, was man will, geht: worin die Freiheit, die die Demokraten hochschätzen – die ihr Ideal ist –, in ihrem Wesen besteht.

Dass die Versklavten ohnmächtig sind und nur das Sein eines anderen ausdrücken, heißt, dass sie kein eigenes Sein haben; ihr Sein ist ihr – soziales – »Nichtsein«. Der Sklave ist nach Pattersons Definition eine »sozial tote Person«, die Sklavin ist »desozialisiert und entpersonalisiert«, eine »Nichtgeborene (*non-né* [Claude Meillassoux])«, eine lebende Tote oder tote Lebende.[47] Die Ohnmacht der Versklavten reicht daher viel weiter oder tiefer, als nur des eigenen Willens – der Macht, selbst entscheiden zu können, was man tun will – beraubt sein. Ihre Ohnmacht ist nicht weniger als ihre »soziale Negation«[48]: die Zerstörung oder Bestreitung jeglicher sozialen Existenz, die darin besteht, etwas *tun* zu können – irgendetwas tun zu können, das sozial zählt; das einen Unterschied machen, einen Anspruch erheben kann. Es ist unzureichend und daher in der Konsequenz irreführend, den Zustand der Versklavten so zu beschreiben, dass sie der Macht beraubt sind, selbst zu entscheiden, wie sie handeln wollen (denn es wird sogleich auf den Einwand stoßen, dass dies in einem gewissen

Maß für jeden, auch für die Herren, gilt). Die Ohnmacht der Versklavten reicht viel tiefer: Sie können überhaupt nicht handeln. Denn zu handeln heißt nicht, sich zu bewegen, sondern etwas zu vollbringen, und das ist sozial definiert: durch soziale Anerkennung. Was immer die Versklavten – in einem elementaren, unspezifischen Sinn des Wortes – tun mögen, sie *handeln* nicht.

Deshalb sind die Versklavten, umgekehrt, zugleich die ersten, die erfahren, was Handeln ist und weshalb Handeln Freiheit ist. Weil man sie der Fähigkeit zu handeln beraubt hat (und sie so behandelt und ansieht, als hätten sie diese Fähigkeit gar nicht und wären deshalb zu Recht Sklaven, »Sklaven von Natur« [Aristoteles]), deshalb sind es die Versklavten, die zum ersten Mal begreifen, was diese elementare, gewöhnliche, eben daher übersehene Fähigkeit zu handeln ausmacht und weshalb es nichts anderes als diese Fähigkeit ist, die den Kern unserer Freiheit ausmacht. Das ist die Konsequenz von Pattersons Erzählung davon, wie aus der Erfahrung der Sklaverei die Freiheit hervorgebracht wird: Die Erfahrung des sozialen Tods der Sklaverei führt zu einer schöpferischen Neubeschreibung des verlorenen Zustands, die im Gewöhnlichen und Gewohnten – in den alltäglichen Verrichtungen, in unseren geläufigen Tätigkeiten – eine Freiheit entdeckt, die denen, die ihren Verlust nicht erleiden mussten und ihn nicht mit- oder nachzuempfinden wagen, unbekannt bleiben muss. Die Befreiung ist die Verklärung des Gewöhnlichen durch seinen Verlust – die Affirmation des Gewöhnlichen als die Negation seiner Negation.

Worin aber besteht die Freiheit zu handeln, die die Versklavten als verlorene, ihnen geraubte und abgesprochene erinnern und daher hochschätzen, ja verklären? Weshalb – in welchem Sinn – heißt handeln zu können, frei zu sein? Die Antwort findet sich in Aristoteles' Bestimmung des Handelns. Aristoteles definiert: Jede Handlung »geschieht [...], wann sie geschieht, freiwillig«; in seinem Vollzug ist das Handeln freiwillig. Aristoteles' Begründung dafür lautet: »Denn das Prinzip [*arché*], das [...] die Glieder des Leibes bewegt, liegt in dem Handelnden selbst. Liegt aber das Prinzip der Handlung in ihm, so steht es bei ihm, sie zu verrichten oder nicht.«[49] Handlungen sind also Bewegungen, »die bei uns stehen«,[50] und dass sie bei uns stehen (und wir daher entscheiden können, ob wir sie ausführen oder nicht), heißt, dass Handlungen Bewegungen sind, die »in unserer Macht stehen«. Dadurch definiert das Handeln die Freiheit im ebenso elementaren wie fundamentalen Sinn: Freiheit oder Handelnkönnen heißt, »daß der Mensch das Prinzip und der Urheber seiner Handlungen sei«.[51]

Entscheidend an dieser Handlungs- als Freiheits-Definition ist der Begriff des »Prinzips«, *arché*. Das darf insbesondere nicht als Ursache (im neuzeitlichen Sinn: als verursachendes Ereignis) verstanden werden; zu handeln heißt nicht, etwas zu verursachen. Was *arché*, handlungstheoretisch verstanden, bedeutet, zeigt sich deutlich vor dem Hintergrund der Wortgeschichte. Nach Heidegger meinte *arché* traditionell zweierlei: »[E]inmal das, von woher etwas seinen Ausgang und Anfang nimmt; zum anderen das, was zugleich als dieser Ausgang und Anfang über das Andere, was von ihm ausgeht, weggreift und so es einbehält und damit beherrscht.«[52] *Árchein* heißt also traditionell erstens, etwas anzufangen – etwa, indem man anführt oder befiehlt –, und zweitens, etwas zu beherrschen – etwa, indem man die Ausführung kontrolliert. *Arché* ist also einerseits die Macht des Anfangens und andererseits die Macht des Beherrschens. Mit dieser traditionellen Aufteilung bricht Aristoteles' Handlungsdefinition. Darin besteht nach Reiner Schürmann ihre »Innovation«: Sie verbindet »die beiden Bedeutungen, Anfangen und Beherrschen, in ein und demselben abstrakten Begriff«.[53] Der Handelnde ist das »Prinzip«, *arché*, der Handlung, weil er sie nicht nur anfängt, sondern zugleich auch – und zwar ebendadurch, dass er sie anfängt – über sie, bis zu ihrem Ende, herrscht. Handelnkönnen ist die Fähigkeit, in der das traditionell Unterschiedene, die Macht, anzufangen, und die Macht, das Angefangene zu beherrschen, in eins fallen.

Weshalb (und in welchem Sinn) dies bedeutet, dass Handelnkönnen Freiheit heißt, zeigt sich daran, dass durch Aristoteles' Bestimmung der Handlung mit der ersten Unterscheidung, der von Anfangen und Beherrschen, zugleich auch eine zweite aufgehoben wird, die für das traditionelle Verständnis der *arché* konstitutiv war. Denn zwischen der Macht des Anfangens und der Macht des Beherrschens zu unterscheiden impliziert zugleich, zwischen dem Anfangen und der Ausführung zu trennen. Das zeigt sich nach Hannah Arendt darin,

> dass sowohl das Griechische wie das Lateinische zwei Wörter für das Wort »handeln« hat, denen zwei voneinander streng geschiedene Vorgänge entsprechen. Im Griechischen handelt es sich um die Wörter ἄρχειν (archein; anfangen, führen und herrschen) und πράττειν (prattein; etwas durchführen und es vollbringen). Dem entsprechen im Lateinischen die Wörter »agere« (etwas in Bewegung setzen) und »gerere«, jenes tragende und ertragende Weiterführen, das dann in den »res gestae« zu den Taten und Ereignissen wird, die wir geschichtlich nennen.[54]

Die beiden Unterscheidungen – zwischen Anfangen und Beherrschen sowie zwischen Anfangen und Ausführen – bedingen einander: Nur wenn Anfangen und Ausführen geschieden sind, bedarf es der von der Macht des Anfangens unterschiedenen Macht der Beherrschung (nämlich: der Beherrschung des Ausführens). Nun steht aber hinter der Unterscheidung zwischen dem Anfangen und dem Ausführen nichts anderes als die Unterscheidung zwischen *den* Anfangenden und *den* Ausführenden:

> Das Anfangen kann nur dem zufallen, der Herrscher bereits ist, und dies hieß in Griechenland einem Mann, der einem Sklavenhaushalt vorstand, sich durch Herrschaft von den Notwendigkeiten des Lebens befreit hat und so frei geworden ist für sein Leben in der Polis unter Seinesgleichen; das Anfangen selbst aber fällt mit dem Andere-Anführen zusammen, denn nur mit Hilfe der anderen kann der Anfangende etwas vollbringen (πράττειν).[55]

Die begriffliche Unterscheidung in Anfangen und Beherrschen impliziert eine hierarchisch-positionelle Unterscheidung – die Unterscheidung von Herr und Knecht (der Klassengegensatz ist ubiquitär). Wenn daher im Handeln – nach Aristoteles' Neubestimmung – Anfangen und Beherrschen ineinsfallen, dann heißt dies zugleich, dass der Handelnde ebenso der Anfangende wie der Ausführende ist. Handeln heißt, etwas anzufangen, ohne dass es anderer – Knechte – bedarf, um »seine Befehle auszuführen, seine Entschlüsse zu vollstrecken [...]. Im Handeln gehen Anfangen und Vollbringen ineinander über.«[56] Der Handelnde ist weder Herr noch Knecht – oder er ist zugleich sein eigener Herr und sein eigener Knecht.

Darin besteht die Freiheit der Handelnden: Die Handelnden sind frei, weil sie von Anfang bis Ende *in* ihrem Handeln sind oder weil die Handlung *ihre* ist. Die Macht zu handeln ist nicht die Macht der Verursachung (Kausalität aus Freiheit oder Freiheit als Kausalität), sondern die Macht der Verwirklichung. Die Handelnden fangen an und führen selbst aus, was sie anfangen. Dazu müssen sie *sich* führen; als Ausführende ist ihr Führen nicht auf andere bezogen, die sie befehligen und die sie beherrschen, sondern auf sich selbst. Handeln heißt, sich selbst so zu führen, dass man selbst ausführt, was man angefangen hat. Oder die *arché*, die Macht des Handelnden, besteht darin, sich Zwecke zu setzen, das heißt, (etwas) zu wollen; denn der Wille ist die Macht der Verwirklichung. Die Freiheit des Handelns ist die Freiheit, etwas und darin sich – beides ist im Handeln dasselbe: der Zweck – zu verwirklichen.

Damit ist klar, weshalb der Sklave nicht handelt (und weshalb es ebendeshalb allein die Versklavten sind, die aus dieser radikalen Beraubung heraus die Handlungsmacht als Handlungsfreiheit zu erschließen vermögen). Selbstverständlich bewegt sich die Sklavin und bewirken diese Bewegungen etwas. Aber dieses Sichbewegen und Bewirken hat nicht die Struktur der Verwirklichung. Das gilt in beiden Richtungen: Ihre Bewegungen verwirklichen nicht ihre eigenen Zwecke; der Anfang ihrer Bewegungen liegt außerhalb von ihr und ihnen – in dem Befehl des Herrn. Und daher sind die Veränderungen, die ihre Bewegungen bewirken, auch nicht ihre eigenen Taten; sie werden ihr nicht gutgeschrieben – die Sklavin erfährt keine Anerkennung.[57] Umgekehrt macht genau diese Logik der Verwirklichung, die das Handeln als Handeln definiert und die die Sklavin nicht realisiert, die – zweite – Bestimmung der demokratischen Freiheit aus: so leben oder handeln, wie man will. In der Macht, diese Entsprechung – dieses »So-wie« – herzustellen, besteht die neue Freiheit, die die Versklavten in ihrer alten, verlorenen Existenz entdecken. Sie entdecken im Rückblick, wie unendlich bedeutsam und wertvoll es gewesen ist, sich im Handeln führen und verwirklichen zu können, und machen dies zum Zentrum einer neuen freien Lebensform (die sie »Demokratie« nennen).

Diese Neubestimmung der Freiheit lässt sich in zwei Punkten zusammenfassen. Der erste Punkt ist strukturell, der zweite genealogisch. Den ersten Punkt macht Arendt. Sie hält fest, dass die entscheidende griechische Bestimmung der Freiheit im Handeln besteht (und das heißt: nicht im Willen): Es geht um ein »Freisein, das nur im Handeln erfahren wird.« Dies bedeutet, die Freiheit als ein »Prädikat des Könnens« zu begreifen.[58] Das ist nach Arendt, trotz der christlichen Abtrennung des Wollens vom Können, auch noch oder wieder die Grundbestimmung der Freiheit »für uns«: »Wille, Willensmacht und Wille zur Macht sind für uns nahezu identische Begriffe.«[59] Diese Macht richtet sich gegen jede – äußere oder innere – »Notwendigkeit«, die »blockiert, dass ich tue, was ich weiß und will«: »[D]ie Macht, die diesen Umständen begegnet, die also gleichsam Wollen und Wissen von ihrer Unterwerfung unter die Notwendigkeit befreit, ist das Ich-kann. Nur wo das Ich-will und das Ich-kann zusammenkommen, wird die Freiheit Wirklichkeit.«[60] Die Freiheit ist Macht: die Macht, zu handeln – selbst anfangen *und* selbst ausführen zu können.

Den zweiten, genealogischen Punkt macht Patterson. Er besteht in der These, dass diese praktische Freiheitsbestimmung nur verstanden werden kann, wenn sie als *neue* Bestimmung, als die Bestimmung einer neuen Freiheit, begriffen wird. Dass frei zu sein »Ich-kann« heißt, ist gerade nicht die »Wurzel« der griechischen *eleuthería*, die seine Etymologie aufdeckt (wie Arendt an anderer Stelle schreibt[61]). Denn am Anfang meint *eleuthería* gar nicht die Freiheit beziehungsweise die Freiheit der *eleuthería* meint etwas ganz anderes: Sie meint zuerst den Zustand (oder Status), einer von gleicher, guter Abstammung zu sein, der sich von den Fremden unterscheidet, die deshalb Sklaven sein können. Und dann, später, meint die Freiheit der *eleuthería* die Macht der Selbstbehauptung gegen Gefahren und Drohungen von außen: die Selbstbehauptung aufgrund der Macht, sich selbst beherrschen zu können, die einen dazu befähigt und berechtigt, auch über andere zu herrschen. Erst der – geistig-politische – Sklavenaufstand, der sich nach Patterson im Medium der Tragödie zuträgt, befreit die Freiheit und ihre Macht von der Herrschaft. Denn indem die Freiheit »empathisch« aus dem Erleiden des sozialen Todes gebildet wird, setzt sie sich nicht mehr – »kontradistinktiv«, wie nach Patterson die Demokratie der Männer – der eigenen Knechtschaft entgegen, sondern *der* Sklaverei: der Sklaverei als solcher, überhaupt. Das geschieht durch eine Operation kritischer, genauer: reflexiver Erinnerung. Die Befreiung ist Erinnerung, und die Erinnerung ist hierin eine Operation kritischer Reflexion.[62] Darin beziehen sich die – real oder mimetisch – Versklavten auf ihre vormalige Freiheit zurück, aber dieser Rückbezug ist nicht restaurativ, sondern transformativ. Sie werden sich dessen in ihrem früheren Leben vor ihrer Versklavung bewusst, was nicht mit Herrschaft kontaminiert war – was sich aus der Kontamination mit der Herrschaft retten lässt (denn vor ihrer Versklavung sind die Frauen, deren Schicksal die Tragödie beweint, selbst Herrinnen, also Sklavenhalterinnen gewesen). Das bringt das neue Verständnis der *arché* als Handlungsmacht hervor. Sie ist der Effekt einer kathartischen Erinnerungsarbeit, einer reflexiven Bewusstwerdung, die durch die empathische Entgegensetzung zur Sklaverei die Freiheit von der Herrschaft – das heißt: *jeder* Herrschaft – reinigt, mit der sie bisher immer verbunden war.

Deshalb endet mit der schöpferischen Entdeckung der neuen Freiheit des Handelns auch die Scheidung in Herren und Sklaven. Der Sklave kann nicht handeln (denn er ist sozial tot), aber die Herrin kann es auch nicht. Soll das bedeuten, dass ebenso Sklaven wie Herrinnen gar nicht handeln? Nein – und ja: Nein, denn selbstverständlich tun beide irgendetwas und bewirkt dieses Tun irgendetwas. Ja, denn soweit sie, ebenso von anderen wie von sich selbst, *als* Sklaven oder Herrinnen beschrieben werden, kann das, was sie tun – ihr Sichbewegen –, nicht als Handeln und das, was sie können – zum Beispiel: verursachen, dass sie sich bewegen –, nicht als Handlungsmacht oder gar Handlungsfreiheit bezeichnet werden. Für den Sklaven gilt das, weil er sozial tot ist – also von allen so behandelt wird und sich daher selbst so erfährt. Für die Herrin gilt das, weil sie die Anführende und Beherrschende ist – ebenfalls, weil sie von allen so behandelt wird und sich daher selbst so erfährt. Sklave und Herrin sind soziale Tatsachen, die begrifflich konstituiert sind, und es sind die Begriffe »Sklave« und »Herrin« (und damit die soziale Wirklichkeit, die sie ausmachen), die es ausschließen, dasselbe Individuum mit den Begriffen »Handeln«, »Handlungsmacht«, »Handlungsfreiheit« zu beschreiben. Das heißt umgekehrt, dass die – neu geschaffenen, neu definierten – Begriffe des Handelns, der Handlungsmacht als Handlungsfreiheit, ihrerseits die Begriffe und damit die Wirklichkeit von Sklaven und Herren negieren. Die Handelnde ist weder Herrin noch Sklavin. Sie steht jenseits dieses Gegensatzes, sie schafft ihn ab. Nur in der Freiheit des Handelns erfüllt sich der Anspruch des persischen Demokraten Otanes, von dem Herodot berichtet: »Ich will nicht herrschen und will nicht dienen.«[63] Nur das Ich, das handelt, fängt selbst an – und dient daher nicht – und führt selbst aus – und herrscht daher nicht. Dieses demokratische, praktische Ich, das weder dient noch herrscht, ist das Produkt der griechischen Befreiung: der Befreiung der Freiheit von ihrer eigenen, inneren Herrschaft. Diese Befreiung vollzieht sich dialektisch: aus der Erfahrung der Unfreiheit, als Negation ihrer Negation. Deshalb kann man diesem praktisch-freien Ich, das sich in Aristoteles' Begriff des Handelns ankündigt, auch seinen modernen Hegel'schen Namen geben: »Subjekt«.[64]

Die Arbeit der Befreiung

Die griechische Genealogie der Freiheit, die Orlando Patterson entwirft, zeigt, wie der Begriff der »persönlichen« – mit Hegels Wort: subjektiven – Freiheit aus der empathischen Erfahrung der Sklaverei gebildet wird. Diese Bildung des Begriffs der Freiheit ist ein Akt der Befreiung. Sie ist die Befreiung von der Freiheit: von der – alten, archaischen – Freiheit der Gutgeborenen durch einen schöpferischen Akt verändernder Bewusstwerdung. In diesem Akt der erinnernden Befreiung oder befreienden Erinnerung entdecken wir die – wahre, subjektive – Freiheit, die in unserem Handelnkönnen, in der Macht des Handelns, bereits enthalten ist. Wir werden uns ihrer (und damit unserer selbst) bewusst. Wir werden uns dessen bewusst, dass wir durch unsere Macht des Handelns schon frei sind.

Aber damit entdecken wir noch mehr und anderes. Wir entdecken nicht nur, dass wir die Macht zu handeln haben und darin auf eine bisher unbekannte, ungedachte Weise frei sind. Wir entdecken auch, wie diese Macht, derer wir uns bewusst werden, hervorgebracht wurde: dass wir sie nur haben, weil wir uns zu ihr befreit haben. Wir befreien uns, indem wir uns bewusst werden, dass wir uns schon befreit haben; wir befreien uns, indem wir uns der Befreiung bewusst werden, in der wir zu denen wurden – nämlich: zu Subjekten –, als die wir uns nun zu begreifen lernen. Die Befreiung durchs Bewusstsein ist das Bewusstsein der Befreiung. Denn nicht nur der *Begriff* des Subjekts, sondern das, worauf er sich bezieht, die Subjektivität als die Macht des Handelns, ist ein Effekt der Befreiung. Diese Befreiung – derer wir uns bewusst werden – hat aber eine andere Logik und Dynamik als die Befreiung, die sich dadurch vollzieht, dass wir uns bewusst werden. Zum Begriff des Subjekts, zu unserem Selbstverständnis als Subjekte, befreien wir uns durch einen Akt transformativer Bewusstwerdung. Zur Subjektivität, zur Freiheitsmacht des Handelnkönnens, hingegen haben wir uns durch die Arbeit befreit.[65] Wir befreien uns, indem wir uns der Befreiung bewusst werden, die wir bereits erarbeitet haben. Die Befreiung zum Bewusstsein der Subjektivität beruht auf der Befreiung durch die Arbeit.

Exkurs: Selbstbeherrschung und Disziplin

Die These, dass die Befreiung zur demokratisch-freien Subjektivität durch die Arbeit erfolgt ist, ist selbst eine demokratische These. Es ist das Selbstverständnis der demokratisch Freien, dass sie sich ihre Freiheit selbst erarbeitet haben. Ihre aristokratischen Kritiker bestreiten das. Deren Gegenthese lautet, dass es vielmehr ohne Herrschaft – Herrschaft, nicht Arbeit – gar keine Freiheit gibt. Man muss Herrschaft über sich selbst ausüben können, um wahrhaft frei zu sein. Die aristokratische Parole lautet: ohne Herrschaft, *enkráteia*, keine Freiheit; sei es die »despotische Herrschaft« der Seele über den Körper oder die »politische oder königliche« Herrschaft der Vernunft über das Begehren.[66] Subjektivität wird durch Herrschaft konstituiert – in Nietzsches Reformulierung dieses antidemokratischen Arguments: »Bei allem Wollen handelt es sich schlechterdings um Befehlen und Gehorchen.« »Das, was ›Freiheit des Willens‹ genannt wird, ist wesentlich der Überlegenheits-Affekt in Hinsicht auf den, der gehorchen muss: ›ich bin frei, »er« muss gehorchen‹ – dies Bewusstsein steckt in jedem Willen.«[67] Wenn die Demokraten glauben, sich durch die Arbeit selbst befreit zu haben, dann verdrängen sie demnach die entscheidende Wahrheit, dass die Freiheit die Macht der (Selbst-)Beherrschung verlangt, ja, dass sie diese Macht *ist*. Sie verdrängen diese Wahrheit, weil sie zur Selbstbeherrschung zu schwach sind; sie sind herrschaftsvergessen, weil sie herrschaftsunfähig, akratisch, sind. Deshalb verkommt ihre Freiheit zu neuer Knechtschaft.

Der aristokratische Einwand gegen das demokratische Freiheitsbewusstsein ist eine Art umgekehrter, affirmativer und nach innen gewendeter »Repressionshypothese« (Michel Foucault). Er beklagt nicht die Repression, sondern ihr Fehlen: weil es ohne Selbstbeherrschung und Selbstunterdrückung keine Freiheit des Handelns gebe. Dabei übersieht der aristokratische Einwand aber das Entscheidende: dass ein Akt bloßer Beherrschung und Unterdrückung nicht produktiv sein kann. Ein solcher Akt kann auch dann, wenn er als *Selbst*beherrschung und *Selbst*unterdrückung gedacht wird, nicht erklären, wie die – neue, nichtnatürliche – Macht und Freiheit zu handeln hervorgebracht und gebildet wird. Dafür bedarf es eines ganz anderen Verständnisses davon, wie die Handelnden sich auf sich selbst beziehen. Auch für die Macht, die das Subjekt über sich selbst ausübt – die über sich selbst auszuüben die Subjektivität ausmacht –, gilt, was Foucault über die Macht sagt, die auf das Individuum im Prozess seiner Subjektivierung von außen einwirkt (die aber nach Foucault nie nur von außen einwirken kann, wenn sie ein Subjekt hervorbringen soll): »Man muß aufhören, die Wirkungen der Macht immer negativ zu beschreiben [...]. In Wirklichkeit ist die Macht produktiv; und sie produziert Wirkliches.«[68] *Ein* Name für diese produktive Arbeit des Selbst an sich selbst, die die praktische Freiheit des Subjekts hervorbringt, ist »Disziplin«.

Weil die subjektive Freiheit praktisch ist und in der Macht zu handeln besteht, wird sie in Prozessen der Befähigung erarbeitet. Befreiung heißt Befähigung, nicht (Selbst-)Beherrschung, Handlungsmacht heißt nicht Herrschaft, sondern Fähigkeit. Dabei sind Fähigkeiten durch eine doppelte Integrationsleistung bestimmt: durch die (»innere«) Einheit von Geist und Körper und durch die (»äußere«) Einheit von Individuum und Gesellschaft. Jede Fähigkeit ist ein Medium und eine Instanz dieser doppelten Einheit – die Einheit dieser beiden Einheiten – und daher zugleich geistig-körperlich und individuell-sozial. Durch diese doppelte Einheitsleistung bilden die Fähigkeiten die Einheit, die wir »Subjekt« nennen; Subjektivität ist nichts anderes als die praktische Macht (und Freiheit), die durch Fähigkeiten gebildet wird. – Dazu drei kurze Erläuterungen.[69]

(i) Die Macht der Führung: Die beiden Aspekte der Fähigkeit – Einheit von Geist und Körper; Einheit von Individuum und Gesellschaft – bestimmen die praktische Freiheitsmacht des Subjekts in zwei Hinsichten. Eine Fähigkeit zu haben heißt erstens, *sich selbst führen* zu können. Das gilt zunächst für die Bewegungen des eigenen Körpers. Diese Bewegungen werden zu Handlungen, indem sie unter der Führung eines Subjekts stehen; und sie stehen unter der Führung eines Subjekts, wenn es sich so bewegt, dass es darin eine Fähigkeit ausübt. Deshalb bedeutet, sich in seinen körperlichen Bewegungen selbst zu führen, stets zugleich, die eigenen Antriebe, das eigene Begehren und Streben – seine Psyche – selbst zu führen. Das heißt: Indem es Fähigkeiten ausbildet, bildet das Subjekt den Willen; nur indem ich etwas kann,

kann ich es auch wollen, das heißt mein Streben in die Form bringen, sich selbst, also selbstbewusst, den Zweck zu setzen, durch den die Fähigkeit definiert ist; »Fähigkeit« heißt Selbstbewusstsein, Geist. Der Begriff des Zwecks impliziert, dass eine Fähigkeit zu haben zweitens heißt, sich so selbst führen zu können, dass man dadurch *etwas ausführt.* Etwas auszuführen bedeutet nichts anderes, als eine Handlung gelingen zu lassen, und worin das Gelingen einer Handlung und damit die Handlung selbst besteht, ist durch die Praxis, den Handlungszusammenhang bestimmt, zu dem sie beiträgt. Praktiken aber sind soziale Tatsachen; die Standards, die ihr Gelingen definieren – und damit was es heißt, etwas zu tun –, bilden die normative Textur einer Gemeinschaft oder Gesellschaft. Der zweite Aspekt – nach dem eine Fähigkeit zu haben heißt, etwas ausführen zu können – bedeutet daher nichts anderes, als dass handeln zu können darin besteht, etwas – nach sozialer Definition – Gutes tun zu können.

(ii) Zweite Natur: Die Fähigkeiten, die das Subjekt ausmachen, bilden seine zweite Natur. Der Ausdruck »zweite Natur« bestimmt den Ort des Subjekts in den beiden Hinsichten seines Könnens – Sich-führen- und Etwas-ausführen-Können – zwischen erster Natur und sozialer Normativität. Wenn wir das Subjekt als zweite Natur verstehen, verstehen wir es als das Dritte, die Beziehung, die Einheit, von erster Natur und sozialer Normativität. Indem ein Subjekt zu sein erstens heißt, sich selbst führen zu können, bedeutet Subjektivität, sich seinen Körper angeeignet und dadurch einen Willen (und generell den Geist, das Selbstbewusstsein) gebildet zu haben. Beides geschieht, wie gesehen, zugleich: Ich kann nur wollen, was mein Körper ausführen kann. Ich kann daher überhaupt nur etwas wollen, wenn mein Körper es ausführen kann. Ich muss daher meinen Körper befähigt haben, ihn ontologisch oder modal von einer Gegebenheit in ein

Medium praktischer Möglichkeiten verwandelt haben, um mir überhaupt Zwecke setzen zu können, statt bloß von meinen Antrieben umgetrieben zu werden. Die Verwandlung des Körpers und die Bildung des Willens sind eins; sie beschreiben zusammen, was es heißt, die erste Natur eines Individuums in die zweite Natur des Subjekts transformiert zu haben (und deshalb kann ihr Verhältnis, das Verhältnis von Geist und Körper, nicht kratisch nach Platons oder Nietzsches Modell verfasst sein; siehe oben, »Exkurs«). Indem ein Subjekt zu sein zweitens heißt, etwas gut ausführen zu können, besteht die Macht der Subjektivität weiterhin darin, die sozialen Normen erfüllen zu können, die definieren, was »etwas ausführen« zu können besagt – und damit immer zugleich, es gut ausführen zu können: was das praktisch Gute ist. Das Subjekt ist mithin dasjenige Individuum, das sich an sozial gegebenen Maßstäben orientieren, sie anwenden, deuten und verwirklichen kann. Das Subjekt ist das Individuum, dem die Maßstäbe sozialer Normativität zur – zweiten – Natur geworden sind. Oder es ist das Individuum, das zum Teil, also Teilnehmer, einer sozialen Welt geworden ist. Die subjektive Freiheit ist sozial.

(iii) Disziplin: Dass die Subjektivität, als Handlungsmacht, die zweite Natur des Individuums ist, besagt, dass sie geworden ist. Sie ist die zweite Natur, weil sie das Produkt einer Kunst ist – der Kunst der Erziehung, Bildung, Pädagogik oder Disziplin, ohne die es keine Freiheit gibt; das Subjekt als zweite Natur ist ihr Werk. Dieses Werk der Subjektivität kann nur von außen hergestellt werden; ohne eine Adressierung des Individuums von außen ist die Bildung zum Subjekt unmöglich. Sie kann aber nicht allein von außen – nicht von außen allein – hergestellt werden. Denn die Logik dieser Bildung ist ein Prozess der doppelten Aneignung: der Aneignung der inneren Natur und der Aneignung der sozialen

Normativität. Beides kann immer nur zugleich geschehen. Sich seine somatisch-psychische Natur, seinen Körper und seine Seele anzueignen und sie in die geistige Fähigkeit der Zwecksetzung und Zweckverwirklichung zu verwandeln heißt, sich zur Instanz des sozial definierten Guten zu machen; Subjektivierung heißt Sozialisierung. Und umgekehrt heißt, sich die soziale Normativität anzueignen und sie zum inneren Maß und eigenen Zweck zu machen, seinen Körper und seine Seele in den Sitz und das Medium praktischer Fähigkeiten zu verwandeln; Sozialisierung heißt Subjektivierung. Diese subjektivierend-sozialisierende Bildung der zweiten Natur kann man auch den Prozess der »Gewöhnung« nennen. Denn sie ist der Effekt einer doppelten Einrichtung und Einwohnung: des Individuums in seinem Körper und seiner Seele und des Individuums in der sozialen Welt. Die Subjektivität ist nichts anderes als eine – oder *die* – Gewohnheit.

*

Die griechische Definition der Befreiung besagt, dass die Befreiung in der Emanzipation des Bewusstseins besteht. Dadurch begreifen wir uns als Subjekte, die selbst – und das heißt hier: frei – handeln können. Dieser Befreiung zum Bewusstsein geht – so zeigt sich nun – die Befreiung der Gewöhnung voraus. Die Befreiung zum Subjekt gründet in der noch nicht bewussten Subjektivierung, die sich in der Arbeit der Disziplinierung vollzieht. Die Befreiung vollendet die Subjektivierung, die als Disziplinierung beginnt. Das Subjekt wird frei, indem es sich bewusst wird, dass es schon frei (gemacht worden) ist: indem es versteht, dass es die Macht und die Freiheit zu handeln durch Gewöhnung erworben hat (und dadurch den *Begriff* des Subjekts bildet).

Wie kommt es dazu, dass die Erfahrung dieser Freiheit gemacht und das Subjekt entdeckt wird? Die Antwort, die sich Pattersons griechischer Genealogie der westlichen Freiheit entnehmen lässt, lautet: Es geschieht durch eine schöpferische Neubeschreibung des verlorenen Status eines frei Geborenen – eine Neubeschreibung, zu der nur fähig ist, wer, real oder mimetisch, die Erfahrung des Verlusts jenes Status im sozialen Tod der Sklaverei gemacht hat. Also durch eine transformative, ja reinigende, kathartische Bewusstwerdung, die aus der Schale der Herrschaft den Kern der Freiheit heraussprengt: Das Bewusstsein ist befreiend, weil es die Freiheit befreit. Wenn aber die von der Herrschaft befreite Freiheit die praktisch-subjektiv-soziale Freiheit ist, die Freiheit des Handelnkönnens, dann werden sich die Versklavten nicht nur dessen bewusst, sie vormals besessen (wenn auch damals nicht gewusst und geschätzt und daher nicht gewollt) zu haben, als sie noch nicht Sklavinnen, sondern Herrinnen waren. Sondern sie entdecken, dass sie diese Freiheit auch noch oder schon als Sklavinnen hatten. Dass die Sklaven sozial tot sind, ist nur die halbe Wahrheit und deshalb unwahr. Es ist die Wahrheit der Sklavenhalter und damit der Gesellschaft, in der die Sklavenhalter herrschen (und der Philosophen, die diese Herrschaft legitimieren). Sich ihrer Subjektivität bewusst zu werden, wie es nur die Versklavten können, heißt, dieser Wahrheit die andere Wahrheit, ihre Wahrheit, entgegenzusetzen, die in der einfachen Proklamation besteht: Wir – die Sklaven – *handeln*, also *können* wir handeln, wir *besitzen* die Macht und die Freiheit zu handeln. Das galt nicht nur damals, bevor wir versklavt wurden. Es gilt in Wahrheit – und gegen eure unterdrückerische Wahrheit, dass wir sozial tot sind – auch jetzt noch, da wir Sklaven sind.[70]

Darin besteht die Befreiung der Sklaven. Sie befreien sich, indem sie die Definition, den Begriff des Sklaven abschütteln; durch das Selbstbewusstsein, dass sie die Freiheit immer schon und immer noch haben – gerade wo sie ihnen geraubt und bestritten wird, indem sie als sozial tot behandelt werden und dies als ihre »Natur« behauptet wird.[71] Und wenn die Macht und Freiheit zu handeln, die die Subjektivität ausmachen, das Produkt einer Arbeit der Befreiung ist, dann befreien sich die Sklavinnen, indem sie sich dessen bewusst werden, dass sie sich befreit haben. Wenn die Sklaven sich befreien – wenn sie sich selbst als Subjekte begreifen (und dann die anderen dazu zwingen, dies auch zu tun) –, haben sie sich schon befreit. Sie haben sich bereits in jedem Moment befreit, indem sie – tatsächlich – getan haben, was sie nach Auffassung der Sklavenhalter, ihrer Gesellschaft und ihrer Philosophen gar nicht tun können: indem sie gehandelt haben.

Aber genau hier, an diesem höchsten oder tiefsten Punkt der griechischen Geschichte der Befreiung, an dem Punkt, an dem sie das Subjekt hervorbringt, liegt ihr Problem, ja ihre Grenze – die Sackgasse, in die sie führt. Denn die Befreiung zur Subjektivität führt in eine neue Knechtschaft. Diese Knechtschaft ist ganz anders als die, deren Erfahrung der griechischen Geschichte der westlichen Freiheit zugrunde liegt. Nach Raaflaubs These gründet die griechische Freiheit in der Erfahrung der Knechtschaft, die uns, uns Griechen, von den Persern droht; nach Pattersons These gründet sie in der Erfahrung der versklavten Herrin, die die Tragödie zu unser aller Erfahrung macht. In beiden Deutungen besteht die Knechtschaft darin, durch einen anderen der Freiheit beraubt und seinem Befehl unterworfen zu werden. Die Knechtschaft der einen ist, griechisch verstanden, nichts anderes als ihre Beherrschung durch die anderen.[72]

Es gibt aber noch eine ganz andere Erfahrung der Knechtschaft. Das ist die Erfahrung der Knechtschaft als Gewohnheit und der Gewohnheit als Knechtschaft. Diese Erfahrung der Knechtschaft ist anders als die, die der griechischen Idee der Freiheit zugrunde liegt, und zugleich ist sie dieser Idee der Freiheit immanent. Sie ist die innere Knechtschaft der griechischen Freiheit, die Knechtschaft, die sie in sich enthält und aus sich hervorbringt, indem sie die Freiheit an das Bewusstsein und damit an das Subjekt bindet.

(b) Die Knechtschaft der Gewohnheit. Jüdische Erfahrung

Die Macht der Gewohnheit von Millionen und aber Millionen ist die fürchterlichste Macht.
Wladimir Iljitsch Lenin[73]

Die griechische Definition lautet, dass »wir den Menschen frei nennen, der um seiner selbst willen, nicht um eines anderen willen ist«; »es ist ein Kennzeichen eines freien Mannes, nicht in Abhängigkeit von anderen zu leben«.[74] Ein unfreier Mensch hingegen ist, wer um eines andern willen lebt, von dem er daher abhängt. Die griechische Definition der Unfreiheit ist relational; sie bestimmt die Unfreiheit als Knechtschaft und die Knechtschaft als Beherrschung durch einen anderen, den Herrn. Das ist auch die Grundbestimmung des römischen Rechts, das zwischen zwei Klassen von Personen unterscheidet: »Einige Personen sind nämlich eigenen Rechts (*sui iuris*), einige sind fremdem Recht unterworfen (*alieno iuri subiectae*).«[75] Diese Unterscheidung bestimmt, wie die gesamte republikanische Tradition (seit der frühen Neuzeit) Freiheit und Unfreiheit, Herrschaft und Knechtschaft definiert. Spinoza schreibt: »Ein Sklave ist, wer den Befehlen des Herrn, die nur den Nutzen des Befehlenden im Auge haben, gehorchen muß.«[76] Die griechisch-republikanische Definition der Unfreiheit ist relational und personal: Unfreiheit heißt nach dieser Definition, in der Gewalt, *in potestate*, eines Herrn zu sein. Umgekehrt besteht genau darin die Freiheit des Herrn: Ein »Element« seiner Freiheit ist »die Freiheit, andere zu versklaven«.[77]

Die Relation der Herrschaft besteht darin, seine (Freiheits-) Macht über Knechte auszuüben. Das geschieht auch zum eigenen Vorteil des Herrn, seinem ökonomischen Profit. Wie Patterson unter Verweis auf Nietzsche gezeigt hat (oben, Anm. 46), geht es dem Herrn aber stets auch, wenn nicht gar zuallererst und darüber hinaus, um den psychologischen Mehrwert einer gesteigerten, intensivierten Macht- und Selbsterfahrung. Aber auch in diesem weiteren Zweck geht die Unterdrückung und Beherrschung der Knechte durch den Herrn nicht auf. Das ist die Erfahrung, die Israel während seiner Knechtschaft in Ägypten macht. Die ägyptische Herrschaft ist nicht bloß instrumentell, sondern selbstbezüglich: Sie hat ihren Zweck in sich selbst. So erzählt es das zweite Buch Mose (*Exodus*).

Israels Murren

Vor Generationen hatte Gott Jakob, wie zuvor bereits Abraham und Josef, versprochen, dass seine Nachkommen in Ägypten »zum großen Volk« würden. Gott hatte zu Jakob gesagt: »[F]ürchte dich nicht, nach Ägypten hinabzuziehen [zu seinem Sohn Josef, der dort schon seit längerem lebt und zum Verwalter ganz Ägyptens aufgestiegen ist]; denn daselbst will ich dich zum großen Volk machen.« (Gen 46,3)[78] Zur Besiegelung dieses Versprechens erhält Jakob einen neuen Namen: den Namen Israel. In Ägypten aber wird das Volk Israel, zu dem Jakobs Nachkommen geworden sind und das nun seinen Namen trägt, vor allem der Zahl nach groß. Es wird so zahlreich, dass der König der Ägypter sich von ihm bedroht sieht. Er sagt zu seinem Volk: »Siehe, das Volk der Israeliten ist mehr und stärker als wir. Wohlan, wir wollen sie mit List niederhalten, dass sie nicht noch mehr werden. Denn wenn ein Krieg ausbräche, könnten sie sich auch zu unsern Feinden schlagen und gegen uns kämpfen und aus dem Land hinaufziehen.« (Ex 1,9-10) Um das zu erreichen, wollen wir »sie mit schweren Diensten bedrücken«: »Da zwangen die Ägypter die Israeliten mit Gewalt zum Dienst und machten ihnen ihr Leben sauer mit schwerer Arbeit in Ton und Ziegeln und mit mancherlei Frondienst auf dem Felde, mit all ihrer Arbeit, die sie ihnen mit Gewalt auferlegten.« (Ex 1,13-14) Das Volk Israel, dem Gott Größe versprochen hatte, lebt jetzt in drückender Knechtschaft.

Die ägyptische Knechtschaft ist ein Regime schwerer, ausbeuterischer Arbeit; die Israeliten müssen immer mehr arbeiten. Ihre Unterdrückung ist in ihren Mitteln ökonomisch organisiert. Aber dabei verfolgt sie ein Ziel, das weit über alle ökonomischen Vorteile hinausgeht und zuletzt in Gegensatz zu ihnen gerät: Israel soll überhaupt unfähig gemacht werden, als ein Volk zu handeln. Es soll so sehr geschwächt werden, dass es nicht zu entscheiden vermag, ob es Ägyptens Feind oder Freund sein will. Das Volk Israel soll nicht allein davor abgeschreckt werden, sich auf die Seite von Ägyptens Feinden zu stellen (und noch weniger soll es dazu motiviert werden, zu Ägyptens Freund zu werden). Es soll vielmehr unfähig gemacht werden, eine politische Entscheidung zu treffen. Die Knechtung zielt auf ihre Verewigung: darauf, den Willen und die Kraft Israels zu brechen, sich für oder gegen Ägypten, ja für oder gegen überhaupt irgendetwas – und vor allem natürlich nicht gegen die Knechtschaft – zu entscheiden. In der Unterdrückung Israels durch die Ägypter geht es nicht allein um den Gewinn durch Ausbeutung und nicht einmal nur um die Lust der Machtsteigerung. Das Ziel der Knechtung ist es, Knechte zu machen – die Knechtschaft soll zu Israels eigener, innerer Bestimmung werden. Deshalb greift die ägyptische Unterdrückung auch zu Mitteln, die denkbar unökonomisch sind: Pharao befiehlt, alle erstgeborenen Söhne Israels zu ermorden. Pharao beraubt sich der Arbeitskraft der Erstgeborenen, um Israel seiner Entscheidungsfähigkeit zu berauben.

Zur jüdischen Erfahrung der ägyptischen Knechtschaft gehört aber nicht nur die selbstreferentielle Absicht ihrer Verewigung. Zu dieser Erfahrung gehört auch die Einsicht, wie erfolgreich diese Strategie gewesen ist: dass die Knechtschaft Israels noch über seine Befreiung von der ägyptischen Herrschaft hinausreicht und daher durch den einmaligen Akt der Losreißung oder Loslassung nicht beendet ist. Die Knechtschaft überdauert die Befreiung.

Diese Befreiung konnte sich nur auf eine Weise vollziehen: in einem gewaltsamen Kampf gegen die Unterdrücker, die darauf ebenso gewaltsam, durch die weitere Verschärfung der Knechtschaft, antworten. Mose, den Gott mit der Befreiung seines Volkes beauftragt hat,[79] geht zu Pharao und übermittelt ihm Gottes Gebot, Israel freizulassen: »Israel ist mein erstgeborener Sohn; und ich gebiete dir, dass du meinen Sohn ziehen lässt, dass er mir diene.« Diese Aufforderung zur Befreiung begleitet die Androhung von Gewalt: »Wirst du dich weigern, so will ich deinen erstgeborenen Sohn töten.« (Ex 4,22-23) Darauf reagiert Pharao seinerseits mit einer Verschärfung der Unterdrückung. »Man drücke die Leute mit Arbeit, dass sie zu schaffen haben und sich nicht um falsche Reden kümmern.« (Ex 5,9) Dieses Hin und Her zwischen der sich steigernden Gewalt der Aufständischen und der sich verschärfenden Repression durch die Herrschenden setzt sich eine Zeit lang fort – bis den Unterdrückern die Kosten zu hoch werden. Als sie in Gefahr geraten, für die Unterdrückung Israels mit ihrem eigenen Leben zu bezahlen, lassen sie die Geknechteten frei. Pharao sagt zu ihnen: »Macht euch auf und zieht weg aus meinem Volk. [...] Und die Ägypter drängten das Volk und trieben es eilends aus dem Lande; denn sie sprachen: Wir sind alle des Todes.« (Ex 12,31 u. 33) Pharao muss Israel »ziehen lassen« (Ex 13,17).[80]

Diese Freilassung aus der Herrschaft beendet Israels Knechtschaft, aber sie beendet nicht seine knechtische Existenz. Der Auszug aus der ägyptischen Knechtschaft führt die Israeliten in die Wüste – in eine Zone, die sie als eine Zone des Todes erfahren, der ihnen durch Hunger, Verdursten und Verirren droht. Die Befreiung produziert Todesängste, und die Todesängste führen zu der Überzeugung, dass es »besser für uns [wäre], den Ägyptern zu dienen, als in der Wüste zu sterben« (Ex 14,12). Die soeben befreiten Israeliten wünschen sich bei jedem Hindernis und jeder Gefahr, die vor ihnen auftauchen, in die Knechtschaft, zu den Fleischtöpfen Ägyptens, zurück. Sie »murren« über die Freiheit.

> Und es murrte die ganze Gemeinde der Israeliten wider Mose und Aaron in der Wüste. Und die Israeliten sprachen: Wollte Gott, wir wären in Ägypten gestorben durch des HERRN Hand, als wir bei den Fleischtöpfen saßen und hatten Brot die Fülle zu essen. Denn ihr habt uns dazu herausgeführt in diese Wüste, dass ihr diese ganze Gemeinde an Hunger sterben lasst. (Ex 16,2-3)

Das befreite Volk sehnt sich zurück nach der Knechtschaft, die ihm angenehm erscheint – angenehmer jedenfalls als der Mangel, den es in der Freiheit der Wüste, der Wüste der Freiheit, erleiden muss. Der Wunsch, in die Knechtschaft zurückzukehren, gibt sich als ein ökonomisches Kalkül im Namen der Selbsterhaltung (die durch die Befreiung riskiert wird). Aber in Wahrheit ist dies nichts anderes als das Kalkül der Knechte: genau die Denkweise, in der ihre Knechtschaft, ihre Unfreiheit besteht. Sie besteht darin, die Sicherheit und Versorgung der Freiheit vorzuziehen – die Unfreiheit besteht also darin, nicht frei sein zu wollen. Allein dadurch, dass Pharao das Volk freigelassen hat, *ist* es daher noch nicht frei. Es trägt die Knechtschaft in sich. Die Knechtschaft ist viel mehr als eine personale Relation zwischen Herrn und Knecht; sie ist die eigene, innere Bestimmung der Knechte. »[Sie] ließen die Erniedrigung der Sklaverei Einzug halten in ihre Seelen«, kommentiert Michael Walzer die zitierten Stellen im Buch Exodus.[81] Knechte zu sein ist ihr *Sein*; es ist durch ihre Verknechtung zu ihrem Sein gemacht worden. Dass sie Knechte sind, hat die Befreiung von der Herrschaft Pharaos nicht beenden können.

Selbstversklavung; Fanon

Das lässt sich auf zwei ganz verschiedene, ja, einander entgegengesetzte Weisen verstehen. Dass die Unfreiheit nach der Befreiung fortdauert, wird in der ersten Weise so verstanden, dass die Knechte darin noch nicht zu Bewusstsein – zum Bewusstsein ihrer Handlungsfähigkeit, ihrer Subjektivität – gelangt sind. Die Befreiung der Knechte von der Herrschaft ist ihnen äußerlich geblieben; sie hat sie nicht subjektiviert. Die zweite Deutung sieht es genau umgekehrt. Demnach zeigt sich hier – in der jüdischen Erfahrung, dass die Unfreiheit nach der Befreiung fortdauert –, dass die Subjektivierung selbst das Scheitern der Befreiung ist: dass die Emanzipation zum Subjekt noch gar nicht befreiend ist. Es reicht nicht, zum Selbstbewusstsein seiner Fähigkeit zu gelangen, um sich zu befreien. Die Knechtschaft reproduziert sich vielmehr *durch* die Befreiung zur Subjektivität. Die Befreiung muss daher weitergehen und tiefer reichen. Sie muss vor der Subjektivität ansetzen. Die erste Deutung erklärt die Fortdauer der Knechtschaft daraus, dass die eigene Handlungsfähigkeit noch nicht wahrhaft bewusst, nicht zum Grund und Inhalt des Selbstbewusstseins wurde, die zweite Deutung erklärt sie daraus, dass die Befreiung die Handlungsfähigkeit nur bewusst gemacht hat, aber nicht über sie hinausgegangen ist.

Wie die erste Deutung verfährt, zeigt sich exemplarisch an einem Abschnitt von Hegels frühen Entwürfen zum »Geist des Christentums«, den Yirmiyahu Yovel »den schärfsten antijüdischen Text« genannt hat, »den Hegel jemals geschrieben hat«.[82] Das ist kein Zufall. Hegels Text ist genau dort und in dem Maß entschieden, ja am heftigsten antijüdisch, wo und wie er griechisch, prohellenisch, argumentiert. Hegel nennt die Juden des Exodus das »in seinem Freiwerden sich am sklavischsten betragende Volk«, das »bei jeder in der Folge vorkommenden Schwierigkeit oder Gefahr durch die Reue, Egypten verlassen zu haben, und den Wunsch, wieder dahin zurückzukehren«, getrieben sei.[83] Dem stellt Hegel die »griechischen Republiken« gegenüber, die die Freiheit, auch die »Freiheit der Verarmten« (Hegel denkt an Solon; oben, Anm. 28), durch die Gleichheit des Gesetzes sicherten: Die »Griechen sollten gleich seyn, weil a l l e frei, selbständig [...] waren«. Indem die Griechen die Gefahr der Versklavung erfolgreich abwehrten, wurden sie tatsächlich frei. Sie wurden sich ihrer Handlungsfreiheit bewusst und nahmen sie dadurch in Besitz; sie haben sich ihr Vermögen praktischer Freiheit reflexiv angeeignet und es dadurch zur subjektiven Freiheit gebracht. Daran scheitern die Juden in ihrem Auszug aus der Herrschaft; so wie die Griechen alle gleichermaßen frei waren, so waren die Juden – *nach* ihrer Befreiung – »alle ohne Fähigkeit des Selbstbestehens«.[84] Die Juden werden nicht zu Subjekten, zu selbstbewusst Handelnden. Und sie konnten es nach Hegel nicht werden, weil es ihr Gott ihnen nicht erlaubt. Die Juden sind nach Hegel durch ihre Religion subjektivierungsunfähig. Denn das ist eine Religion, die nichts als Unterwerfung fordert. »Bei dieser durchgängigen Passivität blieb ihnen ausser der Bezeugung ihrer Dienstbarkeit [ihrem Gott gegenüber] nichts übrig als das blosse leere Bedürfnis, die physische Existenz zu erhalten und sie gegen diese Noth zu sichern«[85] – also genau das Bedürfnis, das sie sich in die ägyptische Knechtschaft zurücksehnen ließ.

Dieser Verweis auf die Religion erfüllt eine wesentliche Funktion in der ersten Antwort auf die Frage, weshalb die Knechtschaft die Befreiung überdauert. Die jüdische Religion soll dies erklären: Sie soll erklären, weshalb die jüdische Befreiung, im Gegensatz zur griechischen, keine Subjekte hervorgebracht hat. Hegel versteht dies so, dass die Juden kein Bewusstsein ihrer Fähigkeit, selbständig handeln zu können, ausgebildet haben. Durch die jüdische Religion erklärt Hegel, weshalb das so ist: Weil sie eine Religion sei, die nur »Dienstbarkeit« verlangt. Sie blockiere daher die Emanzipation des Bewusstseins. Sie lasse die Israeliten sich nicht ihrer Fähigkeiten, ihrer Macht bewusst werden. Ja, sie habe bereits die *Ausbildung* dieser praktischen Fähigkeiten so sehr geschwächt, dass sie gar nicht zu Bewusstsein kommen konnte. Der Emanzipation des Bewusstseins fehlt hier die praktische Basis.

In diesem Gedanken reproduziert Hegels Exodus-Kommentar aber nur, wie der westliche Diskurs der Freiheit (dessen griechische Genealogie wir zuvor gesehen haben) sich überhaupt das Scheitern der Befreiung erklärt; wie er sich verständlich zu machen versucht, weshalb die anderen an der Befreiung scheitern, die uns gelungen ist. Immer muss es sich um eine Gegenmacht handeln, die verhindert, dass Handlungsfähige sich ihrer Handlungsfähigkeit bewusst werden – und sich dadurch zu Subjekten machen. Das kann das warme Klima sein, das die »schwarzen Rassen« lethargisch und faul mache; oder die biologisch bedingte Intensität von Gefühl und Empfindung, die die Frauen an ihre Kinder binde; oder die Übermacht der natürlichen Bedürfnisse, die die Armen auf ihre Subsistenz reduziere. Immer verharrt die Handlungsfähigkeit angeblich in einem derart schwach entwickelten Stadium, dass sie unbemerkt bleibt; die Schwarzen, Frauen und Armen, so die westlichen Theoretiker der subjektiven Freiheit, können sich nicht *als* Subjekte *verstehen*, und sie *sind* daher auch keine (wenn Freisein bedeutet, sich der Freiheit bewusst zu sein).[86] Ohne ein solches Theorem innerlich wirkender äußerer Blockaden kann die erste Deutung nicht erklären, weshalb die Emanzipation des Bewusstseins in so vielen Fällen scheitert. Die Hervorbringung subjektiver Freiheit scheitert an der praktischen Schwäche. Denn die Befreiung als Bewusstwerdung zu verstehen heißt, sie in der Handlungsfähigkeit zu begründen, die jeder gewöhnlich hat. Die Befreiung ist im Gewöhnlichen begründet. Das Gewöhnliche, so hat sich gezeigt, ist die Arbeit der Gewöhnung. Wer auch dadurch, dass der Herr ihn freilässt, nicht zum Subjekt wird – wie nach Hegel die Juden, die Schwarzen, die Frauen und die Armen –, muss also diese Arbeit nicht richtig geleistet haben. Die Befreiungsunfähigen sind nicht schlechthin unfähig; sie können – wie auch immer basal und eingeschränkt – handeln. Aber sie sind – nach dieser ersten Deutung – unfähig *zur* Fähigkeit: dazu, darin ihre Freiheit zu erkennen.

Die zweite Antwort auf die Frage, weshalb die Knechtschaft nach der Befreiung andauert, vertritt die genau entgegengesetzte These: Es ist nicht die Subjektwerdung, die hier an irgendwelchen Blockaden scheitert. Die Subjektwerdung ist vielmehr selbst das Scheitern; sie ist das Scheitern der Befreiung. Die Subjektwerdung scheitert an sich selbst. Denn – das ist das entscheidende Argument der zweiten Deutung – sich der eigenen Handlungsfähigkeit bewusst zu werden, hat nicht die Kraft, die knechtische Existenz zu verwandeln. Die Emanzipation des Bewusstseins reproduziert sie vielmehr im Inneren des befreiten Subjekts. Sie macht die knechtische Existenz zur Identität der Befreiten.

*

Diese Deutung werde ich gleich unter der Überschrift »Die Gewohnheit der Identität« begründen. Dazu ist es hilfreich, zuvor darauf zu schauen, wie Frantz Fanon in *Schwarze Haut, weiße Masken* (*Peau noire, masques blancs*) das Problem beschrieben hat. Denn indem Fanon die psychische Disposition der Schwarzen in den Antillen analysiert, die durch die Abschaffung der Sklaverei entstanden ist, stößt er auf genau dieselbe widersprüchliche Einheit von äußerer Freilassung und innerer Knechtschaft, die die Disposition der Israeliten nach dem Auszug aus Ägypten definiert. Einerseits hat die Abschaffung der Sklaverei die Schwarzen rechtlich emanzipiert und zu »Menschen« gemacht:

> Eines Tages sagte ein guter weißer Herr, der Einfluß hatte, zu seinem Kumpanen: »Seid nett zu den Negern [*les nègres*].«
>
> So haben die weißen Herren – murrend zwar, denn immerhin war es hart für sie – beschlossen, Menschen-Maschinen-Tiere in den höchsten Rang von *Menschen* zu erheben.
>
> *In keinem französischen Land darf es mehr Sklaven geben.*[87]

Zugleich und andererseits hat die Abschaffung der Sklaverei, die Schwarze und Weiße gleichgestellt hat, beide zu den Bewohnern eines »kranken Universums« gemacht. Beide sind in ihren Identitäten eingesperrt: »Der Weiße ist in seine Weißheit eingesperrt. Der Schwarze in seine Schwarzheit.«[88] Wie in *Exodus* die Freilassung der Juden aus der ägyptischen Herrschaft, so reproduziert die politisch-rechtliche Emanzipation der Schwarzen – ihre Anerkennung als »Menschen« – ihre knechtische Existenz. Wie Saidiya Hartman am US-amerikanischen Fall zeigt, geht die Abschaffung der Sklaverei mit einer »Wiederunterwerfung der Emanzipierten«[89] einher:

> Ich behaupte, dass die Anerkennung der Menschlichkeit des Sklaven weder die Misshandlungen durch die Institutionen noch die exzessive Ausbeutung der Versklavten beseitigt hat, die zuvor durch ihren Status als bewegliches Eigentum [*chattel*] gerechtfertigt worden waren [...]. Das Eigentum an sich selbst befreite die ehemaligen Sklavinnen und Sklaven nicht von ihren Fesseln, sondern ersetzte nur die Peitsche durch den Vertragszwang und das Halseisen durch den Gewissenszwang.[90]

Die rechtlich-politische Gleichstellung erreicht also die – soziale, ökonomische, kulturelle usw. – Wirklichkeit der Herrschaft nicht. »Die Umwälzung hat den Neger nicht differenziert. Er ist von einer Lebensweise zu einer anderen übergegangen, nicht aber von einem Leben zum anderen.«[91] Genau darum geht in der rechtlich-politischen Gleichstellung: um eine Veränderung, die – in Wirklichkeit, der Wirklichkeit der Herrschaft – nichts verändert. Die bloß rechtliche Emanzipation ist *dazu da*, dass die Herrschaft fortbesteht.

Das zeigt Fanon durch eine Analyse der psychischen Disposition, die er an den antillanischen Schwarzen nach ihrer

Emanzipation – zu »Menschen« – beobachtet. Darin wirkt die alte knechtische Existenz in einem tiefgreifenden »Minderwertigkeitsgefühl«[92] fort, das die Einzelnen dazu verdammt, sich ihrer Identität zu versichern, indem sie sich den anderen überlegen erweisen – und das sie gerade dadurch an den Blick der anderen bindet; die Unfreiheit der antillanischen Schwarzen hat die Struktur einer narzisstischen Theatralisierung.[93] Aber was ist der »Ursprung«[94] dieser psychischen Struktur? Der Ursprung ist gesellschaftlich; der Ursprung des schwarzen Narzissmus ist die weiße Herrschaft. Zwar kommt der Weiße innerhalb dieser Struktur gar nicht vor, denn sie beschreibt die (misslingende) Anerkennung unter Schwarzen. Seitdem sie von der (Knechtschafts-)Relation zum Weißen emanzipiert wurden, stehen sie nur noch in Beziehungen zu ihresgleichen, in Beziehungen der Gleichheit. Aber gerade indem der Weiße in diesen Beziehungen nicht mehr vorkommt, beherrscht er sie weiterhin: Der antillanische Schwarze steht in der Beziehung »mit seinesgleichen unter dem Schutz des Weißen«.[95] Der weiße Herr steht außerhalb und damit oberhalb dieser Beziehungen. Er beherrscht sie, indem er aus ihnen verschwindet. Die Herrschaft des Weißen wird in den Beziehungen der Gleichheit reproduziert. Sie wird also *durch* die Gleichen *selbst* reproduziert:

> Ohne mich auf den Begriff der kollektiven Katharsis berufen zu müssen, könnte ich ohne weiteres aufzeigen, dass sich der Neger, unüberlegt, als Objekt wählt, das sich eignet, die Erbsünde zu tragen. Für diese Rolle wählt der Weiße den Schwarzen, und der Schwarze, der ein Weißer ist [also zu einem »Menschen«, wie ein Weißer, befreit worden ist] wählt ebenfalls den Schwarzen. Der antillanische Schwarze ist ein Sklave dieses kulturellen Zwangs. Nachdem er der Sklave des Weißen geworden ist, macht er sich selbst zum Sklaven.[96]

Das beschreibt, wie die Herrschaft der Weißen fortbesteht; wie sie sich nach der Emanzipation der Schwarzen zum Menschen, zum rechtlich Gleichen, reproduziert. Der Weiße beherrscht sie *wie das Schicksal*: »[F]ür den Schwarzen gibt es nur ein einziges Schicksal. Und es ist weiß.«[97] Das Schicksal der emanzipierten Schwarzen ist weiß, und das weiße Schicksal verdammt sie dazu, sich selbst zu Sklaven zu machen.

Fanons Analyse zeigt zweierlei. Sie zeigt zum einen, dass die Herrschaft der Weißen über die Schwarzen nach ihrer Befreiung fortdauert. Darin bleiben sie dieselben; sie bleiben Sklaven, knechtisch. Fanons Analyse zeigt zugleich, dass sie dies als rechtlich Gleiche nun aber auf ganz andere Weise sind als zuvor. Dass sie sklavisch sind, definiert nicht, dass und wie sie durch die Weißen beherrscht werden, also nicht ihre Beziehung zum weißen Herrn, sondern ihre Beziehung zueinander und damit zu sich selbst. Es definiert ihre soziale und psychische Identität. Diese Identität haben sie nur als Gleiche, das heißt als Emanzipierte. Vor ihrer Emanzipation, also als Sklaven, hatten sie gar keine »Identität«; der Sklave galt als ein gänzlich Unterworfener – also: als nichts, als sozial tot. Die Emanzipation, die die Schwarzen den Weißen gleichstellt und die Scheidung in Sklaven und Herren auflöst, ist also zugleich der Prozess, in dem sie zum ersten Mal eine psychische Identität ausbilden: der Prozess, in dem die Identifikation durch den Herrn – ihre Identifikation als Schwarze, »als Objekt, das sich eignet, die Erbsünde zu tragen« (Fanon) – zu ihrer eigenen, durch sie selbst produzierten und reproduzierten psychischen Identität wird. Erst durch die Emanzipation zum Subjekt – so möchte ich Fanon verstehen – findet die »Verinnerlichung oder besser Epidermisierung [der] Minderwertigkeit«[98] statt.

An dieser Stelle hilft der zuvor bestimmte Begriff des Subjekts, der Subjektivierung als Gewöhnung und als Bewusstsein der Gewöhnung, um einen Schritt weiterzugehen; das heißt: um den Schritt zur zweiten Deutung – die das Fortwirken der Unfreiheit nach der Emanzipation aus der Emanzipation selbst erklärt –, den Fanon beginnt, zu Ende zu führen.[99] Denn solange man die Emanzipation einzig juridisch, als rechtliche Gleichstellung der Menschen versteht, lässt sich dies nicht begreifen. Dann scheint es nur so, dass sich die alte Herrschaft unterhalb – und damit: *trotz* – der Emanzipation fortsetzt. Man muss aber verstehen, dass sie sich *durch* die Emanzipation fortsetzt. Wenn sich die alte Herrschaft aber durch die Emanzipation fortsetzt, dann setzt sie sich verändert fort: als neue, andere Herrschaft – als die alte Herrschaft in neuer, anderer Form. Diese neue Form ist, mit einem Ausdruck von Hartman, die einer »belasteten [oder beschwerten] Individualität«.[100] Die rechtlich-politische Emanzipation schafft eine Individualität, die mit einer Identität der Knechtschaft belastet ist.

Das wird begreiflich, wenn man die rechtlich-politische Emanzipation – nach dem griechischen Modell – als Ausdruck eines Prozesses der Subjektivierung versteht. Denn worin besteht die befreiende Subjektwerdung? Sie besteht darin, dass die Arbeit bewusst wird, die die Subjektivität hervorgebracht hat. Das Individuum, das sich befreit, macht sich jetzt bewusst, dass es sich durch seine Bildung oder Aneignung bereits zum Subjekt gemacht hat. Die Befreiung als und durchs Bewusstsein – das ist der Kern des griechischen Verständnisses – führt zurück auf eine Arbeit der Selbstverwandlung und Selbsthervorbringung, der Gewöhnung, die sich bereits vollzogen hat. Sie hat sich vor der Befreiung vollzogen, also unter der Bedingung von Herrschaft und Knechtschaft. Von dieser Bedingung ist sie daher bis ins Innerste bestimmt. Die disziplinäre Arbeit der Gewöhnung ist nicht das Andere und damit neutral, ja vielleicht sogar subversiv gegenüber

Herrschaft und Knechtschaft, wie es das griechische Modell (und der westliche Diskurs der Freiheit) will. Worin die Gewöhnung besteht, an die sich das Subjekt im Akt der Befreiung erinnert, hängt entscheidend davon ab, in welcher Position und an welchem Platz innerhalb der alten Ordnung sie ausgebildet wurde. Wenn die Befreiung ein Akt des Bewusstseins ist, kann sie immer nur auf das Sein zurückführen, das das Individuum in der Vergangenheit – und das heißt: am Platz des Sklaven – bereits ausgebildet hat. Dieses Gewesen- und Gewordensein ist von seinem Platz – dem Platz des Knechts – zwar nicht determiniert, aber durch und durch imprägniert: Es ist eine von der Knechtschaft belastete und beschwerte Individualität. Darauf bezieht sich die Befreiung zum Subjekt, zum Begriff des Subjekts, bewusstmachend zurück. Sie dupliziert das knechtische Sein im Bewusstsein und macht es dadurch zu seiner Identität. Michel Foucault hat recht: »Der Mensch, von dem man uns spricht und zu dessen Befreiung man uns einlädt, ist bereits in sich das Resultat einer Unterwerfung, die viel tiefer ist als er.«[101]

Das ist der Mechanismus, durch den die Befreiung zum Subjekt die Knechtschaft fortschreibt: Sie baut das freie Subjekt aus Materialien auf, die sich unter der Knechtschaft gebildet haben. Die Befreiung zum Subjekt verinnerlicht die Knechtschaft; sie macht die Knechtschaft zur Identität der Subjekte.

Die Gewohnheit der Identität

Der Begriff, der die Fortdauer der Knechtschaft nach dem Ende der Beherrschung erklärt, ist die Gewohnheit. Die Arbeit, die in der Befreiung bewusst wird, ist die Bildung von Gewohnheiten, das Hervorbringen einer zweiten Natur. Wir haben gesehen, wie sich das Subjekt in seiner Befreiung seine Vorgeschichte aneignet. Das geschieht, indem es sich bewusst macht, dass es – in Wahrheit – kein Sklave, also nicht sozial tot ist – wie die Herren und ihre Gesellschaft meinen –, weil es bereits handeln kann, und das heißt, dass es Gewohnheiten ausgebildet hat, die seine Identität ausmachen. Genauer gesagt: Die Befreiung *macht* durchs Bewusstsein aus dem, was der Sklave, unerkannt und unanerkannt, schon konnte und war, rückblickend und rückwirkend dessen Gewohnheit und Identität; denn nur Subjekte haben Gewohnheiten und daher eine Identität. Aber genau dadurch reicht die Knechtschaft, in der sich das erinnerte Können gebildet hat, in die Identität der emanzipierten Subjekte hinein. Indem sie sich zum Bewusstsein ihrer Subjektivität befreien und dadurch zu Subjekten machen, machen sie zugleich ihr knechtisches Sein zu ihrer Identität.

In dieser Erklärung (die in Fanons Überlegungen zur Psychologie der Emanzipierten angelegt ist) ist der Zusammenhang von Knechtschaft und Subjektivität inhaltlich bestimmt; knechtisch zu sein ist der Inhalt der Identität, der Gewohnheiten des befreiten Subjekts. Aber das ist nur die eine Seite des Zusammenhangs. Die Knechtschaft dauert fort, weil sie zur Gewohnheit geworden ist. Dass sie zur Gewohnheit wird, bedeutet, dass sie zur Identität der Subjekte wird. Und das bedeutet: zu ihrer zweiten Natur, die sie zwar selbst, durch die Arbeit der Disziplin, hervorgebracht haben – daher *zweite*, andere Natur –, die die Subjekte von jetzt an aber so bestimmt *wie* die Natur; eine selbst hervorgebrachte Ordnung der Äußerlichkeit, die uns im Inneren determiniert. Die Knechtschaft kann den Subjekten daher nur deshalb zur Gewohnheit werden, weil die Gewohnheit selbst – *als solche* – ein Zustand der Knechtschaft ist. Die Gewohnheit ist nicht nur der Inhalt, sondern der Operator, der operative Modus, durch den sich die Knechtschaft erhält und fortschreibt. Die Gewohnheit der Knechtschaft gründet in der Knechtschaft der Gewohnheit.

Das ist die andere Seite der Gewohnheit. Ihre erste Bestimmung ist, dass wir durch die Ausbildung von Gewohnheiten befähigt werden. Durch die Gewöhnung werden wir fähig zu handeln, und unsere Fähigkeiten bilden unsere zweite Natur – wozu wir durch Gewöhnung geworden sind, ist unser Sein. Weil sie befähigt, macht die Gewöhnung uns frei; durch unsere Gewohnheiten können wir handeln. Die Gewohnheit ist aber zugleich – ja genau dadurch, dass sie befähigend ist und frei macht – knechtend; sie ist das Medium der Freiheit *und* der Knechtschaft und damit der Inbegriff der Paradoxie, die das Subjekt definiert: »[D]as Paradox (der Verhältnisse) zwischen Fähigkeit und Macht [als Herrschaft].«[102] Dass die Gewöhnung zur Freiheit führt, ist ihre Bestimmung im griechischen Modell der Befreiung, der Befreiung als Subjektivierung. Dass sie knechtend ist, ist die Erfahrung, die die Israeliten nach ihrer Freilassung durch Pharao machen: Sie ist der Kern der Gegenerfahrung der Gewohnheit, die nach den jüdischen Erzählungen das christliche Denken und von daher die moderne Gesellschaftskritik bestimmt (denn die moderne Gesellschaftskritik ist Gewohnheitskritik).

Im Zentrum dieser – zuerst jüdischen, dann auch christlichen – Gegenerfahrung der Gewohnheit steht die Einsicht von Augustinus, dass »wer der Gewohnheit nicht widersteht [...] in den Banden einer harten Sklaverei« liegt; er »verfällt der Notwendigkeit«.[103] Die Gewohnheit schreibt dem Subjekt, das sich zu ihr befreit, eine Notwendigkeit ein, die es nicht zu brechen vermag – denn sie ist dasselbe wie seine Freiheit. Diese Notwendigkeit, der wir durch unsere Gewohnheiten unterstehen, besteht in einem Gesetz der Identität. Es bestimmt, wie wir gewohnheitsmäßig agieren. Wir agieren gewohnheitsmäßig in allen Weisen, in denen wir Bestimmungen vornehmen: empfindend, wahrnehmend, wünschend, wollend, handelnd, denkend. Der Begriff der Gewohnheit, des Gewohnheitsmäßigen oder Habituellen, bezeichnet daher einen spezifischen Typus des Bestimmens, eine spezifische, aber ubiquitäre Weise, etwas – eine Sache, eine Situation, uns selbst – als etwas zu bestimmen. Diese Weise lässt sich durch zwei Aspekte beschreiben, die die zwei Aspekte des Gewohnheitsgesetzes der Identität sind. Die Identität der Gewohnheit hat erstens eine temporale und zweitens eine epistemische Seite (die in einer dritten Bestimmung der Gewohnheit gründen: der Identität des Subjekts oder der »personalen« Dimension der Identität).

(i) Temporal: Gewohnheiten erstrecken sich in der Zeit und werden dabei durch eine spezifische Logik der Wiederholung definiert. Diese Wiederholungslogik ist identitär. Denn etwas gewohnheitsmäßig zu bestimmen heißt, es so wie bisher zu bestimmen. Wenn ich eine Sache aus oder nach der Gewohnheit bestimme, bestimme ich sie so wie immer. Im Operieren der Gewohnheit wiederholt jede weitere Bestimmung bloß die bisherigen; sie lässt alles so, wie es war. Jede gewohnheitsmäßige Bestimmung ist nichts als eine leere Wiederholung derjenigen, die wir immer schon vornehmen.

(ii) Epistemisch: Der Identität in der Sequenz der gewohnheitsmäßigen Bestimmungen entspricht die Identität, die jede einzelne Bestimmung im Inneren beherrscht. Alles Bestimmen (von etwas als etwas) hat die Struktur der Subsumtion: Etwas Besonderes wird bestimmt, indem es unter ein Allgemeines subsumiert wird. Das sind unsere Begriffe. Empfindend, wahrnehmend, wünschend, wollend, handelnd und denkend etwas als etwas zu bestimmen besteht darin, (allgemeine) Begriffe zu gebrauchen, um einen (besonderen) Gegenstand zu charakterisieren. Im gewohnheitsmäßigen Bestimmen ge-

schieht dies jedoch auf eine spezielle Weise. Es geschieht so, dass das Allgemeine und das Besondere unmittelbar in eins fallen. Sie werden in eins, identisch gesetzt: Das Besondere ist in der Gewohnheit nichts als ein weiterer Fall des Allgemeinen. Etwas gemäß der Gewohnheit zu bestimmen heißt, es bloß wiederzuerkennen. Es ist dasselbe wie immer (temporale Identität), weil es – epistemisch – in einem gegebenen Allgemeinen aufgeht: weil es nichts Besonderes ist.

Die temporale und die epistemische Identität des gewohnheitsmäßigen Bestimmens erläutern sich daher wechselseitig. Jede gewohnheitsmäßige Bestimmung subsumiert ein Besonderes differenzlos unter ein Allgemeines, das dabei unverändert bleibt: Es bleibt dasselbe Allgemeine, das es in allen vorherigen Subsumtionen war. Weil die gewohnheitsmäßige Subsumtion blind für das Besondere gegenüber dem Allgemeinen ist, hat es auch nicht die Kraft, das Allgemeine zu verändern. So wie jede gewohnheitsmäßige Bestimmung ein gegebenes Allgemeines differenzlos wiederholt, so gilt umgekehrt, dass das Allgemeine dabei jeweils identifizierend operiert; das Besondere wird ohne Rest und Widerstand unter das Allgemeine subsumiert. Der Kraftlosigkeit des Besonderen – es kann das Allgemeine nur wiederholen, nicht verändern – entspricht die Übermacht des Allgemeinen, das das Besondere identifiziert und unter sich befasst. »Identität« heißt epistemisch, dass die Differenz des Besonderen, die Selbständigkeit des Gegenstands gegenüber dem Begriff verschwindet. Und deshalb heißt »Identität« temporal, dass die Differenz in der Wiederholung und damit zwischen dem Allgemeinen in der einen und der anderen Subsumtion verschwindet. Beide Differenzen – *in* jedem Akt des Bestimmens und *zwischen* diesen Akten – verschwinden in der Identität der Gewohnheit zugleich. Die Gewohnheit kennt keine Überraschungen und hat keine Geschichte.

Der Begriff der Gewohnheit beschreibt aber nicht nur eine spezifische Weise des Bestimmens, er erklärt auch, wie und wodurch es diese Bestimmungsweise gibt. Es gibt sie nur, indem sie hervorgebracht wird: Es gibt die temporal-epistemische Identität der Gewohnheit nur, weil das Selbst *die Gewohnheit hat*, sie hervorzubringen. Der Grund des gewohnheitsmäßigen – identitären und identifizierenden – Bestimmens ist die Gewohnheit des Bestimmens. Der Begriff der Gewohnheit beschreibt eine spezifische Weise des Bestimmens, das identitär und identifizierend verfährt, und bezeichnet zugleich die Tendenz, die Disposition des Subjekts, so zu bestimmen. Das Gesetz der Identität, unter dem das gewohnheitsmäßige Bestimmen steht, ist das eigene oder innere Gesetz des Subjekts. Die temporal-epistemische Identität der Gewohnheit ist daher zugleich subjektiv. Die Gewohnheit ist die Identität des Subjekts oder *im* Subjekt.

Das heißt zweierlei. Es heißt zum einen, dass das Gesetz der Identität, das das gewohnheitsmäßige Bestimmen regiert, das eigene Gesetz des Subjekts ist. Es ist ihm nicht von außen auferlegt; es ist sein inneres Gesetz, das Prinzip seines Könnens. Etwas selbst zu können (und daher ein Subjekt zu sein) heißt, das Gesetz der Identität verwirklichen zu können. Im gewohnheitsmäßigen Bestimmen verwirklicht sich die Subjektivität. Zugleich aber gilt, dass sich im gewohnheitsmäßigen Bestimmen das Gesetz der Identität nur hinter dem Rücken des Subjekts durchsetzt: Es verwirklicht sich durch das Subjekt selbst, aber nur durch das Subjekt hindurch. Das Subjekt *muss* das Gesetz der Identität verwirklichen. Das Subjekt ist in der Gewohnheit ohnmächtig gegenüber dem Gesetz der Identität, das nichts als das Gesetz seiner Identität ist. Das Subjekt ist ohnmächtig gegenüber sich selbst. Sein Können ist zugleich sein Müssen, seine Freiheit eine Notwendigkeit.

Einerseits bringt das Subjekt die Identität der Gewohnheit durch sein Können hervor; die gewohnheitsmäßige Bestimmung ist von ihm hervorgebracht – selbstgemacht. *Andererseits* vollstreckt sich das Gesetz der Identität durch das Subjekt hindurch; die gewohnheitsmäßige Bestimmung verwirklicht sich wie von selbst – automatisch. Die Gewohnheit ist beides: ein Paradox. Und ebenso ist das Subjekt der Gewohnheit ein Paradox. Die Identität der Gewohnheit ist zugleich sein Können und sein Sein und daher sein Müssen: das, was es verwirklichen *kann* und was es verwirklichen *muss* (weil das Subjekt so *ist*). Die Identität der Gewohnheit ist die Identität des Subjekts der Gewohnheit. Indem es die Identität der Gewohnheit reproduziert, produziert und reproduziert das Subjekt der Gewohnheit seine eigene Identität: *Seine* Identität besteht darin, *die* Identität, die Doppellogik der Identität, die temporal-epistemische Identität des Allgemeinen und des Besonderen, zu reproduzieren, sie immer wieder hervorzubringen.

Indem die Knechtschaft als Gewohnheit erfahren wird; indem sich erweist, dass unsere Knechtschaft uns mit der Macht der Gewohnheit regiert, gewinnt daher auch der Begriff der Knechtschaft eine andere Bestimmung. Nach ihrer traditionellen (griechischen oder republikanischen) Bestimmung besteht die Knechtschaft in dem Zwang, den jemand gegen oder über die anderen ausübt. So definiert Isaiah Berlin: Knechtschaft oder »Zwang setzt einen willentlichen Eingriff anderer Menschen in den Bereich voraus, in dem ich sonst handeln könnte«.[104] Der Zwang hingegen, dem ich in der Gewohnheit unterworfen bin, ist nicht eine Relation zwischen mir und einer anderen, die mich zwingt, sondern die Herrschaft des Gesetzes der Identität und darin zugleich anonym und intern. Die Herrschaft der Identität ist anonym – denn der Zwang, in meinem Bestimmen das Gesetz der Identität zu erfüllen, hat keinen Urheber. Die Herrschaft der Identität ist intern – denn der Zwang, in meinem Bestimmen das Gesetz der Identität zu erfüllen, ist meine eigene Identität. Das ist die Knechtschaft, die die Israeliten nach ihrem Auszug aus Ägypten erfahren. Es ist nicht die Knechtschaft, die darin besteht, nach dem Willen eines anderen handeln und leben zu müssen. Dieser Macht sind sie entkommen. Es ist die Knechtschaft, die darin besteht, ihre Identität, und das ist ihre Identität als Knechte, reproduzieren zu müssen. Es ist die Knechtschaft nicht eines anderen Willens, sondern einer zweiten, anderen Natur: die Knechtschaft, die darin besteht, das Immerselbe wiederholen zu müssen. Die jüdische Erfahrung der Knechtschaft ist die Erfahrung des Schicksals. Aber nicht als eines Verhängnisses, das uns von außen – oder gar oben – auferlegt ist, sondern dessen unentrinnbare Macht wir allein selbst reproduzieren: eines Schicksals von innen. Die jüdische Erfahrung entdeckt die Knechtschaft im Inneren des Subjekts, dessen Freiheit die griechische Erzählung feiert. Sie entdeckt, worin die befreite Subjektivität knechtisch ist.

Exkurs: Freiwillige Knechtschaft

Ist die Knechtschaft, die die Verknechteten selbst reproduzieren, freiwillig – die »freiwillige Knechtschaft«, in der Étienne de La Boétie ein »Monstrum von Laster« sah, »für das der Namen Feigheit noch zu schade wäre«?[105] Ist die »Unmündigkeit«, wenn die Unmündigen sie hinnehmen, ja sogar leidenschaftlich – mit ihren Wünschen, Bedürfnissen, ihrem Begehren und Denken: ihrer Identität – an ihr hängen, deshalb, wie Kant meint, »selbst verschuldet«? Im Gegensatz zu einer langen zynischen Tradition, die durch die angebliche Freiwilligkeit der Knechtschaft die Herrschaft legitimiert, will Kant mit dieser Diagnose darauf hinaus, dass es nur von den Knechten selbst abhängt – davon, dass sie den »Mut« haben, »[sich ihres] *eigenen* Verstandes zu bedienen«[106] –, die Herrschaft zu durchbrechen; indem Kant die Unmündigkeit für selbstverschuldet (und insoweit freiwillig) erklärt, geht es ihm um den »Ausgang« aus ihr, den Auszug aus der Knechtschaft. Aber diese gute Absicht löst das Problem seiner Diagnose nicht auf. Sie wiederholt, ja vertieft dieses Problem vielmehr in einem falschen Verständnis des Exodus, der Befreiung.

In einem Brief an Christian Jacob Kraus hat Johann Georg Hamann Kants Diagnose (und Therapievorschlag) mit dem – klassisch republikanischen – Argument kritisiert, dass diese Diagnose eine entscheidende Frage nicht stelle. Denn wo es Unmündigkeit gibt, gebe es auch Vormundschaft. Das zeige sich auch bei Kant, wenn er sagt, Unmündigkeit sei das »Unvermögen, sich seines Verstandes ohne Leitung eines anderen zu bedienen«.[107] Denn wer ist – so Hamanns Frage – dieser »unbestimmte *andere*«, der bei Kant sogar »zweymal anonymisch vorkommt«?[108] Und worin besteht seine »Leitung«? Wie leitet dieser andere die Unmündigen, so dass sich ihre Unmündigkeit reproduziert – dass sie so sehr zu ihrer eigenen und inneren Bestimmung wird, dass Kant sie ihnen als selbstverschuldet zurechnen kann? Das erst, so Hamann, wäre die wahrhaft »politische« Frage: die Frage nicht nach der selbstverschuldeten Unmündigkeit, sondern der »allerhöchst *selbst verschuldeten Vormundschaft*«[109] – nach der Schuld nicht der Knechte für ihre Knechtschaft, sondern der Herren für ihre Herrschaft über die Knechte.

So wichtig diese Erweiterung der Perspektive – von den Knechten auf die Herren und ihre Interessen, Strategien und Schuld – ist, so sehr verfehlt sie die Wahrheit von Kants Formel. Sie verfehlt, worin von »freiwilliger« Knechtschaft und »selbstverschuldeter« Unmündigkeit zu reden, notwendig und wahr ist. Das zeigt sich, wenn nun auch Hamann erklären will, was Kant interessiert: weshalb und wie sich die Herrschaft erhält. Weder Kant noch Hamann glauben, dass sich dies dadurch erklären lässt, dass die Herrschaft als berechtigt angesehen wird; beide misstrauen der üblichen philosophischen Antwort, die die Stabilität der Herrschaft durch den Glauben an ihre Legitimität (der dann als mehr oder weniger vernünftig beurteilt werden kann) erklärt. Die Mechanismen der Herrschaftsstabilisierung liegen viel tiefer als die Überzeugungen der Beherrschten. Nach Hamann liegen sie im Affektiven: Die Knechte haben »Furcht«.[110] Diese Erklärung aber trägt nicht sehr weit; sie kann die eigentümliche Haltung der Verharrung, der »Verehrung« (Marcuse), ja sogar der »leidenschaftlichen Verhaftung« (Butler) nicht erklären, die die Knechte an ihre Knechtschaft bindet. Denn dies bedeutet, dass sie ihre Knechtschaft nicht nur aus Furcht vor den Herren ertragen, sondern dass sie ihnen »introjiziert« (Marcuse) worden ist, dass für den Knecht »seine Unterordnung [...] fortgesetzte Möglichkeitsbedingung seiner Existenz ist«.[111] Es ist erforderlich und zutreffend, von »freiwilliger Knechtschaft« und »selbstverschuldeter Unmündigkeit« zu sprechen, weil die Herrschaft innerlich wirksam ist.

Das leisten diese Formeln – »freiwillig«, »selbstverschuldet« –, wenn man sie so versteht, dass sie die Fortdauer der Herrschaft nicht in dem begründen, was die Knechte glauben, auch nicht nur in dem, was sie fühlen, ihren Affekten, sondern in dem, was sie ausmacht. Felix Trautmann nennt dies: ihre Macht; die Macht der Herrschaft über die Beherrschten ist deren eigene Macht – eine Macht, die sie »generieren, über die sie [aber] nicht selbst verfügen können«.[112] Wo sich die Knechtschaft jenseits von bloß gewalttätiger Unterdrückung reproduziert, lässt sich dies demnach nur begreifen, wenn man danach fragt, wie die Beherrschten in ihrer Beherrschung selbst ihre Macht ausüben. Sie tun dies so, dass sich ihre Macht, indem sie sie ausüben, gegen sich selbst richtet. In dieser »Verkehrung ihrer Macht gegen sich selbst«[113] müssen wir – so Trautmanns These – die Lösung für das Rätsel von der freiwilligen Knechtschaft suchen. Das Rätsel muss so lange ungelöst bleiben, wie man ebenso die Knechtschaft »freiwillig« wie die Unmündigkeit »selbstverschuldet« nennt, weil sie durch einen Akt der freien Wahl akzeptiert worden seien (für dessen Folgen man verantwortlich ist). Dann wären die Knechtschaft und die Unmündigkeit der Inhalt einer Wahl – etwas Selbstgewähltes. Wie man die Knechtschaft und die Unmündigkeit wählen, also der Freiheit und Mündigkeit freiwillig vorziehen kann, ist aber gänzlich unverständlich. Folgt man Trautmanns Einsicht, dann sind die Knechtschaft und die Unmündigkeit mit dem, was man will und kann, mit der Macht, sich zu entscheiden und es zu tun, aber nicht auf diese Weise verbunden. Sie sind nicht deren Inhalt, also Ziel, sondern deren Form. Die Knechtschaft ist ein Effekt der eigenen Macht der Beherrschten, nicht weil es das ist, was sie wollen und tun, sondern aufgrund dessen, *wie* sie wollen und handeln – wie sie ihre Macht ausüben. Nämlich so, dass sie sich durch sich selbst gegen sich selbst richtet, indem die Knechte in dem, was sie beherrscht, das sehen, was sie sind – ihre imaginäre Identität. In diesem Sinn ist die Knechtschaft ihre eigene oder innere (und deshalb »freiwillig«): weil die Knechtschaft die Macht im Inneren ausmacht, die sie selbst ausüben; weil sie also zu ihrem Prinzip, ihrer *arché*, ihrer Subjektivität geworden – das heißt: gemacht worden – ist.

Es ist klar, dass die Freiwilligkeit der Knechtschaft so zu verstehen unmittelbar Konsequenzen dafür hat, wie der Ausgang aus ihr gedacht werden muss. Dafür reicht es offensichtlich nicht, die Macht gleich zu verteilen. Denn die Gleichverteilung der Macht erreicht ihre innere Konstitution nicht. Die Befreiung muss sich daher »*im* Imaginären« vollziehen:[114] Sie muss die Form ändern, in der die Macht gebildet und ausgeübt wird. Die Befreiung kann daher die Knechtschaft nicht einfach – vielleicht niemals – hinter sich lassen. Der Exodus ist nicht der einmalige Schritt heraus aus der Knechtschaft. Denn auf der anderen Seite erwartet uns: dasselbe.

Wie verhalten sich die beiden Begriffe der Knechtschaft – die Beherrschung des einen durch den anderen und die anonym-interne Herrschaft der Identität; die griechische Bestimmung der Knechtschaft als Unterdrückung und die jüdische als Schicksal – zueinander? Auf den ersten Blick scheinen die beiden Formen der Herrschaft sich zu ergänzen. Denn kein Regime der Unterdrückung vermag sich auf Dauer zu erhalten, wenn sie den Unterworfenen nicht zur Gewohnheit wird. Den Unterworfenen muss ihre knechtische Existenz zu ihrer Identität geworden sein. So beschreibt es das griechische Modell der Tyrannis: Sie will die Bürger nicht nur dem Willen des Tyrannen unterwerfen, sondern »die Seele eines Sklaven erschaffen«.[115] Denn nur wenn ihr es gelingt, durch die Unterworfenen selbst reproduziert zu werden, ist die tyrannische Herrschaft gesichert.

Aber das ist eine zweischneidige Sache. Denn im strikten, konsequenten Begriff des Sklaven hat der Sklave gar keine Seele. Aristoteles' Ideologem bringt das auf den Punkt: Die Sklaven »von Natur« sind dadurch definiert, dass sie »von den Herren so weit unterschieden sind wie Seele und Körper«.[116] Das eben heißt, dass sie, so Patterson, sozial tot sind. Wenn die Herrschaft sich nur dadurch zu erhalten vermag, dass sie sich der Seele der Geknechteten einschreibt, dann kann ihr dies daher nur gelingen, wenn die Unterworfenen mehr und anders als bloße Sklaven sind. Sie müssen Selberhandelnde – in der vorgeschlagenen Terminologie: Subjekte – sein, um eine Identität zu haben, die ihnen die Herrschaft zur Gewohnheit macht. Aber das zeigt nicht nur, dass die Eingewöhnung der Herrschaft, paradoxerweise, durch die Subjektivierung der Geknechteten erfolgt (und damit die Befreiung aus der Sklaverei). Sondern es bedeutet auch, umgekehrt und ebenso paradox, dass die Subjektivierung, die aus der Sklaverei befreit, nicht das Andere, das Gegenteil und die Gegenmacht zur Verknechtung ist. Ebendas war aber die zentrale Behauptung des griechischen Modells der Befreiung. Demnach heißt »Befreiung« Subjektivierung und »Subjektivierung« heißt Befreiung von der Knechtschaft. Diese Gleichsetzung löst sich auf, wenn die Knechtschaft der Gewohnheit erfahren wird. Wenn die Subjektivierung die Gewöhnung voraussetzt (weil die Subjektivität praktisch definiert ist, als Handlungsmacht), dann ist sie von Beginn an in doppelter Weise mit der Knechtschaft verstrickt, weil sich die Knechtschaft nur durch die Gewöhnung, also Subjektivierung, reproduzieren kann und weil sich durch die Subjektivierung, also Gewöhnung, stets die Knechtschaft reproduzieren muss.

Das ist die jüdische Erfahrung, die Erfahrung des Exodus, die das griechische Modell daher nicht ergänzt, sondern in Frage stellt und überschreitet. Diese Erfahrung besagt, dass die Befreiung als Subjektivierung die Macht der Gewohnheit nicht brechen kann. Durch sie reproduziert sich vielmehr das Schicksal der Knechtschaft als Knechtschaft des Schicksals. Die Befreiung *macht* die Knechtschaft erst zum Schicksal, zur Identität oder Gewohnheit – solange die Befreiung nach dem griechischen Modell als Subjektivierung begriffen wird. Aber muss sie so verstanden werden?

Neu anfangen

Wir haben gesehen, dass der Begriff der Freiheit aus der Erfahrung der Knechtschaft gebildet wird. Der griechischen Bestimmung der Knechtschaft entspricht daher die griechische Bestimmung der Freiheit. Ihr Kern ist die Freiheit, handeln zu können. Dieser Freiheit werden sich die Versklavten aus der Erfahrung des Verlusts erinnernd bewusst. Sie verstehen, dass handeln können frei sein heißt, weil handeln zu können heißt, sich selbst zu führen, indem man etwas ausführt. Im Handeln ist das Selbst, indem es etwas tut – etwas, das sozial zählt, das einen Unterschied macht –, bei sich. Das heißt hier Freiheit: Die griechische Idee der Freiheit bestimmt die Freiheit praktisch, als Handlungsmacht.

Diese griechische Definition der Freiheit richtet sich gegen die Macht des Herrn: Wo und wenn es die Macht und Freiheit des Handelns gibt, gibt es keine Herren und Knechte mehr; die Handelnde dient nicht, und sie herrscht nicht. Vor der Erfahrung aber, die die Juden in der Wüste machen, dass sie Knechte ohne Herren – Knechte aus Gewohnheit, weil Knechte der Gewohnheit – sind, bleibt die griechische Freiheitsidee ohnmächtig und stumm. Dieser Erfahrung hat sie nichts entgegenzusetzen. Ja, die griechisch-praktische Definition der Freiheit schließt es aus, die Gewohnheit überhaupt als Knechtschaft zu erfahren. Denn wer aus Gewohnheit handelt, ist selbst das Prinzip, der Urheber seiner Bewegungen und Vollzüge. Die Gewohnheit – das ist ihr subjektiver Sinn – ist Können: Wer eine Gewohnheit hat, kann etwas Besonderes einem Allgemeinen subsumieren. Wenn die Freiheit nichts anderes als praktisches Können ist, wenn also »Ich bin frei« nichts anderes meint als: »Ich kann« – ich kann handeln und bestimmen –, dann kann die Gewohnheit gar nicht unfrei oder knechtend sein. Die Gewohnheit erfüllt den praktischen Begriff der Freiheit (und deshalb gibt es keine griechische Kritik der Gewohnheit; die Kritik der Gewohnheit ist nachgriechisch, zuerst: religiös). Für die Grunderfahrung Israels, die das Volk in der Wüste macht, lässt die griechische Idee der Freiheit keinen Raum.

Das bedeutet umgekehrt, dass die jüdische Erfahrung der Knechtschaft als Gewohnheit (und der Gewohnheit als Knechtschaft) die griechisch-praktische Bestimmung der Freiheit in Frage stellt. Durch jene Erfahrung erscheint diese Bestimmung in ganz neuer Weise. Denn wenn die Gewohnheit das Können ist, das das Selbst zum Prinzip seiner Vollzüge und daher zum Subjekt macht, aber zugleich das Medium der Knechtschaft ist, weil ihre Vollzüge vom Gesetz der Identität beherrscht werden – was ist dann die Gewohnheit? Ist sie die Macht der Freiheit? Oder der Knechtschaft? Die direkte Folge der anderen, der jüdischen Erfahrung der Gewohnheit ist, dass diese Frage unbeantwortbar wird. In der Gewohnheit verbinden sich Freiheit und Knechtschaft. Die Gewohnheit ist Freiheit – denn sie ist die Macht des Handelns und damit frei von äußerer Macht, ein Vollzug aus eigener Macht. Die Gewohnheit ist Knechtschaft – denn die eigene Macht ist die Macht der Identität, die unsere Vollzüge dazu zwingt, das Immerselbe zu tun. In der Erfahrung der Gewohnheit verlieren Freiheit und Knechtschaft ihren kritischen Gegensatz und schlagen ineinander um. Sie werden nicht ununterscheidbar, aber unentscheidbar. Sie lassen sich beschreibend, als Aspekte, unterscheiden, aber sie lassen sich nicht trennen, nicht gegeneinanderstellen; denn die eine Seite ist die andere

Seite der anderen (und umgekehrt). Die Gewohnheit hat eine paradoxe Struktur. Ihre Erfahrung ist die Krise der Kritik, der kritischen Entgegensetzung von Freiheit und Knechtschaft. Die Erfahrung der Gewohnheit ist die Krise der Freiheit.

Einen Ausweg aus dieser Lage kann es nur geben, wenn die Freiheit anders verstanden wird: wenn die neue Erfahrung der Gewohnheit als Knechtschaft, die Israel in der Wüste macht, eine andere, neue Idee der Freiheit hervorbringt; wenn die Verlorenheit in der Wüste, der »Ort, der kein Ort ist« (Maurice Blanchot), an dem man nicht leben, nicht handelnd sein Leben führen kann, gerade deshalb eine neue Idee der Freiheit hervorbringt (und »aus den Sklaven Ägyptens ein Volk« macht).[117] Das kann nicht mehr die Macht sein, selbst handeln zu können. Denn die Freiheit als Können erweist sich in der Gewohnheit als knechtend: als die Macht der Identität. Die *andere* Freiheit muss daher die Freiheit der Nichtidentität sein. Also die Freiheit, das gewohnheitsmäßige Bestimmen nicht so wie immer schon fortzusetzen: die Freiheit der Nichtwiederholung; die Freiheit, das Besondere nicht als einen Fall desselben Allgemeinen zu identifizieren: die Freiheit der Nichtsubsumtion; die Freiheit, nicht das Können auszuüben, das mein Sein ist: die Freiheit des Nichtseins oder Nichtkönnens – der Nichtsubjektivität. Die neue Idee der Freiheit, die sich der Knechtschaft der Gewohnheit entgegenstellt, muss sich zugleich auch der griechischen Bestimmung der Freiheit als Können entgegensetzen. Sie ist die Freiheit gegen die – griechische, praktische – Freiheit; die Freiheit, die die Befreiung über die griechische Freiheit hinaustreibt.

Die andere Freiheit kann aber nicht allein negativ verstanden werden. Sie ist nicht nur die Freiheit des Bruchs, sondern die Freiheit eines anderen Anfangens oder die andere Freiheit des Anfangens. Sie ist anders gegenüber dem praktischen Anfangen, in der Gewohnheit. Darin bedeutet anzufangen zugleich auszuführen. Mit einer Handlung anfangen heißt nicht mehr (wie im archaischen Sinn von *árchein*; oben, S. 50), anderen befehlen, etwas auszuführen, und sie in ihrem Ausführen zu beherrschen. Sondern es heißt, etwas anzufangen, das man selbst ausführt, indem man sich darin selbst führt. Das gilt auch für die gewohnheitsmäßigen Akte identifizierenden Bestimmens. Auch diese Akte hat das Subjekt selbst angefangen und ausgeführt; ihr Prinzip – das Gesetz der Identität – liegt im Handelnden. An der Gewohnheit zeigt sich damit, was verloren geht, wenn das Anfangen und das Ausführen im Handeln fusioniert (und dadurch das Subjekt hervorgebracht) wird.[118] Wir haben oben gesehen, was hier gewonnen wird: Indem anzufangen und auszuführen als zwei Seiten desselben erkannt werden – als zwei Seiten der Macht, die den Namen »Subjekt« trägt –, wird die Spaltung in Herren und Knechte durchbrochen. Aber zugleich geht damit verloren, was die überschießende Macht eines Anfangens ausmachte, die an kein Ausführenkönnen zurückgebunden war: die Macht, etwas anzufangen, das man – und *weil* man es – *nicht* ausführen *kann*. In der Macht der Herren ist diese überschießende Macht des Anfangens – der Überschuss des Anfangens über das Können – mit der Macht zu befehlen und zu kontrollieren verbunden; die Herren verraten die Macht des Anfangens an die Herrschaft. Sie lässt sich aber von der Herrschaft lösen. Die Macht anzufangen ist nicht an die Herrschaft gebunden, sie kann von ihr abgelöst, ja ihr entgegengesetzt werden. Die überschießende Macht des Anfangens ist anarchisch.

Auch das gehört nach Arendt noch zur »Vieldeutigkeit« des griechischen Wortes *árchein*.[119] Auf der Oberfläche wird in diesem Wort und seinen Verwendungen »das Anfangen mit dem Führen und schließlich Herrschen, als den auszeichnenden Qualitäten des freien Mannes« verbunden; das haben wir oben schon gesehen. Aber das verdeckt nach Arendt nur, was dieses Wort zugleich, darunter und dagegen, auch festhält: dass die »Freiheit ursprünglich in [der] Fähigkeit des Neubeginnens erfahren wurde, also in dem, was wir seit Kant Spontaneität nennen«; dass »etwas Neues anfangen« zu können »frei sein« heißt.[120] Als die Macht des Neuen ist die Spontaneität das anarchische Wahrheits-, also Freiheitsmoment des *árchein*. Dieses Moment liegt genau dort, wo, im Sinn des Wortes *árchein*, das Anfangen vom Ausführen geschieden wird, *ohne* es dadurch mit dem Führen, Befehlen und Beherrschen zu verbinden. Die Spontaneität ist das Moment der Wahrheit an der Differenz von Anfangen und Ausführen: die Wahrheit des Vorsubjektiven (denn das Subjekt ist nichts anderes als die Identität von Anfangen und Ausführen), das frei von Herrschaft ist.

So erläutert Arendt die Freiheitsmacht der Spontaneität weiter im Anschluss an Kant. Kant definiert die Spontaneität als das »Vermögen [...], eine Reihe von sukzessiven Dingen oder Zuständen *von selbst* anzufangen«.[121] Aber was heißt hier »von selbst«? Es heißt zuerst, dass anzufangen und daher auch die angefangene Reihe nicht die Wirkungen einer anderen, vorgehenden Ursache sind. Das ist die negative Bestimmung der Spontaneität. Ihre positive Bestimmung ist aber nicht ganz so leicht. Sie ist eine doppelte, in sich gegenläufige Bestimmung. Die Spontaneität hat (wie nach Adorno dadurch die Freiheit überhaupt) einen »Doppelcharakter«.[122] Denn neu anzufangen kann zum einen heißen, durch eigene Entscheidung und unter eigener Führung anzufangen; »von selbst« heißt selbst: selbst anfangen. Das ist die Freiheit des Handelns, die das Selbst, das von selbst anfängt, als das Subjekt versteht, das durch seine Gewohnheiten etwas kann. In diesem Sinn ist auch das gewohnheitsmäßige Bestimmen anfangend: Die Ursache der Bestimmung ist nichts anderes als die Gewohnheit des Subjekts, sein Können; sie liegt allein im Subjekt. »Wenn ich jetzt (zum Beispiel) völlig frei, und ohne den bestimmenden Einfluss der Naturursachen, von meinem Stuhle aufstehe, so fängt in dieser Begebenheit, samt deren natürlichen Folgen ins Unendliche, eine neue Reihe schlechthin an.«[123] Aber davon muss ein zweiter, radikaler Sinn der Spontaneität unterschieden werden, der so nicht begriffen werden kann. Im Licht dieses radikalen Begriffs der Spontaneität ist auch noch einer, der »sich gewohnheitsmäßig zu dieser Zeit [von seinem Stuhl] erhebt«, jemand, der eine Reihe fortsetzt. Weil er dies nicht sehe, steckt in Kants Beispiel nach Arendt »ein grundlegender Fehler«;[124] das Beispiel übergeht die entscheidende Unterscheidung. Denn das gewohnheitsmäßige Handeln ist als eine Fortsetzung definiert. Das bestimmt seine Form; es ist eine weitere Anwendung eines durch Gewöhnung gebildeten Könnens. Es ist daher nicht – im »absoluten« Sinn – spontan. Gewohnheitsmäßig aufzustehen heißt zwar, etwas selbst anzufangen, weil es seinen Grund nur im eigenen Können hat. Aber genau deshalb ist es kein »absoluter Anfang«.[125] Denn das Aufstehen war vor seiner Ausführung schon als (Aufstehen-)Können da: Es ist, so zitiert und reformuliert Arendt einen Einwand von Henri Bergson gegen Aristoteles, »möglich gewesen, ehe [es] wirklich wurde«; es hat »in einem Zustand der Potentialität schon existiert«, ehe es verwirklicht wurde.[126] Davon muss die Spontaneität unterschieden werden, die darin besteht, so zitiert Arendt Bergson weiter, eine »vollständig neu[e] Handlung« zu vollziehen; »eine solche ist ja schließlich das freie Handeln«.[127] Dies ist aber, wie Bergson erläutert, nur ein wahrhaft neues und daher freies Handeln, wenn es »in keiner Weise, nicht einmal in Form einer reinen Möglichkeit, seiner Verwirklichung vorausging«; das heißt (wie

Arendt hinzufügt), wenn es »nicht einmal als ein Gegenstand der Erkenntnis oder Imagination [gegeben war], und daher, streng genommen, nicht gewusst werden konnte«.[128] Spontan im absoluten Sinn ist daher nur ein Akt, mein Aufstehen von meinem Stuhl, wenn er *wie zum ersten Mal* geschieht. Und das ist er nur, wenn er ein Handeln ohne Können oder über alles Können hinaus ist. Das wahrhaft freie, im absoluten Sinn spontane Handeln ist mehr, ja anders als Handeln: Spontan ist ein Handeln über das Handelnkönnen hinaus.

Das ist die Freiheitsidee eines anderen Anfangens: die Freiheit des Neuanfangens. Die Freiheit des Anfangens ist die Freiheit des Neuen. Sie gibt aber meinem Bestimmen nicht einen neuen Inhalt, sondern eine neue Form; die Freiheit des Anfangens besteht nicht darin, eine andere – eine abweichende, veränderte, »innovative« – Bestimmung hervorzubringen, sondern anders zu bestimmen. Das neue Bestimmen bestimmt anders, auf andere Weise, weil es nicht ein Können ausübt, also eine gegebene Möglichkeit verwirklicht. Wenn Kant die Spontaneität als das »Vermögen« definiert, etwas »*von selbst* anzufangen«, dann bedeutet dies daher nicht, dass ich es selbst – ich selbst es – anfange; dass ich es so anfange, wie ich handele: indem ich etwas anfange, was ich sodann auch ausführe, weil ich darin meine Fähigkeiten, meine Gewohnheiten ausübe. »Von selbst anfangen« heißt nicht selbst anfangen, sondern neu anfangen; und »neu« heißt: jenseits meiner Fähigkeiten, meiner Gewohnheiten. »Neuanfangen« ist die positive Bestimmung der Freiheit, die die Knechtschaft der Gewohnheit durchbricht. Negativ bestimmt ist sie die Freiheit der Nichtwiederholung, der Nichtsubsumtion, der Nichtidentität. Positiv bestimmt ist sie die Freiheit des Neuen, der Erneuerung. Wir nennen das frei, einen Vollzug oder ein Selbst, das neu ist, weil es jetzt (wie) zum ersten Mal geschieht.

Die Entgegensetzung der Spontaneität zur Gewohnheit ist einem naheliegenden Einwand ausgesetzt. Der Einwand besagt, dass die Idee eines neuen Anfangs – eines Neuanfangens –, der nicht die Ausübung eines Könnens ist, leer ist: Es gibt keine (»absolute«) Spontaneität. Dieser Einwand ist richtig; das heißt, er ist soweit richtig, als es die Freiheit des Neuen nicht derart gibt, dass sie gegeben, also vorhanden ist. Die Freiheit des Neuen wird vielmehr erfahren. Wir haben oder besitzen sie nicht – sie kann nicht »mit einem gegebenen Vermögen« identifiziert werden[129] –, sondern die Freiheit der Spontaneität widerfährt uns. Das ist die Weise, wie es sie gibt. Die Spontaneität ist rezeptiv oder passiv: ein Effekt.

Darin steht der befreiende Bruch mit der Gewohnheit, der sich immer dann vollzieht, wenn wir neu anfangen, im Gegensatz zum griechischen Begriff der Befreiung. Dieser Begriff fasst die Freiheit als das Resultat einer Negation der Negation, und die Negation der Negation ist ein Akt des Bewusstseins. Die Versklavten werden sich der Freiheit bewusst, die sie schon hatten: weil sie handeln konnten. Die Freiheit besteht darin, handeln zu können; der griechische Begriff der Freiheit ist praktisch. Seine Grundlage ist nichts anderes als das Selbstbewusstsein des Könnens – das Selbstbewusstsein *im* Können –, das jeder, auch der Sklave und Knecht, besitzt. Die Befreiung durchs Bewusstsein ist die Befreiung als Subjektwerdung: Das Subjekt wird zum Subjekt und damit frei, indem es sich bewusst wird, dass es ein Subjekt und frei *ist*.

Die Prämisse und zugleich das Problem dieses griechischen Modells treten deutlich hervor, wenn wir es einem anderen gegenüberstellen, das gleichzeitig mit ihm entstanden ist. Leo Strauss tut dies unter dem Titel: »Jerusalem und

Athen«.[130] Dabei bezeichnet »Athen« das Denken und Wirken der griechischen Philosophie. Die griechische Philosophie ist aber nichts anderes als die Selbstreflexion und dadurch Vollendung der griechischen Befreiung. In ihr wird der Operator, der Operationsmodus der griechischen Befreiung – das ist: die Emanzipation des Bewusstseins – methodisch reflektiert und systematisch vollzogen. »Athen« ist der Name für das Bewusstsein des Bewusstseins; der Name »Athen« bezeichnet die bewusst vollzogene Praxis der Transformation, die in nichts anderem als darin besteht, dass das Selbst sich seiner selbst bewusst (und damit für sich selbst zum Subjekt) wird. Die griechische Philosophie reflektiert diese Transformation durchs Bewusstsein und vollendet sie dadurch; die philosophische Befreiung ist die konsequente Emanzipation des Bewusstseins.[131] Daher zeigt sich an ihr deren grundlegende Prämisse. Es ist diese Grundprämisse, die nach Strauss' »vorläufigen Bemerkungen« zur Differenz von Athen und Jerusalem die griechische Philosophie von der jüdischen Prophetie scheidet.

Diese Entgegensetzung betrifft einen Gedanken, der beide verbindet (und der in anderen Kontexten so beschrieben wird, dass beide Figuren der »Achsenzeit« sind; dazu unten, S. 573). Strauss formuliert diesen Griechen und Juden, die Philosophie und die Prophetie verbindenden Gedanken so, »dass es sowohl Sokrates als auch den Propheten um die Gerechtigkeit geht. Darin stimmen Sokrates' Ausarbeitung der besten Gesellschaftsordnung und die Vision der Propheten vom messianischen Zeitalter überein.«[132] Beide, die gerechte Ordnung wie die neue Zeit, können nur durch einen radikalen Umbruch entstehen. Aber diesen Umbruch denken beide nach Strauss ganz anders, und auf diesen Unterschied kommt es an.

Sokrates denkt diesen Umbruch so, dass er auf »einem unwahrscheinlichen, aber nicht unmöglichen Zusammentreffen beruht, dem Zusammentreffen von Philosophie und politischer Macht«. Das bedeutet, in negativer Formulierung, dass »nach Sokrates [...] die Entstehung der besten politischen Ordnung nicht auf göttliches Eingreifen zurückzuführen« ist. Und *das* bedeutet: Gleichgültig, wie grundlegend der Wandel in der politischen Ordnung ist, »die menschliche Natur wird so bleiben, wie sie immer gewesen ist«.[133] Die Einrichtung einer gerechten, guten Ordnung verlangt, griechisch verstanden, nicht, die menschliche Natur zu ändern. »Die [gerechte] Stadt entsteht nicht wie ein natürliches Wesen; sie wird von Sokrates zusammen mit Glaukon und Adeimantus gegründet. Aber im Gegensatz zu allen anderen bekannten Städten wird sie der Natur gemäß sein.«[134] Die »Natur« der Menschen ist, was sie sind und können. Die Natur des Menschen ist daher die zweite Natur, die sie gemäß ihrer ersten Natur ausbilden. Diese Natur des Menschen, die durch Disziplin oder Gewöhnung ausgebildete natürliche Anlage zur Vernunft, wird durch die Einrichtung der gerechten Ordnung verwirklicht. Die gerechte Ordnung entsteht, indem die Vermögen, die die Menschen nach ihrer Natur ausgebildet haben, zu Bewusstsein kommen und dieses Bewusstsein (das Platon, und mit ihm Strauss, nur wenigen, nämlich den Philosophen, vorbehalten haben) herrschend wird. Einen neuen Menschen braucht es dafür nicht.

Davon unterscheidet Strauss scharf, wie die jüdische Prophetie das Kommen der Gerechtigkeit versteht. Für sie ist die Gerechtigkeit kein Ziel, das ein Akteur verwirklichen kann, sondern ein Ereignis, das sie vorhersagen. Es vorhersagen heißt aber, nicht von ihm wissen. »Die wahren Propheten [...] sagen das Unerwartete, das menschlich Unvorhersehbare voraus – das, was den Menschen, sich selbst überlassen, nicht in den Sinn käme, zu fürchten oder zu hoffen.«[135]

Das Kommen der Gerechtigkeit lässt sich nur vorhersagen, weil es den Menschen nicht einfallen würde. Es ist ein radikaler Wandel, weil dieser Wandel keine Grundlage in ihrem Tun und Können hat. Deshalb kann dieser Wandel auch kein Gegenstand ihres Selbstbewusstseins sein. Und deshalb wissen die jüdischen Propheten auch nicht von ihm – jedenfalls nicht so, wie die griechischen Philosophen von der gerechten Ordnung wissen: indem sie sich der menschlichen Natur bewusst werden und durch die Emanzipation des Bewusstseins zur Entstehung der gerechten Ordnung beitragen, oder sie gar hervorbringen, wenn sie zu den Regenten der Stadt werden; das ist zwar unwahrscheinlich, aber nicht unmöglich. Die jüdischen Propheten hingegen sagen einen Wandel vorher, der für sie ebenso unbegreiflich ist wie für alle Menschen; denn er ist nach der menschlichen Natur unmöglich. Dieser Wandel steht in keiner Kontinuität zu ihrem Selbstbewusstsein. Er bedeutet daher nicht weniger als eine Neugeburt: eine existenzielle, genauer: ontologische Transformation, die über das Sein und Bewusstsein der Menschen als Könner, als Subjekte hinausführt. »Entspringen bedeutet, den Zwang der Ursprünge brechen« (so schreibt Klaus Heinrich).[136] Und das besagt nichts anderes, als dass ihnen der Wandel, den die Propheten vorhersagen, widerfährt. Sie können von ihm nicht – philosophisch, durch die Aufklärung ihres Selbstbewusstseins – wissen, sondern sie *erfahren* ihn: indem er ihnen offenbart wird, also durch (oder wie) ein Wunder. Die neue Zeit der Gerechtigkeit, von der die jüdische Prophetie spricht, ist der Gegenstand einer Erfahrung, die die Immanenz des Selbstbewusstseins aufsprengt. Das gilt ebenso jetzt, wenn der Wandel vorhergesagt wird, wie dann, wenn er eintritt. Er wird, auch als vorhergesagter, immer gänzlich unerwartet, menschlich unvorhersehbar gewesen sein. Er wird uns immer von außen widerfahren und daher von uns nicht gewusst, sondern erfahren werden. Denn er entspricht nicht der menschlichen Natur.

Strauss bezieht den Gegensatz zwischen griechischer Philosophie und jüdischer Prophetie auf die Entstehung der gerechten Ordnung. Wenn die griechische Philosophie diese Entstehung jedoch als Bewusstwerdung, als die Emanzipation des Bewusstseins begreift, dann ist die Errichtung der gerechten Stadt unter der Leitung der Philosophen nichts anderes als die wahre Befreiung. Und so muss – entgegen dem antijüdischen Vorurteil[137] – auch die Erfahrung des radikalen Wandels verstanden werden, von dem die jüdischen Propheten sprechen: Das Kommen der Gerechtigkeit befreit. Genauer: Indem wir das Kommen der Gerechtigkeit *erfahren* – jetzt, indem es uns offenbart wird; am Ende, wenn es sich ereignet –, werden wir befreit. Wir werden zu dem befreit, »was den Menschen, sich selbst überlassen, nicht in den Sinn käme« (Strauss). In Athen ist die Befreiung – die Befreiung zum Selbstbewusstsein – dem, was wir sind und geworden sind, immanent; die Befreiung gründet im Können, die Befreiung ist ein Akt der Selbstbefreiung. Dagegen richtet sich die Befreiung in Jerusalem. Sie ist die Befreiung der Freiheit von der Natur des Menschen, des Subjekts. (»Wehe der Freiheit, wenn sie das Wesen des Menschen sein will.«[138]) In Jerusalem ist die Befreiung ein Bruch mit dem eigenen Können, mit dem, was wir, wir Subjekte, selbst sind und können. Und weil sie ein Bruch mit unserem Können ist, erleiden wir die Befreiung von außen und gelangen dadurch zur Spontaneität des neuen Anfangens. So wie die griechische Befreiung nichts anderes als die Emanzipation des Bewusstseins ist, so vollzieht sich die jüdische Befreiung allein durch die Erfahrung des Unerwarteten. Und so wie die griechische Philosophie die Emanzipation des Bewusstseins denkt und dadurch vollendet, ist die jüdische Prophetie, die das Unerwartete vorhersagt, ein Instrument der Befreiung, die sich durch die Erfahrung des Unerwarteten vollzieht – so wie Mose nur zum Instrument der Befreiung Israels wird, indem er in der Wüste dem brennenden Busch (und darin dem Boten des Herrn) begegnet.

Das ist die Grundbestimmung eines Begriffs der Befreiung, der das (griechische) Modell der Emanzipation des Bewusstseins hinter sich lässt: dass die Befreiung sich durch die Erfahrung vollzieht. Das gilt, weil – oder genauer: wenn – die Erfahrung über das Bewusstsein, das Wissen des Subjekts, hinausgeht. Deshalb nennt Jean-Luc Nancy die Erfahrung, jede wahre Erfahrung von etwas, »die Erfahrung von nichts«:

> […] die Erfahrung *des Nichts* als der Wirklichkeit, die sie erprobt, *und* der Zufälligkeit, die sie darin freisetzt. Es gibt keine Freiheit, es kann nicht den geringsten Akt der Freiheit geben ohne diese Erfahrung, was auch immer man über die Möglichkeiten der Wahl, der Kräfte des Willens oder der physischen und sozialen Gesetze, die einschränken oder befreien, an Überlegungen anstellen mag.
>
> Die Erfahrung der Freiheit ist also die Erfahrung, dass die Freiheit Erfahrung ist. Sie ist die Erfahrung der Erfahrung. Die Erfahrung der Erfahrung ist aber nichts anderes als die Erfahrung selbst – der Selbstversuch am Rande des Selbst […], Abweichung oder Entzug einer Selbstpräsenz, Abweichung oder Entzug eines Selbstwissens.[139]

Die Erfahrung, die sich vom Bewusstsein befreit, ist das Medium der Befreiung: die Befreiung in der Erfahrung durch die Befreiung der Erfahrung.

So lässt sich die Antwort verstehen, die die Prophetie auf die Einsicht gibt, die das Volk Israel nach dem Auszug aus

Ägypten gewinnt: dass die Knechtschaft sich im Können, in der Identität reproduziert, die dem Befreiten zur Gewohnheit geworden ist. Die Antwort sagt, dass die – wahre – Befreiung sich nur in der Erfahrung des Unerwarteten ereignet, die die Gewohnheit durchbricht. Das ist die Befreiung zur Spontaneität. Diese Befreiung ist selbst spontan; sie ist unableitbar aus der menschlichen, ersten wie zweiten Natur. Die Freiheit des Anfangens ist nicht im eingewöhnten Können des Subjekts gegeben und kann daher nicht durch die »Emanzipation des Bewußtseins« (Marcuse) angeeignet werden. Aber dass die Befreiung zur Spontaneität spontan ist, macht sie nicht zu einem mysteriösen Ereignis. Die Spontaneität emergiert nicht; die Befreiung ist auch keine Eruption. Die Freiheit ist vielmehr deshalb ein oder wie ein Wunder – das »Wunder der Freiheit« (Arendt)[140] –, weil sie sich der *Erfahrung* eines Wunders verdankt: indem wir die Erfahrung von etwas Unerwartetem machen, das wir aufgrund von allem, was wir können und daher wissen können, nicht vorhersehen können. Die Spontaneität, die Freiheit des Neuanfangens, wird in der Erfahrung empfangen, oder sie wird erlitten. Die Grundthese des jüdischen Denkens der Befreiung, die es dem griechischen scharf entgegenstellt, besagt, dass die Freiheit nur in der Erfahrung des Unerwarteten gewonnen wird. Die Befreiung zur Spontaneität ist deshalb spontan, weil sie rezeptiv ist.

*

Die folgenden Kapitel unternehmen den Versuch, diese These philosophisch einzuholen. Es geht darum, die Befreiung als Erfahrung zu denken. Die Befreiung kann nur in der Erfahrung geschehen; die Freiheit ist die Wirkung einer Erfahrung. Das führt zu einem anderen Verständnis der Freiheit des Anfangens, und damit des Anfangens der Freiheit, als im griechisch-dialektischen Modell der Befreiung. Dieser Gegensatz betrifft ebenso den Inhalt wie die Methode des Denkens der Befreiung. Die Befreiung als Erfahrung zu begreifen heißt nicht nur, die Freiheit anders zu bestimmen. Es heißt auch, sie auf andere Weise zu bestimmen: auf andere Weise zu denken.

Die griechisch-dialektische Erzählung von der Entdeckung der Freiheit zeigt, wie die Freiheit zu Bewusstsein gelangt. So versteht diese Erzählung die Befreiung. Die Befreiung ist die Emanzipation des Bewusstseins, und die Philosophie, die den Begriff der Freiheit denkt, ist nichts anderes als deren konsequente Artikulation. Sie ist deren selbstreflexive Gestalt und artikuliert das Wissen, das jeder, jeder und jede Handelnde oder jedes Subjekt, immer schon halb- oder vorbewusst von sich hat. Das Wissen von der Freiheit, das die Philosophie hiermit gewinnt, ist subjektives Wissen, Wissen durch Selbstbewusstsein und damit Wissen im oder als Selbstbewusstsein.

Wenn dagegen die Freiheit als die Wirkung einer Erfahrung begriffen werden muss, die genau darin befreiend ist, dass das Subjekt sich ihrer nicht bewusst sein kann – einer Erfahrung diesseits oder jenseits des Selbstbewusstseins –, dann ändert dies auch, wie das philosophische Nachdenken über die Befreiung verfährt. Es kann nicht mehr von dem unartikulierten, unaufgeklärten Selbstbewusstsein der handelnden Subjekte ausgehen, sondern muss mit deren befreiender Erfahrung anfangen. Diese Erfahrung ist befreiend im radikalen Sinn: weil sie die Identität durchbricht, die das Subjekt in allem, was es tut und weiß – und deshalb auch in allem, was es *von sich* weiß: dass und wie es frei ist –, reproduziert. Das Nachdenken über die Befreiung muss daher mit einer Erfahrung beginnen, die es nicht in subjektives Wissen, in

Wissen durch und als Selbstbewusstsein, verwandeln kann. Deshalb verlangt das Denken der Befreiung die Befreiung des Denkens vom Wissen zur Erfahrung; oder genauer: zur Differenz von Wissen *und* Erfahrung. Statt das Selbstbewusstsein des Handelnkönnens zu artikulieren, muss die Philosophie daher von einer Erfahrung her denken, die ihrer Reflexion uneinholbar vorhergeht. Sie muss über eine Erfahrung nachdenken, die sie nicht in sich selbst, im Selbstbewusstsein, findet, sondern die ihr von außen, von woanders her, gegeben ist. Sie muss über Texte, Bilder und Szenen nachdenken, in denen sich die befreiende Erfahrung ereignet.

Das heißt, dass das Denken über die Befreiung ästhetisch werden muss. Denn ästhetisch zu denken heißt nichts anderes, als von einer Erfahrung her – oder einer Erfahrung hinterher – zu denken, die dem Denken vorhergeht, nicht ins Denken aufgehoben und nicht als subjektives Wissen angeeignet werden kann. Weil sich die »Knechtschaft verewigt« und durch die Subjekte selbst, als ihre Identität oder zweite Natur, reproduziert wird, bedarf es – so sagt Marcuse – zur Befreiung einer »Veränderung in der ›Natur‹ des Menschen«.[141] Die Befreiung bedarf einer Emanzipation der »Sinne«; sie muss *in* den Sinnen erfolgen. Die Befreiung ist »ästhetisch«: Der Versuch über die Befreiung ist eine Ästhetik der Befreiung.

2.
Faszination. Die Befreiung des Sehens

… das Bild, dieser brennende Busch
Louis Aragon[142]

Die Befreiung aus der Gewohnheit der Knechtschaft ist ein Akt der Spontaneität, und die Spontaneität ist die Freiheit des Neuanfangens, ohne Grund. Sie ist ohne Grund, weil sie nicht in einem Können gründet, das wir erwerben, indem wir Gewohnheiten ausbilden. Die Freiheit des Neuanfangens ist kein erweitertes, verändertes, vertieftes Können, sondern anders als Können (oder ein Nichtkönnen). Aber das macht die Freiheit des Neuanfangens nicht unerklärlich. Ganz im Gegenteil: Wir erfahren die Freiheit der Spontaneität, sie ist uns in der Erfahrung gegeben. Die Spontaneität ist mithin rezeptiv; es gibt sie nur durch einen Stoß von außen. Wenn aber die Freiheit der Spontaneität erfahren wird, dann ist auch ihre Theorie auf Erfahrungen und deren Erzählung angewiesen; die Theorie der Spontaneität hat die Form einer ästhetischen Reflexion.

So weit in Umrissen das Argument in Kapitel 1. Die Aufgabe dieses zweiten Kapitels besteht darin, zu klären, worin die Erfahrung der Spontaneität besteht. Ich beschreibe sie als die Erfahrung der Faszination (oder die Faszination der Erfahrung; denn die Erfahrung der Faszination ist die Erfahrung der Erfahrung: die Erfahrung des Wirklichen). Die These lautet: Die Faszination ist befreiend, die Befreiung beginnt mit der Faszination. Darum geht es in der Erzählung vom brennenden Dornbusch im zweiten Buch Mose (*Exodus*), die in wenigen Worten, von denen jedes einzelne zählt, nicht weniger als eine Theorie der Befreiung in der Erfahrung entwickelt (Abschnitt [a]). Sie ist das Paradigma aller Erzählungen radikaler Befreiung, bis in unsere Gegenwart. Das werde ich an einem zeitgenössischen Beispiel zeigen, dem Anfang der Fernsehserie *Breaking Bad* (Abschnitt [b]).

Aber beide Erzählungen sagen nicht dasselbe. Dabei wird das Paradigma des *Exodus* in *Breaking Bad* auch nicht nur, wie jedes Paradigma, verändert und variiert, sondern *gebrochen*. Zwischen ihnen liegt die Krise der Faszination in der Moderne. Die Moderne beraubt die Faszination ihres religiösen Gehalts und ästhetisiert sie; das zeigt exemplarisch der Surrealismus. Damit löst sich aber die Einheit von Erfahrung und Befreiung auf, die die religiöse Faszination definierte: Im Exodus-Paradigma ist die Befreiung daran gebunden, dass in Moses Faszination vor dem brennenden Busch ihm der Bote des Herrn erscheint. Verliert daher die Befreiung durch die moderne Ästhetisierung ihre Grundlage in der Erfahrung? Ist die moderne Krise der Faszination das Ende der Befreiung? Die Krise der Faszination verlangt, die Einheit von Erfahrung und Befreiung anders zu denken: Die Krise verlangt, ihre Einheit zu *denken*. Sie verlangt, von der Erfahrung zum Denken überzugehen. Der letzte Schritt dieses Kapitels (Abschnitt [c]) soll umreißen, was das für den Begriff des Denkens und seiner Freiheit bedeutet. Dabei geht es darum zu verstehen, weshalb das Denken der Befreiung zugleich die Befreiung des Denkens ist. Ich nenne dies die Position des »ästhetischen Materialismus« und erläutere sie durch eine Kritik des Idealismus (also an Hegels Begriff des Denkens). Die beiden Kapitel des zweiten Teils werden sodann zwei einander scharf entgegengesetzte Weisen rekonstruieren, dieses Programm – das ästhetisch-materialistische Programm, die Befreiung von der Erfahrung her zu begreifen – durchzuführen.

(a) Die Erfahrung des Bilds

Gewöhnlich heißt etwas zu erfahren, etwas als etwas zu bestimmen. Das geschieht, indem man dieses, dieses Besondere, als von einer uns bereits bekannten, daher allgemeinen Art wiedererkennt und es dadurch identifiziert. Im Feld des Sehens heißt etwas auf diese Weise zu erfahren, es wahrzunehmen; die visuelle Erfahrung ist gewöhnlich die Wahrnehmung (von etwas als etwas). Dass dies die gewöhnliche Gestalt der Erfahrung ist, heißt, dass die Wahrnehmung sich in Gewohnheiten vollzieht. Im Wahrnehmen sehen wir etwas in der praktischen Bedeutsamkeit, die es für uns hat; wir nehmen also immer als Teilnehmer von Praktiken und damit aus den sozialen Rollen wahr, die wir in ihnen einnehmen. Wahrnehmen heißt, etwas – und damit zugleich sich selbst – in einer praktischen, sozialen Welt zu verorten. Mit jedem Akt der wahrnehmenden Erfahrung bestätigen wir, dass wir *in* der Welt, also innerweltlich sind. Im Wahrnehmen gibt es kein Außen. Indem wir sie wahrnehmen, rücken die Dinge nahe – bis wir sie greifen können. Daher sagt Emmanuel Lévinas über die Wahrnehmung: »Das Band zwischen Sehen und Berühren, zwischen Vorstellung und Arbeit, bleibt wesentlich. Das Sehen wandelt sich in Zugriff. Das Sehen öffnet sich auf eine Perspektive, einen Horizont, und beschreibt einen überbrückbaren Abstand; es lädt die Hand zur Bewegung und zur Berührung ein und gewährleistet sie.« Deswegen macht sich, so Lévinas, Sokrates »über Glaukon lustig, der den Anblick des gestirnten Himmels für eine Erfahrung der Erhabenheit genommen hat«.[143] Der gestirnte Himmel ist auch nur ein Gegenstand, den wir wahrnehmend bestimmen können; er ist gar nicht erhaben. Lévinas schließt daraus: »Die Anschauung ist keine Transzendenz.«[144] *Alles* Sehen, das Sehen als solches, ist demnach wahrnehmend und verbleibt in der Welt. Alles Sehen, ja alles Sinnliche ist gewohnheitsmäßig. Denn das Sinnliche steht in Raum und Zeit. Es ist endlich. Ein Hinaus aus der Gewohnheit verlangt daher nach Lévinas nicht weniger als den Abbruch des Sehens. Wir können das gewohnheitsmäßige Bestimmen nur hinter uns lassen, wenn wir aufhören, zu sehen, und beginnen, zu hören: auf das zu hören, was uns gesagt wird. Das Unendliche – das Glaukon in der Erhabenheit des gestirnten Himmels zu sehen glaubte – lässt sich nicht sehen. »Das Unendliche spricht«, und wir müssen es hören.[145]

Maurice Blanchot hat einen Dialog geschrieben, in dem die eine der beiden Stimmen (die als die von Lévinas verstanden werden kann) diese Auffassung auf eine ebenso einfache wie grundlegende These bringt. Die These lautet: »Sprechen ist nicht sehen.« Das meint aber nicht eine bloße Differenz verschiedener Sinne oder Medien. Denn der Grund dafür, dass das Sprechen nicht sehen ist, lautet: »Das Sprechen befreit das Denken.«[146] So sagt es die erste Stimme in Blanchots Dialog:

> Die Wahrnehmung ist die in den Boden eingewurzelte, auf die Öffnung hin ausgerichtete Weisheit: sie ist im eigentlichen Sinne bäuerlich, eingerammt in die Erde, und stellt eine Verbindung her zwischen dem unbeweglichen Grenzstein und dem scheinbar grenzenlosen Horizont – ein sicherer Pakt, aus dem der Frieden erwächst. Das Sprechen ist Krieg und Wahn für den Blick. Das schreckliche Sprechen setzt sich über jede Grenze und sogar über das Unbegrenzte des Ganzen hinweg: es nimmt das Ding bei dem, wobei dieses sich nicht nimmt, sich nicht sieht, sich niemals sehen wird; es überschreitet die Gesetze, macht sich frei von Orientierung, es desorientiert.[147]

Die Befreiung vom Sehen ist der Auszug aus der Knechtschaft. Und umgekehrt: Der Auszug aus der Knechtschaft ist die Befreiung vom Sehen – die den Anfang und den Motor der jüdischen Geschichte ausmacht.

Darauf sagt die zweite Stimme: »Sie wollen doch nicht einen Sinn dem anderen gegenüberstellen, das Hören dem Sehen?« – »In diese Falle möchte ich nicht gehen«, antwortet wiederum die erste. Wie aber umgeht man diese Falle? Auch wenn man nicht wählen kann oder möchte – »das Sprechen oder die Sicht«? –, so kann auch ihre »Vermengung [...] jedenfalls kein Heilmittel gegen die Spaltung sein«. Denn das würde die Idee der Befreiung preisgeben, in deren Namen die erste Stimme zwischen Sagen (und Hören) und Sehen unterscheidet. Man muss also daran festhalten, sich vom Wahrnehmen zu befreien, ohne den einen dem anderen Sinn, die Sicht dem Gehör unterzuordnen (denn das ist eine Falle: die Falle physiologischer Reduktion). Man muss also zu denken versuchen, dass sich die Befreiung vom Wahrnehmen *im Medium des Sehens* vollzieht. Und wenn man sagen kann, dass das Sagen und Hören nur deshalb gegenüber dem Wahrnehmen frei sind, weil sie eine »transzendente Sehweise« sind – das Sehen wird transzendent, indem es transzendental wird; es überschreitet sich, indem in ihm erscheint, was es ermöglicht –, dann gibt es auch eine »Umkehrung der Möglichkeit des Sehens«: die Möglichkeit, dass das Sehen sich gegen sich selbst kehrt.[148]

Diese Umkehrung des Sehens im Sehen ist der Blick der Faszination. So bezeichnet und beschreibt Blanchot, wie wir im Traum sehen:

> Im Traum sehen, das heißt fasziniert sein, und die Faszination kommt zustande, wenn wir, weit davon entfernt, aus der Ferne zu erfassen, von der Ferne erfaßt, von ihr besetzt sind. In

> der Sicht berühren wir das Ding nicht nur dank eines Zwischenraumes, der uns von ihm entlastet, sondern wir berühren es auch, ohne von diesem Zwischenraum belästigt zu sein. In der Faszination sind wir vielleicht schon außerhalb des Sichtbaren und Unsichtbaren.[149]

Die Faszination ist die Befreiung des Sehens – die Befreiung des Sehens vom Wahrnehmen –, die sich im Sehen vollzieht; sie befreit das Sehen vom gewohnheitsmäßigen Bestimmen. Die Erfahrung der Befreiung gründet in der Befreiung der Erfahrung. Der Auszug aus der Knechtschaft der Gewohnheit beginnt nicht erst, wenn wir zu hören (und zu gehorchen) beginnen. Er beginnt im Sehen, in der Erfahrung, im Sinnlichen.

Das zeigt paradigmatisch der biblische Text, auf den sich auch die These beruft – die These der ersten Stimme in Blanchots Dialog –, dass das Sehen unfrei ist und nur das Hören befreiend: die Exodus-Erzählung. Denn die Befreiung in *Exodus* beginnt nicht erst mit Gottes Gebot und Moses Gehorsam, sondern sie beginnt mit einer Faszination.

Hinter der Wüste (*Exodus*)

Im dritten Kapitel von *Exodus* beauftragt Gott Mose damit, das Volk aus der Knechtschaft Ägyptens zu führen: Er beauftragt Mose mit der Befreiung des Volks. Gott *gebietet* ihm die Befreiung. Die Befreiung (und sonst nichts) ist der Inhalt des göttlichen Gebots: Gott gebietet – nur – die Befreiung. Er gebietet Mose die Befreiung seines Volks. Aber genau darin, dass Mose sich diesem Befreiungsgebot unterwirft, befreit er sich selbst. Die Befreiung wird durch das Gebot nicht nur vorgeschrieben – sie wird durch das Gebot bewirkt; sie ist ebenso sein Gehalt wie sein Effekt. Der Zusammenhang von Gebot und Befreiung ist konstativ und performativ. Indem er das Befreiungsgebot hört, wird Mose frei.[150]

Vor Gottes Gebot und Moses befreiendes Gehorchen hat die Erzählung des *Exodus* aber eine »szenische Einführung«[151] gestellt, die in einem ganz anderen Register operiert. Ihr Unterschied ist medial, also fundamental. Die Befreiung durchs Gebot ist eine Szene des Sprechens und Hörens; ihre Einführung hingegen geschieht durch eine Szene, die visuell und optisch ist: eine Szene des Erscheinens und Sehens.

Diese Szene vor der Szene beschreibt *Exodus* so:

> Mose aber hütete die Schafe Jitros, seines Schwiegervaters, des Priesters in Midian, und trieb die Schafe über die Wüste hinaus und kam an den Berg Gottes, den Horeb. Und der Engel des HERRN erschien ihm in einer feurigen Flamme aus dem Dornbusch. Und er sah, dass der Busch im Feuer brannte und doch nicht verzehrt wurde. Da sprach er: Ich will hingehen und diese wundersame Erscheinung besehen, warum der Busch nicht verbrennt. (Ex 3,1-3)[152]

Erst danach spricht Gott zu Mose und hört Mose ihn:

> Als aber der HERR sah, dass er hinging, um zu sehen, rief Gott ihn aus dem Busch und sprach: Mose, Mose! Er antwortete: Hier bin ich. (Ex 3,4)

Die Szene präsentiert einen radikalen Einschnitt: An ihrem Anfang steht eine Existenz, die bestimmt ist durch die Arbeit und die Familie. An ihrem Ende steht Mose, der dem Herrn antwortet, dass er hier, dass er da ist: dass er ihn hört, also auf ihn hört. Bevor, ja damit Mose von Gott mit der Befreiung beauftragt werden und er im Hören dieses Gebots sich befreien kann, muss er neu und anders gesehen haben. Vor dem befreienden Hören steht die Befreiung im Sehen.

Diese Befreiung des Sehens geschieht durch die »wundersame Erscheinung« (Luther), das »große Gesicht« (Buber/Rosenzweig) des brennenden Dornbuschs, der Mose unwiderstehlich anzieht. Mose erfasst in seinem Sehen nicht einen Gegenstand, sondern wird von einer Erscheinung bewegt, die er nicht begreift (sie ist »wundersam«). Das lässt ihn sagen: Ich will dahin und schauen. Moses Dahinwollen – also weg von dem Gewohnten, heraus aus der Arbeit – ist die Bejahung eines Müssens, seines dahin Gezogenwerdens. Die Erscheinung des brennenden Dornbuschs hat für Mose »etwas eigentümlich Anziehendes, Bestrickendes«; sie ist das »Sinnberückende, Hinreißende, seltsam Entzückende«, das Rudolf Otto in seiner Phänomenologie des Heiligen »das Fascinans« nennt.[153] Mose ist durch die Erscheinung des brennenden Dornbuschs fasziniert; seine Befreiung beginnt mit einem Blick der Faszination.

Wovon ist Mose fasziniert? Was ist die »wundersame Erscheinung« oder das »große Gesicht«, das ihn unwiderstehlich anzieht? Was oder wie ist ein Gegenstand, der fasziniert? Es ist ein Gegenstand, der eine unwiderstehliche Macht über uns ausübt. Daher muss zuerst geklärt werden, worin diese Macht ihren Grund hat (um danach zu verstehen, weshalb im Erleiden dieser Macht die Befreiung beginnt). Der Text von *Exodus* erläutert den faszinierenden Gegenstand durch drei Momente. Es ist erstens ein Gegenstand, der in seiner Auflösung besteht: der brennende Dornbusch (i). Es ist zweitens ein Gegenstand, in dem sichtbar wird, was ihn sichtbar macht: die Erscheinung des Engels (ii). Und es ist drittens ein Gegenstand, der bewirkt, dass er gesehen wird: das Sichsehenlassen des Boten (iii).

(i) Mose, der Schwiegersohn und Schafhirte, wird aus seiner Welt herausgerissen, als er »über die Wüste hinaus« gelangt und dort etwas Wundersames sieht. »Über die Wüste hinaus« liegt nicht etwas anderes als die Wüste; »über die Wüste hinaus« ist die Wüste der Wüste. Dort sind »Zentrum und Orientierung der Wahrnehmung kassiert«;[154] die Wüste ist die Zone des Unbestimmten. Damit ist die Wüste aber nicht leer. Dass es in der Wüste nicht etwas gibt, das man wahrnehmend bestimmen und an dem man sich orientieren kann, heißt nicht, dass es nichts gibt. In ihr gibt es nicht nichts. Oder es gibt etwas, das nichts ist. Mose begegnet »einer feurigen Flamme aus dem Busch«, einem Dornbusch, der »mit Feuer brannte und ward doch nicht verzehrt«. Der Busch brennt also, ohne zu verbrennen. Das ist es, was Mose mit einem Blick sieht. Er sieht also, in einem Moment, ein Brennen, das kein Ende hat.

Der Satz, der formuliert, was Mose sieht, lautet: »Der Busch brennt, ohne zu verbrennen.« Das ist ein Paradox. Er stellt zuerst etwas fest – dass der Busch brennt –, das er dann so weiter erläutert, dass es der ersten Feststellung widerspricht: ohne zu verbrennen. Es gibt aber kein Brennen, in dem nicht etwas verbrennt. Zu brennen *heißt*, zu verbrennen: Brennen ist ein Prozess der Auflösung; es zerstört einen Gegenstand, es beraubt ihn der Gestalt und Bestimmtheit, die ihn als diesen Gegenstand definierte; aus einem festen und harten Gewächs wird ein Häufchen Asche, das verweht wird und sich verteilt. Wenn sich aber dadurch, dass etwas brennt, dieser Gegenstand auflöst, dann löst sich darin auch das Brennen selbst auf; ebendas heißt: »verbrennen«. Das Brennen, sagt Hegel, ist »ein Verzehren eines Anderen, das sich zugleich selbst verzehrt«, »das Vergehen von Anderen, aber auch seiner selbst; es ist nicht bleibend«.[155] Im Brennen löst sich das Auflösen auf. Es löst sich auf, indem es den einen Gegenstand zu einem anderen macht: weil es verändernd ist (der Dornbusch verbrennt zu Asche). Darin ist das Brennen ein natürliches Geschehen. Es ist endlich; sein Auflösen kommt zu einem Ende und bringt etwas anderes hervor. Als Endliches ist alles Auflösen – nur – eine Veränderung.

Mose aber sieht etwas ganz anderes. Er sieht ein Brennen, das nichts aufzehrt und daher auch *sich* nicht verzehrt. Es brennt ohne Ende. Das nichts (und daher auch sich selbst nicht) verzehrende Feuer ist also nicht ein Feuer, das nicht verzehrt, sondern, gerade im Gegenteil, das endlos verzehrt, das absolut auflösend ist. Es ist reines Auflösen: ein Auflösen, das – sich – nicht auflöst. Weil es endlos auflöst, verändert es den Gegenstand auch nicht in einen anderen. Der Gegenstand bleibt vielmehr bestehen, aber sein Bestehen *ist* hier nichts als sein Sichauflösen. Die paradoxe, weil sich selbst unterlaufende Feststellung »Der Busch brennt, ohne zu verbrennen« gilt damit einem Gegenstand, der in seinem Sichauflösen besteht. Oder umgekehrt: Die paradoxe Feststellung gilt einem Prozess des Auflösens, das besteht. Bestehen als Sichauflösen, Sichauflösen als Bestehen: In der paradoxen Zuschreibung unvereinbarer Prädikate – brennen, ohne zu verbrennen; Auflösung ohne Veränderung; natürlicher Prozess, aber endlos – bringt die Beschreibung von Moses Sehen ein ontologisches Rätsel (oder Monstrum) zum Ausdruck: einen Gegenstand, der nur so da ist, dass er verschwindet und sich auflöst. Und das heißt umgekehrt: Das Sichauflösen des Gegenstands ist hier *da* – etwas, das wir *sehen* können. »Er sah: da, der Dornbusch brennt im Feuer, doch der Dornbusch bleibt unverzehrt.« (Ex 3,2; B/R)

In dem Paradox des Sehens – das Paradox, in dem Moses Sehen allein ausgedrückt werden kann – geht es daher nicht um die Wahrnehmung zweier sich ausschließender Eigenschaften des Gegenstands. Sondern es geht um das Sehen von etwas, das nicht wahrgenommen werden kann (und daher kein Etwas ist); denn einen unendlichen Prozess des Auflösens kann ich nicht wahrnehmen. Die paradoxe Feststellung »Der Busch brennt, aber verbrennt nicht« will gar nicht sagen, was der Busch ist oder mit ihm geschieht. Sondern sie sagt, *wie* der Busch ist (nämlich: sich auflösend, verschwindend). Sie ist also nicht eine Feststellung, die dem Gegenstand eine Eigenschaft zu- oder absprechen soll. So ist sie weder ein positives Urteil, durch das nach Kants Definition ein Subjekt »unter der Sphäre eines Prädikats gedacht« wird, noch ein negatives Urteil, durch das ein Subjekt »außer der Sphäre des letztern gesetzt« wird. Sondern sie ist ein »unendliches« Urteil, das sagt, dass der Gegenstand beziehungsweise das Subjekt des Urteils »außerhalb der Sphäre desselben [d. i. des Prädikats; C. M.] in der unendlichen Sphäre irgendwo liege«:[156] dass er also kein Gegenstand ist, der Eigenschaften hat, die sich wahrnehmen und durch Prädikate bezeichnen lassen – und dass daher auch sein Sehen kein Wahrnehmen ist, so wenig wie die Rede von ihm ein Urteilen ist, das ihn bestimmt. Das paradoxe Urteil ist ontologisch. Indem es von dem Gegenstand spricht, den Mose sieht, spricht es von seiner Gegenständlichkeit.

Das paradoxe Urteil spricht davon, indem es sich widerspricht: Es spricht von der Gegenständlichkeit des Gegenstands, indem es ihm erst eine Eigenschaft zuspricht (zu verbrennen), die es dann so weiterbestimmt (ohne zu verbrennen), dass es nicht die Eigenschaft eines Gegenstands sein kann, den wir wahrnehmen. Das paradoxe Urteil entzieht also seinen Gegenstand der Gegenständlichkeit und Wahrnehmung. Das sieht Mose: Er sieht einen Gegenstand, der sich dem Wahrnehmen entzieht. Der Gegenstand, den er sieht, ist nichts anderes als der Entzug des Gegenstands vor sich selbst (seiner Gegenständlichkeit oder Objekthaftigkeit). Und weil sich dies in Moses Sehen vollzieht, entzieht sich sein Sehen selbst dem Wahrnehmen. Das heißt hier »zu sehen«: sich im Sehen dem Wahrnehmen entziehen.

So beschreibt der Text von *Exodus*, was Mose hinter der Wüste sieht. Wie aber kann man so etwas sehen? Die schnelle Antwort auf die Frage besagt, dass Mose dies zu sehen glaubt. Auch wenn das richtig ist (das heißt, wenn es sich als richtig erweisen sollte), ist damit wenig gewonnen. Denn was heißt es, zu glauben? Und wie verhält sich Glauben zu Sehen?[157] Der einfache Ausweg aus der Paradoxie, nach der Mose den Gegenstand, der in seiner Auflösung besteht, nicht sieht, sondern zu sehen glaubt, versteht den Unterschied von Sehen und Glauben als den Unterschied zwischen Wahrnehmen – *wirklich* etwas sehen oder etwas sehen, das wirklich ist – und Täuschung – etwas nur zu sehen meinen: zwischen Wirklichkeit und Schein. Aber Mose täuscht sich nicht. Das nichtverzehrende Brennen des Dornbuschs ist keine Illusion (und schon gar nicht seine Einbildung). Sondern – so der Text – eine »Erscheinung«.

(ii) Die Exodus-Erzählung erklärt das Geschehen, das Mose fasziniert – ein Gegenstand, der sich unendlich auflöst –, so:

> Und der Engel des Herrn erschien ihm in einer feurigen Flamme aus dem Dornbusch. (Ex 3,2)

Die Erklärung dafür, dass Mose etwas sieht, das sich nicht wahrnehmen lässt, ist, dass er eine Erscheinung sieht. Eine Erscheinung besonderer Art: Er sieht, dass ihm der Engel des Herrn oder (wie Buber und Rosenzweig übersetzen) sein »Bote« erscheint. Mose erscheint im Feuer des Dornbuschs also nicht der Herr; ihm erscheint nicht der Herr »selbst« – das tut er niemals –, sondern sein Bote. Durch die Erscheinung, die Mose sieht, wird ihm daher auch keine Botschaft übermittelt. Sondern was ihm erscheint, ist allein der Übermittler der Botschaft; ihm erscheint der Übermittelnde, das Übermitteln. Die Frage, die man an Botschaften stellen kann, die Frage nach ihrer Bedeutung oder nach der Absicht des Senders, ist angesichts des nur paradox beschreibbaren Phänomens des sich unendlich auflösenden Dornbuschs daher sinnlos. Wenn der brennende Dornbusch die Erscheinung des Boten ist, ist er und enthält er keine Botschaft. Er ist kein Symbol für etwas oder Zeichen von jemandem. In dem brennenden Dornbusch erscheint vielmehr das Übermittelnde oder Vermittelnde, das zwischen den Zeichen, Bedeutungen, Sendern und Empfängern liegt.

Der Bote ist der Übermittelnde, aber die Übermittlung, das Zwischen, ist primär und konstitutiv. Die Übermittlung tritt zu den einzelnen Elementen – Zeichen, Bedeutungen, Sendern und Empfängern – nicht hinzu, sondern bringt sie hervor. Sie ist das Element zwischen den einzelnen Elementen – Maurice Merleau-Ponty spricht von den »*Scharniere[n] des Seins*« – und daher ein »Element« im emphatischen Sinn: »[…] in dem Sinne, wie man [den Begriff] früher benutzt hat, um vom Wasser, von der Luft, von der Erde oder vom Feuer zu sprechen, d.h. im Sinne eines *generellen Dinges* […], ein Element des Seins.«[158] Der oder das Übermittelnde ist das Element zwischen den Elementen, durch das es die Elemente erst gibt. Die Übermittlung ist also primär, weil sie die Mitteilung – in der es Mitteilende und Mitgeteiltes gibt – ermöglicht; das Übermittelnde ist das Ermöglichende. Mit dem Boten, dem Engel, erscheint daher, was es, im Unterschied zu den verschiedenen Elementen der Mitteilung, nicht gibt, was sich nicht wahrnehmen und identifizieren lässt. Mit dem Boten tritt das hervor, das die Elemente ermöglicht, nicht, indem es hinter ihnen – als der in der Tiefe verborgene Grund –, sondern indem es zwischen ihnen wirkt.

Das kann auf ganz verschiedene Weisen ausgedrückt werden. Walter Benjamin nennt das über- oder vermittelnd Ermöglichende in Bezug auf die Sprache das »Medium«: Das Medium ermöglicht die Mitteilung; dass die Sprache Medium ist, bedeutet nach Benjamin, dass es nur durch sie – oder genauer: allein in ihr – Mitteilung gibt. Medium heißt Mitteilbarkeit.[159] Merleau-Ponty nennt das ermöglichende Vermittelnde in Bezug auf das Sehen das »Fleisch« (*chair*): Das »Fleisch« ist »formendes Milieu für Objekt und Subjekt«, das »Überkreuzen von Berührendem und Berührbarem«, ihre »Beziehung« und »Verwandtschaft«, die »magische Beziehung, dieses Bündnis zwischen den Dingen und mir« – »in einem Wort, Tatsächlichkeit, das, was die Tatsache zur Tatsache macht«.[160] Das »Fleisch« ist das Element, das ermöglicht, dass es Sehen und Gesehenes gibt; es ist deren Sichtbarkeit. Martin Heidegger sagt dasselbe, wenn er das »Erscheinen« den Grund des Erscheinenden nennt: »Seitdem das ὄν, das Anwesende, als die φύσις aufging, beruht das Anwesen des Anwesenden für die griechischen Denker im φαίνεσθαι, im sich zeigenden Erscheinen des Unverborgenen.«[161] Das Erscheinen ermöglicht erst, dass es »Phänomene« gibt (die in der phänomenologischen Untersuchung immer schon vorausgesetzt sind); das Erscheinen ermöglicht die Unverborgenheit und damit die Erfahrung. Denn die Erfahrung ist nichts anderes als »das Erscheinende als Erscheinendes«.[162] – Der Bote ist das Medium; das Medium ist Sprache, »Fleisch«, Erscheinen; es ermöglicht Mitteilung, Sehen, Erscheinung. Das Medium, der Bote macht mitteilbar, sichtbar, unverborgen. Indem er erscheint, erscheint daher die Mitteilbarkeit, Sichtbarkeit oder Unverborgenheit selbst. Wenn es dies ist, das uns fasziniert, dann ist das Faszinierende, an dem unser Bestimmen an eine »Grenze« kommt, die es nicht übersteigen kann, daher nicht – wie Giorgio Agamben klarstellt –

»ein Unsagbares, sondern das im höchsten Sinne Sagbare, die *Sache* der Sprache«.[163] Die Faszination ist eine »transzendentale Erfahrung« (Agamben); die Erfahrung dessen, das alles Sagen und Erscheinen – und daher die Erfahrung selbst – erst ermöglicht.

Aber das ist nur der erste Schritt in der Erklärung, die *Exodus* dafür gibt, dass Mose ein Gegenstand fasziniert, der nur so, ja darin besteht, dass er sich auflöst. Die Erklärung lautet, dass Mose darin »der Engel [oder Bote] des HERRN erschien« (Ex 3,2). Der Begriff des Mediums – das ist der erste Schritt – erklärt, *was* Mose erscheint. Das ist nicht ein Gegenstand, eine Person oder eine Bedeutung, die er bestimmen kann. Sondern ihm erscheint deren Übermittlung oder Vermittlung, der Bote, die es ermöglichen, dass überhaupt irgendetwas da ist, das erfahren und bestimmt werden kann. Und der zweite Schritt der Erklärung, die *Exodus* für die Faszination gibt, sagt, dass Mose dies *erscheint*. Mose weiß von dem, das ermöglichend ist, nicht, indem er nachdenkt (durch eine transzendentale Reflexion). Sondern er *sieht* es. Mose wird mitgeteilt, dass es Mitteilbarkeit gibt; er sieht, dass es Sichtbarkeit gibt; ihm erscheint, dass es Unverborgenheit gibt. Was ermöglicht, dass überhaupt etwas da ist, ist für Mose da. Es ist für ihn da im sich nicht verzehrenden Brennen des Dornbuschs. Wenn der Bote das Erscheinen ist, das ermöglicht, dass etwas erscheint, dann erscheint im Erscheinen des Boten das Erscheinen. Sein Erscheinen ist das Erscheinen des Erscheinens: Erscheinen des Erscheinens im Erscheinenden; Eintritt des Ermöglichenden in das, was es ermöglicht. Die Sprache, schreibt Benjamin, *»teilt sich selbst mit«*: Sie wird zur Mitteilung der Mitteilbarkeit.[164] Die Sichtbarkeit wird sichtbar und gesehen. Die Sache, das Mitgeteilte, Gesehene, Erscheinende, wird ihr eigenes Doppel: eine Doppelsache, die zugleich ermöglicht und die Erscheinung des

Ermöglichenden – des Ermöglichenden im Ermöglichten – ist.

Diese Verdoppelung definiert den spezifischen Sinn, in dem das von Mose fasziniert Gesehene ein »Bild« genannt werden kann.[165] Es ist offensichtlich nicht ein Bild im Sinn des Abbilds. Sondern ein Selbstbild. Dessen Grundbestimmung lautet: Der Gegenstand ist oder wird zum Bild, wenn in ihm sichtbar wird, was sein Sehen ermöglicht. Das Bild gibt zu sehen, was ermöglicht, es zu sehen.

Das wird oft so verstanden, dass das Bild sich vom Was zum Wie des Sehens umwendet. Ein Bild zu sehen heißt demnach, zu sehen, wie wir sehen; wir sehen im Bild die Sichtweisen, die unser Sehen bestimmen. Und wenn wir sagen können, dass im Bild das Medium des Sehens sichtbar wird, dann wird das Medium darin oft als die Perspektive verstanden, in der etwas gesehen wird. Aber dass wir eine Sichtweise oder Perspektive auf etwas haben, setzt selbst noch voraus, dass es überhaupt sichtbar ist: Es setzt das Medium als Ermöglichung des Sehens oder es setzt die Sichtbarkeit voraus (die Merleau-Ponty »Fleisch« nennt). Ein Bild im radikalen Sinn gibt uns daher nicht nur die Sichtweisen zu sehen, in denen wir etwas sehen; es gibt uns nicht nur das Wie, sondern das Dass des Sehens zu sehen. Das Bild zeigt nicht nur die jeweilige Perspektive des Zeigens und Sehens. Sondern das Bild ist ein Gegenstand des Sehens, der »nur um seiner Sichtbarkeit willen vorhanden« ist (Konrad Fiedler).[166] Indem ein Gegenstand nichts als seine Sichtbarkeit sichtbar macht, stürzt er ins Bild – wird der Gegenstand zu seinem eigenen Bild.

Die Antwort auf die Frage, was der Blick der Faszination sieht, lautet deshalb: Er sieht ein Bild. Die Faszination, so Maurice Blanchot, »ist die Leidenschaft des Bildes«.[167] Dieses Bild ist ein potenziertes, weil in sich reflektiertes Sein. Es ist daher weder Sein noch Schein, weder die Realität des Gegenstands noch eine Illusion oder Imagination. Das Bild ist vielmehr das Medium der Wahrheit als die Wahrheit des Mediums. Das Bild, das Mose fasziniert, ist das Erscheinen des Erscheinens – dass die Sichtbarkeit sichtbar und die Mitteilbarkeit übermittelt wird.

Dadurch erklärt *Exodus*, dass Mose einen Gegenstand sieht, der paradoxerweise nur besteht, indem er sich auflöst – der Dornbusch, der brennt, ohne zu verbrennen –, der also das Dasein seines Verschwindens ist (oder dessen Verschwinden da ist). Die Faszination gilt einem Auflösen, das sich nicht auflöst. Sie gilt einem Ereignis und damit einer Macht des Auflösens, die unendlich ist. Worin liegt diese unendliche Macht? Die Antwort auf diese Frage, die die unendliche Auflösung des Gegenstands erklärt, sieht *Exodus* darin, dass der Bote erscheint. Der Bildbegriff kann erläutern, was das bedeutet. Denn das Bild ist der Gegenstand, in dem das erscheint, was ihn – seine Erfahrung und Mitteilung – ermöglicht: der Gegenstand, der zum Bild seines Mediums wird. Dem Medium aber wohnt, wie Benjamin über die Sprache als dem »›Medium‹ der Mitteilung« sagt, eine »inkommensurable einziggeartete Unendlichkeit inne«. Das Medium ist unendlich; »was *in* der Sprache sich mitteilt, [kann] nicht von außen beschränkt oder gemessen werden«.[168] Das Medium ist unendlich, weil es das ist, das alle – endlichen – Bestimmungen ermöglicht. Indem das Bild im Gegenstand das Medium, das sein Erscheinen ermöglicht, erscheinen lässt (dies ist die Definition des Bilds), schreibt sie dem Gegenstand also das unendlich Ermöglichende ein, das er voraussetzt, aber nicht in sich enthalten kann: dessen Erscheinen im Gegenstand also den Gegenstand auflöst.[169] Indem der Gegenstand in sein Bild verwandelt wird – indem er medial oder transzendental wird –, wird er daher derealisiert; löst er sich als Gegenstand auf. Medialität und Negativität sind zwei Seiten desselben – die zwei Seiten des Sturzes ins Bild, das Mose fasziniert.

Blanchot schreibt:

> Wer auch immer fasziniert ist, von dem kann man sagen, dass er keinen realen Gegenstand wahrnimmt, keine reale Gestalt, denn was er sieht, gehört nicht der Welt der Realität an, sondern dem unbestimmten Milieu der Faszination. Einem sozusagen absoluten Milieu. Die Distanz ist aus ihm nicht ausgeschlossen, sondern sie ist exorbitant, da sie die unbegrenzte Tiefe hinter dem Bild ist, nicht lebendige Tiefe, nicht handhabbar, absolut gegenwärtig, wenn auch nicht gegeben, in der die Gegenstände versinken, sobald sie sich von ihrem Sinn entfernen, sobald sie in ihrem Bild zusammenstürzen. [...] dieses Milieu ist schlechthin anziehend, faszinierend: Licht, das zugleich Abgrund ist, ein Licht, in dem man zugrunde geht, furchterregend und verlockend.[170]

Indem sich das Wahrnehmen ins Sehen der Sichtbarkeit verwandelt und der Gegenstand in sein eigenes Bild »zusammenstürzt«, lösen sie sich auf. Aber wie kommt es dazu; wie wird diese auflösende, umstürzende Verwandlung bewirkt?

(iii) Von der Seite des Gesehenen aus kann man sagen: Im Bild wird der Gegenstand medial – es erscheint, was sein Erscheinen ermöglicht. Es erscheint, dass er erscheint; dadurch löst er sich auf. Aber das geschieht *am* Gegenstand. Ebenso kann man von der Seite des Sehens her sagen: Die Faszination gibt sich dem Sog hin, der das Sehen hinter das Gesehene zu der reinen Sichtbarkeit zieht, die es ermöglicht. Aber das geschieht *im* Sehen. Also gilt, dass die Erscheinung des Ermöglichenden, die den Gegenstand auflöst, ihn derealisiert – aber nicht, indem sie über den rezeptiven Bezug zum

Gegenstand hinausführt und das Sinnliche transzendiert. Im Gegenteil: In der Faszination des Bilds wird die Rezeptivität, die das Sehen als Wahrnehmen ausmacht, vertieft. Die Rezeptivität wird zur Passivität. Daher sagt *Exodus* von dem Engel, der Mose erscheint:

> SEIN Bote ließ von ihm sich sehen in der Lohe eines Feuers. (Ex 3,2; B/R)

Das Sehen des Boten, also der Sichtbarkeit, ist reiner Effekt: Das Sehen ist von dem hervorgerufen, ja bewirkt, das im Sehen gesehen wird.

Das unterscheidet das faszinierte Sehen vom Wahrnehmen, das der intentionale Akt eines Subjekts ist. Die Wahrnehmung ist intentional, weil sie auf einen Gegenstand Bezug nimmt. Dabei heißt »Bezugnehmen« Bestimmen, und »Bestimmen« heißt, Begriffe zu verwenden; auch die Wahrnehmung verwendet Begriffe. Begriffe aber sind nicht im Gegenstand gegeben, sondern werden von dem wahrnehmenden Selbst gebildet (oder lernend übernommen) und auf einen Gegenstand angewandt. Zugleich bestimmen wir im Wahrnehmen den Gegenstand so, dass unser Bestimmen von dem Gegenstand bestimmt wird. Denn es hängt von dem Gegenstand ab, welche Begriffe auf ihn zutreffen. Da aber im Wahrnehmen der Gegenstand seine bestimmende Wirkung auf unsere Begriffsverwendung ausübt und da das Verwenden von Begriffen unser eigener selbstbewusster Akt ist, heißt dies, dass wir im Wahrnehmen vom Gegenstand so bestimmt werden – wie Martin Seel pointiert gesagt hat –, dass wir uns von ihm »bestimmen lassen«:[171] Wir lassen es zu, erlauben oder ermöglichen es, dass der Gegenstand bestimmt, durch welche Begriffe wir ihn bestimmen.

In der Faszination ist es umgekehrt. Indem das Bild (mit

Heideggers Formulierung) »alles Erscheinende in seinem Erscheinen um[kehrt]«,[172] kehrt sich auch die Bewegungsrichtung zwischen dem Gegenstand und dem Selbst um. Es gilt nicht mehr wie im Wahrnehmen: Das Subjekt lässt sich vom Gegenstand bestimmen. Sondern: Das Bild lässt sich sehen; es bewirkt, dass wir es sehen. Das Sehen wird zur Wirkung dessen, was es sieht. Indem die Faszination dies umkehrt, verkehrt sie das Sehen von einem Akt in eine Wirkung. Das Bild gewinnt in der Faszination eine »magische Kraft« (Merleau-Ponty), »jenes einzigartige Vermögen des Sichtbaren, das bewirkt, daß es, in Sichtweite gehalten, doch mehr ist als bloßes Korrelat meines Sehens, daß es mir mein Sehen aufdrängt als Wirkung seiner souveränen Existenz«. In der Faszination gilt: Das Selbst »erleidet [...] das Sehen« vom Gesehenen, seine »Aktivität ist gleichermaßen Passivität«.[173] Das Gesehene geht dem Sehen vorher. Es bringt das Sehen hervor. Der Blick der Faszination ist von seinem Gegenstand bewirkt und daher von dem, der sieht, empfangen, gar erlitten. Die Macht liegt beim Bild (so wie die Macht, die Benjamin die »Aura« nennt, das »Vermögen« einer »Erscheinung« ist, »den Blick aufzuschlagen« und dadurch zu bewirken, dass *wir* den Blick aufschlagen[174]). Die Dinge bewirken, dass wir sie ansehen; nichts anderes heißt »Faszination«. Die Verkehrung des Gegenstands in sein eigenes Bild verkehrt zugleich die Beziehung zwischen Gegenstand und Selbst, Gesehenem und Sehen. Die Faszination ist die Lust der Desubjektivierung.

Die zentrale, entscheidende Bestimmung der Faszination ist der zweite Schritt: dass der Gegenstand ins Bild stürzt. Die Faszination des Sehens gilt dem Gegenstand, der zu seinem eigenen Bild wird. Denn das heißt, dass das »Medium« – das, was das Erscheinen des Gegenstands ermöglicht – in dem Gegenstand erscheint. Das Bild zeigt das Ermöglichende in dem, was es ermöglicht; wir sehen das Dass des Erscheinens – uns erscheint das Erscheinen im Erscheinenden. Das begründet die beiden anderen Bestimmungen der Faszination. Es erklärt, was der erste Schritt bloß beschreibend festgestellt hat: dass die Faszination einem Gegenstand gilt, der sich in seinem Bestehen auflöst oder in seinem Sichauflösen besteht. Denn indem im Gegenstand erscheint, was sein Erscheinen ermöglicht, ist er kein Gegenstand mehr, dessen Erscheinung wir wahrnehmend bestimmen können; das Urteil, das festhält, was wir wahrnehmen, wird paradox. Aus dem Bildwerden des Gegenstands folgt daher weiterhin – wie der dritte Schritt festhält –, dass sich in der Faszination die Richtung umdreht. Denn während wir uns auf das Was einer Erscheinung aktiv, bestimmend beziehen, ist das Dass des Erscheinens in der Erscheinung vorgängig und bewirkt, dass wir es erfahren; wir erleiden in der Faszination die Wirkung des Bilds, zu dem der Gegenstand geworden ist. Die Faszination *geschieht* dem Selbst und seinem Sehen.

Dass sich die Bewegungsrichtung umkehrt und damit die Erscheinung vorgängig wird, heißt nichts anderes, als dass der zu seinem Bild gewordene Gegenstand *das Wirkliche* ist. Gerade was wir nicht mehr bestimmen können, *erscheint* – erscheint als es selbst –, da es nicht mehr in unserem Wahrnehmen und Urteilen verschwindet: Es *erscheint wirklich*, in seinem Sein.[175] Die Faszination – in dieser vierten Bestimmung lassen sich die drei bisher gegebenen zusammenfassen – gilt dem Wirklichen: dem Wirklichen als dem Surrealen. Denn das Surreale liegt nicht jenseits der Realität, sondern steigert und vertieft sie. Das Surreale – definiert André Breton – ist die »absolut[e] Realität«; »Surrealismus« – kommentiert Lévinas – »ist ein Superlativ«.[176] Die Erfahrung der Faszination ist surrealistisch, und der Surrealismus ist die Praxis und Theorie der Faszination, die sie mit der Freiheit verknüpfen. Dabei heißt »surreal« in negativer Bestimmung nichtreal oder irreal. Was den Blick fasziniert, ist nicht die Realität eines Gegenstands, die immer bestimmt ist. Denn der Gegenstand ist ein Element in einer Welt, die ein Ganzes möglicher Bestimmungen, ein Feld von Bestimmungsmöglichkeiten ist. Das Faszinierende liegt außerhalb dieses Felds; es erscheint an seiner Grenze. Aber das heißt *nicht* – und das erst führt zum positiven Verständnis des Surrealen –, dass die Faszination das Feld des Möglichen erweitert. Die Faszination gilt nicht anderen, neuen Möglichkeiten; das Bild, das den Blick fasziniert, ist nicht ein Ausdruck der Imagination, ein Produkt der Einbildungskraft. Die Faszination entzündet sich im Gegenteil an der »Überholung der Einbildungskraft durch die Wirklichkeit« (in der Karl Heinz Bohrer die entscheidende Kraft des surrealistischen Bilds erkannt hat[177]). Surrealistische Bilder sind keine Gemälde der Phantasie. »Surrealistische Bilder terrorisieren die Einbildungskraft.« Genau deshalb faszinieren sie uns: »Der Schrecken, die gräßliche Faszination kommt daher, daß der für Sekunden in die falsche Erwartung gedrängte Blick Stück für Stück die scheinbar ›surreale‹ Szene als authentische Szene erkennt.« Indem die Gegenstände surrealisiert werden, geben sie uns, so Bohrer, die »intensivste Vorstellung von dem, was ist«.[178] Deshalb, sagt Benjamin, ist der surrealistische »Bildraum [...] die Welt allseitiger und integraler Aktualität«.[179]

Das Sein, das Wirkliche, die Aktualität: Das sind die surrealistischen Bestimmungen dessen, was die Faszination erfährt; sie bestimmen das Faszinierende, den Gegenstand, der sich zu seinem Bild verdoppelt, als das Irreal-Surreale. Aber was heißt hier »wirklich«? Worin besteht die surrealistische Definition des Wirklichen? Die Antwort auf diese Frage ergibt sich daraus, wo und wie es das Wirkliche gibt: Das Wirkliche gibt es nur im Bild. Das Surreale, Wirkliche ist das, was es gibt – das *Es gibt* – im Bild. So erläutert Louis Aragon in dem philosophischen Traktat, der den Schluss von *Le Paysan de Paris* bildet (und den Titel »Der Traum des Bauern« trägt), das surrealistische Bild. Das Bild, sagt Aragon, ist der »brennende Busch«. Es ist das Ding, das brennend (*ardent*) ist, das in seinem Brennen besteht, und darin die »gemeinen Formen der Erkenntnis [...] wunderbar verbrennt« – und mit ihnen die der Realität, die diese gemeinen Erkenntnisformen erschließen. Aber an ihre Stelle setzt das Bild nicht »seine [eigene] Wirklichkeit«, es ist keine »Substituierung für Erkenntnis«. Das Bild substituiert – ersetzt, überschreitet usw. – nicht die Realität durch eine imaginäre, eingebildete, phantasierte Gegenwelt. Sondern das Bild zeigt das Wirkliche, das Aragon, der an Hegel geschult ist, im Unterschied zur Realität das »Konkrete« nennt. Das Bild ist »das größtmögliche Bewußtsein vom Konkreten«. Es ist »die Tatsache in dem [Bereich] des Geschehens und die Erkenntnis im Konkreten«.[180] Das Bild gibt uns das Wirkliche. Etwas wird wirklich durch sein – in seinem – Bild: Weder repräsentiert das Bild die Realität, noch substituiert es sie, sondern das Bild verwandelt die Realität in Wirkliches (oder »Konkretes«). Das surrealistische Bild *ver*wirklicht oder es »materialisiert« (Aragon) – so wie Adorno vom Kunstwerk sagt, dass es »verdinglicht«: Kunst heißt »Dinge machen, von denen wir nicht wissen, was sie sind«.[181]

Wenn es das Wirkliche nur durchs Bild gibt, dann ist das Wirkliche ein (Spezial-)Effekt: Es ist ein Effekt des Bilds; genauer: der Effekt des Werdens zum Bild – dass der Gegenstand zu seinem eigenen Bild wird. Das Wirkliche ist daher der Effekt einer Verwandlung, einer Transfiguration, die umso tiefer reicht und weiter wirkt, als sie den Gegenstand von innen her erfasst. Denn diese Verwandlung besteht darin, dass das Erscheinen in der Erscheinung erscheint (die Mitteilbarkeit in der Mitteilung mitgeteilt, die Sichtbarkeit im Gesehenen sichtbar wird usw.). Weil das Erscheinen, die Mitteilbarkeit, die Sichtbarkeit die Medien sind, durch die es die Erscheinung und ihre Erfahrung, das Gesehene und sein Sehen, die Mitteilung und ihre Aufnahme, kurz: Sender, Bote, Botschaft und Empfänger allein gibt, wird also der Gegenstand zum Bild, wenn *in ihm* da ist, *dass* er da ist und *wodurch* er da ist; darin liegt, noch einmal, die Grundbestimmung des Bilds der Faszination. Das hat den negativen Effekt der Derealisierung. Und die Gegenwart des Ermöglichenden im Ermöglichten hat zugleich den positiven Effekt der Surrealisierung, der Verwirklichung. Denn indem in der Erscheinung das Erscheinen, das Medium, erscheint und damit das Bild – einerseits und negativ, nämlich realitätsauflösend – die Erscheinung auf ihr Erscheinen zurückführt, lässt das Bild die Erscheinung zugleich aus ihrem bloßen Erscheinen *hervorgehen*. Im Bild gilt, dass – nichts als – das Erscheinen der Grund der Erscheinung ist. Die Erscheinung kommt aus dem bloßen Erscheinen hervor. Sie wird reine Erscheinung. Die Erscheinung im Bild ist das, was nur erscheint, nur sein Erscheinen ist: unverstellt, ohne eingeordnet und bestimmt zu sein, unbrauchbar. Und das ist das Wirkliche.

Von hier aus wird verständlich, weshalb die Erfahrung der Faszination befreiend, weshalb die Faszination die Befreiung in der Erfahrung ist; das ist der fünfte, abschließende Schritt ihrer Bestimmung (auf den alle anderen zulaufen). Das Wirkliche – so lautet seine surrealistische Bestimmung – ist das, was in seinem Erscheinen erscheint; also das, was aus seinem Erscheinen hervorkommt und uns entgegentritt. Deshalb ist das Wirkliche sein – eigenes – Bild: die Erscheinung seines Erscheinens in der Erscheinung. Das Erscheinen kann aber in der Erscheinung nur so erscheinen und in ihr anwesend sein, dass es in ihr nicht anwesend, als nichtanwesende anwesend ist; das Erscheinen ist das Ermöglichende und kann nicht in dem, was es ermöglicht, *enthalten* sein. Der Grund, aus dem die Bilder hervorkommen, ist »also im Bild anwesend und zugleich das Außen des Bildes«.[182] Das Wirkliche kommt uns im Bild aus einem Außen entgegen. Es wirkt von außen auf uns. Deshalb erleiden wir seine Wirkung. Die Erfahrung der Faszination – so der dritte Schritt ihrer Bestimmung – ist ein Erleiden. Dass es das Erleiden der Wirkung des Wirklichen, des Irrealen als des Surrealen ist (der vierte Schritt), erklärt weshalb – gerade und nur – diese Erfahrung befreiend ist. In der Faszination, schreibt Aragon, »bin [ich] das Spielzeug meiner Sinne und des Zufalls«.[183] Aber ebendeshalb, in dieser Aussetzung, ja Unterwerfung unter das, was sich mir zeigt, sich von mir sehen lässt (oder auch nicht), erfahre ich meine Freiheit: »Ich bin nicht länger Herr meiner selbst, so sehr spüre ich meine Freiheit.«[184] Das ist die Konsequenz, auf die die Bestimmung der Faszination – die der Surrealismus auf die Pointe absoluter, gesteigerter Realität bringt: auf die Pointe des Wirklichen – hinauswill. Es geht dem Surrealismus in der Erfahrung des Irreal-Wirklichen nicht um eine Erneuerung mythischer Unterwerfung, unter die überwältigende Gegenwart einer unbegreiflichen Übermacht.[185] Sondern es geht ihm – sagt Breton – im genauen Gegenteil einzig um die Befreiung, »weil die Befreiung des Menschen, endgültig begriffen in ihrer einfachsten revolutionären Form, die nichtsdestoweniger die Befreiung des Menschen *in jeder Beziehung* ist, verstehen wir uns richtig, *nach den Fähigkeiten, über die der einzelne verfügt*, die einzige Sache bleibt, der man würdigerweise dienen kann«.[186] Deshalb – weil sie die Befreiung in der Faszination erkannt haben – sind die Surrealisten für Benjamin die Ersten nach Bakunin, die wieder einen »radikalen Begriff von Freiheit« haben: »Sie sind die ersten, das liberale moralisch-humanistisch verkalkte Freiheitsideal zu erledigen.«[187] Und sie haben einen radikalen Begriff der Freiheit nur deshalb, weil sie einen radikalen Begriff der Erfahrung haben: als Erleiden der Wirkung des Wirklichen.

Wie aber kann eine Wirkung, die es erleidet, das Selbst befreien? Heißt eine Wirkung zu erleiden nicht, von außen bestimmt zu werden, also eine Außen- oder Fremdbestimmung, und damit das Gegenteil der Befreiung? Oder ist es umgekehrt: dass eine Wirkung von außen uns gar nicht bestimmt – dass also eine Wirkung von außen zu erleiden und von einer Wirkung bestimmt zu werden nicht dasselbe sind –, weil eine Wirkung, die uns bestimmt, keine Wirkung ist, die, im strengen Sinn, *von außen* kommt? Gewöhnlich gilt: Etwas (oder jemand) kann durch eine Wirkung von außen nur bestimmt werden, wenn es (oder sie) dies *kann*. Das Erleiden einer bestimmenden Wirkung geschieht nach dem Maß des Vermögens, diese Wirkung aufzunehmen. Wenn ein Feuer bewirkt, dass ein Holz entzündet wird, oder, umgekehrt, das Holz seine Entzündung durch das Feuer erleidet, dann stehen hier – wie Aristoteles erklärt – das »Tätige [*poiein*] und das Leidende [*páschein*] [...] in Verhältnis zueinander durch das tätige und leidende Vermögen und nach der Wirksamkeit dieser Vermögen; so steht z. B. das der Wärmeerzeugung Fähige zu dem Erwärmbaren in Verhältnis als vermögend und wiederum das Wärmbare zu dem Gewärmten und das Schneidende zu dem Geschnittenen als wirklich tätig«.[188] Das eine kann in dem anderen nur so eine Veränderung bewirken, dass ihrer beider Vermögen zusammenwirken: auf der einen Seite das aktive Vermögen, zu wirken, und auf der anderen Seite das passive Vermögen, genau dieses Wirken aufzunehmen; auch etwas erleiden zu können ist ein Vermögen. Das aktive und das passive Vermögen – erläutert Dirk Setton – »bilden in dem Maße eine Einheit, wie sie auf die Verwirklichung ein und derselben Veränderung [...] bezogen sind; zugleich müssen sie aber in dem Maße eine Vielheit beschreiben, wie sie nicht ein und demselben Träger (und wenn doch, nicht in derselben Hinsicht) angehören.«[189] Damit das aktive und das passive Vermögen eine Einheit bilden können, müssen sie zueinanderpassen. Das gänzlich Verschiedenartige kann nicht in einem Zusammenhang der Wirkung stehen. Aristoteles schreibt (eine kleine surrealistische Szene): »Denn ›Weiß-Sein‹ dürfte wohl gar nichts erleiden von ›Linie‹ oder ›Linie‹ von ›Weiß-Sein‹.« Das Leidende und das Wirkende, und ihre beiden Vermögen, müssen »der Gattung nach dasselbe und gleich sein«.[190] Gattungsgleichheit ist die ontologische Bedingung des Wirkungsverhältnisses.

Diese Gleichheit sprengt der Blick der Faszination auf: Er bildet einen Zusammenhang von Wirken und Erleiden, der nicht in der Gleichheit (»der Gattung nach«) ihrer Vermögen begründet ist (und daher: ein Zusammenhang ohne Grund, ohne einen Grund in den Vermögen). Das zeigt sich, wenn wir den Blick der Faszination noch einmal mit dem der Wahrnehmung vergleichen. Hier ist das Vermögen, eine Wirkung des Gegenstands zu erleiden, das heißt von ihm bestimmt zu werden, an das aktive Vermögen gebunden, Begriffe zu verwenden. In der Wahrnehmung gibt das begriffliche Vermögen dem passiven Vermögen, vom Gegenstand bestimmt zu werden, seine Form und sein Maß (und deshalb heißt das passive Vermögen hier »rezeptiv«). Daher sind es im Wahrnehmen die Bestimmungen des Gegenstands – die unseren begrifflichen Bestimmungen entsprechen: ihnen der Gattung nach gleich sind –, die auf uns wirken. Davon ist die Wirkung des Bilds in der Faszination radikal verschieden. Denn sie ist, negativ gesprochen, die Wirkung eines Gegenstands, der nicht bestimmt werden kann (und daher ungegenständlich ist) – die Wirkung des Unbestimmten. Und sie ist, positiv gesprochen, die Wirkung des Wirklichen, das aus dem hervorgeht, das es ermöglicht – die Wirkung des Erscheinens als Grund der Erscheinungen. Diese Wirkungen in der Faszination zu erleiden, sie erleiden zu können, ist nicht ein Akt der Wahrnehmung. Es verändert und erweitert sie auch nicht bloß. Der Blick der Faszination ist der »›widernatürlich[e]‹ Seitenblick, der die Sichtbarkeit selber ins Auge faßt«.[191] Deshalb hat das Selbst, als wahrnehmendes, nicht das Vermögen, die faszinierende Wirkung des Wirklichen aufzunehmen. Diese Wirkung erleiden zu können gehört nicht zu seinem Wesen: es ist eine Wirkung, die es seinem Wesen nach gar nicht erleiden kann. Die Wirkung des Wirklichen auf das Selbst und in dem Selbst hat daher keinen ontologischen Grund. Sie ist ontologisch grundlos. Genauer: Sie ist ontologisch entgründend, sie ist die Auflösung seiner Vermögen und damit seiner Gründe. In der Wirkung des Wirklichen wird der Grund, der Wirkungen im Selbst möglich macht, aufgelöst. Die Möglichkeit dieser Wirkung, der Wirkung der Faszination, liegt in nichts anderem als darin, dass die bestehenden, wesentlichen Möglichkeiten des Selbst, Wirkungen zu erleiden, die Vermögen des Selbst, die sein Wesen oder seine Natur ausmachen, »ins Amorphe abgebaut« werden (wie Gershom Scholem von der mystischen Erfahrung sagt, der die Faszination gleicht, wenn nicht zugehört[192]). Die Wirkung der Faszination zu erleiden, transformiert nicht bloß unsere Vermögen. Es ist ihre Konversion ins Unvermögen.

Weil die Erfahrung der Faszination, negativ gesprochen, die Wirkung des Unbestimmten ist, heißt sie zu erleiden, das Vermögen der Bestimmung zu verlieren – selbst bestimmungslos, unbestimmt zu werden. Und weil die Erfahrung der Faszination, positiv gesprochen, die Wirkung des Wirklichen ist, heißt sie zu erleiden, gewaltsam, durch eine unwiderstehliche Macht, für das Wirkliche geöffnet zu werden. So wie im Bild, das Mose sieht, nicht etwas erscheint, sondern das Erscheinen erscheint – der Bote als der Vermittler und damit Ermöglicher der Botschaft –, so bedeutet, das Bild zu sehen, in den Zustand reinen Sehenkönnens zurückversetzt zu werden – in den Zustand, in dem wir bestimmbar sind –, der das bestimmende Wahrnehmen der Gegenstände überhaupt erst möglich macht. Wir erleiden in der Faszination nicht eine Bestimmung von außen; wir erleiden nicht, von etwas anderem so oder so bestimmt zu werden, sondern wir erleiden, bestimmbar zu werden – die reine Möglichkeit des Bestimmens (die als reine kein Vermögen, weder passiv noch aktiv, ist). Daher heißt »Bestimmbarkeit« nicht nur, nicht bestimmt zu sein, sondern – durch sich oder andere, von innen oder außen – bestimmt werden zu können. Es heißt also nicht nur, frei von, sondern auch frei *zu* Bestimmungen zu sein. Denkt man die Faszination in Analogie zur mystischen Erfahrung, so kann man dies (wiederum mit Scholem) so ausdrücken, dass dem »fortschreitenden Abbau der Strukturen der Erfahrungswelt« ins »Amorphe« eine »unendlich[e] Plastizität« entspricht.[193] Denkt man die Faszination in Analogie zur ästhetischen Erfahrung, so lässt es sich (mit Friedrich Schiller) so formulieren, dass die reine Bestimmbarkeit, die die Erfahrung des Bilds bewirkt, nicht eine »Bestimmungslosigkeit aus Mangel«, nicht die *»leere Unendlichkeit«*, sondern die »*erfüllte Unendlichkeit*« der »Bestimmungsfreiheit« ist.[194] Durch die Erfahrung des Wirklichen im Bild bestimmbar zu werden heißt, dass das Selbst das Gesetz der Wiederholung durchbricht und zum reinen, bloßen Vollzug des Bestimmens wird: des Bestimmens aus bloßer, reiner Bestimmbarkeit. Dadurch wird das Bestimmen frei. Das Erscheinen des Wirklichen bewirkt die Freiheit des Bestimmens.

Weshalb also ist die Erfahrung des Wirklichen, der Verwirklichung im Bild befreiend? Die skizzierte Antwort besagt: Sie ist es nicht nur (aber auch), weil sie das Gesetz der gewohnheitsmäßigen Bestimmung – das ist das Gesetz der Identität, des Wiedererkennens – aussetzt. Sondern auch, weil das Wirkliche diejenige Erscheinung ist, die aus dem bloßen oder reinen Erscheinen hervorgeht, das sie ermöglicht. Das Wirkliche kann daher nur erfahren werden, indem das Selbst in den Zustand zurückversetzt wird, der *sein* Bestimmen ermöglicht: in seinen Zustand reiner Bestimmbarkeit. Deshalb fasziniert uns das Wirkliche, oder das heißt, dass es uns fasziniert: dass sich in ihm ein »Abgrund« auftut, der nichts anderes als *unser* Abgrund, der Abgrund in uns, in unseren Bestimmungen ist (wie Blanchot über die »Verzauberung« sagt, die der Gesang der Sirenen bewirkt: In dieser Verzauberung haben »die Menschen sich für ihren eigenen Gesang leidenschaftlich entflammt«, weil sie in der Begegnung mit dem nichtmenschlichen Gesang erfuhren, »jeder menschliche Gesang sei im Grunde nicht menschlich«[195]). Die Faszination bewirkt, dass das Bestimmen ohne Grund in unseren Vermögen oder aus dem grundlosen Grund – dem Abgrund – der reinen Bestimmbarkeit erfolgt. Und das heißt, dass es neu anfängt. Deshalb ist die Faszination befreiend: Die Erfahrung des Wirklichen ist befreiend, weil in dieser Erfahrung unser Bestimmen neu anfängt – mit nichts als unserer Bestimmbarkeit. Das Wirkliche, so hat Blanchot dies an einer anderen

Stelle in einer surrealistischen Szene beschrieben, weckt unsere Freiheit und »Macht«, anzufangen, denn

> wenn wir den Dingen selbst gegenüberstehen, wenn wir ein Antlitz, eine Mauerecke anstarren, widerfährt es uns nicht auch, dass wir uns dem hingeben, was wir sehen, ihm ausgeliefert sind, machtlos vor dieser auf einmal seltsam stummen und passiven Anwesenheit? Das ist wahr, doch in diesem Fall ist das Ding, das wir anstarren, in seinem Bild zusammengefallen, hat das Bild jenen Grund der Ohnmacht eingeholt, in den alles wieder zurückfällt. Das »Wirkliche« ist das, wozu unsere Beziehung immer lebendig ist und was uns immer die Initiative lässt, sich in uns an jene Macht wendend, anzufangen, diese freie Kommunikation mit dem Anfang, die wir selbst sind; und solange wir im Tag sind, ist der Tag noch der Zeitgenosse seines Erwachens.[196]

Fazit: Befreiung und Erfahrung

Die Analyse der Faszination in fünf Schritten führt zu zwei Behauptungen:

(i) Die radikale Freiheit der Spontaneität ist die Freiheit, neu anzufangen. Diese Freiheit ist keine Eigenschaft und kein Vermögen, sondern eine Wirkung, die wir in der Erfahrung erleiden. *Die Erfahrung der Befreiung ist die Befreiung in der Erfahrung.*

(ii) Die Freiheit der Spontaneität entspringt der Erfahrung. Sie geschieht immer schon (und immer noch), wo wir etwas wahrhaft erfahren (und nicht nur bestimmend identifizieren). Die Erfahrung befreit uns aus der Knechtschaft der Gewohnheit. *Die Befreiung ist eine Tatsache.*

Zu (i): Wenn die Knechtschaft die Gewohnheit ist (die

Knechtschaft der Gewohnheit als die Gewohnheit der Knechtschaft), dann muss die Befreiung der Gewinn einer Freiheit sein, die wir nicht schon, wie auch immer begrenzt und verstümmelt, in der Ausübung unserer Gewohnheiten haben. Sie muss die Freiheit sein, neu anzufangen: die Freiheit der Spontaneität. So die Einsicht (mit Hannah Arendt) in Kapitel 1. Wenn wir die Freiheit der Spontaneität aber in der Gewohnheit nicht schon haben, stellt sich die Frage, wie wir sie gewinnen können (ohne sie darin bereits vorauszusetzen: das Paradox der Befreiung). Die Untersuchung der befreienden Kraft der Faszination zeigt, dass wir sie nicht nur nicht gewinnen können, sondern auch nicht gewinnen müssen. Denn wir erfahren die Kraft der Spontaneität. Die Erfahrung befreit uns zur Spontaneität. Genauer: Wir werden durch die Erfahrung befreit, die *sich* befreit – die sich vom Wahrnehmen, vom gewohnheitsmäßigen Bestimmen befreit. Und das heißt: die vom Wiedererkennen befreit wird, indem sie die faszinierende Wirkung des Irreal-Surrealen, also des Wirklichen erleidet. Wann und wo immer wir diese Wirkung in der Erfahrung erleiden, werden wir vom gewohnheitsmäßigen Bestimmen frei. Weil das Wirkliche das Anfangende ist – die Erscheinung, die aus dem Erscheinen hervorgeht –, werden wir, indem wir erfahren, zu Neuanfangenden gemacht. Unser spontanes Neuanfangen ist immer schon (und immer nur) ein Effekt des Anfangs, der *da* ist – wenn der Bote erscheint, der Gegenstand in sein Bild stürzt. Wir müssen und können die Befreiung nicht selbst machen. Sie geschieht uns, wenn wir das Wirkliche erfahren. Das »unmittelbar Wirkliche« schafft der Utopie den Platz.[197]

Zu (ii): Also gibt es die Befreiung, weil es die Erfahrung gibt; die Befreiung hängt davon ab, ob es die Erfahrung gibt. Und das gilt nicht bloß in dem Sinn, dass die Befreiung davon abhängt, dass einzelne Erfahrungen (von der beschriebenen Art) gemacht werden, sondern ob überhaupt Erfahrungen dieser Art zu machen eine Möglichkeit derjenigen ist, um deren Befreiung es geht. Dass dies nur so umständlich formuliert werden kann, liegt daran, dass jede Bezeichnung derjenigen, um deren Befreiung es geht – sei es spezifisch, als ein Volk, eine Klasse, eine Epoche, oder generell als Personen, Subjekte oder Menschen –, ihnen implizit oder explizit Eigenschaften und Fähigkeiten zuschreibt, die in der Erfahrung – der Erfahrung der Faszination oder der Faszination der Erfahrung – ausgesetzt werden. Die Erfahrung der Faszination ist weder sozial noch geschichtlich, personal, subjektiv oder menschlich (also ist sie nichtsozial, nichtgeschichtlich, nichtpersonal, nichtsubjektiv und nichtmenschlich). Wir können nur von ihr her denken und uns fragen, was es bedeutet und was daraus folgt, dass es sie gibt. Wir können sie aber nicht von etwas anderem her begründen. Wir können also die Befreiung nicht begründen.

Ausblick: Die Krise der Faszination

Im Zentrum des Versuchs, die Faszination zu begreifen, steht die Einheit von Erfahrung und Befreiung. Deshalb muss Mose dem brennenden Dornbusch begegnen, bevor er das Gebot zur Befreiung hören kann, und deshalb sagt Breton, seine Begegnung mit Nadja habe ihm enthüllt, dass die Befreiung die einzige Sache ist, »der man würdigerweise dienen kann«. Genau hier aber macht sich zugleich der Abstand geltend, der die Surrealisten, denen sich die Gegenstände am Rand der Straße »verklären«, von Mose trennt, dem hinter der Wüste ein »großes Gesicht« erscheint. Dieser Abstand besteht nicht darin, dass die Surrealisten, wie Aragon notiert, das »Gesicht des Unendlichen« unter den »endlichen Erscheinungen der Welt« entdecken.[198] Denn das gilt auch für Mose; auch ihm wird das Ding zu seinem Bild und dadurch wirklich und befreiend: die Ermöglichung des Anfangs. Der Unterschied, ja Abstand zwischen ihnen liegt woanders. Er liegt in dem, was sie jeweils meinen, wenn auf der einen Seite Aragon von den »Göttern auf der Straße« spricht, die er in den Bildern entdeckt, die ihm begegnen, und auf der anderen Seite Mose sieht, dass ihm der »Engel des Herrn« erscheint. Aragons Mythologie ist darin modern, eine »moderne Mythologie«, weil sie um die »Genesis des Mythos« weiß und ihre Götter daher »ephemer« sind; sie »leben, erreichen den Gipfel ihrer Macht und sterben dann, ihre duftenden Altäre anderen Göttern überlassend«.[199] Mose dagegen sieht den sich unendlich auflösenden Dornbusch in der Gewissheit, dass die Erscheinung des Erscheinens der Bote (und daher eine Gabe) Gottes ist.

Welchen Unterschied macht das? Es unterscheidet vor allem anderen, wie auf beiden Seiten das Wort »wirklich« verwendet wird. Wir haben gesehen: Die Erscheinung des Erscheinens derealisiert und verwirklicht den Gegenstand in einem. Die Erscheinung des Erscheinens derealisiert den Gegenstand, weil sie seine gewohnheitsmäßig bestimmte Identität auflöst – seine Identität als sich auflösend zeigt. Und zugleich verwirklicht sie den Gegenstand, weil sie ihn aus seinem reinen, bloßen Erscheinen hervorgehen lässt – er erscheint rein als er selbst. Das begeistert Aragon, weil er darin erfährt, dass sein Geist anders tätig sein kann: nicht wiedererkennend, sondern mythologisierend, also götterschaffend oder -sehend. Er erfährt den »Taumel des Neuartigen«.[200] In diesem Augenblick wird er von der gewohnheitsmäßig bestimmten Identität frei und kann er neu anfangen. Aber nichts kann sicherstellen, dass die Kraft des Wirklichen – die die gewohnheitsmäßig bestimmte Identität oder Realität aussetzt – über diesen Moment hinausreicht. Ja, es ist nicht einmal klar, dass die Faszination des Wirklichen einen *Anspruch* erheben kann, der über ihre Gegenwart, über den Augenblick der Faszination hinausreicht. Dass die Surrealität als »eine Art absoluter Realität« zu verstehen ist (wie Breton definiert; oben, S. 130), kann daher – zunächst[201] – nicht mehr heißen, als dass sie abgelöst ist von der gewohnheitsmäßig bestimmten und ihr als andere gegenübersteht.

Die Exodus-Erzählung dagegen weiß, dass das Wirkliche, das Mose fasziniert, das Höhere oder genauer: dass es die Wahrheit ist. In *Exodus* wird daher nicht nur von einer Faszination berichtet, in der jemand erfährt, dass es etwas anderes als die Realität gibt, und daher, dass wir auch anders als gewohnheitsmäßig erfahren können. Sondern die Erfahrung der faszinierenden Erscheinung geht in *Exodus* mit der Gewissheit einher, dass damit das Leben gemäß der Gewohnheit zu Ende ist, dass mit dieser Erfahrung also ein neues Leben beginnen muss (so wie die, die an Christus glauben, wissen, dass er gesagt hat: »›[I]ch bin die Wahrheit‹, nicht, ich bin die Gewohnheit«, und damit den »Gebrauch durch Fortsetzung« beendet hat[202]). Dass die Faszination die Erfahrung des Wirklichen ist, kann in *Exodus* nicht heißen, dass dies die Realität in der Gewohnheit für diesen Augenblick unterbricht und aussetzt – das ist die Zeitlichkeit von Aragons Faszination; sie ist vorübergehend, »ephemer« –, sondern dass es *über* der gewohnheitsmäßigen Realität steht und sie daher beendet.

Woher aber weiß die Exodus-Erzählung, dass das, was Mose fasziniert, nicht nur etwas anderes als das Gewohnheitsmäßige ist, sondern die Wahrheit? Sie weiß es, weil sie sich dessen gewiss ist, dass die Erscheinung gottgesandt ist. Noch bevor *Exodus* uns sagt, was Mose erscheint (»dass der Busch im Feuer brannte und doch nicht verzehrt wurde«), nimmt sie bereits »die Pointe der ganzen Erzählung vorweg«, indem sie ihr den »Titel« gibt: »der Engel des HERRN«.[203] Beides hängt zusammen und bezeichnet, was dem surrealistischen Bild fehlt, was für es nicht gelten kann. Denn selbst wenn das surrealistische Bild in der Faszination »entdeckt« (Aragon) wird, also ihr zufällt und gegeben ist, ist dieses Gegebensein keine Gabe. Darin, dass es das ist, dass also das Bild gottgegeben und der Bote gottgesandt ist, liegt aber der Wahrheitsanspruch des religiösen Bilds begründet. Deshalb ist, religiös gesehen, die Faszination nicht nur die Befreiung in – und also während – der Erfahrung, sondern enthält sie bereits die Berufung und Beauftragung zur Befreiung. Und deshalb wird, von der religiösen Faszination her gesehen, ihre ästhetische Erfahrung immer nur surrealistisch in einem anderen, pejorativen Sinn des Wortes bleiben: nicht die Übersteigerung, sondern bloß die Ablösung von der Realität, die Flucht in eine Nichtrealität, die nichts verändert. Ohne die religiöse Gewissheit der göttlichen Gabe wird die Befreiung in der Faszination kraftlos und daher folgenlos. Als ästhetische bleibt sie – so lautet daher Lévinas' Kritik – gebannt in die »Dauer eines Intervalls«, einer »Zwischenzeit«.[204] Sie macht keinen Schnitt, sie wendet nicht die Zeit. Die Faszination der Surrealisten ist auch bloß eine Sinnesempfindung, versunken in ihr Spiel, ohne Verantwortung für die Folgen übernehmen zu wollen (und zu können), die ihre transitorische Befreiung für das Leben hat – etwas für zwischendurch (das sich selbst jedoch für das Ganze und ganz Andere hält). Der Surrealismus – darin liegt die Radikalität seines Anspruchs – will die Erfahrung der Faszination aus der Religion für die Moderne retten. Das aber – so antwortet die religiöse Kritik – kann er nur, indem er die religiöse Erfahrung der Faszination verkürzt, ja verrät: indem er sie in einen vorübergehenden ästhetischen Augenblick bannt.

So erscheint es von der religiösen Erzählung der Faszination her. Der Gegeneinwand, mit dem der Surrealismus dieser Kritik begegnet, liegt auf der Hand. Der Einwand besagt, dass das Mehr der religiösen Erzählung nichts anderes als ein Hinaus über die Erfahrung ist. Und in der Tat: Wenn *Exodus* die faszinierende Erscheinung als den »Engel des HERRN« bezeichnet, spricht der Text nicht mehr vom »Standpunkt des Betrachters«, Moses Standpunkt, sondern von dem eines (nicht weiter bestimmten) »Erzählers«.[205] *In* der Erfahrung der Faszination kann niemand sagen, weil er es nicht wissen kann, den Engel des Herrn gesehen zu haben. In der Erfahrung – wenn wir sie radikal verstehen: die Erfahrung als Erscheinen der Erscheinung, die Erfahrung der Faszination – gibt es keinen Gott, der die Erscheinung gesandt hat. In der Erfahrung sind alle Götter selbst nur Erscheinungen und daher, wie Aragon sagt, ephemer. Der religiöse Anspruch, dass das faszinierend Wirkliche gottgesandt und daher die Wahrheit ist, die uns befreit, die die Gewohnheit beendet und das neue Leben beginnt, führt aus der Erfahrung hinaus. So wie die religiöse Konzeption dem Surrealismus vorwirft, die Befreiung in der Faszination an die Gleichgültigkeit des Ästhetischen zu verraten, so wirft umgekehrt der Surrealismus der religiösen Konzeption vor, die Erfahrung der Faszination in der Rede von Gott hinter sich zu lassen, ja, sie einem vorweg bestehenden Wissen (oder Glauben) zu opfern. Wenn der Surrealist nicht die Befreiung (in der Erfahrung) denken kann, kann sein religiöser Kritiker nicht die Erfahrung (der Befreiung) denken.

Das ist die moderne Krise der Faszination: dass die Einheit von Erfahrung und Befreiung (als die wir die Faszination verstanden haben) sich auflöst. Entweder beginnt mit der Faszination tatsächlich die Befreiung. Aber dann muss sie mit dem Glauben oder Wissen einhergehen, die Erfahrung der Wahrheit zu sein, und das führt aus der Erfahrung heraus. Oder die Faszination durchbricht die Gewohnheit tatsächlich in der Erfahrung. Aber dann hat sie weder den Anspruch noch die Kraft, das Leben zu verändern, und damit gibt sie die Befreiung preis. Die Krise der Faszination ist daher deshalb modern (oder die Moderne ist die Krise der Faszination und daher die Krise der Befreiung), weil sie in nichts anderem als darin gründet, dass der religiöse Gewissheitsanspruch befragt und die Faszination darauf zurückgeführt und begrenzt wird, was in der Erfahrung erscheint. Diese Zurückführung der Faszination auf die Erfahrung ist bereits die Krise der Faszination. Denn dadurch wird die Faszination rein oder bloß ästhetisch und damit, wie alles bloß Ästhetische in der Moderne, unwahr – Erlebnis, Empfindung, Spiel usw.

Die Krise der Faszination ist unabweisbar. Sie kann weder vermieden noch kann sie überwunden werden, indem man sich für eine der beiden Seiten entscheidet. Die Krise der Faszination ist aber kein Grund, die Einheit von Erfahrung und Befreiung aufzugeben. Die Krise der Faszination zeigt jedoch, dass diese Einheit ganz anders gedacht werden muss: so dass sie ihren Widerspruch in sich enthält. Oder die Faszination muss so gedacht werden, dass ihr Begriff den Gegensatz von religiöser und ästhetischer Konzeption in sich austrägt. Das ist der Gegensatz zwischen einem Verständnis der Faszination, das über die Erfahrung hinausgeht, sie transzendiert, und einem anderen Verständnis, das ihr immanent bleibt. Die Krise der Faszination nötigt dazu, beides zugleich zu tun: in der Erfahrung *über* die Erfahrung hinauszugehen und über die Erfahrung *in* der Erfahrung hinauszugehen.

(b) Die Entscheidung zur Wahrheit

Die Faszination ist die Erfahrung des Wirklichen; darin befreit sie vom Gesetz der Identität, das das gewohnheitsmäßige Bestimmen beherrscht: Die Faszination ist die Erfahrung der Befreiung oder die Befreiung in der Erfahrung. So ist es in *Exodus*: Bevor Mose zum Befreier berufen werden kann, hat er seine Befreiung erfahren. Aber diese Einheit von Erfahrung und Befreiung – so zeigt sich im Rückblick von der »modernen Mythologie« des Surrealismus aus – kann nur gedacht werden, wenn bereits über die Erfahrung hinaus, aus der Faszination heraus gegangen wird. Das geschieht in dem Moment, in dem *Exodus* im Namen Gottes spricht. Die Einheit von Erfahrung und Befreiung kann in der Faszination nicht sichergestellt werden. Sie bedarf einer äußeren Stütze in der religiösen Gewissheit. Wenn diese Stütze wegbricht (nicht deshalb, weil der religiöse Glaube sich auflöst, sondern weil er aufhört, eine *Stütze* zu sein) und nichts mehr übrig bleibt als die reine oder bloße, die ästhetische Faszination, löst sich die Einheit von Erfahrung und Befreiung auf. Die Faszination ohne Gott verliert die Kraft der Befreiung: die Krise der Faszination. So das Argument im ersten Schritt dieses Kapitels.

»Faszination ohne Gott« heißt: Die reine, ästhetische Faszination erfährt die Erscheinung nicht als den Engel des Herrn und daher nicht als gottgesandt; diese Worte stehen ihr nicht zur Verfügung. Damit gerät die Einheit von Erfahrung und Befreiung in die Krise. Ich werde im Folgenden zeigen, worin die Produktivität dieser ästhetischen oder modernen Krise der Faszination besteht. Sie ist produktiv, weil sie dazu nötigt, den Gegensatz von (religiöser) Erfahrungstranszendenz und (ästhetischer) Erfahrungsimmanenz – der die Einheit von Befreiung und Erfahrung in der Faszination aufzulösen droht – anders zu denken. Aber bevor das versucht werden kann, muss die Krise der Faszination, und damit die Krise der Befreiung, genauer beschrieben werden. Denn diese Krise reicht viel tiefer, als es bisher schien. Sie besteht nicht nur darin, dass die Faszination in der Moderne ästhetisch wird. Sondern dass sie technisch, technisch produziert und reproduziert wird: Die Faszination wird in der technologischen Moderne zu einem medialen Effekt und damit nicht nur alltäglich und gewöhnlich – wie es der Surrealismus feiert –, sondern trivial, ja banal.

Dass Mose in der Erfahrung des brennenden Dornbuschs der Engel des Herrn erscheint, macht diese Erscheinung zu einer »Gabe«. Das Bild ist eine Gabe, weil es uns gegeben wurde. Es wurde uns von jemandem gegeben, der uns darin etwas zeigt. (*Exodus* nennt ihn: ER, der HERR.) Er erscheint uns darin nicht selbst – das Bild ist kein »Porträt« oder »Ikon« im Sinne Jean-Luc Marions[206] –, aber *er gibt uns* die Erscheinung des Erscheinens: er schickt uns seinen Boten. So kann es der Surrealismus nicht verstehen. Er versteht es so, dass uns die Bilder, die uns faszinieren, zufallen; wir entdecken sie, wie Aragon sagt, »auf der Straße«. Das sind die Straßen der Stadt (die Aragon mit dem staunenden Blick des Bauern durchstreift). Die Bilder, die Aragon hier faszinieren, sind jedoch künstlich, ja technisch produziert – so wie die Schriften der Anzeigen, Werbung, Programmhefte, Plakate, Schilder usw., die Aragon an den Häuserwänden und in den Schaufenstern findet und in seinen Text als Materialien hineinmontiert, und wie all die Bilder, die Stiche, Drucke, Photographien, Filme, die Breton in *Nadja* beschreibt. Nur das Bild, das nicht – durch Akte der Einbildung – von uns selbst produziert oder reproduziert wird, kann uns faszinieren; die Faszination entzündet sich an dem, das wir finden, nicht machen – an den *images toutes faites* (Breton), den *ready-*

made images (wie Rosalind Krauss erläutert), also an uns durch Technik und daher Zufall, ohne Absicht und Sinn, »gegebenen Bildern« (*given images*, wie Suzanne Guerlac übersetzt).[207] Aber die Gegebenheit der surrealistischen Bilder ist nicht eine Gabe, die Gabe des Anderen. Sie ist vielmehr nichts als die andere Seite ihres technischen Gemachtseins. Die Faszination des Surrealisten gilt Bildern, die er nicht durch seine Einbildung hervorgebracht hat und einholen kann, weil sie ihm vielmehr automatisch, mechanisch, durch technische Reproduktion bereitgestellt werden. Das Außen, aus dem die Bilder auf uns zukommen, ist das Außen der technischen Bildproduktion, ihr Hinaus, ja Voraus gegenüber den Akten subjektiver Einbildung. Die ästhetischen Experimente des Surrealismus haben eine technische Voraussetzung und wiederholen – und vertiefen und expandieren – die »Ästhetik des Erstaunens« (Tom Gunning), die die massenhafte technische Bildproduktion von Anfang an begleitet hat.[208] Denn weil das technische Produzieren und Reproduzieren von Bildern über alle bloß subjektiven Akte der Einbildung hinausgeht; gerade weil es also durch seinen Automatismus und Mechanismus Bilder hervorbringt, die »natürlicher als die Realität« sind und daher unsere Phantasien nicht ausdrücken und bestätigen, sondern uns aus ihnen »wecken« (wie Stanley Cavell schreibt[209]), trocknet das technische Produzieren und Reproduzieren die Faszination nicht nur nicht aus (wie schlechte Romantiker befürchten), sondern macht sie, im Gegenteil, spektakulär und ubiquitär. Die ästhetische Faszination der Surrealisten ist bloß eine Variante dieser medientechnisch produzierten Faszination.

Erst diese erweiterte Beschreibung verhilft zu einem richtigen Verständnis der Krise, in die die Faszination in der Moderne – exemplarisch: im Surrealismus – gerät. Denn die Technisierung der Bildproduktion stellt die Exodus-Erfahrung der Faszination in einem viel grundlegenderen Sinn in Frage, als es ihre Ästhetisierung vermag. Dabei lautet die Frage nicht: Können technisch produzierte Bilder faszinieren? Denn im landläufigen Sinn des Ausdrucks können sie dies ganz offensichtlich, ja sogar besonders gut; technisch produzierte Bilder übersteigen und überwältigen die Einbildungskraft (und damit das Subjekt). Die Frage lautet vielmehr: Kann die Faszination für die »technischen und künstlichen Wunder der Moderne«, die nach Hent de Vries' Analyse »nicht weniger als eine Umkehrung unseres Blicks auslösen«, die Erfahrung eines *wahrhaften* Wunders[210] und also – wie sich an Mose gezeigt hat – die Erfahrung des Wirklichen und damit der Befreiung sein? Oder ist alle Faszination für technisch produzierte Bilder – allein deshalb, weil sie produzierte, menschlich gemachte sind – notwendig illusionär und deshalb nicht befreiend, ja, sogar knechtend? Zerstört also die technische Produktion der Faszination die Einheit von Erfahrung und Befreiung? Ist die Technisierung der Bilder in der Moderne das Ende der Befreiung in der Erfahrung (und damit das Ende der Befreiung überhaupt; denn die Befreiung zum Anfangen kann nur in der Erfahrung anfangen)?

So erscheint es aus der Sicht der religiösen Konzeption, die das befreiende Bild als den Boten und damit die Gabe des Herrn versteht. Aus ihrer Sicht ist die technisch produzierte Faszination eine nochmalige, dämonische Steigerung des Scheins, dem bereits die ästhetische Faszination verfallen war. Wenn das Wirkliche, über die Realität hinaus, das die ästhetische Faszination für sich beansprucht, als vorübergehendes, ephemeres nur Schein ist – der »Superlativ« (Lévinas) des Surrealen, mit dem die ästhetische Faszination sich schmückt, ist erschlichen –, so gilt das nach der religiösen Kritik in einem noch viel grundlegenderen und weiterreichenden Sinn für die technisch produzierte Faszination. Denn sie ist der Effekt eines technischen Produkts, das darin als mehr als ein Produkt, als Sur-Produkt erscheint; denn sonst könnte es uns nicht faszinieren (sondern uns allenfalls interessieren, etwa unsere Neugier für seine Verfahren wecken). Die technisch produzierte Faszination ist daher nichts als eine weitere, die gegenwärtige Gestalt der Idolatrie. Idolatrie heißt: Anbetung eines menschlich gemachten Bilds. Darin wird, nach Lévinas' Bestimmung, »das Un-Wahre in seiner Unwirklichkeit als Spur des Über-Wirklichen (Sur-Realen)« genommen.[211] Der Idolatrie entspricht daher die Zauberei; denn Zauberei ist die Technik der (oder als) Produktion des Scheins, und Produktion des Scheins heißt nicht Illusion: Schein, der sich als Schein zeigt, sondern Täuschung: Schein, der sich als Schein verstellt und mehr als bloß ein Produkt zu sein behauptet. Eine solche Zauberei muss verboten werden. (»Eine Zauberin sollst Du nicht leben lassen«, sagt *Exodus* 22,18, denn indem die Zauberin die Wirklichkeit ihrer Scheinproduktion vortäuscht, beansprucht sie Schöpfungsmacht – während ein »armer Zauberer«, der »bei der Illusion bleibt«, so legt Lévinas mit Rabbi Akiba die Stelle aus,[212] keine Konsequenzen zu befürchten hat; seine Zauberei ist so harmlos wie eine Kunst, die bloß dem Vergnügen dient.) Denn die Täuschung der Zauberei kann nicht befreiend sein; sie ist knechtend. Wenn schon für die Absorption im ästhetischen Spiel gilt, dass sie unfrei ist – weil von ihm aus kein Anfangen, kein »Dialog« (Lévinas) und kein Handeln möglich ist –, dann gilt nach Marion erst recht für den, den ein technisch gemachtes Bild fasziniert – von dem er darin vergessen muss, dass es gemacht ist –, dass er in einem Zustand »absoluter Tyrannei« lebt.[213]

Die folgenden Überlegungen, die ihren Ausgang bei einer entscheidenden Szene der Fernsehserie *Breaking Bad* nehmen, sollen zeigen, weshalb diese Kritik falsch ist. Falsch ist nicht das vernichtende Urteil, das die religiöse Kritik über die Idolatrie fällt. Falsch ist vielmehr, wie sie diesen Begriff auf die technische Bildproduktion und die Faszination, die ihr gilt, anwendet. Und zwar ist diese Kritik genau deshalb falsch, weil sie nur halb wahr ist: Sie erfasst nur die eine Seite der technisch produzierten Faszination. Denn sie erfasst nicht, dass sie – notwendigerweise – eine andere Seite hat; dass die technische Produktion sich also in sich selbst widerspricht. Denn es gibt technisch produzierte »wahre Wunder« (de Vries); es gibt eine Faszination für das technisch produzierte Bild, die befreiend ist.

Wenn das richtig ist (wie im Folgenden gezeigt werden soll), dann ist die Moderne nicht deshalb die Krise der Faszination, weil ihre Techniken der Bildproduktion sie auflösen oder verunmöglichen. Sondern weil die technische Bildproduktion in einem Widerspruch besteht, der nicht so einfach in einem – negativen oder positiven – Urteil aufzulösen ist. Wenn das so ist, sind wir aber – so de Vries' überzeugende Konsequenz – »nicht mehr berechtigt, zwischen der technischen oder künstlichen Produktion oder Reproduktion auf der einen Seite und der des authentisch Neuen (das also geschaffen, offenbart oder eingegeben ist) auf der anderen Seite zu unterscheiden«.[214] Das ist die moderne Krise der Faszination: dass ihre befreiende Kraft und ihre verzaubernde und täuschende, gewohnheitserhaltende Macht nicht mehr voneinander geschieden werden können: In der technisch-medialen Bildproduktion gibt es ihren Unterschied nicht mehr. Oder wenn es ihn gibt, dann nur so, dass er durch die Faszination selbst vollzogen wird. Die Lehre aus der modernen Krise der Faszination ist: Die Faszination muss selbst zu einer Operation der entscheidenden Unterscheidung werden. Die Faszination muss zur Kritik werden.

Vor dem Fernseher (*Breaking Bad*)

Wie schon am Anfang des Kinos, so steht die Erfahrung, dass insbesondere technisch gemachte Bilder faszinierend sind, am Anfang der Serie *Breaking Bad*.[215] Der Vorspann der Pilotepisode setzt mit einer absurden, surrealen, chaotischen Szene ein, in der eine helle Männerhose vor einem klarblauen Wüstenhimmel durch die Luft segelt; ein Wohnmobil wild dahinrast, im Hintergrund die Sirenen sich nähernder Einsatzwagen; auf dem Fahrersitz ein nur mit einer Unterhose und einer Gasmaske bekleideter Mann, neben sich ein anscheinend ohnmächtiger zweiter Mann, hinten im Laderaum zwei leblose Körper, die mit anderen Gegenständen in einer Lache hin und her geschleudert werden; schließlich derselbe Mann, der sich mit einer Videokamera aufnimmt und eine Aufzeichnung für seine Frau und seinen Sohn macht, in der er von ungeheuerlichen »Dingen« spricht, die er getan habe – Schnitt, Beginn der Erzählung, in der die Vorgeschichte nachgeholt, das überwältigende Durcheinander als Ergebnis anderer Ereignisse verständlich gemacht wird. Aber das Davor sehen wir erst danach. Die Erzählung ist eine Folge, eine Wirkung der Faszination und wird sie daher niemals ganz einholen können. Die Faszination bleibt für den, der die Serie sieht, das Erste; sie wird immer am Anfang stehen. Die Faszination ist der Anfang dessen, was sich erzählen lässt: der Handlungen, der Kräfte und Absichten, die sie antreiben, ihrer Erfüllung und ihres Scheiterns.

Dieses Prinzip ihres Erzählens macht die Serie zum Drehpunkt dessen, was sie erzählt. Sie erzählt selbst davon, wie es mit einer Erfahrung der Faszination anfängt (und dann, über fünf Staffeln und zweiundsechzig Episoden, was daraus folgt). Sie erzählt von der Befreiung: *Breaking Bad* erzählt von dem Versuch des Chemielehrers Walter White in Albuquerque,

New Mexiko (USA), aus der Knechtschaft der Gewohnheit auszuziehen und – heute, unter den Bedingungen unserer Gesellschaft – ein freies Leben zu führen. Wie er darin seine Befreiung versteht, auf welchem Weg er sie zu verwirklichen versucht und wie und warum das nicht gelingen kann, ist für ihren Anfang nicht wichtig. (Das werde ich daher später besprechen; siehe Kapitel 3.) Denn Walters Befreiung fängt genauso an wie Moses (und jede Befreiung; auch unsere, für die Zeit der Serie): Sie fängt damit an, dass er eine »wundersame Erscheinung«, ein »großes Gesicht« sieht. Diese Erfahrung durchbricht die Macht der Gewohnheit, in die er eingemauert ist.

Das zeigt die Serie als den Anfang vor dem Anfang: Der Anfang der Geschichte, auf den die Serie nach dem Vorspann zurückblickt, ist der Morgen von Walter Whites 50. Geburtstag. Über ihm steht wie gemeißelt die Aussage: Wie jeden Morgen … Auch der (»runde«, symbolisch aufgeladene) Geburtstag ist wie jeder Tag: erst eine Fitnessübung, dann Frühstück, Auftritt des halb erwachsenen Sohnes, der sich wieder einmal (»zum tausendsten Mal …«) über den erneuerungsbedürftigen Wasserboiler beklagt, danach die Arbeit. Und zwar in zwei Schichten: zuerst als Chemielehrer vor einer Schulklasse zwischen Langeweile und Renitenz, dann der Zweitjob am Nachmittag in einer Autowaschanlage, mit der ultimativen Demütigung, als Walter White aushilfsweise die Räder des Wagens ebenjenes Schülers putzen muss, mit dem er im Unterricht aneinandergeraten war (und natürlich wird diese Szene sogleich von der Freundin des Schülers mit dem Smartphone festgehalten und in die Welt verschickt). Am Anfang steht die Knechtschaft: finanzielle, familiäre, berufliche, soziale Enge, die sich durch das Gesetz der leeren Wiederholung reproduziert. Wenn das »Prinzip des Lebens«, wie Walter White seinen Schülern zu erklären versucht, die immer neue Verwandlung ist, dann ist dies ein Leben, das nicht lebt.

Aber auf einmal geschieht etwas; ein Bild taucht auf, das Walters Blick fesselt, das seinen Blick schärft und zum Leben erweckt. Walters Leben in der Gewohnheit wird durchbrochen durch eine Erfahrung der Faszination. Das geschieht auf der Überraschungsparty, die Walters Frau Skyler zu seinem Geburtstag veranstaltet und auf der zunächst selbstverständlich überhaupt nichts Überraschendes passiert. Bis Skylers Bruder Hank, der in der Drug Enforcement Agency (DEA) arbeitet, den Fernseher einschaltet: Das Bild, das Walter fasziniert, ist ein mediales, technisches Bild, das (wie Lorenz Engell erläutert) durch einen doppelten Akt der Schaltung anwesend und sichtbar wird.[216] Denn nicht nur muss die Apparatur eingeschaltet werden, um das Bild erscheinen zu lassen, sondern das Bild selbst wird dadurch hervorgebracht, dass in der gerade laufenden Nachrichtensendung umgeschaltet wird: zuerst zum Schauplatz einer Polizeiaktion, durch die am selben Morgen ein Drogenlabor ausgehoben wurde, in dem Methamphetamin hergestellt wird, und sodann noch einmal von dort zu der Präsentation der dabei sichergestellten Gegenstände – chemische Materialien und Instrumente, Waffen sowie große Stapel von Geldscheinen. Bei diesem Anblick ist Walter White mit einem Mal hellwach. Von diesem Bild wird Walters Blick gefesselt, sein Körper gestrafft, sein Geist belebt. Mit diesem Bild erscheint plötzlich etwas in seiner Welt, was nicht in sie gehört, was ihre Ordnung und Bedeutsamkeiten sprengt. Damit beginnt seine Befreiung aus der Gewohnheit.

Was ist das für ein Blick? Was und wie sieht er? Wie kann Walter *im Fernsehen* etwas sehen, das seine Welt aufsprengt? Ist nicht gerade das Fernsehen so sehr ein Teil, ja, mehr als ein Teil: ein Motor in der Etablierung und ein so wesentlicher

Mechanismus der Erhaltung dieser kleinbürgerlichen Welt amerikanischer Vorstädte, dass man (mit dem prägnanten Titel von Lynn Spigel[217]) sagen kann, dass diese Welt ebendadurch hervorgebracht wurde und sich dadurch erhält, dass ein »Raum für das Fernsehen (oder den Fernseher)« geschaffen wird? Dass das Fernsehen das Medium, also die Mitte, als tragender Grund dieser Welt ist (so wie der Fernseher das Zentrum des Wohnzimmers wurde, damit der Grund des Hauses, der Familie, des Lebens)? Das ist das Fernsehen für Hank, den Polizisten, der den Apparat auf der Party einschaltet, um darin auf sich selbst zu treffen. Denn es war Hank, der die Aushebung des Drogenlabors geleitet hat und sich nun in den Fernsehnachrichten in dieser Rolle begegnet. Sicherlich tut er dies auch, um sich vor seiner Familie und seinen Freunden in Szene zu setzen. Aber viel mehr als für seine Anerkennung braucht er das Fernsehen für seine Identität, ja sein Sein. In der Anerkennung geht es um das, was jemand geleistet hat; sie gilt Hank als Akteur, damit als Teil eines Handlungszusammenhangs, einer sinnhaften Ordnung, die er selbst mit hervorbringt und schützt – als »Ordnungshüter«. Aber das ist nicht der Grund, aus dem Hank (oder irgendein anderer Zuschauer) den Fernseher einschaltet, jedenfalls ist es nicht der entscheidende Grund. Die Macht des Fernsehens erschöpft sich nicht in der traditionell ideologischen Funktion der Künste, die Geschehnisse der Wirklichkeit, die wir alltäglich als sinnlos, unverständlich, selbstlaufend (als »entfremdet« oder »verdinglicht«) erfahren, als sinnhaft, verständlich, beeinflussbar und damit den Einzelnen als ihr Subjekt zu präsentieren; also uns, im schönen Schein, die Gewissheit zu geben, dass wir »in die Welt passen« (Immanuel Kant), sie begreifen und gestalten können. Es geht nicht – oder nicht bloß – um die Verklärung zum Subjekt (wie in der ästhetischen Ideologie der bürgerlichen Kunstproduktion). Sondern es geht um Beglaubigung: um das Gefühl der Existenz, um die Bestätigung, die allein darin liegt, sich im Fernsehen zu sehen.

Diese Beglaubigung durchs Bild erfolgt nicht durch Abbildung. Hank kritisiert selbst die repräsentative Angemessenheit des Fernsehbilds: Das Fernsehbild macht ihn dicker; Hank ist ein kritischer, mündiger Fernsehzuschauer, der Verzerrungen der Realität im Bild zu beurteilen weiß. Aber gerade diese Kritik der Abbildung setzt die Beglaubigung durchs (und den Glauben ans) Bild voraus, die das Fernsehen als Medium definiert. Denn das Fernsehen besteht nicht aus einzelnen Bildern, auch nicht aus sinnhaften Verbindungen von Bildern, sondern aus einem Strom von Bildern, in denen unaufhörlich die in Einzelereignisse zerfallende Welt registriert wird (Stanley Cavell bestimmt das Fernsehen als einen »Strom simultaner Ereignisrezeption«[218]). Nur indem Hank den Fernseher einschaltet und sich dabei in diesem Bilderstrom wiederfindet, der die Welt überwacht, weiß er, dass er ist: dass er existiert. Das Vorkommen im Fernsehen besiegelt seine Existenz. Im Fernsehen zu erscheinen heißt, so Marion, wirklich zu sein: »Ich bin, weil ich gesehen werde und wie ich gesehen werde; was mich ausmacht, ist zuallererst das Bild, zu dem ich werde, verfügbar dafür, ausgestrahlt, verbreitet und durch Zuschauer konsumiert zu werden.«[219] *Deshalb* muss Hank sich mit seinen Freunden und seiner Familie im Fernsehen sehen. Sein Bild, das er im Fernsehen sieht, bildet nicht seine Realität ab, die ihm bereits vorweg gegeben und gewiss ist, sondern er empfängt – umgekehrt – von dem Bild und durch das Bild seine Wirklichkeit. Das Fernsehbild verwirklicht, was es darstellt, durch bloße Verdoppelung; es bestätigt nur, indem es wiederholt, und – wie Adorno feststellt – seine »Lüge« besteht »gerade in der wiederholenden Bestätigung und Verfestigung des bloßen Soseins, dessen, wozu der Weltlauf die Menschen gemacht hat«. Das Fernsehen »grinst: werde was du bist«.[220] Das Fernsehbild ist eine Verdoppelung, die nicht repräsentiert oder interpretiert oder legitimiert (und daher auch keiner Hermeneutik und Kritik zugänglich ist), sondern die Hank bloß sagt, dass es ihn gibt; das Bild als Ausdruck und damit Herstellung von Tatsächlichkeit (oder Positivität).

In Hanks Fernsehblick manifestiert sich damit ein Gesetz der Technologie, das Kenneth Burke als das »Paradox der Substanz« beschrieben hat: Das menschlich Gemachte gewinnt eine un- oder übermenschliche, ja diabolische Macht; es wird zur Substanz, die das, was sein Subjekt und sein Objekt – das Subjekt und das Objekt des Vorstellungsakts – zu sein schien, zu seinen akzidentiellen Effekten macht, die nur durch es, durch das Medium des Vorstellens, das sie verbindet, Wirklichkeit erlangen.[221] Das, so Burke, ist die Substanzialität, die substanzielle oder Substanzialisierungsmacht des technisch produzierten »Symbolismus« oder »Mediums«. Das Medium, das wir wie ein Vokabular zu bestimmten praktischen Zwecken erschaffen zu haben meinen, erlangt eine »vermittelnde Rolle«, die darin besteht, die »Vielfalt und Beweglichkeit« der bloß für sich existierenden Realitätselemente auf einen »gemeinsamen Grund« zurückzuführen. Diese Zurückführung, *reduction*, ist die Substanzialisierungsoperation des Mediums. Das Medium wird zur »einheitlichen Substanz, in der die gesamte Vielfalt menschlicher Motive begründet« ist. Hank schaltet den Fernseher ein, um in Kontakt mit der Substanz zu gelangen. Hanks Bildersehen ist ein Bilderkult. Das Bild, von dem er, wie jeder Fernsehzuschauer, nur allzu gut weiß, dass es technisch gemacht ist (er war schließlich bei der Aufnahme dabei), gewinnt die Macht, ihm seinen in der Realität verlorenen Grund zurückzuerstatten. Dass er dies mit Repräsentationskritik verbindet, verstärkt diese magische

Macht des Bilds nur noch. Die Kritik der Medien dient ihrer Idolatrie.

Burke hat seine Analyse der Substanzlogik des Symbolischen in den 1940er Jahren und damit zu früh geschrieben, um dabei ans Fernsehen zu denken. Sein Gegenstand ist der Symbolismus des Geldes, das er als Medium (und das heißt: nicht – bloß – als Mittel, sondern als Grund) begreift. Und das ist es auch, was ein anderer, zweiter Blick ins Fernsehen dort sieht. Dieser zweite Blick ist der von Walter, der zusammen mit Hank Fernsehen schaut – und dort etwas ganz anderes sieht. Walter interessiert nicht die normative Ordnung, die durch ihren Hüter wiederhergestellt wird, indem er das illegal gewonnene Geld an seinen legalen Platz im Büro der DEA verbringt, sondern er sieht nur *das viele Geld – so much*, unbestimmt, ja ungeheuer viel. Das erscheint ihm ungewöhnlich, *unusual* – während Hank ihn aufklärt, dass er eine solche Menge schon öfter sichergestellt hat. Walter wird diese Erfahrung später so deuten, dass sich ihm darin ein spezifisch ökonomischer Zusammenhang offenbart habe (dazu unten, Kapitel 3). Das ist ein anderer Zusammenhang als der normative, polizeiliche, den Hank sieht, wenn es ihm darum geht, wer das Geld rechtmäßig oder unrechtmäßig hat. Es ist ein Zusammenhang, den die stolze Darbietung der sichergestellten Objekte auf dem Tisch des Polizeibüros ungewollt, durch ihr bloßes Nebeneinander, herstellt: der Zusammenhang zwischen den Materialien und Utensilien der Chemie – und damit seiner, Walters, Wissenschaft und Kunst – und der großen Geldmenge, die man damit anscheinend und gegen alle Gewohnheit als Chemielehrer verdienen kann. Daraus wird Walter sein Projekt ökonomisch-illegaler Selbständigkeit herleiten. Aber das ist erst ein Ergebnis längeren Nachdenkens. Bevor er nachgedacht hat, ist Walters Erfahrung des Geldes zunächst rechtlos, ortlos, ja maßlos, außerhalb der Ordnung und unabhängig von der Frage nach Eigentum und Erwerb. Walter sieht im Fernsehen nicht das polizeilich sichergestellte, auch noch nicht das von ihm zu verdienende, sondern nichts als *das Geld*. Er sieht im Medium das Medium. Wenn wir genauer verstehen, wie das Medium des Gelds operiert – der Gegenstand, den der zweite Blick im Fernsehen sieht –, verstehen wir daher auch, *wie* dieser zweite Blick sieht: wie und wodurch das technisch produzierte Fernsehbild ihn fasziniert.

Dass auch das Geld – so wie, ja, noch viel mehr als das Fernsehbild – durch seine bloße Existenz die Macht der Substanz hat, die Wirklichkeit zu verbürgen, ist für Burke nur allzu offensichtlich:

> Wenn Sie ein unangenehmes Stück Arbeit zu erledigen haben und es nicht selbst tun wollen, können Sie dies in einer Kultur der Sklaverei durch Gewalt, Zwang, Drohung erreichen. In einer frommen Kultur kann man es auf »religiöse« Weise erreichen, wenn diejenigen, die die Arbeit zu erledigen haben, von Motiven wie Hingabe, Bewunderung, Pflichtbewußtsein bewegt werden. Aber in einem kapitalistischen Arbeitsmarkt genügt es, wenn Sie sagen: »Wer macht das für fünf Dollar?« – und die Menschen drängen sich »selbständig«, aus »freiem Willen«, ohne die Befehle von irgendjemandem vor, um sich »freiwillig« für die Arbeit zu melden.[222]

Geld ist der Grund, etwas zu tun. Und zwar keineswegs bloß als Mittel – weil ich mit den fünf Dollar etwas anderes kaufen kann, dessen Besitz oder Gebrauch mir wertvoll erscheint. Sondern weil das Geld der Inbegriff allen Werts, der Inbegriff *des* Werts, ist. Das Geld ist alles andere, denn alles andere ist Geld. Georg Simmel schreibt: Jedem Objekt, »soweit es überhaupt tauschbar ist«, ist die »Geldqualität […] in irgendeinem Maße eigen«, ja, man kann »von allen Waren sagen [...], sie seien in gewissem Sinne Geld«. Umgekehrt ist das Geld alles andere in seiner Tauschbarkeit oder seinem Wert als Ware. Es ist der »abstrakt[e] Vermögenswert«.[223] Indem ich Geld besitze, besitze ich alle anderen Vermögen, die seinem Wert entsprechen und die ich daher kaufen kann: die ich zu *meinen* Vermögen machen kann.

> Was durch das *Geld* für mich ist, was ich zahlen, d. h., was das Geld kaufen kann, das *bin ich*, der Besitzer des Geldes selbst. So groß die Kraft des Geldes, so groß ist meine Kraft. Die Eigenschaften des Geldes sind meine – seines Besitzers – Eigenschaften und Wesenskräfte. [...] Ich, der durch das Geld *alles*, wonach ein menschliches Herz sich sehnt, vermag, besitze ich nicht alle menschlichen Vermögen? Verwandelt also mein Geld nicht alle meine Unvermögen in ihr Gegenteil?[224]

Das Geldmedium ist die Substanz der Werte und Vermögen. Das Geld repräsentiert nicht die Werte und Vermögen, sondern sie sind seine Effekte oder Akzidentien. Ihre Repräsentation im Geld stiftet ihren Wert; so dass nichts Wert hat, was nicht durch eine bestimmte Geldmenge dargestellt, also gekauft werden kann, und eine Geldmenge jeden Wert darstellt, der durch sie gekauft werden kann.

Aber diese verwirklichende Macht der Substanz hat das Geld gerade nur, indem es realitätsauflösend ist. Der Begründung geht die Enteignung voran; die »umfassende Substanz«, sagt Simmel in seiner Diskussion des Gelds über die Substanz bei Spinoza, mit der er das Geld vergleicht, ist eine »Expropriateurin«.[225] Das Geld ist das Medium der Abstraktion: von Bedürfnis und Gebrauch, und damit von der Individualität der jeweiligen Bewertungen, die aufgrund von Bedürfnissen und im Hinblick auf den Gebrauch erfolgen. Darin liegt die negative Macht des Gelds: Das Geld hat die Macht, »das Objekt aus seiner naiven oder verworrenen Einheit mit dem Subjekt zu erlösen«. Das Geld ist »die Lösung des abstrakten Wertes [...] von seiner Fesselung an seinen konkret-speziellen Inhalt« und »entzieht« dadurch den Wert »jeder subjektiven Beziehung«. Das Geld befreit die Individuen von ihrer konkreten Identität und Bestimmung: Im Geld ist »das Jenseits des Subjekts [...] vergegenständlicht«.[226]

Die letzte Bestimmung – das Geld »vergegenständlicht« die Abstraktion vom Konkreten und Subjektiven – ist entscheidend: Das Geld hat nicht nur die Macht und damit den Effekt der Realitätsauflösung, der Ab- oder gar Erlösung vom Konkreten und Individuellen. Das Geld ist vielmehr und darüber hinaus das *Dasein* der Abstraktion – es ist die Abstraktion, die *da*, »sichtbarer Gegenstand« und »Körper« ist. Das Geld ist die sichtbare Verkörperung des unsichtbaren, geistigen Zwischen: »das Körperhafte« als »Gefäß des Geistigen« – wie Simmel schreibt –, »die Greifbarkeit des Abstraktesten, das Einzelgebilde, das am meisten seinen Sinn in der Übereinzelheit hat«.[227] Geld ist ein Ding als Medium oder das Medium als Ding. Es ist etwas – ein konkretes, reales, sichtbares Objekt –, das sich auflöst, dessen Sein in seinem Sichauflösen besteht, weil in ihm die Vermittlung erscheint, durch die das Ding (als soziales, als Wert) existiert. Das Geld macht die Auflösung des Sichtbaren sichtbar, es ist die reale Auflösung der Realität. Walter sieht mithin, was Mose sah, als er sah, »dass der Busch im Feuer brannte und doch nicht verzehrt wurde«. (Das Geld, sagt Heraklit, ist wie das Feuer: »Wechselweiser Umsatz: des Alls gegen das Feuer und des Feuers gegen das All, so wie der Waren gegen Gold und des Goldes gegen Waren.«[228]) Er sieht, was nicht gesehen werden kann, nicht weil es jenseits, sondern weil es vor oder unterhalb des Gesehenen liegt – weil es das Sehen erst ermöglicht:

den Engel, den Boten, die Vermittlung, das Zwischen, das sichtbar macht.

Zwei Blicke also, die im Fernsehen etwas ganz anderes sehen: Der eine Blick, Hanks Blick, sieht das positiv Gegebene, das im selbstlaufenden Strom der Bilder erfasst wird. Walters Blick dagegen sieht die Macht der Negativität, die in der Realität auflösend wirksam ist. Der zweite Blick sieht aber nur etwas anderes, weil er anders sieht: Er sieht nicht nur ein Bild von etwas anderem (das dem ersten Blick, der nur an sich selbst interessiert ist, entgeht), sondern ein anderes Bild. Genauer: Er sieht deshalb anders, weil er das Bild als anderes sieht. Walters Blick trifft in dem Bild auf ein anderes Sehen: auf ein Sehen, das anders als sein eigenes ist und ihn zu einem anderen macht.

Aber gilt das nicht auch für das erste Sehen, Hanks Sehen? Es ist das Sehen der Gegebenheit, als Positivität. Diese Gegebenheit ist hier die (Selbst-)Gegebenheit dessen, der sieht, des Fernsehzuschauers. Aber sich gegeben ist der Zuschauer nur im und durch das Bild. Ebendafür braucht er das Bild (und dafür muss Hank den Fernseher einschalten): um sich selbst gegeben zu sein. Das Bild, das er sieht, hat daher die Macht, retroaktiv das Gegebene – also die Gegebenheit des Gegebenen – hervorzubringen, das es abzubilden scheint (oder genauer: das es technisch überwacht beziehungsweise erfasst und dadurch zum Gegebenen macht; das Fernsehbild verleiht ihm »das Siegel des Seins«[229]). Dass das Bild des Fernsehens eingeschaltet werden muss, besagt also zumindest so viel, dass das Bild vorweg, unabhängig vom Zuschauer für sich existiert. Auch für den ersten Zuschauer gilt daher, dass sein Blick im Bild des Fernsehens auf ein anderes Sehen (oder das Sehen eines anderen: des Apparats) trifft. Aber dessen Andersheit hat im ersten Sehen nur den Sinn, den Zuschauenden in genau dem »Sosein« zu bestätigen, das er ist, ohne es zu haben: Hank muss sich im Fernsehen sehen, um sich als den erfassen zu können, der er im »Weltlauf« (Adorno) ist, ohne von sich als solchem zu wissen. Sein Sehen des anderen Sehens, des Sehens im Bild des Apparats, dient nur dazu, den Zuschauer zu dem *zurück*zuführen, den Zuschauer in dem zu bestätigen, ja einzumauern, was er ist, aber nicht weiß und daher nicht hat. Adorno nennt das Fernsehbild das »Mittel einer Regression, in der Produzent und Konsument sich zusammenfinden«.[230] Indem sie im Fernsehen zusammenkommen, produzieren beide zusammen den Effekt der Positivität. Die Identität zwischen dem Sehen des Bilds und dem Sehen im Bild lässt das im Bild Gezeigte und Gesehene auf seine bloße Gegebenheit, seine Tatsächlichkeit regredieren.

Dagegen gilt der zweite Blick ins Fernsehen – Walters Blick, das Sehen der Medialität – der Andersheit des Bilds und seines Sehens; es ist der Blick, der die Andersheit des gesehenen Sehens sieht. Walter trifft in dem Fernsehbild auf ein Sehen, das ihm fern ist (deshalb heißt es *Fern*sehen). Denn er sieht im Bild *das* Bild, die Medialität des Bilds, durch die es sichtbar macht: seine fernrückende, auflösende, derealisierende Macht (durch die es die Macht der Substanzialisierung und Positivierung erst zu gewinnen vermag). Dieses andere Fernsehen, das Sehen des Mediums, also der Sichtbarkeit, bestätigt den Sehenden nicht in seinem Sosein. Indem es ihm zuhause, in seinem Wohnzimmer, auf seiner Geburtstagsfeier, im Zentrum seines gewohnten Lebens geschieht, trennt dieses andere Sehen die »Einheit des Orts [auf] und damit die Einheit von allem, das seine Identität [oder Gegebenheit, Positivität; C. M.] mit Bezug auf den Ort definiert: Geschehnisse, Körper, Subjekte.«[231] Der andere Blick sieht (und entbindet und bejaht) im Fernsehen die Kraft der Entfremdung und Entzweiung. Er sieht nicht ein Bild, das reale Geschehnisse überwacht und als gewöhnliche bestätigt, sondern das ein anderes, nicht gewohnheitsmäßiges Sehen erscheinen lässt – ein Bild, so Sam Weber, das »wie ein Trojanisches Pferd [ist], das ins Herz der häuslichen Festung eingeführt wurde, die wir unser ›Zuhause‹ nennen«.[232] Der andere Blick überlässt sich der unendlichen Ferne, die den Blick im Bild vom Blick des Zuschauers trennt – die den Blick des Zuschauers von seiner gewöhnlichen Identität trennt und über sich hinaus ins Wirkliche führt.

Wenn dies beschreibt, *wie* der zweite Blick sieht, dann ist klar, weshalb Walter das sieht, was er sieht. Er sieht das Geld; er sieht im Geld die auflösende Kraft des Mediums; damit sieht er im Geld die auflösende Kraft, die in seinem eigenen Sehen wirksam ist: durch die es sich in sich und von sich entzweit. Das Sehen des Bilds, das daraus seine Gegebenheit, die Gegebenheit des Sehens und des Sehenden empfängt, verkennt und verstellt sich selbst; Selbstgegebenheit ist Selbstverstellung. Im Sehen des Bilds hingegen, das das Medium sieht, löst sich die Realität in die Relationalität auf, die die Realität allererst ermöglicht und die deshalb in ihr nicht enthalten sein kann. Im Sehen des Mediums verlässt das Sehen das Heim der Gewohnheit. Das Sehen zieht aus.

Das Gewöhnliche des Ungewöhnlichen (Surrealismus 2)

Anders als hinter der Wüste ist der Blick der Faszination vor dem Fernsehen ein Blick von zweien. Diese beiden Blicke sind nicht nur voneinander verschieden, sondern miteinander unvereinbar. Der eine Blick sieht, was der andere nicht sieht – was er, indem er sieht, was er sieht, nicht sehen kann. Der erste Zuschauer empfängt von dem Bild sein Sosein; es bestätigt, »wozu der Weltlauf [ihn] gemacht hat« (Adorno): der Blick der Positivität. Der zweite Zuschauer erfährt im Bild die Auflösung der Identität; er erliegt dem Sog eines unendlich fernen Blicks, der ihn von sich entfernt: der Blick der Faszination. Beide Blicke sehen Bilder; sie sind Medienblicke. In beiden realisiert sich die Medialität des Bilds, aber in gegenläufiger Weise. Der erste Blick erfährt die Macht des Bilds, zu begründen: seine Substanzialisierungsmacht. Der zweite Blick erfährt die Kraft des Bilds, aufzulösen: die Kraft der Negativität. Man kann nur *entweder* so *oder* so sehen.

Diese beiden Blicke gibt es (oder kann es geben), wo immer ein technisch produziertes Bild gesehen wird. Beide Blicke sind gewöhnlich: Nicht nur der Blick, in dem sich der Zuschauer durchs Bild in seinem Sosein bestätigen lässt, auch der Blick der Faszination, in dem sich der Zuschauer dem fernen Blick hingibt, dem er in dem Bild begegnet, ist gewöhnlich – so gewöhnlich, wie es technisch produzierte Bilder sind. Dass sich die Faszination am Gewöhnlichen entzündet, ist die grundlegende Erfahrung der Surrealisten. Aragon berichtet: »Es gab gewöhnlich Dinge, die für mich ohne Frage Geheimnisvolles an sich hatten und die mich ins Geheimnis stürzten.« Dieses Geheimnisvolle der Dinge ist aber nicht das Rätselhafte ihrer Bedeutung; sie faszinieren uns, »ohne allegorische Züge noch Symbolcharakter anzunehmen«.[233] Sondern es ist das Rätselhafte ihres Seins: dessen, was und vor allem wie sie sind. Das habe ich so beschrieben, dass in dem surrealistischen Blick der Gegenstand zum Bild und darin – in ein und demselben Zug – derealisiert und surrealisiert wird: Eben indem der Gegenstand zu seinem Bild wird, wird er verwirklicht, weil er aus der Unendlichkeit der Vermittlung, seines Erscheinens, hervorgeht, das ermöglicht, dass er für uns da ist. Jetzt zeigt sich aber, dass der surrealistische Blick selbst bereits das Sehen eines vorhandenen – eben: des technisch produzierten – Bilds ist: das andere Sehen eines gegebenen Bilds. Die »konkreten Gestalten«, von denen Aragon sagt, dass er in ihnen das »Gesicht des Unendlichen« entdeckte, »wenn ich die Alleen der Erde entlangging«,[234] sind nichts anderes als die industriell, massenhaft produzierten Bilder und Schriften in den Passagen der Großstadt. Die Gegenstände der surrealistischen Faszination sind nicht exquisit, nicht eigens für sie gemacht. Wir passieren sie oder sie passieren uns – im doppelten Sinn: Sie geschehen und durchqueren uns. Die Faszination ist gewöhnlich, weil es ihre Gegenstände sind: Es sind die Elemente der technisch produzierten Bilder- und Medienwelt.

Das Bild, an dem sich die Faszination entzündet, *gibt es schon*: Es ist schon da, der Erfahrung der Faszination gegeben. Diese gewöhnliche Gegebenheit der Bilder ist dadurch definiert, was sie tun und bewirken. Wie gesehen, besteht diese Wirkung der medialen Bilder darin, dass sie die Gegenständlichkeit dessen hervorbringen, das sie abbilden – so wie das Geld der Wert der Werte ist, also das Wertsein der Dinge darstellt und hervorbringt, die durch es gekauft werden können. Die Bilder des Fernsehens – sagt daher Adorno (oben, S. 157f.) – sind eine »wiederholend[e] Bestätigung und Verfestigung des bloßen Soseins«, und das heißt: »dessen, wozu der Weltlauf die Menschen gemacht hat«. Das Fernsehbild erfindet nichts. Es überwacht und registriert das Bestehende und bestätigt dadurch, dass es *ist*; es bringt sein Sein, das heißt hier: die Gewissheit seiner Positivität, hervor. Das Fernsehbild ist also eine Verdopplung der Gewohnheit. Denn Gewohnheiten sind Weisen des Bestimmens, die etwas in seiner Identität erfassen.[235] Gewohnheitsmäßig zu bestimmen heißt, etwas als Identisches wiederzuerkennen; Gewohnheiten bilden Identitäten. Diese Identitäten verdoppelt das Bild und verschafft ihnen dadurch Bestand und Gewissheit (während die bloße Gewohnheit immer dem Zweifel ausgesetzt ist). Die Bilder bestätigen, dass die Dinge genau *so* sind, dass ihre Identität darin besteht, wie sie im Lauf der Gewohnheit bestimmt werden. Das mediale Bild wiederholt die identitäre Wiederholung der Gewohnheit und positiviert sie damit. Indem es die Gewohnheit reproduziert, produziert sie seine Gewöhnlichkeit – die Gewöhnlichkeit des Gewohnheitsmäßigen. Zugleich ist es aber genau dieses Bild, das positivierende Bild, an dem sich die Faszination entzündet. Die Einsicht aus der Konfrontation der Blicke vor dem Fernsehen lautet, dass die Faszination nichts anderes als die andere Erfahrung desjenigen Bilds ist, das die identitäre Bestimmung in der Gewohnheit wiederholt (und dadurch bestätigt, positiviert). Deshalb sieht der Blick der Faszination nicht nur auf andere Weise als der Blick der Positivität. Indem er ein anderes Bild sieht – ein auflösendes, nicht ein bestätigendes Bild –, sieht der Blick der Faszination einen Gegenstand im Bild, der anders ist als die gewohnheitsmäßige Identität der Dinge. Er sieht das irreal-surreal Wirkliche als das Andere der Gewohnheit. In dem Blick, der sich von der auflösenden Kraft des Bilds faszinieren lässt, ist die Gewohnheit ausgesetzt.

Wenn diese Aussetzung der Gewohnheit aber im Sehen ihres Bilds geschieht – im Sehen genau desjenigen Bilds, das die Identität der Gewohnheit wiederholt und verdoppelt –, dann gibt es keine gewöhnliche Welt, keine Welt der Gewohnheit, in der sich nicht das Ungewöhnliche ereignet. Denn es gibt kein Bild, das nicht anders gesehen werden kann als gewohnheitsverdoppelnd und gewohnheitsbestätigend; für jedes Bild der Bestätigung und Verfestigung gilt, dass es zugleich ein Bild der Faszination ist, das heißt, dass es dies werden kann. Die Gewöhnlichkeit der Faszination ist daher – einerseits – ungewöhnlich: Die Faszination setzt im Bild die Gewohnheit aus; sie sieht im Bild das Wirkliche, das keine gewohnheitsmäßig bestimmbare Identität hat. Die Ungewöhnlichkeit der Faszination ist aber – andererseits – gewöhnlich. Denn der Blick der Faszination gilt dem Bild der Gewohnheit: genau dem Bild, das die Gewohnheit verdoppelt und wiederholt. Alles, das heißt, alles, was das mediale Bild erfasst (und das ist alles, das es für uns, in unserer Gewohnheit, gibt, so wie man mit Geld alles kaufen kann, was einen Wert hat), kann faszinierend sein.

Also ist die Faszination, die sich am technischen Bild entzündet, zweideutig: einerseits gewöhnlich, andererseits ungewöhnlich. Sie ist die Erfahrung des Ungewöhnlichen am Gewöhnlichen – die Erfahrung des Ungewöhnlichen, die gewöhnlich ist, oder die Erfahrung des Gewöhnlichen, die ungewöhnlich ist. Und damit lässt sich nun auch verstehen, in welchem Verhältnis die beiden verschiedenen Blicke, der Blick der Positivität und der Blick der Faszination, zueinander stehen, wenn sie sich – wie vor dem Fernsehen – auf dasselbe technisch produzierte Bild richten. Denn aus der inneren Zweideutigkeit der Faszination folgt, dass auch ihr Verhältnis zum Blick der Positivität nicht anders als zweideutig, ja in sich gegensätzlich sein kann: ein Verhältnis zugleich der Indifferenz und der Entgegensetzung beider Blicke – also die Entgegensetzung von Indifferenz und Entgegensetzung. Und zwar beides aus demselben Grund: weil sich die Faszination für das Ungewöhnliche am Gewöhnlichen entzündet – an genau dem Bild, das die Gewöhnlichkeit der Gewohnheit ausdrückt oder hervorbringt.

Denn das heißt zum einen, dass sich der Blick der Faszination bloß *neben* dem der Positivität verortet – dass sie indifferent nebeneinanderstehen. Denn die Faszination wird durch eben die technisch produzierten Bilder bewirkt, die das Sosein des Gewohnheitsmäßigen bestätigen. Die Faszination haftet nun am Bild des Gewöhnlichen; sie wird abhängig von ihm und daher selbst gewöhnlich. Was de Vries für Walt

Whitmans Poetik des alltäglichen »Wunders«, des Wunders des Gewöhnlichen und im Alltäglichen, festgestellt hat, gilt auch für die mediale Erfahrung der Faszination: »die Ausdehnung und Intensivierung der Bedeutung und der Kraft dieses Terms«, *Wunder*, führt »unvermeidlich zu seiner Trivialisierung und Banalisierung«.[236]

Aber genau aus demselben Grund – weil die Faszination hier den technisch produzierten Bildern des Gewöhnlichen gilt: weil die Faszination in der Moderne selbst gewöhnlich wird – hat sie zugleich auch und im Gegenteil einen polemischen Zug: Sie wendet sich *gegen* den Blick der Positivität. Denn die Faszination erfährt in – nichts anderem als – den gewöhnlichen Bildern des Gewöhnlichen das Wirkliche, das sich nicht gewohnheitsmäßig bestimmen lässt: das Ungewöhnliche. Die Faszination wendet das bestätigende, verdoppelnde Bild des Gewöhnlichen gegen sich selbst, indem sie in ihm eine Kraft – die Kraft des fernen Blicks – freilegt, ohne die es dieses Bild gar nicht gäbe. Ob die Faszination es daher weiß oder nicht (und sie kann es gar nicht wissen, ohne aufzuhören, Faszination zu sein): Der Blick der Faszination ist nicht nur unterschieden von dem der Positivität, sondern er unterscheidet sich von ihm.

Das ist die Neubestimmung der Krise der Faszination in der Moderne, zu der die Betrachtung der Szene in *Breaking Bad* führt. Sie beschreibt die moderne Schwäche der Faszination anders als die Ästhetisierungsdiagnose (die die religiöse Kritik gestellt hat). Nach dieser Diagnose wird die Faszination in der Moderne schwach – das heißt: verliert sie die befreiende Kraft, die sie als die Erfahrung des göttlichen Boten hatte –, weil sie sich in die subjektive Evidenz der Erfahrung zurücknimmt. Diese Diagnose überspringt aber, dass die Erfahrung der Faszination gar nicht bloß subjektiv, ein Erlebnis, sondern medial produziert ist; sie ist ein Medieneffekt.

Und damit abhängig von ihrem Gegenteil: der Operation der Positivierung (Adorno), der Substanzialisierung (Burke), der die technischen Medien der Moderne primär dienen. Nur: Dass die Faszination abhängig von ihrem Gegenteil ist, heißt zugleich, dass sie selbst das Gegenteil des Gegenteils ist. Sie wendet sich – immer schon – gegen das, wovon sie abhängt. Die moderne Krise der Faszination ist also zugleich tiefer und offener, als in der Verfallsdiagnose der Ästhetisierung beschrieben. Sie reicht tiefer, weil sich zeigt, dass die ästhetische Erfahrung der Faszination gar nicht das Andere gegenüber dem Gewöhnlichen ist; sie hängt von ihm ab. Aber weil diese Abhängigkeit die Faszination zugleich auf das Gewöhnliche zurückbezieht, also die Faszination gegen das Gewöhnliche zurückwendet, besteht immer die Möglichkeit zweier verschiedener Weisen, fasziniert zu sein: entweder indifferent und kraftlos oder entgegengesetzt und polemisch; keine kann vorab ausgeschlossen werden.

Daher stellt die moderne Krise der Faszination die Frage der Entscheidung. Das ist die Frage, ob die Faszination, die es doch nur in der Erfahrung gibt, überhaupt zu einer Entscheidung gelangen kann: Kann sich die Faszination gegen die Indifferenz und für die Entgegensetzung entscheiden? Führt nicht jede Entscheidung über die Erfahrung hinaus? Und was bedeutet dies für den Begriff der Befreiung – wenn es richtig ist, dass die Befreiung nur in der Erfahrung, ja als Erfahrung beginnen kann? Bevor ich versuche, die Frage nach der Entscheidung zu beantworten, will ich skizzieren, wie sie sich dem Surrealismus stellt.

*

Jede Ästhetik, also jede Ästhetik der Befreiung, die sich auf die Erfahrung der Faszination begründet, steht vor dem Problem, wie sie ihre sich immer schon auflösende Einheit – die Einheit der Faszination, also die Einheit von Erfahrung und Befreiung – begreifen und mit ihr umgehen kann. Dieses Problem zeigt sich besonders deutlich im Surrealismus; darin liegt das Exemplarische des Surrealismus für eine Ästhetik der Faszination.

Der Surrealismus hat das Befreiende der Faszination klar bezeichnet. Der Surrealismus nennt die Faszination befreiend, weil sie die Erfahrung des Wirklichen und das Wirkliche das Andere der Gewohnheit ist. Zugleich ist dies eine gewöhnliche Erfahrung: eine Erfahrung, die zur Gewöhnlichkeit der Gewohnheit gehört (weil oder sofern die Gewohnheit medial vermittelt ist: weil sie Bilder braucht, die sie bestätigen). Deshalb interessiert sich der Surrealismus für die Blicke der Faszination: weil sie gewöhnlich *und* befreiend sind; deshalb fasziniert ihn die Faszination: wegen der Gewöhnlichkeit der Befreiung. Aber damit ist auch die Zweideutigkeit, also das Problem der Faszination kein anderes als das der Befreiung. Denn als gewöhnliche kann die Befreiung durchs Ungewöhnliche die Gewohnheit nur unterbrechen und aussetzen; die Befreiung, die gewöhnlich passiert, geht daher vorüber, ohne eine Spur zu hinterlassen. Die Befreiung findet zwar überall und immer wieder statt – immer dann, wenn sich im Bild des gewohnheitsmäßig bestimmten Gegenstands die Ferne eines anderen Blicks, die Unendlichkeit des Mediums öffnet –, aber die gewohnheitsmäßigen Weisen des Bestimmens laufen nachher genauso ab wie zuvor. Der Weltlauf geht weiter.

Deshalb ist es zwingend, und nicht äußerlich, durch hinzutretende politische Interessen motiviert, dass der Surrealismus, wie Benjamin geschrieben hat, »in allen Büchern und Unternehmen« darum »kreist«, wie die »Kräfte des Rausches für die Revolution zu gewinnen« sind.[237] Auch wenn Bretons erstes Manifest auf die »Anwendungen des Surrealismus auf die Aktion« erst ganz am Schluss zu sprechen kommt (und dazu nur so viel sagt, er »glaube nicht an die prophetische Kraft des surrealistischen Wortes«; die surrealistische Stimme sei kein »Orakel«, das die Aktion vorhersagt[238]), zielt die Frage ins Zentrum des Surrealismus. Denn der Surrealismus ist davon überzeugt (wie Breton in *Nadja* schreibt): Die Schönheit »besteht aus Stößen, von denen viele gar nicht wichtig sind, die aber, wir wissen es, dazu da sind, einen *Stoß* herbeizuführen, der es ist. [...] Die Schönheit wird wie ein BEBEN sein, oder sie wird nicht sein.«[239] Weil sie daran festhalten wollen, dass der Rausch der faszinierenden Erfahrung (wie sie sagen) befreiend ist, müssen die Surrealisten danach fragen, wie er revolutionär werden kann: wie aus der momentanen, vorübergehenden Gewohnheitsunterbrechung ein anderes Bestimmen werden kann, das nicht gewohnheitsmäßig-identifizierend ist. Oder der Rausch der Faszination wird wie nicht gewesen sein. »Aber gelingt es ihnen, diese Erfahrung von Freiheit mit der anderen revolutionären Erfahrung zu verschweißen, die wir doch anerkennen müssen, weil wir sie hatten: mit dem Konstruktiven, Diktatorischen der Revolution? Kurz – die Revolte an die Revolution zu binden?«[240] Und warum ist es so schwierig, ja unmöglich für die Surrealisten, diese Verbindung herzustellen? Es ist dies nicht nur deshalb, weil die in der Faszination erfahrene Befreiung anarchisch, die revolutionäre dagegen konstruktiv und daher ohne »methodische und disziplinäre Vorbereitung« (Benjamin) nicht möglich ist. Sondern weil die Befreiung in ihren beiden Gestalten, im Rausch und in der Revolution, eine ganz andere Modalität und daher Seinsweise hat, die unvereinbar sind und zugleich nur zusammen gedacht werden können. Denn im Rausch der Faszination sind wir (wie Breton hervorhebt) wie »Registriermaschinen« – passiv, rezeptiv; es sind Erfahrungen »ohne Intervention«.[241] Die Revolution hingegen wird mit Wissen und Wollen getan; sie ist ein selbstbewusster Akt und deshalb, wie Benjamin schreibt, konstruktiv und diktatorisch. Das ist das Problem, an dem der Surrealismus nach Benjamin (und Blanchot) scheitert: Er scheitert daran, die Einheit im Gegensatz von Faszination und Revolution, von Erfahrung und Selbstbewusstsein, von erlittener und getaner Befreiung zu denken.

Entscheidend ist aber der Grund, aus dem der Surrealismus nach Benjamin daran scheitert. Benjamin sieht ihn darin, dass er »eine allzu kurz gefaßte, undialektische Anschauung vom Wesen des Rausches« hat.[242] Das heißt: Der Surrealismus scheitert deshalb daran, den Übergang vom Rausch zur Revolution zu denken, weil er den inneren Gegensatz im Rausch nicht sieht. Der Surrealismus feiert die Faszination (und hält seine Feier der Faszination bereits für eine »Vorfeier« [Benjamin] der Revolution). Er sieht nicht die wesentliche Zweideutigkeit, die die Faszination definiert. Das ist Benjamins Argument: dass die Verbindung zwischen Rausch und Revolution und die innere Dialektik des Rausches zwei Seiten ein und desselben Problems sind, an dessen Lösung der Surrealismus – trotz seiner wesentlichen Einsicht, dass die Revolution ohne die Kräfte des Rausches für sich zu gewinnen, also von der Befreiung in der Erfahrung auszugehen, gar nicht möglich ist – gescheitert ist. Man kann – so Benjamin – den Übergang von der Revolte zur Revolution, vom Rausch zur Tat nur verstehen, wenn man versteht, dass bereits der Rausch in sich zweideutig und entgegengesetzt, also nur dialektisch zu begreifen ist. Und man kann, umgekehrt und zugleich, die Dialektik des Rausches nur verstehen, wenn man versteht, wie er durch sich selbst zum Übergang in die diktatorische und konstruktive Tat der Revolution führt.

Dieses Argument hat Konsequenzen für die innere Zweideutigkeit der Faszination. Die Zweideutigkeit der Faszination ist nichts anderes als die Zweideutigkeit der Befreiung – der Befreiung, die sich als und in der Erfahrung vollzieht (die uns also passiert). Die Befreiung in der Erfahrung ist gewöhnlich-ungewöhnlich: gewöhnlich, weil wir sie am Gewohnten erfahren; ungewöhnlich, weil sie nicht gewohnheitsmäßig ist. Wenn man die Faszination als die Erfahrung der Befreiung versteht (wie die Surrealisten es taten), dann spitzt sich ihre Zweideutigkeit zum Widerspruch zu. Das ist der Widerspruch zwischen ihrem Sein und ihrem Gehalt: Die Befreiung in der Faszination ist eine gewöhnliche Erfahrung, die jeder immer schon macht (und ebenso schnell vergisst), aber zugleich und dagegen ist die Erfahrung der Faszination die Befreiung vom gewohnheitsmäßigen Bestimmen, das sie – in diesem Moment: tatsächlich – unterbricht und aussetzt. Die Faszination als Befreiung in der Erfahrung zu beschreiben, führt also in einen Widerspruch. Dieser Widerspruch verlangt seine Auflösung. Den Widerspruch aufzulösen heißt, die Befreiung zu entbinden. Die Befreiung zu entbinden bedeutet nichts anderes, als sie von der Erfahrung, ihrer Seinsweise als Erfahrung (»Rausch«), abzulösen und zu einer selbstbewussten Tat (»Revolution«) zu machen. Wenn die Befreiung aber nur so denkbar ist, dass sie uns als oder in der Erfahrung passiert, dann führt die Auflösung des Widerspruchs der Faszination in einen neuen (und noch tiefer oder weiter reichenden) Widerspruch: dass die Befreiung zugleich eine selbstbewusste Tat jenseits der Erfahrung sein muss (weil die Befreiung in der Erfahrung dem Gewöhnlichen verfällt) und eine solche selbstbewusste Tat nicht sein kann (weil die Befreiung nur in der Erfahrung, also als Erfahrung beginnen kann). Daraus folgt: Der Widerspruch der Faszination kann nicht aufgelöst werden. Er muss ausgehalten beziehungsweise ausgetragen werden.

Mit diesem Programm lässt sich nun die Szene vor dem Fernseher einer zweiten Deutung unterziehen, die den dialektischen Verschlingungen zwischen den beiden Blicken nachgeht. Denn dadurch gewinnt der Blick der Faszination zwar keine andere Bestimmung, aber einen anderen Status. Es zeigt sich, dass es ihn auf andere Weise gibt: dass er das andere seines anderen ist.

Ich will: Erfahrung und Entscheidung

Das Sehen des Fernsehens ist ein doppeltes, in sich entzweites Sehen. Das Bild, das es bietet, ist dadurch definiert, dass es auf zwei Weisen gesehen wird, die einander ebenso entgegengesetzt wie miteinander verbunden sind. Der Grund dafür liegt in der Zweideutigkeit, ja inneren Gegenwendigkeit technisch produzierter Medien: darin, dass ihr »Symbolismus« – wie Burke im Blick auf das Geld gezeigt hat – zugleich eine »diabolische Rolle« oder Wirksamkeit hat.[243] Wie sich gezeigt hat, ist das Geld symbolisch, also wörtlich: verbindend (*sym-bolon*), nicht oder nicht bloß oder allein schon als Mittel des Austauschs. Es verbindet vielmehr, indem es zum einheitlichen und vereinigenden Grund wird. Das Geld wird der letzte Grund zum Handeln, weil es die werthafte Substanz des Werts überhaupt ist. Alles hat nur Wert, sofern es durch Geld symbolisiert, also in Geld getauscht, kurz: weil es gekauft werden kann – so wie alles nur Realität hat und wir uns seiner gewöhnlichen Realität nur gewiss sind, sofern (und dadurch, dass) es im Fernsehen überwacht und abgebildet werden kann. Das Medium wird zur Substanz, zum »Gottesersatz« (Burke); es wird zum Grund der Wertungen und Realitätszuschreibungen. Es produziert Positivität: die Gegebenheit von Wert oder Sein. Aber das kann es nur – das ist seine andere Seite –, indem es abstrahierend, negativ operiert. Die Rückseite der medialen Substanzialisierung ist die Auflösung der konkreten Bestimmungen dessen, was es vermittelt (und damit der »konkreten« Synthesis zwischen diesen Bestimmungen). Die symbolische, verbindende Kraft der Medien ist zugleich auflösend – diabolisch.

Diese »Diabolik« des Symbolischen zeigt sich am Geldmedium darin, dass es »andere Symbole, etwa die der nachbarlichen Reziprozität oder die der heilsdienlichen Frömmigkeit, ersetzt und eintrocknen läßt«. So reformuliert Niklas Luhmann Burkes Einsicht. Das Geld (wie das Fernsehen) tritt niemals nur neben die anderen, tradierten Symbolismen, die uns verbinden, sondern verdrängt und verformt sie – es kolonialisiert sie. Weshalb ist das so? Luhmanns Antwort besagt: Die Diabolik des Symbolischen »liegt [...] in der für *Universalisierung* notwendigen *Spezifikation*«.[244] Luhmann erklärt die Diabolik des Symbolischen also daraus, dass das Geldmedium einerseits universal ist, weil es *alles* Werthafte verbindet (so wie das Fernsehen das alles, die gesamte Realität überwachende Medium ist), aber zugleich spezifisch sein muss, weil es *anders* als andere Weisen der Verbindung und Darstellung ist. Das erklärt aber nur dann die diabolische, auflösende Macht des Geldes, wenn man versteht, dass und weshalb daraus – wie Burke sagte – seine Substanzialisierung folgt: dass die symbolischen Medien als technische Substitute Gottes die Rolle der Substanz spielen; das ist der entscheidende Punkt. Denn es ist nichts anderes als die Macht der Substanz, die in sich zweideutig, ja gegenwendig – symbolisch *und* diabolisch – ist. Sie ist der Grund von allem, aber nur indem sie jedes Besondere und Konkrete depotenziert, es seines Selbstseins beraubt oder »expropriiert« (wie Georg Simmel sagt; oben, S. 161): also zu einer Akzidenz herabsetzt. Das Geld wird zum alles und alle motivierenden Wert, indem es alle anderen Werte außer Geltung setzt. Das Fernsehen gewinnt die Macht, durch ihre Wiederholung im Bilderstrom die Realität zu bestätigen, indem es die Auflösung lebensweltlichen Sinns, die die Zuschauer zum Fernsehen treibt, nicht aufhält oder gar umwendet, sondern verschärft (und Sinn oder Welt durch Positivität ersetzt). Nicht in der Macht der Verknüpfung, sondern in der Verknüpfung durch die Macht – die Macht der Substanz oder die Substanz der Macht – liegt die mediale Kraft der Auflösung. Die »diabolische Wirkung« der Medien liegt darin, dass ihre Symbolisierung qua Substanzialisierung »durch totale Homogenisierung« operiert (wie Dieter Thomä über Luhmann hinausgehend feststellt[245]). Diabolisch ist die Weltzerstörung, die durch die Selbsterhebung zur Gottgleichheit erfolgt.

Nüchterner gesagt, ist das die wesentliche, unauflösliche Zweideutigkeit von Geld und Bild: Sie sind positivierend, wert- und seinsverbürgend, nur weil sie weltauflösend, wert- und sinnzerstörend sind. Diese Einheit des Gegensatzes, die das Geld und das Bild als technische Medien definiert, realisieren beide Blicke, die die Fernsehszene in *Breaking Bad* vorführt. Aber sie tun dies auf entgegengesetzte Weise. Der erste Blick, der im Bild seine Gewissheit, die Gewissheit des Soseins, erfährt, überspringt die Weltzerstörung, die sein Blick ebenso voraussetzt wie hervorbringt. Er sieht nicht (er sieht davon ab oder weg), dass die Erfassung im Bild, eben weil sie bloß wiederholend ist, dem Erfassten eine Positivität verleiht, die das Gegenteil der Bedeutsamkeit ist, die ihm als Teil einer Welt zukommt. Das Sosein im Bild ist weltlos, genauer: weltzerstörend. Und weil es dies verdeckt, ist das Sosein, das die Abbildung hervorbringt, Schein. Der erste Blick ist illusionär, weil er die Negativität des Bilds vergisst – die der zweite Blick dagegen entdeckt und der er sich ausliefert und überlässt: die ihn fasziniert. Die Faszination des zweiten Blicks gilt der ungeheuren Macht der Auflösung, mit der die Technologie der Symbolisierung arbeitet. Sie gilt nichts anderem als der Kraft der Künstlichkeit, mit der diese Medien die zweite Natur der Lebenswelt und die Macht der Gewohnheiten durchbrechen, gerade um sie in ihrem Sosein bestätigen zu können. Aber darin ist er von dem ersten Blick nicht nur verschieden, sondern er unterscheidet *sich* von diesem. Der Blick der Faszination unterscheidet sich von dem Blick der Positivität, er wendet sich gegen den Schein.

Aber damit unterscheidet sich der Blick der Faszination zugleich von sich selbst: Indem sie sich von dem Blick der Positivität unterscheidet, unterscheidet sich die Faszination in und von sich selbst. Der Blick der Faszination, der über den Blick der Positivität hinausgeht, geht damit – immer schon – über sich selbst hinaus. Denn was heißt es, sich zu unterscheiden? Sich zu unterscheiden ist eine Weise, sich auf sich selbst zu beziehen; aber auf eine spezifische Weise: eine Weise, sich auf sich selbst zu beziehen, die unterschieden von derjenigen ist, die in jeder Erfahrung immer schon enthalten ist. Das ist der Selbstbezug im – oder als – Gefühl: In jeder Erfahrung von etwas fühlen wir uns selbst. In der Erfahrung der Faszination ist dies ein Gefühl der Lust am Schrecken – dem Schrecken darüber und der Lust daran, dass die gewohnheitsmäßige Identität zerbricht. Darin bejaht sich die Faszination. Gefühl heißt Selbstgefühl, und die Lust ist das Selbstgefühl der Bejahung. Das ist die primäre Weise, in der die Faszination auf sich selbst bezogen ist: Sie ist auf sich selbst bezogen in dem Lustgefühl, das die befreiende Erfahrung des Wirklichen begleitet.

Dieser Selbstbezug verändert sich nun aber grundlegend, wenn sich die Faszination von dem Blick der Positivität unterscheidet. Indem sie sich unterscheidet, ist der Selbstbezug der Faszination immer noch bejahend, aber das ist nicht mehr bloß die Selbstbejahung der Lust, sondern als Stellungnahme, als Positionierung. Die Faszination, die sich vom Blick der Positivität unterscheidet, *entscheidet* sich damit zugleich – sie entscheidet sich für sich selbst. Die Faszination wird zur Entscheidung für die Faszination. Und ebendamit geht sie über die – reine, bloße – Faszination hinaus: Indem die Faszination sich *für sich* entscheidet, tritt sie *aus sich* selbst heraus. Der Moment der sich unterscheidenden Entscheidung oder der sich entscheidenden Unterscheidung ist der Moment, in dem die Faszination sich durch sich selbst überschreitet.

Dieser Moment ist in den beiden Faszinationsszenen, in *Exodus* und in *Breaking Bad*, klar markiert; darin findet die strikte Parallelität ihrer Konstruktion ihre Fortsetzung. Das erste Wort, das Mose in der Szene spricht, ist »Ich will«: »Ich will hingehen und diese wundersame Erscheinung besehen, warum der Busch nicht verbrennt.« (Ex 3,3) Genau dasselbe sagt auch Walter: Er bittet seinen Schwager Hank, ihn bei seiner nächsten Aktion mitzunehmen; auch Walter will hingehen und sich anschauen, was ihn fasziniert hat. Die Faszination treibt über sich selbst hinaus zur Entscheidung. Die Faszination ist eine Erfahrung, die wir von einer Erscheinung erleiden; das Bild lässt sich sehen, und der Blick wird in seine Tiefe hineingezogen. Diese Bewegungsrichtung dreht die Entscheidung um. Denn jede Entscheidung gilt einem Tun. Genauer: Die Entscheidung *macht* aus dem Erleiden einer Wirkung von außen ein Tun, das vom Selbst ausgeht. Wer »Ich will« sagt, proklamiert seine Freiheit, etwas zu tun. Aber das ist hier nicht die Freiheit, etwas anderes zu tun, als er zuvor erlitten hat. Sondern es ist die Freiheit dazu, genau dieselbe Bewegung, die Bewegung hin zum faszinierenden Bild – dem brennenden, aber nicht verbrennenden Dornbusch; dem werteauflösenden Geld im realitätsauflösenden

Fernsehbild –, die in der Erfahrung von außen erlitten wurde, nun selbst zu wollen und zu tun. Der freie Akt des Ich will bejaht das Erleiden.

Dieses Verhältnis zwischen der Erfahrung und der Entscheidung kann auf zwei verschiedene Weisen verstanden werden. Nach dem einen Verständnis ist die Entscheidung ein Akt der Wahl. So versteht es der Subjektbegriff der Freiheit (dessen griechische Genealogie das erste Kapitel rekonstruiert hat): die Auffassung, dass frei zu sein heißt, sein eigener Herr, der Ursprung seiner Bewegungen zu sein. Das sind wir nach Aristoteles' Erläuterung durch unsere »Willenswahl«. Denn dadurch »bestimmen wir uns, etwas uns eigen zu machen oder ihm aus dem Wege zu gehen«. Wählen kann man aber »nur das, was man durch sich selbst erreichen zu können glaubt«; es findet sich nur da, »wo etwas in unserer Macht steht«.[246] Wenn zu wählen oder sich zu entscheiden heißt, das eine dem anderen in einer Wahl vorzuziehen, dann setzt dies daher voraus, dass wir die Macht haben – also: frei sind –, beides gleichermaßen zu tun. Wir wählen zwischen Möglichkeiten unserer Freiheit; wir stehen in dem »Freiheitsspielraum des So-oder-so-Könnens«.[247] Für die, die sich entscheiden, ist alles – alles, worüber sie entscheiden: beide Seiten einer Alternative – ihre freie Handlung, die sie wählen können (oder nicht). Dann muss die Entscheidung von Mose und Walter, zu dem hinzugehen, das sie fasziniert, also so verstanden werden: Sie ist deshalb eine freie Entscheidung, weil es erstens in ihrer Macht steht, nicht hinzugehen; weil nicht hinzugehen eine gleichermaßen freie Handlung ist. Und das bedeutet zweitens, dass hinzugehen bloß eine ihrer Optionen und damit eine freie Handlung ist (die sie tun können oder auch nicht). Nach diesem Verständnis endet mit der Freiheit der Entscheidung daher die Passivität des Erleidens: Wo und wenn es die Freiheitsmacht der Entscheidung gibt, gibt es – immer schon – die Freiheitsmacht der Handlung. Der Subjektbegriff der Freiheit besagt, dass die Freiheit uns nicht in der Erfahrung widerfährt, dass die Freiheit uns nicht passiert, sondern dass wir sie besitzen und ausüben. Die Freiheit ist keine Erfahrung, sondern ein Vermögen. Aber damit wird sie (wie Frank Ruda bemerkt) zugleich zu einer »Gegebenheit«, deren Herausbildung uns schlechterdings unverständlich bleiben muss.[248]

Das zweite Verständnis begreift das Verhältnis von Entscheidung und Erleiden ganz anders – und damit auch, worin die Entscheidung frei ist (und daher schließlich, was und wie die Befreiung ist). Die Entscheidung ist nicht so zu verstehen, dass sie uns vom, sondern *zum* Erleiden der Macht der Erscheinung befreit. Das Erleiden in der Erfahrung wird durch die Entscheidung nicht beendet und durch eine freie Handlung ersetzt (oder in die eigene Handlung umgewandelt). Sondern das Erleiden wird in der Entscheidung wiederholt und nachvollzogen – also: gesetzt, reproduziert. Das Entscheiden und das Erleiden widersprechen *und* entsprechen sich demnach. »Ich will dort hingehen« heißt: Ich will dort hingehen, wohin ich durch die Macht der Erscheinung bereits unwiderstehlich gezogen werde, und zwar eben weil ich unwiderstehlich dorthin gezogen werde – weil ich gar nicht anders kann. Die Entscheidung beendet daher nicht die Erfahrung, sondern sie bejaht sie. Und zwar als Befreiung in der Erfahrung. Die Freiheit der Entscheidung ist nichts anderes als die »Affirmation ihrer Erfahrung«[249] – die Freiheit der Entscheidung besteht nur darin, die Freiheit, die wir schon erfahren haben, zu bejahen.

Auch diese zweite Deutung rechnet mit der Möglichkeit, dass die Entscheidung anders ausfallen könnte: als die Entscheidung, nicht hinzugehen, sondern sich abzuwenden und die eigene Faszination zu ignorieren, sie zu vergessen und vorübergehen zu lassen. Diese Möglichkeit besteht immer. Sie ist das Gewöhnliche – das, was wir gewöhnlich tun; gewöhnlich wenden wir uns von der Befreiung ab, die wir erfahren. Aber die zweite Deutung versteht dies nicht so, dass beides, hinzugehen oder sich abzuwenden, deshalb (und also: in diesem Sinn) gleichermaßen möglich sind, weil beides gleichermaßen freie Handlungen sind; dass die beiden Handlungen also im Hinblick auf die Freiheit »indifferent« sind (wie Ruda über die Entscheidung als »Willenswahl« sagt; sie ist die Freiheit der »Indifferenz«). Nach dem zweiten Verständnis gilt vielmehr, dass *nur eine* der beiden Entscheidungsmöglichkeiten – die immer bestehen – ein Akt der Freiheit ist. Die andere Möglichkeit dagegen ist die gewöhnliche Realität der Unfreiheit, der Verbleib in der Gewohnheit. Wenn Mose und Walter sich entschieden, sich von der Erscheinung, die sie fasziniert, abzuwenden, würden sie in die Welt der Gewohnheit zurückkehren und damit rückwirkend bestreiten, jemals aus ihr herausgetreten zu sein (denn freiwillig kehrt man nicht in die Gewohnheit zurück). Sie hätten die Erscheinung gar nicht gesehen, wären nicht ihrer Faszination erlegen. Nur die andere Möglichkeit ist die Freiheit; nur im Hingehen, in der Bejahung der Wirkung von außen, die sie erleiden, sind Mose und Walter frei.

Nach dem zweiten Verständnis ist also die Entscheidung nicht der Akt der Freiheit *gegenüber* der Passivität der Erfahrung. Sondern der Ort und die Zeit der Freiheit öffnen sich *zwischen* der Erfahrung und der Entscheidung. Die Befreiung ist das Zwischen von Erfahrung und Entscheidung. Sie ist die Einheit, also der Widerspruch von passiver Ausgesetztheit und aktiver Selbstsetzung. Damit ist die Befreiung selbst beides: passiv und aktiv, erlitten und getan, erfahren und entscheidend (oder entschieden). Die Befreiung kann nicht ein bloßes Ereignis sein; sie bedarf der Entscheidung.

Die Befreiung kann aber auch nicht eine bloße Tat sein; sie folgt – aus – der Erfahrung: Sie folgt der Erfahrung aus der Erfahrung heraus.

Fazit: Krise und Entscheidung

Die moderne Krise der Faszination, die sich im Surrealismus zuspitzt (so hatte ich zunächst gesagt), besteht in ihrer Ästhetisierung. »Ästhetisierung« heißt: Die Faszination wird immanent; sie wird als eine Erfahrung begriffen. Damit wird der Anspruch, in der Derealisierung des Gegenstands dem »Wirklichen«, dem Surrealen als der »absoluten Realität« (Breton) zu begegnen, auf einen vorübergehenden Moment zurückgenommen; das Absolute, Aragons Götter, wird »ephemer«. Und damit wird, und das ist entscheidend, auch die Befreiung in der Erfahrung transitorisch und ephemer: Sie wird zur Befreiung *während* der Erfahrung, so lange sie währt. Durch ihre Ästhetisierung verliert die Faszination die Kraft, die sie in ihrer religiösen Gestalt hatte. Mose wird durch seine Faszination für das nicht verzehrende Feuer des Dornbuschs befreit (und damit bereit, das Gebot zur Befreiung zu hören; siehe unten, Kapitel 4), weil er sich darin gewiss ist, dass das Wirkliche, das er im Durchbruch durch die gewohnheitsmäßig bestimmte Realität erfährt, das Wahre ist. Diese Gewissheit hat die ästhetische Faszination im Surrealismus verloren. Indem er sie ästhetisiert, rettet der Surrealismus die Faszination für die Moderne um den Preis ihrer Entmächtigung; er relativiert und depotenziert sie.

Der Blick ins Fernsehen hat gezeigt, worin diese kritische Diagnose zu kurz greift. Sie erfasst zwar die auflösenden Konsequenzen, die der Versuch haben muss, die Faszination zu ästhetisieren. Die Kritik ist aber ebenso blind wie dieser Versuch selbst. Denn die Kritik der Ästhetisierung übersieht, was die ästhetische Faszination voraussetzt: Sie setzt voraus, dass die faszinierenden Bilder gegeben – und das heißt jetzt: dass sie gemacht, technisch-medial produziert sind. Durch diese mediale Voraussetzung steht die ästhetische Faszination aber immer schon im Verhältnis zu einem ersten, gewöhnlichen Blick – dem Blick der Positivität –, dem sie sich entgegensetzt. Als medial induzierte, ist die ästhetische Faszination eine von zwei Möglichkeiten und daher nicht indifferent und neutral. Sie ist der *andere* Blick – der Blick *gegen* den ersten Blick, der Gegenblick.

Das löst die Krise der Faszination nicht auf, aber es versteht sie anders. Die Moderne ist nicht deshalb die Krise der Faszination, weil die Faszination hier in den End- oder Verfallszustand ihrer Entmächtigung eintritt (also den Versuch der Befreiung von der Erfahrung abschneidet und damit ihrer Kraftquelle beraubt). Sondern weil dies hier nur dann geschieht, ja geschehen muss, wenn nichts dagegen getan wird.

So ist es zu verstehen, dass es hier zwei Entscheidungsmöglichkeiten gibt (und dass die Krise in dem Zugleich dieser beiden sich bekämpfenden Möglichkeiten besteht). Denn es heißt nicht, dass beides gleichermaßen – oder genauer: auf gleiche Weise, im selben Sinn – möglich ist. Zwischen beidem besteht vielmehr (wie Alain Badiou über das genau analoge Verhältnis von Natur und Geschichte sagt) eine »frappierende Asymmetrie«.[250] Die Entmächtigung der Faszination, ihre Trivialisierung und Banalisierung, ist das, was von selbst geschieht: wenn die Dinge ihren natürlichen, gewöhnlichen Lauf nehmen; wenn nichts dagegen getan wird. Die Entmächtigung der Faszination, damit der Befreiung, ist das Normale. Und normal ist, wie Badiou weiter sagt, die »zu sich selbst homogene Selbst-Präsentation« einer Situation: die Situation, die vollständig mit sich selbst übereinstimmt und daher, weil sie »normal« ist, »natürlich« genannt werden kann. Denn: »Die Natur widerspricht sich in ihrem Inneren nie.«[251] Aber weil die Faszination sich auf ein technisch produziertes Bild und damit gegen den ersten Blick der Positivität richtet, gibt es immer die andere Möglichkeit, diese Entgegensetzung ernst zu nehmen, das in der Faszination erfahrene Wirkliche als das Wahre und damit den befreienden Anfang anzuerkennen – also nicht zum *status quo ante* der Gewohnheit zurückzukehren, sondern von der Faszination aus, tatsächlich, neu anzufangen. Es gibt diese andere Möglichkeit nicht, weil sie gegeben ist. Denn wäre sie gegeben, müsste sie nur erkannt und verwirklicht werden; die Befreiung folgte aus einer Erkenntnis, und eine Entscheidung wäre weder möglich noch nötig. Es bedarf aber der Entscheidung – für die Faszination, gegen die Normalität –, weil sie über das hinausgeht, was von selbst gegeben ist. Die Entscheidung ist rückwirkend und hervorbringend: Sie bringt rückwirkend ihre eigene Möglichkeit hervor.[252]

Das heißt, dass die Entscheidung produktiv ist. Sie macht die Krise der Faszination in der Moderne – deren Befreiungskraft durch ihre Ästhetisierung erschöpft schien – produktiv. Denn die Entscheidung entbindet den Gegensatz zwischen Befreiung und Erfahrung in der Erfahrung. Die moderne Krise der Faszination besteht also nicht darin, dass dieser Gegensatz aufbricht. Im Gegenteil; sie besteht darin, dass es nur zwei Weisen – zwei Praktiken und Theorien der Faszination – zu geben scheint, die sie jeweils nach einer der beiden Seiten auflösen, jeweils eine der beiden Seiten der anderen unterordnen: entweder die religiöse Praxis und Theorie der Faszination, in der sich die Befreiung von der Erfahrung ablöst (und durch eine erfahrungstranszendente Gewissheit begründet wird), oder die ästhetische Praxis und Theorie der Faszination, in der die Befreiung der Erfahrung immanent ist (und also auf den aktuellen Vollzug der Erfahrung begrenzt bleibt). Sich gegen die Normalität für die Faszination zu entscheiden heißt hingegen, den Gegensatz von Erfahrung und Befreiung auszuhalten. Es bedeutet sowohl, über ihre Erfahrung hinauszugehen; denn wer sich zu ihr entscheidet, unterbricht den Erfahrungsvollzug. Und es bedeutet zugleich auch, sich ihr genau darin zu unterwerfen; denn das Hinausgehen über die Faszination gründet nicht in einer erfahrungsunabhängigen Gewissheit, sondern bejaht eine Kraft, die es nur in der Erfahrung gibt. Man kann die Faszination nur bejahen, indem man sie hinter sich lässt. Aber man kann sie nur bejahen und hinter sich lassen, indem man ihrer Wahrheit treu bleibt.

Exkurs: Medienkritik

Die Faszination unterscheidet sich: Sie unterscheidet sich vom Blick der Positivität. Sich für die Faszination zu entscheiden, verschärft nur diese erfahrungsimmanente Unterscheidung: Die Entscheidung zur Faszination radikalisiert die Unterscheidung – die Unterscheidung von dem Blick der Positivität –, die die Faszination selbst schon ist. Indem wir uns für die Faszination entscheiden, verwandeln wir ihre Erfahrung daher in einen Akt der Kritik.

Kritik heißt hier Medienkritik. Technische Medien sind durch die Einheit von Symbolik und Diabolik, von Substanzialisierung und Expropriierung definiert. Dagegen richtet sich die Kritik: Weil unsere Faszination allein der negativen, diabolischen Kraft des Mediums gilt, bedeutet sich für die Wahrheit der Faszination zu entscheiden, die mediale Einheit von Symbolik und Diabolik aufzulösen. Die Entscheidung für die Faszination ist kritisch, weil sie nicht nur unterscheidet, sondern scheidet (und weil die kritische die »scheidende und entscheidende Einstellung« ist[253]). Sie trennt die Einheit des Mediums auf. Die Kritik spielt seine beiden Seiten gegeneinander aus.

Für Luhmann ist das ein sinnloses Unterfangen. Denn: »Symbolik und Diabolik [bilden] eine unlösbare Einheit, das eine ist ohne das andere nicht möglich. Jeder Versuch, zwischen diesen Prinzipien des Miteinander und des Auseinander zu entscheiden, zieht das jeweils andere wie einen Schatten mit sich.«[254] Eine scheidende und entscheidende Unterscheidung ist hier unmöglich. Die Medien sind unkritisierbar, weil sie das Entgegengesetzte unauflösbar miteinander verschweißt haben. Es gibt nur Symbolik mit Diabolik und Diabolik mit Symbolik. Es gibt also keine Kritik der Medien. Die Medien sind das Ende der Kritik.

Das Argument ist einleuchtend für ein Verständnis der Kritik, das Luhmann am Beispiel der Geldkritik ironisiert. Er versteht diese Kritik so, dass es ihr darum gehe, »die Diabolisierung zu vermeiden«. Die Geldkritik ist nach Luhmann nostalgisch oder regressiv. Sie träumt von einem Symbolismus, der die Welt nicht zerstört, sondern eröffnet und erschließt; von einer »Synthesis«, die nicht »abstrakt«, sondern »konkret« ist; von einer Rückkehr zu Gebrauchswert und praktischer Unmittelbarkeit. Dagegen erinnert Luhmann an eine »Einsicht«, von der er glaubt, dass sie »weithin verlorengegangen zu sein scheint [...]: daß mit dem Sýmbolon zugleich das Diábolon gesetzt ist.«[255] Wir haben schon gesehen, dass Luhmanns Argument für dieses Zugleich nur überzeugend ist, wenn man es mit Burkes Theorem von der paradoxen Substanzialisierungslogik des technisch Gemachten deutet. Aber gerade wenn man Luhmanns Argument so versteht, öffnet sich die Möglichkeit zu einer Kritik ganz anderer Art (die man mit Marx die »wahrhaft philosophische Kritik« nennen kann[256]). Dieser Kritik geht es nicht darum, die Medienkraft der Diabolisierung zu vermeiden oder einzuhegen, sondern sie im Gegenteil zu steigern – und dadurch von der substanzialisierenden Macht zu trennen, mit der sie in den technisch-medialen Bildern unauflösbar verbunden scheint.

Das ist die Kritik aus Faszination. Sie macht aus der diabolisch-auflösenden Kraft der symbolischen Medien – der Bilder, des Geldes – eine Kraft der Befreiung. In der Kritik aus Faszination geht es um die Befreiung der Befreiung.

Wie fängt die Befreiung an? Die einfache Antwort lautet: Die Befreiung fängt in der Erfahrung der Faszination an. Jetzt zeigt sich, dass diese Antwort durch zwei Sätze in verschiedenen Zeitformen ausgedrückt werden muss. Denn der Anfang der Befreiung hat immer schon stattgefunden und muss immer noch vollzogen werden. Zwar gilt zum einen, dass die Befreiung in der Erfahrung der Faszination – tatsächlich – geschehen ist; die Befreiung ist eine Erfahrungstatsache. Aber zum anderen gilt, dass die Erfahrung der Faszination nur befreiend wird, indem sie bejaht wird. Die Befreiung ist nicht da, sondern muss gewollt und gedacht (und dadurch gemacht) werden.

Das gilt für Mose und Walter gleichermaßen. Das ist es, was sie über die Gegensätze hinweg, die sie trennen, teilen: das Immer-schon und Immer-noch, die Vergangenheit und die Zukunft, die Passivität und die Aktivität der Befreiung; die Erfahrung der Faszination und die Entscheidung zu ihrer Bejahung; in der Faszination befreit zu sein und sich befreien zu wollen. Diese Doppelung ist unauflösbar. Sie wird vollzogen durch eine Entscheidung, die zugleich über die Erfahrung hinweg- und nur aus der Erfahrung hervorgeht.

Es ist unvermeidlich: Die Entscheidung zur Faszination führt aus der Erfahrung heraus. Damit die Erfahrung der Faszination befreiend ist, muss sie mehr als eine Erfahrung sein; die Befreiung kann uns nicht nur in der Erfahrung passieren. Sie muss ein bewusster Akt werden: die Entscheidung zur Befreiung. Das ist aber die Entscheidung dazu, die Befreiung, die uns in der Erfahrung passiert, zu bejahen. Daher ist die Entscheidung zur Faszination zugleich eine Entscheidung aus Faszination. Sie ist keine Stellungnahme von außen. Wäre sie das, so müsste die Entscheidung andere, selbständige Gründe – Kriterien, Regeln – für ihr Ja zur Faszination haben. Die Entscheidung müsste die Faszination nach etwas anderem bewerten (und sie deshalb, weil sie diesen vorgegebenen Kriterien entspricht, bejahen). Die Entscheidung besagt aber gerade – sie besagt nichts anderes als –, dass die Faszination der letzte oder tiefste Punkt ist, von dem aus wir anfangen wollen; die Entscheidung entscheidet sich dafür, mit dem Anfangen in der Faszination anzufangen. Also hat die Entscheidung, mit der Faszination anzufangen, ihren Grund allein in der Faszination. Die Entscheidung, Moses und Walters »Ich will hingehen«, sagt: So ist es. »So-ist-es« zu sagen, schreibt Alexander García Düttmann, »oszilliert zwischen der Feststellung und der Bestätigung«: als würde – das ist das eine Extrem – »ohne die hinweisende Feststellung das Festgestellte, jenes, was so ist, nicht so sein«, und als würde zugleich – das andere Extrem – »die Bestätigung das, was so ist, wie es ist, bloß verdoppeln, ein ausgesprochenes und doch äußerliches So-ist-es neben das stumme und doch offensichtliche So-ist-es setzen«.[257] Die Entscheidung ist beides; sie bejaht die Faszination aus Faszination. Oder sie ist die *Anerkennung* der Faszination: Sie anerkennt ihre Wahrheit (die sie dadurch zugleich ebenso bekundet wie hervorbringt). »So ist es« sagen heißt »So ist es in Wahrheit« sagen; es heißt, dass die Befreiung in der Erfahrung die Wahrheit ist.

Gerade weil die Entscheidung aus nichts anderem, Vorgegebenem abgeleitet werden kann und nur in dem begründet ist, was sie bejaht, ist sie kein Akt der Dezision, der Willkür (wenn die Willkür als die Wahlfreiheit verstanden wird, gehört sie zu dem Subjektdiskurs, den die Ästhetik der Befreiung in Frage stellt). Denn die Theorie der Dezision hat keinen Ort für die Wahrheit, und die Entscheidung, die Faszination zu bejahen, heißt ihre Wahrheit anzuerkennen: also anzuerkennen, dass die Faszination, indem sie uns befreit, die Wahrheit über uns ist. »So ist es« zu sagen, bedeutet daher hier: So bin ich, in Wahrheit. Und dies hat Folgen; es ändert alles. Es bedeutet (wie Franz Rosenzweig erklärt), dass »›die‹ Wahrheit sich in unsre Wahrheit wandelt. Wahrheit hört so auf, zu sein, was wahr ›ist‹, und wird das, was als wahr – bewährt werden will.«[258] Das nennt Rosenzweig das »neue Denken«: Das neue Denken weiß nicht die Wahrheit, sondern ist der Versuch, sich vor der Wahrheit, die wir erfahren haben, zu bewähren; es ist – wie Klaus Heinrich sagt, der zwischen dem griechischen und dem jüdischen Begriff der Wahrheit unterscheidet – ein Akt der »Treue«.[259] Die Befreiungserfahrung als Wahrheit anzuerkennen bedeutet, dass wir uns von ihr her ganz neu und anders verstehen müssen; dass wir sie zum Ausgangspunkt, zur Prämisse unseres Denkens machen müssen. Mit der Entscheidung zur Faszination beginnt daher ein neues Denken: ein Nachdenken darüber, was es heißt, sich vor der Wahrheit der erfahrenen Befreiung zu bewähren – und damit, in diesem Nachdenken, bereits den Schritt der Bewährung zu tun.

Von der befreienden Erfahrung über die bejahende Entscheidung zum neuen Denken: Wenn dies die Schrittfolge ist, dann sind die Faszination, also die Erfahrung, und das Denken zweifach miteinander verbunden. Das neue Denken versucht zu verstehen, wie diese Erfahrung – wie die Faszination – möglich ist. Dazu denkt es das Selbst auf neue Weise: Es denkt das Selbst von dieser Erfahrung her. Die Befreiung in der Erfahrung ist aber nicht nur der Gegenstand des neuen Denkens, sondern auch sein Grund. Die Faszination ist der Antrieb des Denkens, der ihm vorhergeht, es vorantreibt, aber im Denken niemals eingeholt werden kann. Das Denken, das aus der Entscheidung zur Erfahrung hervorgeht, ist also auch deshalb neu, weil es die Abhängigkeit des Denkens von der Erfahrung anerkennt. Das neue Denken denkt die Befreiung und es befreit das Denken.

Dieses Doppelverhältnis zwischen der Erfahrung und dem Denken – das Denken denkt über die Erfahrung nach und tritt damit aus ihr heraus; das Denken geht aus der Erfahrung hervor und hängt damit von ihr ab und folgt ihr nach – hat Georges Bataille in seiner Reflexion über die »innere Erfahrung« entfaltet. Die »innere Erfahrung« (die Bataille auch die »Marter« nennt) ist die Selbsterfahrung – die Erfahrung des Selbst – im »Angesicht des Unmöglichen«, des »Göttlichen«. Sie ist die Erfahrung des Unverfügbaren und daher dem Selbst selbst unverfügbar. Aber zugleich muss das Selbst das »Projekt« haben, diese Erfahrung zum Gegenstand seines »Wissen[s]« und seiner »Kommunikation« zu machen. Es muss über sie reden, sie also begreifen wollen; es muss sie zum Gehalt seiner selbstbewussten Vollzüge – zu seinem Vorhaben (daher »Projekt«) machen.[260] Für die innere Erfahrung gilt, dass ich ihr »ausgeliefert« bin, »ohne dass ich irgendetwas *entschieden* hätte. [...] die Natur der Erfahrung besteht darin, wenn sie nicht lächerlich sein will, nicht als Projekt existieren zu können.« Und doch kann sie nur durch das Projekt existieren: »Prinzip der inneren Erfahrung: durch ein Projekt den Bereich des Projekts verlassen.« Das ist ihre »Krankheit«, die sich »nicht vermeiden« lässt.[261] Ebenso unvermeidlich wie aus der Erfahrung der Befreiung herauszutreten und sie zu einem »Projekt« zu machen ist daher, dass das »Projekt« – das Projekt, die Erfahrung zu wissen, zu kommunizieren und zu tun: sie wissentlich zu tun – an die Erfahrung zurückgebunden, von ihr abhängig bleibt. Das Denken der Erfahrung kann nicht selbständig gegenüber der Erfahrung werden. Ja, es muss sich zur Erfahrung umkehren, sie über sich stellen und sich unter sie stellen, in ihren Dienst treten. Das Projekt, die Erfahrung zu denken, muss zum Diener der Erfahrung werden:

> Das Projekt [das Denken] kann wie die Versicherung ein spöttischer Diener sein, der alles kennt und skeptisch ist und der sich doch im Wissen, dass er der Diener ist, zurückzieht, sobald die Erfahrung wirklich stattfindet, sobald sie in der Art des Schmerzes (der Marter) nach der Einsamkeit verlangt und erbittert aufschreit: »Lasst mich in Ruhe!«[262]

*

Schauen wir von hier auf den Anfang – den Anfang mit Moses Faszination in *Exodus* – zurück, so wird klar, dass der religiöse Glaube an die Wahrheit der Erscheinung auch ganz anders verstanden werden kann als bisher. Nämlich als eine Gestalt des neuen Denkens. Was der Kommentar als den »Titel«, ja die vorweggenommene »Pointe der ganzen Erzählung« (oben, S. 144) gedeutet hatte – dass im brennenden Busch Mose »der Engel des HERRN« erscheint –, beruht dann nicht auf einem Wissen, das unabhängig von der Erfahrung verbürgt werden könnte. Sondern es drückt Moses Entscheidung aus, die Erfahrung so zu nehmen – so ernst zu nehmen –, dass sie ihm die Wahrheit über sich sagt. Das aber kann er vor der Entscheidung nicht wissen (dann bedürfte es keiner Entscheidung). Er entscheidet etwas, das er nicht wissen kann. Die Erzählung von den Geschehnissen, die zu Moses Entscheidung – der Entscheidung, hinzugehen, die Faszination zu bejahen – hinführen, kann diese Entscheidung nicht begründen. Die Erzählung muss vielmehr so (und damit anders als in dem zitierten Kommentar) verstanden werden, dass sie erst aufgrund der Entscheidung möglich ist. »Da sprach er: Ich will hingehen.« Dass Mose es sprach, gilt mithin nicht nur für die Entscheidung, sondern auch für die Erzählung. Ja, indem er sich entscheidet, hinzugehen, entscheidet er sich zugleich dazu, zu erzählen. Die Entscheidung und die Erzählung bringen sich wechselseitig hervor. Sie bringen zusammen die Wahrheit hervor, an die Mose glaubt oder von der er weiß. Moses Glaube oder Wissen, dass es so ist – dass die Befreiung in der Erfahrung seine Wahrheit ist, weil die Erscheinung der Bote des Herrn ist –, ist nichts anderes als seine Entscheidung, in der er seine Erfahrung bejaht: in der er ihre Wahrheit anerkennt. Also ist Moses Glaube nichts anderes als das neue Denken. *Exodus* erzählt davon, wie das – neue – Denken der Befreiung beginnt.

(c) Die Freiheit des Denkens. Kritik des Idealismus

Frei zu sein heißt neu anzufangen. Es heißt einen »absoluten Anfang« zu machen; Freiheit ist die Kraft der Spontaneität.[263] Damit durchbricht die Freiheit die Macht der Gewohnheit. Wenn gewohnheitsmäßig zu bestimmen heißt, etwas nach dem Gesetz der Identität einem gegebenen Allgemeinen zu subsumieren, dann heißt etwas frei zu bestimmen, es wie zum ersten Mal, weil allein aus sich selbst heraus zu bestimmen. Das freie Bestimmen fängt, jedes Mal neu, mit der Sache – der Sache selbst – an, denn es beginnt mit einer Erfahrung, die das Wiedererkennen der Gewohnheit durchbricht. Die Befreiung des Bestimmens ist die Rückkehr zur Erfahrung. Dass sie zur Erfahrung zurückkehrt, heißt zugleich aber, dass sie über die Erfahrung hinausgeht. Das ist die Doppelbewegung des Denkens – die Bewegung, die das freie Bestimmen als Denken ausmacht. Im Denken gehen wir über die Erfahrung hinaus und bewahren die Erfahrung darin; Denken ist Eingedenken der Erfahrung. Oder das Denken ist selbst – nichts anderes als – die Wiederholung der Erfahrung im Denken. In der Erfahrung geschieht uns die Befreiung und wird von uns passiv erlitten; in der Erfahrung sind wir abhängig von dem, das uns erscheint. Die denkende Neubestimmung einer Sache hingegen wird in eigener Tätigkeit ausgeübt. Wenn die Tätigkeit des Denkens aber davon abhängig ist, dass wir unsere Befreiung erfahren haben, dann ist die Befreiung im Denken selbsttätig und abhängig zugleich: abhängige Selbsttätigkeit, selbsttätige Abhängigkeit. Das freie Denken ist abhängig von der Abhängigkeit in der Erfahrung. Im Denken aus der Erfahrung ist das Denken also *wie* die Erfahrung. Das Denken verdoppelt sich in sich: in Denken *und* Erfahrung. Darin besteht seine Freiheit.

Ich nenne dieses Verständnis des Denkens und damit der Freiheit »ästhetischen Materialismus«. Der *Materialismus* besteht darin, das Denken so zu verstehen, dass es abhängig von einem Geschehen ist, das ihm äußerlich und vorhergehend ist – so wie die Erfahrung abhängig ist. Das *Ästhetische* des Materialismus besteht darin, diese Abhängigkeit des Denkens von einem ihm vorhergehenden Äußeren so zu verstehen, dass das Denken es in sich empfängt oder erleidet: dass es wesentlich rezeptiv oder passiv ist. Der ästhetische Materialismus ist also ein »Materialismus ohne Materie« (wie Slavoj Žižek sagt[264]); denn das Äußere determiniert das Denken nicht von außen, sondern wirkt in ihm – in seinem dadurch freien Vollzug. Der ästhetische Materialismus sagt: Das Denken ist frei, weil es hinter sich zurückbleibt – das heißt: ebenso hinter sich zurückfällt wie hinter sich zurückgeht – und *dadurch*, nur so, über sich hinausgeht.

*

Ich werde den ästhetischen Materialismus der Freiheit im Folgenden durch einen Vergleich, genauer: durch eine Konfrontation mit Hegels »absolutem Idealismus« erläutern. Dieser Vergleich liegt nahe, weil der ästhetische Materialismus und der absolute Idealismus genau darin einander strikt entgegengesetzt sind, dass sie denselben Grundzug machen: Beide sehen die Freiheit des Denkens als einen Effekt, ja einen Vollzug der Befreiung, die mit einer Erfahrung beginnt, welche die Gewohnheit durchbricht. Das ist die Erfahrung der Negativität oder die Negativität der Erfahrung. Diese These, in der sie übereinstimmen, verstehen der ästhetische Materialismus und der absolute Idealismus jedoch auf entgegengesetzte Weise. Idealistisch verstanden, begegnet das Selbst in seiner befreienden Erfahrung sich selbst: Die Negativität, die das Selbst aus der zweiten Natur der Gewohnheit befreit, ist seine eigene Macht, die Macht seines Denkens, und alle Befreiung ist Selbstbefreiung. Materialistisch verstanden, erleidet das Selbst in seiner Erfahrung eine Wirkung von außen: Die befreiende Negativität ist eine Kraft, die es überschreitet und gerade darin zum eigenen, freien Denken bringt.

Die Grundthese des absoluten Idealismus lautet, dass das Denken als »Begreifen« zu verstehen ist. Nur weil es begreift, ist das Denken frei; es ist frei, weil es einen Begriff verwirklicht: »Der Begriff ist das Freie.«[265] Die Begründung dafür lautet, dass zu begreifen ein Akt der Selbstbestimmung ist. Das heißt genauer: Es ist ein sich selbst bestimmender Akt. Das Begreifen bestimmt sich selbst. Es bestimmt sich durch sich selbst; es hat seine Ursache oder sein Prinzip in sich. Dieses Prinzip ist der Begriff. Im Begreifen einer Sache verwirklicht sich der Begriff und ist »die *zum Begriffe befreite Substanz* [...] nur die *Ursache ihrer selbst*«. Die Ursache seiner selbst zu sein heißt aber, ein Subjekt (oder »Ich«) zu sein: »Der Begriff, insofern er zu einer solchen *Existenz* gediehen ist, welche selbst frei ist, ist nichts anderes als *Ich* oder das reine Selbstbewußtsein.«[266] Der Begriff ist (wie) das Ich. Denn das Ich ist durch seinen Selbstbezug – den Selbstbezug seiner Fähigkeiten – das Prinzip oder die Ursache seiner Vollzüge und damit seiner Existenz. Ebenso ist der Begriff – der das Ich ist – das selbstbewusste Vermögen, das sich im Begreifen selbst verwirklicht. Darin ist das Denken, das begreift, frei. Es ist die Praxis der Freiheit, weil es nur aus sich selbst, dem Begriff als dem Vermögen des Begreifens, anfängt und deshalb auch in seiner Verwirklichung bei sich selbst bleibt. Das Denken beginnt sich selbst, und es führt sich selbst aus. Der Begriff ist also das Prinzip, *arché*, des Denkens in dem doppelten Sinn – anfangen und (an- wie aus-)führen –, in dessen Vereinigung die »Innovation« (Reiner Schürmann) des griechischen Begriffs der Freiheit besteht:[267] Hegels absoluter Idealismus des Denkens ist der konsequente Aristotelismus.

Entscheidend für das idealistische Freiheitskonzept des Denkens ist, dass das Prinzip, also das Ich des Denkens, der

Begriff ist (nicht ich denke, sondern das Ich oder der Begriff). Denn nur wenn es der Begriff ist, der sich im Denken selbst bestimmt und verwirklicht, ist das Denken dadurch, dass es frei ist, zugleich objektiv und wahr; nur dann kann es das Denken der Sache, das Begreifen der Realität an und für sich selbst sein. Das ist der zentrale Anspruch des absoluten Idealismus. Er will zeigen, dass die Freiheit und die Objektivität des Denkens in eins fallen oder dass die freien Bestimmungen des Denkens nichts anderes als die objektiven Bestimmungen der Realität sind: »Die Vernunft ist die Gewißheit des Bewußtseins, alle Realität zu sein; so spricht der Idealismus ihren Begriff aus.«[268] Hegels Begründung dafür lautet, dass der Begriff deshalb das Prinzip des Denkens ist, weil er sich in seiner Selbstverwirklichung sich selbst gegenüber verselbständigt. Die Selbstverwirklichung des Begriffs ist nichts anderes als seine Selbstentzweiung; der Begriff ist eine Einheit, die zugleich »die Diremtion ihrer selbst in den freien Schein [der] Zweiheit« ist.[269] Darin – indem er sich von sich selbst entzweit und das von ihm Hervorgebrachte sich ihm gegenüber verselbständigt – bringt der Begriff, der sich im Begreifen selbst verwirklicht, zugleich die Realität als das Andere gegenüber dem Begriff hervor. Idealistisch verstanden, ist die Freiheit ein Akt der Selbstentfremdung.

Entscheidend für dieses Argument, das die idealistische Einheit von Freiheit und Objektivität, von Denken und Realität sichern soll, ist ihr Ausgangspunkt: dass das Ich oder das Prinzip des Denkens der Begriff ist; dass das Ich also Begriffe hat und daher denken kann. Nur dann können seine Bestimmungen frei und objektiv sein. Was bedeutet es aber, Begriffe zu haben? Es bedeutet, zu negieren. »Begriff« heißt – nichts als – Negativität. Das ist seine erste, grundlegende Bestimmung, aus der alles Weitere erst folgt.[270] Der Begriff – wie Hegel hier von dem Ich sagt – ist »*erstlich* diese reine sich auf sich beziehende Einheit, und dies nicht unmittelbar, sondern indem es von aller Bestimmtheit und Inhalt abstrahiert«; der Begriff ist nur »durch jenes *negative* Verhalten, welches als das Abstrahieren erscheint [...] und dadurch alles Bestimmtsein in sich aufgelöst enthält«.[271] Der Begriff kann sich im Denken – das dadurch frei ist – nur selbst verwirklichen und dadurch Bestimmungen setzen, die nichts anderes als die der Realität sind, weil er die Negation jeder anderen, bloß gegebenen, nicht denkend gesetzten Bestimmung ist. Am Anfang des freien Denkens, das Bestimmungen hervorbringt, die ihm gegenüber selbständig und objektiv sind, steht die Negation des Vorgegebenen.

Das heißt aber nichts anderes, als dass das Denken nur frei – also begreifend, objektiv – ist, indem es frei wird: indem es sich befreit. Wenn Hegel sagt, dass sich im Begriff, also durch das Denken als Begreifen, »das Reich der *Freiheit* eröffnet« hat,[272] dann ist das nicht so zu verstehen, dass die Freiheit des Denkens ein Bereich ist, der positiv, neben oder gar über dem der Unfreiheit und Notwendigkeit, existiert. Das wäre kein absoluter, sondern schlechter Idealismus – Idealismus im umgangssprachlichen Sinn: die Erfindung oder Einbildung eines Reichs der Freiheit jenseits der real bestehenden Notwendigkeiten und Abhängigkeiten. Das Jenseits ist aber genauso wie das Diesseits – es ist auf dieselbe Weise da. Der schlechte Idealismus ist ein Positivismus;[273] indem er sich die Freiheit als ein überreales Reich vorstellt, beschreibt er ihr Sein mit Kategorien des Natürlichen und Endlichen: als positiv Gegebenes. Der absolute Idealismus versteht es ganz anders. Der Mensch ist nicht von Natur aus frei, so wie er andere natürliche Eigenschaften und Vermögen hat; das Reich der Freiheit, also die Macht des Begriffs gibt es nicht, sondern sie werden, indem sie sich hervorbringen. Der freie Geist ist »nur das Sichfreimachen des

Geistes«.[274] Und er macht sich frei, indem er denkt. Oder jedes Mal, wenn er denkt, also etwas begreift, befreit er sich.

Der Geist befreit das Bestimmen zum Denken. Das drückt Hegel (in der *Phänomenologie des Geistes*) auch so aus, dass der Geist sein Bestimmen von der »Bestimmtheit« oder dem »Bestimmtsein« befreit: Er befreit sich von Bestimmungen, die bloß da oder gegeben sind. Das sind die Bestimmungen, wie sie aus Gewohnheit sind.[275] In der Gewohnheit werden Bestimmungen nach dem Gesetz der Identität hervorgebracht und dadurch zu einer bloßen Gegebenheit. Die Gewohnheit ist der Naturzustand des Bestimmens: das naturhafte Bestimmen, der Geist, der wie Natur oder eine zweite Natur ist. Das ist der Zustand der Positivität – ein Bestimmen, das als Bestimmt*sein* erscheint und behandelt wird. Weil der Zustand vor dem Begreifen der Zustand der Positivität ist, muss die Befreiung zum Begreifen durch einen Akt der Negation anfangen. Dabei negiert das Begreifen nicht – oder nicht nur – einzelne Inhalte, die ihm aus Gewohnheit vorgegeben werden. Sondern es negiert die Form der Bestimmung – ihre Vorgegebenheit. Es negiert das Bestimmtsein, die Bestimmung, die als Sein erscheint oder seiend zu sein scheint. Denn die Bestimmungen, die als gegeben, bloß seiend (oder »unmittelbar«) erscheinen, sind in Wahrheit gesetzt. Das ist die befreiende Einsicht des Geistes, mit der sein denkendes Begreifen des Gegenstands – wie er an und für sich ist – beginnt. »Durch das Begreifen wird das *Anundfürsichsein* in ein *Gesetztsein* verwandelt [...]; das Denken hebt seine *Unmittelbarkeit*, mit der er zunächst vor uns kommt, auf und macht so ein *Gesetztsein* aus ihm [...].«[276] Die Befreiung des Denkens beginnt damit, dass es die Bestimmung als gesetzte setzt. Dass die Bestimmung »gesetzt« ist, heißt aber, dass sie vermittelt ist. Sie ist gesetzt – also hervorgebracht: ein Effekt – durch ihre Vermittlungen mit anderen Bestimmungen; ihr Sein ist Für-anderes-Sein. Die befreiende »Arbeit des Negativen« – so bringt Judith Butler dies auf den Punkt – besteht in der »Entdeckung von Beziehungen, wo es keine zu geben schien«.[277] Die befreiende Wahrheit des Denkens lautet daher, dass die Bestimmung ein »Resultat« ihrer Vermittlung mit anderen Bestimmungen ist. Oder dass jede Bestimmung eine »neue« Bestimmung ist: nicht gegeben und immer schon existierend, sondern das Resultat einer Veränderung – einer Veränderung, die wir selbst machen – und daher geschichtlich.[278] Jede Bestimmung ist gemacht; deshalb kann sie auch anders gemacht werden.

Darin zeigt sich, dass der absolute Idealismus die Negation (mit der die Befreiung des Denkens aus der Gewohnheit anfängt) als einen Akt der Reflexion, genauer: der Selbstreflexion, versteht. Denn Reflexion heißt, sich zurückwenden – vom Gegebenen zu dem, das es hervorgebracht hat –, und Selbstreflexion heißt, sich auf sich selbst zurückwenden: zu den eigenen Akten der Vermittlung, die die Bestimmungen als ihr Resultat hervorbringen. Dadurch beginnt das Denken, das heißt, dadurch befreit sich die Negation zum Denken. Zu denken oder zu begreifen bedeutet, Bestimmungen zu setzen, indem ihre Vermittlungen entfaltet werden. Darin ist das Denken frei. Das Denken ist mithin frei, weil es negativ ist, denn die Negativität ist die Macht, Sein in Setzen aufzulösen. Oder das Denken ist frei, weil es geschichtlich ist: weil es die Macht der Geschichte ist, also die Geschichte macht.

*

Idealistisch verstanden, ist also die Negation der Gewohnheit, die uns befreit, ein Akt: etwas, das wir tun. Aus diesem Akt – dem Akt der Selbstreflexion – resultiert die Bestimmung, die in einem frei ist, weil sie die eigene des Selbst ist, und wahr oder objektiv, weil sie die eigene des Gegenstands ist. So ist die befreiende Negation unser Tun; es richtet sich gegen das Sein der Bestimmung, das Bestimmtsein, in der Gewohnheit. Aber zugleich kann sie nur befreiend sein – sie kann uns von dem Bestimmtsein nur befreien –, wenn sie dem, was sie negiert, nicht äußerlich ist. Hegel sagt das so: Die Negation hat die neue Bestimmung zum Resultat, weil sie selbst bereits ein Resultat ist; sie ist »das Resultierende«.[279] Die Negation resultiert; sie resultiert aus dem, was sie negiert. Das Negierte ist aber die Bestimmtheit, als unmittelbar seiende, der Gewohnheit. Die Negation resultiert mithin aus der gewohnheitsmäßigen Bestimmtheit, die sie negiert. Also muss die Negation, die sich gegen die Bestimmtheit wendet, zugleich, ja vorweg deren »*immanente* Bewegung« sein. Das Denken kann das Sein der gewohnheitsmäßigen Bestimmtheit nur auflösen, wenn diese »sich auflöst«.[280] Das beschreibt, wie sich der Akt der Negation als Reflexion verstehen muss: Er muss sich so verstehen, dass er nur aufnimmt und nachvollzieht, was im Inneren der Bestimmtheit selbst geschieht. Bevor wir sie denken und selber tun können, muss uns die Auflösung der Bestimmtheit also bereits gegeben sein. Und das heißt nichts anderes, als dass wir sie *erfahren* haben müssen; wir erfahren die Negation als ein Geschehen, bevor wir sie im Akt der Reflexion selbst ausführen. Das ist die – auf den ersten Blick überraschende – Konsequenz, zu der Hegel seine Theorie der bestimmten, befreienden Negation vorantreibt: Wenn die bestimmte Negation aus dem resultiert, was sie negiert (weil sie sonst nicht befreiend wäre), dann muss sie mit einer Erfahrung der Negation, mit der Negation als Erfahrung begonnen haben. Die Tat der Befreiung setzt – sie setzt sich selbst – die Erfahrung der Negation voraus.

Worin besteht die vorreflexive Erfahrung, die uns zum Denken befreit? Wenn wir diese Frage weiterhin an Hegels absoluten Idealismus stellen (weil er die konsequente Erläuterung der Freiheit des Denkens als Begreifen ist), dann scheint es zunächst ganz unklar, ob er sie beantwortet, ja, sie sich überhaupt stellt. Vermeidet der absolute Idealismus nicht die Einsicht, dass die Befreiung zum Denken mit der Erfahrung beginnt? Das ist die Ansicht, die entstehen muss, wenn man die Weise, wie die *Wissenschaft der Logik* das Denken betrachtet, für die höchste, die allein angemessene hält. Denn nach Hegels Feststellung gehören die »Gestalten« des Bestimmens vor dem Begreifen – die Gestalten, in denen die Bestimmung noch als Bestimmtheit, als gegeben, erscheint und genommen wird – erst »dem *selbstbewußten Geiste* [an], der als solcher nicht in der logischen Wissenschaft betrachtet wird«.[281] Daher kann in der logischen Wissenschaft auch nicht betrachtet werden, wie sich der Geist von diesen ihm nicht entsprechenden Gestalten befreit. Ja, es kann hier noch gar nicht gedacht werden; die *Wissenschaft der Logik* versteht die Gewohnheit und daher die Befreiung nicht. Wenn dies aber nicht heißen soll, dass der absolute Idealismus die Befreiung, die er voraussetzt, gar nicht zu denken vermag – denn dadurch fiele er in den schlechten Idealismus zurück: Er wäre auch nur ein Positivismus der Freiheit –, dann muss man bei Hegel woanders als in der *Wissenschaft der Logik* nachschauen.

Die Antwort, die der absolute Idealismus auf die Frage nach dem Anfang der Befreiung gibt, findet sich dort, wo er seine eigene Geschichte – seine Geschichtlichkeit – denkt. Nach Hegels geschichtlichem Selbstverständnis vollendet sein absoluter Idealismus den Anfang, den die griechische Philosophie gemacht hat. Ohne diesen griechischen Anfang gäbe es also keinen absoluten Idealismus; es gibt den absoluten Idealismus nur durch diesen Anfang. Mehr noch: Es gibt ihn nur dadurch, indem er zu diesem Anfang zurückgeht und sein Anfangen wiederholt (und sich also seine Geschichte, die Geschichte der Philosophie, begreifbar macht). Zugleich aber war der Idealismus am Anfang noch gar nicht absolut; er war noch nicht der Idealismus der Freiheit. Am Anfang war der Idealismus vielmehr *naiv*. Das sagt Hegel über den Idealismus Heraklits: Heraklit, von dem »der Anfang der Existenz der Philosophie zu datieren« ist, ist der »Idealismus in seiner Naivität«. Heraklit ist schon Idealist, denn er hat zum ersten Mal »die bleibende Idee [gefasst], welche in allen Philosophen bis auf den heutigen Tag dieselbe ist«: Er hat »zuerst die Natur des Unendlichen ausgesprochen und zuerst eben die Natur als unendlich, d. h. ihr Wesen als Prozeß begriffen«.[282] Das heißt: Heraklit hat die Realität so gefasst, wie sie im Denken ist; denn im Denken ist sie so *wie* das Denken: ein unendlicher Prozess. Zugleich aber war Heraklit ein Naiver. Er hat das Unendliche naiv gedacht – nicht wahrhaft *gedacht*. Wenn »Idealismus« meint, die Identität von Realität und Denken zu begreifen (und darin als unendlichen Prozess), dann besteht Heraklits Naivität darin zu meinen, diese Identität sei real: die »[r]eale Form«[283] oder die Form der Realität – und damit nicht das Resultat des Denkens, sondern der Gegenstand einer Erfahrung. Die Naivität, die den Idealismus nach Hegel an seinem Anfang kennzeichnet, besteht wie alle Naivität darin, sich der Erfahrung zu überlassen.

Der absolute Idealismus hingegen denkt das Unendliche. Er versteht das Unendliche als den Prozess des freien Denkens (der eben dadurch zugleich der Prozess in der Natur, in der Welt ist: Das Unendliche ist die Identität von Denken und Welt im Denken, nicht in der Erfahrung). Zugleich aber bezieht sich der absolute Idealismus auf seinen naiven Anfang zurück. Hegel sagt emphatisch: »[E]s ist kein Satz des Heraklit, den ich nicht in meine Logik aufgenommen« habe.[284] Indem der absolute Idealismus denkt – er denkt das Denken in seiner Identität mit der Realität –, verhält er sich aufnehmend, also rezeptiv, zu seinem naiven Anfang, dessen Naivität genau darin besteht, bloß aufnehmend, erfahrend, zu sein. Der absolute Idealismus verhält sich also aufnehmend zum naiven Aufnehmen. Und auch wenn beides nicht dasselbe ist – wenn das absolut-idealistische Aufnehmen sich vom naiven Aufnehmen unterscheidet (diesen Unterschied bezeichnet Hegels Begriff der Aufhebung) –, so steckt dadurch doch ein naives Moment, ein Moment der Naivität, *im* absoluten Idealismus. Und wenn der absolute Idealismus nichts anderes ist als das Selbstbewusstsein des Denkens, also der Freiheit, dann gilt dies auch für die Freiheit des Denkens: Die Freiheit des Denkens fängt so an wie das idealistische Denken der Freiheit; sie fängt naiv an, das heißt aufnehmend, rezeptiv und erfahrend. Die Erinnerung des Anfangs ist die »*Anerkennung des Anderen im Anfang*«.[285] Die Befreiung zum Denken kann nicht anfangen, ohne die Naivität des Aufnehmens in sich aufzunehmen.

Worin aber besteht die Erfahrung, die Heraklits naiver Idealismus macht (und mit der anzufangen seinen Idealismus naiv macht)? Es sind nichts anderes als die Erfahrungen des Feuers und des Geldes – also derselben Phänomene, die Mose und Walter fasziniert haben (oben, S. 114ff. und 153ff.). Wir haben in der Analyse von Walters Faszination (für das Bild des Geldes) schon gesehen, wie Heraklit sie beschreibt: »Wechselweiser Umsatz: des Alls gegen das Feuer und des Feuers gegen das All, so wie der Waren gegen Gold und des Goldes gegen Waren.«[286] Feuer und Gold, als allgemeines Äquivalent, als Geld, faszinieren Heraklit (so wie Mose und Walter), weil sie die Kraft haben, alles andere zu verwandeln, indem sie sich in alles andere verwandeln. Im Verbrennen und im Tauschen sehen wir, wie ein Ding zum anderen seiner selbst wird: »Das Kalte erwärmt sich, Warmes kühlt sich, Feuchtes trocknet sich, Dürres netzt sich.«[287] Ja, wir *sehen*, dass jedes Ding das andere seiner selbst *ist*. Das Feuer, so kommentiert Charles H. Kahn, ist »ein Prozess des Übergangs von einem Zustand in einen anderen, ein Symbol für Leben und Tod zugleich, das Element des Paradoxen selbst«:[288]

> Meer: reinstes und scheußlichstes Wasser: Fischen trinkbar und lebenserhaltend, Menschen untrinkbar und tödlich.
>
> Unsterbliche: Sterbliche, Sterbliche: Unsterbliche, denn das Leben dieser ist der Tod jener und das Leben jener der Tod dieser.
>
> Gott ist Tag Nacht, Winter Sommer, Krieg Frieden, Sattheit Hunger. Er wandelt sich aber gerade wie das Feuer, das, wenn es mit Räucherwerk vermengt wird, nach dem Duft eines jeglichen heißt.
>
> Und es ist immer ein und dasselbe was in uns wohnt (?): Lebendes und Totes und Waches und Schlafendes und Junges und Altes. Denn dieses ist umschlagend jenes und jenes zurück umschlagend dieses.[289]

Diese Sätze Heraklits protokollieren Erfahrungen: Erfahrungen des Ungewöhnlichen, die Heraklit anscheinend so gefesselt haben, dass er (nach Karl Reinhardts gelangweilter Feststellung) »nicht müde« wird, »Variation auf Variation, Gleichnis auf Gleichnis zu häufen«.[290] Das weist zugleich darauf hin, weshalb Heraklit die Beschreibung des Sichverwandelns, in der etwas in sein Gegenteil umschlägt – paradigmatisch: durchs verbrennende Feuer oder allestauschende Gold –, obsessiv wiederholen muss. Er tut es deshalb, weil er von diesen Erfahrungen her denkt: weil sie ihn auf seinen neuen philosophischen Gedanken bringen. Denn es sind diese Erfahrungen, die sein Denken von den überkommenen Entgegensetzungen losreißen, in denen das Vergängliche und das Ewige, das Viele und das Eine, das Feste und Flüssige usw. voneinander getrennt und einander gegenübergestellt werden. Während die Philosophie vor Heraklit – so Nietzsche – gefragt hatte: »Sollte es nicht auf eine eigenthümliche Schwäche der menschlichen Erkenntniß zurückgehn, wenn wir vom Werden reden – während es im Wesen der Dinge vielleicht gar kein Werden giebt, sondern nur ein Nebeneinander vieler wahrer ungewordner unzerstörbarer Realitäten?«,[291] während also die Philosophie vor Heraklit in der Entgegensetzung von (scheinbarem) Werden und (ewigem, wahrem) Sein erstarrt war, setzt sein Denken damit ein, die Erfahrung des Werdens im »Feuerprozess« nicht als oberflächlich, dem Schein verhaftet abzutun, sondern in dieser Erfahrung gegeben zu sehen, was als Prinzip gedacht werden muss. Die Erfahrung des Feuers führt Heraklit zu dem entscheidenden, neuen Gedanken, dass, in Nietzsches Formulierung, die »Welt [...] das *Spiel* des Zeus oder, physikalischer ausgedrückt, des Feuers mit sich selbst« ist,[292] oder, in Hegels analoger Formulierung derselben Einsicht: »[A]lles ist Werden; dies Werden ist das Prinzip.«[293]

Das betrifft den Inhalt der Erfahrung, die Heraklit zum – naiven – Anfang der idealistischen Philosophie macht. Der Grund für Hegel, alle Sätze Heraklits in seine Logik aufzunehmen und damit diesen Anfang in der Logik zu wiederholen (und dadurch zugleich die *Wissenschaft der Logik* über ihre Grenze hinauszutreiben und in sich zu vergeschichtlichen), liegt aber nicht in diesem Erfahrungsinhalt – oder nicht in diesem allein –, sondern in der Art seiner Sätze: darin, *wie* sie sprechen. Denn in ihnen spricht Heraklit nicht mehr – so sagt er –, »wie wir es überkommen haben«, in herkömmlicher und gewöhnlicher Sprache. Das heißt, er spricht hier nicht mehr als Kind »der Erzeuger«, sondern um das »Unerhoffte«, in anderer Übersetzung: das »Unerwartete«, auszudrücken; um das zu sagen, was sich in der gewöhnlichen Sprache nicht sagen lässt, weil es »unaufspürbar ist und unzugänglich«.[294] Heraklits Sätze sind Sätze der Erfahrung im emphatischen Sinn. Sie durchbrechen jede Gewohnheit. Das also geschieht, wenn Hegel alle ihm bekannten Sätze Heraklits in die *Wissenschaft der Logik* aufnimmt. Er nimmt in die *Wissenschaft der Logik* Sätze auf, die alogisch sind; gewohnheitsdurchbrechende Sätze, Sätze der Negativität, genauer: Sätze gewohnheitsdurchbrechender Negativitätserfahrungen. Und das tut er (oder muss er tun), weil sich auf andere Weise die Freiheit des Denkens als Begreifen – um die sich der absolute Idealismus dreht – gar nicht artikulieren lässt. Es gibt die Freiheit des Begreifens (und damit auch das Begreifen der Freiheit; beides ist eins) nur durch die Erfahrung einer Negativität, die alle Gewohnheit des Bestimmens durchbricht. Die Naivität ist der Anfang des Begreifens. Das Denken wird nur frei und zum Begreifen, wenn es eine Erfahrung in sich aufnimmt, die allem Begreifen vorhergeht: die nicht begreifend, sondern aufnehmend, Rezeptivität von Negativität, ist. Das Denken wird frei, indem es rezeptiv ist: Aufnahme der Aufnahme, Rezeption der Rezeptivität.

*

Nur kursorisch und beiläufig (und nicht in der *Wissenschaft der Logik*, die den absoluten Idealismus der begreifenden Freiheit entwickelt) erwähnt Hegel auch den überlieferten Ausdruck, mit dem die griechische Philosophie, im Rückblick, ihren naiven Anfang in der Erfahrung bezeichnet hat: »Verwunderung« (oder »Staunen«, *thaumázein*). Eine signifikante Stelle findet sich in den *Vorlesungen über die Ästhetik*. Die Stelle ist signifikant, weil sie die Verwunderung noch weit vor der Philosophie verortet. Hegel verortet sie in »dem ersten Hervortreten der symbolischen Kunst in *subjektiver* Weise«. Um dieses Hervortreten zu verstehen, »können wir uns jenes Ausspruchs erinnern, daß die Kunstanschauung überhaupt wie die religiöse – oder beide vielmehr in einem – und selbst die wissenschaftliche Forschung von der *Verwunderung* angefangen habe. Der Mensch, den *noch* nichts verwundert, lebt noch in der Stumpfheit und Dumpfheit hin. Ihn interessiert nichts«.[295] Jener »Ausspruch«, an den Hegel erinnert, ist der des Aristoteles. Es ist der Ausspruch, in dem Aristoteles Platons berühmten Satz aufnimmt und zugleich verändert, das Staunen oder die Verwunderung, *thaumázein*, sei der »Zustand [*páthos*] eines Freundes Weisheit« und es gebe »keinen andern Anfang der Philosophie als diesen«.[296] Aristoteles zitiert diesen Satz und gibt ihm zugleich eine neue Wendung, an die Hegel sodann in seiner Ästhetik anknüpft. Denn nach Aristoteles beginnt nicht nur der Philosoph mit der Verwunderung, sondern auch der »Freund der Sagen [*philómythos*]«. Auch er ist »in gewisser Weise ein Philosoph; denn die Sage besteht aus Wunderbarem«, das »Zweifel und Verwunderung« auslöst.[297] Aber wenn der Mythos darin wie die Philosophie ist, mit der Verwunderung anzufangen, dann gilt dies auch umgekehrt für die Philosophie: Indem die Philosophie mit der Verwunderung anfängt, ist sie wie der Mythos. Die Verwunderung ist das Mythische, der mythische Ursprung in der Philosophie; sie ist das, was die Philosophie, in Hegels Übersetzung von Aristoteles' Formulierung, mit der Kunstanschauung und der religiösen Anschauung teilt – der Moment ihrer Ungeschiedenheit.

»Zweifeln«, Aristoteles' Ausdruck für die Verwunderung, heißt griechisch *aporeĩn*. Die Aporie ist eine Lage, aus der ich keinen Ausweg sehe: »[I]ch bin in der Klemme, ich komme da nicht raus, ich kann nichts tun« (sagt Jacques Derrida von dieser Lage).[298] Ich weiß nicht weiter mit meinen gewohnten Weisen des Bestimmens. Die aporetische Lage, die die Verwunderung registriert (und die sie, wenn sie zu sprechen beginnt, in paradoxen Sätzen ausdrückt: Sie redet von einem Busch, der brennt, ohne zu verbrennen, oder von Sterblichen, die unsterblich, und Unsterblichen, die sterblich sind), unterbricht die Gewohnheit; man kann in dieser Lage, das macht sie zu einer Aporie, nicht mehr so wie bisher weiter bestimmen. Damit ragt der Mythos – die Kunstanschauung, die religiös, und die Religion, die künstlerisch anschauend ist – in die Philosophie hinein. Aber die Philosophie fängt nach Aristoteles und Hegel nur an, indem sie mit diesem Anfang etwas anfängt. Oder indem sie ihn zu ihrem Anfang – zum Anfang ihres Machens – macht. Denn im Mythos ist die Verwunderung kein Anfang; der *philómythos* verharrt in ihr. Seine Verwunderung ist die Verehrung: die bloße Hinnahme einer höheren Ordnung und Macht. Zwar ist auch die Verwunderung oder das Staunen für den Philosophen (wie Platon sagt) ein Erleiden, ein *páthos*. Aber dann macht der Philosoph etwas damit. Er beginnt nachzudenken. Seine Verwunderung – das macht sie philosophisch – ist der Anfang einer Untersuchung. Jean-Pierre Vernant erläutert diesen Unterschied so:

> Im Mythos ist *thauma* »das Wunderbare«; die betäubende Wirkung, die es hervorruft, ist das Zeichen für die Anwesenheit des Übernatürlichen in ihm. Für die Milesier hingegen ist die Fremdartigkeit eines Phänomens, anstatt das Gefühl des Göttlichen zu bewirken, ein Problem für den Verstand. Das Ungewöhnliche fasziniert nicht mehr, *es mobilisiert die*

Intelligenz. Das Staunen wurde von einer stillen Verehrung zum Untersuchen und Hinterfragen.[299]

Der Philosoph bestaunt nicht mehr das Wunderbare, sondern in seinem Staunen registriert er, was die Philosophie seitdem als ein »Problem« bezeichnet. Der Philosoph beginnt zu denken, indem er ein Problem feststellt. Er beginnt zu denken (sagt Aristoteles), »um der Unwissenheit zu entgehen«. Er fängt also zu denken an, indem er feststellt, die Sache noch »nicht zu kennen«.[300] Dadurch geht die Philosophie über ihren mythischen Anfang hinaus. Der Anfang der Philosophie ist ein zweiter Anfang: ein Anfang nach ihrem mythischen Anfang; der Akt ihrer Unterscheidung von ihrem eigenen mythischen Anfang (oder der Akt ihrer Selbstunterscheidung: Die Unterscheidung der Philosophie vom Mythos vollzieht sich in der Philosophie.). Das geschieht nur dadurch, dass die Philosophie diesen Anfang, die Verwunderung, als »Unwissenheit« deutet. Mythisch verstanden, zeigt sich im Bruch der Gewohnheit eine höhere Macht und Ordnung; die mythische Verwunderung über den Bruch mit der Gewohnheit ist die Verehrung eines Höheren. Mit dieser verehrenden Hinnahme macht das philosophische Staunen Schluss, indem es die Negativitätserfahrung des Ungewöhnlichen – dass ich nicht weiterkann: dass ich nicht weiter gewohnheitsmäßig bestimmen kann – negativ, genauer: privativ denkt. Dass ich nicht weiterkann, bedeutet philosophisch verstanden, dass ich etwas noch nicht weiß; dass mir Wissen fehlt. Damit ist das Staunen aber selbst eine erste Gestalt des Wissens: Der Philosoph weiß in seinem Staunen, dass er staunt, *weil* er etwas nicht weiß oder erkennt. Das philosophische Staunen ist das Wissen des Nichtwissens.

Das sagt das neue philosophische Wort »Problem«. Ein Problem haben ist nicht ein Zustand, den ich erleide, sondern ich habe ein Problem, indem ich es mir zum Problem mache. Das Staunen, das darin besteht, ein Problem zu haben, ist daher selbst ein Akt des Denkens; Problem heißt Problematisierung. So versteht die Philosophie (die Philosophie, die nach Hegel nichts anderes als der Idealismus ist), dass das Denken mit dem Staunen anfängt: Das Denken fängt mit dem Staunen an, weil es im – oder als – Staunen schon angefangen hat. Und *deshalb* gelangt das Denken, das mit der Verwunderung anfängt, nach Hegel auch zu einer Perspektive, in der uns »nichts *mehr* wundert«:[301] Das Denken hebt die Verwunderung auf, mit der es einsetzt. Und das Denken *kann* die Erfahrung des Staunens, mit der es einsetzt, in sich aufheben, weil das Staunen selbst bereits die Erfahrung des Denkens war. Das Denken steht am Ende, weil es von Anfang an schon da war.

Das philosophische Staunen ist die Überführung der Verwunderung, *thaumázein*, in Unkenntnis, *agnoeĩn*. Aus der Aporie, die wir erleiden – die Aporie ist »die *Erfahrung*, das *Experiment* der Nicht-Passage«, der beziehungsweise dem »wir absolut schutzlos ausgeliefert sind«[302] –, wird im philosophischen Staunen ein »Problem«, über das wir nachdenken. Damit wird die Erfahrung der Negativität, die wir in der Verwunderung ob des Ungewöhnlichen machen – verwundert zu sein heißt, zu erfahren, dass das gewohnheitsmäßige Bestimmen sich auflöst –, zu einem Moment in der Dialektik des Wissens: Dass es Ungewöhnliches gibt, das uns verwundert, zeigt, dass das gewohnheitsmäßige Bestimmen mangelhaft, kein Wissen und in die neue Form des Begreifens zu verwandeln ist. Die Negativität, die wir im Staunen erfahren, ist der Ausdruck eines Mangels, der Privation des Begreifens. Deshalb hat die Erfahrung der Negativität, die wir im Staunen machen, auch ein Ziel. Ihr Ziel ist das Ende des Staunens – das Ende der Verwunderung im Begreifen.

Der Idealismus der Philosophie beginnt, wie gesehen, mit dem Problem. Er beginnt damit, die Verwunderung als Staunen und das Staunen als Problematisierung zu deuten. Das ist der schöpferische Akt, durch den der Idealismus sich hervorbringt – durch den die Philosophie sich so hervorbringt, dass sie von nun an nichts anderes als Idealismus sein kann. Wer die Verwunderung als Staunen und das Staunen als Nichtwissen, das heißt: als Wissen des Nichtwissens definiert, denkt idealistisch. Wer staunt, denkt die Freiheit als Freiheit des Denkens und das freie Denken als Begreifen.

Der Konstitutionsakt des Idealismus ist also ein Akt der Befreiung. Das Staunen, mit dem der Idealismus der Philosophie beginnt, befreit die Verwunderung von der mythischen Verehrung, von der Bewunderung der Ordnung und der Mächte, die sie garantieren. Im Staunen befreit die Philosophie sich vom Mythos, von der Ordnungs- und Machtverehrung, die ihre andere Seite ist. Das Staunen ist befreiend. Das versteht die Philosophie, die dadurch – dadurch, dass und wie sie staunt – idealistisch ist, so: Das Staunen gilt dem Ungewöhnlichen. Das Ungewöhnliche ist die Aussetzung des Gewöhnlichen, die Negation des gewohnheitsmäßigen Bestimmens. Das gewohnheitsmäßige Bestimmen ist identifizierend. Weil es identifizierend ist, nimmt es die Bestimmung als gegeben oder positiv; die Gewohnheit ist ein Positivismus der Bestimmung (der Bestimmung als »Bestimmtheit« oder »Bestimmtsein«). Im Staunen über das Ungewöhnliche durchbricht – negiert – unser Bestimmen seine gewohnheitsmäßige Positivität. Worin liegt die Kraft dieser Negation, die wir im Staunen erfahren (bevor wir sie selbst, also selbstbewusst, ausüben)? Sie liegt darin, dass die Bestimmungen nicht gegeben, sondern gesetzt sind. Sie sind gesetzt durch ihre Vermittlung untereinander. Zu staunen heißt demnach, das Gesetztsein der Bestimmungen zu erfahren, das den Gewohnheitsschein ihrer Positivität durchbricht. Oder es heißt, die Bestimmungen als gedachte (und dadurch als geschichtliche: als gewordene und veränderbare) zu erfahren. Denn dass sie gesetzte sind, bedeutet, dass die Bestimmungen Gedanken, Resultate des Denkens, sind (und nicht mehr, wie im gewohnheitsmäßigen Bestimmen, äußerlich im Gedächtnis reproduziert werden).

Also erfahren wir im Staunen über das Ungewöhnliche die Kraft des Denkens. Wir staunen über das Denken; im Staunen begegnen wir dem Denken, bevor wir denken. Wenn daher das Staunen der Anfang des Denkens – der Anfang der Befreiung zum Denken – ist, dann fängt das Denken mit dem Denken an. Es fängt mit sich selbst – oder es fängt selbst an. Die Befreiung zum Denken ist, idealistisch verstanden, seine Selbstbefreiung. Das ist der grundlegende Zug des Idealismus, der Philosophie als Idealismus. Er besagt, dass, gerade weil sich das Denken nur durch die Erfahrung des Ungewöhnlichen befreien kann, sich das Denken selbst, durch sich selbst, befreit. Wenn wir das Ungewöhnliche erfahren – die Realität als einen unendlichen Prozess –, erfahren wir nichts als unser Denken, in realer Form. Dass sich im Feuerprozess und Geldverkehr alles in etwas verwandelt, ja, dass jedes, das wir ansehen, immer schon sein Gegenteil ist, ist die Realität des Denkens; so wie Heraklit gesagt haben soll, das »*Feuer sei vernunftbegabt*«.[303] Das ist: Idealismus. Und darin ist der Idealismus, der die Freiheit im Begreifen sieht, die Vollendung der griechischen Befreiung (als Subjektivierung; siehe oben, Kapitel 1). Denn »Befreiung« heißt, idealistisch verstanden, Erinnerung der Freiheit: Wir befreien uns, indem wir uns erinnern, dass wir schon frei sind. Im Staunen kommt uns die Freiheit des Denkens, des vermittelnden Setzens von Bestimmungen, von außen entgegen. Wir befreien uns, indem wir uns die Freiheit aneignen, die wir schon haben.

Für diesen Zirkel, in dem das Denken mit sich selbst anfängt, zahlt der Idealismus einen hohen Preis. Es ist derselbe Preis, den der Versuch zu entrichten hat, die Befreiung als Subjektivierung zu begreifen (die idealistische Definition des freien Denkens als Begreifen ist die Vollendung des Subjektdiskurses der Freiheit); denn die Aneignung im Selbstbewusstsein kann die Macht der Gewohnheit nicht durchbrechen. Idealistisch verstanden, soll das Denken frei werden, die Gewohnheit durchbrechen und ihre Bestimmungen in einen freien Gedanken verwandeln, den es selbst »setzt«, indem es sie als das Resultat ihrer Vermittlungen mit anderen Bestimmungen versteht. Wir können aber niemals alle Vermittlungen – alle Vermittlungen zugleich – erfassen, aus denen eine Bestimmung resultiert. Indem wir eine Bestimmung zu denken versuchen, setzen wir daher alle anderen Bestimmungen voraus, mit denen sie vermittelt ist, die wir darin aber nicht denken, sondern lediglich gewohnheitsmäßig wiederholen. Eine Bestimmung – als Gedanken – frei zu setzen heißt, alle anderen Bestimmungen als ungedachte, bloß gegebene vorauszusetzen. Der Idealismus des Begreifens ist daher in Wahrheit nichts anderes als eine Halbierung der Freiheit. Der Idealismus akzeptiert die Unfreiheit; der Idealismus behauptet die Freiheit der einen und akzeptiert die Unfreiheit der anderen – der anderen Bestimmungen, die nicht zugleich gedacht werden können, wie auch der Bestimmungen der anderen, die nicht denken können. (Indem das eine Subjekt denkt, setzt es immer schon das Nichtdenken, die Unfreiheit des nichtdenkenden Anderen voraus.) Die Spaltung in Freie und Unfreie – in Mündige und Unmündige, in solche, die begreifen, und solche, die bloß gewohnheitsmäßig wiederholen, in Herren und Knechte – ist dem idealistischen

Begriff des freien Denkens in seinem Kern eingeschrieben. Der Idealismus des freien Begreifens produziert die Spaltung in Freiheit und Unfreiheit. Er reproduziert die Unfreiheit in sich selbst.

*

Darin liegt die Endlichkeit der idealistischen Freiheit; sie begrenzt die Freiheit und akzeptiert die Unfreiheit. Entscheidend ist aber, dass die Endlichkeit der idealistischen Freiheit unmittelbar daraus folgt, dass sie sich selbst als unendlich versteht – dass sie sich als unendliche missversteht. Die idealistische Freiheit des Begriffs erleidet das Schicksal der Endlichkeit genau deshalb, weil sie sich der Einsicht in ihre eigene Endlichkeit verweigert; weil das Denken seine Endlichkeit nicht bejaht, muss es vor der Endlichkeit resignieren. Und umgekehrt gewinnt das Denken, indem es seine Endlichkeit bejaht, eine Freiheit, die wahrhaft unendlich ist. Das ist die These, mit der sich der ästhetische Materialismus dem absoluten Idealismus entgegenstellt. Er begründet sie, indem er die gewohnheitsdurchbrechende Erfahrung der Negativität nicht als Staunen, sondern als Faszination versteht.

Dass die idealistische Freiheit des Denkens, als Begreifen, ihre Endlichkeit verleugnet, hat sich daran gezeigt, wie sie die Erfahrung versteht, mit der sie beginnt. Sie versteht diese Erfahrung so, dass das Denken sich darin selbst begegnet. Im Staunen begegnet es sich selbst – ihm ist nichts von außen gegeben, von dem seine Befreiung abhängt. Darin liegt die Illusion der Unendlichkeit der idealistischen Freiheit. Das Denken befreit sich durch sich selbst, indem es sich der bestimmungssetzenden Vermittlungsoperationen bewusst wird, die in der Gewohnheit versteckt sind. Aber weil dies nie vollständig gelingen kann, schlägt die Illusion der Unendlichkeit – dass das Denken sich selbst, aus eigener Kraft, befreien kann – in die Realität der Unfreiheit um; die idealistische Freiheit akzeptiert, ja rechtfertigt die Unfreiheit des (und der) anderen.

Dieser Kreislauf kann nur durch ein anderes Denken des Denkens durchbrochen werden. Das ist der ästhetische Materialismus, der die Endlichkeit der Freiheit begreift.

Die materialistische Freiheit des Denkens ist endlich, weil sie sich dem Anderen des Denkens verdankt. Das ist die Erfahrung der Faszination. Die idealistische Philosophin beginnt zu denken, weil sie – staunend – erfährt, dass Bestimmungen, die wir in der Gewohnheit für gegeben halten, in Wahrheit gesetzt sind; dass wir sie also schon gedacht haben, ohne zu denken, und wir daher nun – nur noch – weiterdenken müssen. Der materialistische Philosoph hingegen beginnt zu denken, weil sein Bestimmen an eine Grenze gelangt, die es nicht zu überschreiten vermag; denn diese Grenze ist sein Grund. Er erfährt – fasziniert –, dass alles Bestimmen dadurch ermöglicht ist, dass uns etwas erscheint und uns zur Bestimmung gegeben ist – und dass dies nicht unsere eigene Denkleistung ist, sondern ihr vorhergeht und daher in ihr nicht eingeholt werden kann. Das heißt hier »Materialismus«: das Denken von einem Grund her zu denken, der ihm vorhergeht. Das materialistische Denken ist das »Denken des Außen« (Michel Foucault). Denn die Materie – so Georges Bataille – ist »das, was niedriger ist«, *plus bas*, das »außerhalb von mir und der Idee existiert«.[304] Es liegt außerhalb, weil es außerhalb dessen liegt, was in einer Bestimmung erfasst werden kann; so ermöglicht es die Bestimmung. Das Außen, die Materie, dessen Erfahrung das Denken ermöglicht, ist also nicht etwas Vorgegebenes, eine Bestimmtheit, die gegeben ist und uns determiniert. So sieht es der vulgäre Materialismus. Hier dagegen ist die Materie, das Außen, nicht bestimmt und bestimmend, sondern der Grund der Bestimmbarkeit, der alles Bestimmen ermöglicht. Michel Foucault schreibt über diesen Materialismus des Denkens: »[A]n ihren Grenzen angelangt, stößt sie [d.i. die Reflexion, die Sprache, die Bestimmung] nicht auf die Positivität, die ihr widerspräche, sondern auf die Leere, in der sie verschwinden wird; auf diese Leere muss sie zugehen.«[305] Dass das Denken mit der Faszination beginnt, heißt, dass es mit einer Erfahrung der Negativität beginnt, die nicht seine eigene Tat oder Macht ist: einer Negativität, die das Denken nicht selbst ausüben und besitzen kann, sondern von außen erfährt und erleidet.

Exkurs: Heraklit. Der Weltenbrand

Die Entgegensetzung zwischen Faszination und Staunen spiegelt sich in einer der vielen Auslegungsdebatten, die Heraklits Fragmente begleiten. Sie betrifft die auflösende Kraft oder vernichtende Macht des Feuers, die Heraklit so oft beschreibt. »Denn alles, *sagt er,* wird das Feuer, herangekommen, richten und fassen (verurteilen).«[306]

Eine erste Deutung – die Hegel vertritt – versteht dies so, dass das Feuer bei Heraklit die Kraft der Negativität ist, die alle vorgegebene Bestimmtheit auflöst und dadurch zu einer neuen Bestimmung übergeht. »Das Feuer ist die physikalische Zeit; es ist diese absolute Unruhe, absolutes Auflösen von Bestehen, – das Vergehen von Anderen, aber auch seiner selbst; es ist nicht bleibend.« Das Feuer ist ein Auflösen, das sich selbst auflöst. Es löst eine gegebene Bestimmtheit auf und löst darin zugleich sein eigenes Auflösen auf bringt also eine andere Bestimmung hervor. Das Auflösen im Feuer ist ein »Übergang«. Das »Feuer, als dieses Metamorphosierende der körperlichen Dinge, ist Veränderung, Verwandlung des Bestimmten«.[307] Heraklit schreibt:

Feuers Umwende: erstens Meer, vom Meere aber die eine Hälfte Erde, die andere Hälfte Gluthauch. *Das bedeutet, daß das Feuer durch den das Weltall regierenden Sinn oder Gott durch die Luft hindurch in Wasser verwandelt wird als den Keim der Weltbildung, den er Meer nennt. Daraus entsteht wiederum Erde, Himmel und das dazwischen Liegende. Wie dann die Welt wieder ins Ursein zurückkehrt und der Weltbrand entsteht, spricht er klar im folgenden aus:* Die Erde zerfließt als Meer und dieses erhält sein Maß nach demselben Sinn (Verhältnis) wie er galt, ehe denn es Erde ward.[308]

Das Feuer erfasst alles; es ist, wie der Kommentar sagt, ein »Weltbrand«. Aber zugleich erhält durch das Feuer alles »sein Maß«; das Feuer ist »erglimmend nach Maßen und erlöschend nach Maßen«.[309] Es löst – in Hegels Sprache übersetzt – die vorgegebene, zur Gewohnheit erstarrte Bestimmtheit auf und stellt die im Denken frei gesetzte Bestimmung wieder her.

Das aber, so betont Hegel zu Recht, ist das Gegenteil der Vorstellung, »daß nach einer gewissen Zeit (wie nach unserer Vorstellung ein Ende der Welt) die Welt in Feuer untergehe«. Denn wir sehen »sogleich aus den bestimmtesten Stellen, daß dieser Weltenbrand nicht gemeint sei, sondern es ist dies beständige Verbrennen, Werden der Freundschaft, – das allgemeine Leben, der allgemeine Prozeß des Universums«,[310] kein Endgericht über die Welt im Feuer. So aber die andere Deutung von Heraklit, die, nach Karl Reinhardts polemischer Zuspitzung, in ihm eine »Art von griechischem Jesaias«[311] sehen will; die also sein Denken jüdisch (und später christlich) gedeutet hat. In dieser Gegenperspektive rücken Heraklits Sätze über den Feuerprozess in die Nähe dessen, was die jüdische Mystik an einer Stelle über die Engel gesagt hat. Die Engel, heißt es in dem Kapitel aus dem Sohar, das Gershom Scholem unter dem Titel *Die Geheimnisse der Schöpfung* übersetzt hat, werden am zweiten Tag geschaffen – zusammen mit der Hölle. Der zweite Tag ist der, mit dem, als Zweitem, die »Scheidung«, die Teilung, und damit der »Streit« beginnt. Dem gehören die Engel zu. Die Engel sind eine Wirkung und daher der Ausdruck der Teilung, des Streits. Deshalb heißt es: »[D]as Feuer verzehrte sie, und sie verbrannten. Und so auch alle jene anderen [immer neuen Engel, von denen der Talmud, Chagiga 14a, spricht], die zugrunde gehen und keine Dauer haben.«[312] Die Engel sind nur so, dass sie verzehrt werden:

Das ist auch das Geheimnis der ›Gras‹ [genannten Engel]: denn sie gehören nicht zu dem, was ›Samen aussäht‹, und darum vergehen sie und haben keinen dauernden Bestand wie jene anderen [›Kraut‹ genannten Kräfte]. Denn sie haben keinerlei Gestalt und Form, in die sie sich einprägen und einformen könnten [und dadurch Dauer erlangen], sondern erscheinen und verschwinden. All jene [Engel], die keine Gestalt und Form haben, haben keinen Bestand; sie bestehen nur für einen Augenblick, werden verzehrt von jenem ›Feuer, das Feuer verzehrt‹ und dann wieder neu geschaffen, und so [wiederholt sich die Erschaffung solcher Engel] an jedem Tage.[313]

Das scheint zwar der griechisch-dialektischen Deutung des Feuerprozesses zu ähneln, sagt aber genau das Gegenteil. Der Sohar denkt das Verzehren des Feuers weiter; er radikalisiert es. Denn wenn das Feuer das Verzehren des Verzehrens ist, dann verzehrt es auch das Verzehren des Verzehrens und fängt also das Verzehren neu an. Das Feuer brennt nicht aus und bringt darin eine neue Gestalt, eine andere Bestimmung hervor, sondern es brennt an seinem äußersten Ende wieder auf. Genau deshalb aber ist die Logik, das heißt die Zeit der Wiederholung – dass das Feuer sich verbrennend und darin sich schaffend ist –, hier nicht kreisförmig (wie Hegel über Heraklit sagt: »Die Natur ist so dieser Kreis«[314]). Es ist die Zeit des »Augenblicks«: Die Engel – »das Feuer, das Feuer verzehrt« – bestehen »für einen Augenblick«. Sie bestehen für einen Augenblick, weil sie der Augenblick *sind*: die Ewigkeit nicht als sich endlos erstreckende Dauer, sondern als der Augenblick, in dem sich das Verzehren verzehrt und genau deshalb immer neu hervorbringt. Die Engel sind der Augenblick des reinen Verzehrens, der unendlichen Auflösung. Deshalb hat Adorno, der auf Scholems Sohar-Übersetzung mit enthusiastischer Zustimmung reagiert hat, in den Engeln das Modell einer wahren, das heißt wahrhaft freien, künstlerischen Praxis gesehen: »Musik – nach der Lobpreisung Gottes gebildet, auch und gerade wo sie gegen die Welt steht – gleicht diesen Engeln. Ihre Vergänglichkeit, das Ephemere, ist eben die Lobpreisung. Nämlich die immerwährende Vernichtung der Natur.«[315]

Der Deutungsstreit um Heraklit dreht sich darum, wie die Negativität zu verstehen ist, die im Feuerprozess erfahren wird. Nach der idealistischen Deutung ist sie »absoluter Übergang in das Entgegengesetzte, zu dem Zenon nicht kam: ›Aus Nichts wird Nichts‹. Bei Heraklit ist das Moment der Negativität immanent; darum handelt sich der Begriff der ganzen Philosophie.«[316] Denn die »Immanenz« der Negativität meint Immanenz im Bestimmen. Und das

> Bestimmen, dem die Negativität immanent ist, ist das Denken, und das Denken ist – dadurch – frei. Nach der anderen Deutung ist die Negativität unendlich. Sie ist nicht hervorbringend, sondern sie ist oder besteht – in einem Augenblick, der ewig ist, oder in einer Ewigkeit, die augenblicklich ist. Das Feuer ist nach dieser Deutung der Weltenbrand, weil das Bestehen der Welt selbst ihre Auflösung ist: Das Feuer bei Heraklit – sagt Louis Aragon in einem Essay in *La Révolution Surréaliste*, in dem es um die Bedeutung seiner Philosophie für die Gegenwart geht – ist »nicht formales, sondern materielles Prinzip«.[317] Die Auflösung ist die Materie. So erfahren wir die Dinge der Welt in der Faszination: als eine Auflösung, die sich im Erscheinen ereignet. In der zweiten, antiidealistischen Deutung Heraklits konvergieren Mystik und Materialismus.[318]

Indem wir die Grenze des Bestimmens erfahren, an der es sich auflöst – eine Negativität, die nicht bestimmt und daher bestimmend, sondern unendlich ist –, fängt unsere Befreiung an. Diese Erfahrung befreit das Denken. Denn in dieser »Erfahrung des Außen« (Foucault) lässt das Denken den »Diskurs«, das Bestimmen von etwas als etwas, »weit hinter sich zurück, um frei für einen Anfang zu sein – der reiner Anfang ist, weil er nur sich selbst und die Leere zur Grundlage hat«.[319] Wenn »Denken« Freiheit heißt, weil zu denken bedeutet, Bestimmungen vorzunehmen, die nicht von dem Gewohnheitsgesetz der Identität beherrscht sind, sondern neu sind, also anfangend, dann wird das Denken nur frei, indem wir im Ungewöhnlichen die Bestimmbarkeit, unsere »Bestimmungsfreiheit«, erfahren.

Das heißt zweierlei. Es heißt zum einen, dass sich die Freiheit des Denkens einer Wirkung von außen verdankt. Denn die unendliche Negativität des Ungewöhnlichen ist nicht ein Teil des Denkvermögens. Sie ist nicht selbst getan; das Denken wird nicht frei, indem es sich in dem, was es erfährt, wiedererkennt.[320] Daher bringt das Denken seine Freiheit nicht selbst hervor; Befreiung heißt nicht Selbstbefreiung. Sondern Anfangen heißt Erleiden; die Spontaneität des Anfangs ist passiv. Die Freiheit ist wesentlich endlich. Denn endlich zu sein heißt, Wirkungen von außen ausgesetzt zu sein.

Dass das Denken nur frei wird, indem es eine Wirkung von außen erleidet – dass es durch die Wirkung des Außen frei gemacht wird –, heißt zum Zweiten, dass das Denken schaffend oder schöpferisch ist. Denn das Außen, dessen Wirkung das Denken erleidet, ist die Bestimmbarkeit der Sache. Wir erfahren, dass sie durch nichts bestimmt, also bestimmbar ist. Durch diese Erfahrung fängt das Denken an. Das heißt, dass das Denken neu anfängt. Es fängt mit nichts an – mit nichts als der reinen Bestimmbarkeit. Zu denken heißt daher, Bestimmungen aus dem Nichts, dem Nichts der Bestimmbarkeit, hervorzubringen. In dem Augenblick, in dem sie neu, wie zum ersten Mal gedacht werden, sind alle Bestimmungen daher unvermittelt. Jede Bestimmung ist, als neu gedachte, an und für sich selbst – unendlich, absolut. Sie setzt keine anderen Bestimmungen voraus. Die Freiheit, die in ihrem Ursprung – der Erfahrung, der Wirkung von außen – endlich ist, ist im Augenblick ihres schöpferischen Vollzugs selbst unendlich.

Zwischenstand I

Die griechische Bestimmung der Freiheit, die der westlichen Kultur zugrunde liegt, lautet, dass die Freiheit das Können ist: die Macht oder das Vermögen zu handeln (Kapitel 1). Diese Freiheitsbestimmung antwortet auf die Erfahrung von Unterdrückung und Beherrschung. Freiheit heißt griechisch verstanden, mein eigener Herr zu sein, indem – oder weil – ich handeln kann. Die griechische Freiheit ist praktisch und daher subjektiv; denn ein Subjekt zu sein bedeutet, der Ursprung und Urheber der eigenen Vollzüge zu sein. Diese Freiheitsbestimmung gerät an ihre Grenze – und in die Krise –, wenn sie auf die andere Erfahrung der Knechtschaft trifft, die die Geschichte vom Exodus der Israeliten festhält: die Erfahrung, dass die Knechtschaft den Beherrschten zur Gewohnheit geworden ist. Gewohnheiten sind Weisen des Bestimmens (von etwas als etwas). Sie sind knechtisch, weil sie unter der Herrschaft des Gesetzes der Identität stehen. *Diese* Knechtschaft, die Knechtschaft des Gewohnheitsgesetzes der Identität, kann die Freiheit des Handelns nicht brechen. Im Gegenteil: Sie exekutiert es (»freiwillig«), durchs eigene Können, als zweite Natur. Es bedarf daher einer Freiheit des Bestimmens, die nicht gewohnheitsmäßig ist. Es geht nicht allein darum, von der Beherrschung durch einen anderen – den Herrn –, sondern von der Knechtschaft der Gewohnheit (die darin die Knechtschaft zur Gewohnheit macht) frei zu sein. Es geht um die Freiheit von der Gewohnheit, die ich bin, von der Identität des Subjekts. Die Freiheit ist die Freiheit von sich selbst. Sie ist die Freiheit zu einem »absoluten« Neuanfang – die Freiheit der Spontaneität.

Der Idealismus versucht, die Freiheit von der Gewohnheit

und ihrem Gesetz der Identität zu denken, ohne die griechisch-praktisch-subjektive Definition der Freiheit als Können in Frage zu stellen (Kapitel 2, Abschnitt [c]). Der Idealismus will vollenden, was die Griechen begonnen haben. Er will zeigen, dass das Können des Subjekts, das durch die Gewohnheit gebildet wird, über die Gewohnheit hinausgeht. Das heißt idealistisch verstanden »Vernunft«. Die Vernunft ist befreiend, weil sie die Macht hat (oder gar ist), die Identität zu negieren, die das Subjekt und sein Können – die durch soziale Gewöhnung oder Disziplin hervorgebracht wurden – beherrscht; die Vernunft des Subjekts ist das Vermögen, die Identität zu negieren, die das Subjekt der Gewohnheit ausmacht. Weil sie ein Akt der Vernunft ist, ist die befreiende Negation der Gewohnheit – die das Können des Subjekts ausmacht –, idealistisch verstanden, selbst die Ausübung eines Könnens. Idealismus heißt beides: Das Subjekt negiert *sich* – es negiert das Gesetz der Identität, das es ausmacht –, und es negiert sich *selbst* – die Negativität ist sein eigenes Vermögen. Das idealistische Subjekt befreit sich selbst.

Die materialistische Gegenthese besagt, dass die Negation der Gewohnheit und ihres Gesetzes der Identität nicht die eigene Macht und Tat des – dadurch vernünftigen – Subjekts sein kann. Die Negation seiner Identität widerfährt dem Subjekt; es erfährt sie. Das geschieht in der Erfahrung der Faszination oder der Faszination der Erfahrung (denn jede wahre Erfahrung ist eine Erfahrung der Faszination; Kapitel 2). Darin erfahren wir, dass sich die gewohnheitsmäßig gegebene Bestimmtheit eines Gegenstands durch sich selbst auflöst und uns das unbestimmt-bestimmbare Dass – dass es etwas (für uns) gibt – erscheint. Diese Erfahrung ist von außen bewirkt; das Selbst erleidet ihre Negativität. Die Erfahrung, in der sich die Gewohnheit auflöst, ist daher nichts anderes als die Erfahrung des Außen. Dabei heißt »Außen«, was sich dem Bestimmen entzieht, weil es der Grund ist, der das Bestimmen zugleich ermöglicht und unterläuft. Mit dieser Erfahrung, der passiv erlittenen Wirkung des Außen, beginnt die Befreiung des Selbst. Die Spontaneität der Freiheit gründet, materialistisch verstanden, in der Erfahrung.

Dieser Gegensatz zwischen der idealistischen und einer ästhetisch-materialistischen Bestimmung der Freiheit, zu dem die Überlegungen des ersten Teils hinführen, erinnert an eine Stelle in der Davoser Disputation zwischen Ernst Cassirer und Martin Heidegger, die ebenso zentral wie im Rückblick verblüffend ist; denn sie ist ein Moment in dieser Disputation, der die Möglichkeit einer ganz anderen Frontstellung eröffnet als die, in der sich Heidegger danach verschanzt hat.[321] Darin geht es um die »Stellung des Idealismus«, zu dem sich Cassirer bekennt, und den Einwand, den Heidegger gegen dessen Idealismus formuliert. Dieser Einwand betrifft nichts anderes als die Freiheit. Genauer: Er betrifft die Frage, wie die Freiheit als Befreiung zu denken ist. Darauf spitzt Heidegger in diesem entscheidenden Moment die Kontroverse mit Cassirer um den Idealismus zu.

Dass es um die Befreiung gehen muss, folgt nach Heidegger daraus, dass die Freiheit kein Gegenstand der Erkenntnis sein kann. Darin sieht Heidegger den Ausgangspunkt bei Kant, den er mit Cassirer teilt. »Wir begreifen die Freiheit nicht, sondern nur die Unbegreiflichkeit der Freiheit.« Wenn dies zutrifft, dann ist die Freiheit, so Heidegger, keine Gegebenheit; es gibt sie nur in der Befreiung: »[W]eil Freiheit kein Gegenstand des theoretischen Erfassens ist, vielmehr ein Gegenstand des Philosophierens, so kann das nichts anderes heißen, als daß die Freiheit nur ist und sein kann in der Befreiung. Der einzige adäquate Bezug zur Freiheit im Menschen ist das Sich-befreien der Freiheit im Menschen.« Dies zu verstehen, ist »die eine Aufgabe […], der der Philosoph sich zu beugen hat«. Das Denken der Befreiung, die Klärung des Begriffs der Befreiung, muss »das Einzige und Zentrale sein, was Philosophie als Philosophieren leisten kann«. Wie die Philosophie die Befreiung denken – und damit zur Befreiung beitragen – kann, ist nach Heidegger die entscheidende Frage, die zwischen Cassirer und ihm zur Debatte steht.

Cassirer beantwortet Heideggers Frage nach der Befreiung durch den Begriff der Form. Die Befreiung des Menschen besteht darin, dass er »sein Dasein in Form verwandelt, d. h. indem er alles, was Erlebnis in ihm ist, nun umsetzen muß in irgend eine objektive Gestalt«. Denn die Objektivierung der Formbildung »führt [...] die Endlichkeit in etwas Neues hinaus. Und das ist die immanente Unendlichkeit [...], das echte Geisterreich [...], die von ihm selbst geschaffene geistige Welt.« Hegel nannte diese Welt »das Reich der Freiheit«, das der Begriff hervorbringt. Die Form, von der Cassirer spricht, ist die Form des Bewusstseins; die Form ist die bewusste oder selbstbewusste Form. Die Befreiung besteht nach Cassirer darin, dass das Subjekt sich seine »Erlebnisse« so aneignet, dass es diesen die Form des Bewusstseins gibt: indem es sie begreift, also das im Erlebten Widerfahrene zum eigenen, selbstbewussten Akt macht.

Heidegger entgegnet darauf, dass die »Befreiung der inneren Transzendenz des Daseins« nicht darin bestehen kann, »frei zu werden gewissermaßen für die gestaltenden Bilder des Bewußtseins und für das Reich der Form, sondern frei zu werden für die Endlichkeit des Daseins«.[322] Die Befreiung ist nach Heidegger nicht die Transformation des Erlebten in die Form, die, idealistisch verstanden, nur die Aneignung im Bewusstsein – im Denken als Begreifen – sein kann, sondern die Bejahung der Endlichkeit. Das entspricht genau der Gegenposition zum Idealismus, die der ästhetische Materialismus der Freiheit bezieht. Denn was heißt Endlichkeit? Endlichkeit heißt »Nichtigkeit«, und Nichtigkeit heißt, dass das Selbst seine Vollzüge nicht selbstbewusst hervorbringen kann. Seine Vollzüge, sein Sein in der Welt, haben oder sind ein Sein, das seinem Bewusstsein vorhergeht. Diesem ersten materialistischen Motiv – das Sein kommt vor dem Selbstbewusstsein – entspricht das zweite, dass es sich bei den Vollzügen des Selbst, indem sie über sein Bewusstsein hinausgehen, nicht um von ihm hervorgebrachte Akte handelt, sondern dass das Selbst darin Wirkungen ausgesetzt ist, die es passiv erleidet. Es erleidet sie *von außen*: Der Materialismus der Endlichkeit ist die uneinholbare Bezogenheit des Selbstbewusstseins auf ein vorgängiges Außen.

Der entscheidende Schritt, den Heidegger in der Debatte mit Cassirer macht, besteht aber erst darin, dass er diese negative Bestimmung positiv oder affirmativ denkt – und damit eine antiidealistische Neubestimmung der Freiheit vornimmt. Endlich zu sein heißt nach Heidegger nicht, mehr oder weniger resignativ einzusehen, dass man »der Zeit und der Zukunft nicht Herr ist«[323] – dass man nicht sein eigener Herr ist. Der materialistische Einwand gegen die idealistische Gleichsetzung von Freiheit und Selbstbewusstsein besagt nicht, dass die Freiheit endlich und daher »diese Freiheit eine begrenzte wäre«. »Die *endliche* Freiheit bezeichnet im Gegenteil die Freiheit *selbst.*«[324] Die Endlichkeit ist keine äußere Begrenzung, sondern die Bedingung, ja das Medium der Freiheit. Also besteht die wahre Freiheit genau darin, passiv die Wirkungen eines Außen zu erleiden. Diese Passivität vollzieht sich in der Erfahrung; denn die Erfahrung ist wesentlich passiv, und die Passivität der Erfahrung ist die Erfahrung der Passivität – die Erfahrung des uneinholbaren Außen. Das ist das Argument, auf dem Heideggers These gegen Cassirer beruht, dass die Freiheit nicht in der »immanenten

Unendlichkeit« der geistigen, selbstbewussten Formen liegt, sondern in der »Endlichkeit des Daseins«. Das Argument besagt, dass die Befreiung in der Erfahrung beginnt, weil zu erfahren nichts anderes heißt, als eine Wirkung von außen zu erleiden, sich der Abhängigkeit von einem Außen auszusetzen. Die Befreiung besteht darin, diese Abhängigkeit zu erleiden und sie – zuerst im Gefühl der ästhetischen Lust: der Faszination – zu *bejahen*. Das ist die materialistische Bestimmung der Befreiung. Materialistisch verstanden ist die Befreiung nicht die Befreiung von der Abhängigkeit oder Passivität, die die Endlichkeit des Selbst definiert, sondern die Befreiung *zu* ihr.

*

Wie lässt sich diese materialistische Bestimmung der Befreiung verstehen? Eine Formulierung von Adorno bezeichnet ihren zentralen Punkt und ihr entscheidendes Problem. In dieser Formulierung nennt Adorno es eines der »Geheimnisse des Freiheitsbegriffs«, dass in ihm »in einer sehr seltsamen Weise gerade die äußerste Erhebung des Ichs mit dem Abgrund des Ichs sich zusammenfindet«.[325] Die »Erhebung des Ichs« – das ist seine Befreiung – kann nicht die eigene Tat des Ichs sein; sie kann nicht idealistisch durch das Vermögen des Subjekts, durch seine Vernunft erfolgen. Sondern die Befreiung geschieht allein, indem sich im Ich ein Abgrund öffnet und das Ich sich diesem Abgrund ausliefert. Die Erhebung des Ichs ist sein Sturz: der Sturz in die Endlichkeit und Abhängigkeit, die das Ich ist – die sein Sein ausmacht – und die es in jeder wahren Erfahrung lustvoll-fasziniert erfährt.

Wenn dies der zentrale Punkt der materialistischen Bestimmung der Befreiung ist (in dem Adorno mit Heidegger übereinstimmt), dann zeigt Adornos Formulierung zugleich deren zentrales Problem. Denn damit das Zugleich von Erhebung und Abgrund des Ichs nicht ein Geheimnis bleibt, sondern sich *verstehen* lässt, muss die abgründige Abhängigkeit, die das endliche Sein des Selbst ausmacht, genauer bestimmt werden. Das aber scheint unmöglich, ja ein Widerspruch in sich zu sein. Denn warum und wodurch ist die Wirkung, die das Selbst von außen erleidet, befreiend? Bisher – in Kapitel 2 – wurde diese Frage so beantwortet: Sie ist befreiend, weil sie sich *nicht* bestimmen lässt und damit das Gesetz der Identität durchbricht, das das Subjekt beherrscht. Das Außen ist das Unbestimmte, das darin der Grund eines freien, nichtidentitären, neuen Bestimmens ist: das Unbestimmte als der Grund der Bestimmbarkeit. Diese Antwort reicht aber nicht. Sie reicht nicht, um zu begreifen, weshalb – und wie – nur das Erleiden einer Wirkung von außen befreiend sein kann. Denn die materialistische Bestimmung der Befreiung ist zutiefst zweideutig.

Das ist die These, die sich einem Text Karl Löwiths entnehmen lässt, der Heidegger und Rosenzweig einander gegenüberstellt.[326] Diese Gegenüberstellung ist nach Löwith umso wichtiger, weil sie von ihrer tiefgreifenden Übereinstimmung ausgeht (die Rosenzweig selbst in einem Kommentar zum Davoser Streit festgehalten hat, in dem er Heideggers Position als die konsequente Fortsetzung des »neuen Denkens« deutet – während Cassirer in den Idealismus zurückfalle[327]). Heidegger und Rosenzweig stimmen nach Löwith in einem Grundsatz überein, der sich (im oben erläuterten Sinn) »materialistisch« nennen lässt. Dieser Grundsatz besagt: »[D]ie Welt ist im voraus da, einfach schon da, das Sein der Welt ist ihr Immer-schon-da-sein.«[328] Das ist der Grundsatz, wie Rosenzweig sagt, der »Tatsächlichkeit« und damit der Erfahrung. Denn die Erfahrung *ist* die »Erfahrung der

Tatsächlichkeit«[329] – also materialistisch. In jeder Erfahrung erfährt das Selbst daher, dass es uneinholbar von einem Außen abhängt und daher endlich ist (oder wie Rosenzweig sagt: eine »Kreatur«).

Aber das verstehen Heidegger und Rosenzweig nach Löwith auf zwei verschiedene, einander scharf entgegengesetzte Weisen. Heidegger versteht es so, dass das Selbst »überhaupt nichts anderes und Besseres tun [kann], als so entschieden wie möglich ganz zu sein, was es jeweils seiner Herkunft nach schon ist und sein-kann«; das Außen, zu dessen Erfahrung das Selbst sich nach Heidegger befreit, ist sein Herkommen, das, was es immer schon war und immer nur sein wird. Das Außen, das die Befreiung bejaht, ist nichts anderes als das Außen des Schicksals. Befreiung von der Subjektivität heißt für Heidegger: Einrückung ins Schicksal. Denn Heideggers Selbst erfährt sich zwar als abhängig von einem Außen, das es nicht einzuholen und aus sich selbst hervorzubringen vermag, und bleibt doch »blind und taub für jedes Licht, das nicht schon in seinem Umkreis brennt, und für jede Stimme, die nicht schon von ihm selbst her ertönt. Es ist und bleibt ein Höhlenbewohner.« Genau an dieser Stelle denkt Rosenzweigs »erfahrende Philosophie« – sein »absoluter Empirismus«, der von der »Tatsächlichkeit« ausgeht (also eine entschiedene Figur des ästhetischen Materialismus ist) – nach Löwith radikal anders. Denn nach Rosenzweig kann die Abhängigkeit von einem Außen nur befreiend sein, wenn sie zu bejahen ein »Sichöffnen« ist;[330] wenn also die Abhängigkeit des Selbst es nicht bindet und einschließt, sondern für ein Gebot öffnet, das ebenfalls nur von außen kommen kann – also niemals das Eigene des Selbst werden kann: Es gibt keine Autonomie; die Autonomie kann nur idealistisch gedacht werden –, aber gerade darin das Selbst über sich hinausführt.[331] Die Bejahung des Außen schreibt das Selbst nicht in sein Schicksal ein, sondern macht es zu einem »Fremdling«[332] in der Welt. Die Freiheit besteht darin, in der Welt über die Welt hinauszugehen.

Dieser Hinweis zeigt nicht, wie die materialistische Bestimmung der Befreiung richtig zu verstehen ist. Löwiths Vergleich macht vorerst nur deutlich, dass diese Bestimmung zutiefst zweideutig ist, ja zu völlig entgegengesetzten Konsequenzen geführt werden kann. Denn unabhängig von der Frage, ob Löwith Heidegger richtig versteht (und ob es nicht auch bei Heidegger selbst eine ganz andere Möglichkeit gibt, die befreiende Bejahung der Endlichkeit zu verstehen), zeigt sein Argument, dass die materialistische Formel der Befreiung – Bejahung der Abhängigkeit, Affirmation der Endlichkeit – Theorien und Praktiken hervorbringen kann, die aus sich heraus erneut in Knechtschaft umschlagen. Die antiidealistische Grundthese des Materialismus besagt, dass sich die Freiheit des Selbst einer Wirkung und Macht von außen verdankt; dass frei zu sein heißt, diese Wirkung und damit das Außen zu bejahen. Diese These – so zeigt sich an Löwiths Gegenüberstellung von Heidegger und Rosenzweig – ist gefährlich; der Materialismus ist eine Gefahr für die Freiheit. Denn wo verläuft und wer zieht die Grenze, die zwischen der einen Macht von außen unterscheidet, die unterdrückend ist, und der anderen, die befreiend ist? Oder genauer (und schwieriger, weil abgründiger): zwischen einer Befreiung – Heideggers Befreiung zum Schicksal –, die die Befreiung zur Knechtschaft ist, und der anderen Befreiung – Rosenzweigs Befreiung zum Gebot –, die öffnend ist und alle Knechtschaft auflöst? Die Gefahr des Materialismus liegt darin, dass er uns durch das Versprechen der Befreiung bereit macht, uns der Wirkung einer Macht von außen zu überantworten, von der wir nicht wissen, ob sie unterdrückend ist und wie (oder ob) sie befreiend sein kann. Die Frage, ob sich das »Geheimnis« (Adorno) im Zentrum des materialistischen Begriffs der Befreiung – dass sich die Erhebung des Ichs seinem Sturz, seine Freiheit der Bejahung seiner Abhängigkeit verdanken soll – auflösen lässt, ist keine rhetorische. Sie ist die entscheidende Frage, wenn man begreifen will, ob es diesseits oder jenseits des Idealismus überhaupt Freiheit geben kann.

**

Das ist nichts anderes als die Frage, ob die Befreiung *radikal* sein kann: ob es eine radikale Befreiung gibt. Die Befreiung ist radikal, wenn sie hinter die Subjektivität zurückgeht, durch die die griechische Genealogie – die Genealogie des Westens – die Freiheit definiert. Die radikale Befreiung ist also die Befreiung der Befreiung. Denn sie ist die Befreiung von der Befreiung, die die Subjektivität hervorbringt – von der griechischen oder westlichen Befreiung. Sie ist die Befreiung der Freiheit von der Subjektivierung. Freiheit, *eleuthería* – so das Programm der radikalen Befreiung – muss etwas ganz anderes heißen als bisher. Eine Figur in Samuel Becketts *Eleutheria*, Victor, sagt dies so: »Zuerst war ich Gefangener der andern. Darauf habe ich mich von ihnen getrennt. Dann war ich mein eigener Gefangener. Das war noch schlimmer. Darauf habe ich mich von mir getrennt.«[333] Die Befreiung über die griechische – praktische, subjektive, westliche – Freiheit hinauszutreiben heißt, sich davon zu befreien, ein Subjekt zu sein. Die Befreiung muss an die Wurzel des Subjekts gehen und seine gesellschaftliche Konstitution in Frage stellen. Sie muss also – so die Bedeutung und Konsequenz von Victors Selbstbefreiung: der Befreiung von sich selbst – davon befreien, sozial oder kulturell, ein soziokulturelles Wesen zu sein.

»Aber das ist ja faszinierend. Wie trennt man sich von

sich? […] sagen Sie uns nur, wie man es anstellt, sich von sich zu trennen.« – »Indem ich so wenig wie möglich *war*. Indem ich mich nicht rührte, nicht dachte, nicht träumte, nicht redete, nicht hörte, nicht wahrnahm, nicht wußte, nicht wollte, nicht konnte, und so weiter. Ich glaubte, das wären meine Gefängnisse.« Die Freiheit verzehrt das Leben (oder sie ist die Imagination des Todes: »Das ist die Freiheit: sich tot sehen«).[334] Gibt es eine andere Antwort als diese quietistische, ja pessimistische und lebensfeindliche darauf, wie die radikale Befreiung sich vollzieht? Die andere Antwort ist die Bejahung der Endlichkeit, also des Leidens, des Erleidens einer Wirkung von außen. »Das Leiden zu sein: das heißt, das freie Spiel jeder Fähigkeit.«[335]

Kurz vor dem Ende oder Abbruch des *Endspiels* hält Clov, der Knecht und Clown, einen Monolog, in dem er auf die Bitte oder den Befehl seines Herrn Hamm hin »ein letztes Mal« vor seinem Weggehen zu ihm spricht.

> Man sagte mir: Hier, bleib stehn, Kopf hoch, schau dir diese Herrlichkeit an. Diese Ordnung! Man sagte mir: Nur zu, du bist doch kein Tier, bedenke diese Dinge und du wirst schon sehen, wie klar alles wird. Wie einfach! […] Ich sage mir … manchmal, Clov, du mußt noch besser leiden lernen, wenn du willst, daß man es satt kriegt, dich zu strafen … eines Tages. […] Aber ich fühle mich zu alt und zu weit weg, um neue Gewohnheiten annehmen zu können. Gut, es wird also nie enden, ich werde also nie gehen. *Pause.* Dann eines Tages, plötzlich, endet es, ändert es sich, ich verstehe es nicht, stirbt es … oder bin ich es, ich verstehe es nicht, auch das nicht. Ich frage es die Wörter, die übrigbleiben – Schlafen, Wachen, Abend, Morgen. Sie können nichts sagen. *Pause.* Ich öffne die Tür der Zelle und gehe.[336]

Das Weggehen, die Befreiung, wird möglich, wenn man besser leiden lernt. Wer spricht hier? Die Ordnung, die Unterwerfung verlangt? Oder die Befreiung, die die Tür nach draußen öffnet? Und wie lassen sie sich unterscheiden, wenn beide verlangen, leiden zu lernen? Wie kann man besser oder schlechter leiden – richtig und falsch, befreiend und knechtisch?

II. Zwei Modelle: Ökonomie und Religion

Was ist es doch, das uns so häufig anficht, welche Mücke lässt uns nicht schlafen? Es geht geisterhaft um uns zu, jeder Augenblick des Lebens will uns etwas sagen, aber wir wollen diese Geisterstimme nicht hören. Wir fürchten uns, wenn wir allein und stille sind, dass uns etwas in das Ohr geraunt werde, und so hassen wir die Stille und betäuben uns durch Geselligkeit.

Friedrich Nietzsche[1]

Die Befreiung kann nur in der Erfahrung beginnen, aber zugleich muss die Befreiung über die Erfahrung hinausgehen. Denn die Befreiung, die nur erfahren wird, ist vorübergehend und folgenlos. Weil sie die Knechtschaft der Gewohnheit bloß aussetzt, setzt sie sie – mit dem Ende der befreienden Faszination – wieder ein; die Befreiung in der Erfahrung verrät sich selbst. Der Befreiung treu zu bleiben, verlangt daher, die Befreiung nicht nur zu erfahren, sondern sie zu wollen, und das heißt: sie zu denken.

Das geschieht, indem wir nach der Bedeutung fragen, die die befreiende Erfahrung der Bestimmbarkeit, in der die Knechtschaft der Gewohnheit zerbricht, für unser Bestimmen, für die Bestimmung der Welt und des Selbst, also für unser Leben hat. Das Denken der Befreiung beginnt damit, dass wir uns fragen, was unsere Erfahrungen – die Bilder der Faszination, die uns immerzu und überall, am »Rand der Straße« (Louis Aragon) erwarten – uns *sagen* wollen: welche – so fragt Friedrich Nietzsche – »Geisterstimme« durch diese Bilder spricht.[2]

Im Denken der Befreiung wird aus dem Sehen des Bilds ein Hören, das Horchen auf eine Stimme, nach deren Bedeutung wir fragen. Das Denken der Befreiung wird zur Hermeneutik: Es vernimmt in dem Bild einen »Zuruf« (Nietzsche), eine Aufforderung von außen, der wir folgen müssen. Indem wir sie denken, wird aus der Faszination eine Verpflichtung und wird die Befreiung zu einem Akt oder Vollzug, durch den wir diese Verpflichtung erfüllen. Nietzsche sagt dies so, dass das Selbst, das sich befreit, dem Ruf seines »Gewissens«

folgt, das ihm sagt: »Das bist du alles nicht, was du jetzt thust, meinst, begehrst.«[3] Die Ästhetik der Befreiung (Teil I) hat untersucht, wie sie in der Erfahrung geschieht, wie wir sie durch eine Wirkung von außen erleiden; darin ist der ästhetische Begriff der Befreiung materialistisch – eine Theorie der Endlichkeit. Im Denken der Befreiung (Teil II) geht es darum, wie in der Erfahrung eine Forderung gehört und damit die Befreiung in eine Tat verwandelt wird: die Tat, die die Forderung erfüllt. Welche Forderung? Woher kommt sie, was sagt sie und verlangt sie?

Ich werde im Folgenden zwei grundlegend verschiedene, ja in ihrer Konsequenz scharf entgegengesetzte Weisen rekonstruieren, diese Frage zu beantworten. Diese beiden Weisen, die Erfahrung als ein Hören, als das Hören auf eine Stimme von außen zu denken, bilden zwei Grundmodelle einer Theorie der Befreiung. Das erste Modell hört darin die Forderung der Natur, das zweite die Forderung Gottes. Das erste Modell versteht das Außen, aus dem diese Stimme spricht, als präsubjektiv, das zweite als transsubjektiv. Das erste Modell ist eine Position radikaler Diesseitigkeit; es versteht das Außen des Subjekts naturalistisch: als die Form, die es von Natur aus hatte und die durch seine Subjektivierung zerstört worden ist. Das zweite Modell hingegen ist eine Position radikaler Transzendenz; hier ist das Außen des Subjekts, das es befreit, das Höhere (oder Höchste): es liegt nicht vor dem Subjekt, sondern steht über dem Subjekt.

Das erste Modell ist das Programm des modernen Individualismus, das das Individuum, die Form der Individualität, als die natürliche Form versteht, die das Selbst in der Gesellschaft – das heißt: indem es zum Subjekt wurde – verloren hat und wiedergewinnen muss. Das, so wird sich zeigen (Kapitel 3), ist die Grundbestimmung des spezifisch modernen Begriffs der Ökonomie; denn die natürliche Form der Individualität zurückzugewinnen heißt, die Verantwortung für seine Vermögen zu übernehmen: seine Vermögen zu erhalten und zu steigern – also: konsequent ökonomisch zu denken und zu handeln. Und weil die ökonomische Existenz die Wirklichkeit des zu seiner natürlichen Form befreiten Individuums ist, ist die moderne Ökonomie nicht oder nicht nur eine Ordnung der Effizienz, Nützlichkeit, Rationalität usw., sondern zuerst eine Ordnung der Befreiung. In strikter Entgegensetzung dazu versteht das zweite Modell die Befreiung als die Unterwerfung unter ein Gebot. Das ist das Gebot, die Absichten und Vollzüge, die uns als selbsterhaltende Subjekte ausmachen, auszusetzen. Das Gebot, das die zweite Antwort in der faszinierenden Erfahrung des Außen vernimmt, ist das Gebot des Gebots: das Gebot, überhaupt dem Gebot oder dem Gebot überhaupt, dem unbedingten Gebot, zu gehorchen (Kapitel 4). Das freie Selbst ist nicht – wie im ersten Modell – das Individuum, das seine natürliche Form wiedergewinnt, indem es seine Vermögen verwirklicht (und steigert), sondern der Gläubige, der sein Selbstvertrauen preisgibt und den Geboten des Anderen folgt. Die zweite Form der Befreiung führt in die – unbedingt verstandene, monotheistische – Religion. Und das heißt wiederum umgekehrt, dass die Religion nicht nur eine Ordnung des Trostes, der Sinngebung, der Kontingenzbewältigung usw. ist, sondern zuerst eine Praxis der Befreiung.

Natur oder Gott sind die beiden alternativen Bestimmungen des befreienden Außen, (moderne) Ökonomie und (monotheistische) Religion die beiden Modelle der Befreiung. Was aber könnte unterschiedlicher, ja gegensätzlicher sein? Müssen die moderne, naturalistische Ökonomie und die religiöse, genauer monotheistische Tradition nicht als die schärfsten Gegensätze statt als zwei Antworten auf dieselbe Frage verstanden werden? Dieser Einwand kommt zu schnell; er übersieht die Versuchsanordnung, in der die beiden Antworten hier zusammengebracht werden. Es geht um die Frage, die am Ende des ersten Teils stand: Wie kann die Freiheit nach- oder antiidealistisch gedacht werden? Die Freiheit idealistisch zu denken heißt, sie auf den Begriff (Hegel) oder die Form (Cassirer) als dem Vernunftvermögen des Subjekts zu begründen. Die Alternative zum Idealismus besteht darin, die Endlichkeit des Selbst als seine Freiheit – und die Freiheit als seine Endlichkeit – zu denken. Dabei heißt endlich zu sein, Wirkungen von außen ausgesetzt zu sein, die wir nicht einholen und in eigene Tätigkeiten verwandeln können; das Denken der Endlichkeit ist das »Denken des Außen« (Foucault). Das Problem besteht darin, dass damit die Idee der Freiheit unvereinbar zu sein scheint. Denn wie können wir im Erleiden von äußeren Wirkungen frei sein, ja dadurch, dass wir sie bejahen, frei werden? Wie ist das Paradox aufzulösen, dass das Selbst dadurch frei wird, dass es seine Subjektivität preisgibt und seine Abhängigkeit bejaht?

Die Versuchsanordnung dieses zweiten Teils besteht darin, die (moderne) Ökonomie und die (monotheistische) Religion als zwei grundverschiedene, ja entgegengesetzte Weisen zu sehen, auf diese Frage eine Antwort zu geben. Daher sind sie vergleichbar; sie beantworten dieselbe Frage. Denn beide sagen: Wir werden nur frei, indem wir auf einen Ruf von außen hören, dessen Autor nicht das Subjekt selbst sein kann. Das Selbst wird also nur frei, indem es bestimmt wird: durch seine Natur oder durch Gott. Allein darin, in der Bejahung dieser Äußerlichkeit, die ihm innerlich, sein Innerstes ist, in der Bejahung seiner Natürlichkeit oder der Transzendenz, besteht die Freiheit des Selbst. Die beiden Kapitel dieses Teils werden zuerst zeigen, wie die moderne Ökonomie und die monotheistische Religion dies verstehen und was für ihre jeweilige Deutung spricht, um dann zu erklären, weshalb jedes der beiden Modelle – auf je eigene Weise und mit je ganz anderen Folgen – scheitern muss.

3.
Befreiung zur Selbständigkeit. *Breaking Bad*

> Und wie kommen diese Besserwisser darauf, daß der Mensch auf irgendein normales, irgendein tugendhaftes Wollen angewiesen ist? Woher wollen sie wissen, daß der Mensch auf irgendein unbedingt vernünftig-vorteilhaftes Wollen angewiesen ist? Der Mensch ist einzig und allein auf das *selbständige* Wollen angewiesen, was diese Selbständigkeit auch kosten und wohin sie auch führen mag. Nun, das Wollen, weiß der Teufel …
>
> *Fjodor Dostojewski*[4]

In einer abgründigen Erzählung aus dem Jahr 1922 lässt Fernando Pessoa einen Bankier auftreten, der zur Verblüffung seines Gesprächspartners behauptet, er sei »in der Praxis ebensosehr Anarchist wie in der Theorie« und dass sein Leben »der Beweis dafür« sei – und zwar: sein Leben als Bankier, als ein »große[r] Händler und Schieber«. Ein Anarchist ist einer, so erklärt der Bankier, der in den »gesellschaftlichen Konventionen und Fiktionen« das »wahre Übel, das Übel schlechthin« sieht.[5] Sie legen fest, wer wir sind – Ehemann, reich oder arm, Katholik oder Protestant usw. –, und mauern uns in künstlichen Identitäten ein, deren Tyrannei umso größer ist, als wir sie nicht empfinden, weil sie uns als natürlich erscheinen: weil wir an sie »gewöhnt« sind. Dagegen setzt der Anarchist die Freiheit:

> Was will denn ein Anarchist? Freiheit – Freiheit für sich und die anderen, für die ganze Menschheit. Er möchte sich vom Einfluß und dem Druck der gesellschaftlichen Fiktionen befreien, er möchte frei sein, wie damals, als er geboren wurde und ins Leben trat, so frei, wie er es eigentlich immer sein sollte, ginge es gerecht zu, und diese Freiheit will er für sich und die anderen. [...] nur – die gesellschaftlichen Fiktionen verhindern es, und so galt es, die gesellschaftlichen Fiktionen zu vernichten.[6]

Freiheit heißt für den Anarchisten: Freiheit von der Gesellschaft und ihren erfundenen Festlegungen, die wir gewohnheitsmäßig wiederholen, indem wir an ihren differenzierenden (und damit identifizierenden) Praktiken teilnehmen; Freiheit ist der Zustand, in dem uns nur bestimmt, was wir von Natur aus sind (und nicht ändern können). Das Problem, vor dem der Anarchist steht, wenn er die Freiheit verwirklichen und von der Gesellschaft zur Natur zurückkehren will, liegt darin, dass dies nur durch kollektives Handeln möglich ist – und dass alles kollektive Handeln unweigerlich dem Gesetz unterliegt, »neue gesellschaftliche Fiktionen heraufzubeschwören, die schon insofern nicht taugen können, als es sich wiederum nur um Fiktionen handelt«. Die politischen Anarchisten, die neue Kollektive bilden, sind daher immer nur Anarchisten in der Theorie, nicht in der Praxis. Es bedarf einer anderen »Methode« oder »Technik«, um die Freiheit von der Gesellschaft zu verwirklichen. Es bedarf einer Technik, die die Freiheit bewahrt, nicht verspielt. Und weil die kollektive Option nicht funktioniert, wird dies, so die Konsequenz des Bankiers, eine Technik sein müssen, durch die »ich diese Freiheit nur für mich [erringe]«. Weil diese Technik aber die Gesellschaft nicht als ganze verändern kann, wird daher, nächste Schlussfolgerung, die Freiheit von der Gesellschaft eine Freiheit in der Gesellschaft – in der Gesellschaft, wie sie derzeit ist – sein müssen; denn »ich allein kann keine gesellschaftliche Revolution machen«.[7] Weil überdies noch die anarchistische Theorie richtig ist, nach der die mächtigste gesellschaftliche Fiktion neben dem Staat das Geld ist, wird – letzte Schlussfolgerung, die den konsequenten Anarchisten zum Bankier macht – die anarchistische Technik der Befreiung im Ökonomischen operieren müssen. Sie wird den Einzelnen von der Macht des Geldes befreien müssen, ohne diese Macht abschaffen zu können. Sie wird also darauf zielen, dass er selbst das Geld hat: dass er ökonomisch selbständig ist.

Die Überlegung, die Pessoa vorführt, klingt skurril, und obwohl er hier unter keinem seiner Heteronyme schreibt, ist selbstverständlich völlig unklar (und ebenso irrelevant), ob er sie teilt. Aber die Argumentation des Anarchisten, der aus Überzeugung Bankier geworden ist, ist nicht skurril. Sie entfaltet vielmehr einen Gedanken, ja eine Ethik, die tief in die Moderne hineinreicht und mehr oder weniger verdeckt unsere Gegenwart bestimmt. Dieser Gedanke verbindet drei Elemente:

(1) die Einsicht, dass das Leben in der Gesellschaft als solches für den Einzelnen freiheitsverletzend ist, weil die Gesellschaft eine Ordnung der Anerkennung ist und die Anerkennung auf Identitäten zielt, die daher gewohnheitsmäßig reproduziert werden: das Motiv einer radikalen Gesellschaftsskepsis (deren Tradition von Pascal über Dostojewski und Nietzsche bis zu Freud reicht);

(2) die Überzeugung, dass der Einzelne seine Befreiung von der gesellschaftlichen Macht nur für sich selbst vollziehen kann, weil keine kollektive, politisch-revolutionäre Handlungsweise absehbar ist, in der sich das Problem der sozialen Anerkennung nicht genauso wiederholte: die Erfahrung des

Scheiterns aller Politik (die Pessoas Bankier ebenso am politischen Anarchismus wie an der sowjetischen Praxis demonstriert, in deren Zentrum nur mehr die Frage neuer »Gewohnheiten« – der »Disziplin«, wie Lenin unablässig sagt – steht[8]);

(3) den Schluss, dass sich der Einzelne aus der sozialen Abhängigkeit daher nur dadurch befreien kann, dass er unabhängig von den sozialen Fiktionen wird. Dazu muss er selbst über die Machtmittel verfügen, durch die die Gesellschaft sich reproduziert. Da dies in der bürgerlichen Gesellschaft vor allem das Geld ist, muss der Einzelne, um sich zu befreien, ökonomisch selbständig werden; das allein erlaubt ihm, ohne Rücksicht auf Gewohnheit und Anerkennung zu handeln – das heißt: frei zu sein.

Der Einsatzpunkt ist die Idee radikaler Befreiung von der Macht der Gesellschaft. Diese Idee treibt den Individualismus der Moderne an: Wie entkommt man der identifizierenden Macht der sozialen Anerkennung, an die uns unsere Interessen und Gewohnheiten fesseln? Die Antwort auf diese Frage gibt der Begriff der Selbständigkeit; selbständig zu werden ist die »Technik« (Pessoa) der individuellen Befreiung. Dieser Begriff der Selbständigkeit ist ökonomisch definiert. Denn Selbständigkeit meint die individuelle Aneignung, Erhaltung und Steigerung von Vermögen als brauchbarer Macht (und nichts anderes ist die moderne Definition des Ökonomischen; unten, S. 280f.). Dadurch ist der Einzelne frei von der Macht der anderen. Die individualistische Idee radikaler Befreiung führt zur ökonomischen Definition des Handelns. Genauer: Sie führt dazu unter der Prämisse, dass sich der Einzelne allein befreien muss – dass die Befreiung in einer Person geschehen muss (und kann). Unter dieser Prämisse, dass eine gesellschaftsverändernde Politik unmöglich ist (weil sie gesellschafts-, ja gewohnheitsrestituierend ist), führt die Idee der radikalen Befreiung zur ökonomischen Bestimmung des Handelns: Nur das ökonomische Handeln, das Handeln mit dem Ziel ökonomischer Selbständigkeit, ist wahrhaft frei. Daher verlangt die Selbstbefreiung des Individuums, dass es sich selbständig macht. Und das bedeutet oder verlangt, dass es sich – sein Wünschen, Wollen, Denken und Handeln – *ökonomisiert*.

Man würde die Radikalität von Pessoas Argument unterschätzen, wenn man es nur als eine spielerische Boshaftigkeit nähme, die zeigen wollte, dass der Anarchist mit der bürgerlichen Gesellschaft, als deren Todfeind er sich sieht, untergründig aufs Engste verbunden ist. Die Kraft von Pessoas Überlegung reicht viel weiter. Sie artikuliert die Verknüpfung von Befreiung, Individualismus und Ökonomie, die den Ursprung der Moderne bildet. Diese Verknüpfung geht in beide Richtungen. Sie führt vom Individualismus der Befreiung zur Ökonomie: Die Befreiung individualistisch zu verstehen bedeutet, das Subjekt und sein Leben zu ökonomisieren. Und sie führt von der Ökonomie zum Individualismus der Befreiung: Die Ökonomisierung der Subjekte und ihrer Beziehungen, die die bürgerliche Gesellschaft definiert, ist nichts anderes als ein Ausdruck, eine »Technik« der Befreiung.

Diese doppelt gerichtete Verknüpfung soll dieses Kapitel begrifflich entfalten. Dabei geht es zum einen darum, was die Begriffe »Individualismus« und »Ökonomie« (und »Ökonomisierung«) in ihrem Zusammenhang besagen und weshalb diesem Zusammenhang eine spezifische Konzeption radikaler Befreiung, der Befreiung von der sozialen Macht der Gewohnheit, unterliegt. Im Zentrum steht dabei das Projekt der ökonomischen Selbständigkeit. Und es geht zum anderen darum, aus der begrifflichen Matrix dieser ökonomischen Befreiungskonzeption die Aporien zu verstehen, in die sie sich verstrickt. Es geht um die Dialektik ihres Individualismus, um die Tragödie der Selbständigkeit – und um die Frage, was sich daraus lernen lässt.

Diese begriffliche Untersuchung geschieht hier im Blick auf die Gegenwart. Die Verknüpfung von Befreiung, Individualismus und Ökonomie, die die Idee der Selbständigkeit definiert, bestimmt zwar die Moderne von Anfang an. Sie steht aber auch im Zentrum derjenigen Aktualisierung ihres ursprünglichen Programms, die als »Neoliberalismus« bezeichnet wird. Der Neoliberalismus ist eine »schleichende Revolution«, die die Demokratie »zerstört« (Wendy Brown), nur indem und weil er zugleich ein »großer Sprung zurück« (Grégoire Chamayou) ist.[9] Oder er ist ein Bruch mit dem Bisherigen nur durch die Rückkehr zu dessen Anfang oder Ursprung: Der Neoliberalismus ist seinem Selbstverständnis nach eine erneuernde Wiederherstellung des liberalen Ursprungsprogramms der Moderne.[10] So lese ich ihn im Folgenden und nehme mithin seinen Anspruch ernst (den etwa Friedrich August von Hayek erhebt), ein Programm der Ökonomisierung *als Befreiung*, der Befreiung *durch Ökonomisierung* zu sein. Der Neoliberalismus ist nicht nur – auf der einen Seite – eine Theorie gesellschaftlicher Komplexität, die die soziale Integration nach dem Modell von Märkten denkt, und – auf der anderen Seite – das Programm einer Reihe politischer, rechtlicher, administrativer etc. Maßnahmen, die auf einen grundlegenden Umbau der Sozialstaatsmodelle zielen, die im Laufe des 20. Jahrhunderts in den Gesellschaften des Westens auf unterschiedliche Weise etabliert worden sind. Sondern der Neoliberalismus ist dies beides nur, weil er »ein normatives Modell individueller Lebensführung« (Ulrich Bröckling)[11] ist: ein Modell individueller Freiheit. Daher gilt nicht nur, dass der Neoliberalismus an emanzipatorische, libertäre Motive anknüpft und sie aufsaugt, sondern dass er in seinem Inneren von ihnen angetrieben wird: Sie sind *sei-*

ne – so wie der Bankier reklamieren kann, der wahre Anarchist zu sein.

Die Behauptung lautet also, dass wir den Neoliberalismus in der Theorie und in der Praxis nur verstehen können, wenn wir ihn als ein Programm, als eine Ethik der Befreiung verstehen: Der Neoliberalismus radikalisiert das Programm der individualistischen Befreiung bis zur Konsequenz der Ökonomisierung des Subjekts; ohne diesen Antrieb, das heißt nur aus den Interessen der herrschenden Klassen, denen er offenkundig und häufig schamlos dient, lässt sich sein Erfolg nicht verstehen. Er etabliert ein neues Ethos, das Ethos der Selbständigkeit. Genau darin aber, in seiner Ethik der Befreiung, besteht seine Unwahrheit. Der Neoliberalismus ist unwahr, nicht obwohl er ein Versuch der Befreiung ist, sondern weil, genauer: *wie* er es ist; weil er die falsche Form der Befreiung ist. Er verwirklicht die Befreiung nicht nur falsch, sondern er denkt sie falsch. Er ist von Anfang an – und deshalb bis zum Ende – die falsche Befreiung.

Um zu zeigen, weshalb die neoliberale Gegenwart die Gegenwart einer falschen Befreiung und worin diese Befreiung falsch ist, verbindet das folgende Kapitel den begrifflichen Klärungsversuch mit einer ästhetischen Deutung: der Deutung einer Erzählung, ihrer Geschichte und ihrer Form. Das ist die von Vince Gilligan konzipierte und gemeinsam mit Mark Johnson produzierte Fernsehserie *Breaking Bad*, die von 2008 bis 2013 in den USA ausgestrahlt wurde. Sie erzählt über 62 Episoden, wie der Chemielehrer Walter White sich in der tödlichen Falle des Freiheitsversprechens ökonomischer Selbständigkeit verfängt. Wie kaum einem anderen Kunstwerk der letzten Jahre gelingt *Breaking Bad* darin eine Analyse des gegenwärtigen Stands der Unfreiheit – indem sie ihn als Versuch der Befreiung begreift. Wenn es richtig ist, dass der Theorie-Praxis-Komplex, der sich aus den genannten Gründen als »Neoliberalismus« bezeichnen lässt, einen wesentlich fiktionalen Charakter besitzt – wenn der ökonomisch Freie und Selbständige eine »Realfiktion« ist: einen »gleichermaßen fiktionalen wie folgenreichen Charakter« besitzt (wie Bröckling betont[12]) –, dann lässt sich seine Realität nur studieren, indem seine Fiktion entfaltet wird. Um Theorie und Praxis zu verbinden, operiert der Neoliberalismus selbst narrativ. Er erzählt Geschichten von Veränderungen, von Verfall und Niedergang im Sozialstaat und von einer möglichen Renaissance der Selbständigkeit durch Reformen. Durch diese narrativen Formate *adressiert* der Neoliberalismus uns. Die Adressaten des Neoliberalismus sind nicht nur die Machthaber in Wirtschaft und Politik, sondern jede und jeder Einzelne. Er zielt aufs Subjekt; das Subjekt ist die Instanz, in der er wirkt. Der Neoliberalismus wirkt in den Biographien der Subjekte: durch die historiographischen Muster, die er bereitstellt; durch seine Reformen, die uns zu einem anderen Leben nötigen; durch die Programme, die uns zu einem neuen Verhalten erziehen. Der Neoliberalismus gibt eine Erzählung vor. Nur indem wir daher seine implizite narrative Form nach außen kehren, können wir verstehen, wie seine Kategorien funktionieren. Genau das tut *Breaking Bad*: *Breaking Bad* spricht, nicht zuletzt durch seine Serienform, die Wahrheit über den Neoliberalismus aus. Durch diese Serie erfahren wir, was das überhaupt ist: »Neoliberalismus«.

Breaking Bad *1: Walter Whites Entscheidung*

Breaking Bad erzählt davon, wie die Befreiung aus der Knechtschaft der alltäglichen Gewohnheiten beginnt. Wie wir gesehen haben (oben, Kapitel 2, S. 153-165), beginnt sie mit einem Blick der Faszination. Walter Whites Faszination gilt einem Bild, das verbindet, was er bisher in keinem

Gedanken zusammenzubringen vermochte. Es verbindet Chemie und Geld; es öffnet Walters Welt, die Welt seiner Arbeit und Fähigkeiten als Chemiker, für unendliche Möglichkeiten. Das fasziniert ihn – aber es ändert erst einmal nichts. Die Faszination ist eine Lücke in der Gewohnheit, aber sie hat nicht die Kraft, diese zu sprengen. Dazu bedarf es einer zweiten Erfahrung – die Erfahrung der Hinfälligkeit seines Körpers: dass er todkrank ist und bald (spätestens in »ein paar Jahren«) sterben wird.[13] Wenn jemals die Krankheit eine Metapher war, dann hier. Der Krebs spricht die Wahrheit über Walters Existenz: dass er nichts mehr zu erwarten hat – dass sein Leben Sterben, die Krankheit zum Tode ist.

Der Schock dieser Wahrheit – mein Leben ist, biologisch oder sozial, so gut wie beendet – entlädt sich in einem Wutanfall. Nach seinem faszinierten Blick auf das Fernsehbild vom Geld ist dies Walter Whites zweite Gefühlsregung. Walter White verlässt die Arbeit. Er geht einfach weg. Als er danach das Angebot seines Schwagers Hank (der für die Drug Enforcement Agency, kurz DEA, arbeitet) annimmt, ihn auf einer seiner Razzien gegen ein Drogenlabor zu begleiten, weiß man auch, wozu er sich entschieden hat: Er hat sich entschieden, sein Wissen als Chemiker nicht länger an gelangweilte Schüler zu verschwenden, sondern dazu zu nutzen, Methamphetamin »zu kochen« (wie es heißt) und damit sehr viel Geld zu verdienen; also seine Fähigkeiten als Chemiker für die Drogenproduktion einzusetzen, um dadurch Reichtum zu erwerben. Die Verbindung von Chemie und Reichtum, die Walter zuerst nur faszinierte, wird damit zu seiner eigenen Tat.

Die Zuschauer der Serie haben in Onlineforen mit großer Hingabe und Ernsthaftigkeit darüber gestritten, ob diese Entscheidung berechtigt, gar notwendig ist, und Kulturwissenschaftler und Experten der angewandten Ethik haben ihnen dies in Zeitschriften und Sammelbänden nachgetan – so als wären sie selbst Protagonisten der Serie, säßen mit im Wohnzimmer der Whites und könnten durch ihre Argumente, mit denen sie Walter angreifen oder entschuldigen, in den Lauf der Dinge eingreifen. Damit verspielt man aber das einzige Privileg, das der Zuschauer hat. Es besteht nicht darin, moralische Fragen[14] besser zu beantworten, sondern den Lauf der Dinge *erkennen* zu können, weil man dessen Drift, vom Anfang zum Ende, nicht unterliegt, sondern vom Ende zum Anfang zurückschauen kann. Von hier aus stellt sich aber eine ganz andere Frage als die, ob Walter Recht hatte, sich so zu entscheiden. Die Frage, die sich stellt, ist vielmehr, *wozu* und *wie* er sich überhaupt entschieden hat. Denn die offensichtlichste Konsequenz seiner Entscheidung ist, dass damit eine Sequenz von Ereignissen beginnt, die nur in der Form einer »neuen Serie« erzählt werden kann – und dass diese Form zuallererst dadurch definiert ist, dass es in ihr *keine weitere* Entscheidung geben wird. Die Serie – sagt daher Thomas Khurana über *Breaking Bad* – »beschreibt also nicht einfach eine fortschreitende Veränderung, sondern zielt auf die Untersuchung und Vertiefung des Bruchs, den sie zum Titel und Thema hat«.[15] Walter Whites Entscheidung ist ironisch; sie ist eine Entscheidung zu einer Existenz ohne Entscheidung. Alles, was er danach tut, wiederholt und bestätigt nur seine Grundentscheidung. Die Frage nach Walter Whites Entscheidung ist daher nichts anderes als die Frage nach der Möglichkeitsbedingung der Serie. Walters Entscheidung bringt ein Handeln hervor, von dem nur in der Form der Serie erzählt werden kann; indem er sich entscheidet, serialisiert er sein Handeln.

Deshalb kann die Frage nicht lauten, wie Walter Whites

Entscheidung moralisch zu bewerten ist: was für und gegen sie spricht, ob sie verurteilt werden muss oder entschuldigt werden kann. Die Frage lautet vielmehr, weshalb seine Entscheidung eine Existenz hervorbringt, die sich nur in der Form der Serie erzählen lässt. Auf diese Frage kann der Inhalt dieser Entscheidung keine Antwort geben. Walter entscheidet sich dazu, Reichtum zu erwerben; es geht um ökonomischen Erfolg. Seine Entscheidung ist aber ökonomisch auch noch in einem grundlegenderen Sinn. Sie definiert ihn als einen Produzenten. Sie bestimmt seine wissenschaftlichen Fähigkeiten als sein Kapital und definiert dadurch sein Verhältnis zu sich, zu anderen und zur Welt. Sie sind nichts anderes als die Felder für einen möglichst gewinnbringenden Kapitaleinsatz. Das ist die Weise, wie Walter White die gewohnheitsbrechende Befreiung, die er in der Faszination erfahren hat, zu seiner eigenen Tat macht: indem er seinem Wollen, Denken und Handeln eine ökonomische Form gibt.

Dieses Kapitel soll klären, wie das ökonomische Konzept der Befreiung – das Programm, dass wir frei werden, indem wir unser Wollen, Denken und Handeln ökonomisieren: ihnen eine ökonomische Form geben – zu verstehen ist. Diese Klärung erfolgt in drei Schritten:

(a) Worin besteht die Freiheit des ökonomischen Menschen? Der ökonomische Mensch ist frei, weil er das Gegebene als Möglichkeiten versteht, die er gebrauchen kann, und seine Ziele als Werte begreift, die er abwägen und umwerten kann: *das Ethos der Selbständigkeit.*

(b) Wie befreit sich der Selbständige? Die Befreiung zur Selbständigkeit stellt die Identität mit sich wieder her, die der Mensch durch seine soziale Teilnahme verloren hat: *das Programm des Individualismus.*

(c) Wie erfährt das selbständige Individuum seine Befreiung? Es erfährt, dass sich das Tun gegenüber dem Täter verselbständigt: *die Dialektik der Serialisierung* (die die Möglichkeit einer zweiten Befreiung eröffnet).

(a) Findigkeit. Das Ethos der Selbständigkeit

Der Begriff der Selbständigkeit ist das programmatische Zentrum all der Maßnahmen der letzten Jahrzehnte, die auf eine grundlegende Veränderung der modernen Wohlfahrtsdemokratien zielen und die als »Neoliberalismus« bezeichnet und als Ökonomisierung beschrieben werden: Es geht dem Neoliberalismus, so Friedrich August von Hayek in *The Constitution of Liberty*, einem Grundtext des neoliberalen Programms, um das Spannungsverhältnis, ja den Gegensatz von Anstellung und Selbständigkeit, *employment and independence.*[16] Die kritische Diagnose, mit der der Neoliberalismus einsetzt, besagt, dass die politisch-ökonomische Entwicklung, die sich seit dem späten 19. Jahrhundert unter dem Druck vor allem der Arbeiterbewegung vollzogen hat, den »ökonomischen Menschen«, dessen Formung und Durchsetzung der Kapitalismus seinen epochalen Siegeszug verdankte, zunehmend verdrängt und schließlich durch einen Menschen ganz anderer Art ersetzt hat. Das ist der Mensch, der seine Teilnahme am ökonomischen Prozess unter dem Gesichtspunkt der Sicherheit betrachtet. Ihm geht es um Konsumtion: darum, dass sichergestellt ist, dass er über ausreichende Mittel verfügt, seine stets wachsenden Bedürfnisse zu befriedigen. Das bezeichnet er als »soziale Gerechtigkeit« (er denkt also gar nicht ökonomisch; er denkt moralisch). Dem ökonomischen Menschen dagegen geht oder ging es um etwas ganz anderes.

Sein Antrieb ist, selbst darüber zu entscheiden, wie er seine Vermögen – subjektive wie objektive Vermögen, Fähigkeiten wie Ressourcen – am gewinnbringendsten und daher unter ausschließlich ökonomischen Überlegungen, ohne Rücksicht auf moralische Erwägungen, gebrauchen will. Der ökonomische Mensch ist *der Selbständige*; sein Modell ist der Unternehmer: Der ökonomische Mensch ist unternehmerisch.[17] Ihn interessiert nicht die Konsumtion, sondern die Produktion; genauer: ihn interessiert die Produktion von Produktivität. Weil der neue Mensch der modernen Wohlfahrtsdemokratien dagegen ausschließlich an der Sicherheit der Konsumtion interessiert ist, begreift er auch die ökonomische Produktion ganz anders. Er begreift sie vom Produkt, nicht von der Produktivität, vom verzehrbaren Resultat, nicht von den Vermögen – die immer Vermögen zu weiterer Produktion sind – her. Deshalb produziert der Mensch der modernen Wohlfahrtsdemokratien auch anders: Er produziert nicht selbständig, sondern er nimmt passiv an der Produktion teilt. Der Mensch, der um der Sicherheit seiner Konsumtion willen mitarbeitet, ist genau dies: bloß ein Mitarbeiter – der abhängig Beschäftigte, der Abhängige.

Anstellung (und damit Abhängigkeit) und Selbständigkeit sind einander programmatisch entgegengesetzt und bilden die beiden Schritte eines zweiphasigen Narrativs. Sie stehen in einem Verhältnis doppelter Sukzession. Die erste Phase des Narrativs besteht darin, dass dem Aufstieg der Selbständigkeit in der heroischen Phase des Kapitalismus ihre Verdrängung durch Praktiken und Ideale der Abhängigkeit folgt. Das ist die zentrale Figur der neoliberalen Historiographie; sie führt bis in die Gegenwart. Die zweite Phase des Narrativs führt von der Gegenwart in die Zukunft. An dieser Erzählung schreibt die neoliberale Theorie selbst mit. Ihr Programm zielt darauf, die ökonomische Abhängigkeit in Verhältnissen der Anstellung – quantitativ wie qualitativ, als Realität wie als Modell – zurückzudrängen und eine Wiedergeburt der Selbständigkeit einzuleiten. Wie Hayek zu Recht betont, ist dieses »Zurück-zu« des neoliberalen Programms nicht konservativ; die Konservativen haben »keine Alternative« zum Bestehenden und wollen nur den Wandel verlangsamen. Der Neoliberalismus dagegen *will* den Wandel, er will eine Renaissance der Selbständigkeit.[18] Darauf zielt seine Politik (die daher selbst eine ironische Struktur hat: Sie ist eine Politik, die anarchistische Bankiers hervorbringen will; sie will durch Politik Anarchisten hervorbringen, die nicht mehr an die Politik glauben und deshalb zu Bankiers werden). Und weil Selbständigkeit und Abhängigkeit Haltungen, *éthoi*, also Subjektivierungsweisen sind, ist die neoliberale Politik eine politische Pädagogik: Der Neoliberalismus ist ein Narrativ der Umerziehung.

In der neoliberalen Politpädagogik geht es um einen Wandel in der Weise, in der die Einzelnen an der Produktion beteiligt sind: um einen Wandel in der Arbeitsweise.[19] Es geht darum, die Teilnahme an der Produktion wieder zu ökonomisieren; sie nicht mehr an unökonomischen, ökonomiefernen, gar ökonomiefeindlichen normativen Erwartungen (wie der Sicherheit der Konsumtion für alle) auszurichten, sondern sie genuin und exklusiv ökonomisch zu denken. Und das heißt: produktions-, ja produktivitätsbezogen. Es ist klar, dass wer so, also produktivitätsbezogen denkt, auch produktiver sein wird; der Neoliberalismus begreift die Renaissance der Selbständigkeit, die er hervortreiben will, als einen Wiedergewinn der Produktivität, deren unerhörte Steigerung von Anfang an das entscheidende Merkmal (und der entscheidende Fortschritt) des Kapitalismus war. Aber es ist ebenso klar, dass die neoliberale Pädagogik die ökonomische Selbständigkeit deshalb propagiert und anstrebt, weil sie darin die wahre Gestalt der Freiheit sieht. Bevor sie genauer bestimmt werden kann (siehe unten, »Die ökonomische Freiheit«), muss daher danach gefragt werden, wie das neoliberale Programm die Transformation der abhängigen Beschäftigung in ökonomische Selbständigkeit begreift: Wie soll diese Transformation bewirkt werden? Und weshalb ist diese Umerziehung befreiend? Weshalb wird die Ökonomisierung als ein Befreiungsprozess erfahren?

Durch die Angst zur Freiheit

Das Problem, wie der Prozess der Reökonomisierung als Befreiung verstanden werden kann, betrifft nicht nur das Ziel, sondern bereits seine Mittel. Die neoliberale Reformpolitik ist revolutionär; ihr geht es darum, den Menschen zu verändern – nicht ihn neu zu erfinden, aber ihn zu seiner wahren Natur zurückzuführen. Wie in jeder Revolution können die Mittel, durch die der Neoliberalismus diese Veränderung hervorbringen will, nur die existierenden Bedürfnisse sein. Diesen Bedürfnissen geht es um Sicherheit. Für ihre Sicherheit haben die Menschen die Idee der Selbständigkeit preisgegeben; dafür haben sie den Preis der Abhängigkeit in ihrer Beschäftigung gezahlt. Solange Abhängigkeit Sicherheit *bedeutet*, gibt es keinen Grund – in der Sprache der neoliberalen Pädagogik: keinen »Anreiz« oder »Anstoß« –, sie aufzugeben. Um die Abhängigen dazu zu bringen, die Selbständigkeit zu wollen, muss daher dafür gesorgt werden, dass diese Gleichung nicht mehr aufgeht: Es muss dafür gesorgt werden, dass die abhängige Beschäftigung ökonomische und soziale Unsicherheit bedeutet. Wir sehen an Walter White, wie das funktioniert.

Breaking Bad 2: *Entsicherung*

Die Entscheidung, durch die Walter White mit seiner bisherigen Existenz bricht, besteht darin, seine bisherige Arbeit aufzugeben und eine neue, andere aufzunehmen (oben, »*Breaking Bad* 1«). Dabei handelt es sich nicht um einen Wechsel des Arbeitsplatzes, sondern der Arbeitsweise. Walter wird vom Chemielehrer an einer Oberschule zum Produzenten der Droge Methamphetamin (Crystal Meth). Die erste Arbeit ist legal und schlecht bezahlt, die zweite illegal und lukrativ. Aber vor allem unterscheiden sie sich strukturell. Die erste ist die Beschäftigung als Angestellter in einer staatlichen Institution, die zweite eine unternehmerische Tätigkeit auf einem hochriskanten Markt. Walter White tut den Schritt von der Sphäre des Staates in die des Marktes, von der Existenz als abhängig beschäftigter Angestellter zu einem selbständig agierenden Unternehmer. Weshalb macht er diesen Schritt?

Walter Whites Schritt zur Selbständigkeit ist zugleich ein Schritt zurück in seine Vergangenheit. Genau wie der Neoliberalismus es erzählt: Es geht darum, seine frühere, verlorene oder preisgegebene Selbständigkeit zurückzugewinnen. Denn Walter White, ein hochbegabter und vielversprechender junger Chemiker,[20] besaß früher einmal unternehmerischen Wagemut und war Mitbegründer der Firma *Gray Matters Technologies*, die seinen Kompagnon später zu Reichtum bringen sollte. Wie es scheint, haben Walter und sein Freund Ronald Reagans Aufruf von 1985 – auf ungefähr diese Zeit ist ihre Firmengründung zu datieren – zu einer neuen »Ära des Unternehmertums« vernommen und in die Tat umgesetzt.[21] Walter hingegen hat sich bald entschieden, seine Anteile (zu einem Preis, der ihm angesichts des späteren Erfolgs der Firma rückblickend lächerlich gering erscheint) an seinen Mitbegründer zu verkaufen und eine Arbeit als Lehrer aufzunehmen, weil er sich davon soziale und ökonomische Sicherheit für seine soeben gegründete Familie erwartete. Das war der Tausch, den er eingegangen ist: Abhängigkeit (und Langeweile, in der Gewohnheit) für Sicherheit – und der jetzt, zwanzig Jahre später, nicht mehr aufgeht. Das Sicherheitsversprechen der Angestelltenexistenz ist hohl geworden; Walter kann von seinem Lehrergehalt nicht einmal einen neuen Warmwasserboiler anschaffen, geschweige denn seine Krebsbehandlung bezahlen. Durch den Rückblick der Serie auf die 1980er Jahre wissen wir, dass es einmal möglich war, als abhängig Beschäftigter einer öffentlichen Institution sein Auskommen zu finden, seine Familie zu unterhalten und abzusichern. Es gab einmal ein Leben in sozialer Sicherheit. Jetzt aber nicht mehr. Die Einkommen der abhängig Beschäftigten sind entwertet und die öffentliche Absicherung gegen Lebensrisiken ist zerstört. Das ist die Situation, in der Walter seine Entscheidung zur erneuten (diesmal illegalen) Selbständigkeit trifft.

Er trifft sie nach dem Drehbuch der neoliberalen Politik. Er deutet seine aussichtlose ökonomische Lage als die Folge eines Fehlers, den er gemacht hat, als er sich für die Sicherheit in Abhängigkeit und gegen die Selbständigkeit entschieden hat. Es kommt für Walter White nicht in Frage, ja nicht einmal in den Horizont seiner Überlegungen, seine Situation gesellschaftlich zu deuten und daher politisch zu bewerten; dass sie durch politische Maßnahmen systematisch geschaffen und daher sozialstrukturell definiert sein könnte, gehört nicht zu den Möglichkeiten, die Walter White erwägt. (In der Welt von *Breaking Bad* gibt es keine politische Perspektive; niemand denkt, redet oder handelt hier politisch.) Er ist vielmehr umstandslos bereit, die ökonomische Ausweglosigkeit seiner Angestelltenexistenz als *sein* Problem zu begreifen. Wir sehen hier, wie die »nahezu perfekte Übersetzungsmaschine« funktioniert, die sicherstellt, dass »jede bestehende und zukünftige *soziale* Streitfrage als *private* Sorge interpretiert« wird. Wir sehen an Walter White, worin Zygmunt Bauman die »fruchtbarste aller Privatisierungen« der letzten Jahrzehnte sieht: Sie besteht in der »Privatisierung der menschlichen Probleme und der Verantwortung für ihre Lösung«.[22] Walter akzeptiert, dass die Vorsorge für seine Familie seine private Verpflichtung ist, und er akzeptiert, dass er sie durch seine Angestelltenexistenz nicht mehr zu erfüllen vermag. Ja, er akzeptiert, dass er diese Situation durch seine frühere Entscheidung gegen die Selbständigkeit selbst geschaffen hat: dass er für sie verantwortlich ist. Der einzige Ausweg aus der Sackgasse besteht daher in der Rückkehr zur Selbständigkeit.

Der neoliberale Grundgegensatz von Abhängigkeit und Selbständigkeit skandiert diese Geschichte in einer zweifachen Perspektive. Dieser Gegensatz ist zum einen der Schlüssel zur Vorgeschichte, die Matrix der Historiographie in kritischer Absicht, durch die uns der Neoliberalismus unsere gegenwärtige Lage erklärt. Wir können uns und die Unseren gerade deshalb nicht mehr erhalten und absichern, weil wir *zu* sicher sein und leben wollten. Sicherheit gibt es nur um den Preis der Unsicherheit: Die Hoffnung auf Sicherheit im Tausch gegen Abhängigkeit geht nicht auf. Es war unsere eigene Angst vor den Unsicherheiten der Selbständigkeit, die unsere gegenwärtige Unfähigkeit hervorgebracht hat, uns durch unsere Arbeit zu erhalten und abzusichern. Dem entspricht, wie in der zweiten Perspektive der Gegensatz von Abhängigkeit und Selbständigkeit die neoliberale Politik anleitet. Diese

Politik zielt darauf, dieselbe Situation sozioökonomischer Depravierung, in die wir nach der neoliberalen Geschichtsschreibung hineingeraten sind, weil wir uns gegen die Selbständigkeit entschieden haben, durch Maßnahmen ökonomischer Umverteilung und sozialstaatlicher Entsicherung – kurz: die Abwicklung des sozialliberalen Zeitalters – bewusst herzustellen und zu verschärfen. Aber nicht, um die Menschen zu quälen, nicht einmal, um sie auszubeuten oder zu unterdrücken. Sondern um sie zur richtigen Entscheidung zu bringen.

Das ist die Weise, in der die neoliberale Pädagogik funktioniert. Sie will eine Situation schaffen, in der die Entscheidung nur noch lauten kann, sich entweder mit den Härten einer angestellten Existenz abzufinden (und damit zugleich das tradierte Ethos des Hausvaters zu verraten, der für seine Familie zu sorgen und vorzusorgen vermag[23]) oder aber den Ausweg in eine ökonomisch selbständige Existenz zu wählen, die hochriskant ist. Der Mechanismus dieser Politik ist die Unsicherheit; ihr Kalkül zielt darauf, durch eine neue Risikoverteilung zur Risikoübernahme zu motivieren. Aber dieses Kalkül geht erst dann auf, wenn das Mittel in seinem Resultat verschwindet. Die neoliberale Pädagogik arbeitet mit der Angst; sie arbeitet mit dem Bedürfnis nach Sicherheit, dem sie einen neuen Inhalt gibt (Selbständigkeit statt Anstellung). Aber ihr Ziel hat sie erst dann erreicht, wenn das Bedürfnis nach Sicherheit durch seine Umdirigierung *überwunden* – wenn das Bedürfnis nach Sicherheit durch den Wunsch nach Freiheit verdrängt worden ist.[24] Die neoliberale Pädagogik will den Menschen verändern: Sie will unsere Bedürfnisstruktur verändern. Und zwar *nicht* – wie man dem Neoliberalismus zu Unrecht vorgeworfen hat –, indem wir an die Stelle von sozialer Sicherheit ökonomische Ziele wie Erfolg oder Gewinn setzen. Diese Kritik ist vulgär und kann auch nur den vulgären Neoliberalismus treffen (den es *auch* gibt). Wie Hayek nicht müde wird zu betonen, sind solche Ziele für den Neoliberalismus nur insofern von Bedeutung, wie sie Ausdruck einer neuen Weise zu denken und zu handeln, ja, einer neuen Weise zu sein sind, in der die Lust an der Freiheit die Knechtschaft des Sicherheitsbedürfnisses gebrochen hat.[25] Die neoliberale Pädagogik will auf dem Weg zur Knechtschaft umkehren und ihn zurückgehen: Sie will die Freiheit.

Breaking Bad 3: *Till rising and gliding out I wander'd off by myself*

Wir sehen an Walter White, dass und wie das funktioniert. Sicherlich, er trifft seine Entscheidung, zum Methamphetamin-Produzenten zu werden, und zwar des besten Methamphetamins auf dem Markt, aus Sorge um seine Familie; das sagt er sich und vor allem seiner Frau Skyler immer wieder. Aber wie immer er seine Entscheidung auch rechtfertigen mag, er nimmt sie als die Chance wahr, zu seinem alten Projekt selbständiger Arbeit zurückzukehren, das er aus Sorge um die Sicherheit seiner Familie aufgegeben hatte. Und die Entschiedenheit, mit der er diese Chance ergreift, die Genugtuung, mit der er seine Arbeit verlässt, und die Energie, Freude und Befriedigung, mit der er sich der neuen Arbeit widmet – all dies zeigt, dass er sich nicht nur den neoliberal produzierten Zwängen unterwirft und die neoliberal vorgegebenen Kalküle ausführt, sondern dass die neoliberale Pädagogik erfolgreich war. Ihr Motto lautet: durch die Angst zur Freiheit. Die Angst spiegelt das Ungesicherte des abhängig Beschäftigten und seiner Familie; die Freiheit, zu deren riskanter Übernahme sie motiviert, ja, die sie um den Preis des Versagens als Familienoberhaupt erzwingt, ist die Freiheit der ökonomischen Selbständigkeit. Was auch immer Walter sich und anderen sagen mag, seine Entscheidung zur illegalen Drogenproduktion ist ein Akt der Befreiung. Und später erlebt Walter sie auch so.

In der sechsten Episode der dritten Staffel (»Sunset«) unterhalten sich Walter White und sein neuer Assistent Gale Boetticher, der Jesse Pinkman ersetzt hat, in einer Arbeitspause, und Gale erzählt dabei von seinem Werdegang, der ihn zur Drogenproduktion geführt hat. »I was on my way – jumping through hoops, kissing the proper behinds, attending to all the non-chemistry that one finds oneself occupied with. You know that world. That is not what I signed on for. I love the lab – because it's all still magic, you know? Chemistry? I mean, once you lose that ….« Walter stimmt zu: »It is. It is magic, it still is.« Und dann zitiert Gale ein Gedicht von Walt Whitman, in dem dessen lyrisches Ich davon erzählt, wie es den Weg aus der Schule in die offene Weite der Welt gefunden hat:

When I heard the learn'd astronomer,
When the proofs, the figures, were ranged in columns before me,
When I was shown the charts and the diagrams, to add, divide, and measure them,
When I sitting heard the astronomer where he lectured with much applause in the lecture-room,
How soon unaccountable I became tired and sick,
Till rising and gliding out I wander'd off by myself,
In the mystical moist night-air, and from time to time,
Look'd up in perfect silence at the stars.[26]

Im Rückblick beschreibt Gale mit Whitman den Weg, der ihn an diesen Punkt geführt hat, als Ausbruch aus den öffentlichen Institutionen des Lernens; die Existenz in ihnen machen einen »müde und krank« – *unaccountable*: ohne dass man wüsste warum und daher ohne dass man etwas daran ändern könnte. Bis man auf einmal, ebenso »sonderbar«, aufsteht und weggeht. Bis man alleine weggeht: sich auf sich selbst stellt und seinen eigenen Weg sucht. Dann erscheinen einem die Dinge ganz neu und anders – man sieht sie wie zum ersten Mal. Jetzt ist man frei von den sozial approbierten (und applaudierten) Weisen, die Dinge zu sehen und zu machen, und man ist frei dazu, sich ihrem Zauber, der Magie der Chemie, hinzugeben. Für Gale Boetticher ist klar: Zum selbständigen Drogenkocher zu werden, ist die Erfüllung des Programms individualistischer Befreiung, das Whitmans Gedicht besingt und feiert. Darum geht es: um die Freiheit – *to wander off by myself*.[27]

Später sucht Walter White seine Ausgabe von *Leaves of Grass* heraus und liest darin. Die Stimme von Whitmans lyrischem Ich wird Walters eigene: Zuerst war ich sonderbar müde und krank, weil ich in den sozialen Apparaten des Lernens feststeckte, jetzt bin ich frei und gehe einsam meinen eigenen Weg. Und vielleicht hat Walter dabei auch Gefallen an der Ironie gefunden, dass es gerade seine tödliche Krankheit war, durch deren Nutzung er sich zu dem von Whitman gefeierten gesunden, kraftvollen Ich gemacht hat, in dem die ursprüngliche Energie der Natur – und worum sonst geht es einem Chemiker? – sich entfaltet:

I, now thirty-seven years old in perfect health begin,
Hoping to cease not till death. […]
I harbor for good or bad, I permit to speak at every hazard,
Nature without check with original energy.[28]

Am Grund der neoliberalen Politik, die uns zur Selbständigkeit befreien will, steht die Einsicht in die Knechtschaft einer ökonomisch abhängigen Existenz. Diese kritische Einsicht ist der Treibstoff für Hayeks Erneuerung des liberalen Programms. Deshalb ist Hayek kein Konservativer; er will die Welt verändern. Hayek ist aber auch deshalb kein Konservativer – wenn dies meint: ein Apologet der bestehenden Herrschaft –, weil er die Ansicht teilt, dass der Verkauf der eigenen Arbeitskraft ein soziales Verhältnis, ja eine Lebensform hervorbringt, die grundsätzlich mangelhaft und falsch sind. Dieses soziale Verhältnis ist für den Liberalen Hayek aber nicht deshalb falsch (wie die Marxisten sagen), weil es eines der Ausbeutung, der Aneignung des produzierten Mehrwerts durch den Unternehmer ist. Er beschreibt das Problem vielmehr so: »Wer immer ein regelmäßiges Einkommen wünscht, für das er seine Arbeit verkauft, muss seine Arbeitsstunden den unmittelbaren Aufgaben widmen, die ihm von anderen vorgegeben werden.« Daher besteht »für den Angestellten [...] die Arbeit weitgehend darin, sich während einer bestimmten Anzahl von Stunden in einen gegebenen Rahmen einzufügen«. Im Tausch für einen festen, regelmäßigen Lohn sind die abhängig Beschäftigten zu akzeptieren bereit, ja »wünschen« sie sich sogar, »dass eine höhere Schutzmacht über die Leitung von Aktivitäten wacht, die sie nicht verstehen, von denen aber ihr Lebensunterhalt abhängt«.[29] Das Problem der abhängigen Beschäftigung, das Hayek beschreibt, ist die Selbstunterwerfung, die eigentümliche Verbindung von Freiheit und Knechtschaft, die den Kapitalismus ausmacht: dass der abhängig Beschäftigte, trotz der Freiheit, mit der er den Vertrag über seine Abhängigkeit unterzeichnet hat, in Wahrheit nur ein Knecht ist.

Der Liberalismus ist die ethische, politische und rechtliche Theorie und Praxis der neuen, bürgerlichen Ökonomie, die durch die Erklärung gleicher Freiheitsrechte begründet wird. Aber das heißt nicht, dass er die sozioökonomische Realität, die durch das gleiche Recht eines jeden auf willkürliche Verfügung über sein Eigentum geschaffen wird, einfach hinnimmt oder gar rechtfertigt. Dem Liberalismus jedenfalls, den Hayek erneuern will (und dessen interventionistische Stoßrichtung er entschieden bejaht), geht es um Kritik. Es geht ihm darum, *innerhalb* des rechtlich konstituierten sozioökonomischen Felds eine normative Unterscheidung zu treffen. Nur lautet diese liberale Kritik der politischen Ökonomie ganz anders als die der Linken. Während die linke Kritik zeigt, dass die neue, rechtlich definierte Gleichheit keinen gerechten Tausch zu garantieren vermag (weil die Ressourcen zwischen Unternehmern und abhängig Beschäftigten radikal ungleich verteilt sind), besagt die liberale Kritik, dass auch die rechtlich garantierte Freiheit zu ökonomischer – und weiterhin sozialer und kultureller[30] – Unfreiheit führen kann. Der Neoliberalismus erneuert die alte liberale Einsicht, dass die neue bürgerliche Gesellschaftsordnung, die auf nichts anderes als das normative Fundament gleicher Freiheitsrechte gebaut ist, selbst knechtische Tendenzen ausbildet: Er reformuliert die liberale Gesellschaftskritik als Herrschaftskritik.

Das bezeichnet den systematischen Ort, den der Begriff der Selbständigkeit im liberalen Denken einnimmt. Der Liberale braucht diesen Begriff, um die kritische Unterscheidung zwischen zwei sozioökonomischen Gestalten derselben rechtlich gleichen Freiheit treffen zu können. Der Unterschied zwischen ihnen ist fein und auf den ersten Blick nicht zu sehen – so wie der Unterschied zwischen dem Friseur und dem Perückenmacher, an denen Kant den Begriff der Selbständigkeit erläutert. Und zugleich hat dieser Unterschied weitreichende Folgen. Kant grenzt durch ihn den Kreis der aktiven Staatsbürgerschaft ein. Seine wahre Bedeutung hat dieser Unterschied aber nicht im Staatsrecht, sondern in der Theorie der bürgerlichen Gesellschaft. Kant schreibt:

> Der Hausbediente, der Ladendiener, der Taglöhner, selbst der Friseur sind bloß *Operarii*, nicht *Artifices* (in weiterer Bedeutung des Worts), und nicht Staatsglieder, mithin auch nicht Bürger zu sein qualifiziert. Obgleich der, welchem ich mein Brennholz aufzuarbeiten, und der Schneider, dem ich mein Tuch gebe, um daraus ein Kleid zu machen, sich in ganz ähnlichen Verhältnissen gegen mich zu befinden scheinen, so ist doch jener von diesem, wie Friseur vom Perückenmacher (dem ich auch das Haar dazu gegeben haben mag), also wie Taglöhner vom Künstler oder Handwerker, der ein Werk macht, das ihm gehört, so lange er nicht bezahlt ist, unterschieden. Der letztere als Gewerbtreibende verkehrt also sein Eigentum mit dem Anderen (*opus*), der erstere den Gebrauch seiner Kräfte, den er einem Anderen bewilligt (*operam*).[31]

Beide, der Friseur wie der Perückenmacher, sind frei als Menschen und gleich als Untertanen: als Rechtssubjekte. Aber nur der Zweite ist ein Selbständiger und erfüllt damit »die Erfordernis [...], um auf den Stand eines Menschen, der sein eigener Herr ist, Anspruch machen zu können«. Der Erste, der abhängig Beschäftigte, dagegen ist rechtlich frei und gleich, aber ökonomisch und sozial untergeordnet und unfrei: Er muss tun, was andere ihm sagen. Durch die »Bewilligung, die er anderen gibt, von seinen Kräften Gebrauch zu machen«,[32] *dient* er diesen anderen. Das ist die Unterscheidung, auf die der kritische Anspruch des Liberalismus zielt: Seine kritische Gesellschaftsdiagnose (und Reformpädagogik) will uns für den entscheidenden Unterschied sensibilisieren, der zwischen Friseur und Perückenmacher, Tagelöhner und Handwerker – zwischen dem Chemiker als Lehrer und als Drogenproduzent besteht.

Um diesen Unterschied zu denken, bedarf es eines neuen Begriffs der Freiheit. Der abhängig Beschäftigte ist rechtlich frei und zugleich sozioökonomisch unfrei, ein Knecht. Worin besteht die Freiheit, die ihm fehlt? Sie muss mehr und etwas anderes sein als die bloß negative Freiheit, die nach liberaler Auffassung uns das bürgerliche Recht sichert. Demnach bin ich rechtlich verstanden frei, wenn ich nicht gezwungen werden, sondern selbst meine Ziele wählen kann. Das ist nach Hayek die »ursprüngliche Bedeutung des Wortes«,[33] die den Freien dem Sklaven entgegensetzt. Diese rechtliche Freiheit der Wahl besitzt auch der Abhängige. Ihm fehlt aber die ökonomische Freiheit, die die Liberalen »Selbständigkeit« nennen. Der Gegensatz zwischen Abhängigkeit und Selbständigkeit bezeichnet also zwei Weisen, die rechtliche Freiheit zu nutzen. Der Abhängige nutzt sie – aus Motiven, die in den verschiedenen Spielarten der liberalen Kritik ganz unterschiedlich beschrieben werden – dazu, anderen die Bewilligung zu geben, von seinen Kräften Gebrauch zu machen; der Abhängige ist auf ökonomisch und sozial unfreie Weise rechtlich frei. Die Alternative dazu ist die Selbständigkeit. Das heißt: Die Selbständigkeit ist die *liberale* Alternative zur ökonomischen Abhängigkeit. Sie ist die Alternative *innerhalb des Systems* rechtlicher Freiheit, innerhalb des Systems des bürgerlichen Rechts und der bürgerlichen Ökonomie; sie ist das Maximum an Freiheit, das innerhalb der Ökonomie, die durch das bürgerliche Recht normativ abgesichert wird, möglich ist. Die Befreiung zur Selbständigkeit ist die systemkonforme Befreiung.

Breaking Bad *4: Illegalität*

Gegen die Deutung von *Breaking Bad* mit Hayek (und Kant) liegt ein Einwand nahe: Walter Whites Entscheidung kann deshalb nicht nach dem neoliberalen Programm verstanden werden, weil sie eine Entscheidung zur Illegalität ist – während dem Neoliberalismus die rechtliche Ordnung offensichtlich wichtig ist (sehr viel wichtiger jedenfalls als die Demokratie). Das ist richtig. Das Verhältnis zwischen neoliberaler Legalität und Walter Whites Illegalität ist aber komplizierter als dieser einfache Gegensatz. Walters Entscheidung zur Illegalität drückt eine Priorität aus: Seine ökonomische Selbständigkeit hat Vorrang vor der rechtlich garantierten Gleichheit aller. Man kann davon ausgehen, dass er es vorgezogen hätte, sich auch jetzt wieder, wie damals, als er mit seinem Freund eine Firma gegründet hat (oben, »*Breaking Bad* 2«), im Rahmen der Legalität zu bewegen; es gibt keine Anzeichen dafür, dass es jetzt schon, im Moment seiner Entscheidung, die Rechtsverletzung als solche ist, die ihn reizt. Aber er sieht wohl keinen anderen Weg zur Selbständigkeit. Indem er diesen Weg einschlägt, nutzt er einen begrifflichen Spielraum aus, den die neoliberale Rekonzeptualisierung der Selbständigkeit ausdrücklich eröffnet. Denn zwar kann es ohne staatlich garantiertes Recht keine gesicherte Ordnung ökonomischer Selbständigkeit geben. Deshalb braucht die ökonomische Freiheit nach Hayeks Überzeugung einen starken Staat.[34] Dass sie sie voraussetzt und ihrer bedarf, heißt aber nicht, dass die ökonomische Freiheit der Selbständigkeit die Orientierung an Recht oder gar Moral einschließt oder impliziert: »Die Freiheit ist die Möglichkeit dazu, Gutes zu tun, aber das ist sie nur, wenn sie auch die Möglichkeit zum Tun des Schlechten ist.« Die Freiheit als »Handeln in Übereinstimmung mit moralischen Regeln« zu definieren, heißt nichts anderes, als die ökonomische Freiheit zu bestreiten; denn diese »schließt die Freiheit, schlecht zu handeln« ein.[35] Wie für die Moral, so gilt das auch für das Recht. Die rechtlichen Regeln wirken nach Hayek nicht im Inneren der Freiheit, sondern begrenzen sie von außen oder, wie Robert Nozick sagt, »von der Seite her«.[36] Frei und schlecht zu sein, schließt sich nicht aus. Die Freiheit der Selbständigkeit ist nicht notwendig illegal, aber sie ist es der Möglichkeit nach. Sie ist alegal: dem Recht gegenüber gleichgültig.

Walter Whites *breaking bad*, seine Entscheidung zur Selbständigkeit in der Illegalität, ist deshalb die undialektische, also einseitige Auflösung einer Spannung, die den (Neo-) Liberalismus definiert. Der Neoliberalismus führt nicht zur Illegalität, weil er sie propagiert, gar verherrlicht. Aber er propagiert eine Idee der sozialen und ökonomischen Selbständigkeit, deren Verhältnis zum Recht begrifflich und normativ indifferent ist. Selbständigkeit und Recht definieren einander nicht und stehen allenfalls in einem instrumentellen Verhältnis. Für den Selbständigen ist das Recht eine äußerliche Bedingung. Dann aber ist es immer möglich, dass Situationen eintreten, in denen der Selbständige sich gezwungen sieht, seine Chancen und Risiken anders zu kalkulieren: in denen es – für seine Selbständigkeit – erfolgversprechender ist, außerhalb des Rechts zu agieren.

Was unterscheidet den Selbständigen vom abhängig Beschäftigten? Kant unterscheidet sie dadurch, wie sie sich auf andere beziehen – durch die Art ihres Verkehrs: Der Selbständige »verkehrt«, das heißt tauscht sein Eigentum gegen das Eigentum des anderen, der Angestellte hingegen erlaubt dem anderen den Gebrauch seiner Kräfte. Es ist klar, weshalb dieser

Kräftegebrauch Unfreiheit bedeutet: Ich muss so arbeiten, wie der andere mir sagt. Aber worin besteht demgegenüber die Freiheit des Selbständigen? »Derjenige, welcher ein *opus* verfertigt, kann es durch *Veräußerung* an einen anderen bringen, gleich als ob es sein Eigentum wäre. Die *praestatio operae* aber ist keine Veräußerung.«[37] Kant scheint zu meinen, die Frage nach der Freiheit des Selbständigen sei durch den Begriff des Eigentums und die Freiheit des Verfügens und Übertragens, die es impliziert, bereits beantwortet. Dann wäre die Selbständigkeit rechtlich definiert. Ihre (Freiheits-)Differenz von der Abhängigkeit kann aber so nicht gefasst werden. Denn auch derjenige, der anderen bewilligt, seine Kräfte zu gebrauchen, behält das Eigentum an diesen Kräften. (Indem Kant dies übersieht, scheint er den für den Kapitalismus grundlegenden Schritt, durch den die eigenen Kräfte zur Arbeitskraft und damit zum Eigentum, zur veräußerbaren Ware geworden sind, nicht mitzugehen.) Zugleich ist für jeden unmittelbar klar und wird täglich erfahren, dass die Verfügungsfreiheit des Eigentümers durch alle möglichen äußeren Mächte begrenzt ist. Wer »Selbständigkeit« sagt, muss daher mehr, genauer: etwas anderes als rechtliche Gleichheit der Freiheit meinen. Selbständigkeit ist nicht die Freiheit, die wir alle schon haben, indem wir Menschen und Untertanen, also Rechtssubjekte sind, sondern besteht nach Hayek darin, »was wir aus ihr machen«:[38] Der Selbständige *macht* etwas aus seiner rechtlich garantierten Freiheit. Er nutzt die rechtliche Möglichkeit für ein freies Leben. Der Gegensatz von Selbständigkeit und Abhängigkeit ist ein Unterschied nicht des rechtlichen Status, sondern in der Lebensweise.

Der Begriff der Selbständigkeit sagt aber nicht nur, dass die Frage nach der Freiheit nicht rechtlich beantwortet werden kann. Er sagt auch, wie sie beantwortet werden muss: Der Begriff der Selbständigkeit antwortet auf die Frage nach der Freiheit durch eine ökonomische Definition; »Selbständigkeit« ist der ökonomische Begriff der Freiheit. Das heißt zuallererst, dass es um die Freiheit im Ökonomischen geht. Der Neoliberalismus stellt genau die richtige Frage. Er fragt, wie man *in der Arbeit*, in der Tätigkeit, durch die man die Mittel für den Lebensunterhalt erwirbt, also dort, wo der Angestellte dient, frei sein kann. Diese Frage beantwortet der Begriff der Selbständigkeit so, dass die Freiheit selbst ökonomisch *ist* (oder werden muss). Die Freiheit im Ökonomischen ist die Freiheit *des Ökonomischen* – die Freiheit, die im genuin ökonomischen Überlegen, Entscheiden und Handeln liegt. Das heißt für den Selbständigen, dass er frei ist: Er ist frei, weil er das Subjekt, der Herr oder Ursprung der genuin ökonomischen Tätigkeit ist (während der Abhängige diese Tätigkeit nur dienend ausübt). Die Selbständigkeit ist die positive Freiheit: die Freiheit *zur* Ökonomie.

Worin besteht die Freiheit des Ökonomischen? Die Frage kann nicht beantwortet, ja nicht einmal gestellt werden, wenn das Ökonomische als ein Feld von Tätigkeiten verstanden wird, die durch ein besonderes Ziel bestimmt sind. So definiert die Tradition seit Aristoteles das Ökonomische. Die Alternative lautet hier, dass es im Ökonomischen entweder um Besitzerwerb zum Zweck des Gebrauchs (der durch die »Kunst der Haushaltsführung« reguliert wird) oder aber um seiner selbst willen, um die »Vermehrung« des Besitzes »bis zum Unendlichen« geht.[39] Keine dieser beiden Zielbestimmungen kann das Ökonomische als ein spezifisches, gar als das paradigmatische Feld der Freiheit verstehen. Dazu bedarf es einer Formbestimmung des Ökonomischen: Die ökonomische Tätigkeit ist die paradigmatisch freie Tätigkeit, weil sie eine spezifische Form hat. Genauer gesagt: Die ökonomische Tätigkeit ist frei, weil sie die Tätigkeit einer spezifischen Formgebung ist. Die ökonomische Tätigkeit ökonomisiert. Dadurch – so die neoliberale These – befreit sie das Subjekt der Tätigkeit: Die ökonomische Tätigkeit befreit das Subjekt, indem sie es ökonomisiert.

Das gilt für die beiden Bezüge, die die ökonomische Tätigkeit miteinander verbindet; es gilt im Bezug des Subjekts zur Welt und im Bezug des Subjekts zu sich selbst. Für beides gibt Hayek erhellende Hinweise. Die befreiende Ökonomisierung *des Weltbezugs* besteht nach Hayek darin, dass wir uns überlegen, »welchen Gebrauch wir von den Umständen machen, in denen wir uns vorfinden«;[40] das macht unseren Weltbezug ökonomisch (und) frei. Der Selbständige ist also erstens ökonomisch frei, indem er sich so auf die Umstände bezieht, die ihm in der Welt begegnen, dass er sich fragt, wie er sie für sich in Gebrauch nehmen kann. Darin liegt die Kreativität des Selbständigen (»Krise als Chance«). Dem entspricht die befreiende Ökonomisierung *seines Selbstbezugs*. Sie zeigt sich nach Hayek daran, dass wir uns in unserer ökonomischen Tätigkeit stets zugleich überlegen, wie »wir unsere verschiedenen Ziele in Einklang bringen und anpassen [können], von denen keines letztlich ökonomisch ist (außer für einen Geizhals oder einen Menschen, für den das Geldverdienen zum Selbstzweck geworden ist)«.[41] Der Selbständige ist daher nach Hayek zweitens darin in spezifisch ökonomischer Weise frei, dass er nicht durch einmal festgesetzte Ziele determiniert ist, sondern dass er sie immer wieder neu abwägt und an die Erfordernisse der Situation anpasst. Darin liegt die Freiheit, zu werten und umzuwerten (»Abwägen, Umwerten, Anpassen«).

Wenn wir wissen wollen, was die ökonomische Freiheit der Selbständigkeit ausmacht, müssen wir nur noch einmal auf den Akt schauen, durch den Walter White sich zum Selbständigen macht. Der Akt, durch den er sich selbständig macht, ist ein Akt, in dem er bereits selbständig ist; der Selbständige bringt sich selbständig selbst hervor. Das heißt: Er wird nicht durch einen Akt der Willkür selbständig, sondern indem er die Umstände zu gebrauchen lernt, in denen er sich vorfindet. Diese Umstände erfährt er zunächst als Hindernisse für das, was er will. Walter will ökonomische Sicherheit für sich und seine Familie; zu den Umständen, auf die er trifft, gehört, dass er unheilbar erkrankt. Die Umstände begegnen Walter White als Krise seiner Ziele, ja seiner Existenz. Sein erster Akt der Selbständigkeit besteht darin, diese Krise zu nutzen: Walter White benutzt die Krise, in die seine Krankheit seine bisherige Existenz stürzt – die Krankheit macht schlagend klar, dass der Tausch »Sicherheit gegen Abhängigkeit« nicht aufgeht –, um den Mut aufzubringen (und zum Mut obendrein noch einen guten, altruistischen Grund zu finden), sich für die riskante Lebensform der Selbständigkeit zu entscheiden. So gebraucht Walter White seine Krankheit: Er gebraucht sie als die Chance, sein Leben zu verändern – er gebraucht sie als die Chance, zu einem zu werden, der Chancen gebraucht.

Was ist eine Chance? »Chance« ist ein Beobachtungsbegriff; er gibt der Beobachtung der sozialen Wirklichkeit eine bestimmte Form. Seinen Ort hat der Begriff der Chance dort, wo das Wirkliche nicht als notwendig, sondern als ein Feld des Möglichen wahrgenommen wird. Deshalb, so erklärt Ralf Dahrendorf bezogen auf Max Weber, »liebte [er] den Begriff der Chance«.[42] Weber liebte diesen Begriff, »weil er wußte, daß es Freiheit gibt, und das nicht nur in der statistischen Theorie, sondern als realen Spielraum, also als Möglichkeit, daß etwas nicht eintritt, das wir ›normalerweise‹ erwarten würden.« Die Chance ist die Möglichkeit des anderen. Das ist sie aber für den Soziologen nicht im Sinn »der Chance im Roulette, der Zufallswahrscheinlichkeit oder der bloßen Möglichkeit«. Die Chance ist in Webers Soziologie vielmehr »eine Art Wahrscheinlichkeitsbegriff« (und kann deshalb auch erläutern, was manche Soziologen irrtümlich »soziale Gesetze« nennen); »Chance« heißt »beobachtete und berechenbare Wahrscheinlichkeit«. Und zwar, das ist entscheidend, »objektiv gegebene Verhaltenswahrscheinlichkeiten, oder genauer noch, die Wahrscheinlichkeit, daß ein Verhalten auf Grund objektiver Gegebenheiten erfolgreich ist«. Der Begriff der Chance verbindet also das Gegebene mit dem Verhalten: In der Chance öffnet sich das Gegebene für das Verhalten und bezieht sich das Verhalten auf das Gegebene. Für den Soziologen, der die Gesellschaft beobachtet, gilt das im objektiven Sinn; ihn interessiert die Chance als die »Wahrscheinlichkeit bestimmter menschlicher Verhaltensweisen«, die er erklären oder voraussagen will. Die Mitglieder der Gesellschaft selbst jedoch interessiert daran »die Wahrscheinlichkeit der Befriedigung von Interessen oder Bedürfnissen«. Das ist die Perspektive des Akteurs, dem es um die Chancen geht, die die Wirklichkeit ihm bietet: »Erwerbschancen, Tauschchancen, Vorzugschancen, Zukunftschancen, [...] Lebenschancen.« Chancen wahrzunehmen heißt, dass sich für den Akteur »Räume [...] öffnen«, die ihm Verhalten ermöglichen. Chancen sind Gelegenheiten für Erfolg.[43]

Der Blick, der Chancen wahrnimmt, ist der befreiende Blick: Nur wo es Chancen gibt, ist Handeln, also Freiheit möglich. Aber zugleich ist *das Sehen* von Chancen selbst schon eine Verhaltensweise der Freiheit. Chancen gibt es nicht; was es gibt, ist das Gegebene, das gegenüber dem Verhalten indifferent ist oder es sogar blockiert, ihm im Weg steht. Chancen zu entdecken heißt, sie in einer riskanten Antizipation zukünftiger, das heißt ungewisser Verläufe zu imaginieren. Chancen werden geschaffen; sie werden geschaffen, indem im Rückblick aus der Zukunft das Gegebene als Möglichkeit erschlossen wird. Nichts anderes macht auf der grundlegenden Ebene die Freiheit des Selbständigen aus: Er befreit sich von der Tatsächlichkeit des gegenwärtig Gegebenen; er blickt in die Zukunft und aus der Zukunft zurück auf die Gegenwart als eine Situation der Entscheidung und des Handelns; er gibt dem Gegebenen die Form des Möglichen. So ist die Freiheit des Selbständigen kreativ. Sie besteht darin, im Gegebenen Chancen, im Feld der Tatsachen die Seinsweise der Möglichkeit hervorzubringen, die er durch seine Entscheidung für riskante, ebenso erfolgversprechende wie vom Scheitern bedrohte Handlungsweisen zu nutzen weiß.

> Breaking Bad 5: *Who would do such a thing? Walter White ist Heisenberg*
>
> Keine Episode in der Geschichte von Walter White zeigt die Kreativität des Selbständigen deutlicher als die Intrige, die Walter am Ende der vierten Staffel ausheckt, um sich seines ehemaligen Geschäftspartners und jetzigen Todfeinds – jeder Partner in der Gegenwart ist ein potentieller Feind in der Zukunft – Gustavo Frings zu entledigen. Nicht zufällig ist dieses Glanzstück seiner Fähigkeiten als Selbständiger zugleich der Moment in seiner Geschichte, in der Walter wohl am ruchlosesten agiert.
>
> Die Situation, mit der die zwölfte Episode dieser Staffel (»End Times«) einsetzt, ist eine höchster Gefahr: Sein ehemaliger Schüler und Gehilfe Jesse Pinkmann hat sich als

fähig erwiesen, die Droge Crystal Meth alleine, ohne Walters Anleitung herzustellen. Wieder einmal in dieser Serie hat sich ein Schüler selbständig und dadurch seinen ehemaligen Lehrer – auch wenn er die Qualität von dessen Produktion noch nicht erreicht hat – überflüssig gemacht; die Selbständigkeit oder das Selbständig*werden* des einen ist die Überflüssigkeit oder das Überflüssig*machen* des anderen. Frings braucht White nicht mehr, und das heißt in dieser Welt, in der es ausschließlich darum geht, wer wen zu was gebrauchen kann, dass er ihn töten lassen will. Das weiß Walter, und Jesse weiß es auch und will es verhindern. Denn Jesse ist im Vergleich zu den beiden, die sich hier auf Distanz duellieren, Frings und White, weitaus dümmer, aber ein moralisch Guter. Für ihn gelten Verpflichtungen aus Liebe und Freundschaft, ja selbst solche der kollegialen, solidarischen Zusammenarbeit.

In dieser Situation höchster Gefahr erweist sich, weshalb Walter White den Deck- und Kampfnamen »Heisenberg« erhalten hat. (Das geschah ebenfalls bereits in einer Situation höchster Gefahr, aus der er sich damals allerdings noch durch einen relativ einfachen chemischen Trick befreien konnte: mit einer Explosion von Knallquecksilber.) Es geht nicht nur um den Status des Genies, den die einfachen Kombattanten der Drogenszene, verblüfft von den chemischen Fähigkeiten Walters, mit dem Namen verbinden. Sondern der Name »Heisenberg« bringt Walters Bewusstsein zum Ausdruck, dass Beobachten und Erklären Eingreifen heißt. So erläutert Niels Bohr, was Werner Heisenberg »Unschärfe«- oder »Unbestimmtheitsrelation« nennt. Es bringt die Einsicht zum Ausdruck, dass jeder Versuch, die Gegebenheiten einer Situation in ihrer kausalen Verflechtung und Determination zu erfassen, »mit einem prinzipiell unkontrollierten Eingreifen in deren Verlauf begleitet sein« wird. Das begründet nach Bohr die »Notwendigkeit, zu einer [...] komplementären oder besser reziproken Beschreibungsweise Zuflucht zu nehmen«.[44] Als Heisenberg weiß Walter White daher, dass es epistemologisch und ontologisch falsch ist, die Situation als objektiv bestimmt zu nehmen. Er weiß mit Heisenberg, dass jeder objektiven Bestimmtheit ein Akt des Bestimmens komplementär oder reziprok ist, der sie hervorbringt und damit immer schon verändert: dass also das Subjekt durch sein Bestimmen immer schon mit im Spiel ist; ja, dass das Subjekt bloß durch sein Dabeisein die Situation in ein unüberschaubares, daher hochriskantes Spiel verwandelt, in dem es keine Gewissheiten gibt, sondern Gefahren drohen und Chancen zu erschließen sind.

Die Chance, die Walter den Sieg über seinen Feind bringt – am Ende von Episode 13 (»Face Off«) ist Frings durch eine Bombe getötet; Walter triumphiert: »I won« –, entdeckt er in zwei Elementen seiner Situation, die der Inbegriff der Unschuld sind: in einer Maiglöckchenpflanze in seinem Patio (auf die, im dritten Anlauf, der wie im Roulette auf dem Gartentisch gedrehte Revolver zeigt) und in der Liebe Jesses zu Brock, dem kleinen Sohn seiner Freundin Andrea. Walter vergiftet Brock mit einem Extrakt des Maiglöckchens und es gelingt ihm, Jesse, der außer sich vor Sorge und Schuldgefühlen ist (denn er glaubt, Brock sei mit dem Gift Ricin vergiftet worden, das ihm gehört), davon zu überzeugen, dass niemand anderes als Frings dahinterstecke – der eben dadurch Jesse glauben machen wolle, dass Walter den Kleinen vergiftet habe, damit er, Jesse, Walter für Frings töte. Die Intrige beruht darauf, genau dadurch, dass man es tut, den anderen davon zu überzeugen, dass man es nicht getan hat. Jesse glaubt Walter, die beiden verbünden sich erneut, es gelingt ihnen im zweiten Anlauf, Frings zu töten, der Junge überlebt. Der letzte Blick der Kamera, mit dem die vierte Staffel endet, zeigt noch einmal das Maiglöckchen in Walters Patio. Dieser letzte Blick wiederholt den Blick Walters, mit dem dieser als komplementärer, reziproker Beobachter die Situation verändert und damit den Ausweg aus der tödlichen Gefahr möglich gemacht hatte. Oder Walters damaliger Blick erweist sich als Rückblick in die Gegenwart aus der Zukunft: als ein Blick, der die Gegenwart spaltet in das, was sie jetzt ausweglos ist und was sie im Rückblick aus der Zukunft an Möglichkeiten bereithält. Walters Kunst, die seiner Intrige zugrunde liegt, besteht darin, im Vorblick auf zukünftige Verläufe Möglichkeiten in der Gegenwart zu entdecken. Getragen von der Heisenberg'schen Gewissheit der Ungewissheit entdeckt Walter Möglichkeiten, wo es keine zu geben scheint: Er entdeckt in einer Gartenpflanze die Möglichkeit zu einem tödlichen Gift, und er entdeckt in Jesses Liebe zu seinem Stiefsohn (und in Jesses erstaunlicher und rührender Unfähigkeit, Walter White zu misstrauen) die Möglichkeit zu einer tödlichen Waffe, die sich gegen Gustavo Frings richten lässt.

»Wer würde so etwas tun?«, *Who would do such a thing?*, ist die Frage, die Walter Jesse stellt, um diesen davon zu überzeugen, dass ihm, Walter, im Gegensatz zu Gustavo Frings so etwas nicht zuzutrauen ist. Walter rechnet damit, dass Jesse nur antworten kann: nicht mein ehemaliger Lehrer Walter, sondern der Drogenboss Gustavo Frings. Die Ressource, die Walter ausnutzt, die er hier als Ressource erfolgreichen Handelns *entdeckt*, ist Jesses schier unzerstörbares Vertrauen; sein Vertrauen in Walter, aber grundlegender noch sein Vertrauen darin, dass es moralische Unterschiede gibt. Der radikal Unmoralische ist nicht der, der keine Moralität kennt, sondern der mit der Moralität des anderen rechnet – der sich der Moralität so bedient, wie der Selbständige mit allem umgeht: als Chance zum Erfolg.

Wir sehen damit, wie der Selbständige den Begriff der Möglichkeit definiert. Die Möglichkeiten, die er entdeckt und dadurch schafft, sind praktische Möglichkeiten, Möglichkeiten erfolgreichen Handelns. Sie sind Möglichkeiten zu handeln, sie ermöglichen das Handeln. Der Selbständige sieht nicht Tatsachen und kausale Determinationsketten, sondern er sieht Kräfte, die er gebrauchen kann (und die andere nicht zu gebrauchen und daher auch nicht einmal zu sehen wissen). Dass etwas eine Möglichkeit ist, heißt für den Selbständigen daher, dass es ein Vermögen ist. Denn ein Vermögen ist etwas, durch das ich etwas zu erreichen, etwas erfolgreich zu tun vermag. Die klassische bürgerliche Ökonomie nennt solche Vermögen »Kapital«. Es besteht aus den Produktionsmitteln – Mitteln *zur* Produktion –, die das Privateigentum des Bourgeois bilden. Über diese klassische bourgeoise Bestimmung geht der Selbständige hinaus; er erweitert den Begriff des Kapitals. Dazu gehören zum einen die Fähigkeiten, die jemand erworben hat und durch die er etwas ausführen kann. Der Selbständige nennt dies sein »Humankapital«, für das Investitionen in seine Ausbildung entscheidend sind.[45] Zum anderen gehören zu den Vermögen aber auch alle Umstände – alle Umstände überhaupt –, die der Selbständige für seine Vorhaben mobilisieren kann. Sie bilden seine Ressourcen; alles kann ihm zur Ressource werden und damit zu seinem Vermögen: Dass eine Pflanze giftig ist, macht sie zu einer Ressource für einen Giftanschlag, und dass jemand seinen Stiefsohn liebt, gibt mir die Fähigkeit und Macht, ihn dazu zu bewegen, an einem Mordkomplott mitzumachen. Dafür muss der Selbständige die Vermögen nicht besitzen, es reicht, wenn er sie sieht. Denn sein Sehen ist Aneignen.

Vor allem Schaffen und Anhäufen von Vermögen besteht die Kreativität des Selbständigen in dem Aufspüren von Vermögen. Das ist seine primäre ökonomische Tätigkeit. Die ökonomische Tätigkeit des Selbständigen besteht darin, Vermögen zu erkennen – auch dort noch eine brauchbare Kraft zu entdecken, wo der Unselbständige nur Tatsachen und Gegebenheiten sieht, die er hinnimmt. Seine Grundfähigkeit ist nach Hayeks Einsicht »eine Art Einfallsreichtum (der am besten mit dem deutschen Begriff *Findigkeit* beschrieben wird)«.[46] Aber richtig verstanden ist dieses Aufspüren selbst schon schöpferisch. Es ist das Schaffen, das allem Schaffen von Vermögen zugrunde liegt: das Schaffen der *Form* des Vermögens. Der Selbständige ist kreativ, weil er Tatsachen in die Form von Vermögen bringt, die er gebrauchen kann. Die primäre ökonomische Tätigkeit des Selbständigen ist formschaffend, also ontologisch. Sie besteht darin, eine Welt der Vermögen zu schaffen, die Welt der Tatsachen in eine Welt der Vermögen *um*zuschaffen. Das leistet der Selbständige durch seinen Blick: Sein Blick ist eine kreative – eine chancenkreierende – Intervention. Weil er das weiß, nennt sich Walter White »Heisenberg«.

Abwägen, Umwerten, Anpassen

Indem der Selbständige kreativ die Welt erschließt und ihre Tatsachen in brauchbare Kräfte verwandelt, verwandelt er zugleich sich selbst. Jeder ökonomisch kreative Bezug auf die Welt ist zugleich ein ökonomischer und darin freier Bezug des Subjekts auf sich selbst. Denn Kräfte sind brauchbar (und damit Vermögen, die angeeignet werden können) immer nur für jemanden, der sie als brauchbar bewertet. Der kreativ vermögenerschließende Blick ist ein Bewertungsblick, denn »Vermögen« ist ein Wertausdruck. Vermögen sind wertvoll, und Werte sind die Gesichtspunkte oder Maßstäbe der Brauchbarkeit von etwas oder jemandem (etwa der Eigenschaften einer Pflanze oder der Gefühle einer Person) für jemanden. Indem der Selbständige sagt, dass diese Kraft für ihn wertvoll ist, also ein Vermögen darstellt – etwas, wodurch und womit er etwas erfolgreich zu tun vermag –, sagt er damit zugleich, welche Werte er hat. Was für mich einen Wert hat, also ein Vermögen darstellt, hängt davon ab und drückt aus, welche Werte ich habe. Ich muss Werte haben, damit für mich etwas wertvoll oder ein Vermögen sein kann. Vermögen und Wert sind korrelative Begriffe. Sie sind korrelative Formbestimmungen der ökonomischen Freiheit des Selbständigen: Indem der Selbständige durch seinen Blick etwas Gegebenes in die Form des Vermögens bringt, bringt er zugleich sich selbst in die Form eines bewertenden Subjekts – eines Subjekts, das Werte hat. Ebenso wie der Begriff der Chance oder des Vermögens so hat aber auch der des Werts eine ganz spezifische logische Form. Der Begriff »Vermögen« bezeichnet, wie es die Welt für den Selbständigen gibt; die Dinge, Personen eingeschlossen, sind für den Selbständigen ein Vermögen oder sie sind irrelevant, überflüssig, so gut wie (oder weniger als) nichts. Der Begriff »Wert« bezeichnet, wie der Selbständige sich auf das bezieht, was er will und für ihn wichtig ist.

Wenn man den Begriff von »seiner Herkunft aus dem Bereich der Wirtschaft« her versteht (die ihm »auf der Stirn geschrieben« ist),[47] dann ist jeder Wert in seiner Form dadurch bestimmt, dass – und vor allem *wie* – ihn jemand *hat*; dadurch, wie jemand ist, der Werte hat. Das besagt, dass Werte »subjektiv« sind. Sie sind nicht subjektiv, weil sie arbiträr oder privat wären. Sondern sie sind es, weil »Wert« eine Formbestimmung des Guten, des Maßes, nach dem wir etwas bewerten, ist, die es von dem bewertenden Subjekt her versteht; der Begriff des Werts definiert eine Gestalt der Subjektivität. Das ist ein Subjekt, das sich so versteht, dass es erstens eine Vielzahl von Werten hat, die es zweitens in jeder Entscheidungssituation in eine Rangordnung bringen muss. Werte gibt es nur im Plural: Ein Subjekt, das Werte hat, hat viele Werte, die ebenso viele Gesichtspunkte bezeichnen, nach denen es die Umstände – bestehend aus Dingen, Personen, Verhältnissen – bewertet, in denen es sich vorfindet. So stehen die Werte nebeneinander. Die Frage danach, was zu tun ist, lässt sich daher nur beantworten, indem sie abgewogen werden. Werte zu haben heißt, Werte zu relativieren. Auch wo ich mich entscheide und damit einen Wert über alle anderen stelle, bleiben die anderen Werte in Geltung. Der eine ist – hier – nur relativ größer, wiegt vergleichsweise schwerer. Wie Thomas Hobbes am Anfang der ökonomischen Begriffsbestimmung des Werts (und damit der Freiheit) erläutert hat, sind daher alle Werte Preise.[48] Ich entscheide mich demnach für oder gegen eine Handlung, indem ich festlege, welcher meiner Werte schwerer wiegt: ob derjenige Wert, der durch die Handlung erfüllt wird, oder diejenigen, die durch die Handlung unerfüllt bleiben. Wenn ich daher sage, dass ich eine Handlungsoption um des einen Werts willen vorziehe, dann sage ich zugleich, dass ich bereit bin, die Nichterfüllung der anderen Werte dafür als Preis zu zahlen. Etwas zu bewerten heißt, es zu bepreisen.

Das ist die Freiheit des Subjekts der Werte: nicht durch ein höchstes, letztes Gut festgelegt zu sein, sondern jedem Maßstab gegenüber eine Distanz einnehmen zu können, die es erlaubt, sie gegeneinander abzuwägen und also bereit zu sein, für die Erfüllung von einigen Werten die Nichterfüllung anderer Werte als Preis zu zahlen. Genau diese Bereitschaft macht jede Wertabwägung revidierbar. Die Bereitschaft, für einen Wert den Preis anderer Werte zu zahlen, ist nichts anderes als die Bereitschaft, noch einmal neu und anders abzuwägen. Die Freiheit der Wertung ist – immer schon – die Macht zur Umwertung. Das wertende Subjekt ist das neu- und umwertende Subjekt: das Subjekt, das die Macht und Freiheit hat, immer wieder neue Rangordnungen von Werten zu schaffen.

Breaking Bad *6: Der Preis des Lebens*

Dass es so ist und worin die Macht der Umwertung besteht, zeigt sich an der Wertabwägung, durch die Walter White sich entschließt, seine Intrige gegen Gustavo Frings zu spinnen.

Die bereits erwähnte zwölfte Episode von *Breaking Bad* (»End Times«) zeigt Walter White in einer schier aussichtslosen Lage. Sie ist aussichtslos, weil Gustavo Frings in dem sich zuspitzenden Duell mit Walter nunmehr dessen Familie mit dem Tod bedroht. Nichts anderes als die Sicherheit seiner Familie war aber der Grund, aus dem sich Walter auf das Spiel eingelassen hatte, das ihn jetzt in diese Sackgasse geführt hat. Aussichtslos ist die Lage also, weil sie ironisch, das heißt selbstgemacht ist; die Arbeit für die Sicherheit der Familie führt zu deren ultimativer Gefährdung. Weil Walter, wie er immer sagt, *alles* für die Familie getan hat und tut, scheint es daher völlig klar, was er in dieser Situation tun muss: Er muss nun auch noch das Letzte, das er hat, also sich selbst, das heißt sein Leben opfern. So sieht er es auch. Der Lauf des Revolvers, den Walter auf dem Tischchen seines Patios wie im Flaschendrehen kreisen lässt, weist zweimal auf ihn; er muss sterben. Für einen Moment scheint es so, als zeige sich, dass Walters *breaking bad* doch von einem wahrhaft moralischen

Motiv angetrieben ist und er bereit ist, sein »liebes Selbst« (Kant) für die Seinen zu opfern: dass Walter doch ein Guter ist.

Aber dann lässt Walter den Revolver ein drittes Mal kreisen, und der Lauf weist auf das Maiglöckchen, in dem Walter das Vermögen erkennt und sich aneignet, jemanden zu vergiften – die Intrige beginnt. Welchen Vorteil die Intrige gegenüber dem Selbstopfer hat, liegt auf der Hand. Sie vermag beide Ziele zugleich zu erreichen. Wenn Frings tot ist, sind alle, Skyler, Walter jr. *und* Walter White, sicher. Aber dieses Ziel kann die Intrige nur erreichen, indem sie die Sicherheit aller gefährdet. Die Intrige bringt also eine ganz andere Wertentscheidung zum Ausdruck als das Selbstopfer, zu dem Walter zunächst, mit grimmiger Entschlossenheit, bereit zu sein schien. Denn darin käme der Sicherheit der Familie ein unbedingter Vorrang zu. In der Entscheidung zur Intrige hingegen erweist sich die Sicherheit der Familie als ein relativer Wert. Sie ist hier nur deshalb mit dem Wert der Selbsterhaltung vereinbar, weil beide gradiert und damit herabgestuft werden. Das heißt nicht, dass die beiden Werte für Walter dasselbe Gewicht haben müssen. Es heißt aber, dass sie sich *bloß als Werte* erweisen, die miteinander verglichen, aneinander bemessen, aufeinander abgestimmt werden können. Die rasche Bereitschaft, mit der Walter dem Hinweis folgt, dem ihm der Revolver im dritten Versuch endlich gibt, zeigt, dass er immer schon so dachte: Dass er an Selbstmord für die Familie dachte, lag nicht daran, dass er ihr unbedingten Vorrang einräumte. Es lag nur daran, dass er keinen Ausweg sah, der ihm ein akzeptables Maß ihrer Gefährdung versprach. Die rasche Bereitschaft zur Umwertung zeigt, wie Walter vorher, ja immer schon seine Entscheidung verstanden hat. Seine Entscheidung bestand nicht darin, ein Gut – oder das Gute – zu bejahen, dessen unbedingte Kraft er anerkennt, sondern zwischen Werten abzuwägen, die er daher alle gleichermaßen relativiert hat. Zu einer unbedingten – und daher wahrhaft moralischen – Entscheidung wird Walter erst ganz am Schluss der Serie kommen. Mit dieser Entscheidung wird er seine Serien-Existenz (zu der sich seine ökonomische Freiheit entfaltet) beenden.

Wie aber kommt es zu einer Umwertung – dazu, den Rang oder das Gewicht der Werte neu zu bestimmen? Die Antwort der Entscheidungsszene ist eindeutig: Es kommt nur zu einer Neuabwägung der Werte, indem eine neue brauchbare Kraft erschlossen und angeeignet wird. Denn der Selbständige wägt zwischen seinen Werten so ab, dass er sie im Hinblick auf die Chancen ihrer Verwirklichung betrachtet, und diese Chancen werden durch die Vermögen bestimmt, die er erschließt. So funktioniert die Preisberechnung, die der Selbständige in seiner Wertabwägung anstellt. Werte sind nach Hobbes Preise, weil ich nur sagen kann, wie viel mir etwas wert ist, indem ich sage, wie viel an anderen Werten ich dafür preisgeben (oder ausgeben) würde. Wie viel ich dafür jeweils geben muss, hängt aber davon ab, wie groß meine jeweiligen Chancen und also meine Vermögen sind, dass ich diesen oder jenen Wert verwirklichen kann. Wenn der Selbständige sich entscheidet, dann wägt er daher keineswegs nur zwischen seinen Werten ab. Er fragt sich nicht nur, was ihm wichtiger ist – sein eigenes Leben oder die Sicherheit der Familie. Sondern er fragt sich, er *muss* sich fragen, wie hoch die Wahrscheinlichkeit ist, dass er – *gegeben seine Vermögen* – den einen Wert erreicht, und wie hoch die entsprechende Wahrscheinlichkeit ist, dass er dadurch den anderen Wert verspielt: Die Wahrscheinlichkeit ihrer Verwirklichung, die durch die Art und Größe meiner Vermögen bestimmt wird, entscheidet mit über die Rangordnung meiner Werte. Weil die Werte von der Wahrscheinlichkeit ihrer Verwirklichung abhängen, müssen sie ebenfalls – wie nach Kant alle Wahrscheinlichkeiten in einer nicht streng mathematischen Perspektive – »*ponderiert*, d.i. nach der Wirkung geschätzt werden«; »die Gewichte sind hier, so zu sagen, nicht alle gestempelt«: Auch Werte können nicht »numeriert« und daher berechnet werden.[49] Die Logik der Wertentscheidungen, die der Selbständige trifft, wird infiltriert durch den – unvermeidlichen – Relativismus seiner Chancenkalküle.

Das definiert die selbständige Subjektivität: Der Selbständige muss seine Werte an seine Vermögen anpassen. Seine Vermögen kommen *vor* seinen Werten, die doch erst festlegen sollen (oder wollen), ob etwas ein Vermögen, etwas für ihn Brauchbares ist. Hayek formuliert dies so: Weil die Selbständigen »sich andauernd mit neuen Arrangements und Kombinationen« beschäftigen und »Lösungen für immer neue Probleme« finden müssen, müssen sie auch fähig sein, »einen Lebensplan zu formen *und umzuformen*«.[50] In Walter Whites Überlegung zeigt sich diese Fähigkeit (und Bereitschaft) daran, wie er alles ändert, nachdem er, durch den Zufall des sich drehenden Revolvers, darauf gestoßen worden ist, dass er das Vermögen hat – denn *da ist es*, unmittelbar vor ihm, in seinem Patio –, jemanden zu vergiften (und dadurch jemand anderen, vielleicht oder wahrscheinlich, dazu zu bringen, ihm zu helfen, einen anderen in die Luft zu sprengen). Es ist diese Erschließung eines neuen Vermögens, die die Gewichtung seiner Werte verändert. Ohne dieses Vermögen stand die Sicherheit der Familie weit vor dem eigenen Leben – so weit, dass man für einen Moment meinen konnte, sie sei für Walter ein unbedingt Gutes, ja *das* unbedingt Gute. Mit dem neuen Vermögen verringert sich dieser Abstand. Durch ein neues Vermögen ergeben sich neue Möglichkeiten erfolgreichen Handelns; die Sicherheit der Familie wird den Chancen – und Risiken! – von Walters Intrige ausgesetzt. Weil oder wenn Werte Preise sind, sind Werte »nicht absolut« (Hobbes). Sie sind relativ zu Vermögen.

Darin ist der Selbständige in seinem Selbstverhältnis frei. Er ist frei, weil er fähig ist, also die Macht und Bereitschaft besitzt, die Maßstäbe – Ziele, Güter, Ideale –, denen er folgt, zu Werten zu depotenzieren. Daher determinieren seine Maßstäbe, ob nun sozial übernommen oder individuell gesetzt, den Selbständigen nicht. Weil sie für ihn nur Werte sind, ist er ihnen gegenüber – in der Weise, in der er sie hat – frei. Denn Werte sind dadurch definiert, dass sie der Gegenstand einer genuin ökonomischen Weise des Überlegens sind, ökonomische Überlegungen aber sind (nach Hayeks Einsicht) »nur solche, durch die wir unsere verschiedenen Vorhaben in Einklang bringen und anpassen«[51] – *reconcile and adjust*: miteinander versöhnen und dabei an die Umstände anpassen, die wir als Chancen und Risiken, größere oder kleinere Vermögen erschlossen haben. Die Freiheit dessen, für den seine Maßstäbe Werte sind, ist die Freiheit einer doppelten Relativierung: der Werte untereinander – keiner seiner Werte gilt unbedingt; der Werte auf die Wahrscheinlichkeit ihrer Verwirklichung – keiner seiner Werte beherrscht den Selbständigen und treibt ihn in Selbstzerstörung und Ruin. Kein Ziel oder Vorhaben hat den Selbständigen in seiner Gewalt. Wer Werte hat, ist frei gegenüber sich selbst. Er ist frei dazu, sich – seine Werte – ans Mögliche anzupassen.

Die ökonomische Formbestimmung der Selbständigkeit und ihrer Freiheit wurde bisher durch zwei Begriffe auf zwei verschiedenen Achsen erläutert: »Vermögen« im Weltverhältnis und »Wert« im Selbstverhältnis des Selbständigen. Aber diese Aufteilung ist abstrakt und daher vorläufig. Denn die beiden Achsen schneiden sich. Sie schneiden sich, weil der Begriff des Vermögens nicht auf das Weltverhältnis des ökonomischen Subjekts begrenzt ist, sondern dessen Selbstverhältnis bestimmt. Das ökonomische Subjekt ist dadurch definiert, dass es ihm ebenso im Verhältnis zur Welt und ihren Kräften wie im Verhältnis zu sich und seinen Werten – immer auch – um seine Vermögen geht.

Das hat sich bereits gezeigt. Es hat sich im Selbstverhältnis des Selbständigen daran gezeigt, dass er zwischen seinen Werten nur im Hinblick auf seine Vermögen abwägen kann, seine Werte zu verwirklichen. Er wägt seine Werte *entsprechend* seinen Vermögen (und damit der Chancen und Risiken) ihrer Verwirklichung ab. Eine Werteabwägung, die nicht den eigenen Vermögen entspricht, ist wertlos. In allem Abwägen von Werten leitet ihn daher der Metawert, seinen Vermögen zu entsprechen. Er will seine Vermögen zu dem Maß machen, an dem er sein Entscheiden und Handeln bemisst.

Dass es dem Selbständigen um seine Vermögen geht, hat sich überdies im Weltverhältnis des Selbständigen daran gezeigt, dass Vermögen zu erschließen nichts anderes bedeutet, als sie sich anzueignen. Dabei geht es nicht darum, dass sie mein Eigentum werden und ich exklusiv, also andere ausschließend, über die erschlossenen Kräfte verfügen kann. Das ist allenfalls ein rechtliches Instrument, um sicherzustellen, dass ich sie exklusiv gebrauchen kann; es geht nicht um exklusives Verfügendürfen, sondern um exklusives Gebrauchenkönnen. (Die Kreativität des Selbständigen besteht darin, auch solche Kräfte zu gebrauchen, deren Eigentümer er nicht ist und auch nicht werden kann: Walter White gebraucht in seiner Intrige Jesse Pinkmans Gefühle als Mittel, um sein Ziel zu erreichen. Deshalb kann der Selbständige nicht als Eigentümer *definiert* werden. Der wahrhafte Kreative benutzt alles, auch das, was anderen gehört – nur schneller und einfallsreicher als sie.) Die Vermögen, die der Selbständige entdeckt, sind dadurch für ihn da. Er kann sie dazu gebrauchen, um etwas erfolgreich zu tun; sonst sind sie gar keine Vermögen. Die kreative Erschließung von Vermögen in der Welt ist daher nichts anderes als eine kreative Erweiterung meiner eigenen Vermögen. Vermögen sind immer eigene Vermögen: Die Kreativität des Selbständigen bezieht sich auf ihn selbst.

Die beiden Achsen der Selbständigkeit schneiden sich also genau dort, wo in jeder der beiden Bezüge, dem Selbst- und dem Weltbezug des Selbständigen, die eigenen Vermögen selbst zu Zwecken – zum Selbstzweck für den Selbständigen – werden. Sie sind keineswegs sein einziger, ja, sie müssen nicht einmal sein höchster Zweck sein (obwohl dies eine Möglichkeit ist: eine in der Struktur des Selbständigen angelegte Pathologie). Entscheidend ist aber, dass sie *niemals* auf die Rolle eines Mittels begrenzt werden können; Vermögen sind nicht Mittel. Mittel werden allein wegen ihrer Zweckhaftigkeit für anderes gewollt. Sie sind durch ihre Instrumentalität definiert und gehen in ihrer Zweckmäßigkeit auf; sie verschwinden, indem sie ihren Zweck erfüllen. Für den Selbständigen dagegen sind seine Vermögen eine notwendige Bedingung: eine Bedingung, *ohne* die er nicht kann und *gegen* die er daher nicht will. Der Selbständige geht deshalb so mit seinen Vermögen um, dass er sie in jeder Verwendung als Mittel zum (Mit-)Zweck der Verwendung macht: Der Selbständige verwendet seine Vermögen so, dass er sie darin zugleich erhält. Die Verwendung von Vermögen darf sie nicht verschwenden, nicht für einen Zweck opfern. Indem der Selbständige seine Vermögen verwendet, geht es ihm also darum – *muss* es ihm darum gehen –, neben, mit und durch die Erreichung seiner unmittelbaren Ziele seine Vermögen zu erhalten. Der kategorische Imperativ des Selbständigen lautet: Handle so, dass du dein Vermögen jederzeit zugleich als Zweck, niemals bloß als Mittel brauchst.

Genau darin, in der Erfüllung dieses Imperativs, sieht der Selbständige seine Freiheit. Der Imperativ kommt nicht von außen; er definiert, also konstituiert die ökonomische Freiheit. Diese Definition besagt: Die ökonomische Freiheit ist die Freiheit zur Erhaltung seiner eigenen Vermögen oder die Freiheit der Selbsterhaltung. Diese Freiheit lässt sich negativ und positiv charakterisieren.

Negativ bestimmt, bedeutet die Freiheit als Selbsterhaltung – oder die Selbsterhaltung als Freiheit – eine »Inversion der Teleologie« (Robert Spaemann).[52] Der Selbständige verortet sich nicht in einem Zwecksystem – sei dieses System ontologisch (der Kosmos als teleologisch gegliedert), ethisch (die menschliche Natur als auf ein höchstes Gut gerichtet) oder sozial (die Gesellschaft als eine Ordnung von Status und Rollen) verstanden. Der Selbständige bricht die Macht der natürlichen, ethischen und sozialen Zwecke über sein Wollen und Handeln. »Er opponiert der teleologischen Deutung der menschlichen Natur in einem Universum, das als Zwecksystem aufgefaßt ist.«[53] Die Freiheit der Selbsterhaltung ist die Emanzipation von jeder Teleologie. Indem sie mit dem teleologischen Denken bricht, unterwirft sie sich aber *nicht* dem – anderen, neuen – Diktat instrumentell rationaler Mittelkalküle. So hatte das klassische Bild des »ökonomischen Menschen«, das Hayek auf John Stuart Mill zurückführt und zugleich zurückweist, die moderne Freiheit gezeichnet. Ökonomisch zu sein heißt darin, »sorgfältig seine Mittel seinem Zweck anzupassen«. Das aber ist, so Hayek, eine rationalistische Projektion (und Rationalismus bedeutet in letzter Konsequenz Sozialismus; Rationalismus bedeutet Planung).[54] Denn die ökonomische Freiheit des Selbständigen, die die Teleologie verkehrt, überschreitet zugleich die Anforderungen und Grenzen der instrumentellen Rationalität. Wenn Rationalität instrumentell verstanden heißt, Mittel im Hinblick auf ihre Effizienz für gegebene Zwecke zu kalkulieren, dann weist das ökonomische Überlegen, Wollen und Handeln des Selbständigen immer schon über solche Mittelkalküle hinaus. Es weist hinaus in eine unabsehbare Zukunft immer weiterer Vermögenseinsätze, die durch das gegenwärtige Wissen um Ziele und Mittel gar nicht erfasst werden können. Von den Normen der Effizienz und Sparsamkeit macht sich der Selbständige ebenso frei wie von den Vorgaben natürlicher Ordnungen, höchster Güter und sozialer Pflichten.

Dadurch befreit sich der Selbständige *zu sich selbst*. Er ist frei nicht zu Zwecken oder Mitteln, sondern worum es ihm geht, ist »er selbst«, und dieses Selbst, das sich befreit, ist nichts anderes als »die Struktur einer Aktivität«.[55] Das ist die positive Bestimmung der ökonomischen Freiheit. Sie besagt, dass das ökonomisch freie Handeln das sich selbst erhaltende Handeln ist. Seine Erhaltung ist selbstbezogen, reflexiv und intransitiv (wie Hans Blumenberg über den neuzeitlichen im Unterschied zum stoischen Erhaltungsgedanken gesagt hat[56]). Weil aber »Aktivität« ökonomisch verstanden heißt, Vermögen zu verwenden oder Kraft zu gebrauchen, geht es im ökonomisch freien Handeln um die »Selbsterhaltung in der Kraft« (Dieter Henrich).[57] Der freie Gebrauch von Vermögen ist weder von Zweckvorgaben noch von Rationalitätsnormen bestimmt, sondern dem freien Gebrauch geht es nur – um sich selbst. Es geht im Gebrauch der Vermögen um das Vermögen des Gebrauchs: nur darum, von Vermögen »guten Gebrauch zu machen«. In der »Kunst«, unsere Vermögen »zu ihrem besten Gebrauch zu führen« – so heißt es an einer zentralen Stelle bei Hayek –, »sind wir alle Unternehmer«, also frei.[58] Dabei heißt, »guter«, »bester« oder »richtiger« Gebrauch der Vermögen: sie so gebrauchen, wie es *ihnen* entspricht; die eigenen Vermögen *to the full*, im vollen Umfang, umfassend, optimal zu gebrauchen: sie »voll einzusetzen« oder »voll [zu] nutzen«.[59] »Gut« und »richtig« sind in der ökonomischen Freiheit konsequent immanent definiert. Genau darin besteht ja die ökonomische Freiheit: Sie besteht darin, im Gebrauch der Vermögen keinen Zwecken und Normen, sondern nur dem zu folgen, wohin die eigenen Vermögen wollen. Die ökonomische Freiheit ist die Freiheit der Selbstverwirklichung, und die ökonomische Selbstverwirklichung ist die Verwirklichung des Selbst: die Verwirklichung des Selbst durch (oder als) die Verwirklichung seiner Vermögen. In der Einheit dieser beiden Verwirklichungen besteht das Glück der ökonomischen Freiheit. Ihr Glück ist das Glück der Identität: des Selbst mit seinen Vermögen.

In dieser Logik der Selbstverwirklichung entspricht die ökonomische Freiheit ihrer modernen Definition. Danach heißt frei zu sein, dass meine Vollzüge meine eigenen sind (wie schon der griechische Begriff der Freiheit sagte; siehe oben, Kapitel 1), und dass sie meine eigenen sind heißt, dass ich mich in ihnen darstelle oder ausdrücke.[60] Diesem modernen, »expressivistischen« Grundgedanken gibt der ökonomische Freiheitsbegriff eine radikale Deutung; der Ökonomismus der Freiheit ist nichts als der radikale, daher konsequente Expressivismus der Freiheit. Denn der ökonomische Freiheitsbegriff besagt, dass ein Vollzug nur dann ein freier Akt der Selbstverwirklichung ist, wenn er sich auf sich selbst bezieht: wenn die Selbstverwirklichung »reflexiv« und daher »intransitiv« ist (Blumenberg). Denn solange die Selbstverwirklichung an eine vorweg gegebene Bestimmung gebunden ist, die das Innere und Wesentliche des Selbst ausmacht und sich in der Verwirklichung manifestiert, vollstreckt sie nur, was das Selbst durch Natur und Gesellschaft – das sind die Quellen seiner Determination – schon ist. So aber ist das Selbst nicht frei; es ist determiniert durch seine soziale oder natürliche Identität. Das Selbst ist daher nur frei, wenn es sich nicht als das so und so vorweg bestimmte, das natürliche oder soziale Selbst, sondern bloß als Verwirklicher, das heißt: als Könner oder Vermögender, verwirklicht – wenn seine Identität, die es verwirklicht, nur darin besteht, Vermögen zu haben und etwas verwirklichen zu können. Das ist die radikale Deutung der modernen Selbstverwirklichung in der ökonomischen Freiheitskonzeption: Frei zu sein heißt, das eigene Verwirklichenkönnen zu verwirklichen.

(b) Werde, der du bist

Die ökonomische Definition der Freiheit als Selbstverwirklichung »opponiert« (Henrich) jeder Identitätsfestlegung: Das ökonomische Selbst hat kein Wesen und daher keinen Zweck, in deren Verwirklichung es seine Bestimmung finden würde. Das ist der negative Sinn der ökonomischen Freiheit. Sie ist die Freiheit von jeder vorgegebenen Identität (in einer Ordnung der Wesen und Zwecke). Ihr positiver Sinn besteht darin, dass sie die Freiheit zu der – inhaltlich unbestimmten, leeren, rein formalen – Identität des Selbst mit sich selbst ist: die Identität des Selbst mit seinen Vermögen. Das ökonomische Selbst ist frei, weil es nichts anderes als seine Vermögen *ist* (so dass seine Selbsterhaltung und die Erhaltung seiner

Vermögen in eins fallen; das besagt, ökonomisch gelesen, der Begriff der Selbstverwirklichung). Diese Identität definiert das ökonomisch freie Selbst als ein »Individuum«. Denn die grundlegende, wörtliche Bestimmung des Individuums ist es, unteilbar zu sein (das Wort »Individuum« übersetzt das griechische »Atom«; der Individualismus der ökonomischen Befreiung ist »die atomistische Wurzel der Revolution« [Eva Hesse][61]). Das Individuum ist aber nicht deshalb unteilbar, weil sich an ihm nichts unterscheiden ließe. Dann wäre es tatsächlich unaussagbar, *ineffabile*. Sondern das Individuum ist unteilbar, weil es eine Einheit bildet, deren Zerteilung mit der Einheit zugleich auch die Elemente, aus der sie besteht, zerstören würde.[62] Der ökonomisch Freie oder Selbständige ist ein Individuum, weil er von seinen Vermögen und seine Vermögen von ihm nicht getrennt werden können. Er ist nichts ohne seine Vermögen, und seine Vermögen sind nichts ohne ihn (denn sie sind nur Vermögen *für* ihn). Darin besteht die Identität des Selbständigen, die er verwirklicht: Der Selbständige ist die Identität von Selbst und Vermögen. Diese Identität macht seine Individualität aus.

Selbständigkeit, Selbstverwirklichung, Individualität sagen daher dasselbe. Sie bezeichnen die ökonomische Freiheit aus unterschiedlichen Perspektiven. Die ökonomische Freiheit ist in ihrem Verhältnis zur Gesellschaft die *Selbständigkeit*. In der Weise ihrer Vollzüge ist die ökonomische Freiheit die *Selbstverwirklichung*. Und in ihrer inneren Verfassung ist sie die *Individualität*: Nur der ökonomisch Freie ist ein Individuum. Während der Abhängige seine Kräfte veräußert und – nach Kants grundlegender Bestimmung (oben, S. 267) – einem anderen ihren Gebrauch bewilligt, sie also einem anderen aushändigt, gelangt der Selbständige zur unteilbaren Identität mit sich. Nur er *hat* wahrhaft seine Vermögen so, dass er sie allein selbst gebraucht – sich allein ihrem Gebrauch widmet und verpflichtet weiß. Daher ist die ökonomische Konzeption der Freiheit der radikale Individualismus. Denn den radikalen Individualismus der Moderne unterscheidet nach Georg Simmel vom »Renaissanceindividualismus der Auszeichnung«, dass es ihm um nichts anderes als die »Einheit«, als »Eigenheit«, das heißt Sichzueigenhaben, des einzelnen geht. Der moderne Individualismus ist nichts anderes als das »Ideal der bloßen Freiheit des Individuums«.[63]

Die Formbestimmung der Individualität fügt aber der Charakterisierung der ökonomischen Freiheit nicht nur einen weiteren Aspekt hinzu. Sie erklärt zugleich, weshalb die ökonomische Konzeption die Freiheit als Befreiung – und was sie unter »Befreiung« – versteht. Denn der moderne Individualismus bezeichnet mit dem Begriff des Individuums eine Seinsweise, eine Identität, die unauflösbar zweideutig ist. Auf der einen Seite gilt, dass die Identität mit sich, die die Form der Individualität ausmacht, erst noch gewonnen werden muss: Der Selbständige ist nur ein Individuum, indem er sich selbst dazu macht. Das versteht der Selbständige aber nicht als seine Wahl, sondern als seine Verantwortung; das ist im Folgenden der erste Schritt (»Selbstverantwortung«). Der Selbständige folgt dem Imperativ, ein Individuum zu werden, weil er dies in Wahrheit, das heißt an sich, schon ist: Die Form der Individualität ist seine wahre Form, die Form seines wahren Selbst, das er in der sozialen Existenz der Abhängigkeit verloren hat und nun zurückgewinnen will; dies ist der zweite Schritt (»Die Identität des Individuums«). Mich zur Selbständigkeit zu befreien heißt, zu werden, was ich bin. Darin ist die Befreiung zur Selbständigkeit individualistisch, ist sie der konsequente Individualismus. Denn die individualistische Selbsterschaffung gründet – so Nietzsches Einsicht – in der Erkenntnis dessen, was natürlich und damit notwendig ist. »Und darum: Hoch die

Physik! Und höher noch das, was uns zu ihr *zwingt*, – unsere Redlichkeit!«[64]

Selbstverantwortung

Die Grundbestimmung selbständiger Individualität besteht darin, Vermögen zu haben. Seine Vermögen – und also sich als Vermögender – zu erhalten, ist daher, worum es dem Selbständigen geht. Diese Ausrichtung aufs Vermögen bestimmt die beiden Achsen der selbständigen Existenz, ihren Welt- und ihren Selbstbezug. In seinem kreativen Weltbezug erschließt der Selbständige für ihn brauchbare Kräfte und eignet sie sich an; er macht sie zu seinen eigenen Vermögen. In seinem abwägend-umwertenden Selbstbezug passt der Selbständige seine Ziele seinen Vermögen an; er wertet seine Werte je nach seinen Vermögen um. In beiden Bezügen, in denen der Selbständige – erschließend-aneignend und umwertend-anpassend – tätig ist, ist dies immer zugleich eine Tätigkeit der Formgebung. Der Selbständige gibt seinen Umständen die Form, brauchbar zu sein. Er gibt seinen Zielen die Form, bewertbar und umwertbar zu sein. Und er gibt darin sich selbst die Form des Individuums, das seine Vermögen so hat, dass es sie ist oder sie es sind – dass seine Vermögen das Individuum ausmachen (so dass, was immer es tut, darin besteht, seine Vermögen zu ihrem, dem nach ihrem Maß richtigen Gebrauch zu bringen). Die Formtätigkeit des Selbständigen, die sich auf Kräfte und Ziele bezieht – aus Gegebenem Brauchbares und aus Zielen Werte macht –, ist daher immer zugleich auf sich selbst gerichtet. Seine Formtätigkeit ist seine Selbstformierung. Sie bringt die Identität des Selbst mit sich selbst hervor; das Selbst ist die Tätigkeit des »Sichzusammennehmen[s]« (wie Martin Heidegger sagt).[65] Indem das Selbst seine Umstände zu seinen Vermögen und seine Ziele zu seinen Werten formiert, synthetisiert es sich selbst zu einem »Individuum«.

Ein Individuum zu sein heißt, sich als Individuum, also die Form seiner Individualität zu (re-)produzieren. Wenn aber die Form der Individualität in nichts anderem als der unteilbaren Einheit von Selbst und Vermögen besteht; und wenn das Individuum nur so besteht, dass es sich selbst hervorbringt, indem es sich mit sich selbst zusammennimmt, dann ist die Individualität des Einzelnen nichts anderes als sein Vermögen zur Aneignung seiner Vermögen. Die Individualität ist Macht: das Vermögen oder die Macht der Selbstformierung: die Macht, sich selbst in die Einheit des Individuums zu bringen (und damit seine Kräfte, also seine Macht in die Form von Vermögen). »Zum Wesen der Macht« – der Macht, die die Individualität ausmacht – »gehört die Übermächtigung ihrer selbst«.[66] Die Einheit des Individuums ist ein Machteffekt – ein Effekt der Macht, die es selbst auf sich ausübt. Genauer: durch die es sich als Macht herstellt und damit immer weiter steigert, also ein Akt der Selbstübermächtigung. Die Macht der Individualität ist das Vermögen zum Vermögen.

Wenn die Form der Individualität also kein Sein, sondern ein Werden und das Werden ein Akt der Selbsthervorbringung ist, dann stellt sich die Frage, wie dieses Werden und Hervorbringen seinerseits erst wird und hervorgebracht wird: Wie kommt das Selbst dazu, sich zu individualisieren, sich die Form der Individualität zu geben? Warum überhaupt Individualität? Hayek resümiert die Antwort, die der moderne Individualismus von Anfang an auf diese Frage gegeben hat, wenn er ins Zentrum der neoliberalen Politpädagogik den Begriff der Selbstverantwortung stellt.[67] Selbständigkeit heißt Selbstverantwortung: Sich selbständig zu machen heißt, sich zu einem Individuum zusammenzunehmen, und sich zu einem Individuum zu formen heißt, Verantwortung für sich zu übernehmen. Das kann nicht die Verantwortung dafür sein, welche Fähigkeiten, und noch weniger, welche Talente man hat. Das ist auch der Macht des Selbständigen, wie der eines jeden, sehr weitgehend entzogen; es ist eine Sache von Natur und Gesellschaft, der Ausstattung und der Erziehung (für die man nichts kann). Die Verantwortung für sich selbst zu übernehmen – wie es der moderne Individualismus will – verlangt nicht, sich selbst zu erschaffen; sie betrifft nicht, was jemand ist, sondern wie er mit dem umgeht, was er nun einmal ist. Das Was ist gegeben, das Wie ist unsere eigene Sache. Gegeben sind die Eigenschaften, die ich habe. Meine Sache ist, welchen Gebrauch ich von ihnen mache. Damit ich meine Eigenschaften aber gebrauchen und für diesen Gebrauch Verantwortung übernehmen kann, muss ich sie überhaupt als meine Vermögen haben, das heißt mir angeeignet haben; ich muss sie in die Form von Vermögen gebracht haben, die ich produktiv gebrauchen kann. Die Verantwortung gilt dem »Ausgang des Menschen aus seiner selbst verschuldeten Unproduktivität«.[68]

Vor der Verantwortung für den Gebrauch seiner Vermögen hat der Selbständige daher immer schon Verantwortung für seine Vermögen als solche übernommen: dafür, seine Eigenschaften als Vermögen zu haben. Er macht sich für sein Leben verantwortlich (und er will von anderen für sein Leben verantwortlich gemacht werden), weil er – vorweg – seinem Leben die Form des Gebrauchs, und das heißt, seinen Eigenschaften die Form von brauchbaren Kräften, also Vermögen gegeben hat. Diese Formverwandlung ist die Individualisierung. Denn ein Individuum zu sein heißt, sich mit sich zu einer unteilbaren Einheit zusammengeschlossen zu haben, und unteilbar ist nur die Einheit zwischen Selbst und Vermögen (während jede Eigenschaft vom Selbst abgezogen werden kann). Ein Individuum zu werden ist die Urverantwortung, die Verantwortung des Selbständigen zur Verantwortung.[69]

Aber wem gegenüber hat der Selbständige diese Verantwortung? Jede Verantwortung ist eine Antwort: die Antwort auf einen Ruf. Welchem Ruf folgt der Selbständige, der die Verantwortung übernimmt, sich zu einem selbstverantwortlichen Individuum zu machen? Und woher kommt dieser Ruf?

Breaking Bad *7: Versagen*

Wir haben bereits gesehen, durch welche Erfahrungsschritte Walter White an den Punkt gelangt, an dem er sich entscheidet, lieber ein Leben in illegaler Selbständigkeit als in der Gewohnheit der Anstellung zu führen. Der Anfang ist die Angst; die Sorge um seine Familie (und um den guten, vorsorgenden Familienvater, also sich selbst). Aber die Angst führt zu Mut und Entschlossenheit: zur Lust an der neuen Freiheit. Der Diskurs des Individualismus beschreibt dies als den Moment, in dem Walter Verantwortung für sich übernimmt. Und damit erscheint zugleich die Abhängigkeit, mit der er bricht, in einem neuen Licht: Die Abhängigkeit war sein Versagen; Walter erfährt sich als Versager. Ein Versager ist er nicht nur, weil er diesen oder jenen Anspruch, den er an sich selbst hat (etwa den, seine Familie zu versorgen), nicht mehr erfüllen kann, sondern er ist es durch seine abhängige Existenz – weil er ein Abhängiger *ist.*

Die Serie präsentiert zwei Weisen, in denen Walter dies erfährt. Die eine Weise ist die Verspottung durch seine Schüler, die ihn bei seinem Zweitjob in der Autowaschanstalt dabei beobachten, wie er, eigentlich an das Kasse beschäftigt, zur Drecksarbeit beim Reinigen der Reifen geschickt wird. Walter wird beschämt: Es ist beschämend, peinigend und peinlich, ein abhängig Beschäftigter zu sein, der tun muss, was man ihm sagt (und sich auf seine höhere Position als *white-collar worker* nicht verlassen kann). Hier, im Blick und Verlachen der Schüler, spricht die soziale Norm, die inzwischen zur Norm gewordene Selbständigkeit, die in der abhängigen Beschäftigung bereits als solcher eine niedrige, demütigende Existenzweise sieht.

Diese erste Weise, in der Walter sein Versagen erfährt, wird aber nur wirksam, indem sie sich mit einer zweiten verbindet, die sich in keiner einzelnen großen Szene manifestiert, sondern, unartikuliert immer mitschwingend und daher besonders mächtig, nur hier und dort in Erinnerungsfetzen zum Ausdruck kommt. Dazu gehört die Erinnerung an Walters vormalige, selbständige Existenz, an seine Selbständigkeit als Existenzgründer (oben, »*Breaking Bad* 2«), der wiederum Momente von Rausch, Tanz und Strand, kalifornische Träume alternativen Lebens irgendwann während der Studienzeit, vorausgingen. Hier erscheint die ökonomische Selbständigkeit als Verwirklichung der »Künstlerkritik«, die Ève Chiapello und Luc Boltanski als das sozioökonomisch angeeignete oder enteignete Erbe der Post-68er-Bewegung beschreiben.[70] Walter *war* schon einmal selbständig und hat aus Angst, er könnte versagen, selbst den »Weg zur Knechtschaft« (Hayek) in der Abhängigkeit gewählt. Wie die Beschämung öffnet die Erinnerung mithin eine Differenz, eine Distanz gegenüber Walters gegenwärtiger Abhängigkeit. Aber diese Differenz ist hier eine innere: Die Erinnerung ist eine Verinnerlichung der Differenz. Sie öffnet die Differenz von

> Abhängigkeit und Selbständigkeit, von unfrei und frei im Inneren des Selbst. Sie ist daher nicht bloß die Differenz von falsch und richtig, sondern falsch und richtig bedeuten hier: Selbstverlust und Selbstsein. Walter Whites Erinnerung ist seine *Selbst*beschämung. Sie führt ihm die Schuldhaftigkeit seiner Entscheidung vor Augen, durch die er sein wahres Selbst verraten hat, von seinem Sein abgefallen ist.

In *Schopenhauer als Erzieher* hat Nietzsche in der »Selbstbeschämung«, in dem »Hass gegen die eigne Enge und Verschrumpftheit«, den Beginn der Befreiung ausgemacht. Sie befreit uns nach Nietzsches Einsicht aber nur, wenn sie uns dazu bringt, Verantwortung für uns zu übernehmen. Deshalb muss sie eine »Selbstbeschämung ohne Verdrossenheit« sein.[71] Denn die verdrossene Selbstbeschämung ist wie ein »böses Gewissen«, das sich selbst verbirgt: das nur im Verborgenen spricht, uns in uns einmauert, nach außen abschließt und handlungs- und veränderungsunfähig macht. Aus dieser Verdrossenheit der Selbstbeschämung gelangt der einzelne nach Nietzsche nur hinaus (und wird damit frei), indem er sich sein Gewissen nicht mehr verbirgt, sondern auf es hört; indem er in seinem Selbsthass und durch seine Scham hindurch den »Zuruf« hört: »[S]ei du selbst!«[72] Die negative Selbstbeschämung muss zur positiven Selbsterschließung werden, um befreiend zu sein. Sie muss uns daran erinnern, wer wir in Wahrheit sind; dass wir in Wahrheit schon ganz anders sind, als wir in unserer sozial abhängigen Existenz scheinen. Die Selbstbeschämung befreit mich nur zur Selbstverantwortung, wenn ich in ihr den Ruf des Gewissens höre. Also wenn ich in ihr den Ruf des Gewissens zu hören *glaube*; wenn ich glaube, dass mir mein Gewissen nicht zuruft, was ich tun soll – das Gewissen als innere Stimme der sozialen Normen –, sondern was ich in Wahrheit vor allem Sozialen schon – gewesen – bin. Nur die Wahrheit befreit. Und die Wahrheit, die zur Selbständigkeit befreit, sagt, dass der Einzelne immer schon selbständig ist: dass die Selbständigkeit, die er erst noch gewinnen will, sein vor- und außersoziales Sein ist oder war, das er *wieder*gewinnen muss.

Die Grundüberzeugung des modernen Individualismus besagt nach Simmel, dass »der Wert jeder individuellen Gestaltung [...] in ihr allein, in ihrer Selbstverantwortlichkeit ruht«.[73] Individualität heißt Selbstverantwortung. Das beschreibt zum einen, worin die Individualität besteht. Sie besteht darin, Verantwortung für sich selbst zu übernehmen – die spezifische »Einheit« herzustellen, die die Individualität als »bloße Form« ausmacht (wie Simmel sagt; siehe in diesem Teil, Anm. 63) – die Identität des Selbst und seiner Vermögen. Aber dies impliziert zugleich und zum anderen, dass das Selbst vorweg die Verantwortung hat, sich zu einem selbstverantwortlichen Individuum zu machen: die Verantwortung zur Verantwortung. Das Individuum ist verantwortlich nicht nur für, sondern *gegenüber* sich selbst: Es ist sich selbst gegenüber verantwortlich, für sich und seine Vermögen verantwortlich zu werden. So versteht der moderne Individualismus, weshalb das Selbst sich zu einem Individuum formieren muss. Oder das heißt es, sich individualistisch zu verstehen. Es heißt, sich so zu verstehen, dass ich, wenn ich Verantwortung für mich übernehme, mich nicht einer äußeren Norm unterwerfe, den Befehl eines anderen befolge, sondern dem Ruf meines eigenen Gewissens antworte. Wenn »Gewissen« aber nichts anderes heißt als: Wissen von sich, dann ist dies der letzte Grund der Individualisierung: Das Selbst individualisiert sich, gibt sich die Form der Individualität, die Identität des Selbst und seiner Vermögen, weil es von sich weiß, dass dies seine eigene, wahre Form ist. Der Individualismus gründet die Befreiung im Wissen – und beantwortet damit zugleich auch die Frage nach seinem eigenen Grund: dem Grund des Individualismus als Selbstideal und Selbstverständnis. Warum soll ich mich überhaupt individualistisch verstehen und daran glauben, dass eine »Geisterstimme« aus unserem Inneren zu uns spricht und »uns etwas sagen« will (Nietzsche)? Nur deshalb, weil ich glaube, dass diese Stimme die Wahrheit über mich sagt. Ich folge ihrem Ruf, ein Individuum zu werden, weil ich ihr glaube, wenn sie mir sagt, dass ich ein Individuum bin.

Die Identität des Individuums

Die Individualität lässt sich nur denken, indem sie zweimal gedacht wird; das Sein der Individualität verdoppelt sich. Das erfasst die Grundformel des Individualismus: Werde, der du bist. Die Individualität ist zum einen das Ziel und Ergebnis eines Werdens; genauer: die Form, die wir uns selbst geben müssen. Und zum anderen ist die Individualität ein Sein, das schon da ist: Wir können – und müssen oder sollen: das sagt uns der Ruf des Gewissens – uns diese Form nur geben, weil wir sie in Wahrheit bereits haben. »Werde, der du bist« heißt, dass am Grund der Bewegung, in der wir uns die Form der Individualität geben, eine Selbsterkenntnis steht: eine Erkenntnis, »von welcher Art« wir sind (wie der Satz bei Pindar, auf den Nietzsche sich bezieht – »Pindar sagt einmal ›*werde* der, der du *bist*!‹« –, auch übersetzt wird[74]). Die Individualität kann nur als teleologischer Begriff, als Bestimmung des Ziels des Werdens, gedacht werden, wenn sie als ontologischer Begriff verstanden wird: wenn »Individualität« das Sosein bezeichnet, das jedem bloß als Exemplar unserer Art zukommt. Individualität ist das Zuerreichende und Herzustellende und ebenso das Gegebene und Vorliegende, genauer: Sie ist herzustellen, *weil* sie gegeben ist. Wie ist diese Einheit von Ziel und Sein zu verstehen? Und wie formt sie die Prozessualität des Werdens, des Werdens der Individualität, und damit die Temporalität der Befreiung, durch die sich der Selbständige hervorbringt?

Diese Fragen lassen sich mithilfe von Niklas Luhmanns kritischer Analyse der Kategorie der Individualität beantworten. Denn Luhmann vertritt die Gegenthese zu der soeben behaupteten Verdoppelung der Individualitätskategorie: Luhmann sieht im Bezug auf das Sein der Individualität nicht den Grund für das Ziel der Individualität, sondern er spielt das Sein der Individualität gegen die Individualität als Ziel aus. Die »Leitvorstellung einer ›Steigerung von Individualität‹«,[75] die den gesamten Diskurs des modernen Individualismus ausrichtet (und auch noch die Theorie der Moderne bei den soziologischen Klassikern bestimmt), beruht nach Luhmann auf einem kategorialen Missverständnis. Die Individualität ist keine Leit- oder Zielvorstellung – nicht etwas, das sich anstreben, gar herstellen ließe –, weil es sie immer schon gibt, wenn überhaupt solche – einzelne, Individuen – existieren, die etwas anstreben und herstellen können. »Die Autonomie seiner Individualität kann dem Individuum weder konzediert noch zugemutet werden [und sie kann auch von ihm nicht zurückgewiesen werden; C. M.]. Sie ist die Form seiner Existenz.« Gegen die Teleologie der Individualisierung, die den modernen Individualismus bestimmt und antreibt, setzt Luhmann die »Tautologie«,[76] dass die Individualität *ist*. Die Individualität ist weder ein Ziel noch eine Pflicht für den Einzelnen, sondern die bloße Formbestimmung seines Existierens: Der Einzelne realisiert diese Form immer schon, wenn er nur existiert. Die Individualität ist einfachhin da.

Luhmanns Argument gegen das Ziel der Individualität ist ihre Positivität: Es gibt sie immer schon. Denn: »Die Individualität ist nichts anderes als die Autopoiesis selbst, nämlich die zirkuläre Geschlossenheit der Autoregeneration des Systems.«[77] Dabei bezeichnet der Begriff der Autopoiesis eine Selbstverfertigung, die sich selbsttätig vollzieht – selbsttätig wie das Leben. »Die Autopoiesis findet entweder statt oder nicht statt – so wie ein biologisches System lebt oder nicht lebt.«[78] Die Individualität ist zwar die Autopoiesis »psychischer Systeme«, aber deren Selbstreproduktion und -organisation unterscheidet Luhmann, trotz der Rede von »Bewußtsein«,[79] in ihrer Logik und in ihrem Modus nicht von der des biologischen Systems – in dessen Analyse der Begriff der Autopoiesis ursprünglich gebildet worden ist. In der Biologie meint »Autopoiesis«, nach Humberto Maturanas Definition, nichts anderes als Leben.[80] Leben ist ein Vollzug, der Vollzug der Selbstreproduktion (in Auseinandersetzung mit einer selbsterschlossenen und -geformten Umwelt, einem »Milieu«), der ohne Selbstbewusstsein und daher ohne Willen selbsttätig geschieht. Die Individualität als Autopoiesis des psychischen Systems zu verstehen heißt, sie in diesem biologischen Modell zu denken. Die »tautologische« Definition, die die Individualität als die bloße »Form der Existenz« eines psychischen Systems begreift, ist nichts anderes als die – formale – Gleichsetzung dieser Existenz mit dem biologischen Leben. Luhmanns These, die These, die sein Import des biologischen Begriffs der Autopoiesis enthält, besagt, dass die Individualität da ist wie das Leben. Das Dasein der Individualität ist das Leben.

Durch diese These begründet Luhmann seinen Einwand gegen den Individualismus, der die Herstellung und Steigerung der Individualität zum höchsten Ziel erklärt: Die Individualität ist kein Ziel, sondern ein »Vollzug«,[81] wie das Leben. Aber diese Alternative ist falsch. Denn gerade deshalb, weil die Individualität ein »Vollzug« ist; weil es sie also nur gibt, wenn sie sich wie das Leben von selbst vollzieht, gibt es sie nicht nur nicht immer schon, sondern kann sie nur angestrebt und muss sie immer erst noch hergestellt werden. Wenn die Individualität nur als selbsttätiger Vollzug da ist, ist sie niemals schon da. Das heißt: Sie ist nicht *für das Individuum* schon da. Dem Individuum kann seine Individualität nicht gegeben sein, für das Individuum gibt es seine Individualität nicht. Denn indem es sich als Individuum beschreibt, das heißt in seiner Individualität erkennt, ist es kein Individuum mehr, hat es seine Individualität verloren.

Das zeigt sich daran, was es für das Individuum bedeutet, »die eigene Individualität als Selbstbeschreibungsformular [zu] verwenden«.[82] Denn in der Selbstbeschreibung wird die Individualität zu einer Kategorie der Differenz. Das ist auf der grundlegenden Ebene nicht die Differenz zu anderen Individuen – die Individualität als Besonderheit (Simmel) oder Singularität (Reckwitz; siehe in diesem Kapitel, Anm. 63). Sondern die strukturelle Differenz der psychischen Autopoiesis zu derjenigen, die sich durch die Kommunikation vollzieht und die Gesellschaft und ihre Teilsysteme ausmacht – also die Differenz von psychischem und sozialem System. Da es hier das Individuum selbst ist, nicht mehr nur der Soziologe, das die Differenz von Individuum und Gesellschaft beobachtet, tritt diese Differenz damit in das Individuum ein (und lässt sich dann als die Differenz von »Individuum« und »Person« beschreiben). Durch diesen »re-entry« der Differenz von psychischer und sozialer Autopoiesis in die psychische Autopoiesis spaltet sich die psychische Autopoiesis in sich: Sie wird selbst zum Schauplatz einer differentiellen Operation.[83] Daher kann die Selbstherstellung der Individualität allein gegen die eigene Existenz als Person in der sozialen Kommunikation erfolgen. Das heißt: Wenn die Individualität zum Gegenstand der Selbstbeschreibung wird, verliert sie die selbstverständlich-selbsttätige Modalität des bloßen Existierens. Für das Individuum, das sich auf sich selbst bezieht und sich damit der Differenz von sich selbst in sich selbst aussetzt, gibt es seine Individualität, als bloße »Form seiner Existenz« (Luhmann), nur als verlorene. »Das Leben lebt nicht« – das Kürnberger-Motto des ersten Teils der *Minima Moralia* – ist die Grunderfahrung des Individuums. In der Gegenwart – und das ist die Gegenwart der Differenz: der Differenz von Individuum und Gesellschaft – ist die Zeit der Individualität immer schon vergangen.

Genau deshalb aber will das Individuum sie zurückgewinnen; genau deshalb gibt es den Individualismus und seine Ziel- und Wertbestimmung der Individualität. Der Individualismus denkt die Individualität selbst (nicht nur ihre Steigerung) als Ziel, als herzustellende, weil er sie als immer schon verlorene erfährt. Dieser Verlust geschieht durch nichts anderes als die Vergesellschaftung des Einzelnen. Denn eine Gesellschaft zu bilden bedeutet nach Jean-Jacques Rousseaus ontologischer Bestimmung,

> die menschliche Natur umzuwandeln. Jeden einzelnen [*individu*], der ein in sich vollkommenes und selbständiges Ganzes ist, in einen Teil [*partie*] eines größeren Ganzen umzuformen, von dem diese Einzelwesen gewissermaßen ihr Sein und ihr Leben erhalten; die Verfassung des Menschen zu entstellen, um sie zu verstärken. Eine anteilige [*partielle*] und moralische Existenz an die Stelle einer physischen und unabhängigen Existenz zu setzen, die wir von der Natur mitbekommen haben.[84]

Die Vergesellschaftung ist ein Schnitt in die autopoietische Selbsterhaltung des Einzelnen, die ihn als Lebewesen, als biologisches System, definiert; die Vergesellschaftung der Einzelnen spaltet ihre Natur. In der Gesellschaft kann es daher kein Individuum geben (denn in der Gesellschaft sind wir Personen, Rollenspieler). Individuen gab es nur vor und kann es daher nur wieder nach der Gesellschaft geben: indem die Einzelne sich gegen ihre gesellschaftliche Existenz wieder zu einem Individuum macht. Die zurückgewonnene, gegen die Gesellschaft wiederhergestellte Individualität kann aber offensichtlich niemals dieselbe sein wie vor der Gesellschaft. Sie vollzieht sich nicht selbsttätig, von selbst; sie *ist* nicht so wie das Leben des biologischen Systems (mit dem Luhmann die psychische Autopoiesis des Individuums strukturell identifiziert), sondern ahmt das Leben nach. Die Individualität ist nur (als) eine Nachahmung des Lebens. Das Sichmachen, in dem das Individuum besteht, zielt darauf, die Einheit des Lebens unter der Bedingung der Differenz wiederherzustellen. Die Selbstbefreiung des Individuums ist der Versuch, wieder ein (oder wie ein) biologisches System zu werden.

*

So versteht der moderne Individualismus – dessen konsequente Gestalt die ökonomische Selbständigkeit ist – die Befreiung: Sich zu befreien bedeutet, mit der sozialen, anteiligen Existenz zu brechen und Verantwortung für sich zu übernehmen (oder selbständig zu werden). Verantwortung für sich zu übernehmen heißt, sich zusammenzunehmen: sich seine Vermögen anzueignen und damit zugleich sich seinen Vermögen zu übereignen. Das Ziel der Befreiung ist die Identität mit sich, die Identität des Selbst mit seinen Vermögen, die den Einzelnen zu einem unteilbaren Individuum macht. Darin ist das Selbst frei; Freiheit heißt Identität mit sich. Die Verantwortung für sich ist zugleich die Verantwortung sich gegenüber: Das Selbst befreit sich zu seiner Individualität, weil es erfährt, dass es bereits ein Individuum ist. Das sagt ihm sein Gewissen. Es erinnert es daran, dass ein Individuum zu sein sein Sein ist. Der Individualismus begründet die Befreiung in dem, was ist. Freiheit heißt Identität mit sich, und Identität mit sich heißt Übereinstimmung mit dem eigenen Sein. Adorno bringt das auf den Punkt: »[S]ein soll, was ohnehin schon ist.«[85]

Beide Bestimmungen – der Individualität als Ziel und als Sein und daher als Grund der Befreiung – nötigen den Individualismus zu einer Konsequenz, die erst durch Luhmanns deflationäre Strategie in aller Deutlichkeit hervortritt. Die Konsequenz lautet: Wenn die Individualität als Sein vorausgesetzt werden muss (um als Ziel eingefordert werden zu können), dann ist die individualistische Grundthese »Der Mensch ist ein Individuum« eine Tautologie; denn er ist es immer schon. Wenn der Mensch immer schon ein Individuum ist, ist er es außer- oder vorgesellschaftlich und damit zugleich präreflexiv (denn die Selbstreflexion oder Selbstbeobachtung ist ihrer Struktur nach auf die Differenz von Individuum und Gesellschaft bezogen). Also ist das Sein der Individualität nichtsozial und nichtreflexiv. Das heißt: Sie ist wie das Leben – natürlich (oder autopoietisch, wenn Autopoiesis mit Luhmann als Vollzug ohne Selbstbewusstsein verstanden ist). Das ist die Konsequenz, zu der Luhmann den Begriff der Individualität treibt: Die individualistische Zielbestimmung – der Befreiung zur Individualität – gründet in einer biologischen Seins- oder Formbestimmung der menschlichen Existenz: als Leben. Für den Individualismus gilt, was Adorno über die Ideologie im Allgemeinen sagt: »[…] daß sie zurückdatiert auf die Biologie.«[86]

Die Begründung der Individualität-als-Ziel in der Individualität-als-Sein ist die eine Weise, in der sie miteinander verknüpft sind. Die andere Weise ist praktisch: Die Individualität-als-Ziel auf das biologische Sein zurückzuführen, ist eine Tat – die Tat der Befreiung. Die Einzelne befreit sich *zu* ihrer Individualität (die sie biologisch schon ist). Im Prozess der Befreiung sind die Individualität-als-Ziel und die Individualität-als-Sein daher nicht nur logisch verknüpft – das Sein begründet das Ziel –, sondern auch zeitlich: als Zukunft und Vergangenheit. Denn wenn das Sein der Individualität wie die Autopoiesis des Lebens ist (oder aber nicht ist), und wenn die Einzelne nur gesellschaftlich existiert (oder aber nicht überlebt: seine Existenz verliert), dann besagt die tautologische Feststellung, dass die Individualität immer schon existiert, in Wahrheit, dass sie für uns jetzt, in der Gegenwart, immer schon war: dass sie für uns jetzt, als Wesen, die nur gesellschaftlich existieren können und daher nach Rousseau »Teile« und also in sich geteilte sind, immer schon vergangen und verloren ist. Sich zu befreien heißt, die Teilung durch die Gesellschaft zu überwinden und die in sich geteilte, von sich selbst getrennte gesellschaftliche Existenz der Einzelnen in eine natürlich-lebendige Einheit zurückzuverwandeln. Die Befreiung aus der Abhängigkeit zur Selbständigkeit gibt dem sozialen Material – den Vermögen, die ich nur sozial erworben haben kann und die daher sozial sind – eine natürliche Form: die Form des sich als funktionelle Einheit selbsterhaltenden Individuums. Befreiung heißt Restitution des natürlich-lebendigen Seins (und diese Restitution hat die Gestalt der Privatisierung: der privaten Appropriation des Sozialen). So definiert der Individualismus die Befreiung. Die Befreiung besteht darin, die Form des Lebens wiederherzustellen.

(c) Die Dialektik der Serie

Das Programm der individualistischen Befreiung lautet, gegen die Abhängigkeit in der sozialen Existenz die natürliche Form der Individualität wiederherzustellen und dadurch selbständig zu werden (Abschnitt [b] dieses Kapitels). Die Materie dieser Formrestitution sind die Vermögen, die wir aber nur durch unsere soziale Existenz erworben haben können. Das Programm lautet daher, *zu* den – sozial konstituierten – Vermögen ein Verhältnis der – natürlich-lebendigen – Identität mit sich zu gewinnen. Indem wir uns so »zusammennehmen«, werden wir wieder zu Individuen. Die Befreiung besteht in der individuellen Aneignung sozialer Vermögen. Aber durch welche Handlung kann diese Selbstformierung vollzogen werden? Durch welche Handlungsweise kann sich der Einzelne zu seiner Individualität befreien?

Die Antwort auf diese Frage, die der Begriff der Selbständigkeit gibt, lautete, dass sie das ökonomische Handeln ist (Abschnitt [a] dieses Kapitels). Das Programm der individualistischen Befreiung verwirklicht sich in der Ökonomisierung des Handelns: indem dem Handeln eine ökonomische Form gegeben wird. Die allgemeinste und daher grundlegende Bestimmung des ökonomischen Handelns besagt, dass es dasjenige Handeln ist, dem es im Handeln um die Vermögen des Handelns selbst geht. Das ist die ökonomische Definition des »guten Gebrauchs« (Hayek): der Gebrauch der Vermögen um ihrer selbst willen. Der Imperativ, dem der ökonomisch Selbständige folgt, lautet: Handle in Verantwortung für deine Vermögen! Dieser ökonomische Imperativ ist der Imperativ der Befreiung, weil der Einzelne, indem er ihm gehorcht, seine Identität mit sich wiedergewinnt, die die natürliche Form der Individualität definiert und die er in seiner sozialen, »anteiligen« (Rousseau) Existenz verloren hat. Das ist es, was das freie Individuum tut: Es tut nicht etwas Gutes; es akkumuliert auch nicht Reichtum, sondern es sorgt sich um sich – das heißt, um seine Vermögen. Dadurch macht es sich frei. Durch die Sorge um das Vermögen macht es sich zu einem Individuum: einer selbständigen Einheit. Die Ökonomisierung des Handelns ist befreiend, weil sie das Selbst – wieder – zu einem Individuum macht.

Dieses Programm scheitert. Es scheitert an sich selbst: an der Dynamik und Temporalität des ökonomischen Handelns, das die Identität des Handelnden mit sich nicht wiederherstellen kann, sondern von innen her auflöst – das die Wiederherstellung der lebendig-individuellen Identität aber auch nicht aufgeben kann, sondern immer weiter und gegen sich selbst versuchen muss. Die Befreiung zur Selbständigkeit wendet sich gegen sich. Sie zerstört sich selbst: Die Logik der Selbständigkeit *ist* ihre Selbstzerstörung. Damit öffnet sich die Aussicht auf eine andere Befreiung. Indem sich die Selbständigkeit selbst zerstört, befreit sie die ökonomische Befreiung – befreit sie die Befreiung von ihrer ökonomischen Form.

»Erhaltungs-Steigerungs-Bedingungen«

Die »Findigkeit« (Hayek) oder Kreativität des Selbständigen liegt darin, aus Eigenschaften – den Eigenschaften seiner Umgebung oder seiner selbst – Vermögen zu machen: Kräfte, die er gebrauchen kann. Vermögen sind Möglichkeiten des Erfolgs. Darin, sie aufzuspüren, die Welt der Tatsachen als eine Welt von Chancen zu erschließen, liegt die Leistung des Selbständigen. Diese Erschließung enthält eine Bewertung. »Vermögen« (so haben wir oben gesehen, S. 281 f.) ist ein Wertausdruck; Vermögen sind wertvoll oder sie sind, abkürzend gesprochen, Werte – »Vermögenswerte«. Diese Bewertung bezieht sich auf die Brauchbarkeit einer Kraft oder Macht: dass ich sie gebrauchen kann (und mir deshalb aneignen will). Im ökonomischen Handeln gibt es für den Gebrauch von Vermögen aber kein anderes Ziel als die Vermögen selbst. Das ökonomische Werturteil lautet: Brauchbarkeit zur Erhaltung oder Schaffung von Brauchbarkeit, Vermögen für weitere Vermögen. Das heißt ökonomisch »Erfolg«. Der Selbständige bewertet also etwas im Hinblick darauf, ob es für ihn dafür brauchbar ist, etwas für ihn Brauchbares zu gewinnen, durch das er etwas für ihn Brauchbares gewinnen kann usw. Die ökonomische Bewertung hat die Struktur einer Bewertungskette, die deshalb potentiell unendlich ist, weil es in jedem neuen Schritt um dasselbe, um Brauchbarkeit oder Vermögen, geht. Darin unterscheidet sich die ökonomische Urteilskette fundamental von der traditionellen Aufstufung von Gütern, die auf ein höchstes Gut hinführt. Gerade deshalb aber, weil es immer wieder um dasselbe geht, öffnet sich zwischen den einzelnen Schritten ein Abstand, eine Lücke, die die Identität des vermögensbewertenden Subjekts auflöst. Denn indem es darüber urteilt, dass eine Kraft brauchbar dafür ist, eine Kraft zu schaffen, die brauchbar dafür ist usw., urteilt es nicht einmal, sondern zweimal (und noch einmal): Es fällt ein Urteil über ein Urteil über ein Urteil. Diese Urteile haben aber nicht nur unterschiedliche Gegenstände, sondern diese haben unterschiedliche Zeitpunkte: Ich beurteile jetzt die Brauchbarkeit von etwas dafür, in Zukunft für mich für etwas anderes brauchbar zu sein. Jedes weitere Urteil ist dem vermögensbeurteilenden Selbständigen immer weiter entzogen, in seinen Bedingungen und Kriterien immer unkontrollierbarer und unsicherer. Das ökonomische Werturteil ist, so Joseph Vogl, eine »Meinung über Meinungen« und darin »nicht epistemologisch, sondern allein doxologisch« begreifbar.[87] Der ökonomisch Bewertende weiß und erkennt (und kontrolliert daher auch) nichts, sondern er »spekuliert«.

Spekulieren heißt, so Vogl im Blick auf die Wortgeschichte, »nach Gefahren und Missgeschicken Ausschau« zu halten[88] – nach den Gefahren, die den eigenen Bewertungen (und damit den eigenen Vermögenswerten) drohen. Die Quelle dieser Gefahren sind die »Umstände«. Ob etwas ein Vermögen ist, hängt davon ab, dass es verwirklicht werden kann – entweder indem man etwas mit ihm macht oder indem man es tauscht oder verkauft –, und das hängt von Bedingungen ab, die der Selbständige nicht kennen kann. Die erste Weise, in der er dies erfährt, ist die Unabsehbarkeit zukünftiger Veränderungen. Der Selbständige kann niemals wissen, wie die Umstände sich ändern und ob unter den veränderten Umständen seine jetzigen Bewertungen – die, wie gesehen, Antizipationen zukünftiger Bewertungen sind – noch gültig sein werden: ob er unter jenen Bedingungen die Brauchbarkeit seiner Kräfte noch realisieren können wird, also ob sie dann überhaupt noch Vermögen, Werte (oder aber wertloser Ramsch) sind. Jede ökonomische Bewertung – so schließt Vogl – wird daher in »eine endlose Serie von Vorwegnahmen« hineingesaugt, deren »Fluchtpunkt« nicht in der Zukunft liegt – in einer jener »Zukünfte«, die »als statistischer Schatten ihrer jeweiligen Vergangenheiten modellier[t]« werden können –, sondern in »einer Zukunft nach der Zukunft«, die kein noch so scharfer, spekulierender Blick zu erfassen vermag.[89]

Aber dass die Zukunft ungewiss und unerkennbar ist, gilt deshalb, weil die anderen es sind: weil die Selbständigen füreinander *black boxes* sind. Die Ungewissheit des Werts und Wertens ist nicht die – scheinbare oder quasinatürliche – Unvorhersehbarkeit der Zukunft, sondern dass die Zukunft meines Vermögens als unvorhersehbar erscheint – also: dass es

Zukunft gibt –, ist gesellschaftlich produziert. Der Grund der Ungewissheit, der die Wertungen des Selbständigen ausgesetzt sind, ist sozial: weil der eine Selbständige die anderen Selbständigen nicht kennen kann, aber permanent über sie, ihre Urteile (also Meinungen), urteilen muss. Wie die anderen werten werden, ist in der Gesellschaft der Selbständigen prinzipiell unbekannt. Der Selbständige sieht in etwas einen Wert: ein Vermögen, das er gebrauchen kann und für das er bereit ist, einen Preis zu zahlen. Etwas ist aber nur ein Wert, es wird nur ein Wert gewesen sein, wenn er selbst oder andere, später oder woanders, darin ebenfalls ein Vermögen sehen, das sie gebrauchen können und bereit sind, (zu einem höheren) Preis zu kaufen. Der Wert der Vermögen ist daher der »Nexus rerum«[90] zwischen den Selbständigen, der Kreuzungspunkt ihrer Bewertungen: die einzige Weise, wie sie füreinander da sind. Der Wert ist »unmittelbar zugleich das reale Gemeinwesen« (Karl Marx): die Form der Gesellschaftlichkeit der Selbständigen; der Wert einer Sache verbindet sie. Aber er verbindet sie nicht durch ein geteiltes Urteil, sondern durch wechselseitiges Nichtwissen. Die Gesellschaft der Selbständigen ist – so Hayeks positive Charakterisierung – die Gesellschaft des Nichtwissens, der »Ignoranz«.[91]

Das Argument dafür besagt, dass jedes Urteil über den Wert, über die Brauchbarkeit einer Kraft, über ein Vermögen (all dies ist dasselbe) durch den antizipatorischen Bezug auf ein temporal oder sozial anderes Urteil konstituiert wird, dessen Andersheit genau darin besteht, dass es nicht gewusst werden kann; daher gibt es, so Vogl, keine Epistemologie, sondern nur eine Doxologie der Werturteile. Das ist die Formbestimmung des ökonomischen Werts. Deshalb gilt für den ökonomischen Wert – und damit die ökonomische Gesellschaft: die Gesellschaft von Selbständigen oder ökonomisch Freien –, dass er »die formelle Möglichkeit der Krise« ist. Der

Wert, so Marx, ist »*Krise* potentia«; er ist die soziale Form, die »für eine Krise da ist«, eine Krise, die nicht eintreten muss, aber immer eintreten kann.[92] An der ersten und »abstraktesten« Gestalt der Krise, dem »Auseinanderfallen von Kauf und Verkauf«,[93] zeigt sich, worin die Identität von Form und Krise besteht. Der Wert – die Brauchbarkeit, das Vermögen – besteht nur, wo Kauf und Verkauf zusammenfallen, in der Einheit beider Werturteile (des einen, der etwas als ein Vermögen beurteilt und dafür einen Preis bezahlt hat, und der anderen, die es wiederum als ein Vermögen beurteilen und dafür einen Preis bezahlen werden). Weil beide aber stets auseinanderfallen können, besteht der Wert nur zufällig. Seine Wirklichkeit ist die Möglichkeit seiner Auflösung.

Hier geht es aber nicht um die gesellschaftliche oder gar ökonomische Krise der Wertform, sondern um die Krise der Individualität, also der ökonomischen Befreiung. Sie haben dieselbe Struktur. Kein Wunder, denn die individuelle Krise wiederholt nur die gesellschaftliche. Sie wiederholt die ökonomische Krise des Werts als Krise der Sorge ums Vermögen, in der die Freiheit der Selbständigen besteht. Marx hat recht: Die ökonomische Freiheit ist »*Krise* potentia«. Das folgt aus der Lücke im Vermögen, die sich gezeigt hat. Denn auf der einen Seite bezeichnet der Begriff des Vermögens, dass etwas für jemanden brauchbar ist. Das ist ein Verhältnis der Aneignung: Die Vermögen bilden seine Identität mit sich, die ihn als ein Individuum, eine sich aus und durch sich selbst reproduzierende Einheit definieren. Zugleich und auf der anderen Seite aber trägt das Vermögen eine Differenz in die individuelle Selbstreproduktion ein, die sie von innen heraus sprengt. Denn das »Vermögen des Einen hat selbst die gedoppelte Bedeutung, ebensowohl *sein Vermögen* als *das Vermögen des Andern* zu sein«.[94] Das Vermögen verkettet den einen und den anderen (wie Jean-Paul Sartre anmerkt:

in der Form der Serie[95]). Etwas ist nur mein Vermögen, wenn es ein Vermögen für den anderen ist – von dem ich aber nicht wissen kann, ob es dies für ihn ist. Denn sein Vermögen ist seine Sache: die Sache seiner Selbständigkeit, die von meiner durch den Abgrund der Unwissenheit getrennt ist. Das Vermögen ist der Ort der Differenz des einen vom anderen im einen (und der Differenz des anderen vom einen im anderen). Es ist die Abhängigkeit des einen vom anderen, die im Inneren ihrer Individualität und Selbständigkeit wirksam ist, aber ihrer Individualität und Selbständigkeit entgegenarbeitet. Ja, das Vermögen ist die soziale Abhängigkeit, die erst und nur dadurch hervorgebracht wird, dass (und wie) der Selbständige sich aus der Abhängigkeit zu befreien versucht: die durch die Selbständigkeit selbst hervorgebrachte Abhängigkeit. Vermögen existieren immer nur sozial – als Fähigkeiten und Wissen sind sie von anderen erlernt, als Potentiale durch andere vermittelt; der Selbständige will sie sich so aneignen und zu Elementen seiner Identität mit sich machen, dass er sich von seiner sozialen, geteilten Existenz befreit; er will wieder ein Individuum, eine sich selbsttätig hervorbringende Einheit werden. Indem er dies tut, macht der Selbständige jedoch die ebenso schlichte wie harte Erfahrung, dass er seine Vermögen *nicht individualisieren kann*: Die Vermögen, in deren Sorge und Pflege sich seine Selbständigkeit verwirklicht, sind nichts anderes als die Gegenwart des anderen in seinem Inneren. Indem der Selbständige sich um seine Vermögen sorgt, hat er sich immer schon der Macht der anderen ausgeliefert.

Das bestimmt, wie es das selbständige Individuum gibt – wie es sich verwirklicht, wie es begehrt, denkt und handelt. Es bestimmt den Prozess und die Dynamik (und daher die Zeit) des selbständigen Tuns. In diesem Prozess geht es um den Gewinn und den Erhalt von Vermögen. Das kann der

Selbständige aber nicht sicherstellen: Jedes Vermögen ist in der ökonomischen Gesellschaft der Selbständigen von der Auflösung bedroht. Das Vermögen ist die Möglichkeit der Krise; kein Vermögen ist krisenfest. Das weiß der Selbständige; er weiß, dass er nicht wissen kann, ob sein Vermögen – das, was er jetzt als Vermögen bewertet – in der Zukunft und für andere ein Vermögen bleiben wird, also ein Vermögen gewesen sein wird. Da der Selbständige aus diesem Wissen aber keine formverändernden Konsequenzen ziehen will – die Erfahrung, »daß *die Form* für eine Krise da ist« (Marx), kann für den Selbständigen nicht bedeuten, die Form zu verändern; dann würde er seine Abhängigkeit bejahen und seine Selbständigkeit preisgeben: er würde zum Revolutionär –, muss er daran arbeiten,[96] sein Vermögen nicht nur zu erhalten, sondern zu steigern. Er muss seine Vermögen um ihrer Erhaltung willen zu steigern versuchen. Für den Selbständigen ist die Ungewissheit, die alles Bewerten und daher Besitzen von Vermögen notwendig bestimmt, der Antrieb dazu, mehr Vermögen zu schaffen. Er unterwirft sich dem Gesetz des Vermögens, dessen »einziges Ziel seine Selbstvermehrung« ist. Wie Marx über den Wert sagt, »der als Wert gilt«: Er ist »der beständige Trieb, über seine quantitative Schranke fortzugehn: endloser Prozeß«.[97] Erhaltung und Steigerung der Vermögen – der brauchbaren Kräfte, also der Macht – fallen in eins.

Fassen wir das Argument zusammen. Vermögen sind Bedingungen: Kräfte, die jemand braucht, um sich zu erhalten. Zugleich aber sind sie das Ziel, ja die Substanz der Erhaltung. Es geht nur um die Erhaltung der Vermögen; denn dadurch verwirklicht das Individuum seine Einheit. Im ökonomischen Handeln fallen die Bedingung und das, wozu es die Bedingung ist, in eins – Inversion der Teleologie, Selbsterhaltung der Vermögen. Weil diese Erhaltung aber immer schon, ihrer

Form nach, »für die Krise da« ist, muss jedes Vermögen ein Mehr-Vermögen sein. Nur dann hat es seinen Wert als Vermögen: Vermögen sind »Erhaltungs-Steigerungs-Bedingungen«.[98] Sie sind Erhaltungsbedingungen, nur wenn sie Steigerungsbedingungen sind: wenn sie die Vermögen sind, mehr Vermögen zu gewinnen.

Breaking Bad *8: Mehr-Vermögen*

Man sieht das Gesetz der Erhaltung-Steigerung daran, wie sich in Walter Whites Karriere als Drogenproduzent das Ziel, mit dem er sie angefangen hatte, auflöst und seine Orientierungskraft verliert. Das Ziel bestand darin, die kurze Frist seines Lebens, die ihm seine Krebserkrankung noch zu lassen schien, dazu zu nutzen, ein Vermögen zu schaffen, das hinreichend sein sollte, um seine Familie nach seinem Tod abzusichern. Da die Bedürfnisse seiner Familie, wie seine eigenen, bescheiden sind, sind es auch die Mittel, die zu ihrer Befriedigung nötig sind. Walter aber macht weiter, nachdem er sie längst beschafft hat (und auch noch, nachdem überdies der Grund, sie zu beschaffen, entfallen ist und er von seiner Krankheit geheilt zu sein scheint). Er tut es um seiner selbst willen. Das heißt aber nicht: aus selbstbezogenen Motiven, sondern aus Lust an der Tätigkeit. Walter macht weiter, weil er darin, im Weitermachen, frei ist. Es ist ein Weitermachen aus Lust an der Freiheit – der Freiheit, die ebendarin besteht, weiterzumachen. Denn seine Freiheit, die Freiheit des Selbständigen, besteht in nichts anderem als darin, seine Vermögen – und darin sich – zu verwirklichen. Wenn es Walter um seine Freiheit geht (und nicht um seine Familie, wie er beteuert; oben »*Breaking Bad* 3«), dann muss er ökonomisch tätig sein, und ökonomisch tätig zu sein heißt, immer weiter tätig zu sein; denn der Selbständige ist allein um seiner Vermögen willen tätig. Und weil er das ist, weil also das Vermögen selbst das Ziel ist, muss Walter immer mehr Vermögen schaffen wollen.

Dabei zeigt sich an Walter klar, dass das Immer-mehr-Wollen des Selbständigen nichts mit der Gier zu tun hat, in der eine moralische Kapitalismuskritik seinen sündhaften Antrieb vermutet. Davon ist Walter White völlig frei. Er ist der *reine* Selbständige; sein Antrieb ist nur seine Sorge ums Vermögen (die dasselbe ist wie seine Sorge um sich, seine Identität oder Individualität). Indem ihm das Vermögen zum Zweck wird, muss er es nicht nur beschaffen, sondern immer weiter steigern wollen, weil es zur Erhaltung des Vermögens selbst wiederum Vermögen bedarf: Um ein Vermögen bestimmter Größe zu erhalten, müssen Handlungen ausgeführt werden, für die wiederum Vermögen eingesetzt werden müssen, die ihrerseits beschafft und erhalten werden müssen. Walters Immer-mehr-Wollen ist eine Sucht, aber diese Sucht ist rational (unter der Prämisse der ökonomischen Inversion der Teleologie, der Prämisse des Individualismus). Sein Immer-mehr-Wollen gründet in nichts anderem als der Einsicht, wie es Vermögen gibt. Es gibt sie nur als sich auflösende, immer schon vom Verschwinden bedrohte, und daher gibt es sie nur, wenn sie abgesichert werden. Die Absicherung des einen Vermögens verlangt weitere Vermögen. Jedes Vermögen muss daher ein Vermögen mehr sein: ein Vermögen plus das Vermögen zu seiner Absicherung.

Die ökonomische Konzeption begreift die Befreiung als Individualisierung. Ihr Gegenstand – ihre Materie oder ihr Stoff – ist das Vermögen; das ökonomische Handeln ist Handeln aus der Sorge ums Vermögen. Dieses Handeln ist frei, es ist der Vollzug der Selbständigkeit, weil es den Einzelnen aus seiner sozialen, geteilten Existenz herausführt und zu seiner natürlichen, ungeteilten Einheit mit sich selbst zurückführt. In der Sorge ums Vermögen reproduziert sich jedoch die soziale Abhängigkeit so im Inneren der Selbständigkeit, dass die Existenz des Vermögens und damit der Selbständigkeit der beständigen Möglichkeit des Scheiterns ausgesetzt ist. Deshalb wird die Selbständigkeit reflexiv; sie arbeitet nur noch für ihre Selbsterhaltung durch ihre Selbststeigerung. Mit jeder Steigerung der Vermögen steigert sie aber auch ihre soziale Abhängigkeit. Also schiebt der sich befreiende Selbständige durch sein ökonomisches Handeln eben die Wiederherstellung der individuellen Identität, um die es ihm geht – in der er seine Freiheit vom Sozialen sieht – unendlich auf: Es wird niemals einen Augenblick geben können oder gegeben haben, in dem der Selbständige seine Vermögen *hat*; in dem er also sagen kann, dass er jetzt, hier, identisch mit sich, ein Individuum *ist*. Die »Selbsterhaltung verliert ihr Selbst«.[99]

Die Wirklichkeit der Befreiung ist die Dialektik der Befreiung, und die Dialektik der Befreiung ist die Entfaltung der Einheit, also des Widerspruchs von Form und Krise. Diese Entfaltung, in der die Krise vorausgesehen, erfahren und bekämpft wird, definiert die Prozessualität der Befreiung. Wenn sich selbst und seine Vermögen zu erhalten nur heißt, die Vermögen zu steigern, und sie zu steigern nur heißt, sie zu erhalten, dann schreitet der erfolgreiche Selbständige beständig voran und bewegt sich ebenso beständig im Kreis. Seine Bewegung ist ein Fortschreiten, denn durch sein ökonomisches Handeln steigert er seine Vermögen zum ökonomischen Handeln; das Vermögen des Selbständigen ist das Vermögen zur Steigerung seines Vermögens. Zugleich aber ist der ökonomische Fortschritt auf nichts anderes als bloß die Erhaltung des Vermögens gerichtet. Sein Ziel ist das, was schon da ist. Das ökonomische Handeln wiederholt sich immer nur; es bewegt sich im Kreis. Der Fortschritt und der Kreislauf sind zwei Seiten desselben. Sie definieren die progressiv-repetitive Zeit der ökonomischen Befreiung.

Serialisierung: ökonomisch und ästhetisch

Die Entfaltung der ökonomischen Konzeption der Befreiung führt von der Entscheidung zur Selbständigkeit, die mit der Gewohnheit der Abhängigkeit bricht, durch die Sorge ums Vermögen, die der natürlichen Identität des Individuums gilt, zur Einsicht in die unendliche Logik kreisförmiger Steigerung, die den ökonomischen Prozess determiniert: Die ökonomische Befreiung unterwirft die selbständigen Einzelnen dem Gesetz einer sich unendlich wiederholenden, weil sich unendlich selbst aufschiebenden Selbsterhaltungssteigerung. Das ist die Dialektik der Selbständigkeit. Sie reproduziert in ihrem Inneren die soziale Abhängigkeit, gegen die sie sich wendet; sie unterläuft die Wiederherstellung der natürlichen Individualität, indem sie sich ans Vermögen bindet; sie schreibt die Selbständigen in einen unendlichen Prozess der Wiederholung ein. Die ökonomische Befreiung scheitert. Sie scheitert aber nicht so, wie sich von etwas Gutem – einer guten Absicht, einer guten Idee – in seiner Verwirklichung zeigt, dass es eine andere, schlechte Seite hat. Wenn die Geschichte der ökonomischen Befreiung eine Tragödie ist (unten, S. 334), dann nicht in dem Sinn einer – normativen – Paradoxie, in der das Gute und das Schlechte, das Richtige und das Falsche unauflösbar miteinander verbunden und daher durch keinen Akt kritischer Unterscheidung mehr zu trennen sind. Im Scheitern der ökonomischen Befreiung zeigt sich nichts anderes (und nichts mehr), als dass sie von Anfang an schlecht und falsch war: dass sie schon von dem Moment an falsch war, in dem die Befreiung ökonomisch definiert wird (oben, »*Breaking Bad* 1«); daran ist nichts Gutes.[100] Wenn daher die Geschichte der ökonomischen Befreiung eine Tragödie ist, so nicht, weil in ihr das Gute scheitert, sondern weil das Scheitern gut ist: weil wir durch diese Geschichte erkennen, dass (und weshalb) es gut ist, dass die ökonomische Befreiung – also die ökonomische Moderne, die Moderne als Ökonomisierung – scheitert. Genau darin aber gewinnt die Tragödie der Selbständigkeit ein Moment der Affirmation, die über ihre bloß negative Wahrheit hinausweist.

Um das sehen zu können, müssen wir einen Schritt zurücktreten und auf den Prozess der ökonomischen Befreiung als Zuschauer blicken. Dann erscheint uns der ökonomische Prozess der Selbsterhaltungssteigerung anders; dieser Prozess wird selbst ein anderer. Weil er sich dadurch verändert, dass wir zu seinem Zuschauer werden, können wir sagen, dass darin der Prozess der Selbsterhaltungssteigerung »ästhetisch« wird: Er verwandelt sich von einem ökonomischen in einen ästhetischen Vollzug. Das ist nur möglich, weil das Ästhetische mit dem Ökonomischen den Bruch oder die Inversion der Teleologie teilt; beides sind ateleologische Prozesse. Ihre Verknüpfung geht aber weit darüber hinaus. Denn die Verwandlung ins Ästhetische ist dem Ökonomischen nicht äußerlich. Sie ist es deshalb nicht, weil der Schritt zurück, mit dem wir zu Zuschauern des ökonomischen Prozesses werden, durch den ökonomischen Prozess selbst ermöglicht ist, gar hervorgebracht wird. Der ökonomische Prozess macht uns zu ästhetischen Zuschauern und dadurch sich selbst ästhetisch. Der ökonomische Prozess ästhetisiert *sich*.

Das heißt für das Kunstwerk, dessen Lektüre diesem Kapitel zugrunde liegt – *Breaking Bad* –, dass sein ökonomischer Inhalt und seine ästhetische Form intern verknüpft sind. Diese Form ist die Serie: Es ist die Serienform, die das Ökonomische und das Ästhetische verknüpft, genauer: die sie so verknüpft, dass sie das Ökonomische, das die Serie vorführt und entfaltet, ins Ästhetische verwandelt. Ich werde daher im Folgenden den Begriff der Serie (und den der Serialisierung) zunächst dazu verwenden, um die Logik des ökonomischen Prozesses zu reformulieren: Die Logik der Selbsterhaltungssteigerung ist seriell (i). Das Handeln zu ökonomisieren heißt, es zu serialisieren. Das erlaubt noch einmal genauer zu sagen, weshalb (und woran) dieses Programm scheitert: Es scheitert daran, dass zwischen der Logik des Handelns (und damit der Selbständigkeit) und der Logik der Serie eine unüberwindbare Kluft besteht; daran also, dass die Ökonomisierung-als-Serialisierung das Handeln von sich selbst spaltet. Aber genau dies ist zugleich der Moment, in dem die ökonomische Serialisierung sich gegen sich selbst wendet; indem sich die Serialisierung verselbständigt – indem die Serie selbständig gegenüber der ökonomischen Selbständigkeit und dadurch ästhetisch wird (ii).

(i) Die repetitiv-progressive Logik des ökonomischen Prozesses ist die Zeitlichkeit der Serie. Genauer gesagt, entspricht sie der Zeitlichkeit der »neuen Serie«. Sie entspricht der neuen Theorie und Praxis der Serie, die sich genau dann herausbilden, als die Moderne – in den späten 1960er Jahren, im Zeichen von Neo- (wie in »Neoliberalismus«) und Post- (wie in »Postmoderne«) – zum Projekt der ökonomischen Befreiung zurückkehrt; sie hat also eine »spezifisch historische Signatur«.[101] Denn die ökonomische Befreiung gibt der Serienform eine grundlegend neue Bestimmung; sie bricht mit der identitären Logik, die die Serialität in der »ersten« (rationalistischen, industriellen, fordistischen, disziplinären usw.) Moderne definierte. Lorenz Engell erklärt:

> [S]chon mit der Mechanisierung in der Neuzeit und verstärkt mit der Industrialisierung in der Moderne setzt sich die Serienproduktion als eine Weise der Herstellung von Gütern und damit auch Serialität als Form der Güter selbst durch. Dabei dominiert allerdings eine ganz spezielle Serialisierungsweise, die wir in Analogie zu Gilles Deleuzes Begriff von der »identischen Wiederholung« *als identische Serialisierung* bezeichnen. Sie ist historisch eine Vervielfältigungstechnik. Ihr Merkmal ist die Herstellung einer sehr großen Anzahl und tendenziell unendlich vieler vollkommen erscheinungsgleicher, voneinander ununterscheidbarer Exemplare oder »Tokens«, die nach einem einzigen Modell, dem »Type« gefertigt sind.[102]

Gilles Deleuze nennt den ersten von zwei »Wiederholungstypen«, die er unterscheidet, »die Wiederholung des Selben«. Hier ist die Wiederholung »durch die Identität des Begriffs oder der Repräsentation« definiert und darin »statisch«, »gewöhnlich«, »unbelebt«.[103] Durch diesen Wiederholungstyp bestimmt Engell die Serialisierung, die er als die Prozessform der ersten Moderne begreift. »Serialisierung« heißt – im Allgemeinen, vor jeder weiteren Unterscheidung verschiedener Typen –, dass jeder Zug und jede Bewegung eine Wiederholung ist, die Fortsetzung einer Reihe (oder eben Serie); »Serialisierung« bezeichnet die »Technik«, durch die ein Vollzug eine Reihe fortschreibt und damit zugleich sich selbst als Glied oder Element in eine Reihe einschreibt. Diese Serialisierungslogik kann mit Deleuze und Engell dann »identisch« genannt werden, wenn sie ein abstrakt definiertes Allgemeines im Besonderen reproduziert: Nichts soll sich ändern, wenn das allgemeine Muster oder Modell, das dem jeweiligen Prozess den Namen gibt (der Typus), auf immer gleiche Weise ein weiteres Mal instantiiert wird; jedes Element – so heißt es bei Sartre entsprechend – »unterscheidet sich [...] von jedem anderem nur noch durch die bloße Materialität«.[104] Unter dem Gesetz der identischen Serialisierung bedeutet jede Veränderung Abweichung und damit Verfehlung. Daher erscheint der traditionellen Kritik der Moderne (die ihr Leitbild dem Handwerk oder den Künsten entnimmt und daher rückwärtsgewandt ist) die Serialität als die Prozessform der Entfremdung.

Selbst wenn sich industrielle, mechanische Prozesse nach diesem Modell fassen ließen – Deleuze erinnert aber daran, dass es »keine zwei Maschinen mit demselben Anschlag [gibt], keine zwei Revolver, die ihre Kugeln auf dieselbe Weise riffeln«[105] –, kann der ökonomische Prozess, den das Handeln der Selbständigen hervorbringt, so nicht bestimmt werden. Er sprengt den geschlossenen Zirkel identischer Wiederholung, in dem die industriell-mechanische Serialisierung gefangen ist. Die ökonomische Befreiung des Handelns befreit auch die Wiederholung vom Gesetz differenzloser Identität. Im Ökonomischen gilt: Die bloß identische Reproduktion ist gar keine. Die befreiende Ökonomisierung des Handelns bringt eine andere, postmechanische Serialität hervor. Sie entspricht der Figur, die Engell, bezogen auf das Fernsehen und wiederum mit einer terminologischen Anleihe bei Deleuze, die »differente Serialisierung« nennt. »Die *differente Serialisierung* kann [...] als ein generatives, ja kreatives Verfahren in der Hervorbringung des jeweils Neuen begriffen werden.«[106] »Differente Serialisierung« heißt, durch Veränderung zu wiederholen. Das Element in einer Serie *ist*, »was noch anders werden kann und es auch tatsächlich gerade wird«.[107] Die Elemente der Serie sind daher nicht einem Allgemeinen unterworfen, das sie als Muster passiv reproduzieren, sondern sie sind selbst aktiv; sie verändern und treiben voran. Darin ist der ökonomische Prozess (wie) eine »Agentenserie« (die nach Engell im Fernsehen den Übergang von der alten zur neuen Serie markiert). Seine Elemente sind Agenten; sie besitzen »die Fähigkeit zur Improvisation für den – stets eintretenden – Fall, dass etwas Ungeplantes, Unvorhergesehenes geschieht. Sie entwickeln dann, ganz gleich wie werkzeughaft sie im Übrigen agieren mögen, dennoch auf der Stelle überraschende und kreative, vom Skript abweichende Lösungen.«[108] Das ist die Verfassung der »neuen Serie«. Wenn die alte, mechanische, identitäre Serie auf dem Prinzip beruhte, dass sich nichts ändern darf – weil jede Abweichung die Norm in Frage stellt –, gilt für die differentiell-kreativ-agentielle Serie, dass jeder Zug erneuern *muss*, um die Serie fortsetzen zu können: damit es weitergeht. Die Fortsetzung verlangt, ja, sie bedeutet die Veränderung. Die konsequente Ökonomisierung, die der Neoliberalismus fordert, dehnt nicht die industriell-mechanische Prozesslogik aus, sondern befreit das Leben von dem Gesetz mechanischer Identität – von der Knechtschaft der Gewohnheiten sozialer Abhängigkeit (oben, »*Breaking Bad* 1«) – zu einer anderen Prozessualität, in der nach Hayek alles, »nicht nur die uns bekannten Möglichkeiten, sondern auch unsere Werte und Wünsche sich beständig ändern«.[109] Sie befreit die Serie zur Veränderung.

Das bedeutet zweierlei. Es bedeutet zum einen, dass die Befreiung durch Ökonomisierung, die die Macht der alten mechanischen Serialisierung bricht, zugleich eine andere, »differente Serialisierung« (Engell) hervorbringt. Die Befreiung durch Ökonomisierung überwindet nicht, sondern reformatiert die Serialität. Wer sich ökonomisch befreit, macht sich zur Figur einer neuen Serie; er schreibt sich in einen neuen, anderen Prozess der Serialisierung ein. Aber das bedeutet zugleich und in umgekehrter Perspektive, dass die differente Serialisierung des ökonomischen Prozesses nicht immer schon da ist, sondern hervorgebracht ist: Sie ist der

Effekt eines Akts, eines Befreiungsakts. Die ökonomische Befreiung und die differente Serialisierung sind intern miteinander verknüpft. Die Tat, durch die die Einzelnen sich selbständig machen, indem sie Verantwortung für sich übernehmen, befreit zugleich die Serialisierung. Sie befreit den ökonomischen Prozess zur differenten Serialisierung.

Also ist die differente Serialisierung des Ökonomischen der Effekt einer formverändernden Tat. Und also hat sie ein Subjekt. Dieses Subjekt ist nicht der Autor der Serialisierung; die Serialisierung kann keinen Autor haben, wenn der Autor das Subjekt ist, das der Ursprung und damit der Herr seiner Vollzüge ist. Das Subjekt und seine befreiende Entscheidung sind aber die *Bedingung* der Serialisierung. Das ist die Weise, wie es sie gibt: Die neue Serie ist ein Effekt der Selbstbefreiung. Das Subjekt, das die differente Serialisierung des ökonomischen Prozesses durch seine Befreiung bewirkt, erleidet sie dann aber auch. So wie es die neue Serie nur durch ein Subjekt gibt, gibt es sie nur für ein Subjekt. Wenn die differente Serialisierung subjektiv bewirkt ist, kann sie nicht nur objektiv, von außen, in der Logik ihrer Wiederholung oder Zeitlichkeit bestimmt werden. Sie ist ebenso dadurch bestimmt, dass sie erfahren wird.

Breaking Bad 9: *Lust und Angst*

Walter White erfährt die Dynamik der Serialisierung auf zwei grundverschiedene Weisen, die in ihrer Entgegensetzung einander komplementär sind. Die erste steht am Anfang seiner Geschichte im Vordergrund, die zweite beherrscht ihn zunehmend im weiteren Verlauf.

Zuerst erfährt Walter White das Immer-weiter und Immer-anders des Prozesses, dem er sich durch seine gewohnheitsdurchbrechende Entscheidung zur Selbständigkeit ausgesetzt sieht, als erregend und belebend. Und zwar nicht, weil er die Veränderungen, Verschiebungen und Neuerungen, die diese Dynamik ausmachen, selbst geplant und bewusst produziert hätte. Sie gehen, ja treiben über sein Wissen und Wollen hinaus. Für das ökonomische Subjekt ist die permanente Veränderung, die den ökonomischen Prozess ausmacht, nichts anderes als die permanente Krise: die Krise der Entwertung seiner Vermögen, der Enttäuschung seiner Werterwartungen. Genau das heißt Serialisierung. Es heißt, dass der ökonomische Prozess selbsttätig ist; dass er nicht im Subjekt gründet, sondern über es hinweggeht und es mit sich reißt. Walter Whites Lust am Ökonomischen kann daher nicht die Lust der Erfüllung, der Verwirklichung eines Plans, der Befriedigung eines Interesses sein – nicht eine praktische Lust. Die ökonomische Lust ist vielmehr interesselos. Sie ist reflexiv, die Lust des Subjekts an sich selbst – die Lust daran, mehr zu können, als es kann: in jeder Krise neue Chancen, neue Vermögen finden und hervorbringen zu können. (Das heißt »Kreativität«.) Die ökonomische Lust ist daher die Empfindung einer Zusammenstimmung oder Harmonie zweiter, höherer Ordnung, jenseits der Ordnung der Praxis und ihres Gelingens (in dem das Ergebnis einer Handlung ihrer Absicht entspricht). Sie ist die Empfindung der Harmonie von Serialität und Subjektivität: Das Subjekt erfährt die Serialisierung als seine Selbststeigerung, als die Steigerung seiner Vermögen; es erfährt die Bewegung der Serialisierung, die über das, was es zu einem bestimmten Zeitpunkt ist, was es jetzt kann, will und weiß, hinausführt, als seine eigene – als die Bewegung seiner Selbsterweiterung, Selbstmehrung und Selbstkräftigung, die es nicht selbst gemacht hat, durch die es aber gerade deshalb gestärkt wird und gesteigert. Um nichts anderes geht es in der Ökonomisierung, die die liberalen Theoretiker propagieren und durchsetzen. Wie schon Adam Smith erläutert, geht es nicht allein um den größeren Reichtum einer Gesellschaft. Sondern um einen »progressiven Zustand«, einen Zustand des Fortschreitens. Denn das ist, so Smith, der »fröhliche und kräftige Zustand« – *the cheerful and hearty state*; »die Stagnation hingegen [ist] lähmend und der Niedergang trostlos«.[110] Die Ökonomisierung ist die Befreiung; sie wird deshalb lustvoll als Befreiung *erfahren*, weil sie einen Zustand der Kraftsteigerung hervorbringt, die alle – das heißt: alle, die daran teilhaben – fröhlich macht.

Weshalb löst sich dieser fortschreitende Zustand auf? Weshalb verliert Walter White, umso vollständiger ihn die Dynamik des ökonomischen Prozesses ergreift, die Lust? Schon in der Intrige, die er spinnt, um Gustavo Frings zur Strecke zu bringen (oben, »*Breaking Bad* 5«), sehen wir ihn weniger von der Lust der Selbstentfaltung als von blanker Angst um seine Existenz getrieben. Die beherrschende Leidenschaft seines weiteren Lebens wird die Angst, und die Tugenden der Vorsicht, des Verdachts, der Antizipation von Gefahren verdrängen seine Kreativität und seine chemischen Verwandlungskünste von Materien und Situationen. Das entspricht einer neuen Erfahrung ökonomischer Konkurrenz. Die anderen ökonomischen Akteure sind so lange im Kalkül der Risiken und Chancen zu erfassen, wie sie als Marktteilnehmer erscheinen, deren abweichende Bewertungen die Vermögen des Selbständigen schwinden lassen können (so beschreibt Marx die »erste Form«, in der sich die Krise des Werts zeigt; sie ist eine Krise des Verkaufens, der Zirkulation; siehe oben, S. 317). Die anderen werden für den Selbständigen aber dann zu einer Gefahr, die, im Unterschied zu den Risiken, mit denen der Selbständige berechnend umgeht, von denen er zehrt, nicht mehr kalkuliert, ja nicht mehr bearbeitet werden kann,[111] wenn sie als Produzenten auftreten, die ihn aus seiner Position verdrängen wollen – so wie Jesse Pinkman dadurch, dass er (fast ebenso gut, aber billiger) tun kann, was Walter kann, für diesen existenzbedrohend ist. Hier erweist sich die Dynamik des ökonomischen Prozesses als eine Serie ganz anderer Art: nicht mehr als eine Serie von immer neuen Herausforderungen, die durch immer neue Wertschöpfungen kreativ beantwortet werden müssen (und können), sondern als eine Serie lebensbedrohlicher Gefahren, vor denen sich der Selbständige nicht nur fürchtet, sondern die ihn – zu Recht – ängstigen (denn sie können nicht abgesehen und gewusst werden; sie drohen von überall her) und die er daher um seiner Sicherheit willen bekämpfen muss. Das tut Walter mit allen Mitteln; zunächst durch die Künste der Intrige und der listigen Manipulation, in denen er ein Meister ist, aber zuletzt, in die Enge getrieben, durch Gewalt: Walter White schließt einen Pakt mit der Motorradgang der Aryan Brotherhood, an die er Jesse Pinkman als Arbeitssklaven verkauft. Die ökonomische Befreiung endet im Faschismus.

Der Gegensatz der Empfindungen, mit denen der Selbständige auf die Dynamik des ökonomischen Prozesses reagiert, hat einen strukturellen Grund. Er betrifft das Verhältnis von Serialität und Subjektivität. Die Gefühle von Lust und Angst verzeichnen, wie die Subjekte die ökonomische Serialisierung erfahren, die sich durch sie hindurch und über sie hinweg vollzieht. Sie registrieren – auf zwei entgegengesetzte, miteinander unvereinbare Weisen – die strukturelle Differenz der Serie *gegenüber* dem Subjekt *im* Subjekt; denn die Serialisierung ist die Bewegung, die über das Subjekt hinausführt und so vom Subjekt erfahren und empfunden wird. Im Gefühl der Lust erfährt das ökonomische Subjekt diese Überschreitung als seine Selbststeigerung. Die Serie und das Subjekt stimmen zusammen; die Fröhlichkeit, *cheerfulness*, des ökonomischen Subjekts ist die (reflexive) Lust an dieser Harmonie. Dass sie harmonieren, ist aber zufällig. Zwar macht sich das ökonomische Subjekt selbst dafür verantwortlich, auf jede Wendung des ökonomischen Prozesses – also jede Krise des Werts – durch eine Steigerung seiner Vermögen antworten zu können. Aber ob es das kann, hängt nicht von ihm ab. Es ist Glück oder Schicksal. Wenn der Selbständige das versteht, schlägt seine Fröhlichkeit in Angst um. Die Sorge um seine Vermögen kräftigt ihn nicht mehr. Sie wird zu einem Bewusstsein des Nichtkönnens.[112] Die Angst registriert die Entmächtigung, der der Selbständige niemals Herr zu werden vermag, weil er sie selbst hervorgebracht hat. Die Serialisierung, die das ökonomische Subjekt ausgelöst und freigesetzt hat, überholt es uneinholbar. In seiner Angst erfährt der Selbständige die Wahrheit über sich: dass er durch sein Handeln einen Prozess hervorbringt, dessen Serialität sich gegenüber seinem Handeln verselbständigt und den Selbständigen für immer hinter sich zurücklässt.

Die ökonomische Befreiung zur Selbständigkeit scheitert damit an einem Problem, das umso unabweisbarer ist, als sie es selbst hervorbringt. Das ist das Schicksal des Individualismus. Simmel hat es durch die Frage beschrieben, »wie sich die Selbständigkeit eines Individuums als eines Ganzen mit seiner Stellung als bloßen Gliedes in einem gesellschaftlichen Leben zusammenbringen lasse«.[113] Der Selbständige befreit sich aus seiner abhängigen Existenz im gesellschaftlichen Zusammenhang, in dem ihm von anderen gesagt wird, was er tun und wie er sein muss. Er befreit sich daraus, indem er die Ganzheit, die Identität mit sich, wiederherzustellen versucht, die er als Individuum und damit vor- oder außersozial besaß. Genau dadurch aber findet sich der Selbständige in einem ökonomischen Prozess wieder, der der Dynamik beständig verändernder (»differenter«) Serialisierung unterliegt. Wie kann man selbständig *und* vermögend, ein Ganzes *und* ein Glied, individuell *und* seriell sein? Auf diese Grundfrage findet der Selbständige keine Antwort.

Simmel hat die Unfähigkeit des vorsozialen, biologischen Lebewesens, seine Selbständigkeit damit zusammenzubringen, dass es »zugleich Teil, Durchgangspunkt, Partei eines Zusammenhangs [ist], der es übergreift«, die »typische Tragödie des Organismus« genannt. Der Organismus vermag die »Zweiheit [...] der individuellen Lebensgestalt und des überindividuellen Gesamtlebens, dem sie angehört«, nicht auszuhalten; er kann dieser Zweiheit keine Form geben, die sie gestaltet.[114] Das wiederholt sich in der ökonomischen Existenz (die die biologische nachahmt; oben, S. 308 f.). Individualität und Serialität verselbständigen sich gegeneinander. Die ökonomische Befreiung zur Selbständigkeit endet damit, die Tragödie der biologischen Existenz zu wiederholen.

(ii) Der Tragödie des Organismus setzt Simmel das »Paradoxon der Ethik« entgegen. Die Ethik fordert, »daß das Subjekt einheitlich sei, ohne den Zusammenhang aufzugeben, daß es sich dem hingebe, was mehr als es selbst ist, und zugleich es selbst bleibe«; die ethische »Bestrebung« zielt darauf, »die Tragödie des Organismus zu versöhnen«.[115] Was aber, wenn die Tragödie unversöhnlich ist, wenn ihre Wahrheit (und das Recht oder die Notwendigkeit, von einer Tragödie zu sprechen) allein in ihrer Unversöhnlichkeit liegt? Wenn es kein Ethos geben kann, das Individualität und Sozialität versöhnt? Dann würden gerade sein tragisches Ende und Scheitern rückwirkend den Versuch der ökonomischen Befreiung rechtfertigen. Der Versuch musste nur gemacht werden, um zu scheitern: um in seinem Scheitern zu zeigen, dass die radikale Individualisierung dialektisch in die Abhängigkeit vom Anderen umschlägt und sie ebendeshalb – weil beide nur das je Andere des Anderen sind – nicht miteinander versöhnt werden können; um also zu zeigen, dass jede »ethische« Versöhnung von Individuum und Gesellschaft Schein ist. Dann steht die Individualität, die ihr Modell an der natürlichen Identität des Lebewesens hat, der sozialen, partiellen – geteilten, weil teilnehmenden – Existenz für immer unversöhnlich gegenüber. Dann gibt es keine Ethik, die sie, und sei es im Paradox, zusammendenken könnte; die Individualität ist nicht zu retten. In ihrer radikalen, ungeschminkten Unwahrheit liegt die Wahrheit der ökonomischen Befreiung.

Das ist der eine Teil der Antwort auf die Frage, was sich darin zeigt, dass die Individualisierung scheitert, indem sie unsere Existenz serialisiert; die Tragödie ist eine Szene der Aufklärung. Der andere Teil der Antwort ist, dass die Tragödie eine Szene der Überschreitung ist. Indem die Serialisierung unversöhnlich über die Macht und die Perspektive des Individuums hinausgeht, geht die Serialisierung zugleich über sich selbst hinaus: Die Serialisierung wendet sich gegen sich selbst und überschreitet sich selbst. Die Serialisierung, die durch das Handeln des Selbständigen ausgelöst wird, ist die Dynamik des ökonomischen Prozesses. Dass dieser Prozess ökonomisch ist, heißt, dass es darin um die Produktion, Distribution und Konsumtion von Vermögen geht. Der Begriff des Vermögens kann ohne Bezug auf ein Subjekt aber gar nicht verwendet werden (denn »Vermögen« heißt brauchbare Kraft oder Wert, und diese sind »nicht absolut« [Hobbes]; sie sind brauchbar oder wertvoll nur für ein Subjekt). Also gibt es auch nur so lange einen ökonomischen Prozess, wie es ums Vermögen geht und wie es daher Subjekte gibt, für die sie brauchbare Kräfte waren, sind oder sein werden; ohne Subjekt keine Ökonomie. Ein Prozess, eine Dynamik der

Serialisierung, die das Subjekt hinter sich zurücklässt, ist nicht mehr ökonomisch. Im Moment ihrer tragischen Wahrheit überschreitet die ökonomische Serialisierung daher sich selbst: Die Serialisierung befreit sich mit dem Subjekt vom Vermögen und damit von der Ökonomie. Durch die Tragödie ihrer unversöhnlichen Entzweiung vom Subjekt und seinen Vermögen bringt die ökonomische Serialisierung immer schon *eine andere Serie* hervor. Das ist die ästhetische Serie. Sie ist die absolute Serie – die verabsolutierte ökonomische Serialisierung (so wie nach Adorno »das absolute Kunstwerk [...] sich mit der absoluten Ware« trifft, weil es deren »Abstraktheit«, die fetischistische Verselbständigung gegenüber dem Gebrauchswert und der konkreten Synthesis, nicht zurücknimmt, sondern im Gegenteil potenziert und radikalisiert[116]). Die ästhetische Serie ist die absolute Serie, weil sie die ökonomische Serialisierung bis zu dem Punkt steigert, an dem sie sich vom ökonomischen Subjekt ablöst, gleichgültig gegenüber dem Gegensatz von Selbststeigerung und Selbstverlust, Fröhlichkeit und Furcht wird und sich selbständig, ästhetisch selbständig gegenüber der ökonomischen Selbständigkeit, entfaltet.

So geht die ästhetische Serie aus dem hervor, wovon sie handelt: aus der Zeit und der Dynamik des ökonomischen Prozesses; die Erzählung *Breaking Bad* geht aus der Befreiung und dem Scheitern Walter Whites hervor. Die ästhetische Serie ist der Ausdruck der ökonomischen Serialisierung: Die ästhetische Form der »neuen« Serie beginnt sich im Fernsehen in den 1970er Jahren und damit in dem gleichen Zeitraum herauszubilden, in dem die ökonomische Logik durch politische Maßnahmen von jeder politischen Kontrolle befreit worden ist und sich in ihrer eigenen Dynamik, Prozessualität und Temporalität zu entfalten begann. Der Erfolg der neuen Serie gründet in ihrem Realismus: dem Realismus ihrer Form. Die Form der Fernsehserie ist die Form des Lebens selbst (des Lebens, wie es ist: des ökonomisch serialisierten Lebens). Ebendeshalb ist die ästhetische Serie zugleich lebensverändernd. Indem sie zeigt, wie sich die ökonomische Serialisierung verselbständigt und die ökonomische Befreiung zur Selbständigkeit darin tragisch scheitert, bringt sie zugleich die Differenz der ästhetischen gegenüber der ökonomischen Serie hervor.

Der Begriff der ökonomischen Serialisierung beschreibt, wie ein Prozess permanenter Veränderung aus der Perspektive eines Subjekts erfahren wird, dem es um seine Vermögen geht. Das macht eine Serie ökonomisch: dass sie eine Serie der Verwertung ist, und Werte, Vermögen, gibt es nur für ein Subjekt. Das Programm der ökonomischen Befreiung verspricht, dass dieses Subjekt die Serie der vermögenserhaltenden Handlungen, in die es sich verstrickt sieht, als eine Selbststeigerung seiner Vermögen erfahren wird. Sie bedeuten Fortschritt und Kräftigung (Smith) oder Zivilisation und Vitalität (Hayek). In der Krise schlägt diese Lust der Steigerung in Angst vor den Gefahren der Veränderung um. Das Subjekt registriert: Die Serie der Veränderungen verselbständigt sich; sie hat keinen Sinn mehr. Das beschreibt der Begriff der Tragödie in seiner Negativität: als Scheitern der Selbständigkeit. Aber damit, mit diesem Scheitern und jener Verselbständigung, setzt zugleich eine andere, positive oder affirmative Erfahrung der Serie ein. Das Subjekt erfährt, dass die Veränderungen der Serie, die serielle Dynamik über seine Selbständigkeit hinausführen. Nichts anderes ist die ästhetische Serie, die ästhetische Erfahrung der Serie. Die ästhetische Serie geht aus der Tragödie der Selbständigkeit hervor, indem sie über sie hinausgeht: Die ästhetische Serie bejaht die Verselbständigung. Die ästhetische Serie ist nichts anderes als die ökonomische Serie in affirmativer Gestalt.[117]

Also gibt es die ästhetische Serie nicht ohne, ja, es gibt sie nur durch die ökonomische Serialisierung. Die ästhetische Serie setzt die ökonomische Verselbständigung, die »tragische« Verselbständigung des ökonomischen Prozesses gegenüber der selbständigen Individualität voraus. Das heißt geschichtlich, dass die neue Fernsehserie nur möglich war oder ist aufgrund der Ökonomisierung des Subjekts, seines Handelns und seiner Existenz durch die neoliberale Revolution der 1970er Jahre; sie ist die Kunst der Ökonomisierung, die Ökonomisierung in der Kunst oder als Kunst – als künstlerische Form. Und es heißt begrifflich, dass die ästhetische Serialisierung nichts anderes ist als eine andere Erfahrungs- und Vollzugsweise der ökonomischen Serialisierung.[118] Sie ist die Form, die dadurch geboren wird, dass der ökonomisch Selbständige die Tragödie seines Scheiterns noch einmal, aber anders erfährt: indem er sie als ästhetischer Zuschauer seines eigenen Schicksals erfährt.

Breaking Bad *10: I was alive*

Walter Whites letzte Begegnung mit seiner Frau Skyler (in Staffel V, Episode 16: »Felina«) inszeniert die Kamera aufs Kunstvollste (und wiederum, wie so oft in dieser Serie, an der Grenze zur ironischen Übertreibung) als eine Szene der Blicke, des Verdeckens und Hervortretens. Wir sehen: Es geht um einen Moment der Offenheit, des Bekenntnisses. Durch die ganze bisherige Serie hatte Walter White sein Tun als Vorsorge für die Familie gerechtfertigt. Das ist seine *mauvaise foi*, seine Unaufrichtigkeit, die ihm seine Verbrechen – Verrat, Manipulation, Gewalt – zu tun erlaubt. Damit ist nun Schluss, Walter White *macht* damit Schluss und beendet dadurch die Serie, als deren Figur er sich durch seinen Entschluss zur Selbständigkeit selbst hervorgebracht hatte, indem er, so Khurana, zum »Zuschauer seines früheren Lebens«[119] – und damit zum Zuschauer der Serie wird; der Serie, die sein Leben ist. Er sieht und erfährt nun die Serie, die Logik und Dynamik der Serialisierung auf ganz andere Weise.

Das ist der entscheidende Moment in Walters Bekenntnis:

Walter: All the things that I did, you need to understand...
Skyler: If I have to hear one more time that you did this for the family...
Walter: I did it for me. I liked it. I was good at it. And ... I was ... really – I was alive.

Man muss sich auch an Skylers Gesichtsausdruck – zwischen Erkennen und Erschrecken, Abscheu und Bewunderung – erinnern, als sie die Folge dieser vier sich steigernden, der Wahrheit immer näher kommenden, sie radikalisierenden Sätze hört; um sie und die Familie ging es gar nicht. Aber worum ging es dann? *I did it for me*: Es ging Walter, wie wir schon lange wissen (oben, »*Breaking Bad* 3«), um sich selbst, um seine Selbständigkeit, das heißt, um seine Vermögen. *I liked it*: Die Selbstverwirklichung, die Erhaltung und Steigerung seiner Vermögen, ist lustvoll, *cheerful and hearty* (wie Smith die Gefühlslage des ökonomischen Menschen preist). Aber das ist nicht nur ein gutes Gefühl, es ist die neue ökonomische Definition des Guten: *I was good at it*. Denn gut zu sein heißt für den Selbständigen nicht, gut für einen praktischen Zweck und damit als Teilnehmer einer Praxis zu sein, die durch diesen Zweck bestimmt wird. Es heißt nicht gut für etwas, sondern gut *in* einem Tun zu sein: von den eigenen Vermögen den »besten Gebrauch« (Hayek) gemacht zu haben, darin Verantwortung für sie übernommen zu haben und damit in den *progressive state* wahrer Zivilisation eingetreten zu sein. Bis zu diesem Punkt artikuliert Walter White die Ethik der Selbständigkeit. Dann aber sagt er noch, mit einem Zögern, das die Wahrheit ankündigt, wie es *really*, eigentlich oder wirklich, war: *I was alive.*

Niemand weiß, was er damit meint; das Bekenntnis, das uns Durchblick in Walters Seele verspricht, bleibt unauflösbar zweideutig. Denn man kann Walter so verstehen, dass er von der Lebendigkeit spricht, die er in seiner Selbststeigerung verspürte. Dann würde er sich hier an die glücklichen, lustvollen Momente erinnern, in denen er sich durch die unerwartete Entdeckung neuer Chancen und Kräfte wieder einmal aus einer Gefahr befreien konnte – und er würde die Phasen der Angst vergessen, die ihn dabei angetrieben und böse gemacht hat. Dass Walter lebendig gewesen ist, hieße, dass er auf unerwartete Weise mit sich selbst übereingestimmt hat, dass seine Aktivität (das, was er kann) und seine Rezeptivität (das, was ihm geschieht) sich entsprochen haben. *Oder* aber Walter White meint eine Lebendigkeit, die nur erfahren kann, wer nicht mehr als Selbständiger urteilt, wer mit der Selbständigkeit bricht. Auch hier ist die Lebendigkeit ein subjektiver Zustand, eine lustvolle Erfahrung. Sie ist aber nicht die Lust, die sich einstellt, wenn eine Serie von Veränderungen von innen her als die Steigerung der eigenen Vermögen erfahren wird. Sondern sie ist die Lust, die ein Subjekt genau darin und dadurch erfährt, dass es sich einem Prozess permanenter Veränderung überlässt, die es sich *nicht* zuzueignen vermag, ja, in deren Nachvollzug es vergisst, wie es um seine Vermögen bestellt ist – die vermögens-, die individualitäts-, also identitätsvergessene Lust. Das Leben ist ein Prozess unablässiger Verwandlung und Erneuerung (und darin »chemisch«, wie Walter White seinen Schülern gleich zu Anfang erläutert). Oder das Leben ist, so Maturana, ein »ontogenetisches strukturelles Driften«; »lebende Systeme existieren im dauernden strukturellen und positionellem Treiben [*ontogenetic drift*].«[120] Während aber diese erneuernde Verwandlung, die das Leben ist, biologisch (und deshalb auch ökonomisch) nichts als die Erhaltung und Steigerung des individuellen, selbständigen Organismus ist, sind die Neuerungen, die Walter als Zuschauer der Serie seines Lebens entdeckt, zugleich zu groß und zu klein, *zu – unbestimmt – anders*,[121] um noch als die »individuelle Lebensgeschichte eines lebenden Systems« (Maturana) erfahren zu werden. In dem Moment, in dem Walter sich lebendig fühlt, sprengt die Serie die Einheit einer Geschichte.

(Ich erwähne nur in Klammern, dass es genau dies ist, wodurch die Serie über den Roman hinausgeht, dessen »Gleichursprünglichkeit« mit der sich formierenden bürgerlichen Ökonomie Vogl darin sieht, dass er »die Dichotomie zwischen kontingenter Ereignisstruktur und teleologischer Ausrichtung« in sich austrägt[122]. Der Roman hält demnach an der Teleologie fest, deren Unsichtbarkeit und daher Unsicherheit – also nicht: Zerfall oder Abwesenheit – er melancholisch hinnimmt. »Der Roman«, in diesem Fazit bündelt Georg Lukács zugleich seine Theorie des Romans und dessen Kritik, »ist die Form der gereiften Männlichkeit«,[123] die der Roman nach dem Bild des ökonomischen Menschen denkt, der seine Erfahrungen, Erfahrungen des Scheiterns, gemacht hat, die er akzeptiert – aber niemals, wie die Serie, bejahen kann. Oder gibt es einen Roman ganz anderer Art als der bürgerlich desillusionierte, einen Roman, der wie das »Leben« ist, weil er »Wirklichkeiten« darstellt, »wo jede folgende nicht Fortsetzung der vorangehenden ist, sondern etwas ganz Neues, etwas, was auf keine Art vorauszusehen, etwas, was mit Theorien, mit ›konsequentem Zu-ende-denken‹ nicht einzufangen ist«? Diese Frage stellt Vincenz in Lukács' »Zwiegespräch über Lawrence Sterne«. Das wäre, wie Joachim ihm antwortet, »Anarchie«; ein »seelischer Episodismus«, der nichts zu Ende führen kann, weil er nichts zu vollenden vermag.[124] Der aber vielleicht ebendeshalb in jedem Moment neu anfangen kann.)

Die ökonomische Lebendigkeit der Selbststeigerung hat Walter White früher schon erfahren – etwa damals, als er in der Intrige gegen Gustavo Frings triumphierte: die Lebendigkeit des Siegers (und Mörders). Die Lebendigkeit der Selbstvergessenheit, der Selbstüberschreitung oder Selbstunterschreitung hingegen – die man »ästhetisch« nennen kann: die Lebendigkeit jenseits der Selbständigkeit – entdeckt Walter erst im Rückblick. Es gibt sie für ihn nur, indem er auf sein Leben von hinten oder außen schaut. Das bedeutet, dass genau dadurch, dass er seine ästhetische Lebendigkeit entdeckt, Walter Whites bisheriges Leben endet. Indem er sich der ästhetischen Lebendigkeit bewusst wird, beendet er das Leben, das er mit seiner Befreiung zur Selbständigkeit zu einem eigenen, selbstbestimmten und freien machen wollte. Er beendet die ökonomische Befreiung; er befreit sich von ihr. Die Entdeckung der ästhetischen Lebendigkeit ist die Befreiung von der ökonomischen Befreiung und damit die Befreiung der Befreiung, ihre Befreiung von sich selbst, von der Selbständigkeit. Die Befreiung aber wozu?

Indem er zum Zuschauer seiner selbst wird und sich seiner anderen, ästhetischen Lebendigkeit erinnert, beendet Walter White zwar die Serie. Aber so wie die Serie einen Anfang vor dem Anfang hatte – eine Vorgeschichte, die zu der Entscheidung führte, die die ökonomische Serie erst hervorbrachte –, so hat die Serie auch ein Ende nach ihrem Ende. Walter White gewinnt durch das Bekenntnis seiner Lebendigkeit – wie Khurana erkennt – »eine Art Nachleben«:[125] eine Art Leben nach dem Leben in der Serie; ein Leben, das aber nur aus *einer* wahrhaft freien Tat besteht. In ihr beweist Walter (»Heisenberg«) White noch ein letztes Mal seine Genialität als Manipulator von Materien und Personen. Aber zugleich bringt sie ihm den Tod. Sie ist die radikal unökonomische Tat. Walter Whites Befreiung von der Selbständigkeit besteht in seinem Selbstopfer. Das aber gilt hier nicht mehr, wie er bisher behauptet hatte, seiner Familie. Sondern Walter opfert sich, um Jesse Pinkman aus der Gewalt der Faschisten der *Aryan Brotherhood* zu befreien. Die eine Tat, die Walter noch ausführt, nachdem er sich von der Befreiung zur Selbständigkeit befreit hat, ist die Tat der Gerechtigkeit.

4. Befreiung als Gehorsam. *Exodus*

Gott sagte mir: Schluss, es reicht. [...]
Ein hübsches Mädchen hinter Panzerglas
hatte mir den Stempel in den Pass gesetzt,
ich machte ein paar Schritte und war hier,
draußen, in der Freiheit. Im weiten Kosmos.
Er lag jetzt in Gänze vor mir, dunkel, kalt,
sich in endlose Ferne erstreckend. Und ich
hatte für die ganze Galaxis nur meine Ta-
sche und eine Telefonnummer. Kein Geld,
keine Aufgaben, keine Kontakte, nichts, am
Anfang schuf Gott den Himmel und die Erde. Ein
großes Abenteuer.
»Ziehe aus aus Ägypten, denn dort herrscht
Finsternis«, hatte Er zu mir gesagt, und ich
habe ihm erleichtert gehorcht.
DJ Stalingrad[126]

In seiner Autobiographie, die kurz nach seiner Ermordung im Jahr 1964 publiziert wurde, berichtet Malcolm X im elften Kapitel, »Saved«, von dem entscheidenden Ereignis, das ihn aus seiner bisherigen Existenz herausgerissen und gerettet – ihn transformiert, konvertiert – hat. Durch dieses Ereignis wurde er, wer er war. Er wurde zum Revolutionär, zu einem, der dafür kämpfte, »das Denken der amerikanischen Schwarzen zu revolutionieren, ihre Augen zu öffnen, bis sie niemals mehr in derselben ängstlichen, andächtigen Weise auf den weißen Mann schauen würden«. Vorher war Malcom X (der damals noch Malcom Little hieß) ein *hustler*, ein Gauner: ein Dieb, Drogenhändler, Betrüger und Zuhälter, »geistig tot«, »herabgesunken auf den tiefsten Punkt der amerikanischen

Gesellschaft des weißen Mannes«.[127] So, als ihr krimineller Widerpart, ist er zugleich ein Teil von ihr – *integriert* in diese Gesellschaft – und ihr Anderes; in ihm zeigt sich die Wahrheit über sie. Im Leben des Hustlers, das Malcolm Little, alias Detroit Red, geführt hat, zeigt sich das Prinzip dieser Gesellschaft in seiner reinen, zerstörerischen Form, in der es die Existenz dieser Gesellschaft infrage stellt:

> Der Ghetto-Hustler ist innerlich durch nichts begrenzt. Er hat keine Religion, keinen Begriff der Moral, keine politische Verantwortung, keine Angst – nichts. Um zu überleben, ist er da draußen ständig auf der Jagd nach anderen, auf der Suche nach jeder menschlichen Schwäche wie ein Raubtier. Der Ghetto-Hustler ist immer frustriert, ruhelos und begierig nach »Action«. Was immer er unternimmt, er ist voll und ganz dabei, absolut.[128]

Der Hustler entfesselt den Trieb der Selbsterhaltung bis zu dem – tiefsten – Punkt, an dem seine Triebhaftigkeit sich gegen die Rationalität wendet, die dieser Trieb hervorgebracht hat. Das erscheint Malcolm X im Rückblick animalisch: »*Leben* wie ein Tier; *denken* wie ein Tier.«[129]

Dieses Leben bringt Malcolm Little im Alter von 22 Jahren ins Gefängnis. Wie Malcolm X sagen wird: zum Glück! Aber nicht, weil das Gefängnis ihn gebrochen oder umerzogen hätte (beide Strafmethoden wurden an Malcolm in seiner sechsjährigen Haft ausprobiert, ohne dass sie ihre Ziele erreichen konnten). Sondern weil sich im Gefängnis seine ruhelos-absolute Verneinung des gesellschaftlichen Zusammenhangs bis zum Extrem steigert – sein Spitzname im Gefängnis ist Satan – und er dadurch bereit wird, etwas ganz anderes zu hören. Dieses Andere, Neue ist ein Gebot, wie es Malcolm in seiner Lage, im Gefängnis, unverständlicher und abwegiger, ja absurder nicht erscheinen konnte. Es lautet: »Malcolm, iss kein Schweinefleisch mehr und rauche keine Zigaretten mehr. Ich zeige dir, wie du aus dem Gefängnis kommst.« Malcolm versteht den Befehl nicht, aber er befolgt ihn, ohne zu zögern, absolut oder unbedingt: Er ändert sein Leben. Er trennt sich von seiner Identität als Schwarzer in der Gesellschaft der Weißen. Sein Ziel ist jetzt das Gegenteil von »Integration«: Er will die »Trennung, *separation*«, den Auszug aus der weißen Gesellschaft. Sein Gehorsam macht ihn frei von der Gesellschaft der Weißen und seinem – niedrigen, mittleren oder gehobenen – Platz in ihr.[130]

In einer Biographie, die sich zum Ziel setzt, das »Leben hinter der Legende« zu präsentieren, versucht Manning Marable das »Rätsel« dieses befreienden Umbruchs in Malcolms Leben – das »Kein-Schweinefleisch-und-Zigaretten-Rätsel« – zu lösen, indem er den abrupten Wandel durch familiäre Bindungen oder politische Programme erklärt (das Gebot wird Malcolm durch seinen Bruder Reginald übermittelt, der wie seine anderen Geschwister der *Nation of Islam* angehört).[131] Aber all diese Erklärungen müssen ausblenden, dass Malcolm ein Hustler, ja ein Satan war, ohne jede Bindung und Überzeugung; sie waren nichts für ihn. Das Rätsel löst sich daher nicht durch Motive, also Identitäten,[132] sondern nur durch das Ereignis selbst: als die Offenbarung einer Wahrheit (die Malcolm mit Paulus' Bekehrung vergleicht: »Ich setze mich […] nicht mit ihm gleich, aber ich verstehe seine Erfahrung«), die zu ihm in der Form eines unbedingt gebietenden Befehls spricht. So beschreibt es Malcolm X: Sein Gehorsam gegenüber dem Gebot war »meine erste vorislamische Unterwerfung«; der »Schlüssel für einen Moslem ist die Unterwerfung«. Der Schlüssel wozu? Der Schlüssel zur Freiheit: »Ich war nie in meinem Leben so wahrhaft frei.«[133] Jetzt beginnt er, frei, abgelöst von seiner Identität in der Gesellschaft der Weißen, zu denken und zu sprechen und kann dafür kämpfen, sein Volk, die amerikanischen Schwarzen, zu befreien.

Malcolm X' Autobiographie erzählt von seiner Errettung als seiner Befreiung. Darin heißt sich zu befreien, befreit zu *werden*. Die Befreiung ist erstens passiv, die Wirkung eines anderen, von außen. Sie kann nicht ohne das Selbst, aber nicht durch das Selbst allein, für sich, erfolgen. Weiterhin heißt selbst befreit zu werden, für *die* Befreiung, die Befreiung der anderen, zu kämpfen. Die Befreiung ist daher zweitens iterativ und expansiv, sie gilt durch mich den anderen. Befreit worden zu sein heißt, befreien zu wollen.

Entscheidend in dieser Erzählung ist die befreiende Wirkung von außen. In Malcolm X' Erzählung besteht sie in einem religiösen Gebot. Dass die Wirkung von außen kommt, heißt, dass ihre Quelle und Macht transzendent ist. Dass die Macht transzendent ist, heißt, dass sie gebietend oder befehlend ist. Im Zentrum von Malcolm X' Befreiungserfahrung steht daher ein Paradox. Das Paradox besagt, dass die Befreiung in nichts anderem als der Unterwerfung unter ein unbedingtes, transzendentes Gebot besteht. Dieses Paradox ist die zentrale These des religiösen Modells der Befreiung. Sie besteht, in anderer Formulierung (der Formulierung von Emmanuel Lévinas), in der Behauptung, »daß, wenn die Lebewesen dieser Welt *Resultate* sind, der Mensch aufhört, ein bloßes Resultat zu sein, und, nach einem Wort von Thomas von Aquin, ›die Würde einer Ursache‹ erhält, in dem Maße, wie er die Wirkung der äußeren Ursache *par excellence*, der göttlichen Ursache, erfährt.« Die zentrale These des religiösen Modells der Befreiung besagt nach Lévinas, »daß die menschliche Autonomie auf größter Heteronomie beruht und daß die Kraft, die solch wunderbare Wirkungen zeitigt, die Kraft, welche die Kraft begründet, die zivilisatorische

Kraft, Gott heißt«.[134] Wenn die Freiheit des Menschen darin besteht, eine »Ursache« zu sein, wie Lévinas hier in aristotelischer Sprache und daher irreführend sagt (denn in Wahrheit geht es darum, einen neuen Anfang zu machen), so gewinnt der Mensch seine Freiheit durch nichts anderes, als indem er die »wunderbare Wirkung« einer äußeren, höchsten Kraft erleidet. Die eigene Freiheit, anzufangen, hat ihren Anfang in einem, genauer: *dem* Anderen. Das zu begreifen heißt, die Befreiung religiös zu denken. Denn es heißt, den Anderen und sein Wirken auf den Menschen als transzendent, als Höchsten oder Gott zu beschreiben; nur *sein* Wirken, und dessen Erleiden, ist befreiend. Und nur indem man dies begreift – indem man begreift, weshalb das so ist –, lässt sich verstehen, wie die Befreiung überhaupt möglich ist und gedacht werden kann. Das religiöse Modell der Befreiung sagt, dass sie allein religiös, als eine »wunderbare«, *merveilleuse*, transzendente Wirkung, gedacht werden kann. Die Befreiung ist ein Wunder; »Befreiung« ist ein religiöser Begriff.

*

Dieses vierte Kapitel rekonstruiert das religiöse Modell der Befreiung aus zwei Quellen. Die eine Quelle sind philosophische Texte. Dabei beziehe ich mich vor allem auf Argumente von Franz Rosenzweig und Emmanuel Lévinas. Diese Wahl liegt nahe, wenn man versteht, dass das religiöse Modell der Befreiung eine radikale Gestalt antiidealistischen Denkens ist. Idealistisch zu denken heißt, die Befreiung als Bewusstwerdung zu verstehen (siehe oben, Kapitel 1, Abschnitt [a], und Kapitel 2, Abschnitt [c]). Danach bedeutet, frei zu werden, sich dessen bewusst zu werden, dass man, als Subjekt, schon frei ist; dass die Freiheit das Wesen, die (zweite) Natur des Subjekts ist. Das versteht der Idealismus als Denken – Denken heißt, sich zu denken: die Artikulation und Explikation des Selbstbewusstseins –, und so versteht er die Befreiung: Die Befreiung ist die Selbstbefreiung im Selbstdenken. Indem das religiöse Modell die Autonomie als heteronomen Effekt beschreibt, denkt es dagegen – nur scheinbar paradox – materialistisch. Denn »materialistisch« zu denken bedeutet nach der oben gegebenen Definition, die Freiheit als eine Wirkung der Erfahrung und die Erfahrung als den Bezug auf ein uneinholbares Außen zu verstehen (das das religiöse Modell als den »Höchsten« beschreibt). Diese antiidealistische, das heißt materialistische (oder auch: »empiristische«) Stoßrichtung des religiösen Modells steht am Grund von Rosenzweigs und Lévinas' Philosophie.[135] Sie begründen das religiöse Modell in einer philosophischen Kritik des idealistischen Begriffs der Freiheit und der Subjektivität. Indem man ihrem Denken folgt, lässt sich daher das Paradox der Befreiung – dass nur die Äußerlichkeit, die »Exteriorität« Gottes und seines Gebots befreiend sein kann – bis zu dem Punkt entfalten, an dem sich ebenso die Wahrheit wie die Grenze des religiösen Modells zeigt.

Gleichwohl werde ich Rosenzweigs und Lévinas' Überlegungen nicht in ihrer inneren Systematik zu entwickeln versuchen; ich rekonstruiere ihr Denken nicht (wie Rosenzweig es für *Der Stern der Erlösung* verlangt hat) als »ein System der Philosophie«[136] und gehe daher auch nicht den Entwicklungen und Selbstkorrekturen ihrer Werke nach. Ich verwende lediglich einige ihrer Argumente, um die Wahrheit einer Geschichte zu begreifen. Das ist die biblische Geschichte vom Auszug der Israeliten aus Ägypten, des Exodus (auf den auch Malcolm X' separationistische Strategie zurückverweist). Die methodische Prämisse der folgenden Überlegungen lautet, dass das religiöse Modell der Befreiung in der Bibel gefunden werden kann – und nur dort. Dazu vorweg zwei Erläuterungen.

Die erste Erläuterung betrifft die Form, in der die Bibel erzählt. Erich Auerbach spricht von ihren »Geschichten« und »Sagen«; die Bibel ist ein epischer Text.[137] Das ist die Bibel nach Auerbach jedoch im scharfen Gegensatz zu dem Begriff des Epischen, der am Paradigma Homers gebildet und insbesondere für die spekulative Gattungstheorie seit der deutschen Klassik und im deutschen Idealismus bestimmend geworden ist. Den Geschichten Homers geht es darum, durch prägnante Anschaulichkeit, durch ein Erzählen, das uns das Erzählte in sinnlicher Gegenwart vorstellt, eine Welt darzustellen, die fasslich ist und aus sich heraus verständlich. Auerbach schreibt: »Und so bezaubern sie uns und schmeicheln sich bei uns ein, so daß wir in der Wirklichkeit ihres Lebens mitleben – es ist, solange wir diese Gedichte hören oder lesen, ganz gleichgültig, ob wir wissen, daß alles nur Sage, daß alles ›erlogen‹ ist. Der Vorwurf, den man oft erhoben hat, Homer sei ein Lügner, nimmt seiner Wirkung nichts.« In der biblischen Geschichte dagegen geht es nicht um sinnliche Anschaulichkeit, sondern um *die Wahrheit*; sie erhebt »einen absoluten Anspruch auf die geschichtliche Wahrheit«. Die biblische »Sage« zu hören oder zu lesen heißt, an ihre Wahrheit zu glauben; das ist, im Gegensatz zu Homers Erzählungen, der »Gebrauch [...], für den sie geschrieben wurde«.[138] In den biblischen Epen geht es um die Lehre. Sie verlangen ein Deuten, das ihre Wahrheit zu denken versucht. Und dem entspricht auf der anderen Seite, dass das Denken der Befreiung eine »Methode des Erzählens« verlangt: Die »erfahrende Philosophie« – die Philosophie also, die von der Erfahrung und damit von der »Tatsächlichkeit« ausgeht – ist, so Rosenzweig mit Verweis auf Schelling, eine »erzählende Philosophie«.[139] Ich lese einige von Rosenzweigs und Lévinas' philosophischen Argumenten im Folgenden so, dass sie genau dies tun: Sie artikulieren – nicht trotz, sondern in ihrem systematischen philosophischen Anspruch – die Wahrheit der biblischen Geschichten.[140]

Die zweite Erläuterung betrifft den Inhalt der biblischen Geschichte, um die es hier geht. Dabei folge ich einer langen Tradition und einer aktuellen Diskussion, indem ich das zweite Buch Mose als eine Geschichte (und daher zugleich Lehre) von der Befreiung lese. Dieses Buch, das hebräisch *Namen* heißt – denn es beginnt mit der Liste der »Namen der Söhne Jisraels, der nach Ägypten gekommen« ist: Ruben, Schimon, Lewi, Jehuda usw.[141] –, trägt seit seiner griechischen Übersetzung in der Septuaginta den Titel *Exodos* (lateinisch *Exodus*). Damit ist die keineswegs selbstverständliche Pointe verbunden,[142] das umfangreiche Buch mit Gesetzgebung und Bundesschluss sowie dem Beginn der nachfolgenden Wüstenwanderung (die in den folgenden drei Büchern Mose bis an die Grenze zum Gelobten Land führen wird) im Ganzen von seinem Anfang, dem »Auszug« Israels aus der ägyptischen Knechtschaft her zu lesen. Tut man dies (und deutet also insbesondere das am Sinai gegebene Gesetz von der Befreiung her und auf die Befreiung hin), dann ist eine wichtige Frage, in welchen Kategorien man die Befreiung beschreibt: Ist es, wie die hebräische Terminologie den Kommentatoren zufolge an einigen Stellen nahelegt, ein Wandel im rechtlichen Status, von der Knechtschaft des Volks zu seiner Freiheit? Oder ist es ein Bruch mit dessen Sein, seiner ganzen, inneren und äußeren Existenz? Eine andere, entscheidende Frage ist die nach dem Akteur und daher nach der Natur des Befreiungsakts: Wer ist sein Subjekt? Und daher: Was für eine Tat, wenn sie denn eine ist, ist die Befreiung?

Eine Antwort auf diese Fragen gibt Michael Walzer. Sein Ziel ist, »den Exodus als ein Paradigma revolutionärer Politik« zu begreifen. Walzer geht es um den »politischen Gebrauch dieses Textes«; er will verstehen, weshalb in der westlichen Geschichte insbesondere seit der frühen Neuzeit politische Revolutionäre immer wieder das, »was sie taten, aus ihrer Lektüre des Buchs *Exodus*«, gedeutet haben. Möglich war (und ist) das nach Walzer nur durch eine kritische Unterscheidung, durch eine Abstraktion: Um begreifen zu können, dass der »Exodus, wie wir ihn aus dem Text kennen, [...] im politischen Sinne plausiblerweise als Befreiung und Revolution verstanden worden ist«, müssen wir, mit den Revolutionären, die ihn so gelesen haben, davon *absehen*, dass »er, im selben Text, *auch* als ein Akt GOTTES erscheint«.[143] Der Exodus ist politisch, befreiend, und auch noch religiös. Nach Walzer kann beides voneinander getrennt werden: Wir können die Befreiung aus Ägypten, von der *Exodus* erzählt, nur als einen revolutionären Akt begreifen, indem wir nicht danach fragen, »was GOTT getan hat, sondern was Männer und Frauen getan haben, zuerst im biblischen Text selbst und dann, mit dem Text in der Hand, in unserer Welt«.[144]

Dass beides in der Geschichte und Lehre des Exodus gar nicht voneinander getrennt werden kann und dass man die »Revolution der Alten Welt«, die sich im Exodus vollzieht, nicht begreifen kann, wenn man sie von der Etablierung der »Mosaischen Unterscheidung«, der Einführung des reinen, unbedingten Monotheismus ablöst, ist die andere, entgegengesetzte Antwort, die Jan Assmann entfaltet hat. Nach Assmann kann die Befreiung Israels von der ägyptischen Knechtschaft, von der *Exodus* erzählt, nur als die Etablierung des Monotheismus (und muss die Etablierung des Monotheismus als die Befreiung) begriffen werden: »Die Geschichte vom Auszug aus Ägypten stellt den Emanzipationsprozeß Gottes als einen Akt politischer Befreiung dar.«[145] Der Exodus verzeitlicht den religiösen Antagonismus von Monotheismus und Götzendienst; die zeitliche Abfolge von Knechtschaft und Freiheit realisiert die vertikale Differenz von wahrer und falscher Religion. Der Exodus denkt die politische Befreiung als religiöse Konversion.

Ich folge der zweiten Antwort: Es geht im Exodus um die Unterscheidung zwischen Knechtschaft und Freiheit *durch* die Unterscheidung zwischen wahrer und falscher Religion, also zwischen Gott und Welt (denn die falsche Religion ist nichts anderes als »die Nichtunterscheidung von Gott und Welt«[146]). Die entscheidende Szene in der Exodus-Geschichte, die damit ins Zentrum rückt und um deren Auslegung es in diesem Kapitel geht, ist daher die von Moses Beauftragung zur Befreiung seines Volks (die unmittelbar auf die Faszinationsszene am brennenden Dornbusch folgt; oben, Kapitel 2):

> Als aber der Herr sah, dass er hinging, um zu sehen, rief Gott ihn aus dem Busch und sprach: Mose, Mose! Er antwortete: Hier bin ich. Er sprach: Tritt nicht herzu, zieh deine Schuhe von deinen Füßen; denn der Ort, darauf du stehst, ist heiliges Land!
>
> Und er sprach weiter: Ich bin der Gott deines Vaters, der Gott Abrahams, der Gott Isaaks und der Gott Jakobs. Und Mose verhüllte sein Angesicht; denn er fürchtete sich, Gott anzuschauen. Und der Herr sprach: Ich habe das Elend meines Volks in Ägypten gesehen und ihr Geschrei über ihre Bedränger gehört; ich habe ihre Leiden erkannt. Und ich bin herniedergefahren, dass ich sie errette aus der Ägypter Hand und sie herausführe aus diesem Lande in ein gutes und weites Land, in ein Land, darin Milch und Honig fließt, in das Gebiet der Kanaaniter, Hetiter, Amoriter, Perisiter, Hiwiter und Jebusiter. Weil denn nun das Geschrei der Israeliten vor mich gekommen ist und ich dazu ihre Not gesehen habe, wie die

> Ägypter sie bedrängen, so geh nun hin, ich will dich zum Pharao senden, damit du mein Volk, die Israeliten, aus Ägypten führst.[147]

Mose wird von Gott mit der Befreiung, der Herausführung seines Volks aus Ägypten beauftragt. Das ist das Ende, das Ziel dieser Szene (das sie erst nach einem längeren Hin und Her zwischen Mose und Gott erreichen wird). Sie beginnt mit einer Anrede Gottes, die Mose verändert. Ich lese diese Veränderung als die Befreiung des Mose. Um zum Befreier seines Volks werden zu können, muss Mose selbst frei geworden sein; die Berufung durch Gott zum Befreier, ja, schon die Anrufung durch Gott *ist* befreiend. Die Befreiung verdoppelt sich also; der Befreiung des Volks, durch Mose, geht die Befreiung Moses durch Gottes Berufung voraus. Und dadurch verdoppelt sich die Befreiung zugleich in sich. Sie ist, an beiden Stellen, ebenso selbst getan wie von außen bewirkt. Und da der Befreiung des Volks durch Mose seine Befreiung durch Gottes Anrede vorausgeht (und da deshalb die Befreiung des Volks durch Mose die Befreiung des Volks – durch Mose hindurch – durch Gott ist), heißt sich zu befreien, durch Gott befreit worden zu sein, und durch Gott befreit worden zu sein heißt, selbst zum Befreier – zum Befreier des Volks, der anderen – zu werden. Die Befreiung ist aktiv-passiv und reflexiv-transitiv; sich selbst befreien heißt ebenso, *vom Anderen* befreit zu werden wie *die anderen* zu befreien. Und beides hängt zusammen. Es geht um den inneren Zusammenhang dreier Modi: befreit werden – die Wirkung einer hervorbringenden Kraft von oben; sich befreien – der eigene Akt; die Befreiung der anderen – die weltverändernde Tat.

Dieser Zusammenhang, in dessen Zentrum das Erleiden einer Wirkung steht, definiert das religiöse Modell der Befreiung. Ich erläutere es in drei Schritten. Im ersten Schritt geht es um die Art der äußeren Wirkung: die Anrede Gottes (a). Im zweiten Schritt geht es um deren transformierende, konvertierende Kraft; das verlangt, den Begriff des Gebots (im Gegensatz zu Ordnung und Gesetz) zu verstehen (b). Der dritte Schritt führt das religiöse Modell an seine Grenze. Diese Grenze liegt dort, wo das religiöse Modell die Bejahung der Befreiung denken muss; denn sich zu befreien heißt, zu bejahen – zu erinnern und zu wiederholen –, dass man befreit worden ist. Diese Bejahung kann allein im religiösen Modell nicht gedacht werden. Sie hat eine Vorgeschichte, die hinter die befreiende Anrede Gottes zurückführt (c).

(a) Vom Sehen zum Hören

Die These lautet: Moses Berufung zum Befreier seines Volks geht eine Anrufung voraus, durch die er selbst befreit wird – die ihn grundlegend, radikal verändert, ihn konvertiert. Diese These verlangt im ersten Schritt zu klären, worin die verändernde Kraft der Anrufung besteht. Die Antwort des religiösen Modells – die Antwort, die es als religiöses definiert – besagt, dass es *allein* die Anrede Gottes ist, die befreit. Die Befreiung besteht in der Beziehung, die durch Gottes Anrede und Moses Antwort »Ich höre« eröffnet wird. Diese Beziehung – die Lévinas die »Beziehung ohne Beziehung« nennt – ist das Zentrum des religiösen Modells der Befreiung. Nur in der Beziehung zu Gott gibt es die Befreiung des Menschen, und die Beziehung zu Gott ist nur – nichts anderes als – die Befreiung des Menschen; die religiöse Beziehung und die menschliche Befreiung sind eins. Aber worin besteht diese Beziehung? Die Beziehung zwischen Gott und Mensch ist eine Beziehung der Abhängigkeit, ja des Gehorsams, der Unterwerfung. Darauf richtet sich der Zweifel, dass die religiöse Beziehung – eben dadurch, also in Wahrheit – befreiend ist: Wie kann sich zu unterwerfen befreiend sein? Bevor dieser Einwand richtig formuliert und nachfolgend zurückgewiesen werden kann, muss die religiöse Beziehung zunächst genauer beschrieben werden.

Die Exodus-Geschichte (und daher die Exodus-Theorie) definiert die religiöse Beziehung als eine Beziehung der Rede; die Beziehung von Mensch und Gott hat eine sprachliche Formbestimmung, die im Text klar markiert ist. Zuerst *ruft* Gott Mose, und dann *antwortet* Mose Gott:

> Als aber der HERR sah, dass er hinging, um zu sehen, rief Gott ihn aus dem Busch und sprach: Mose, Mose! Er antwortete: Hier bin ich [Da bin ich; B/R]. (Ex 3,4)

Danach *verbietet* Gott Mose, näher zu treten, und *gehorcht* Mose Gott, indem er seine Augen bedeckt:

> Er sprach: Tritt nicht herzu [Nahe nicht herzu; B/R], zieh deine Schuhe von deinen Füßen; denn der Ort, darauf du stehst, ist heiliges Land!
>
> Und er sprach weiter: Ich bin der Gott deines Vaters, der Gott Abrahams, der Gott Isaaks und der Gott Jakobs. Und Mose verhüllte sein Angesicht; denn er fürchtete sich, Gott anzuschauen. (Ex 3,5-6)

Was für ein Ruf ist das, und wie wird er gehört? Was für ein Verbot erfolgt darauf, und wie wird ihm gehorcht? Aus der Bestimmung und Abfolge dieser beiden Redeakte – genauer: dieser beiden Redeszenen, die jeweils zwei Sprecher asymmetrisch miteinander verknüpfen – lässt sich die formale Struktur bestimmen, durch die *Exodus* an dieser entscheidenden Stelle den Ausdruck »Gott« definiert.

(i) Die Anrede – Der erste Redeakt besteht darin, dass Mose gerufen wird. Worum geht es in diesem Ruf? Wie und wozu ruft Gott Mose? Das zeigt sich an Moses Antwort. Er sagt: »Hier bin ich«. »Hier« zu sagen ist hier keine Ortsangabe. »Hier« heißt »da«: Mose sagt, dass er da, also für den Rufenden gegenwärtig oder anwesend ist. Auerbach erläutert: »Er sagt zwar: Hier bin ich – aber das hebräische Wort bedeutet nur etwa: ›siehe mich‹, oder, wie Gunkel übersetzt: ›ich höre‹.«[148] Indem Mose »hier bin ich« sagt, sagt er also nicht, wo er ist, sondern dass er da ist. Und weil er dies in Antwort auf einen Ruf sagt, sagt er damit zudem, wie er da ist. Er ist für den Ruf (und den Rufenden) da; er ist so da, dass er hört.

Hören kann man aber auf ganz verschiedene Weisen. Es gibt das Mithören, das ungerichtet ist und sich unbemerkt vollzieht. So hören wir die Geräusche im Hintergrund, die immer da sind und unterhalb der Schwelle unserer Aufmerksamkeit bleiben (diese »kleinen Perzeptionen, die wir in der Menge nicht unterscheiden können« und »in der Folge von größerer Wirksamkeit [sind], als man denkt«[149]). Mose aber hört *hin*. Sein Hören ist auf etwas gerichtet, jedoch wiederum in ganz anderer Weise, als er zuvor gehört hat, bevor er von Gott gerufen wurde, und nochmal anders wird er später auf das hören, was Gott ihm sagt. Moses Aufmerksamkeit ist hier nicht mehr die des wachsamen Hirten, der er war; der die Umgebung nach Indizien der Gefahr absucht, der ein Territorium sondiert und auf Signale horcht, die er interessengeleitet, im Interesse an Sicherheit und Selbsterhaltung, deutet. Aber zugleich geht es Mose hier noch nicht darum, wie dann im Weiteren so oft, genau zu verstehen, was Gott ihm sagen will – um Sinn und Bedeutung. Sein Hinhören ist nicht mehr das Horchen des Hirten, es ist aber auch noch nicht das Zuhören dessen, der seinem Volk Gottes Wort zu übermitteln und erklären hat; sein Hören ist noch nicht hermeneutisch, deutend (oder »evangelisch«: Roland Barthes). Es geht in Moses Hören nicht darum, etwas zu verstehen. Denn Gottes Anrede gibt ihm nichts zu verstehen.

Sie tut etwas ganz anderes. Die Anrede, die Mose hört, liegt nicht innerhalb des Felds, in dem es Mitteilungen, Bedeutung, Verstehen gibt. Die Anrede liegt vor diesem Feld, genauer: auf der Schwelle zu diesem Feld (oder sie *ist* diese Schwelle, der Übergang zum Feld der Rede). Der Ruf liegt vor jedem kommunikativen, bedeutungsvollen Akt; die Anrede sagt noch nichts. Sie wirkt also, ohne etwas zu sagen, sogar bevor überhaupt etwas gesagt und verstanden werden kann. Indem sie allein Moses Namen nennt, spricht sie ihn auch nur als jemanden an, der angesprochen werden kann (und mit dem daher gesprochen werden wird; so wie im Folgenden Gott und Mose darüber reden, ob und wie Mose seinen Auftrag erfüllen können wird). Gottes Ruf ist also eine derjenigen sprachlichen Botschaften, deren Zweck nur darin besteht, »die Aufmerksamkeit des Angesprochenen auf sich zu lenken«, um dadurch eine »Kommunikation zu erstellen«. Die Funktion solcher sprachlichen Botschaften nennt Roman Jakobson die »PHATISCHE« Funktion; in ihr geht es um die »Einstellung auf den KONTAKT« als solchen – vor oder diesseits jeden Inhalts.[150] Der phatische Akt ist daher performativ und darin reflexiv: Er ist der Akt der Rede, der eine kommunikative Beziehung erst hervorbringt. Aber das tut er, indem er eine Beziehung stiftet, die selbst noch nicht kommunikativ ist. Der Ruf steht am Nullpunkt der Kommunikation. Er ermöglicht die Kommunikation durch Nichtkommunikation.

Dem entspricht, dass die Beziehung, die die Anrede stiftet,

radikal asymmetrisch ist. Anrede und Hören sind, was sie sind, nur zusammen, in ihrer Beziehung. Zugleich aber gibt es zwischen ihnen, so hält Rosenzweig nachdrücklich fest, »nur eine eingeleisige Verbindung«.[151] Die Anrede geht dem Hören – zeitlich und sachlich oder dynamisch – vorher. »Es ist das Wesen des Hörens, dass das, was es hört, *von* woanders *her* kommt«: Es kommt von woanders her auf uns zu (während alles Sehen, als Wahrnehmen, auf seinen Gegenstand zugeht: Wir sehen etwas an).[152] Die Anrede bewirkt daher das Hören, das Hören folgt auf die Anrede; es ist der Effekt der Anrede. Die Beziehung zur Anrede – die das Hören ist – ist durch die Anrede hervorgebracht.

Das Hören kann aber die Beziehung – die es ist – unterschiedlich vollziehen. Das Hören kann sich taub stellen, es kann weghören, sich verhören usw. Oder das Hören kann sich affirmativ vollziehen. Affirmativ heißt hier: selbstaffirmativ, die Bejahung dessen, was es ist. Dann ist das Hören zugleich ein Effekt und seine Aufnahme, von außen bewirkt *und* ein eigener Akt. So ist Moses Hören nicht bloß Hören; es ist zugleich das Sagen des Hörens, die Bestätigung und darin Bejahung, dass er hört. Indem er sagt, dass er hier ist, sagt er, dass er da ist, um zu hören; dass er nicht nur gehört hat, sondern bereit ist zu hören – dass er hören will. Indem Mose »Hier bin ich« antwortet, bejaht er zu hören. Sein Hören-Sagen, sein Sagen des Hörens, ist eine »Geste der Hingabe«.[153]

Exkurs: Das Zögern (Kafka 1)

Mose könnte auch *nicht* antworten, die Geste der Hingabe könnte auch nicht erfolgen. Franz Kafka beschreibt den Moment, nachdem der Geistliche im Dom Josef K. »anrief«, so:

K. stockte und sah vor sich auf den Boden. Vorläufig war er noch frei, er konnte noch weitergehn und durch eine der drei kleinen dunklen Holztüren, die nicht weit vor ihm waren, sich davon machen. Es würde eben bedeuten, daß er nicht verstanden hatte oder daß er zwar verstanden hatte, sich aber nicht darum kümmern wollte. Falls er sich aber umdrehte, war er festgehalten, denn dann hatte er das Geständnis gemacht, daß er gut verstanden hatte, daß er wirklich der Angerufene war und daß er auch folgen wollte.[154]

Es kann keine Frage sein, dass K. den Ruf des Geistlichen gehört hat. Der Ruf hat gewirkt; er konnte nicht anders, als ihn zu hören. Der Ruf bestimmt ihn, ja determiniert ihn, zum oder als Hörenden. Zugleich bedeutet aber, so bestimmt zu werden, »vorläufig [...] noch frei« zu sein. Worin besteht diese Freiheit? Sie zeigt sich in einem Moment des Zögerns. K.s Zögern gilt einer Entscheidung. Es ist klar, was darin nicht zur Entscheidung steht: Er kann nicht entscheiden, »daß er nicht verstanden hatte oder daß er zwar verstanden hatte, sich aber nicht darum kümmern wollte«. Denn um dies entscheiden zu können, muss er den Geistlichen bereits verstanden haben, und indem er zögert, zu entscheiden, ob er sich darum kümmern will, kümmert er sich bereits. Das Zögern ist nicht der Moment zwischen dem Hören und dem Verstehen und Sichkümmern, sondern zwischen all dem und dem Sagen, dem »Geständnis«, *dass* man gehört und verstanden hat und sich kümmert. K.s Entscheidung betrifft, ob er anerkennt oder leugnet, dass (und was) er bereits gehört und verstanden hat und dass es ihn kümmert. Daher ist das Entweder-oder dieser Entscheidung auch keine Wahl. K. wählt nicht zwischen zwei Alternativen, die beide gleichermaßen möglich, gleichermaßen mögliche (und freie) Handlungsoptionen sind. Sondern die Alternative ist, ob die Wahrheit anerkannt oder ob sie verstellt wird, also die von Freiheit und Unfreiheit.

(ii) Das Verbot – Der zweite Redeakt besteht in einem Gebot, oder genauer: einem Befehl. Er ist negativ formuliert: »Tritt nicht herzu« (oder »Nahe nicht herzu«; B/R). Im ersten Redeakt, der Anrede, geht es darum, *dass* Mose hört; sie ruft ihn in die – dadurch asymmetrische – Beziehung zum Ruf hinein. Der zweite Redeakt bestimmt, was er hört. Das Erste, das er hört, das er zu hören bekommt, ist ein Befehl. Und das ist kein zufälliger oder beliebiger Inhalt. Beides hängt zusammen. Der Befehl expliziert nur, das heißt: bringt zum Ausdruck, was bereits darin enthalten ist, dass Mose hört. Denn zwar ist das Hören eine Wirkung, die der Ruf allein durch sich selbst hervorbringt; ein Hörender zu sein ist passiv erlitten. Aber wenn der Ruf darauf zielt, dass der Hörende nicht nur – faktisch, akustisch – hört, sondern den Ruf aufnimmt, ja, sich ihm hingibt, und dies bejaht und sagt, dann zeigt dies, dass zur Wirkungsweise des Rufs unhintergehbar eine imperative, befehlende Kraft gehört. Den Ruf zu hören heißt, mit einer Forderung konfrontiert zu sein: der Forderung, *auf* den Ruf und den Rufenden zu hören (den man hört). Für diese Forderung gibt es anfänglich, im phatischen Akt noch keinen Grund. Gründe kann es erst danach geben; sie können erst nachgereicht werden, wenn der Ruf gehört worden ist und die Kommunikation begonnen hat. So wie der Rufende, auf den zu hören Mose schon gesagt hat – »Ich höre« (Ex 3,4) –, ihm dann erklärt, dass er »der Gott deines Vaters, der Gott Abrahams, der Gott Isaaks und der Gott Jakobs« ist (Ex 3,6) und dass er also oder deshalb die Macht und das Recht hat, ihn zu rufen. Vorher aber hatte der Ruf keinen weiteren Grund. Alles, was der Rufende *damit* will (und

was sein Wollen daher begründet), kann erst bedeutsam und gesagt werden, nachdem der Ruf gehört und befolgt wurde. Die Anrede, die phatisch-produktiv ist, will also ein Hören hervorbringen, das ihr folgt, bloß weil sie es will – ein Hören, das gehorcht. Mit der asymmetrischen Beziehung zwischen sich und dem Hören bringt die Anrede daher zugleich, auf ihrer Seite, die Redeform des Gebots oder Befehls und damit für die andere Seite, die Seite des Hörens, die Erwartung des Gehorsams hervor: Weil die Anrede, die den »Kontakt« zwischen Redendem und Hörendem erst hervorbringt, für das Hören immer von außen kommt; weil die Anrede also wesentlich äußerlich ist, ist sie für den Hörenden gebietend oder befehlend. Jeder Ruf, der die Beziehung zwischen Rufendem und Hörendem erst – also zuerst, wie zum ersten Mal – hervorbringt, gebietet. Und was der Ruf gebietet, ist nichts weiter, als dem Ruf, zu hören, zu gehorchen.

Dieser Zusammenhang von Ruf und Gebot und von Hören und Gehorchen erklärt auch, weshalb das erste Gebot negativ ist. Gott, der Mose ruft, ist ein Neinsager. Er verneint, dass Mose herzutritt oder sich nähert. Das sind zwei Verbote in einem oder zwei Lesarten des einen Verbots. In der einen Lesart befiehlt das Verbot, nicht hinzugehen. Das richtet sich gegen Moses unmittelbar zuvor geäußerte Absicht »Ich will hingehen und diese wundersame Erscheinung besehen, warum der Busch nicht verbrennt«. (Ex 3,3) Das Verbot befiehlt Mose mithin, die eigene, selbstbegonnene und selbstbestimmte Bewegung abzubrechen; es verbietet ihm also – hier und jetzt, im Verhältnis zu dem, der ruft –, sich selbstbestimmt zu bewegen. In der zweiten Lesart (die die Buber/Rosenzweig-Übersetzung betont) befiehlt das Verbot Mose, sich nicht zu nähern. Er soll der Stelle, von der aus er angeredet wird, und damit dem, der ihn anredet, nicht nahe kommen. Deshalb verbietet es Mose auch, die wundersame Erscheinung zu »besehen«; denn auch das Sehen ist eine Weise der Annäherung. In beiden Lesarten spricht der verbietende Befehl daher aus, was in der Anrede implizit enthalten war. Der verbietende Befehl expliziert die Kraft des Gebots, zu hören, in ihrer negativen Stoßrichtung. Zu hören heißt, sich nicht selbstbestimmt zu bewegen und sich daher dem, auf den man hört, nicht anzunähern – ihm fernzubleiben.

»Gott«

Die beiden Redeformen, die stiftende Anrede und der verbietende Befehl, bauen aufeinander auf und entsprechen einander. Das Verbot setzt die Anrede voraus und artikuliert und exekutiert die Äußerlichkeit, die Asymmetrie zwischen der Anrede und dem Hören, die ihre Beziehung definiert. Die Anrede *ist* ein Befehl; sie befiehlt das Hören, das sie bewirkt. Zusammen bilden sie die Grammatik einer Beziehung, die *Exodus* als religiöse bestimmt. In diese Beziehungsgrammatik von Anrede und Verbot setzt *Exodus* den Namen »Gott« ein: Gott ist der Anredende oder Rufende und der Befehlende und Verbietende. Die Anrede und der verbietende Befehl sind die grammatischen Formen, in denen sich die religiöse Semantik, die Semantik des Religiösen, hier, an dieser Stelle in *Exodus*, an der es um Moses Befreiung und Beauftragung geht,[155] artikuliert. Wie definiert dies die religiöse Beziehung? Wer – das heißt: wie – ist Gott?

Für die zweite Redeform, den Befehl oder das Verbot, beantwortet der Text diese Frage, indem er das, wovon das Verbot Mose fernhält, »heilig« nennt. Deshalb wird Mose verboten, sich zu nähern und anzusehen: weil der Ort »heiliges Land« (Ex 3,5), ein »Boden der Heiligung« (B/R) ist. Das Heilige verbietet die Annäherung und verlangt damit eine Haltung, in der Jacques Derrida eine der Grundbedeutungen des Ausdrucks »Religion« sieht: »*Skrupel*, Zögern, Unentschiedenheit, Zurückhaltung (das heißt: Scham, Achtung, *Verhaltenheit* gegenüber dem, was sakral, heilig, heil bleiben muß: unversehrt und geborgen) sind Wörter für das von *religio* Bedeutete.«[156] Die religiöse Beziehung zum Heiligen besteht darin, sich *nicht* auf es zu beziehen. Das heißt, sich nicht *auf* es zu beziehen: sich ihm nicht zu nähern, die selbstbestimmte Bewegung zu ihm hin abzubrechen, ja, bereits gar keine intentionale – anschauende, wahrnehmende, erkennende, darstellende, aneignende – Einstellung zu ihm einzunehmen. Denn jede intentionale Bezugnahme wird durch die Begriffe und daher die selbstbewussten Vermögen bestimmt, über die das Subjekt verfügt. Die Intentionalität ist innerweltlich. Ihre beiden Seiten, Subjekt und Objekt, sind dadurch bestimmt, dass sie in der Welt sind; sie sind die beiden Pole des In-der-Welt-Seins und deshalb der Welt immanent. Das religiöse Verbot, das Verbot, zum Heiligen hinzugehen und es anzusehen, verlangt dagegen den Abbruch der intentionalen, selbstbestimmten und selbstbewussten Bezugnahme und damit eine fundamentale »Trennung«.[157] Das bestimmt in der Exodus-Theorie den Sinn von »Religion«. Die Religion – so definiert Lévinas – ist nichts anderes als die »Beziehung zwischen dem Seienden im Diesseits und dem transzendenten Seienden, die zu keiner begrifflichen Gemeinsamkeit und zu keiner Ganzheit führt«. Für diese »Beziehung ohne Beziehung«, sagt Lévinas, »halten wir den Ausdruck Religion fest«.[158] Religion ist die Beziehung ohne Beziehung zum Heiligen als dem Unendlichen, das in seiner absoluten Andersheit als »Transzendenz« verstanden wird. Transzendenz heißt aber »das Hinausgehen über eine adäquate Idee«. Daher verlangt die Beziehung zur Transzendenz die Trennung von der Transzendenz. »Um die Idee des Unendlichen zu haben, muß man in der Trennung sein.«[159]

Deshalb ist das erste religiöse Verbot das Verbot, sich dem Heiligen anzunähern. Denn in der Annäherung wird dieses zu einem endlichen Bezugspunkt. Das Verbot der Annäherung ist also das Verbot der Verendlichung, der Vermischung von Endlichem und Unendlichem, die in allen Bezugsweisen auf das Heilige geschieht, die es zu einem innerweltlichen Gegenstand machen: zu einem Gegenstand, der bestimmt und repräsentiert oder zu eigenen Zwecken manipuliert werden kann. Die Religion verbietet, das Unendliche anzusehen: »Mein Antlitz kannst du nicht sehen, denn kein Mensch wird leben, der mich sieht.« (Ex 33,20) Der Gehalt und Grund des religiösen Verbots ist das »Ohne-Beziehung« der Beziehung zur Transzendenz.

Aber damit drückt das Verbot, allein durch seine sprachliche Form, zugleich aus, wie die religiöse Beziehung hier verstanden wird. Denn was besagt es, dass die Annäherung an das Heilige verboten werden muss? Es besagt, dass die »Trennung« des Heiligen vom Weltlichen, des Sakralen vom Profanen eine Unterscheidung ist, die beständig wiederholt werden muss. Und genau das heißt, das Heilige als Transzendenz zu verstehen: Indem das Heilige als Transzendenz verstanden wird, tritt die Unterscheidung zwischen dem Sakralen und dem Profanen in die religiöse Beziehung ein. Das Heilige als Transzendenz zu verstehen heißt nach Hans Joas, »die Erfahrung der Unverfügbarkeit des Heiligen« zu »radikalisieren«.[160] Das Heilige wird zum Unendlichen, das vom Endlichen radikal getrennt ist. Das geschieht nach Joas in der achsenzeitlichen Revolution, zu der die Exodus-Lehre gehört. Aber indem das Sakrale transzendent wird, wird es zugleich reflexiv: Die Radikalisierung des Sakralen zur Transzendenz bedeutet seine »Reflexivierung«.[161] Das Heilige als Transzendenz und Unendliches *ist* nicht vom Weltlichen und Endlichen unterschieden, sondern unterscheidet sich, immer neu und immer wieder, von ihm. Damit wird die »Entzauberung« (Joas) oder »Desakralisierung« (Lévinas) zu einem Moment im Sakralen (das dadurch zum Heiligen, *saint*, wird). Es enthält in sich ein atheistisches Moment, einen Angriff gegen alle Götter, mit denen es verwechselt und vermischt wird.

Das bestimmt die innere Form der religiösen Beziehung: Die religiöse Beziehung ist gegenwendig. Sie wendet sich gegen sich selbst;[162] gegen ihre eigene Tendenz zur Profanierung des Sakralen; gegen dessen Vergegenständlichung – gegen den (Rück-)Fall der religiösen Beziehung in eine intentionale Beziehung, der allein schon dadurch erfolgt (und daher unvermeidbar ist), dass sie eine Beziehung ist. Die »Beziehung ohne Beziehung« besteht nur, indem sie sich selbst unterläuft. Und weil die religiöse Beziehung sich immer schon gegen sich wendet, muss sie sich *immer wieder* gegen sich selbst wenden; sie muss gegenwendig gegen ihre eigene Gegenwendigkeit sein. Dieses Müssen – dass die religiöse Beziehung sich gegen sich selbst wenden *muss* – begründet die Notwendigkeit des religiösen Verbots; deshalb gibt es die religiöse Beziehung nicht ohne das Verbot. Die Notwendigkeit des Verbots – das Verbot ist eine Formbestimmung der religiösen Beziehung – gründet in der Unvermeidbarkeit des Verbotenen. Es verbietet, was eintreten muss.

Von dem transzendenten Begriff des Sakralen her, den das religiöse Verbot artikuliert, erhellt sich rückblickend auch der spezifisch religiöse Sinn der ersten Redeform: dass Gott Mose ruft – und was es heißt, von Gott gerufen, von ihm angeredet zu werden. Religion heißt: die Beziehung ohne Beziehung zur Transzendenz. Das Verbot ist nötig, so hat sich gezeigt, weil man sich nur so auf die Transzendenz beziehen kann, dass man sich nicht auf sie bezieht. Das Verbot unterbricht die Beziehung; es wendet die Trennung gegen die Beziehung (oder die Beziehung gegen sich selbst). Daher kann das Verbot aber noch nicht ausdrücken, wie eine Beziehung zu verstehen und einzugehen ist, die »das unendliche Intervall der Trennung nicht annulliert«, sondern es bewahrt.[163] Das ist, so Lévinas, die »positive Seite der formellen Struktur – der Struktur, die darin besteht, die Idee des Unendlichen zu haben«.[164] Die Religion ist als Beziehung *ohne Beziehung* zugleich ohne Beziehung *Beziehung*. Diese positive Seite der religiösen Beziehung drückt die erste Redeform, die Form des Rufs oder der Anrede aus. Genauer gesagt, bringt die Anrede Gottes eine Beziehung von Mose zu Gott hervor, die zugleich »positiv« ist *und* das Verbot bewahrt; die also positiv und nichtintentional in einem ist. Denn in dem Hören, das die Anrede bewirkt und befiehlt, »bezieht sich ein vom Unendlichen getrenntes Seiendes […] auf das Unendliche«,[165] ohne es zu vergegenständlichen und seine unendliche Trennung zu »annullieren«. Die Religion und die Redeform der Anrede sind also von Anfang an und im Inneren verbunden. Und das in einem zweifachen Sinn. In der Exodus-Theorie ist das Hören einer Anrede nicht nur, erstens, das Medium der religiösen Beziehung – das, wodurch sie sich realisiert –, sondern bildet, mehr noch und zweitens, ihren wahren Gehalt: Religiös (oder gläubig) zu sein heißt nichts anderes, als einer zu sein, der hört.

Weshalb ist das Hören einer Anrede erstens das Medium der religiösen Beziehung? Die Antwort ergibt sich aus der Differenz zwischen Hören und Sehen, die bereits dem religiösen Verbot der Intentionalität, dem Verbot anzuschauen, zugrunde lag. Denn sehen heißt in der Exodus-Theorie wahrnehmen; es ist ein intentionaler Akt. Die religiöse Lehre versteht daher auch alles Sichtbare als den Gegenstand eines intentionalen Akts. So erläutert es Lévinas: Was wir sehen, ist ein »Phänomen«, eine Erscheinung für einen Sehenden, und darin durch seine »Gegenwart und Gleichzeitigkeit« mit dem Sehenden definiert: »Erscheinen, Schein, heißt, den Termini einer bereits bekannten Ordnung schon gleich sein, sich mit ihnen einlassen, sich ihnen angleichen.«[166] Die Welt der Phänomene, die wir ansehen können, ist daher die Welt der ontologischen Gleichheit. Davon unterscheidet sich nach Lévinas der Redeakt, den wir hören. Denn keine Rede darf so verstanden werden, dass sie nur einen Sachverhalt erschließt, also ein Phänomen erscheinen lässt: dass sie das Sehen sagt. »[V]ielmehr liegt das Bedeuten [in einer Rede] darin, daß der Signifikant manifest wird, der Sender des Zeichens, eine absolute Andersheit.«[167] Der »Signifikant«, *le signifiant* – damit meint Lévinas hier, abweichend von der linguistischen Terminologie, denjenigen, der redet, »der das Zeichen gibt«. »Das Gegebene verweist auf den Geber«, »der sich durch ein Zeichen als der Signifikant des Zeichens signalisiert« und damit die Ordnung des im Zeichen Bezeichneten sprengt; der Signifikant ist, als Signifizierender, kein Signifikat. Er ist *absolut anders* als das, was bezeichnet werden kann – er ist kein Phänomen, das uns erscheint und gegenwärtig ist. In der Rede kommt eine unvergegenwärtigbare Abwesenheit zum Ausdruck. Rede ist »Ausdruck«, die »Präsentation des Anderen vor mir«, ja die »*Offenbarung* des Anderen«. Deshalb oder darin, indem sie die Ordnung der sichtbaren Erscheinungen überschreitet und den Redenden in seiner Abwesenheit, seiner Nichtgegenwart unter den Erscheinungen zum Ausdruck bringt, richtet sich die Rede *an* den anderen, der sie hört (oder hören soll), »den sie anruft oder an den sie appelliert«.[168] Alle Rede ist Anrede.

Deshalb kann in *Exodus* die religiöse Beziehung erst mit dem Übergang vom Sehen einer »wundersamen Erscheinung« (Ex 3,3), eines »großen Gesichts« (B/R), zum Hören eines

Rufs beginnen. Der Bote des Herrn kann Mose erscheinen, der Herr hingegen ist nur so und erst dann für ihn da, dass und wenn er ihn anredet.[169] Denn die Rede kann die Abwesenheit, ja die »absolute Andersheit« ausdrücken, die in allem Sehen von Phänomenen immer schon absorbiert ist. Der Übergang vom Sehen zum Hören ist daher in der Exodus-Lehre nicht bloß ein Wechsel von dem einen zum anderen Sinn. Der Übergang ist ein ontologischer Bruch, ein Bruch (der Transzendenz) mit der Ontologie. Bevor Gott Mose gerufen hat, gibt es daher noch gar keine religiöse Beziehung; die Erscheinung des Boten im Feuer ist vorreligiös (und ästhetisch). Nur im Medium der Rede, nur indem sie gehört wird, kann die Transzendenz zum Ausdruck kommen. Alle anderen Medien und Sinne müssen religiös verboten werden.

Aber das ist nur der erste Schritt in der Verbindung, die die Religion und das Hören (der Anrede) miteinander verklammert – die das Hören zu dem religiösen Sinn macht. Denn nicht nur kann die religiöse Beziehung allein durch die Redeform von Ruf und Hören dargestellt werden. Ihre Verbindung reicht viel tiefer: Die Redeform von Ruf und Hören *ist* die religiöse Beziehung; das Medium der religiösen Beziehung ist ihr Wesen, die (Rede-)Form ist ihr wahrer Gehalt. Denn dass eine Anrede »religiös« ist (und also die Beziehung des Menschen zu Gott, des Endlichen zum Unendlichem stiftet), heißt nicht, dass diese Anrede einen spezifischen Inhalt, weil einen besonderen, übernatürlichen Autor hätte (der etwa durch die Anrede ein Geheimnis mitteilte). Die Anrede Gottes an Mose – »Mose, Mose!« – hat überhaupt kein Inhalt. Sie sagt ihm nichts. Die religiöse Anrede ist tautologisch, leer. Sie ist nichts anderes und nichts weiter als die Anrede in reiner Form, die reine Form der Anrede: pure Phatik, ohne Semantik, ja ohne Performativität (wenn performativ zu sein für eine sprachliche Äußerung heißt, dass sie die Kraft hat, eine konventionelle, also regelhafte Wirkung hervorzurufen). Und es ist nichts anderes als diese Tautologie und Leere, die die Anrede religiös macht. Sie ist religiös, weil sie tautologisch und leer ist: Die religiöse Anrede ist die reine oder bloße Form des Rufs.

Weil daher die religiöse Beziehung die Beziehung zur Anrede ist, die durch ihre bloße, reine Form gestiftet wird (und weil sich auf eine Anrede beziehen sie hören heißt), ist auch das religiöse Hören, Moses Hören von Gottes Ruf, nichts anderes als die Beziehung des reinen, bloßen Hörens: hören, bloß weil man gerufen wird. So wie die religiöse Anrede, die Anrede Gottes, *die* Anrede ist, so bringt sie *das* Hören, also ein Selbst hervor, das überhaupt hört. Wie Mose auf die Anrede Gottes »Hier bin ich« zu antworten heißt daher, zu sagen – es zugleich festzustellen und zu bekräftigen –, dass er, Mose, ein Hörender geworden, zum Hörenden konvertiert worden ist. Religiös zu hören heißt nicht, etwas – etwas Bestimmtes und Besonderes, etwas Außergewöhnliches, Geheimnisvolles, Tiefes – zu hören und es daher, weil man es gehört hat, zu wissen; nach der Exodus-Lehre gibt es in der Religion nichts zu wissen. Es geht nur darum, auf einen Ruf, auf eine Anrede zu hören (und zwar bloß, weil sie anredet, sich also in ihr die Abwesenheit des Signifizierenden ausdrückt). Also: den Befehl zu vernehmen und zu erfüllen, der jede Anrede ist. Rosenzweig schreibt: »Hier ist das Ich. Das einzelne menschliche Ich. Noch ganz empfangend, noch nur aufgetan, noch leer, ohne Inhalt, ohne Wesen, reine Bereitschaft, reiner Gehorsam, ganz Ohr.«[170] Die religiöse Beziehung ist die Beziehung des unbedingten, reinen Gehorsams.

*

Gott ruft Mose, und Mose hört und sagt, dass er hört. Sodann verbietet Gott Mose, sich zu nähern und anzusehen, und Mose gehorcht, indem er aufhört zu sehen und nur noch hört. Diese beiden Redeakte – die aufeinander aufbauen: der Ruf begründet das Verbot, das Verbot erläutert den Ruf – stiften eine Beziehung, deren Grammatik definiert, was *Exodus* – an dieser Stelle, an der es um die Befreiung geht – »Gott« nennt: die religiöse Beziehung.

Diese Beziehung ist durch zwei Züge definiert:

(1) Die religiöse Beziehung ist die Beziehung der Transzendenz: Die religiöse Beziehung ist die Beziehung »ohne Beziehung« des Endlichen zum Unendlichen. Während die Religion im Allgemeinen (nach Benveniste) jede verbindend-versammelnde Beziehung zum Heiligen bezeichnet, ist die religiöse Beziehung, aus der die Exodus-Lehre die Beauftragung zur Befreiung begründet, ausschließlich – das heißt: alle anderen Beziehungen ausschließend – die Beziehung zum Heiligen als Transzendenz. Nur diese Beziehung, die die Trennung auszudrücken vermag, ist wahrhaft religiös; sie ist daher, so Derrida, nicht »*eine* Religion, sondern *die* Religion, die Religiösität des Religiösen«.[171] Weil diese Beziehung daher durch die Negation der Beziehung definiert ist, gibt es sie nur so, dass sie sich immer wieder – und immer weiter – gegen sich selbst herstellt. Die religiöse Beziehung im Sinn der Exodus-Lehre ist nicht nur die Beziehung zum Unendlichen, sondern die unendliche Beziehung – die Beziehung unendlicher (weil selbstbezogener, selbstreflexiver) Negativität.

(2) Die religiöse Beziehung ist die Beziehung der Personalität. Denn sie ist die Beziehung der Rede, zwischen Anrede und Hören, also zwischen Anredendem und Hörendem, zwischen Anredender und Hörender. Beide sind Personen; die religiöse Beziehung heißt nicht deshalb die Beziehung »von Angesicht zu Angesicht« – »Der HERR aber redete mit Mose

von Angesicht zu Angesicht, wie ein Mann mit seinem Freunde redet« (Ex 33,11) –, weil sie eine Beziehung des Sehens ist, sondern weil sie eine des Redens ist und das Reden »von benannter Person zu benannter Person« erfolgt.[172] Die Personen der religiösen Beziehung sind die grammatischen Personen, die erste und zweite Person der Rede. Sie können daher kein Gegenstand, kein Thema *in* der Rede werden (und diese Personen sind oder haben daher, wie Rosenzweig insistiert, keine »Persönlichkeit«[173]). Nur zwischen der Anrede und dem Hören, vor allem Sagen und Verstehen, kann es die Beziehung unendlicher Trennung geben.

Religionskritik: Die Gegenthese der Autonomie

Wenn religiös zu sein heißt, auf den Ruf des (absolut) Anderen zu hören, und wenn dies heißt, zu gehorchen: wie kann dann die Behauptung richtig sein, dass die religiöse Beziehung – nichts anderes als – die Befreiung ist? Wie kann der Gehorsam befreiend sein? Ist das nicht ein offensichtlicher Widerspruch? Heißt die religiöse Beziehung als die Beziehung zu einem Unendlichen zu bestimmen, auf dessen befehlende Anrede man hört, nicht, dass die Religion immer schon eine Beziehung der Unfreiheit ist?

Das ist die These der Aufklärung, die vielleicht zuerst, jedenfalls entschieden Baruch de Spinoza in seinem *Theologisch-politischen Traktat* formuliert hat: Die Religion, die nichts als den Gehorsam für Gottes Wort verlangt, ist knechtisch. Dies die These der Aufklärung zu nennen, sagt nichts über die Aufklärung als historisches Phänomen (die gerade in der Religionsfrage außerordentlich heterogen ist), sondern über die Aufklärung als Programm: das Programm der Selbstbefreiung des menschlichen Geistes aus seiner Unmündigkeit. Soweit die Aufklärung sich durch dieses Programm definiert, ist die Aufklärung eine Kritik der Religion. Denn zwar affirmiert die Aufklärung, und insbesondere auch Spinoza, die Religion aus einer Reihe von Gründen (zu denen vor allem die Moralpädagogik gehört). Aber auch wenn die Religion tröstend, erziehend, verbindend wirken und insofern aus der Sicht der Aufklärung ihr Gutes haben mag: soweit sie eine Beziehung des Gehorsams ist, ist sie das Gegenteil der Befreiung und damit das Gegenteil der Aufklärung. Die entscheidende Prämisse der aufklärerischen Religionskritik lautet daher: Religiöser Gehorsam und Befreiung schließen sich wechselseitig aus.

Das scheint so evident zu sein, dass es keiner weiteren Begründung bedarf. Es erweist sich jedoch, dass die scheinbare Selbstverständlichkeit der aufklärerischen Religionskritik auf einer doppelten Prämisse beruht, deren beiden Teile sich wechselseitig stützen, aber gleichermaßen falsch sind. Die eine Prämisse zeigt sich darin, wie die Aufklärung den religiösen Gehorsam versteht – sie versteht seine Reinheit nicht –; die andere legt fest, wie die Aufklärung demgegenüber die Freiheit versteht – die sie als Autonomie missversteht.

Spinoza bestimmt die religiöse Beziehung als »Glauben« und den Glauben als das Fürwahrhalten einer geoffenbarten und in der Schrift festgehaltenen Erkenntnis. Der Gegenstand (und Kern) dieser Offenbarung ist »das höchste Gut«,[174] also die Erkenntnis dessen, was für das Seelenheil, das »Glück« des Menschen notwendig ist. Entscheidend für das Verständnis der religiösen Beziehung ist nach Spinoza aber nicht ihr Inhalt, sondern ihre Form. Die Religion ist dadurch definiert, wie die Bestimmung des höchsten Guts in ihr gegeben, wie sie für uns da ist. Diese religiöse Formbestimmung enthält zwei korrelative Momente: das Gesetz und den Gehorsam. In der Religion erscheint das Gute in der Form des Gesetzes; das Gesetz ist die durch einen »Befehl« vorgeschriebene »Lebensweise«; das Gesetz verlangt daher seiner Form nach, dass wir »unter« ihm leben und ihm »dienen«. Weil das höchste Gut in der Religion in der Form des Gesetzes auftritt, bildet »den Gegenstand der offenbarten Erkenntnis nur der Gehorsam«.[175] Der religiöse Glaube ist, als Glaube an das Gesetz, nichts anderes als der Glaube daran, dass wir gehorchen müssen.

Die Frage, die Spinoza an die Religion stellt, lautet, ob diese Formbestimmung des höchsten Guts notwendig ist: Folgt die Bestimmung des höchsten Guts als Gesetz, dem wir gehorchen müssen, aus dem »natürlichen Licht«? Müssen wir also »durch das natürliche Licht« Gott so verstehen, wie er uns in der Offenbarung erscheint und wir an ihn glauben: als einen »Gesetzgeber oder Herrscher [...], der den Menschen Gesetze vorschreibt«[176] und unseren Gehorsam verlangt? Das ist die Frage der Religionskritik. Die kritische Frage betrifft nicht den Inhalt der Religion – das, was sie lehrt. Sondern sie betrifft ihre Form, die spezifische Form, die die Religion diesem Inhalt gibt. Die religionskritische Frage besteht also in nichts anderem als darin, zwischen dem Inhalt und der Form der Religion zu unterscheiden. Durch diese Unterscheidung kann Spinoza auf der einen Seite eine in ihrer Form *nicht*religiöse Gegebenheitsweise des (vormals) religiösen Inhalts konzipieren. Und auf der anderen Seite kann er dadurch die religiöse Gegebenheitsweise als eine nicht notwendige, nur aus äußeren Bedingungen erklärbare, besondere Formierung dieses Inhalts begreifen. Die religiöse Beziehung von Gesetz oder Befehl und Gehorsam wird kontingent gesetzt. Durch die Unterscheidung von Form und Inhalt wird sie mit einer anderen Möglichkeit vergleichbar, in der nichts vom Inhalt der Religion, der Lehre vom höchsten Gut oder Seelenheil oder Glück, verloren gehen soll.

Das Ergebnis dieses kritischen Vergleichs besteht in der Einsicht, »daß Gott nur nach der Fassungskraft des Volkes und nach seinem mangelhaften Denkvermögen als Gesetzgeber oder Herrscher geschildert und gerecht, barmherzig usw. genannt wird, daß er aber in Wahrheit bloß aus der Notwendigkeit seiner Natur und Vollkommenheit handelt und alles leitet und daß endlich seine Ratschlüsse und Willensakte ewige Wahrheiten sind und immer die Notwendigkeit in sich schließen«.[177] Die kritische Differenz ist die von Gesetzen oder Befehlen und »Wahrheiten« oder »Notwendigkeiten«: Befiehlt Gott den Menschen und verlangt er Gehorsam, bloß weil er es befiehlt (und eröffnet damit gerade, wie sich an Adam zeigt, die Möglichkeit der Sünde; denn man kann einem Befehl auch nicht gehorchen)? Oder verkündet Gott ewige Wahrheiten und Notwendigkeiten, denen wir also nicht gehorchen, sondern die wir erkennen? Spinozas Antwort ist eindeutig: beides; Gott tut beides – den Gehorsam befehlen *und* Wahrheiten aussprechen.

Dem Volk erscheint Gott als Befehlender; denn dies entspricht seiner geringen Auffassungsfähigkeit, die das Volk knechtisch macht – bereit und willig, ja bedürftig, Befehlen zu folgen. Es bedarf daher der religiösen Befehls- oder Gesetzesform nur, weil und wo »fast alle [...] von ungebildetem Geist und durch die elende Knechtschaft verkommen« sind (wie Spinoza von den Hebräern nach dem Auszug aus Ägypten sagt, denen Mose seine Gesetze gab).[178] Die religiöse Beziehung von Gesetz und Gehorsam ist nur der Ausdruck eines ungebildeten, knechtischen Geistes. Wo dieser Geist herrscht, ist der Gehorsam notwendig. Gesetz und Befehl sind die einzige Sprache, die er versteht. Gegen diese Beschränktheit der religiösen Form steht, wie und was Gott in der vernünftigen Erkenntnis der »Weisen« ist. Gottes Ratschlüsse »adäquat« zu erkennen heißt zu begreifen, dass das, was er sagt, keine Vorschrift, kein Befehl, sondern die Feststellung »ewiger Wahrheiten« ist[179] – dessen, wie es in Wahrheit ist. Die Wahrheit aber wird adäquat nur im Denken erfasst, in der »verstandesmäßige[n] Gotteserkenntnis [*intellectualem Dei cognitinionis*], die seine Natur an und für sich betrachtet«.[180] Die Wahrheit Gottes und das Denken des Menschen entsprechen einander – genauso wie Gesetz und Gehorsam einander entsprechen. Und weil zu denken heißt, selbst zu denken, heißt zu denken, frei zu sein. Denn die Freiheit besteht (wie für Aristoteles so auch für Spinoza) in nichts anderem als darin, sein eigener Herr zu sein, also den Ursprung seiner inneren und äußeren Bewegungen in sich selbst zu haben.[181] Daher ist die Freiheit zu denken – die in ihrer höchsten Gestalt die »Freiheit zu philosophieren« ist – für Spinoza sogar die natürliche Freiheit: weil »ein jeder nach dem höchsten Recht der Natur Herr [*dominus*] seiner Gedanken ist«.[182] So wie Gott als Gesetzgeber aufzufassen heißt, ihm zu gehorchen, so heißt ihn als Verkünder der Wahrheit aufzufassen, ihn zu denken und zu erkennen. Und so wie das Erste knechtisch ist, Folge und Ausdruck eines Mangels an Denkvermögen oder Denkmacht (denn die Macht ist nach Spinoza der Grund allen natürlichen Rechts), so ist das Zweite frei; »denn die Wahrheit« – so nimmt Hegel Spinozas Gegenüberstellung von Gesetz und Wahrheit in seinen Jugendschriften auf – »ist etwas freies, das wir weder beherrschen, noch von ihm beherrscht werden«.[183] Im Denken fallen Wahrheit und Freiheit in eins. Das Denken der Wahrheit ist die Freiheit des Denkens.

Das Argument gegen den religiösen Gehorsam ist die Freiheit des Denkens. Beide sind einander entgegengesetzt. Sie sind aber so entgegengesetzt, dass sie sich auf dasselbe beziehen, auf Gott. Die Entgegensetzung des freien Denkens gegen den religiösen Glauben ist deshalb zugleich der Prozess, in dem das freie Denken sich selbst hervorbringt: Das Denken bringt seine Freiheit dadurch hervor, dass es die Religion denkt und darin erkennt, dass wir die »Grundlage der gesamten Theologie und der Schrift bei vernünftigem Urteil [*sano judicio*] annehmen« können.[184] Gerade indem das Denken dies sagt, entkleidet oder beraubt es aber die Theologie und die Schrift ihrer religiösen Form. Das bedeutet »Religionskritik« bei Spinoza, und so lässt sich verstehen, was hier als »Aufklärung« bezeichnet werden kann: Die Aufklärung ist nicht etwas anderes als die Religion, sondern sie ist die Aufklärung *der* Religion. Indem sie die Religion denkt, löst sie ihren Inhalt von ihrer Form – und damit die Religion auf. Sie macht aus dem Inhalt der Religion den eigenen, freien Gedanken. So ist die Aufklärung die Befreiung: die Befreiung von der Knechtschaft des religiösen Gehorsams.

Exkurs: Die Aufklärungsgeschichte der Religion

Die Freiheit des Denkens und der religiöse Gehorsam im Glauben stehen bei Spinoza einander entgegen. Diese Entgegensetzung *ist* der Akt der Aufklärung: die Aufklärung der Religion über sich selbst, die zwischen ihrer Wahrheit und ihrer Unwahrheit kritisch unterscheidet und ihren wahren Gehalt (oder ihren Gehalt als Wahrheit, daher für das Denken) gegen ihre repressive Gesetzesform wendet. Dieser Akt und damit die Entgegensetzung von Denken und Glauben sind aber schon bei Spinoza als ein teleologischer Prozess gedacht; sie definieren die Verlaufsform der Geschichte. Bereits Spinozas Religionskritik, so stellt Leo Strauss fest, ist der Ausdruck eines »*wesentlich historischen* Selbst-Bewußtseins«[185] – das dann die Geschichtsphilosophien des 18. Jahrhunderts systematisch entwickeln werden. So führt Spinoza die theologischen Begriffe, die Gott als den Gesetzgeber repräsentieren, dem wir Gehorsam schulden, auf »die Vorurteile eines alten Volkes«[186] zurück; dessen knechtische, ungebildete Gesinnung zeigt demnach dessen Unreife. Indem er die Entgegensetzung von Glauben und Denken, von Knechtschaft und Freiheit historisiert, kann Spinoza dem religiösen Glauben aber auch eine positive Rolle in der Befreiungsgeschichte einräumen, die über ihn hinwegführt. Wenn Spinoza etwa erklärt, dass den »ersten Juden [...] die Religion schriftlich als Gesetz übergeben worden [ist], weil sie damals noch wie Kinder behandelt wurden«,[187] dann spricht er der Religion eine erzieherische Wirkung zu, die auf ihre eigene Abschaffung zielt. Wie Jürgen Habermas resümiert: Die Religion ist für Spinoza »nicht Opium für das Volk, sondern im menschheitsgeschichtlichen Curriculum ein notwendiges Vehikel für jene Läuterung der Affekte, die schließlich zu einer vernünftigen Anleitung des Handelns führt«.[188] Es ist dann nur konsequent, dass Spinoza der Religion nicht nur einen Platz innerhalb der Geschichte, an ihrem Anfang, also in der Vergangenheit gibt, sondern auch umgekehrt eine Geschichte innerhalb der Religion erkennen will. Das ist auch bei Spinoza die Geschichte, in der die christliche die jüdische Religion überschreitet. So hebt Spinoza die christlich-allegorische Lektüre der jüdischen Bibel in seine aufklärerische Geschichtskonstruktion auf: Wenn Mose und Jeremias den Juden »eine künftige Zeit [verkünden], in der Gott ihnen sein Gesetz ins Herz schreiben werde«,[189] dann findet diese Verkündung mit der christlichen Lehre ihre Erfüllung:

Christus hat [...] die offenbarten Dinge wahr und adäquat begriffen; wenn er sie daher wirklich einmal als Gesetze vorschrieb, so tat er es wegen der Unwissenheit und Halsstarrig-

> keit des Volkes. […] Solchen jedoch, denen es gegeben war, die Geheimnisse des Himmels zu verstehen, hat er ohne Zweifel die Dinge als ewige Wahrheiten gelehrt, aber nicht als Gesetz vorgeschrieben; auf diese Weise befreite er sie von der Knechtschaft des Gesetzes, und nichtsdestoweniger bestätigte und befestigte er dadurch das Gesetz noch mehr und schrieb es tief in ihre Herzen ein.[190]

> Indem Christus (oder war es Paulus?[191]) das Gesetz ins Innere des Menschen einschreibt, beginnt die Geschichte der Befreiung vom äußeren Gesetz, also die Befreiung von der Religion, innerhalb der Religion.

Die Grundoperation der Religionskritik ist der Akt der Aneignung. Sie verwandelt äußere in innere Gesetze, die aus eigenem, freiem, vernünftigem Urteil bejaht werden. Während Spinoza daher gar nicht mehr von »Gesetzen«, sondern von »Wahrheiten« spricht, lässt sich die Grundoperation der aufklärerischen Religionskritik auch so verstehen, dass sie einen neuen Begriff des Gesetzes einführt: des innerlichen oder eigenen Gesetzes (dazu unten in diesem Kapitel, Abschnitt [b]). Damit zeigt sich, dass die Grundoperation der aufklärerischen Religionskritik zugleich ihr Maßstab ist: Die Aufklärung scheidet diejenigen religiösen Gesetze, die angeeignet werden können, von solchen, die bloß äußerlich sind und bleiben und daher verworfen werden müssen (und von denen sich allenfalls im Rückblick zeigt, dass sie als »Erziehungs-Mittel« [Strauss] in der Vergangenheit eine vorübergehende, sich selbst auflösende Berechtigung besaßen). Darin ist die Religionskritik der Aufklärung befreiend. Oder so definiert sie die Freiheit, die sie gegen den religiösen Gehorsam hervorbringen will: Freiheit heißt, nur dem eigenen Gesetz zu folgen; also dem Gesetz, dem das Selbst nicht *untersteht* –

nicht, weil es sich selbst das Gesetz gegeben hätte, weil das Selbst also sein eigener Gesetzgeber wäre, sondern weil das Selbst das Gesetz oder das Gesetz das Wesen des Selbst ist. Frei zu sein bedeutet (nach der paulinischen Formulierung), »sich selbst ein Gesetz« sein, das Gesetz »im Herzen geschrieben« zu haben.[192] Nichts anderes heißt: autonom zu sein. Die Autonomie ist die Einheit von Gesetz und Freiheit; sie ist die Freiheit, die darin besteht, nur ein Gesetz zu verwirklichen, das deshalb das eigene Gesetz des Selbst ist, weil es sich dieses Gesetz angeeignet, also das Gesetz durch vernünftige Erkenntnis als die Wahrheit erfasst und bestätigt hat.

Die Grundbehauptung der Autonomiekonzeption, auf die die Religionskritik der Aufklärung zuläuft, besagt, dass das Selbst aus eigener Kraft – allein durchs eigene Vermögen: das Vermögen der Vernunft – ein Gesetz haben kann. Es bedarf keiner Offenbarung; nach Paulus haben es auch die Heiden, also von Natur aus, ohne Offenbarung. Niemand musste ihnen das Gesetz *geben*. Dass dies notwendig ist, ist nach Strauss die Gegenbehauptung der Religion: »das Können des Menschen reicht nicht zu«,[193] der Mensch bedarf der Exteriorität, ja Superiorität des Anderen.

Aber wozu bedarf er der Exteriorität? Die Gegenthese der Religion gegen die Behauptung der Aufklärung – die Behauptung der Autonomie – spaltet sich von Anfang an in zwei entgegengesetzte, miteinander unvereinbare Begründungen: die Begründung im Namen der Autorität und der Ordnung – die Religion des Großinquisitors[194] – und die Begründung im Namen der Freiheit – die Religion des Befreiers. Die zweite Begründung besagt, dass die Unterwerfung und der Gehorsam notwendig sind, aber dass diese Notwendigkeit allein die der Freiheit ist. Die zweite Begründung denkt den »Befehl als Bedingung der Freiheit«. Die Freiheit – sagt Lévinas – gründet in einer »Beziehung des Befehls ohne Tyrannei«.[195]

Die Unterwerfung ist befreiend – und nur deshalb (und dann) ist sie gerechtfertigt.

Die antispinozistische Auffassung, dass die wahre Freiheit nur in der Knechtschaft für Gott liegen kann, hat mithin eine doppelte polemische Richtung. Sie unterscheidet erstens zwischen der wahren und der falschen Freiheit: Die wahre Freiheit ist nicht die Freiheit der Autonomie, denn die wahre Freiheit kommt von außen. Und sie unterscheidet zweitens zwischen dem wahren und dem falschen Gott: Der wahre Gott ist nicht der Garant der Ordnung, der wahre Gott ist der Befreier.

(b) Die Befreiung durchs Gebot

Die Religionskritik der Aufklärung gilt dem Gesetz. Sie gilt der Auffassung, dass Gottes Wahrheiten die Form von Gesetzen haben. Das – so meint die aufklärerische Religionskritik – ist der Grund dafür, weshalb sich der religiöse Glaube als Gehorsam versteht. Aber ist das so? Ist der religiöse Gehorsam Gesetzesgehorsam? Ist das religiöse Gebot, wie Spinoza behauptet, überhaupt ein Gesetz? Die Gegenthese lautet, dass diese Gleichsetzung falsch ist. Denn ein Gesetz, im normativen Sinn des Ausdrucks, ist nach Spinoza die Vorschrift, *praescriptio*, einer Lebensweise, *ratio vivendi*, durch einen Befehl, *imperium*.[196] Davon muss das religiöse Gebot scharf unterschieden werden. Diese Unterscheidung von Gesetz und Gebot ist die entscheidende begriffliche Operation der Exodus-Theorie und damit des religiösen Modells der Befreiung. Denn ohne die Differenz von Gesetz und Gebot ist die Identität von Gehorsam und Befreiung, die Grundgleichung des religiösen Modells, nicht zu verstehen.

Wie Eric L. Santner gezeigt hat, steht daher die Unterscheidung von Gesetz und Gebot im Zentrum von Franz Rosenzweigs Philosophie (die ich zusammen mit der von Emmanuel Lévinas als eine Theorie des Exodus lese).[197] Die Religionskritik der Aufklärung unterscheidet, wie gesehen, zwischen dem Gesetz als befehlender Vorschrift – der man knechtisch gehorcht – und der Wahrheit, die man frei erkennt und bejaht. Rosenzweig dagegen unterscheidet ganz anders. Er unterscheidet zwischen gesetzlicher Vorschrift und gebietendem Befehl. Diese Unterscheidung ist eine Operation der Kritik: Rosenzweig unterläuft Spinozas Kritik an der Religion, indem er die Religion selbst als Kritik begreift – als die Kritik des Gesetzes im Namen von Gottes Gebot. Denn Gottes Gebot, zu hören, ist kein Gesetz, sondern das »Gebot aller Gebote«,[198] das Gebot des Gebots oder *zum* Gebot. Dieses Gebot ist in seiner Struktur ungesetzlich und in seiner Wirkung antigesetzlich, anarchisch. Gerade so ist es unbedingt verpflichtend. Es ist, sagt Lévinas, die »ursprüngliche Rede, deren erstes Wort Verpflichtung ist«:[199] das Urgebot. Und genau deshalb, weil es unbedingt – also nicht gesetzlich – verpflichtend ist, ist das religiöse Gebot befreiend.

Dieses Argument rekonstruiere ich im Folgenden in drei Schritten als die zentrale Lehre des Exodus. Der erste Schritt beschreibt den Bruch des religiösen Gebots mit der Sittlichkeit (»Auszug aus der Sittlichkeit«); der zweite Schritt erklärt die Transformation oder Konversion des Selbst, die das Gebot bewirkt (»Überforderung, Scham, Verinnerlichung«); der dritte Schritt resümiert, wie dies den religiösen Begriff der Befreiung definiert (»Befreiung zum Gebot«).

Wir haben gesehen: Indem Gott Mose beim Namen ruft, bewirkt er, dass Mose hört, und befiehlt er ihm, zu hören, also die Wirkung, die Gottes Ruf hat, zu bejahen. Das macht Mose gehorsam: zunächst gegenüber dem Verbot seiner Selbsttätigkeit, dann gegenüber Gottes Gebot, sein Volk aus der Knechtschaft zu führen. Dieses Gebot zur Befreiung begründet Gott mit dem »Elend« und dem »Leiden« des Volks in Ägypten.

> Ich habe das Elend meines Volks in Ägypten gesehen, und ihr Geschrei über ihre Bedränger habe ich gehört; ich habe ihre Leiden erkannt. [...] Weil denn nun das Geschrei der Israeliten vor mich gekommen ist und ich dazu ihre Drangsal gesehen habe, wie die Ägypter sie bedrängen, so geh nun hin, ich will dich zum Pharao senden, damit du mein Volk, die Israeliten, aus Ägypten führst. (Ex 3,7-10)

Damit aber sagt Gott Mose nichts Neues. Dass das Volk im Elend lebt und leidet und darüber klagt, wusste Mose schon, als er noch in Ägypten lebte – also lange bevor er »hinter« der Wüste auf die »wundersame Erscheinung« des brennenden Dornbuschs traf, um sodann von Gott gerufen und schließlich mit der Befreiung seines Volks beauftragt zu werden. Ja, nicht nur wusste es Mose damals schon, er hat auch gegen die Unterdrückung gekämpft:

> Zu der Zeit, als Mose groß geworden war, ging er hinaus zu seinen Brüdern und sah ihre Lasten und nahm wahr, dass ein Ägypter einen seiner hebräischen Brüder schlug. Da schaute er sich nach allen Seiten um und als er sah, dass kein Mensch da war, erschlug er den Ägypter und verscharrte ihn im Sande. (Ex 2,11-12)

Mose war bereits in Ägypten ein Kämpfer gegen das Unrecht. Nachdem er deswegen aus Ägypten fliehen musste, hat sich überdies gezeigt, dass er nicht nur das Unrecht gegen sein eigenes Volk bekämpft, sondern das Unrecht gegen Schwache und Gedemütigte überhaupt.[200] Mose handelt bereits gerecht. Worum aber geht es dann noch in Gottes Ruf an Mose, seinen Ruf zu hören? Wie wird Mose durch diesen Ruf verändert? Es kann nicht darum gehen, dass er dadurch erst fähig und bereit wird, Leiden und Unrecht wahrzunehmen, es zu verurteilen und dagegen anzugehen. Sondern dass er *aufhört*, das zu tun – dass er aufhört, es so wie bisher zu tun. Denn so wie er es bisher getan hat, hat er es als (oder wie ein) Ägypter getan. Der Ruf Gottes beendet, dass Mose ein Ägypter ist und damit unter einem Gesetz steht.

Dass Mose wie ein Ägypter urteilt, als er den Ägypter erschlug, der einen von Moses hebräischen Brüdern geschlagen hatte, ist nach Assmanns Forschungen ganz wörtlich zu nehmen: Moses Reaktion gegen die ägyptische Unterdrückung ist selbst durch und durch ägyptisch – eine Reaktion im Sinn der ägyptischen Gerechtigkeitsidee, *Ma'at*. Denn ganz anders als die aus Ägypten entkommenen Israeliten es rückblickend darstellen werden, nimmt in der politischen Theorie Ägyptens »die Idee der Gerechtigkeit einen zentralen Ort ein«. Und das nicht, oder nicht nur, als eine »Gerechtigkeit von oben«, die Gerechtigkeit als »Organ des Staates, eingesetzt um die Regierenden vor Rebellion, die Besitzenden vor Raub und die Ordnung vor Störungen aller Art zu schützen«, sondern als eine »Gerechtigkeit von unten«, »die den Armen und Schwachen, den Besitzlosen und Rechtlosen, den sprichwörtlichen Witwen und Waisen zuhilfe kommt«.[201] In ihrem Namen leistet Mose Widerstand gegen die verschärften Unterdrückungs- und Ausbeutungsmaßnahmen, mit denen der neue Pharao das Volk Israel überzieht, weil er in dessen Anwachsen eine Gefahr für seine Herrschaft sieht. Pharao sagt:

> Wohlan, wir wollen sie mit List dämpfen, dass sie nicht noch mehr werden. Denn wenn ein Krieg ausbräche, könnten sie sich zu unseren Feinden schlagen und gegen uns kämpfen und aus dem Land hinaufziehen.
>
> Und man setzte Fronvögte über sie, die sie mit schweren Diensten drücken sollten. Aber je mehr sie das Volk bedrückten, desto stärker mehrte es sich und breitete es sich aus. Und es kam sie ein Grauen an vor den Israeliten. Da zwangen die Ägypter die Israeliten mit Gewalt zum Dienst und machten ihnen ihr Leben sauer mit schwerer Arbeit in Ton und Ziegeln und mit mancherlei Frondiensten auf dem Felde, mit all ihrer Arbeit, die sie ihnen mit Gewalt auferlegten. (Ex 1,10-14)

Diese Maßnahmen, die Pharao gegen Israel ergreift (und selbstverständlich erst recht der horrende Befehl Pharaos, alle männlichen Neugeborenen der Hebräer zu töten), stehen aber im eklatanten und ausdrücklichen Gegensatz dazu, was der politische Herrscher nach ägyptischer Gerechtigkeit tun darf und muss. Assmann hält fest: »Das Verhalten Pharaos und der ägyptischen Fronvögte erfüllt auch in altägyptischen Augen den Tatbestand einer Sünde, die im ägyptischen Totengericht dem Verstorbenen zum Verhängnis werden könnte.«[202] Mose, der am ägyptischen Hof aufgezogen wurde, weiß dies selbstverständlich. Indem er den ägyptischen Aufseher erschlägt, der die neuen ungerechten Zwangsmaßnahmen exekutiert, vollstreckt er daher nur ein Urteil über ihn, das nach ägyptischer Gerechtigkeit legitim, wenn nicht gar geboten ist. In seinem Kampf gegen die ägyptische Ungerechtigkeit handelt er gemäß der Tugend, die er am ägyptischen Hof gelernt hat. Vor seiner Beauftragung, bevor er das Gebot zu hören gehört hat, war Moses Kampf gegen Ägypten ein Kampf im Namen von Ägypten – und vielleicht sogar: ein Kampf für ein »gutes« Ägypten, die Verbesserung Ägyptens.

Als Ägypter urteilte Mose darin aber nicht nur, weil er Ägyptens Unterdrückungspolitik im Namen der ägyptischen Gerechtigkeitsidee bekämpfte. Als Ägypter urteilte er auch in dem weiteren, übertragenen Sinn, den dieser Ausdruck in *Exodus* gewinnt. Darin steht »Ägypten« für eine Ordnung der Sittlichkeit, die in ihrem Inneren mit Herrschaft verbunden ist. »Ägypten« ist in *Exodus* nicht nur ein Ortsname und auch nicht nur eine Inhaltsangabe, sondern eine Formbestimmung der Sittlichkeit – eine Sittlichkeit, die herrschaftsbegründend ist. Es ist diese sittliche Form, die Gottes Ruf an Mose durchbricht. Erst durch diesen Ruf, indem er ihn hört, hört Mose auf, ein Ägypter zu sein. Denn als Kämpfer gegen das Unrecht Pharaos war er das noch.

Worin besteht die sittliche Form, die die Exodus-Geschichte und die Exodus-Lehre »Ägypten« nennen? Die Exodus-Geschichte gibt einen Hinweis darauf, indem sie von einem Streit berichtet, der zwischen Mose und einem Hebräer ausbricht, nachdem Mose sich in einen Streit eingemischt hat.

> Am andern Tage ging er wieder hinaus und sah zwei hebräische Männer streiten und sprach zu dem, der im Unrecht war: Warum schlägst du deinen Nächsten? Er aber sprach: Wer hat dich zum Aufseher [zum Obern; B/R] oder Richter über uns gesetzt? (Ex 2,13-14)

Der Hebräer wirft Mose vor, er handele, als sei er ein Aufseher, Oberer oder Richter. Was aber hat Mose getan? Nichts anderes als über ihn zu urteilen. Das ist es, was er ihm vorwirft: dass Mose meint, über ihn urteilen zu dürfen. Der Hebräer sieht es also so, dass Mose, indem er über ihn urteilt, sich zugleich über ihn stellt. Indem Mose ihn zum Gegenstand seines Urteils macht, macht er zugleich sich zum Aufseher und den anderen zu seinen Untergebenen: Die Unterscheidung zwischen Subjekt und Objekt des Urteilens fällt mit der Unterscheidung zwischen Oben und Unten in eins. Urteilen heißt herrschen.

Eine Begründung dafür gibt die Bestimmung, dass Mose sich verhält, als ob er ein »Richter« sei. Darin steckt der Anspruch, nicht nur über die anderen, sondern für sie, an ihrer Stelle, zu urteilen: Mose urteilt statt ihrer. Denn der Richter zieht das Recht und die Macht des Urteilens an sich. Er monopolisiert sie und beansprucht, durch seinen Spruch die Sache abschließend zu entscheiden. Das aber kann der Richter nur, weil sein Urteilen objektiv ist, und zwar nicht in seiner Geltung – das ist es nicht, weil es sonst immer richtig wäre –, sondern in seiner Form (oder das richterliche Urteil ist objektiv in seiner Geltung – dass es per definitionem gültig ist – nur wegen seiner objektiven Form). Das richterliche Urteilen ist nämlich darin formal objektiv, weil es allein im Namen derjenigen Ordnung spricht, unter der alle – das sind hier die beiden miteinander Streitenden und der Dritte, der Richter: Mose – gleichermaßen stehen. Der Richter spricht im Namen einer Ordnung der Gerechtigkeit, die es schon gibt: der bestehenden gerechten Ordnung. Er sagt nur, was die Ordnung der Gerechtigkeit sagt. Und weil durch den Richter mithin *die* Ordnung spricht, ist er der Aufseher der Ordnung und der Obere der anderen. Er beansprucht, die Ordnung für die anderen, über die er urteilt, zu repräsentieren; deshalb darf er sie ihr unterwerfen.

Das besagt, dass Moses Urteilen *gesetzlich* ist – dass es im Namen des Gesetzes erfolgt; dass sein Urteil ein Gesetz anwendet und verwirklicht; dass sein Urteilen also das Dasein des Gesetzes ist. Das heißt dreierlei:

(1) Moses Urteilen bezieht seine Geltung daraus, dass es eine Vorschrift verwirklicht, die für alle gleichermaßen gültig ist. Das ist das Gesetz; es gilt ebenso für den Urteilenden wie die Beurteilten. Das Gesetz gilt daher allgemein, und das heißt: Es adressiert jeden als allgemeinen. Unter dem Gesetz zu stehen heißt, Teil einer Ordnung, also ein Element in einer umfassenden und vereinigenden Allgemeinheit zu sein.

(2) Moses Urteilen, das eine Verhaltensvorschrift, *praescriptio*, verwirklicht, gründet in einer Feststellung darüber, wer wir sind: welches Gesetz uns gemeinsam ist und uns daher, als Elemente desselben Allgemeinen, ausmacht. Das Gesetz ist vorschreibend, weil es beschreibend ist. Sein Grund ist eine Tatsache: das Dasein eines Allgemeinen, das konstituiert, also ausmacht, ebenso was die sind, die urteilen, wie das, was sie beurteilen.

(3) Moses Urteilen ist stellvertretend. Es repräsentiert die geteilte Allgemeinheit für die anderen, die vergessen haben oder verkennen, wer sie sind. Alles Urteilen etabliert eine hierarchische Differenz: zwischen Urteilendem und Beurteilten, zwischen dem einen, der das Allgemeine verkörpert, und den anderen, die es vergessen haben. Darin ist im Namen des Gesetzes zu urteilen eine Form von Herrschaft: Das Gesetz ist der Rechtfertigungsgrund der Urteilsherrschaft.

Das sind die drei sich wechselseitig tragenden und begründenden Bestimmungen von Moses ägyptischer Sittlichkeit: das Gesetz als Allgemeinheit; als Seiendes oder Wesentliches; als Herrschaftsgrund. Gottes Gebot »Mose, Mose!« bricht in einem Wort mit allen drei Bestimmungen. Indem Gott Mose mit seinem Namen anruft, ruft er ihn aus Ägypten, also aus der Sittlichkeit heraus. Gottes Gebot ist in allen drei Hinsichten ungesetzlich, ja antigesetzlich: Es adressiert nicht allgemein; das Gebot spricht Mose im Singular an (i). Es gründet nicht in der Feststellung dessen, was ist; das Gebot ist grundlos befehlend (ii). Es begründet keine Herrschaft durch Repräsentation; das Gebot ist anarchisch (iii).

(i) Der Name: Mose, der Ägypter, urteilt als Repräsentant des Allgemeinen. Er kann daher über andere nur urteilen, insofern er eine Person oder (wie Rosenzweig zur Unterscheidung von der grammatischen Kategorie sagt) eine »Persönlichkeit« ist. Denn eine Persönlichkeit ist »der Mensch, der seine ihm vom Schicksal zugewiesene Rolle spielt, eine Rolle neben andern«. »Von der Persönlichkeit sind zahlreiche Aussagen möglich, so zahlreiche wie von der Individualität. Sie folgen alle als einzelne Aussagen dem Schema B = A [das Besondere ist ein Allgemeines], in welchem alle Aussagen über die Welt und ihre Teile vorgebildet sind; die Persönlichkeit wird stets als einzelne in ihrem Verhältnis zu andern einzelnen und zu einem Allgemeinen definiert.«[203] Eine Person ist die Instantiierung eines Allgemeinen, ein Teil und Teilnehmer einer normativen Ordnung. Aber zugleich ist sie das in je besonderer Weise: Zwischen den beiden Seiten, die das Urteil B=A identifiziert, besteht eine – wie auch immer kleine – Differenz (die das Urteil, um zu gelten, zum Verschwinden bringen muss). Diese Differenz spiegelt sich im Namen.

Denn wie Rosenzweig festhält, ist jeder Name ein Doppelname. Er zeugt von der

> Doppelnatur des Menschen, Welt- und Gottes Kind zu sein. Denn er ist stets doppelt, er besteht aus Geschlechtsname, Vatername zumindest, und eignem Namen. Mit dem Geschlechtsnamen hängt der Mensch in der Vergangenheit. Alles, was ihn zwingt, versammelt sich in diesem Namen. Soweit Schicksal über ihm hängt, weiß es hier die Aufschrift über dem nie

> ganz zu verschließenden Tor, durch das es seine Streitkräfte in ihn einbrechen lassen kann. Der andere Name ist der Eigenname. In ihm haben schon die Eltern, die ihn gaben, der Macht des Schicksals eine Grenztafel gesetzt. Der Vorname bezeichnet, dass dies ein neuer Mensch sein soll; er beansprucht ihm eine Gegenwart.[204]

Aber auch jeder gewöhnliche Vorname – allein dadurch, dass er von den Eltern gegeben wurde und damit an die Herkunft zurückbindet – nimmt die Loslösung vom Allgemeinen, die er verspricht, wieder zurück; jeder gewöhnliche Vorname, der aus Tradition und Verpflichtung, in Erinnerung oder in Erwartung gegeben wird, will etwas sagen. Der Name »Mose« hingegen ist der reine Eigenname. Er sagt nur, *dass* er geboren wurde – aus dem Wasser, also von niemandem, ohne Familie und daher Herkunft und Abhängigkeiten (so die – schräge – Etymologie in *Exodus*, die »Mose« vom hebräischen Ausdruck für »herausziehen« herleitet[205]). Der Name »Mose« sagt nicht einmal, ob es sich um einen Ägypter oder Hebräer handelt; denn »Mose« sagen sie in beiden Sprachen. Wenn Gott »Mose, Mose!« ruft, ohne Kontext, Grund und weitere Bestimmung, benennt er ihn so. In der reinen Wiederholung seines Namens, ohne etwas über ihn zu sagen und etwas von ihm zu wollen – in dieser absichtslosen Reinheit besteht das Göttliche des Gebots –, ist Gottes Ruf eine radikale Vereinzelung. Der Adressat von Gottes Gebot, zu hören, ist »ein einzelnes; es steht grundsätzlich im Singular. Es ist Einzelnes, vielmehr Einzelner [...]. Einzelner schlechtweg, nicht Einzelner durch Vermittlung irgendeiner Vielheit; es ist kein ›der‹, weil es ›einer‹ wäre, sondern Einzelner ohne Gattung. An Stelle des Artikels tritt hier die unmittelbare Bestimmtheit des Eigennamens«[206] – des Eigennamens »Mose«, dessen Bestimmtheit darin besteht, ohne Bestimmung zu sein. Das ist die paradoxe Operation von Moses Benennung: Der Name »Mose«, so wie Gott ihn ruft, befreit den Namen von seiner Macht, den Einzelnen in eine sittliche, normative Ordnung hineinzurufen. Er befreit ihn von seiner identifizierenden Macht und damit Mose von seiner Identität, seiner Persönlichkeit, seiner sittlichen Teilnahme. Der Ruf »Mose, Mose!« ruft ihn aus der sittlichen Ordnung heraus.

(ii) Der Imperativ: Das Ende der persönlichen Existenz, die Gottes Gebot bewirkt, bedeutet, dass Mose nicht mehr ein Allgemeines verkörpert, so wie er das in seinem Urteilen und Handeln gegen die ägyptische Unterdrückung tat. Darin ist das Allgemeine ein Gesetz, die Vorschrift einer Lebensweise. Eine Vorschrift ist das Allgemeine aber nur im Verhältnis zu je besonderem Verhalten. Damit das Gesetz auf ein besonderes Verhalten angewandt werden kann, muss es dieses Verhalten bereits ausmachen und ihm zugrunde liegen. Das Gesetz kann das Verhalten nur regulieren, weil es das Verhalten konstituiert: weil es als ein Verhalten definiert ist (und sich selbst so versteht), welches das Gesetz verwirklicht. Das Gesetz muss schon da sein, es muss (so Hegel) *»zur vorhandenen Welt und zur Natur des Selbstbewußtseins«*[207] geworden sein, um Urteile darüber begründen zu können, wie wir uns verhalten sollen. Zwar stellt also Moses Urteilen dem beurteilten Verhalten das Gesetz als Norm gegenüber, aber nur deshalb und derart, dass er es dem Verhalten selbst entnimmt. Die vorgeschriebene Lebensweise, *ratio vivendi*, ist die existierende Lebensweise; Ethos kommt von Gebrauch und Gewohnheit, Sitte kommt – vielleicht – von Sitz.[208] Am Grund der Vorschrift steht eine Feststellung: die Feststellung darüber, wie es an diesem Ort und in dieser Gemeinschaft, also unter uns, gebräuchlich und üblich ist. Das Gesetz ist daher nicht nur sozial, sondern auch temporal allgemein; es erstreckt sich in die Zukunft, weil es aus der Vergangenheit

kommt. Am Grund des Gesetzes steht eine Feststellung darüber, wie wir sind und leben.

Damit bricht das Gebot, zu hören. So wie mit der personalen, das heißt sozialen Allgemeinheit des Adressierten, so bricht es auch mit der räumlichen und zeitlichen Allgemeinheit, mit der das Gesetz für uns gilt. Es geht in dem Gebot nicht um das, was bei uns üblich ist, also war und sein wird. »Das Gesetz rechnet mit Zeiten, mit Zukunft, mit Dauer. Das Gebot weiß nur vom Augenblick.«[209] Darin zerstört das Gebot die Feststellungs- und daher Seinsbasis der gesetzlichen Vorschrift: »Die einschlägige grammatische Unterscheidung bezüglich dieses Gebots und seiner spezifischen Weise der Zeitlichkeit ist die zwischen *Imperativ* und *Indikativ*.«[210] Das sittliche Gesetz sagt: Du musst dies tun, denn so ist es – oder so sind wir, so leben wir. Das sittliche Gesetz redet die Person als Teil eines Wir an und begründet das Sollen aus ihrem (sozialen, sittlichen) Sein. Das Gebot, zu hören, dagegen sagt: Du sollst hören, wie du noch nie gehört hast und was du daher noch gar nicht hören kannst. Das Gebot, so sagt Rosenzweig deshalb, ist ein Befehl: »So ist dem Frommen kein ›Gesetz‹ gegeben, denn er steht unter einem ›Befehl‹.«[211] Das Gebot ist deshalb ein Befehl, weil sein unbedingtes Sollen grundlos ist. Und so wie das Gebot in nichts begründet ist, begründet es auch nichts, jedenfalls: keine Lebensweise. So erläutert es Santner: »Nach dieser Sicht stellt es [d. i. Gottes Gebot] dem Subjekt nicht so sehr ein neues Gesetz oder ein neues Vorhaben bereit, mit dem es sich identifizieren kann, eine neue Reihe von Beispielen, die es zu wiederholen gilt; sondern durch das Eingreifen einer anderen Art und einer anderen Bahn der Anrufung […] befreit es das Subjekt aus dem, was ich seine Ägyptomanie genannt habe.«[212] Gottes Gebot ist der reine, bloße Befehl, weil er aus dem Nichts kommt.

(iii) Gegen Herrschaft: Die Hebräer, über die Mose urteilt,

weisen dies als eine Anmaßung zurück: »Wer hat dich zum Aufseher [Obern] oder Richter über uns gesetzt?« Sie wissen: Richterlich urteilen heißt herrschen. Für diese Einheit von Urteil und Herrschaft steht in der Exodus-Lehre der Name Ägypten. Denn »Ägypten« bezeichnet nicht nur, wie Assmann eindrücklich gezeigt hat (oben, S. 384), eine Ordnung der Gerechtigkeit – so dass der Gegensatz von Ägypten und Israel *nicht* der Gegensatz von Ungerechtigkeit und Gerechtigkeit ist. Sondern »Ägypten« steht für eine spezifische Gestalt der Gerechtigkeit: eine Gerechtigkeit und Sittlichkeit, die innerlich mit Herrschaft verbunden sind (so dass der wahre Gegensatz von Ägypten und Israel der von Herrschaft oder Knechtschaft und Freiheit ist). Die Herrschaft ist in Ägypten eine gerechte, sittliche Herrschaft, und die Sittlichkeit der ägyptischen Gerechtigkeit ist eine Rechtfertigung der Herrschaft. Diese rechtfertigende Verbindung stiftet der Begriff der Repräsentation – der Anspruch, im Namen der Gerechtigkeit zu urteilen (den die Hebräer Mose verwehren).

Nach Assmann steht der Begriff der Repräsentation im Zentrum von Ägyptens politischer Theologie. Dabei bezeichnet der Begriff im ersten Schritt »die Korrelation göttlicher und politischer Herrschaft in Form der Analogie und die daraus folgende Vereinigung politischer und religiöser Führerschaft in der Hand des irdischen Repräsentanten«.[213] Die Repräsentation bindet die politische Herrschaft an die göttliche zurück; die politische Herrschaft repräsentiert die göttliche. Die Logik der Repräsentation sichert daher *»die Einheit von Herrschaft und Heil«*.[214] Sie sichert ihre Einheit aber gerade so, dass sie ihre Differenz hervorbringt und enthält. Der Herrscher ist *wie* Gott, indem er selbständig, *ohne* Gott, das Recht setzt und bewahrt. »Recht und Gerechtigkeit [...] stellen in Ägypten keine Gottesnähe her. Sie gehören ganz entschieden nicht in die theo-politische, sondern in die soziopolitische Sphäre.«[215] Die politische Herrschaft repräsentiert daher nicht deshalb und dadurch die göttliche, dass sie an göttliche Weisungen gebunden ist, die sie aufnimmt und umsetzt. Die politische Herrschaft repräsentiert vielmehr genau dadurch die göttliche, dass sie sie *nicht* repräsentiert – dass sie nicht repräsentiert, was Gott sagt. Daher wird nach Assmanns Deutung der Gott repräsentierende Herrscher zugleich zu einem Repräsentanten in einem zweiten, radikal immanenten Sinn. Er wird zu dem Repräsentanten der von ihm geschaffenen und verbürgten gerechten Ordnung:

> Pharao verkörpert die Gerechtigkeit (Ma'at), in seinen Entscheidungen und Handlungen verwirklicht sich das Ideal der gerechten Ordnung. Er ist, was bei Platon und der darauf aufbauenden Staatslehre als »lebendes Gesetz« (*nomos empsychos*) bezeichnet wird.[216]
>
> Im König sind Gerechtigkeit, Recht und Gesetz inkarniert. Er verfügt über die beiden entscheidenden, als Sondergötter hypostasierten Qualitäten »Erkenntnis« (*Sia*) und »Machtwort« (*Hu*), die auch dem Sonnengott bei seinem Werk der Weltschöpfung und Welterhaltung beistehen.[217]

Die Logik der Repräsentation verdoppelt sich: Der Herrscher ist wie Gott, indem er die sittliche, gerechte Ordnung verkörpert. Herrschaft *ist* Repräsentation – die Repräsentation der gerechten Ordnung als solcher, für und gegen ihre Glieder. Und die Ägyptomanie ist das unablässig wiederkehrende Verlangen, unter einer solchen Herrschaft zu leben, die für uns die gerechte Ordnung erschafft und erhält.

Diese Herrschaft der Gerechtigkeit wird durchbrochen, wenn Gott selbst redet und befiehlt. Dann ist es mit der gerechten Herrschaft zu Ende. Assmann beschreibt diesen Einschnitt als die »Umbuchung politischer Bindungen auf Gott«;

Gottes Gebot ist die »Befreiung von der als Unterdrückung empfundenen staatlichen, d.h. ägyptischen Staatsgewalt«. Das bedeutet nicht weniger als die »Aufsprengung einer in Ägypten und (soweit ich sehe) überall sonst in der damaligen Welt nur als Einheit denkbaren Verbindung von Herrschaft und Gemeinschaft«. Diese Aufsprengung »bildet den eigentlichen Durchbruch Israels« – den »Schritt, den Israel vollzieht und im Bilde des Exodus formt und kommemoriert«.[218] Der Exodus beendet die politische Herrschaft, weil es, wenn Gott selbst gebietet, keinen politischen Herrn mehr geben kann, der zu behaupten vermag, selbständig über die Erkenntnis und die Macht zu verfügen, die gerechte Ordnung hervorzubringen. Niemand, kein Pharao, kann mehr beanspruchen, die lebendige Verkörperung des Gesetzes zu sein. Aber nicht deshalb, weil nun jeder und alle, jeder für sich und alle gemeinsam, zu Repräsentanten, also Verkörperungen der Gerechtigkeit geworden sind. Sondern weil die Ordnung der Repräsentation und damit die Repräsentation der Ordnung als solche durchbrochen wurden. Gottes Befehl repräsentiert keine Ordnung, auch nicht die gerechte, sittliche Ordnung. Sein Gebot steht über jeder Ordnung. Die Befreiung von der Herrschaft Ägyptens ist die Unterwerfung unter eine höhere oder größere Macht.

*

Die Religionskritik der Aufklärung gilt der Unterwerfung des Menschen unter einen vorschreibenden, befehlenden, machtvollen Gott. Dagegen setzt die Aufklärung die Freiheitsbeziehung zur Wahrheit: Gott als den Namen der Wahrheit zu verstehen heißt, ihn selbst und frei zu denken und damit als etwas Eigenes, nicht Fremdes, Äußeres, gar Höchstes zu verstehen. Aus dieser Entgegensetzung, die Spinozas

Theologisch-politischer Traktat etabliert hat, zieht Hegel in seinen frühen Entwürfen die radikale Konsequenz (die Spinoza durch seine moralpädagogische Perspektive noch vermieden hatte), dass der Exodus der Israeliten aus Ägypten gar keine Befreiung bedeutet haben kann. Er führt nur von der einen zur anderen Knechtschaft: von der Knechtschaft unter der Herrschaft Pharaos zur Knechtschaft unter der Herrschaft Moses; »derjenige, der es von einem Joch losgemacht hatte, legte ihm ein andres auf«.[219] Gemessen an dem Aufklärungsbegriff freier Aneignung, der Freiheit als Freiheit des Denkens und der Freiheit des Denkens als Aneignung, besteht zwischen dem Zustand vor und nach dem Exodus kein Unterschied. Der Exodus *kann* keinen Unterschied machen, denn er ist nach Hegel die »Begebenheit« einer paradoxen »Freiwerdung«: einer Freiwerdung, die nicht selbst getan, sondern passiv erlitten wurde. Die – vermeintliche – Befreiung führt zu einer bloßen Wiederholung der Knechtschaft, weil sie selbst bereits bloße Knechtschaft ist: weil die Juden das »in seinem Freiwerden sich am sklavischsten betragende Volk« sind.[220] Ihre Befreiung ist nichts anderes als die Unterwerfung unter einen Befehl, der, obschon er der durch Mose übermittelte Befehl Gottes ist, genauso wie der ist, unter dessen Gewalt sie in Ägypten gelitten haben. Der Gott Israels ist wie Pharao.

Diese Kritik des Exodus, zu der Hegel Spinozas Gesetzeskritik radikalisiert, verkennt die schlechthin entscheidende Unterscheidung, die die Exodus-Theorie trifft und die Rosenzweig (der Hegels Deutung in *Hegel und der Staat* noch kommentarlos referiert hatte[221]) begrifflich in der Differenz von Gesetz und Gebot fasst. Dieses Argument zeigt, was die Religionskritik der Aufklärung nicht sehen kann: dass Gottes Befehl, dem zu gehorchen die Befreiung ist, von ganz anderer Art ist als die Gesetzgebung jedes politischen Herrschers.

Gott befiehlt nicht wie Pharao; denn sein Gebot repräsentiert nicht die gerechte Ordnung, der er diejenigen unterwirft, die ihre Glieder sind. Gott befiehlt, ohne zu herrschen. Und daher ist auch Moses Gehorsam von ganz anderer Art als der eines Untertanen. Der Untertan gehorcht aus Furcht vor den Folgen oder im Glauben an die Gerechtigkeit des Gebotenen. Mose aber gehorcht oder hört, ohne Kalkül und Überzeugung. Gottes Befehl ist reiner Befehl und Moses Gehorsam reiner Gehorsam, weil beide grundlos sind.

Denn was heißt es zu sagen, dass ein Befehl und sein Gehorsam einen Grund haben? Es heißt, dass sie denselben Grund haben: dass der Akt des Befehlens und der des Gehorchens, also die Person, die befiehlt, und die, die gehorcht, dies jeweils aus demselben Grund tun, den sie also teilen. Die beiden erscheinen entgegengesetzt, aber sind – in Wahrheit, in der Tiefe – vereinigt. Sie gehören, wenn auch in ganz verschiedenen Rollen, derselben Ordnung an. Am Grund ihres Gegensatzes liegt ihre »Vereinigung«, die Hegel »Seyn« nennt – »Seyn [ist] die Synthese des Subjekts und Objekts, in welcher Subjekt und Objekt ihre Entgegensezung verlohren haben« – oder auch: »Lebe[n]«.[222] Sittlich verstanden, ist der Grund von Befehl und Gehorsam das Sein oder das Leben: dass der Befehlende und der Gehorchende vereinigt sind, dass sie dasselbe sind, Teile derselben Ordnung, dass sie ein Leben teilen. Das ist die Struktur der Sittlichkeit, die im Exodus zerbrochen wird, indem Gott rein, grundlos befiehlt und Mose rein, grundlos gehorcht. Zwischen diesen beiden gibt es keine Vereinigung, sondern »Trennung« (Lévinas); sie stehen nicht in der Immanenz des Lebens, sondern in der »Beziehung ohne Beziehung« der Transzendenz; ihr Grund ist nicht das Sein, sondern diese Beziehung ist – religiös, weil – grundlos.

Die theoretische Rekonstruktion der Exodus-Lehre zeigt

also, weshalb die Aufklärung unrecht hat. Ihre Alternative ist falsch: Weder ist das Verhältnis zwischen Gott und Mose ein Verhältnis der Herrschaft, noch drückt es ihre »Vereinigung« aus (»denn da wäre ein Gott, der nicht herrschte, sondern ein freundliches Wesen, eine Schönheit, ein lebendiges dessen Wesen Vereinigung ist«[223]). Denn es ist das Verhältnis zwischen dem reinen, unbedingten Befehl und dem reinen, unbedingten Gehorsam. Es ist nicht das Andere von Befehl und Gehorsam, sondern deren unendliche Steigerung – oder genau *deshalb* das Andere von Befehl und Gehorsam, weil es deren Steigerung ins Unendliche ist.

Überforderung, Scham, Verinnerlichung

Wie lässt sich die unendlich gesteigerte Macht des göttlichen Gebots oder Befehls verstehen? Indem wir sie als Überforderung und damit im Gegensatz zu jeder Autorität begreifen; das ist der nächste Schritt (i). Worin besteht der Effekt der überfordernden Anrede im Selbst? Ihre Wirkung ist die Scham – die Scham des Selbst über sich selbst (ii). Weshalb aber ist die Scham befreiend? Sie ist es, weil oder wenn sie zur Verinnerlichung des Menschen führt (iii). Überforderung, Beschämung, Verinnerlichung sind die Elemente, durch die das religiöse Modell die formale Struktur der Anrede zu einer Konzeption der Befreiung ausarbeitet.

(i) Überforderung: Die Gegenüberstellung von Gebot und Gesetz hat gezeigt, dass das göttliche Gebot die politische Herrschaft durchbricht. Der Herrscher errichtet und sichert die gerechte Ordnung, indem er Gesetze, Regeln des Verhaltens, aufstellt, anwendet und durchsetzt. Demgegenüber ist Gottes Gebot anarchisch. Es befiehlt mit unendlich gesteigerter Macht, aber es erlegt keine Verhaltensregeln auf. Diese

Entgegensetzung von Gott und Herrscher, Gott und Pharao, muss nun weiter bestimmt werden. Wie unterscheiden sich die Herrschaft, die der Repräsentant der Gesetze ausübt, und das Gebot Gottes – das heißt: wie unterscheiden sie sich aus der Perspektive der Unterworfenen? Was bedeuten Herrschaft und Gebot *für sie*?

Für die Seite der Herrschaft beantwortet dies der Begriff der Autorität: Die Macht(-form) der Herrschaft – der Herrschaft des Gesetzesrepräsentanten, um die es hier allein geht – ist die Autorität. Für den Sinn, in dem die politische Soziologie diesen Begriff verwendet, ist grundlegend, dass »Autorität« Anerkennung bedeutet. »Autorität« bedeutet – so Hannah Arendt – »die fraglose Anerkennung seitens derer, denen Gehorsam abverlangt wird; sie bedarf weder des Zwangs noch der Überredung. (So kann ein Vater seine Autorität entweder dadurch verlieren, daß er das Kind durch Schläge zwingt, oder dadurch, daß er versucht, es durch Argumente zu überzeugen. In beiden Fällen handelt er nicht mehr autoritär, in dem einen Fall tyrannisch, in dem anderen demokratisch.)«[224] Die Doppelabgrenzung ist wesentlich: Dass die Autorität *nicht tyrannisch* ist, heißt, dass ihre Anerkennung weder erzwungen noch erkauft ist; denn Gewalt und Geld sind die beiden Machtmittel des Tyrannen. Der Anspruch der Autorität muss vom Selbst anerkannt werden; die Autorität besteht nur durch »freiwillige Unterwerfung« (Theodor Eschenburg).[225] Dass die Autorität zugleich aber *nicht demokratisch* ist, heißt, dass ihre Anerkennung nicht durch Überredung oder Überzeugung, durch die Einsicht in ihre guten Gründe hervorgebracht wird. Zwar gilt: Die Autorität ist eine »anerkannte und daher berechtigte Führungsposition«.[226] Aber das heißt gerade nicht, dass die Autorität eine anerkannte, *weil* berechtigte Position wäre. Denn dann läge der Anerkennung der Autorität ein Urteil über ihre Berechtigung zugrunde, und damit läge die Autorität beim Urteilenden (diese Autorität des Selberurteilenden heißt »Autonomie«). Die Anerkennung der Autorität ist nicht beurteilend, sondern »fraglos« (Arendt).

Wenn ihre Anerkennung für die Autorität entscheidend ist und wenn die Anerkennung der Autorität eine »innerlich bejahte Abhängigkeit« (Eschenburg) ist, dann stellt sich die Frage nach ihrem Warum. Das »konventionelle Autoritäts-Konzept« (Heinrich Popitz) antwortet auf diese Frage so: »Autorität beruht auf der Anerkennung einer Überlegenheit, die zu einer starken Anpassungsbereitschaft führt.«[227] Aber das ist, so Popitz, »kurzatmig« und erklärt nichts. Es erklärt vor allem nicht »die spezifische Gebundenheit des Autoritätsabhängigen [...], seine vertrackte Gefesseltheit an eine bestimmte soziale Beziehung«: sein *passionate attachment* (Judith Butler). Entscheidend für diese Bindung an die Autorität ist, was sie für den Abhängigen tut, was sie leistet. Das zeigt sich daran, dass die Autorität, so Popitz weiter, für die Abhängigen zum »Richter über ihr Selbstwertgefühl« wird. Die »Abhängigkeit des Autoritäts-Anerkennenden« ist seine »Abhängigkeit von denen, auf deren Lob und Achtung er besonders intensiv hofft, deren Tadel und Geringschätzung er besonders intensiv fürchtet«.[228] Die Anerkennung der Autorität beruht auf der Anerkennung *durch* die Autorität; sie wird anerkannt, weil sie anerkennt. Auch dort, wo die Autorität einem etwas nimmt (etwa indem sie den Abhängigen maßregelt oder verurteilt), gibt sie den Abhängigen also etwas; sie gibt ihnen einen normativen Status. »Die Grundbedeutung von auctor ist Urheber, Schöpfer, Förderer, Mehrer.«[229] Die Autorität, die ich anerkenne, mehrt, befördert, ja, sie schafft mich. Sie gibt mir, was ich durch mich selbst nicht hervorbringen und gewährleisten kann: Sie gibt mir Wert, sie rechtfertigt mich.

Ohne diese rechtfertigende Macht der Autorität gibt es keine politische Herrschaft. Das ist die Macht der Gesetze. Gesetze sind dazu da, erfüllt zu werden, und werden dann ungerecht, wenn sie unerfüllbar werden. Denn dann verlieren die Gesetze ihre Grundfunktion, durch die sich die Herrschaft ihre Anerkennung sichert: Sie können uns nicht mehr rechtfertigen, keinen Wert verleihen und Status verteilen, also keine normative Ordnung begründen. Genau das aber gilt für das göttliche Gebot. Denn das Gebot fordert nichts – es fordert nichts Bestimmtes. Es besteht nur in dem Befehl, zu hören. Das heißt: in dem Befehl, überhaupt zu hören. Aber was soll es heißen und was muss – und *kann* – man tun, um »überhaupt« zu hören? Das göttliche Gebot ist eine Forderung, die sich nicht erfüllen lässt. Es enthält ein »Zuviel von Anspruch« (Sigmund Freud);[230] nicht, weil es – quantitativ – mehr, sondern weil es etwas – qualitativ – anderes fordert, als sich erfüllen lässt. Es gibt kein Tun, kein eigenes Werk der Adressierten, durch das sie die Forderung des göttlichen Gebots erfüllen können. Es fordert unbedingt, aber es fordert nicht etwas. Seine Forderung ist eine unbedingte Verpflichtung, aber – beziehungsweise denn – sie hat keinen Inhalt, keine bestimmte Bedeutung. Deshalb zerbricht im göttlichen Gebot (oder zerbricht das göttliche Gebot) die Einheit von Macht und Anerkennung, die die Autorität des politischen Herrschers definierte und seine Herrschaft legitimierte. Denn wenn das göttliche Gebot etwas fordert, das wir nicht erfüllen können (weil wir schon nicht einmal wissen, was es von uns fordert: was wir tun können, um es zu erfüllen), dann kann seine Macht auch nicht darin bestehen und dafür von uns anerkannt werden, dass sie uns anerkennt und rechtfertigt. So wie die Macht der Autorität die Macht der Rechtfertigung ist, so ist die Macht des göttlichen Gebots die der Überforderung.

(ii) Scham: Dass das göttliche Gebot zu viel und überfordernd ist, folgt unmittelbar aus der religiösen Struktur der Beziehung, die es hervorbringt. Wie gesehen, bezeichnet der Ausdruck »Religion« – in seiner »reflexiven« Bedeutung (Joas), die er durch die achsenzeitliche Transformation des Sakralen zum Heiligen, von *sacré* zu *saint* (Lévinas) gewinnt – nichts anderes als die »Beziehung zwischen dem Seienden im Diesseits und dem transzendenten Seienden, die zu keiner begrifflichen Gemeinsamkeit und zu keiner Ganzheit führt«; das ist die »Beziehung ohne Beziehung« – die Beziehung, die die »Trennung« in sich enthält und ausdrückt.[231] Das Gebot gebietet diese Beziehung: Das religiöse Gebot ist das Gebot des Religiösen. Es ist die Forderung *des* Unendlichen zur Beziehung *zum* Unendlichen: die Forderung an das endliche Selbst, in der Beziehung ohne Beziehung zum Unendlichen zu sein, und daher eine (oder die) unendliche Forderung. Das Gebot ruft das Selbst in die Beziehung zum Unendlichen hinein und damit aus seiner »Persönlichkeit« (Rosenzweig), seiner zugleich individuellen und sozialen Existenz in einer normativen Ordnung, unter der Herrschaft der Gesetze, heraus. Das Gebot verlangt daher nicht weniger als eine fundamentale, radikale Umwandlung: Das endliche Selbst muss seine Persönlichkeit aufgeben, die es als Glied einer sittlichen Ordnung besaß und es dazu befähigte, die Gesetze dieser Ordnung zu befolgen, also aus eigenem Vermögen gut zu sein. Das Gebot verlangt, dass das endliche Selbst sich in und damit aus seiner radikalen Asymmetrie zum Unendlichen begreift. Oder es muss sich als endlich, und das heißt: als *bloß* endlich gegenüber dem Unendlichen begreifen.

Wie geschieht diese Transformation? Für die Religion der Befreiung, die die Exodus-Lehre proklamiert, ist entscheidend, dass diese Transformation oder Konversion – wie Lévinas sagt – durch »keine theoretische Betrachtung«[232] hervorgebracht werden kann. Sie drückt kein Wissen aus; dass das Selbst bloß endlich ist, ist »nicht eine Wahrheit«, die theoretisch erkannt werden kann.[233] Die religiöse Transformation des Selbstbewusstseins ist daher nicht metaphysisch. Sie metaphysisch zu verstehen heißt, sie in der Erfahrung des Scheiterns zu begründen – das endliche Selbst scheitert in dem Versuch, sich selbst zu führen und zu begreifen – und diese Erfahrung sodann in die Einsicht der »Theorie« zu übersetzen, dass das Selbst nicht die Ursache seiner selbst und seiner Vollzüge sein kann, sondern als Element in einer Totalität begriffen werden muss, die ihre Ursache im Anderen, in Gott, hat.[234] Metaphysisch verstanden, geht also die Erkenntnis der Wahrheit, der Wahrheit des Seins und seiner Ordnung, dem Hören des Gebots voraus. Es ist aber umgekehrt: Sich aus der Beziehung ohne Beziehung zum Unendlichen zu begreifen, *ist* nichts anderes als das Hören des Gebots, ohne Grund im Wissen. Und weil das Hören des Gebots das Hören einer unendlichen Forderung ist, ist die religiöse Transformation nicht theoretisch, sondern – in Lévinas' weitem Sinn des Worts – ethisch: nicht ein Sichwissen, sondern ein Sich*messen.* Das Gebot zu hören heißt, »sich an der Vollkommenheit des Unendlichen zu messen«, und weil es das Sichmessen an der Vollkommenheit ist, und das heißt: nicht am sittlich Guten, das durch Gesetze bestimmt wird, kann es nichts anderes bedeuten, als zum »Bewußtsein der eigenen Unwürdigkeit« zu gelangen.[235] Die religiöse Transformation besteht darin, sich an einem Maß (»Vollkommenheit«) zu messen, gemessen an dem das endliche Selbst nur unwürdig sein kann, das es also verfehlen *muss.* Im Gegensatz zum sittlichen Gesetz, dessen normative Macht nur so weit reicht wie das Können, heißt das Gebot zu hören, nicht mehr und nicht weniger als zu verstehen, dass man es nicht erfüllen kann – die eigene Überforderung anzuerkennen. »Diese Weise, sich an der Vollkommenheit des Unendlichen zu messen, [...] vollzieht sich als Scham«.[236] In der Beziehung zum Unendlichen, als unendlicher Forderung, zu stehen heißt für das Selbst, sich seiner Unwürdigkeit zu schämen. Die Scham ist das religiöse Grund- oder Primärgefühl.

Dafür ist es entscheidend, das religiöse Gefühl der Scham von dem der Schuld abzugrenzen; denn so wie die Vollkommenheit des Unendlichen nicht das sittlich Gute ist, in dessen Namen die Autorität spricht, so heißt unwürdig zu sein nicht, nach dem Maß eines sittlichen Gesetzes etwas falsch gemacht zu haben. Sondern es heißt, falsch zu *sein*. Die Scham über die eigene Unwürdigkeit angesichts der Vollkommenheit des Unendlichen reicht daher viel tiefer als jede sittliche oder moralische Schuld. Sie stellt ihre Prämisse, die Prämisse sittlicher Subjektivität oder »Persönlichkeit«, in Frage, nach der wir für unsere Handlungen selbst verantwortlich sind, weil sie in unserer Macht stehen. Das Gefühl der Schuld, so erläutert Lutz Ellrich, reagiert auf die »Normbrüche und Pflichtverletzungen, die die Subjekte sich selbst (das heißt ihren bewusst oder unbewusst intendierten Handlungen) kausal zuschreiben können. Im Schuldgefühl macht sich das Subjekt zum Herrn seiner Handlungen.«[237] Gerade indem es sich schuldig fühlt und einem Gesetz unterwirft, beansprucht das Subjekt daher, sein eigener Herr gewesen zu sein. In der religiösen Scham, dem Gefühl der eigenen Unwürdigkeit, stelle ich hingegen »das naive Recht meiner Vermögen, meine gloriose Spontaneität als eines Lebendigen in Frage«.[238] Die religiöse Scham vor der Vollkommenheit des Unendlichen ist die »primordiale Nichtigkeitserfahrung« (Hans-Thies Lehmann), vor aller und weiterreichend als alle Schuld; sie bedeutet, »in der Ohnmacht bis ans Ende zu gehen« (Georges Bataille).[239] Sie ist daher nicht weniger als die Weise, in der dem Selbst bewusst wird, dass es nicht durch einzelne

Eigenschaften und Taten schuldig, sondern in seiner gesamten Existenz – das heißt: nicht dadurch, was es ist und getan hat, sondern wie, ja, dass es ist – unwürdig ist.

Das Selbst, das das göttliche Gebot gehört hat, schämt sich mithin seiner Existenz als solcher – dass es ein Selbst ist. Das ist die einzige Weise, in der das Selbst das göttliche Gebot erfüllen kann: Es erfüllt das Gebot, indem es sich schämt, das Gebot *nicht* erfüllen zu können. Während die herrschende Autorität urteilt und darin immer gebend, positiv ist – sie gibt dem beurteilten Autoritätsabhängigen einen, hohen oder niedrigen, Platz in der normativen Ordnung –, ist das übermächtige, überfordernde Gebot Gottes daher nichtend. Sich zu schämen heißt, sich als nichtswürdig, weil nichts könnend, als unvermögend zur Erfüllung des Gebots zu erfahren.

(iii) Verinnerlichung: Die religiöse Scham ist das Gefühl, in dem sich das Selbst am Unendlichen misst. In der Beziehung ohne Beziehung zum Unendlichen – die die Religion ist – zu stehen heißt, das Unendliche als anredend und rufend zu verstehen, und das heißt, einem Übermaß an Anspruch, einer exzessiven Forderung ausgesetzt zu sein, deren Einlösung nur im Bewusstsein der Uneinlösbarkeit, der eigenen Nichtigkeit, bestehen kann. Die Scham drückt die Wahrheit der religiösen Beziehung zum Unendlichen aus: dass sie – im wörtlichen Sinn – eine Bloßstellung des Endlichen ist, seine Depotenzierung zum *bloß* Endlichen. Aber zugleich ist die Scham, wie jedes Gefühl, ein Selbstgefühl, eine Selbstbeziehung: Das endliche Selbst misst *sich* am Unendlichen. Oder genauer: Das endliche Selbst sieht sich so, wie das Unendliche es nach seinem Maß der Vollkommenheit sieht und misst, und vollzieht diesen messenden Blick auf sich in sich nach. Die religiöse Scham wiederholt den Blick des Unendlichen auf das Selbst *im Selbst*. Deshalb sagt Friedrich Nietzsche, dass die religiöse Scham, die er als die höchste, konse-

quente Scham, die »Scham des Menschen *vor dem Menschen*« beschreibt, »die *Verinnerlichung* des Menschen« hervorbringt.[240] Die religiöse Scham verinnerlicht den Menschen. Sie verinnerlicht ihn, weil sie ihn veräußerlicht – weil sie den Menschen auf den Anderen bezieht, der ihm radikal äußerlich bleiben muss.

Nietzsche sieht in der Verinnerlichung durch die religiöse Scham die radikalste Gestalt der geschichtsbildenden Bewegung, in der der Mensch sich *»gegen den Menschen selbst«* gewendet hat. Sie hat »das Leiden des Menschen *am Menschen, an sich*« zum schlechthin bestimmenden Gesetz des Lebens gemacht. Nietzsche nennt dies: seine »grösste und unheimlichste Erkrankung«.[241] Zugleich ist sie die Bedingung der menschlichen Freiheit; Mensch zu werden heißt, sich gegen den Menschen zu wenden (und dadurch über den Menschen hinauszukommen; dazu unten, S. 419). Frei zu werden heißt, krank zu werden. Daher fügt Nietzsche seiner Krankheitsdiagnose sogleich hinzu, »dass andrerseits mit der Thatsache einer gegen sich selbst gekehrten, gegen sich selbst Partei nehmenden Thierseele auf Erden etwas so Neues, Tiefes, Unerhörtes, Räthselhaftes, Widerspruchsvolles *und Zukunftsvolles* gegeben war, dass der Aspekt der Erde sich damit wesentlich veränderte«.[242] Die Wendung des Menschen gegen sich selbst ist eine Krankheit, »aber eine Krankheit, wie die Schwangerschaft eine Krankheit ist«:[243] eine Erkrankung, die etwas radikal Neues, Zukunftsvolles gebiert. Sie hat die Kraft, die Welt zu verändern – wenn sie bis zum Extrem getrieben wird und »ihren furchtbarsten und sublimsten Gipfel« erreicht hat. Dieses Extrem, dieser Gipfel der Erkrankung ist die Verinnerlichung des Menschen in der religiösen Scham: Die religiöse Scham ist der Exzess des Leidens des Menschen am Menschen und daher als Moment der schwersten Krankheit zugleich der Moment der größten »Hoffnung«;[244] der

Hoffnung auf eine Wendung, die nicht zum Alten zurückführt, sondern etwas Neues, Anderes beginnt. Worin gründet diese Hoffnung, die die religiöse Scham erweckt? Sie gründet darin, dass sie die radikale oder unendliche, die bloße oder reine Scham ist.

Die Scham ist das Gefühl, in dem der Blick des Anderen als Bloßstellung erfahren und in der Selbstverachtung wiederholt wird; sie ist das Selbstgefühl *als* anderer, bloßstellender Blick. In den sogenannten Schamkulturen (auf die die Moderne als unfreie zurückschaut, weil das Selbst hier einem fremden Urteil ausgeliefert sei) ist dieser bloßstellende Andere das soziale »Kollektiv«, das das Selbst »als immerwachen argusäugigen Kontrolleur [erlebt], der erbarmungslos die geringste Abweichung von der Norm ahndet«.[245] Deshalb gehört hier zur Scham der Spott, das Verlachen durch die anderen. Denn das Verlachen ist *die* »soziale Geste«: durch »die Furcht, die es einflößt, korrigiert es das Ausgefallene«[246] und macht sich das Kollektiv gegen den Abweichler geltend. Das ist die soziale oder kulturelle Scham: die Scham vor dem Kollektiv; die Scham als der subjektive, affektive Mechanismus, durch den das Kollektiv seine Macht über die Einzelnen durch die Einzelnen – durch ihre Gefühle: die Furcht davor, bloßgestellt und verlacht zu werden – ausübt.

Aus der Schamkultur führen zwei Wege heraus. Der erste Weg führt in die Schuld. Sich zu schämen heißt, sich unter dem bloßstellenden Blick des Anderen zu sehen. Der Andere bleibt in dieser Wiederholung im Inneren uneinholbar außen. Der Scham liegt daher kein eigenes Urteil zugrunde (und deshalb ist sie körperlich, ja reflexhaft). Im Gefühl der Schuld hingegen urteilt das Selbst über sich: Es verachtet sich nicht reflexhaft, wie in der Scham, sondern es verurteilt sich. Sich schuldig zu fühlen heißt, sich selbst zu beurteilen: sich selbst so zu beurteilen, wie die anderen es tun (oder tun würden). Der Blick des Anderen verschwindet in der Schuldkultur daher nicht, aber er verliert seine Äußerlichkeit: Das Urteil der Schuld wird von dem Beurteilten selbst vollzogen. Auch dann noch kann die Macht des Anderen, in dessen Namen er sich selbst verurteilt, autoritär und das Gewissen, das die Schuld ausspricht, repressiv sein. Aber wie gesehen beruht die Autorität auf einer Logik der Repräsentation, die das Selbst und den Anderen miteinander verbindet und vergleichbar macht. Mit dem Schritt von der Scham zur Schuld beginnt daher eine Bewegung der Aneignung – der Aneignung des Urteilens und seiner Macht –, die den Anspruch erhebt, schließlich auch noch die Autorität (des Anderen) in die Autonomie (des Selbst) aufzulösen. Das ist der Weg aus der Schamkultur heraus in die moralische Schuld; er führt in die Autonomie.

Der zweite Weg heraus aus der Schamkultur oder Schamgesellschaft hingegen führt nicht zur freien Übernahme der Schuld im Gewissen, sondern in eine Verschuldung »ohne Ende«. Er führt in die »Unausmessbarkeit [...] von Schuld«. Das ist nach Nietzsche die »Schuld gegen *Gott*« (zumal den Maximal-Gott des Monotheismus) – die religiöse Schuld.[247] Die religiöse Schuld ist die Verunendlichung, der Exzess der Schuld. Weil sie exzessiv ist und die Existenz als solche betrifft, entzieht sie sich notwendig dem Urteil des Selbst. Die unendliche Schuld gegen Gott ist daher (wie) die Scham; in der – konstitutiven, unüberwindlichen – Äußerlichkeit des Maßes, des Anderen, vor dem und in dessen Blick das Selbst schuldig ist, gleicht die religiöse Schuld der Scham. Die religiöse Schuld bleibt für immer schamhaft; sie wird nie ganz zum Gewissen (und schon gar nicht zur Autonomie). Aber zugleich befreit sie die Scham: Die religiöse Scham ist die von ihrer sozialen und kulturellen Bedingtheit befreite Scham. Sie ist die Scham, die ihre servile Bindung an die sozialen und kulturellen Kollektive und ihre Maßstäbe abgestreift hat und nur noch den Blick *des* Anderen kennt: des rein oder unendlichen und daher übersozialen, außerkulturellen Anderen. Diesen unendlich anderen Blick verinnerlicht die religiöse Scham. Damit macht sie das endliche Selbst, das sich vor dem Unendlichen schämt, zum Schauplatz einer unendlichen Differenz. »Verinnerlichung durch (religiöse) Scham« heißt: Die Differenz zwischen dem Endlichen und dem Unendlichen wird zum Inneren des Endlichen.

Während also das Gewissen, das sich von einer autoritären zu einer autonomen Gestalt zu entwickeln vermag, dabei doch immer nur dazu gelangt, die sozialen und kulturellen Kollektive im Selbst zu repräsentieren, verinnerlicht die religiöse Scham das Selbst unter dem Blick des unendlich äußeren Anderen. Das Gewissen bleibt sozial (und darin sittlich: gebunden an das Sein der Gesetze; das Gewissen ist das Produkt und der Mechanismus der »Sittlichkeit der Sitte« [Nietzsche]); es kann immer nur die Ansprüche der sozialen Ordnung, und seien es die einer besseren, weiteren, umfassenden sozialen Ordnung, repräsentieren und verhandeln. Durch sein Gewissen ist das Selbst ein guter sozialer Teil. Die religiöse Scham hingegen treibt das Selbst über sich, über seine soziale Gestalt hinaus. Sie leistet dies genau dadurch, dass sie das Selbst mit einer unendlichen Forderung, einer unendlichen Überforderung konfrontiert: Es ist nur die Scham vor einer Forderung, die niemals und von niemandem erfüllt werden kann, die das Selbst von seiner Identität als Mitglied einer sozialen Ordnung befreien kann. Anders gesagt: Die These des religiösen Modells lautet, dass das Selbst, nur indem es seine völlige Annihilation erfährt und übernimmt, frei wird. Denn diese vertieft oder erhebt das Selbst: Sie macht das endliche Selbst, das Selbst in seinem Inneren, zum Schauplatz der unendlichen Differenz des Unendlichen vom Endlichen.

*

Wie kann man – fragt Robert Brandom – die These verstehen, »man sei genau in dem Maße frei, wie man unter dem Diktat von Normen oder Prinzipien handelt«?[248] Wie kann die Unterwerfung unter ein Diktat befreiend sein? Die Antwort der Aufklärung sagt: Man kann das Paradox »Befreiung durch Unterwerfung« nur auflösen, wenn man versteht, wie sich durch die Unterwerfung ein Selbst bildet, das deshalb nach Normen und Prinzipien handelt, weil es dies selbst *kann*; weil die Normen und Prinzipien seine – dadurch neu gewonnene – Identität als Könner, das heißt als Subjekt bilden. Und das versteht man, so Brandom, mit Hegel am besten, indem man die subjektive Befreiung als soziale Teilnahme begreift. Die Gegenthese des religiösen Modells besagt, dass man das Paradox »Befreiung durch Unterwerfung« nicht auflösen kann, sondern es vollziehen, ja steigern muss. Nur die vollständige Unterwerfung unter einen exzessiven Anspruch, den man sich nicht aneignen und zu eigen machen kann, also die Selbstnegation nicht im Namen eines gegebenen, sondern eines unendlichen Anderen, das heißt: die unendliche Selbstnegation, kann befreiend sein.

Die Befreiung zum Gebot

Die Verinnerlichung des Selbst ist die religiöse Figur der Befreiung. Denn Verinnerlichung heißt innere Veranderung: nicht die Verinnerlichung (oder Internalisierung) des Anderen, sondern die Verinnerlichung (oder Interiorisierung) der Andersheit im Selbst, die es in sich unterscheidet und von sich trennt. Deshalb ist die Befreiung an den Gehorsam, an das Hören eines Rufs gebunden, der ein Befehl ist: Das Selbst wird nur durch den Anderen verinnerlicht. Die Verinnerlichung der Andersheit im Selbst ist daher das Gegenteil der Aneignung des Anderen durch das Selbst; Aneignung, die Grundfigur der Autonomie, und Verinnerlichung schließen sich aus. Die Verinnerlichung des Selbst, die es in sich differenziert und von sich entzweit, kann nicht seine eigene Leistung und das Selbst nicht ihr Subjekt, ihr Autor (und dadurch autonom) werden. Die Verinnerlichung der Differenz des Anderen vom Selbst im Selbst bleibt bis zum Ende, was sie am Anfang war: Sie bleibt ein äußerer Effekt; sie ist von außen (oder oben) bewirkt. Die Verinnerlichung des Anderen im Selbst kann sich daher nicht von dem Weg – und seinen Stationen: vom Gebot durch das Hören zur Scham –, der zu ihr hinführt, ablösen. Die Verinnerlichung des Selbst (so schreibt daher Lévinas) »ist das Erwachen einer Existenz, die ihre eigene Bedingung ergreift. Aber dieses Aufwachen kommt von dem Anderen.«[249] Und das heißt nicht nur, dass der Andere den Anstoß gibt (und dann verschwindet), sondern wirksam bleibt: Die Verinnerlichung des Selbst ist weniger vom Anderen bewirkt; sie ist das Wirken des Anderen. Ohne das Wirken, die Anrede des unendlich Anderen fällt das Selbst aus der unendlichen Differenz heraus und wird – bloß – endlich; das heißt, es wird endlich, ohne es zu fühlen: schamlos.

Weil das so ist, *wurde* das Selbst nicht durch den Anderen befreit und *ist* dann, durch die Aneignung des Anderen und damit die Verwandlung seiner Vorgeschichte in seine eigene Geschichte, seine Autobiographie, frei. Sondern das Selbst ist sein Befreitwerden durch den Anderen. Weil also das Sein der Befreiung ihr Werden ist und weil dies ebenso das Tempus wie Genus des Prozesses bezeichnet – das Sein der Befreiung ist nur im Vollzug und wird passiv erlitten oder empfangen –, deshalb fallen das Wie der Befreiung und das Wozu der Befreiung, ihr Prozess und ihr Resultat in eins. Sie sind dasselbe: Das Wie und das Was der befreienden Wirkung des Anderen sind eins (so wie die phatische Rede selbst hervorbringt, was sie fordert; oben Kapitel 4, Abschnitt [a]). Die Befreiung des Selbst wird bewirkt, indem es die Forderung des unendlichen Anderen oder die unendliche Forderung des Anderen hört, und die Befreiung des Selbst *besteht* in nichts anderem als darin, die Forderung des unendlichen Anderen oder die unendliche Forderung des Anderen zu hören. Sie besteht darin, diese Forderung zu »verinnerlichen«, das heißt: sich selbst an dieser Forderung zu messen, die darin aber nicht zur eigenen Forderung des Selbst an sich selbst wird – dies hieße, sich nicht *an* ihr zu messen, sondern sie zum eigenen Maß, mit dem man selbst misst, zu machen –, sondern die Forderung des unendlichen Anderen von außen und damit eine unendliche Überforderung bleibt. Frei zu sein heißt für das Selbst, vom Anderen zum Anderen befreit zu werden.

Das ist der begriffliche Ort der religiösen Scham. Wenn die Scham die »primordiale Nichtigkeitserfahrung« (Lehmann) ist, dann ist die *religiöse* Scham die reine, potenzierte Scham. Sie ist die Scham über das eigene Können – Könnensscham. Der Könnensscham entspricht, oder genauer: die Könnensscham ist die – nicht aneignende, sondern sich übereignende – Anerkennung der unendlichen Forderung. Die Könnensscham ist daher nichts anderes als das Sollensbewusstsein. Diese Identität von Könnensscham und Sollensbewusstsein definiert beide Seiten dieser Gleichung. Sie definiert, was hier »Nichtigkeit« (oder »Negativität«) und »Normativität« heißt und wie sie intern verbunden sind. Die Nichtigkeit, die in der religiösen Scham erfahren wird, ist die Nichtigkeit des Könnens, die Erfahrung des Nichtkönnens oder Unvermögens. Das ist aber nicht ein Versagen der menschlichen »Kunst«, des praktischen und technischen Wissen-wie (wissen, wie man etwas erfolgreich macht).[250] In der religiösen Scham erfahren wir, dass wir nicht tun können, was wir *sollen* (nicht: was wir wollen; was die Ziele unserer Künste sind). Die in der religiösen Scham erfahrene Nichtigkeit ist die normative Nichtigkeit – die Nichtigkeit des Selbst gegenüber dem Normativen. Sie ist daher nichts anderes als das einzig angemessene Bewusstsein des Sollens; die religiöse Scham anerkennt (und definiert), dass das Normative das Unendliche ist. Darin liegt der religiöse Bruch mit dem Sittlichen. Die religiöse Scham vor dem Unendlichen zerfällt die Einheit – die Einheit von Selbst und Gesetz –, die die Sittlichkeit definiert, und stellt ihre Elemente – das Selbst und das Gebot – einander rein gegenüber. Sie stellt die Äußerlichkeit des Gebots wieder her. Der Scham des Selbst über seine Nichtigkeit entspricht seine Furcht – seine »Ehrfurcht«[251] – vor dem unendlich überfordernden Gebot.

Der hier wichtige Punkt an diesem Zusammenhang sind die Konsequenzen für den religiösen Begriff der Befreiung. Der religiöse Begriff der Scham definiert die Befreiung als eine radikale Transformation (oder Konversion) des Selbstbewusstseins: Das Selbst wird befreit, indem es sich der Nichtigkeit seiner Vermögen bewusst wird, die seine Identität ausmachen, indem es also seiner – erst- und zweitnatürlichen – Identität beraubt wird. Der – dem entsprechende – religiöse Begriff der Furcht hebt demgegenüber hervor, dass diese befreiende Transformation des Selbst zugleich eine Transformation der Normativität ist. Das heißt »Befreiung zum Gebot«: nicht nur die befreiende Öffnung des Selbst, sondern die befreiende Öffnung der Normativität für das Gebot. Die Normativität selbst wird frei.

Wie ist diese Transformation der Normativität zu verstehen? Wir haben bereits an der Geschichte Moses gesehen, wie sie nicht verstanden werden kann: Sie kann nicht bloß als eine Veränderung des normativen Inhalts – dessen, was gesollt wird – definiert werden. Die Exodus-Revolution der »Alten Welt« (Assmann) ist vielmehr eine radikale Innovation, weil sie die Form des Normativen, die normative Form, verändert. Das Sollen wird aus der Gewohnheit herausgelöst und damit von der Bindung an – und Begrenzung auf – die jeweilige Gemeinschaft abgelöst. Indem sie die Form der Normativität verändert, verändert sich zugleich auch ihr Grund.

Darauf zielt Assmann, indem er diesen Umbruch als die »Theologisierung« der Normativität beschreibt; ihre Quelle ist nicht mehr die herrschende Autorität – Pharao –, sondern Gottes Wille.[252] Denselben Prozess beschreibt Jürgen Habermas von der anderen Seite, der Transformation des Sakralen, her als »die Moralisierung des Heiligen«.[253] »Moralisierung des Heiligen« heißt: Das Heilige – und zwar gerade indem es radikal, also reflexiv verstanden wird: als Transzendenz – stürzt die herrschenden sittlichen Autoritäten und wird nun selbst zum Grund der normativen Verpflichtungen *in dieser Welt*. Deshalb wird durch die Moralisierung des Heiligen

> die lokal verwurzelte Alltagsmoral ihrerseits auf unerhörte Weise transformiert – erst im Rahmen religiöser und metaphysischer Weltbilder [deren Besonderheit und Gemeinsamkeit Habermas in ihrem »Abstraktionsschritt zur Transzendenz« erkennt; C. M.] kann sie als Weg zum Heil die Gestalt eines egalitären Universalismus annehmen. Mit der Moralisierung des Heiligen gewinnen die moralischen Gebote ihrer-

seits eine transzendierende, eine normativ über die Alltagspraxis hinausschießende Kraft.[254]

Darin besteht die Exodus-Revolution der Normativität. Sie besteht darin, dass sie auf ihren wahren Grund vor, außerhalb oder oberhalb jeder normativen Ordnung zurückgeführt wird – im Transzendenten. Indem die Transzendenz zum Grund der Normativität wird, wird daher die Normativität transzendental; es erscheint in ihr, was sie ermöglicht. Die Befreiung besteht darin, dass zum ersten Mal der ermöglichende Grund in die Normativität eingeschrieben wird.

Das ist die Exodus-Kritik der sittlichen Autorität: Die Kritik besagt, dass das Sein oder das Leben nicht der Grund der Normativität ist; dass die sittliche Ordnung also keinen Grund hat oder dass sie ihren – wahren – Grund nicht kennt. Eine normative Ordnung, die ihren Grund nicht im transzendenten Gebot hat, hat gar keinen Grund (und ist daher nicht normativ, nicht verbindlich). Denn zwar kann es innerhalb einer sittlichen Ordnung Gründe für einzelne ihrer Vorschriften und Verbote geben. Aber dass es überhaupt eine normative Ordnung geben soll, kann durch sie nicht begründet werden, sondern muss von ihr immer schon vorausgesetzt werden. Genau das aber gebietet das transzendente Gebot, und deshalb ist das transzendente Gebot transzendental: Es gebietet die Normativität. Es gebietet – überhaupt und daher unendlich – normativ zu sein. Deshalb gibt es nur das eine Gebot – das Gebot des Gebots. Das Gebot sagt: Sei normativ. Das Gebot ist mithin nicht nur anders als das Gesetz. Es ist als das Andere des Gesetzes zugleich sein Grund (oder der Grund des Gesetzes als sein Abgrund: was die Gesetze ermöglicht und ihre Form durchbricht).

Exkurs: Drei Ergänzungen zur Kraft des Gebots

(1) Wenn das Gebot als der Grund der Normativität verstanden wird (dessen Anerkennung ihre Form radikal verändert), dann ist unmittelbar klar, weshalb das Gebot ein Befehl ist. Ein Befehl verlangt Gehorsam ohne Grund. Das Gebot, normativ zu sein, richtet sich an die, die es noch nicht – das heißt: noch nicht wahrhaft – sind. Daher muss das Gebot uns dies erst noch befehlen, und daher kann es uns dies nur *befehlen*. Denn weil wir noch nicht (wahrhaft) normativ sind, können wir es nicht einsehen und dem Gebot mit Gründen folgen.

(2) Wir folgen einem Befehl nur deshalb, weil der Befehlende es will: Als Befehl gründet das Gebot im Willen des Gebietenden. Weil (oder wenn) der Wille irreduzibel auf den Verstand ist – wie Strauss gegen ihre rationalistische Identifikation sagt –, ist er »unergründlich«.[255] Er hat keinen anderen Grund, als dass der Gebietende es will. Die Transzendenz, die sich als Gebot darstellt, muss daher, darauf insistiert Sarah Rosenhauer im Anschluss an Rosenzweig und Santner, personal gedacht werden.[256] Diese Person heißt in *Exodus* Gott; »Gott« ist der Name der Person, die das Hören der Forderung, zu hören, befiehlt; die also befiehlt, normativ zu sein.

(3) Weil das Gebot befiehlt, überhaupt normativ zu sein, enthält es noch keine bestimmte Forderung; es führt aber zu normativen Forderungen. Wenn Gott die Person ist, die gebietet, gilt nach Niklas Luhmann daher, dass er, »sofern er Form gibt, seinerseits Form und Nichtform [ist]; und er ist auch das, was sich jeder Form entzieht, und ist es auch wieder nicht«.[257] Der Grund der normativen Ordnung ist zugleich ihr Abgrund. Dadurch ist das Gebot am Grund der normativen Ordnung befreiend. Luhmann meint, diese befreiende Kraft liege darin, dass die Weisung Gottes

uns die Freiheit der »Wahl der einen oder der anderen Seite« lasse.[258] Nach Luhmann bringt Gottes Weisung die Wahlfreiheit hervor. Die Weisung Gottes ist aber gerade deshalb befreiend, weil sie uns keine Wahl lässt: weil wir nur dadurch frei werden, dass wir ihr gehorchen; indem wir Ja sagen.

*

Das Selbst, das das Gebot hört – das hinter die normative Ordnung zurückgeht und das Gebot an ihrem Grund hört –, wird dadurch radikal verändert. Diese Veränderung vollzieht sich als Gefühl: durch seine Scham (über die eigene Nichtigkeit) und seine Furcht (vor dem gebietenden Anderen). Beide, Scham und Furcht, sind Weisen, in denen das Selbst sich an dem Maß des Anderen misst. Das ist die von Nietzsche beschriebene Verinnerlichung des Selbst, die nichts anderes als der Eintritt, der Einfall, des Anderen ins Selbst ist. In seiner Scham und in seiner Furcht erfährt sich also das Selbst in einer radikal neuen Weise; es wird konvertiert. Es gewinnt eine neue Weise zu sein: eine neue Weise des Existierens. Das Gebot der Befreiung kommt von außen; es überfordert das Selbst. Aber diese Überforderung des Gebots ist nicht, wie die Religionskritik der Aufklärung meinte, repressiv, sondern produktiv, weil transformativ: Das verinnerlichende Hören des Gebots schafft eine neue Existenz; eine Existenz, die die unendliche Differenz des Selbst vom Selbst im Selbst bejaht; also eine Existenz, die diese Differenz ist. Die Differenz des Selbst von sich ist jetzt das Sein des Selbst. Das ist die systematische Bedeutung der (religiösen) Gefühle. In den Gefühlen der Scham und der Furcht zeigt sich die existenzverändernde und existenzschaffende Macht des Gebots. Das Selbst fühlt nicht nur

Scham und Furcht, sondern es ist Scham und Furcht. Es ist so.

Exkurs: Das Überleben der Scham (Kafka 2)

Deshalb ist das Gefühl der religiösen Scham, der unendlichen Nichtigkeit des Selbst, eine – erste – Gestalt der Freiheit. Mehr noch: Sie ist eine erste positive Gestalt der Freiheit. Denn die Scham ist nicht nur negativ: ein Gefühl der Bloßstellung (die als unendliche Bloßstellung – vor der Forderung des Gebots – befreiend ist; als soziale und kulturelle ist sie es nicht). Sondern die Scham ist zugleich eine Geste, eine »Gebärde« (wie Walter Benjamin sagt, der die Scham »die stärkste Gebärde Kafkas« nennt[259]). Die Scham bringt das Gefühl der Nichtigkeit zum Ausdruck; sie ist eine Darstellung des Sichverbergenwollens. So bedeckt Mose sein Angesicht *vor* den Augen Gottes: damit Gott sieht, dass er Gottes Blick nicht zu erwidern vermag (weil er nichtswürdig ist). Die Scham, die die unendliche Differenz verinnerlicht und die Nichtigkeit des Endlichen fühlt, ist deshalb kein Ende, keine Sackgasse, sondern ein Anfang. Sie ist der Anfang einer ganz anderen Weise des Vollzugs. Das ist ein Vollzug, der nicht mehr frei ist, weil er in den Vermögen des endlichen Subjekts gründet, sondern im Gefühl ihrer Nichtigkeit. Mit der Scham beginnt eine neue Existenz: Die Scham über die Freiheit des »Ich kann« begründet die Freiheit aus dem Gefühl der Nichtigkeit. Die Scham der Freiheit begründet die Freiheit der Scham.

In diese Richtung weist der Schluss von Kafkas *Der Proceß*:

Aber an K.s Gurgel legten sich die Hände des einen Herrn, während der andere das Messer ihm ins Herz stieß und zweimal dort drehte. Mit brechenden Augen sah noch K., wie die Herren, nahe vor seinem Gesicht, Wange an Wange aneinandergelehnt die Entscheidung beobachteten. »Wie ein Hund!« sagte er, es war, als sollte die Scham ihn überleben.[260]

Die Möglichkeit, dass die Scham K. überlebte, ist die Figur der Hoffnung in *Der Proceß*, die – einzige – Aussicht auf eine neue und andere Existenz; so wie nur die »Scham des Menschen über den Menschen«, die ihn verinnerlicht, in Nietzsche die »Hoffnung, beinahe eine Gewissheit« weckt, »als ob mit ihm [dem Menschen] sich Etwas ankündige, Etwas vorbereite, als ob der Mensch kein Ziel, sondern nur ein Weg, ein Zwischenfall, eine Brücke, ein grosses Versprechen sei …«[261] Die Scham, die den Menschen überlebt, ist die Weise, in der der Mensch *sich* überlebt. Die Hoffnung gilt einem Leben des Menschen nach dem Menschen. Das wäre aber ein Leben nicht nach der Scham, sondern mit, ja aus der Scham. Nämlich ein Leben als Darstellung der Scham. »Möglich und offen auf Zukunft ist nichts anderes als die Darstellung selbst […].«[262]

Dass das Überleben ein Darstellen der Scham ist, gilt aber nicht nur im inhaltlichen Sinn: dass die Scham in dem neuen Leben oder Überleben K.s repräsentiert und unvergessen anwesend ist. Die Scham ist nicht nur der Inhalt, sondern als der Anfang zugleich auch der Grund, das Ermöglichende der Darstellung, zu dem das neue Leben wird. Die Scham ist nicht nur das Dargestellte, sondern das Darstellende: dass das Überleben Darstellung ist, ist seine Formbestimmung. Es ist, in allem, was es tut, die Mitdarstellung der Scham, der Erfahrung der eigenen Nichtigkeit und Lächerlichkeit. Dadurch wird die Darstellung, zu der das Leben mit und aus der Scham wird, selbst nichtig und lächerlich. »Denn gerade die Mittel, mit denen die ursprüngliche Nichtigkeitserfahrung überwunden und ausgelöscht werden soll« – eben indem sie dargestellt wird –, »sind streng genommen lächerlich«.[263] Die Darstellung der Lächerlichkeit als – also: nur durch – die Lächerlichkeit der Darstellung: So ließe sich *Der Proceß* als Prozess der Befreiung verstehen.

(c) Die Krise der Religion

Im Zentrum des religiösen Modells steht die These, dass es die – menschliche – Befreiung nur durch das – göttliche – Gebot gibt; die Befreiung und das Gebot sind eins. Diese Einheit hat zwei Seiten. Erstens ist die Befreiung der Inhalt des Gebots; die Befreiung ist geboten, das göttliche Gebot ist das *Gebot der Befreiung*. Zweitens ist das Gebot das Medium der Befreiung; das Gebot ist befreiend, die menschliche Befreiung ist die *Befreiung durch das Gebot*. Und beides gilt aus demselben Grund. Das Gebot und die Befreiung sind (in der genannten doppelten Weise) eins, weil die Befreiung nicht durch eigene Entscheidung und aus eigenem Vermögen geschehen kann; denn sie ist die Befreiung vom Eigenen, von der Identität der Gewohnheit. Weil die Befreiung also nicht die Selbstbefreiung sein kann, kann sie nur so erfolgen, dass sie durch den Befreier, von außen oder oben – durch den Anderen, durch Gott –, geboten und dieses Gebot durch das Selbst gehört wird. Die Befreiung vollzieht sich im Gehorchen.

Das Paradoxe dieser These (das die Aufklärung der Religion vorgehalten hat) löst sich auf durch die Bestimmung des Gebots. Das göttliche Gebot ist kein Gesetz, das dem Selbst ein bestimmtes Verhalten verbietet oder vorschreibt.

Sondern das Gebot erhebt eine unendliche, damit unendlich überfordernde Forderung: nicht die Forderung, *dieser* – einer bestimmten –, sondern nichts als *der* Forderung zu folgen; die Forderung, das Sollen, den normativen Anspruch rein als solchen, ohne Begründung im Können, also in der Identität des Subjekts, zu verwirklichen. Dem Gebot zu gehorchen heißt, die unendliche Differenz zwischen dem Endlichen und dem Unendlichen zu verinnerlichen. Das ist die Antwort der Religion auf die Kritik durch die Aufklärung, dass die Unterwerfung unter das Gebot eines anderen das Selbst nicht befreien kann. Die Antwort ist, dass *nur* das Gebot *des Anderen* das Selbst befreit. Das ist die zentrale These des religiösen Modells. Darin liegt seine Zumutung. Das Gebot, schreibt Santner, ist »ein Zuviel an Ansprache«, das »über das hinausgeht, was in die Forderung nach einem Werk, einer zu erledigenden Aufgabe, nach *etwas, das wir tun können* (oder auch nicht tun wollen, uns schuldig fühlen, weil wir es nicht tun, und so weiter), *übersetzt* werden kann«.[264] Wir verstehen daher, was die Überforderung des Gebots uns nimmt: Sie nimmt uns die Selbstgewissheit – das Vertrauen, dass unser Können, daher unser Sein genug ist. Aber weshalb ist diese – negative – Befreiung nicht abtötend, eine (Selbst-)Demütigung, die versteinern lässt? Solange sie nur so erfahren wird, kehrt die Ägyptomanie, die Sehnsucht nach Ägypten, immer wieder zurück. Die Zumutung des religiösen Modells reicht aber viel weiter. Es verlangt nicht nur zu verstehen, dass das unendlich überfordernde Gebot die Nichtung des endlichen Selbst verlangt, sondern – so noch einmal Santner –, dass genau das, *the very thing*, »das das Leben behindert, unsere Bewegung in der Welt einschränkt, gleichzeitig die Quelle dessen ist, was [Harold] Bloom als die ›Segnungen von mehr Leben‹ bezeichnet hat«.[265] Die Unterwerfung unter das Gebot ist befreiend, weil es nicht nur beraubend, sondern schaffend, transformativ ist: Es bringt eine neue Existenz hervor.

Den ersten Schritt dahin hat der Begriff der Verinnerlichung gemacht. Dieser (bei Nietzsche entlehnte) Begriff bezeichnet die radikale Transformation des Selbst, die die Wirkung des Anderen auf das Selbst hervorbringt. Das lässt sich in zwei Hinsichten beschreiben: formal und medial. Dass das Selbst durch die Wirkung des Anderen verinnerlicht wird, heißt erstens, dass das Selbst die Form der unendlichen Differenz annimmt; es wird in sich von sich – von seiner zweiten Natur: von dem, was es kann und daher ist – unendlich verschieden. Entscheidend ist nun aber, dass diese Formveränderung sich zweitens so in dem Selbst vollzieht, dass sie für es da ist: Es fühlt sie; in seiner Verinnerlichung fühlt das Selbst sich. In den Gefühlen der Scham und der Furcht vor dem Anderen gewinnt das Selbst daher eine neue Existenz. Die Wirkung des Anderen kommt von außen, aber sie ist dem Selbst nicht äußerlich. Das heißt »Verinnerlichung«: Es heißt, dass von außen befreit zu werden sich im Selbst vollzieht. Es heißt, dass die Befreiung-von (von der Identität) selbst schöpferisch ist: Sie befreit das Selbst dazu, von sich befreit zu werden.

Das Ja der Befreiung

Bis hierhin stellt es sich so dar, dass die Verinnerlichung des Selbst allein im Medium des Gefühls, in der religiösen Scham und Furcht, geschieht. Die Verinnerlichung geht aber über das bloße Gefühl hinaus: Sie erinnert das Gefühl. Sie wiederholt im Inneren des Selbst die Wirkung des Anderen, die wir im Gefühl als gegenwärtige erfahren oder erleiden. Erst dadurch wird die – zunächst gefühlte – Unterwerfung unter das Gebot des Anderen wahrhaft befreiend: Sie wird nur durch ihre Wiederholung in der Erinnerung befreiend geworden sein. Das Gebot, das die Befreiung durch den Gehorsam verlangt, verlangt daher immer schon die Erinnerung und Wiederholung des Gebots.

Exkurs: Der Triumph der Geistigkeit

Man kann den Schritt über das Gefühl der Scham hinaus zur Erinnerung so beschreiben, dass das Selbst dadurch »geistig« wird; dass die Verinnerlichung zu erinnern das Selbst vergeistigt. So drückt es Freud aus, wenn er im Anschluss an Nietzsches Theorie der religiösen Scham, der Scham des Menschen über den Menschen, die Unterwerfung unter das göttliche Gebot als einen »Rausch der Gottesergebenheit« beschreibt, der zum »Triumph der Geistigkeit« führt. Das scheint paradox. Es soll aber das Rätsel lösen, dass »das Volk Israel seinem Gott immer nur unterwürfiger anhing, je schlechter es von ihm behandelt wurde«. Freuds Begriff des Geistes (oder der »Geistigkeit«) erklärt das so, dass das Volk durch seine Unterwürfigkeit unter Gott und dessen übermäßige, unendliche Forderung eine neue Bestimmung gewinnt. Es wird nicht nur frei von der »Sinnlichkeit«, also der eigenen Natur, eingeschlossen seiner zweiten, sittlichen: seiner ägyptischen Identität. Sondern es gewinnt darin etwas, das nur auf diesem Weg, im Durchgang durch das Gefühl der eigenen Nichtigkeit, durch die Scham, möglich ist. Denn dadurch macht das Volk nach Freud einen entscheidenden »Fortschritt«. Die Unterwerfung bringt den »Kulturfortschritt« hervor; die Unterwerfung ist produktiv.[266]

Man kann diesen Fortschritt zur Geistigkeit auf zwei entgegengesetzte Weisen verstehen. Nach dem ersten Verständnis ist der Geist ein höheres Vermögen, das von der Macht der Sinnlichkeit frei geworden beziehungsweise und genauer: durch den Gehorsam frei gemacht worden ist. Dann galt die Scham des Menschen nur seiner Sinnlichkeit. Durch seinen Geist dagegen triumphiert er; auf seinen Geist ist er stolz. Die Überwindung der Scham ist der Übergang von der (fremden) Macht der Sinnlichkeit zur (eigenen) Macht des Geistes; das heißt Befreiung. Nach dem zweiten Verständnis hingegen besteht der Schritt des Geistes, der Fortschritt der Geistigkeit, nicht darin, mit der Sinnlichkeit auch die Scham zurückzulassen, sondern die Scham auszusprechen: auszusprechen, was die Scham nur fühlt; also die in der Scham gefühlte Nichtigkeit nicht hinter sich zu lassen (indem man sie relativiert: man schämt sich – nur – der eigenen Sinnlichkeit), sondern ihr eine andere Form zu geben: die Form der Sprache. Die Scham weicht demnach von der Seele, indem sie (in Rosenzweigs Formulierung) »im freien gegenwärtigen Geständnis sich hingibt«:[267] indem sie frei gesteht, was sie in der Scham nur gefühlt hat – ihre Nichtigkeit.

Nach dem ersten Verständnis ist der »Triumph der Geistigkeit« (den die Unterwürfigkeit unter Gottes Gebot hervorbringt) deshalb der »Kulturfortschritt«, weil er eine höhere Kultur errichtet. Nach dem zweiten Verständnis dagegen ist der Fortschritt der Kultur zur Geistigkeit nicht weniger als der Schritt der Kultur über sich selbst hinaus. »Geistigkeit« heißt hier: Auszug aus der Sittlichkeit, aus der Kultur. So wie nach Nietzsche aus der religiösen Scham des Menschen über den Menschen – also allein durch die religiöse Scham hindurch – das »übersittliche Individuum« hervorgeht: »das *souveraine Individuum*, das nur sich selbst gleiche, das von der Sittlichkeit der Sitte wieder

> losgekommene, das autonome übersittliche Individuum (denn ›autonom‹ und ›sittlich‹ schliesst sich aus)«.[268]

Dass wir wiederholen müssen – du musst die Wirkung, die du von außen erlitten hast, wiederholen, damit sie zu der Befreiung wird, die sie war –, erscheint in *Exodus* als das erste Gebot. Das erste Gebot überhaupt, das Gott in dieser Geschichte dem Volk gibt, ist nichts anderes als das Gebot, die Befreiung zu erinnern; das begründet den Ritus des Passah-Fests. Das geschieht, lange bevor Gott Israel am Sinai die Zehn Gebote gibt; es ist deren Bedingung und Voraussetzung. (Hier durchbricht die Priesterschrift, die dieser Passage von *Exodus* zugrunde liegt, »ihren eigenen theologischen Aufriß, nach dem kultische Gebote erst am Sinai der Gemeinde gegeben werden«.[269]) Denn Gott gibt dem Volk das Gebot, sich der Befreiung zu erinnern, in demselben Moment, indem er ihm sagt, was es tun muss, um aus Ägypten befreit zu werden: am Vorabend des entscheidenden Schlags, den er Ägypten versetzen wird, damit Pharao das Volk ziehen lässt. Indem Gott, der Befreier, dem Volk sagt, wie es sich für die Nacht bereit machen soll, in der er »alle Erstgeburt [...] in Ägyptenland [schlagen wird] unter Menschen und Vieh« (Ex 12,12) – das Volk soll seine Haustüren mit dem Blut der Schlachtopfer markieren, damit Gottes Gericht über die Ägypter an ihm vorübergeht –, sagt er ihm zugleich, dass es genau diese Vorbereitungen in Zukunft wiederholen soll, um seine Befreiung zu erinnern: »Ihr sollt diesen Tag als Gedenktag haben und sollt ihn feiern als ein Fest für den Herrn, ihr und alle eure Nachkommen, als ewige Ordnung.« (Ex 12,14) Und so sagt es Mose dem Volk dann gleich noch einmal: »Gedenkt an diesen Tag, an dem ihr aus Ägypten, aus der Knechtschaft, gezogen seid, denn der Herr hat euch mit mächtiger Hand von dort herausgeführt.« (Ex 13,3) Das ist die erste, grundlegende Bestimmung des »Dienstes«, den das Volk Gott fortan zu leisten hat: Der (Gottes-)Dienst besteht in der Erinnerung der Befreiung aus dem (Arbeits-) Dienst.[270] Die Erinnerung an die Befreiung wird zugleich mit der Befreiung geboten; beide fallen in eins. Die Zeit der Befreiung ist metaleptisch oder hat ein »Doppelgesicht«.[271] Sie vollzieht sich jetzt, in der Gegenwart, bereits als zukünftige Erinnerung und damit als vergangen-erinnerte. Die Befreiung ist von Anfang an, schon in der »einmalige[n] Situation des Auszugs Israels aus Ägypten«, rituell, der Ritus ihrer Wiederholung.[272] Denn der Auszug, die Flucht, die Austreibung aus Ägypten – wie auch immer das Ereignis von den Beteiligten erfahren und beschrieben worden sein mag; für alle diese Bezeichnungen gibt es gute Gründe – wird nur zur Befreiung geworden sein, wenn und indem sie in der Erinnerung wiederholt werden wird. Erst ihre Wiederholung macht die Befreiung zur Befreiung. Denn sie erinnernd zu wiederholen besagt, dass sie mir nicht nur jetzt, gegenwärtig, in diesem Moment widerfährt (wie ich es in der Scham fühle), sondern dass sie schon geschehen ist – und dass sie, weil sie schon geschehen ist, seitdem meine Wahrheit ausmacht. Die Befreiung erinnernd zu wiederholen heißt, *ihre Wahrheit* anzuerkennen: anzuerkennen, dass die Befreiung für das Selbst die Wahrheit ist.

Oder es heißt, die Befreiung zu bejahen. Indem der Auszug in der Erinnerung immer wieder aufs Neue wiederholt wird, wird er bejaht – und dadurch zur Befreiung: Die Befreiung besteht darin, die Befreiung zu bejahen. Das Buch *Exodus* hält das in dem Akt des Bundesschlusses fest. Anders als die vorherigen Bünde, die Gott mit Noah, Abraham, Isaak und Jakob geschlossen hatte – er mit ihnen und für sie: »Siehe, ich richte mit euch einen Bund auf« (Gen 9,9); es ist ein Bund, »den ich geschlossen habe zwischen mir und euch und allem lebendigen Getier bei euch auf ewig« (Gen 9,12) –, besteht dieser hier nun aus zwei Akten. Der erste Akt ist Gottes Zusage, für sein Volk »da«, also: wirksam, wirkend zu sein (entsprechend dem Mose offenbarten Namen Jahwe, der ihm »erklärt [wird] in dem Sinn ›Der, von dem die Aussage gilt »Ich bin, der ich bin«‹ [...], das man ebenso auch futurisch übersetzen kann ›ich werde sein, der ich sein werde‹«[273]). Die Verbindung Gottes mit seinem Volk ist nicht mehr eine »naturhaft-mythologisch[e]«, »nicht das exklusive Verhältnis eines Nationalgottes zu seiner Nation, in dem beide Seiten geradezu naturnotwendig aufeinander bezogen sind«, sondern eine »Willensbekundung«,[274] deren Gehalt die Befreiung ist:

> Und Mose stieg hinauf zu Gott. Und der Herr rief ihm vom Berge zu und sprach: So sollst du sagen zu dem Hause Jakob und den Israeliten verkündigen: Ihr habt gesehen, was ich an den Ägyptern getan habe und wie ich euch getragen habe auf Adlerflügeln und euch zu mir gebracht. Werdet ihr nun meiner Stimme gehorchen und meinen Bund halten, so sollt ihr mein Eigentum sein vor allen Völkern; denn die ganze Erde ist mein. Und ihr sollt ein Königreich von Priestern und ein heiliges Volk sein. Das sind die Worte, die du den Israeliten sagen sollst. (Ex 19,3-6)

In den Bundesschlüssen mit Noah, Abraham, Isaak, Jakob war Gott der einzige Autor; »handelnd ist allein Jahwe, der irdische Partner ist als Empfänger passiv. Abraham entsinkt in völlige Bewußtlosigkeit, während Jahwe allein das Zeremoniell vollzieht.«[275] Wenn es aber die *Befreiung* ist, die Gott seinem Volk zusagt – und so ist es erst in *Exodus* –; wenn also Gott den Bund »nicht als Schöpfer mit der Menschheit (so wie den Noah-Bund), sondern als Befreier mit den Befreiten«[276] schließt, dann muss auf diese Zusage als zweiter Akt die freie Zustimmung des Volks folgen. Erst dadurch ist der Bund hier geschlossen:

> Mose kam und berief die Ältesten des Volks und legte ihnen alle diese Worte vor, die ihm der HERR geboten hatte. Und alles Volk antwortete einmütig und sprach: Alles, was der HERR geredet hat, wollen wir tun. Und Mose sagte die Worte des Volks dem HERRN wieder. (Ex 19,7-8)

Was aber hat Gott bisher »geredet«? Dass er das Volk aus dem Sklavenhaus befreit hat und dass es sich daran erinnern, die Befreiung wiederholen und sich dadurch als *sein* Volk erweisen soll. Weitere Gebote gibt es hier noch nicht; deren Verkündung folgt erst später (Ex 20-23). Das Volk stimmt hier also nicht konkreten, bestimmten Weisungen – dem Dekalog, den weiteren Rechtssatzungen, den kultischen Anordnungen – zu, sondern es stimmt allem zu, was daraus folgt, dass Gott der Befreier für es ist. Es stimmt seiner Befreiung durch das göttliche Gebot zu: Indem es am Sinai Ja sagt, sagt es, dass der Auszug aus Ägypten seine Befreiung gewesen ist und es ihn so, *als* seine Befreiung, erinnern und wiederholen und dadurch zu seiner Befreiung machen wird.

Exkurs: Ja und Nein

Das Ja des Bundes ist notwendig, weil auch ein Nein möglich ist. Das Gebot der Befreiung, so haben wir gesehen (oben, S. 359), bewirkt, was es befiehlt. Dieses Bewirken ist aber kein einsinniger Akt. Die Wirksamkeit des Gebots muss aufgenommen und empfangen werden. Genauer gesagt, besteht die Wirksamkeit des Gebots darin, die Möglichkeit, das Gebot, zu empfangen, *mit* hervorzubringen.

Das Gebot wirkt daher so, dass es selbst seine Möglichkeit zu wirken hervorbringt: indem es empfangen wird. Dabei heißt »Möglichkeit«, dass das Gebot auch nicht empfangen werden kann. Wie das zu verstehen ist, hat sich bereits daran gezeigt, wie der phatische Akt der Anrede sein Hören bewirkt. Das durch die Anrede bewirkte Hören ist in sich selbst gedoppelt: Es wird von der Anrede des Anderen hervorgebracht, aber muss immer erst noch vom Selbst bejaht werden. Der Ruf des Anderen bringt daher nicht nur das Hören als seine Wirkung im Selbst, sondern zugleich die Möglichkeit des Selbst hervor, Ja oder Nein zu dieser Wirkung zu sagen. Genau so gibt es das Gebot – durch das die Anrede weiter bestimmt wurde – für das Selbst. Wie die Anrede bewirkt das Gebot, indem es gegeben wird, dass es aufgenommen wird; es ist unmöglich, die Anrede nicht zu hören und das Gebot nicht zu vernehmen. Und wie die Anrede bewirkt das Gebot, dass das Selbst sein Vernehmen des Gebots, also die Wirkung seines Wirkens, bejahen (oder verneinen) kann. Gerade – und nur – das Selbst, das das Gebot vernommen hat, kann verneinen oder bejahen, dass es das Gebot vernimmt. Die Gegebenheit des Gebots für das Selbst setzt die Möglichkeit seiner Verneinung oder Bejahung nicht voraus – so wie man sagt, dass das Sollen die Freiheit voraussetzt –, sondern bringt sie, genau umgekehrt, erst hervor.

*

Das Gebot zu hören und sich daher seines Unvermögens zu schämen, ist die »Verinnerlichung« (Nietzsche) des Selbst: In der Scham wird die unendliche Differenz des Anderen vom Selbst dem Selbst eingeschrieben, seine Identität, als endliche, aufgesprengt. Das ist die Grundbestimmung der Befreiung durchs Gebot. Was aber heißt es, diese Transformation oder Konversion als Befreiung zu erfahren? Die Antwort lautet: Es heißt, die Befreiung zu erinnern. Denn dies bedeutet – so das skizzierte Argument –, sie als meine Wahrheit anzuerkennen, die mich ausmacht und verpflichtet. Wenn die erinnernde Wiederholung der Befreiung bedeutet, sie zu bejahen, dann besteht aber auch umgekehrt die Bejahung der Befreiung darin, sie zu erinnern und zu wiederholen. Die Befreiung und ihre Bejahung fallen in eins. Wenn die Befreiung durch ihre Bejahung rückwirkend hervorgebracht wird, dann gibt es auch die Befreiung, die Befreiung *selbst*, immer nur so und dadurch, dass sie erinnert und wiederholt wird.

Nun kann aber nur erinnert werden, was vergessen wurde. Das Erinnern setzt das Vergessen voraus: Dass die Befreiung immer erst noch bejaht werden muss und dass dies heißt, sie zu erinnern, bedeutet, dass die Befreiung immer schon vergessen wurde. Das ist der Grund, aus dem bereits im Moment ihres Vollzugs die spätere Erinnerung der Befreiung geboten wird: weil die Befreiung, wenn sie nicht erinnert, nicht aktiv wiederholt wird, vergessen werden wird, ja, weil sie schon vergessen ist. Ohne Erinnerung ist die Befreiung vergessen; sie versinkt und verschwindet. Es ist, als hätte sie nie stattgefunden.

Dass die Befreiung vergessen wird und ihre Erinnerung daher eine Gegenerinnerung ist, ist eine zentrale Erfahrung in der Exodus-Geschichte. Sie berichtet davon, wie sich das Volk immer wieder gegen seine Befreiung und nach Ägypten zurückwendet.[277] Es stimmt erst seiner Befreiung zu – und kann ihr dann nicht treu bleiben. Es wünscht sich nach Ägypten zurück, stellt Ägypten in seinem Inneren wieder her. In jeder erneuten Erinnerung daran, dass es durch Gottes Gebot befreit worden ist, wendet sich daher das Volk gegen sich selbst: gegen das Vergessen der Befreiung, gegen die Rückkehr nach Ägypten.[278] Die Bejahung ist ein Akt der Selbstkritik – eine Unterscheidung in sich selbst, ja eine Abscheidung von sich selbst.

Damit stellt sich die entscheidende Frage: Wie ist der Akt der unterscheidenden, sich kritisch gegen sich selbst, gegen das Vergessen wendenden Bejahung zu begreifen? Diese Frage markiert das grundlegende Problem des religiösen Modells, indem sie in Zweifel zieht, was dieses Modell voraussetzt: dass uns das Gebot der Befreiung gegeben ist – *dass es das Gebot gibt.* Diese Gegebenheit sieht das religiöse Modell dadurch gesichert, dass das Gebot eine Gabe ist (die Gabe Gottes, dessen Sein, sein Sein für uns, das sein neuer Name verbürgt, sich darin manifestiert). Dass das Gebot und damit die Befreiung vergessen werden, kann dann nur unser Fehler, der Fehler des Volks sein: die Sünde, das Gebot und damit die Befreiung zu vergessen. Das Vergessen der Befreiung, gegen das sich ihre Bejahung richtet, reicht aber viel tiefer, als es scheint. Es ist nichts anderes als die Selbstvergessenheit des Gebots. Also Gottes: *Er* verbirgt *sich.*

Das soll im Folgenden zuerst gezeigt werden, indem die innere, dialektische Verklammerung von Gebot und Gesetz entfaltet wird. Das Gebot schlägt in seinen Gegensatz, das Gesetz, um; indem es sich verwirklicht, verbirgt es sich (»Die Aporie der Vergesetzlichung«). Daran schließt sich die Frage an, wie es dann noch – wenn es nur als abwesendes da ist – bejaht werden kann. Das – so zeigt sich – bedarf einer aktiven, transformierenden Intervention, die auch noch über die Logik der Erinnerung hinausgeht. Wenn die Logik der Erinnerung prophetisch ist – der Prophet erinnert das Volk daran, dass ihm das Gebot gegeben und es dadurch befreit worden ist –, dann ist die Bejahung des nicht (mehr) gegebenen, sich selbst im Gesetz verstellenden Gebots nur durch eine Lektüre und Erfahrung möglich, die auch noch über die prophetische Logik hinausführt. Das geschieht nach Gershom Scholem in der Mystik (»Mystik, Antinomismus, Nihilismus«). Darin gerät aber das religiöse Modell an eine Grenze.

Die Aporie der Vergesetzlichung

Die meisten Interpreten, ja auch schon die Exodus-Geschichte selbst, erklären sich die Ägyptomanie des Volks, das sich immer wieder der Erinnerung, befreit worden zu sein, verweigert, durch die »ungeheure Schwere dieser Konversion, die nichts weniger als einen neuen Menschen erfordert«.[279] Das Volk will sich nicht seiner Befreiung erinnern; denn dies verlangt zu viel von ihm. Aber diese Erklärung unterschätzt das Problem. Das Problem liegt nicht, das heißt nicht allein, auf der Seite des Volks, das zu schwach – zu unwillig, zerstreut, ungebildet – ist, um die Forderung zu erfüllen, die Befreiung zu erinnern und zu wiederholen. Das Problem liegt bereits in dieser Forderung. Sie ist selbst zu schwach, zu schwach sich selbst gegenüber. Nicht erst das Volk fällt von der Forderung ab, die Befreiung zu erinnern. Die Forderung fällt von sich selbst ab; sie widerspricht und unterläuft sich selbst. Wenn das Volk sich der Forderung des Gebots verweigert und an die Fleischtöpfe Ägyptens zurücksehnt, dann liegt das nicht allein daran, dass es der »Disziplin der Freiheit« (Walzer) nicht gewachsen ist, sondern dass die Forderung selbst ägyptisch ist: dass die Forderung, die Befreiung aus der Herrschaft in Ägypten zu erinnern, in sich und durch sich selbst die Form der ägyptischen Herrschaft (oder die ägyptische Form der Herrschaft) reproduziert. Das Volk reagiert nur ägyptisch, also sklavisch, weil es ägyptisch, also herrschaftlich-autoritär angesprochen wird. Es antwortet wie die Untertanen eines Tyrannen: indem es sich der Verantwortung entzieht, vor der Verpflichtung flüchtet – durch bloß negative Freiheit.

Die Befreiung zu vergessen ist daher keine psychologische, charakterliche oder intellektuelle Schwäche (deren Name »das Volk«, »die Vielen« oder »die Menge« ist), sondern eine Notwendigkeit, die in nichts anderem als dem Gebot gründet, die Befreiung zu erinnern. Das Gebot der Erinnerung bringt selbst das Vergessen hervor. Das ist das Gesetz des Gebots: Das Gesetz des Gebots ist seine Vergesetzlichung. Das Gebot schlägt in sein Gegenteil um, in das Gesetz. Damit aber hört es auf, das Gebot der Befreiung zu sein; denn das Gebot befiehlt und vollzieht – beides in einem – die Befreiung nur, indem es die Form des Gesetzes durchbricht. Durch seine Vergesetzlichung wendet sich das Gebot gegen sich selbst; es beraubt sich selbst seiner befreienden Kraft.

In *Exodus* ist dieser Umbruch zum Gesetz deutlich markiert. Der Bund zwischen Gott und Israel ist noch gesetzlos. Denn er hat keinen Inhalt (und ein Gesetz ohne Inhalt ist keins; es schreibt nichts vor). Die Zustimmung des Volks bezieht sich – wie gesehen – auf »alles, was der HERR geredet hat«; das, also *alles*, »wollen wir tun« (Ex 19,8). In seiner Bundeszusage hat Gott aber gar nichts gesagt. Genauer: Er hat noch nichts vorgeschrieben und verboten, sondern nur gesagt, was er selbst getan hat und tun wird – dass er für sein Volk da sein und es heiligen wird, wenn es auf seine Stimme hört (Ex 19,4-6). Erst nachdem das Volk Ja gesagt hat, »antwortete« Gott Mose »laut« (Ex 19,19) und »redete alle diese Worte« (Ex 20,1), die die Zehn Gebote bilden (Ex 20,3-17) und die Gott wiederum damit begründet oder daraus ableitet, dass er Jahwe ist, »dein Gott, der ich dich aus Ägyptenland, aus der Knechtschaft geführt habe« (Ex 20,2). Aber noch nicht einmal diese Worte sind von Anfang an Gesetze, das heißt Vorschriften und Verbote von Handlungen.[280] Oder wenn sie es sind, dann jedenfalls nicht für das Volk – denn es versteht sie nicht. Das Volk, zu dem Gott diese Worte spricht, »sah den Donner und die Blitze und den Ton der Posaune und den Berg rauchen. Als sie aber solches sahen, flohen sie und blieben in der Ferne stehen.« (Ex 20,18) Das Volk fürchtet sich; es ist erschreckt und unfähig, überhaupt irgendetwas zu verstehen. Das Volk weiß daher, dass Gott zu ihm gesprochen hat, aber es hat nicht verstanden, was. Deshalb heißt es auch, dass das Volk nur »gesehen«, also nicht gehört oder verstanden habe, dass Gott zu ihm gesprochen hat (Ex 20,22). Sein Sprechen ist für das Volk nur erst ein »Faktum« (Dohmen).[281] Weil Gottes Sprechen also hier für das Volk noch keine Bedeutung hat, ist es hier auch noch nicht – für das Volk – gesetzlich. Und das zeigt umgekehrt, wodurch es dann schließlich gesetzlich wird – und weshalb es das werden muss. Gottes gebietendes Sprechen wird genau dadurch gesetzlich, dass es vom Faktum zum Diskurs, von dem Dass der Anrede zum Was der Rede übergeht.[282] Das Gesetz der Vergesetzlichung, des Umschlags des Gebots ins Gesetz, ist das Gesetz des Diskurses. Es ist das Gesetz, unter dem alles Sprechen steht, das sich vom Geräusch unterscheiden will.

Dieses Gesetz der Vergesetzlichung des Gebots, des Übergangs der Anrede in die Rede, die *Exodus* vorführt, entspricht der Logik, die Derrida in seiner Kritik an Lévinas als »transzendentale Gewalt« bezeichnet hat: »die Gewalt als Ursprung des Sinns und des Diskurses im Herrschaftsbereich des Endlichen«.[283] Sie bewirkt, dass es kein reines Gebot, keine reine Anrede gibt; sie unterliegen immer schon der Verkehrung in ihr Gegenteil. Diese Logik kann eine Logik der »Gewalt« genannt werden, weil sie die befreiende Herausrufung aus der sittlichen Ordnung der Herrschaft unterläuft; die Befreiung schlägt in die Begründung sittlicher Herrschaft um. Zugleich ist diese Logik der Gewalt »transzendental«, weil sich in ihr gegen das Gebot geltend macht, was es ermöglicht: Das Gebot wendet sich gegen sich selbst und unterläuft sich selbst. Nach der Exodus-Lehre, die Rosenzweig und Lévinas auf den Begriff bringen (oben in diesem Kapitel, Abschnitt [b]), ist das Gebot die reine Anrede, in der der unendlich Andere sich offenbart; darin liegt die Kraft der Befreiung durch die unendliche Forderung. Sie befreit durch Überforderung – durch die Nichtung des menschlichen Könnens (die zuerst im Gefühl der reinen und reinigenden Scham erfahren wird). Indem nun aber das Gebot *etwas* sagt und gebietet, und sei es nur zu hören (im Sinn von: verstehen), bindet es die Befreiung vom Können an das Verstehenkönnen und setzt damit die Macht des menschlichen Könnens, die es aussetzen wollte, wieder ein. Es fällt damit genau in die Denkweise zurück, ja bringt sie selbst hervor, gegen die es sich gewendet hatte. (Das ist die Denkweise, die Mose, als er die Gesetze im Land Moab wiederholt – davon handelt das fünfte Buch Mose, das deshalb den griechischen Titel *Deuteronomium* trägt –, als das Vertrauen in »meine Kräfte und meiner Hände Stärke« kritisiert [Deut 8,17].) Die Logik der transzendentalen Gewalt, die Derrida gegen Lévinas' Konzept einer reinen, der rein unendlichen Anrede aufweist, liegt darin: Sofern das Gebot überhaupt irgendetwas gebietet (und nicht ein bloßes »Faktum« bleibt, wie es dem Volk in seiner Furcht erscheint), bindet es sich bereits an das menschliche Können. Es bindet sich daran, dass es von seinen Adressaten verstanden und im Handeln befolgt werden kann. Nichts anderes als diese Bindung, die »Vereinigung« von Sollen und Können, macht aber (nach Hegels Bestimmung, oben, S. 397) das sittliche Gesetz aus. Das Gebot, das *etwas* gebietet und verstanden werden will, *gebietet* nicht mehr. Es gebietet nicht mehr rein oder unendlich; es ist in die Form des Gesetzes zurückgefallen.

Wie das göttliche Gebot eine Ordnung unter sittlichen Gesetzen hervorbringt, wird in der Exodus-Geschichte breit entfaltet. Auf den Bundesschluss am Sinai folgt zunächst die Verkündung der Zehn Gebote (Ex 20,3-17); dann wird das zweite Gebot, das Verbot von Kultbildern, durch eine erste kurze Anweisung erläutert, wie Gott zu verehren ist (Ex 20,24-26); darauf wird eine Reihe von »Rechtsordnungen« gegeben, die den gerechten Umgang miteinander unter besonderer Berücksichtigung »der verletzbarsten Gruppen der Bevölkerung – der Armen und Unterdrückten, der Witwen und Waisen und der Fremden«[284] regeln; schließlich folgen, diesmal in Erinnerung an das erste Gebot (»Du sollst keine anderen Götter neben mir haben«; Ex 20,3), weitere, umfassende Anweisungen, die sich darauf beziehen, auf welche Weise Gott zu verehren ist (Ex 23,14-19). Gerhard von Rad hat betont, dass alle diese Weisungen – entgegen einem traditionell antijüdischen Vorurteil – keine von außen auferlegten Gesetze sind (und daher nach von Rads Ansicht auch nicht mehr »Gesetze« genannt werden sollten). Sie wollen nicht »das Leben positiv inhaltlich [...] normieren«, sondern dienen der »Gestaltung des Lebens«. »Unnötig also noch zu betonen, daß solche Forderungen im Sinne jener ›Tafeln‹ als erfüllbar, und zwar als leicht erfüllbar, galten.« Der Gehorsam, der von Israel »unbedingt gefordert« war und dessen »Verweigerung [...] den Fluch Jahwes nach sich zog«, ist deshalb zugleich und in Wahrheit »ein mündiger Gehorsam«.[285] Zwar gelten die Gesetze einfachhin, weil das, was sie verbieten, »ein Greuel für Jahwe« ist. Die andere und, nach von Rad, für ihr Verständnis entscheidende Seite aber ist, dass sich »neben dieser steilen Absolutheit auch echte Begründungen mit der offenbaren Absicht [finden], die Verbote oder Gebote dem Menschen in irgendeinem Sinn begreiflich zu machen«:

> Wohl, Jahwe will Gehorsam, aber er will Menschen, die seine Gebote und Ordnungen verstehen, d.h. Menschen, die sie auch innerlich bejahen. Es ist ein mündiger Gehorsam, den Jahwe fordert. So kann das Deuteronomium, das sich wie kein anderer darum müht, die Gesetze Jahwes im Predigtstil zu erklären, mit gutem Recht sagen: »Ganz nahe ist dir das Wort in deinem Munde und in deinem Herzen.« (Dt 30,14)[286]

Die neue Ordnung unter den am Sinai gegebenen Gesetzen – so lautet von Rads Resümee – ist daher »endgültig dem Raum des Kultus entwachsen«; »ihr ›Sitz im Leben‹ wird jetzt mehr und mehr das menschliche Herz«.[287] Denn in ihrem Inneren oder Herzen sehen die Menschen ein, wie diese Gesetze aus der Erinnerung an die Befreiung hervorgehen. Das Gebot der Befreiung wird zum Grund einer neuen sittlichen Ordnung und damit rückwirkend selbst versittlicht, in die Form der Sittlichkeit gebracht. Es verliert seinen radikalen Formunterschied vom Gesetz und wird reduziert auf einen – neuen, anderen – sittlichen Gehalt. Folgt man von Rads Beschreibung, so bringt das Gebot der Befreiungserinnerung am Sinai eine neue sittliche Ordnung hervor, die genau der Hegel'schen Definition entspricht, die Hegel selbst, im Anschluss an Spinozas Kritik (oben, S. 376), *gegen* die jüdische Gebotsordnung geltend gemacht und als die Schönheit der griechischen Republiken gepriesen hatte. Denn sie vereinigt Gesetz und Selbst, Sollen und Können. Das Gesetz gewinnt in Israel »Sein« und »Leben«.

Aber wenn das zuträfe; wenn Moses Gesetzgebungstätigkeit, entgegen dem Zerrbild eines abstrakten Legalismus, nach griechischem Vorbild eine schöne Gestalt der Sittlichkeit ausbildete – wie auch Thomas Mann meint, der Mose für einen Künstler hält: seine »Gotteslust« sei »Bildnerlust«[288] –, dann verspielte Israel gerade dadurch die Befreiung, die allein darin besteht, dass es nach Gottes Gebot aus der sittlichen Ordnung und ihrer Autorität und Herrschaft auszieht: dass es mit der Sittlichkeit bricht. Die Vergesetzlichung des Gebots versittlicht es und nimmt damit die radikale Transzendentalisierung der Normativität zurück, die allein befreiend ist. Darin liegt die »Gewalt« (Derrida) der Vergesetzlichung: Sie löst die Differenz des Gebots gegenüber dem Gesetz wieder auf, durch die – das heißt: durch die allein – der »Dienst« befreiend ist. Indem sie eine sittlich-schöne Ordnung errichtet, bringt sie den befreienden Überschuss des Gebots zum Verschwinden.

Dieses Verschwinden des Gebots im Gesetz hinterlässt jedoch eine Spur. Es hinterlässt eine Spur *im* Gesetz. Denn es zeigt sich, dass es niemals ganz gelingen kann, das Gebot in eine neue gesetzliche Ordnung zu überführen: dass an ihrem Grund und Anfang eine gesetzlose Kraft wirksam ist, die zwar notwendig die Form des Gesetzes annehmen muss, aber in dieser Form niemals gefasst werden und aufgehen kann. Diese Kraft – die sie begründet – deformiert die sittliche »Gestaltung des Lebens« und damit das sittliche Leben selbst.

Das zeigt sich etwa daran, dass Israel nach von Rads Analyse nicht nur die sittliche Neugestaltung des Lebens – für die er es preist – hervorgebracht hat, sondern zugleich auch noch eine ganz andere – kultische, unbegreifliche, ja unsittliche – Art der Ordnung. So stellt von Rad fest, dass es nicht nur eine, sondern »zwei theologisch weit ausladende Dokumentationen des Sinaigeschehens« gibt – das ist neben dem Deuteronomium die Priesterschrift –, die »so außerordentlich voneinander verschieden [sind], daß man sie billigerweise fast nicht mehr miteinander vergleichen kann«.[289] Und während die erste dieser Dokumentationen, wie gesehen, eine Fülle sittlicher Gesetze hervorbringt, deren Bedeutung einsichtig, deren Vorschriften erfüllbar und deren Geltung daher innerlich ist, »fehlt« der zweiten »dieser lebendige Deutungswille ganz«.[290] Hier geht es um die Errichtung einer kultischen Ordnung. Eine solche Ordnung muss die paradoxe Aufgabe lösen, die unendliche Differenz von heilig und profan, von rein und unrein und damit von Gott und Mensch auszudrücken und zu sichern. Sie regelt daher Materien, die, wie von Rad über die Opfer sagt, »ein Geschehen in einem Bereich jenseits des Menschen und seiner Innerlichkeit [blieben], zu dem der Mensch nur wie von außen her den Anstoß geben konnte, dessen Funktionieren aber nicht mehr seinem Vermögen oder Können unterstand«. Hier geht es darum, etwas zu tun – etwas tun zu *müssen* –, was man nicht tun kann. Und daher auch nicht verstehen kann: Die priesterschriftlichen Kultregelungen lassen »fast alle Fragen nach der Bedeutung der einzelnen Riten unbeantwortet«. Ja, sie stehen da in einer »durch keine Geistigkeit auflösbaren Materialität«.[291] Für sie trifft genau zu, was Scholem in einem berühmten Brief an Benjamin über Kafka geschrieben hat: dass diese kultischen Gesetze, im Gegensatz zur sittlichen Gesetzesordnung, *gelten* – ohne zu bedeuten.[292] Sie gelten einfachhin, ohne dass wir ihre Bedeutung verstehen und sie deshalb begründen können.

Die Gesetzesordnung spaltet sich nach von Rad in zwei gegenläufige Gestalten: in die sittlichen Vorschriften, die die Menschen im Herzen tragen, weil sie sie mit guten Gründen anerkennen können, und eine bloß faktisch geltende kultische Ordnung, die das Verstehen und Begründen an eine »absolute Grenze [führt], jenseits derer nichts mehr erklärt werden kann«.[293] In Freuds analoger Diagnose deutet sich an, weshalb das so ist – weshalb es so sein muss; weshalb also die beiden Gestalten, die in von Rads Beschreibung äußerlich nebeneinanderstehen, zwei innerlich verbundene

»Teile« eines Komplexes, der monotheistischen »Ethik« sind:

> Ein Teil ihrer Vorschriften rechtfertigt sich auf rationelle Weise durch die Notwendigkeit, die Rechte der Gemeinschaft gegen den Einzelnen, die Rechte des Einzelnen gegen die Gesellschaft und die der Individuen gegeneinander abzugrenzen. Was aber an der Ethik uns großartig, geheimnisvoll, in mystischer Weise selbstverständlich erscheint, das dankt diese Charaktere dem Zusammenhang mit der Religion, der Herkunft aus dem Willen des Vaters.[294]

Dass es in der Ethik einen »Teil« gibt, ja geben muss, der sich dem Verstehen und Begründen entzieht und »uns großartig, geheimnisvoll, in mystischer Weise selbstverständlich erscheint«, liegt nach Freud mithin an seinem Grund – seiner »Herkunft aus dem Willen des Vaters«. Die »absolute Grenze, jenseits derer nichts mehr erklärt werden kann« (von Rad), liegt in der Ordnung der Gesetze also genau dort, wo es nicht um diese oder jene, ethische oder rechtliche, normative Regelung geht – für die es immer »rationelle« Gründe gibt –, sondern um die Normativität als solche. Irgendwo und irgendwann muss in jeder normativen Ordnung die Ordnung des Normativen selbst repräsentiert werden. Dann geht es um das bloße, unbegreifbare und unbegründbare Dass der normativen Ordnung selbst. Deshalb ist die Logik der Verdoppelung, die von Rad an der Spannung zwischen den ethisch-rechtlichen Regeln des Deuteronomiums und den kultischen Regeln der Priesterschrift aufgewiesen hat, im Inneren der Normativität selbst wirksam. Sie geht in ihrer sozialen Intelligibilität und Rationalität nicht auf, sondern behält ein unauflösbares Moment des Unintelligiblen und Arationalen. Denn in der mystischen Selbstverständlichkeit, mit der die Gesetze gelten, ohne zu bedeuten, manifestiert sich »der mystische Grund ihrer Autorität« (Derrida).[295]

Genauer gesagt, der Grund manifestiert sich darin als vergessener. Dass die Ordnung der Gesetze für uns so ist, dass wir sie nicht verstehen können, sondern ihre Geltung und Macht überwältigt hinnehmen, ist selbst ein Effekt: Es ist der Effekt des Vergessens – des Vergessens des Gebots durch seine Vergesetzlichung. Die mystische Selbstverständlichkeit ist die Spur des Asemantischen und Arationalen, die die Gebotsverdrängung in der Gesetzesordnung hinterlässt. Die Kraft des vergessenen Gebots kehrt in pervertierter Gestalt wieder als die mystische Macht der sittlichen Ordnung, die uns als eine zweite Natur erscheint: selbstverständlich, unverständlich, unbefragbar. Die Kraft des Gebots verkehrt sich in ihr Gegenteil. Indem sie vergessen wird, verkehrt sich seine befreiende Kraft in die Macht der Autorität.

Das ist die Krise der Religion: dass das göttliche Gebot, indem es sich vergesetzlicht, nicht mehr befreiend ist, sondern autoritär wird. Dass die achsenzeitlichen Befreiungsreligionen (wie Joas zeigt[296]) die transzendente Macht des Heiligen immer wieder zur Heiligung der Macht einsetzten; dass das Heilige, *le saint*, resakralisiert wird und in den Legitimationsdienst der Ordnung tritt, folgt dem Gesetz der transzendentalen Gewalt, die das Gebot nötigt, zum Gesetz zu werden und damit dem Gesetz als Grund und Autoritätsquelle zu dienen. Indem das Gebot ins Gesetz umschlägt, schlägt die Befreiung in die Legitimierung und Autorisierung von Herrschaft um. Die autoritäre Spur des in der Ordnung verborgenen und verdrängten Gebots – also des verborgenen und verdrängten Gottes; denn Gott ist nur in seinem Gebot da – ist die »mystische« (Freud) oder »bedeutungsleere« (Scholem) Geltung des Gesetzes. Scholem schreibt an Benjamin, dass Gott »nicht verschwindet«[297] – er verschwindet nicht einfach oder ganz: er ist nicht nichtexistent in der Vergesetzlichung des Gebots. Aber sein Dasein ist nicht mehr befreiend, sondern autoritär, beherrschend. Indem die religiöse Befreiung sich in Gesetzen verwirklicht, zerstört sie sich selbst.

Mystik, Antinomismus, Nihilismus: die Grenze des religiösen Modells

Das ist die Aporie der religiösen Befreiung. Und der Grund dieser Aporie ist nichts anderes als der religiöse Grund der Befreiung. Das religiöse Modell sagt, dass die Befreiung des Selbst – weil sie die Befreiung aus der Gewohnheit, also von seiner Identität, seiner Natur sein muss – nur so erfolgen kann, dass es eine unendliche Forderung, das Gebot oder den Befehl, von oben hört. Die Befreiung ist eine Wirkung von außen (Lévinas sagt: einer »Exteriorität«). Diese Wirkung muss also geschehen oder sich ereignen: Sie muss *tatsächlich* erfolgen. Daher muss uns das befreiende Gebot gegeben werden; das Gebot ist eine Gabe. Sie als die Gabe Gottes zu bezeichnen, in der er sich offenbart, bringt zum Ausdruck, dass es an der Gegebenheit des Gebots, weil an dem Gebenden, dem »Signifikanten« oder Anredenden (Lévinas), keinen Zweifel geben kann. Die Prämisse des religiösen Modells – der Exodus-Theorie der Befreiung – lautet, dass es das Gebot gibt (weil Gott es uns gibt; oder weil es Gott gibt). Diese Prämisse löst sich in der Erfahrung der Exodus-Geschichte auf. Darin erfahren wir keineswegs nur, dass wir das Gebot nicht hören können oder wollen; denn dies setzt noch voraus, dass es das Gebot gibt oder es uns gegeben ist. Die Zersetzungserfahrung der Exodus-Geschichte reicht viel tiefer: In ihr erfahren wir, gerade umgekehrt, dass wir das Gebot nur allzu gut verstehen und erfüllen können; denn das Gebot hat sich zu einem Gesetz versittlicht und damit selbst verstellt, seiner befreienden Kraft beraubt. Es hat sich, wie alle Sittlichkeit, zu einem Instrument der Herrschaft gemacht.

Aus der Aporie des religiösen Modells führt kein Weg heraus. Das heißt: Es führt kein Weg aus der Aporie des religiösen Modells heraus, der nicht zugleich aus dem religiösen Modell herausführt; denn die Aporie dieses Modells folgt aus nichts anderem als seiner zentralen Prämisse. Der Weg der Befreiung muss durch das religiöse Modell hindurch – und durch es aus ihm herausführen.

Wie das zu denken ist, wird das abschließende sechste Kapitel des dritten Teils zu beantworten versuchen. Hier kann nur erst gezeigt werden, wie das religiöse Modell in und durch sich selbst an seine Grenze getrieben wird. Das zeigen Scholems Überlegungen zur jüdischen Mystik. Diese Überlegungen sind von grundsätzlicher, systematischer Bedeutung. Denn sie beschreiben die Mystik als ein Erfahren, Lesen und Denken, in dem der Begriff der Religion selbst in Frage steht.

Was heißt hier »Mystik«? Das Erste, das Scholem über die jüdische Mystik festhält – auch, um geläufige Ansichten zurückzuweisen –, ist, dass sie »nicht im Leeren wirkt«.[298] Die Mystik ist nichts Ursprüngliches oder Anfängliches. Sie kommt spät, erst an zweiter Stelle; sie gehört in »die romantische Periode der Religion«.[299] Vor ihr da ist: die religiöse Autorität, die autoritative Ordnung der Gesetze. Gegen diese Ordnung richtet sich die Mystik; die Mystik ist antiautoritär. Zugleich aber erachtet die Mystik die Ordnung der Gesetze als notwendig: Das Gesetz ist notwendig in »einer Welt, in der die Mächte des Bösen regieren«.[300] Wenn die Mystik sich der autoritativen Ordnung des Gesetzes entgegensetzt, dann geht es ihr daher nicht um deren »Abschaffung«. Die Mystik hat keinen »antinomistischen und antitalmudistischen Charakter« – oder wenn sie doch »antinomistisch« genannt werden muss (wie sich zeigen wird), dann jedenfalls nicht in dem schlichten Sinn, dass sie das Gesetz auflöst, abschafft oder ersetzt. Die Mystik setzt nicht etwas anderes an die Stelle des Gesetzes (etwa das »Gesetz der Gnade«). Sondern die »Mystiker scheinen die Quellen der traditionellen Autorität noch einmal von sich aus zu entdecken. Ihr Weg hat sie zu derselben Quelle zurückgeführt, aus der sie [d. i. die traditionelle Autorität des Gesetzes] entsprungen ist.«[301] Die Mystik ist die Rückkehr zur Quelle des Gesetzes. Sie richtet sich gegen das Gesetz, aber indem sie zu seiner wahren Quelle, seinem Anfang zurückgeht. Darin ist die Mystik eine Praxis der Erinnerung: gegen das Vergessen des Grunds, des göttlichen Gebots, in der Ordnung des Gesetzes. Oder weil die Ordnung des Gesetzes selbst dem Gebot der Erinnerung (des Gebots) entspringt – weil die Ordnung des Gesetzes das Gebot nur so erinnern kann, dass sie es vergisst: Erinnern als Vergessen –, ist die Mystik die *Gegen*erinnerung. Sie ist die Erinnerung, die sich gegen ihre Selbstvergessenheit in der autoritativen Ordnung des Gebots wendet. Die Mystik ist nur die konsequente Radikalisierung der Erinnerung, die auch schon die Ordnung des Gesetzes sein wollte (und nicht sein kann).

Weil auch die Mystik das Gebot nur *erinnern* kann; weil sie es also nicht unmittelbar gegenwärtig hat – das Gebot ist gegenwärtig nur als im Gesetz vergessenes –, ist die Mystik, die das Gesetz zu seiner Quelle zurückführt, zugleich eine Transformation des Gesetzes. Das ist das Zweite, das Scholem festhält: Die Mystik verändert das Gesetz. Die mystische Erinnerung führt hinter das Gesetz zurück, aber nur durch das Gesetz hindurch: hinter das Gesetz, durch das Gesetz hindurch und dadurch über das Gesetz hinaus; indem sie das Hervorgehen des Gesetzes aus der Quelle des Gebots wiederholt, verändert sie es. Darin ist die mystische Wiederholung die »eigentliche Wiederholung«, die sich nach Sören

Kierkegaards Bestimmung »der Sache vorlings erinnert«.[302] Die mystische Erinnerung ist eine Erinnerung nach vorn: die Praxis radikaler Veränderung.

Entscheidend ist nun, wie die mystische Transformation des Gesetzes erfolgt. Scholem nennt sie: die »Relativierung« des Gesetzes; die Mystik relativiert »das absolute Wesen der Tora«.[303] Dass die Tora, das Gesetz, absolut scheint, ist die Weise, in der das Gebot als vergessenes in ihm wirksam ist. Das hat sich oben gezeigt: Das »absolute Wesen« der Tora ist die Spur ihrer Gebotsvergessenheit. Indem das Gesetz vergisst, dass es in dem Gebot gründet, wird es keineswegs zu einer transparenten und »rationellen« Ordnung, deren sozialer Sinn darin besteht – wie Freud sagt (oben, S. 440) –, »die Rechte der Gemeinschaft gegen den Einzelnen, die Rechte des Einzelnen gegen die Gesellschaft und die der Individuen gegeneinander abzugrenzen«. Sondern indem das Gesetz seinen Grund in seinem Anderen und Höheren vergisst, verabsolutiert es sich selbst und nimmt den Schein absoluter Geltung an. Zwar kann jedes einzelne ethische und rechtliche Gesetz – wie von Rad sagt (oben, S. 436 f.) – ebenso leicht erfüllt wie gut begründet werden. Aber dass es das Gesetz gibt und geben muss – dass es gilt –, geht über alle rationelle Bedeutung und Begründung hinaus. Das Gesetz erscheint als absolut, das heißt »in mystischer Weise selbstverständlich« (Freud). Weil dies daraus folgt, dass das Gesetz das Gebot vergisst oder verdrängt, in dem es gründet, bedeutet jedoch, umgekehrt, das Gebot als Gesetzesgrund zu erinnern das Gesetz zu relativieren: Gebotserinnerung als Gesetzesrelativierung. Auch das heißt »mystisch«: »Mystisch« ist die Erinnerung des Gebots am Grund des Gesetzes, die dessen »mystisch« genannte absolute Geltung relativiert.

Die Rede vom Mystischen spaltet sich also in zwei einander entgegengesetzte Bedeutungen. Auf der einen Seite steht das Mystische der Gesetzesautorität. Die Geltung des Gesetzes ist mystisch, weil sie seine sittliche Bedeutung und Begründung überschießt; es gilt absolut. »Mystisch« heißt in diesem ersten Sinn die rational unbegründbare Autorität des Gesetzes. Auf der anderen Seite steht das Mystische der gesetzesrelativierenden Erinnerung. Sie heißt »mystisch«, weil sie auf das Gebot zurückführt, das in keinem Gesetz artikuliert werden kann. Mystik gegen Mystik: die Mystik des absoluten Gesetzes und die Mystik des unendlichen Gebots, die Mystik der Autorität und die Mystik der Befreiung. – Ist das nur eine Doppeldeutigkeit des Ausdrucks »Mystik«, die sich leicht auflösen lässt? Wenn wir die erste Bedeutung autoritär und die zweite befreiend nennen, muss ihre Beziehung komplexer sein.[304] Denn die Mystik der Befreiung richtet sich gegen die Mystik der Autorität; sie relativiert das Gesetz, das diese absolut setzt. Und das ist keine äußere Entgegensetzung und Relativierung. Die befreiende Erinnerung der Mystiker setzt vielmehr genau an dem Punkt an, an dem sich die Geltung des Gesetzes »in mystischer Weise« von seiner sittlichen Bedeutung löst, sie übersteigt und autoritativ wird. Die mystische Befreiung ist nichts anderes als die Befreiung *des* Mystischen – seine Befreiung aus seiner autoritären Funktion.

Die Mystik der Autorität besteht in dem Überschuss der Geltung des Gesetzes über seine Bedeutung und Begründung. Diesen Überschuss versteht sie so, dass das Gesetz absolut gilt: als unmittelbare Erfüllung des göttlichen Gebots. Der Absolutheitsschein des Gesetzes, die Mystifizierung seiner Autorität, ist die – falsche – Erscheinung des Gebots. In ihr erscheint das Gebot, aber falsch: so, dass seine Differenz vom Gesetz ausgestrichen wird. Genau hier, an der Autorität und ihrer – falschen, scheinhaften – Mystik, setzt die verändernde Arbeit der mystischen Befreiung an. Sie ist eine

Lektüre der Autorität, eine Rettung ihres Scheins: Die Mystik der Befreiung liest im Absolutheitsschein des autoritativen Gesetzes die Wirkung des Gebots. Sie entdeckt im Gesetz – gerade und genau dort, wo es sich selbst verabsolutiert – das Andere des Gesetzes, das Gebot. Die Mystik liest das Gesetz als den Ausdruck des Gebots: Das Gesetz drückt das Gebot aus, indem es es verbirgt. Die Verabsolutierung des Gesetzes ist also genau der Punkt, an dem sich im Gesetz seine Abhängigkeit vom Gebot zeigt. Die Absolutheit des Gesetzes ist in Wahrheit seine Relativität.

Indem die mystische Lektüre des Gesetzes dies zeigt, befreit sie die Kraft des Gebots aus seiner autoritären Fusion mit dem Gesetz und entbindet eine unendliche Bewegung der Transformation, der »Metamorphose« des Gesetzes. Die mystische Lektüre setzt aus der falschen, scheinhaften Absolutheit die wahre Unendlichkeit frei. Das beschreibt Scholem an einer ebenso prägnanten wie weit ausholenden Stelle so:

> Der Mystiker verwandelt den heiligen Text, und das entscheidende Moment dieser Metamorphose besteht darin, daß das harte, gleichsam eindeutige, unmißverständliche Wort der Offenbarung nun *unendlich* sinnerfüllt wird. Das Wort, das höchste Autorität beansprucht, wird aufgeschlossen, es öffnet sich und kommt der Erfahrung des Mystikers entgegen. [...] Die Heiligkeit der Texte liegt nun eben in ihrer Fähigkeit zu solcher Metamorphose beschlossen. Das Wort Gottes muß unendlich sein, oder, anders ausgedrückt, das absolute Wort ist zwar in sich noch bedeutungslos, aber es ist bedeutungs*schwanger*. Es legt sich in den unendlichen Schichten des Sinnes auseinander, in denen es, vom Menschen her gesehen, in endliche und sinnerfüllte Gestalten eintritt. Damit ist der wesentliche *Schlüsselcharakter* der mystischen Exegese

> bezeichnet. Als ein Schlüssel zur Offenbarung – so stellt sich die *neue* Offenbarung dar, die dem Mystiker zuteil wird. Ja mehr: der Schlüssel mag selbst verloren gehen – noch immer bleibt der unendliche Antrieb, ihn zu suchen. Das ist nicht nur die Situation, in der die Schriften Franz Kafkas die mystischen Antriebe, gleichsam auf den Nullpunkt angelangt, und noch im Nullpunkt, auf dem sie zu verschwinden scheinen, so unendlich wirksam zeigen. Es ist das schon die Situation der talmudischen Mystiker des Judentums.[305]

Die Mystik der Befreiung sieht in dem Schein der Absolutheit des Gesetzes den Widerschein, den Nach- oder Vorschein einer Unendlichkeit – der Unendlichkeit der Forderung, des Sollens, der Gerechtigkeit –, deren Kraft die Form des Gesetzes als solche sprengt. Von dieser (»mystischen«) Kraft getrieben, entfaltet sich eine ganz andere Art der Lektüre des Gesetzes – eine Lektüre, die nicht nur anders als die autoritätsauslegende der Rabbinen ist, sondern selbst noch als die erneuernde der Propheten. Denn auch noch der »Prophet hört eine deutliche Botschaft«;[306] er glaubt an die Diskursivierbarkeit des Gebots. Die mystische Relativierung der Tora dagegen ist die *Verunendlichung* des Gesetzes. Das ist aber nicht die Unendlichkeit seiner Deutungen. Es geht nicht darum, dass das Gesetz in jeder neuen Situation immer wieder anders gedeutet werden muss – und kann; die mystische Verunendlichung ist nicht hermeneutisch. Denn jede der Deutungen, und damit ihre endlose Fortsetzung, bleibt an die Gesetzesform gebunden; indem sie den Inhalt des Gesetzes immer wieder neu deutet, setzt sie seine Form voraus. Die mystische »Relativierung« des Gesetzes hingegen ist nicht die Relativierung der einen Deutung durch eine andere (und wieder eine andere usf.), sondern der Gesetzesform selbst. Diese Relativierung der Gesetzesform leistet die Mystik durch die Arbeit am Gesetzes*text*, an seinem Buchstaben, nicht an seiner Bedeutung.[307] Die Mystik unternimmt eine fortwährende Rekombination der Buchstaben des Gesetzestextes: nicht, weil es ihr um unendliche Möglichkeiten des Bedeutens geht; auch nicht, weil es ihr um ein Spiel oder Experiment geht, sondern um das eine Wort zu finden, das unendlich bedeutsam, weil gültig ist. In der unendlichen Rekombination der Buchstaben geht es um die unendliche Geltung des einen gebietenden Worts, aus dem das Gesetz hervorgeht.

Das ist der Weg, den die Mystik aus der Aporie der Erinnerung – aus der Aporie der Erinnerung an die Befreiung; also aus der Aporie der Befreiung – weist. Die Erinnerung an die Befreiung durchs Gebot kann nicht – das heißt: nicht *allein* – dadurch erfolgen, dass man ihrer alljährlich im Kult gedenkt und alltäglich die ethischen und rechtlichen Regeln befolgt, die sie hervorgebracht hat. Sie kann nicht allein dadurch erfolgen, dass das Gebot vergesetzlicht wird: dass das Gebot in die Form vorschreibender und verbietender Regeln gebracht wird, so dass die Erinnerung an das Gebot in der Gesetzesbefolgung besteht, im Tun des Gesetzlichen. Es ist aber auch keine unmittelbare Rückkehr zum Gebot, zum Gebot in seiner Unmittelbarkeit möglich; denn seine Vergesetzlichung beginnt schon zu Beginn, mit dem ersten gebietenden Wort, das etwas sagt. Der mystische Weg aus der Aporie ist daher der Weg *durch* die Aporie; er ist nicht ihre Auflösung, sondern ihr Vollzug. Deshalb bindet sich die Mystik an das Gesetz – etwas anderes als das Gesetz haben wir von dem unendlich fordernden Gebot nicht –, aber in dieser Bindung relativiert sie es. Denn die Mystik bindet sich nicht an den Gehalt der Gesetze, sondern an ihre Gestalt, ihre Materialität: an ihre Buchstäblichkeit. In den Kombinationen, in denen die Mystik den Buchstaben des Gesetzes entfaltet, sucht sie das eine Wort des Gebots, das in seiner unendlichen Forderung das Selbst aus seiner Identität zu befreien vermag.

Aber all das ist nur ein erster Schritt zum Verständnis der mystischen Befreiungserinnerung und Befeiungsbejahung. Denn es kann keine Erinnerung der Befreiung ohne ihre *Erfahrung* geben. Das mystische (Immer-wieder-neu-)Lesen des Gesetzestextes ist unmöglich ohne die Erfahrung des Vor- und Außergesetzlichen. Wenn die grundlegende Einsicht der Mystik, die Scholem rekonstruiert, besagt, dass die Erinnerung der Befreiung durchs Gebot nur durch sein Anderes, das Gesetz, also durch das Vergessen des Gebots erfolgen kann, dann lehrt die Mystik zugleich, dass die Erinnerung nur durch das Gesetz und das Vergessen *hindurch*, also hinter es zurück- und aus ihm herausführen und die Immanenz der Sittlichkeit aufsprengen kann – dass die Erinnerung nur die Erinnerung des Exodus, also seine Wiederholung sein kann –, wenn sie durch eine Erfahrung von außen angetrieben wird: Die mystische Transformation des Gesetzes ist angetrieben von einer Erfahrung des Ungesetzlichen. Die Mystik, sagt Scholem daher, hat ein wesentlich nihilistisches Moment. Zwar ist der mystische Nihilismus ein »Grenzfall«, ein »Grenzphänomen«.[308] Die Mystik ist nicht im Ganzen nihilistisch; sie kann es nicht sein, wenn sie die Durcharbeitung des Gesetzestextes ist. Aber dass es den mystischen Nihilismus gibt, dass es keine Mystik ohne Nihilismus gibt – dass die Mystik den Nihilismus als ihren »nur allzu legitimen, wenn auch von jedermann mit Schaudern abgelehnten Erben« hervorbringt[309] –, definiert ihren Begriff. Es definiert die mystische Negation des Gesetzes, dass sie an die Grenze seiner Annihilation, des Nichts des Gesetzes führt.

Denn woran erinnert die Mystik sich? Wohin führt die mystische Erinnerung, wenn sie hinter das Gesetz zurückführt? Sie will das Gebot erinnern (das das Gesetz vergisst, indem es es artikuliert); denn das Gebot ist die Wahrheit, die uns frei macht. Das Gebot aber gibt es nicht und gab es auch nie. Was es gibt, was in jeder möglichen Gegenwart, vergangen oder zukünftig, positiv da ist, ist das Gesetz. Denn das Gebot, das ist die Einsicht, die Derrida auf den Punkt bringt und als »transzendentale Gewalt« bezeichnet, ist immer schon zum Gesetz geworden: allein dadurch bereits, dass es gesagt, dass es artikuliert wird. Die Erinnerung an das Gebot, die hinter das Gesetz zurückgeht, muss daher auch noch hinter das Gebot zurückgehen.

So erinnert der Mystiker Gottes Gebotsverkündigung am Sinai. Denn was hat das Volk Israel beim Empfang der Zehn Gebote am Berg Sinai erfahren? Was hat es gehört, ja, was konnte es hören? Der Text sagt dazu, dass das Volk durch den Donner, die Fackeln, den Posaunenschall und den Rauch, die Gottes Verkündigung vorausgehen, in Furcht versetzt wurde, dass es sie nicht zu ertragen vermochte und Mose um die Übermittlung von Gottes Rede gebeten hat. Nach Scholem deuten das einige so, dass

> alle Gebote ihnen durch das ungebrochene Medium der göttlichen Stimme zugekommen [sind]. Nach anderen hätten sie nur die ersten zwei Gebote [...] unmittelbar aus Gottes Munde vernommen. Dann aber sei die überwältigende Macht dieser Erfahrung zu viel für das Volk gewesen, und sie hätten der göttlichen Stimme nicht standhalten können. Daher hätten sie sich an Moses halten müssen, durch dessen Vermittlung sie nun die übrigen Gebote empfingen. Moses allein konnte die Wucht der Stimme ertragen und wiederholte nun in menschlicher Stimme jene Aussagen höchster Autorität, die die Zehn Gebote sind.[310]

Der Mystiker Rabbi Mendel von Rymanów aber deutet diese Sequenz, wie Scholem referiert, ganz anders. Er versteht sie so, dass sie durch einen Bruch führt:

> Ihm [Rymanów] zufolge stammen nicht einmal die ersten beiden Gebote aus einer unmittelbaren Offenbarung an die ganze Gemeinde Israel. Alles, was ihnen offenbart wurde, was Israel hörte, war nichts als jenes *Aleph*, mit dem im hebräischen Text der Bibel das erste Gebot beginnt, das *Aleph* des Wortes *ʾanochi*, »Ich«. Dies scheint mir in der Tat ein überaus bemerkenswerter und nachdenklich stimmender Satz. Der Konsonant *Aleph* stellt nämlich im Hebräischen nichts anderes dar als den laryngalen Stimmeinsatz (entsprechend dem griechischen *spiritus lenis*), der einem Vokal am Wortanfang vorausgeht. Das *Aleph* stellt also gleichsam das Element dar, aus dem jeder artikulierte Laut stammt, und in der Tat haben die Kabbalisten den Konsonanten *Aleph* stets als die geistige Wurzel alle anderen Buchstaben aufgefaßt, der in seiner Wesenheit das ganze Alphabet und damit alle Elemente menschlicher Rede umfaßt. Das *Aleph* zu hören ist eigentlich so gut wie nichts [...].[311]

Wenn dieses Nichts am Nullpunkt des Diskurses zu erfahren die Erfahrung des Volks am Sinai zu einer mystischen macht – zu der »mystische[n] Erfahrung, die einmal in der Geschichte einem ganzen Volk zuteil geworden« ist[312] – und wenn die mystische Erinnerung die Erinnerung dieser Erfahrung ist, dann führt diese Erinnerung zu einem Moment zurück, der noch vor dem Gebot liegt: zu dem Moment, in dem die Stimme des Gebots, die Stimme Gottes, erst soeben anhebt; dem Moment, in dem sie noch, wie es der Prophet Elija erfährt, eine »Stimme verschwebenden Schweigens«, eine »hauchdünne Stimme der Stille« ist.[313] Scholem sagt es so: Die mystische

Erfahrung ist »amorph«, gestaltlos, von »*prinzipiell unendliche[r] Plastizität*«.[314] Man kann daher auch nicht wissen, dass in dieser Erfahrung die Stimme des *Gebots* gehört wird. Deshalb gibt es das Gebot nicht: Es war und ist zu keinem gegenwärtigen Zeitpunkt positiv da – es ist nichts anderes als der »Übergang« (Scholem) des Gestaltlosen in eine Gestalt, der Unbestimmtheit in eine Bestimmtheit, der Kraft in eine Form. Dahin kehrt die mystische Erinnerung zurück: nicht zum Gebot, sondern zum Werden des Gebots aus einem Abgrund, in dem es – noch – *so gut wie nichts gibt*.

Exkurs: Tun und Hören

Das Buch *Exodus* hält diese unendliche Öffnung des Gesetzes, seine Öffnung auf das unendliche Gebot, in einer eindrücklichen Formulierung fest, mit der das Volk die Konsequenz aus seiner mystischen Erfahrung von Gottes Stimme zieht. Das Volk bekräftigt seine Zustimmung zu den Gesetzen, die Mose ihm übermittelt (weil es selbst Gottes Rede nicht zu ertragen vermochte), indem es sagt: »Alles, was JHWH gesprochen hat, wollen wir tun, und wir wollen es hören.« (Ex 24,7; Übers. Dohmen). In der Übersetzung von Buber und Rosenzweig: »Alles, was ER geredet hat, wir tuns, wir hörens.« Müsste es nicht umgekehrt sein: erst das Hören, dann das Tun, das das im Hören Verstandene verwirklicht? »Entspringt«, so Dohmen, »nicht die Tat gewöhnlich dem, was wir gelernt haben zu tun?«[315] Nicht aber dann, wenn das Hören unendlich ist und über alles, was wir tun können, hinausführt.

Dohmen erläutert die Radikalität dieser kleinen Umstellung von Hören und Tun zu Tun und Hören durch eine »Erzählung aus der jüdischen Tradition, die mit dieser Antwort Israels in Ex 24,7 das Wesen der Erwählung Israels verbindet«:

So wird erzählt, dass Gott allen Völkern seine Tora angeboten habe: »Er offenbarte sich nämlich den Söhnen Esaus des Frevlers und sprach zu ihnen: Wollt ihr die Thora annehmen? Sie sprachen zu ihm: Was steht darin geschrieben? Er sprach zu ihnen: ›Du sollst nicht morden‹. Sie sprachen: Das ist ja das Erbe, das unser Vater uns vererbt hat, wie es heißt (Gen. 27,40): ›Von deinem Schwerte sollst du leben‹. Darauf offenbarte er sich den Söhnen Ammons und Moabs, er sprach zu ihnen: Wollte ihr die Thora annehmen? Sie sprachen zu ihm: Was steht darin geschrieben? Er sprach zu ihnen: ›Du sollst nicht ehebrechen‹. Sie sprachen zu ihm: Wir alle entstammen dem Ehebruch, wie es heißt (Gen. 19,36): ›Und die beiden Töchter Lots wurden schwanger von ihrem Vater‹, wie sollen wir die Thora annehmen? Dann offenbarte er sich den Söhnen Isma'els. Er sprach zu ihnen: Wollt ihr die Thora annehmen? Sie sprachen zu ihm: Was steht darin geschrieben? Er sprach zu ihnen: ›Du sollst nicht stehlen‹. Da sprachen sie zu ihm: Mit diesem Segen ist ja unser Vater gesegnet worden, denn es steht geschrieben (Gen. 19,12): ›Es wird ein Wildesel von Mensch sein, seine Hand ist wider alle‹; ferner (das. 40,16): ›Ich bin gestohlen worden vom Lande der Hebräer‹. Als er aber zu den Israeliten kam, ›von seiner Rechten Feuer des Gesetzes ihnen‹; taten sie alle ihren Mund auf und sprachen: ›Alles, was der Ewige geredet, wollen wir tun und gehorchen‹ (Ex 24,7). (Mek 208)«.

Die Erzählung sieht also in der kleinen, vom üblichen Handlungsablauf abweichenden Folge der beiden Verben in Ex 24,7, wo das Tun dem Hören vorausgeht, den entscheidenden Unterschied von Israel zu allen anderen Völkern, weil Israel hier nicht wie die anderen danach gefragt habe, was in dieser Tora stehe, sondern sie zuerst angenommen habe, um dann erst zu erfahren, was die Tora von ihnen verlange.[316]

Halten wir fest, wie die Mystik die Bejahung der Befreiung durch ihre Erinnerung versteht. Sie versteht sie als die Erinnerung nach vorn. Die Mystik versteht und praktiziert die Erinnerung des Gebots als eine Transformation des Gesetzes. Diese Transformation entfaltet im Gesetzestext die unendliche Differenz von Gebot und Gesetz. Sie verwandelt den Gesetzestext – so Scholem – in die »Mitteilung eines Nicht-Mitteilbaren, das ausdrucklos in ihr lebt«:[317] des Gebots. Das Gebot, das dem Gesetz zugrunde liegt (weil das Gesetz es ausdrücken und bewahren will), ist der Ausgang aus dem Gesetz, seine Öffnung nach vorn – die aber nur möglich ist und im Gesetz aufgebrochen werden kann, wenn sie angetrieben wird durch eine Erfahrung, die selbst noch hinter oder vor das Gebot führt und eine Erfahrung des Gestaltlosen, der Plastizität ist. Wenn also das Gebot – das der Mystiker erinnert – der Erinnerung nicht vorgegeben, sondern ihr Effekt ist, der Effekt der Verunendlichung des Gesetzes, dann gibt es das Gebot nur im Wirken einer Kraft der Formlosigkeit (oder der Formlosigkeit der Kraft), die noch vor dem Gebot liegt. Um das Gebot zu bejahen, muss der Mystiker es negieren.

Ausblick: Eine »geheime Vorgeschichte«

Die Analyse der Mystik, die Scholem vornimmt, hat zwei wesentliche Konsequenzen für das Verständnis der (Befreiung als) Bejahung der Befreiung. Beide Konsequenzen sind unmittelbar miteinander verbunden. Die erste Konsequenz besagt, dass es die Befreiung, gerade als erinnerte, vor ihrer erinnernden Bejahung nicht gab. Denn es gab das Gebot, das die Befreiung befiehlt und hervorbringt, noch nicht: Das göttliche Gebot ist ein Effekt (das heißt nicht: das Produkt) der transformativen Arbeit der Erinnerung. Die zweite Konsequenz besagt, dass diese verändernde Erinnerung sich aus einer Kraft, einer Erfahrung speist, die vor dem Hören des göttlichen Gebots einsetzt: der mystischen Erfahrung des Werdens des Gebots. Die Bejahung der Befreiung durch das göttliche Gebot führt hinter das göttliche Gebot zurück. Indem das religiöse Modell die Bejahung der Befreiung denkt, wird das Denken aus dem religiösen Modell herausgeführt.

Diese Konsequenz zeigt sich in einer Überlegung bei Rosenzweig. Wir haben gesehen, dass Rosenzweig, wie Lévinas, ein Denker des Exodus ist. Der Exodus besteht darin, dass das Selbst aus seiner »in sich gekehrten Verschlossenheit« heraustritt (und »Seele« wird): »heraus aus seiner Verschlossenheit ins Freie«.[318] Das wird von außen bewirkt, im Hören des Gebots. Das Gebot ist die Grundbestimmung der Offenbarung. Deshalb, weil sie sich der Offenbarung verdankt, sagt Rosenzweig, dass die Freiheit ein – oder *das* – Wunder ist. Er schreibt an Rudolf Ehrenberg: »Allein schon das ehrliche Zugeständnis, dass Freiheit das ›Wunder in der Erscheinungswelt‹ ist, macht Kant zum persönlich größten aller Philosophen [...]«.[319] Dabei denkt man zuerst an Kants Bestimmung, dass die Freiheit nicht natürlich ist und daher nicht aus dem »Weltlaufe« begriffen werden kann.[320] Wenn die Freiheit gleichwohl »mitten im Laufe der Welt« (Kant) einen neuen Anfang machen und daher in ihr erscheinen könnte (indem sie ihn durchbricht), wäre dies ein Wunder. Das wäre sie aber nur erst im negativen Sinn des Worts: das Wunder als das Nichtnatürliche. Rosenzweig hingegen definiert das Wunder positiv. »Es fällt [...] nicht durch seine Ungewöhnlichkeit auf – die ist nur, obwohl für die Wirkung höchst nötige, ›Aufmachung‹, nicht Kern –, sondern durch seine Vorausgesagtheit«, die das Wunder zum »Zeichen« macht.[321] Und zwar ist das Wunder ein Zeichen, weil es die gegenwärtige Erfüllung einer vergangenen Weissagung ist. Der Wunderglaube, der Glaube, dass ein Ereignis ein Wunder ist, ist daher durch dessen Zeitlichkeit definiert; das Wunder hat eine zeitliche, genauer geschichtliche Form (die Form, die definiert, was hier »Geschichte« heißt). Das Wunder ist die Zukunft einer Vergangenheit, in der seine Gegenwart verheißen wurde. Wer ein Wunder erfährt (also an es glaubt), erinnert sich damit einer Vergangenheit, von der man aber nur durch die Erfahrung des Wunders, durch ihre gegenwärtige Erfüllung weiß. Im Wunder sind nach Rosenzweig daher Schöpfung und Offenbarung verknüpft:

> Denn das ists, durch das die Offenbarung erst zum Abschluß kommt. Sie muß in ihrer grundlosen Gegenwärtigkeit nun dauernd auf Grund kommen, einen Grund, der jenseits ihrer Gegenwärtigkeit, also im Vergangenen liegt, aber den sie selber sichtbar macht nur aus der Gegenwärtigkeit des Erlebens heraus. Jene vielberufene Rückbeziehung der Offenbarung auf die Schöpfung, das ist es letzthin, was wir hier meinen. Aber, wie eben gesagt, nicht erklärt wird die Offenbarung aus der Schöpfung; dann wäre ja die Schöpfung gegen sie etwas Selbstständiges. Sondern die vergangene Schöpfung wird von der lebendig gegenwärtigen Offenbarung aus bewiesen. Bewiesen, nämlich gewiesen. Im Lichtschein des erlebten Offenbarungswunders wird eine dieses Wunder vorbereitende und vorhersehende Vergangenheit sichtbar; die Schöpfung, die in der Offenbarung sichtbar wird, ist Schöpfung der Offenbarung. Erst an dieser Stelle, wo der Erlebnis- und Gegenwartscharakter der Offenbarung unverrückbar festgestellt ist, erst hier darf sie eine Vergangenheit bekommen, aber hier muß sie es nun auch.[322]

Es ist entscheidend für das Wunder – und dies definiert das Wunder als den Inbegriff des religiösen Denkens –, dass sich in seiner Erfahrung der Rückbezug auf die Schöpfung vollzieht; Gegenwart und Vergangenheit, Offenbarung und Schöpfung vereinen sich. In der Offenbarung wiederholt sich die Schöpfung gegenwärtig.

Wenn wir die Freiheit als das Wunder begreifen, und wenn wir dies so verstehen, dass das Selbst ebendadurch frei wird, dass es bejaht, aus seiner Verschlossenheit durch die Offenbarung herausgetreten zu sein – dann folgt aus der von Rosenzweig erläuterten Struktur, dass diese Bejahung einen Grund hat. Diesen Grund nennt er die »Schöpfung«: dass das Selbst geschaffen ist. Das Selbst begreift sich in seiner befreienden Bejahung als geschaffenes, als »Kreatur«. Das »Wunderbare der Schöpfung«, so erläutert Lévinas diesen Punkt, besteht darin, »daß sie ein Seiendes hervorbringt, das fähig [*capable*] ist, eine Offenbarung zu empfangen, seine Kreatürlichkeit zu erfahren und sich in Frage zu stellen«.[323] Indem es die Offenbarung empfängt, erfährt also das Selbst, dass es fähig ist, die Offenbarung zu empfangen. Genauer: Es erfährt, dass es, bevor es die Offenbarung empfängt, die Fähigkeit empfangen hat – das heißt: empfangen und vergessen hatte –, die Offenbarung zu empfangen. Das geschah, indem es geschaffen wurde. Dass es so ist, erfährt das Selbst durch das Wunder: Die Befreiung (durch die Offenbarung des Gebots) ist in der Schöpfung *begründet*.

Rosenzweig hebt hervor, dass dieser Grund der Befreiung uns nur durch die Befreiung gegeben ist: Die Schöpfung und die Offenbarung verweisen wechselseitig aufeinander. Sie bilden einen Zirkel, in dem die Schöpfung das Selbst befähigt, durch die Offenbarung befreit zu werden, aber zugleich das Selbst nur in seiner Befreiung durch die Offenbarung erfährt, dass es geschaffen – Kreatur – ist. Dieser Zirkel ist die Logik (und die Zeitlichkeit) des Wunders – des Wunders, das nach Rosenzweig die Freiheit ist. Aber wie gelangt das Selbst in diesen Zirkel hinein? Wodurch ist das Selbst fähig, aus sich heraus und in diesen Zirkel einzutreten? Es muss eine Fähigkeit sein, die bereits in dem Selbst wirksam ist, *ohne* dass es schon in einer Beziehung zum unendlich Anderen steht – also: bevor es sich in der religiösen Beziehung verortet, bevor es religiös ist; eine Fähigkeit zur und daher *vor* der Fähigkeit der Beziehung zum Anderen – eine Fähigkeit vor der Fähigkeit, die wir durch die Schöpfung oder als Geschöpf besitzen. Damit das Selbst durch den Anderen für den Anderen empfänglich werden kann, muss es schon (wie Sarah Rosenhauer in ihrer Auseinandersetzung mit Alain Badiou schreibt, der das Wunder als Wahrheitsereignis versteht) seine »unendliche [...] Bestimmbarkeit«[324] erfahren haben, die daher, als vorhergehende, eine Bestimmbarkeit für den Anderen, aber nicht durch den Anderen, also ohne den Anderen ist. Das heißt, eine nichtreligiöse Bestimmbarkeit als Möglichkeitsgrund der religiösen Beziehung zum Anderen, die das Selbst befreit.

An einer Stelle in *Der Stern der Erlösung* zieht Rosenzweig diese Konsequenz. Er sagt dort, dass wir die Treue zur Offenbarung – in meiner Redeweise: die Bejahung der Befreiung durch den Anderen – nur verstehen können, wenn wir »die geheime Vorgeschichte der Seele im Selbst« begreifen.[325] Die These lautet also: *Die religiöse Befreiung hat eine Vorgeschichte.* Diese Vorgeschichte ist nicht die Geschichte, die die Offenbarung auf die Schöpfung zurückbezieht; zwischen der Geschichte und der Vorgeschichte muss unterschieden werden. Sondern sie ist die Geschichte vor der Geschichte, die mit der Schöpfung begann: die Geschichte des Selbst, *bevor* es sich als »Geschöpf« (als durch den Anderen geschaffen) und als »Seele« (als durch den Anderen befreit) zu beschreiben begann. Die »geheime Vorgeschichte« führt auf eine Erfahrung des Selbst, eine Selbsterfahrung zurück, die die vorreligiöse Bedingung der religiösen Befreiung ist.

Diese Bedingung bezeichnet Rosenzweig als den »Trotz« des Selbst oder das Selbst – das dadurch befreibar ist – *als* Trotz: als den »Übergriff des freien Willens auf die Eigenheit« (der seinen deutlichsten Ausdruck in der Stummheit des tragischen Helden findet).[326] In der sogenannten »›Urzelle‹ des Stern der Erlösung« beschreibt Rosenzweig diese Bedingung mit Kants Begriff für die »natürliche« oder »pathologische« Freiheit des Selbst – die Freiheit als Willkür:

> Die Offenbarung also ist fähig, *Mittelpunkt* zu sein, fester, unverrückbarer Mittelpunkt. Und warum? Weil sie dem *Punkt* geschieht, dem starren tauben unverschiebbaren Punkt, dem trotzigen Ich, das »ich nun einmal bin«. Meine »Freiheit«, und zwar nicht meine Freiheit, wie sie die Philosophen umlügen, indem sie ihr das rote Blut der Willkür abzapfen und es in das Gefäß der »Sinnlichkeit«, des »Triebs«, der »Motive« laufen lassen und nur den blutlosen Rückstand des Gehorsams gegen das Gesetz als Freiheit kennen wollen. Sondern die ganze Freiheit, meine volle dumpfe verantwortungslose Willkür, mein ganzes »so bin ich nun einmal«, ohne das jene Philosophenfreiheit lahm von Geburt an ist. Denn was hilft aller Gehorsam gegen das Ideal, alle Annahme allgemeingültiger Maximen, alle Hegelsche Göttlichkeit, wenn der Mensch, dem alle diese schönen Dinge zugemutet werden, nicht bei Kräften ist? Ja mehr: wenn er nicht so sehr bei Kräften ist, dass er in dieser seiner sündhaften Natürlichkeit sich aller dieser Ideale, die seinen Dienst verlangen, Herr weiß und in all seiner Punkthaftigkeit erst den Mut findet, den Schlusspunkt hinter jeden Satz des Systems der Sittlichkeit zu setzen.[327]

Damit gelangt der religiöse Begriff der Befreiung zu einer überraschenden, aber zwingenden Konsequenz. Die Konsequenz lautet, dass die Befreiung eine Vorgeschichte und Bedingung hat und dass diese Bedingung die »volle dumpfe verantwortungslose« Freiheit ist. Das ist die Freiheit als Willkür – die natürliche Freiheit, eine Freiheit, die wir natürlicherweise haben. Also hat (oder macht?) die Befreiung, die nur durchs Gebot geschehen kann, die Natur zur Voraussetzung: dass das Selbst in seinem natürlichen Sein – und damit auf natürliche Weise: punkthaft, dumpf, willkürlich – frei ist. Sie ist der »dunkle Grund«, wie Rosenzweig mit Schelling sagt,[328] der befreienden Anrede. Die Befreiung, so wird Slavoj Žižek daher sagen, hat »eine Art von ›pathologischem Apriori‹«.[329]

Die Befreiung aus der Gewohnheit kann nur durch einen Ruf von außen erfolgen; das ist die Wahrheit, die im Zentrum des religiösen Modells steht. Ohne den Ruf von außen gibt es keine Befreiung und kann daher die Freiheit, anzufangen, nicht anfangen. Aber den Ruf zu hören, ihn hören zu können, hat eine Voraussetzung. Das Selbst muss da sein, um ihn zu hören. Wie muss es da sein? Rosenzweig sagt: in einer Freiheit, die bloß natürlich ist, weil sie das Gebot noch nicht gehört hat. Diese natürliche Freiheit bezeichnet er als die der Willkür, die er als den Trotz des Eigensinns beschreibt. Die Exodus-Geschichte hat sie aber anders bestimmt. Denn hier geht dem befreienden Hören des Rufs die Erfahrung der Faszination vorher: Bevor Mose den Ruf hören konnte, musste er der Gewalt der Faszination erlegen sein, die der brennende (aber nicht verbrennende) Dornbusch auf ihn ausübte. Nach der Erzählung ist die natürliche, pathologische Freiheit, die das befreiende Gebot voraussetzt, also die in der Faszination erfahrene Freiheit (die ich als die Unbestimmtheit der Bestimmbarkeit beschrieben habe[330]). Sie ist natürlich, weil sie schon da ist – weil sie sich in der Erfahrung als immer schon da seiende zeigt. Ohne diese Voraussetzung, so lehrt die Erzählung, gibt es kein Gebot – gibt es die alles entscheidende Unterscheidung von Gebot und Gesetz nicht. Diese Wahrheit der Erzählung muss das Denken der Befreiung einholen.

Zwischenstand II

Die Freiheit ist die Freiheit des Neuanfangens. Wie können wir das? Neu anzufangen – das ist die These von Teil I dieses Buchs – ist kein Akt des Wollens, sondern wird erfahren; damit beginnt die Befreiung. Wie sich gezeigt hat, muss die Befreiung aber über ihren Anfang in der Erfahrung hinausgehen: Sie muss die Erfahrung der Befreiung bejahen, und die Befreiung in der Erfahrung zu bejahen heißt, sie zu denken. Die Befreiung zu denken verlangt jedoch, sich an die Faszination der Erfahrung zu erinnern: Das Denken erinnert sich daran, dass und wie es aus der Erfahrung geworden ist. Das Denken geht daher über die Erfahrung nur hinaus, indem es aus der Erfahrung hervorgeht. Erfahrungen aber müssen erzählt werden. Weil die Befreiung zu denken verlangt, das Hervorgehen des Denkens aus der Erfahrung zu denken, muss das Denken der Befreiung deshalb mit einer Erzählung beginnen. Das Denken der Befreiung ist nur als das Denken der Erzählung der Befreiung möglich.

So lautet das Programm, das die beiden Kapitel dieses zweiten Teils ausarbeiten. Sie entfalten den Zusammenhang von Denken und Erzählen an zwei extremen Fällen. Es sind zwei extreme Fälle radikaler Befreiung. »Radikal« ist eine Befreiung, die den Bruch mit der sozialen Gewohnheit, die in der Faszination erfahren wird, zum Prinzip der Existenz, zum Prinzip des Lebens macht. Das eint zwei Existenzweisen, die aufs Schärfste einander entgegengesetzt sind. Die erste ist die ökonomische Existenz in ihrer spezifisch modernen Bestimmung: das Selbst, das allein um seiner Erhaltung und Steigerung willen lebt. Die zweite ist die religiöse Existenz in ihrem spezifisch monotheistischen Verständnis: das Selbst, das allein im Bezug auf einen transzendenten Höchsten lebt. Diese beiden Existenzweisen bekämpfen einander; sie bilden die Extreme einer zugleich sozialen wie geistigen, praktischen wie theoretischen Spaltung, die die moderne Lebensform durchzieht.[331]

Die ökonomische und die religiöse Existenz bekämpfen einander, und sie teilen die Prämisse, die den Begriff radikaler Befreiung definiert: dass die Befreiung mit der Gewohnheit bricht und die Freiheit daher diesseits oder jenseits des Sozialen liegt. Weder die ökonomisch noch die religiös Freien sind soziale Teilnehmer; sie stehen außerhalb der Gesellschaft. Die ökonomisch Selbständige und der religiös Hörende sind beide »Idioten«. Ihnen ist die Stimme der Gesellschaft, der Verantwortung für das soziale Miteinander und seine Moral und Institutionen, verstummt. Die »Geisterstimme« (Friedrich Nietzsche), die zu ihnen spricht und die sie zur Freiheit aufruft, hat andere Quellen als die Gesellschaft. Diese Geisterstimme erlaubt ihnen, ja verpflichtet sie, die sittlichen Verantwortlichkeiten und Begrenzungen als bloße Konventionen anzusehen – und sie zu durchbrechen. Nach Goethe ist Mose, der dem Gebot folgt, sein Volk zu befreien, wie Faust, der seine Selbständigkeit im Nutzen von Chancen verwirklicht, ein »Tatmann« – ein »gewaltsamer Mann«, der seine Ziele »roh« verfolgt.[332] Im Widerstand gegen die Sittlichkeit der sozialen Sitte sagen beide, die religiöse wie die ökonomische Befreiung: »Alles ist erlaubt«; beide sind antinomistisch, nihilistisch. Alles ist erlaubt: Das religiöse Selbst durchbricht das sittliche Gesetz aus Liebe zu Gott, das ökonomische Selbst um seiner selbst willen, aus Egoismus oder Eigensinn.[333] Ökonomisch wie religiös verstanden, führt die Befreiung aus der Sittlichkeit heraus.

In dieser Gemeinsamkeit gründet der Gegensatz der beiden Modelle. Die Ökonomie und die Religion sind zwei Modelle der radikalen Befreiung – darin stimmen sie überein –, die einander zugleich auf das Schärfste entgegengesetzt sind. Dieser Gegensatz lässt sich in drei Schritten zusammenfassen.

(1) *Die Definition der Freiheit.* Die Befreiung in der Erfahrung zu bejahen heißt, sie zu denken. Das bedeutet, die Freiheit zu bestimmen:

– In der ökonomischen Bestimmung heißt frei zu sein, Möglichkeiten zu erschließen und zu nutzen. Solche Möglichkeiten sind Vermögen: Die Freiheit besteht ökonomisch verstanden darin, sich in seinen eigenen Vermögen selbst zu erhalten und zu steigern.

– In der religiösen Bestimmung heißt frei zu sein, in der Beziehung zum Unendlichen zu stehen. Das ist die Beziehung der Anrede und des Gebots: Die Freiheit besteht religiös verstanden darin, dem unendlichen Anspruch zu gehorchen.

Für beide Verständnisse entsteht sofort die Frage, in welchem Sinn sie Bestimmungen der *Freiheit* sind. Weshalb sollen sich zu erhalten und zu steigern oder zu gehorchen die Verhaltensweisen einer freien Existenz sein? Diese Frage beantwortet der zweite Schritt negativ und der dritte Schritt positiv. Der dritte Schritt ist der entscheidende.

(2) *Die Scham des Selbst.* Beide Modelle verstehen den Übergang zur freien Existenz so, dass das Selbst seine alte, soziale Existenz negiert. Das geschieht zuerst im Gefühl der Scham. Das Selbst schämt sich seines alten Zustands, es empfindet diesen Zustand als unwürdig und niedrig und stößt sich von ihm ab. »Die Scham«, schreibt Marx, »ist schon eine Revolution. […] Scham ist eine Art Zorn, der in sich gekehrte.«[334] In der Scham sammelt sich die Kraft der Befreiung.

– Die ökonomische Scham gilt der Abhängigkeit: Das Selbst schämt sich seiner Schwäche, Angst oder Faulheit, seine Vermögen selbst zu gebrauchen und sie stattdessen anderen zu überlassen, die es daher lenken können. Das ist der Zustand der gesellschaftlichen Existenz; »Gesellschaft« heißt Abhängigkeit. In der Scham darüber erschließt sich dem Selbst seine Selbständigkeit. Es übernimmt Verantwortung für seine Vermögen; es sorgt sich um sie.

– Die religiöse Scham gilt dem Selbst: Das Selbst schämt sich seines Selbstbewusstseins; es schämt sich, in den eigenen Vermögen den Grund seiner Existenz gesehen haben. Das definiert seine soziale Existenz; »Gesellschaft« heißt selbstbewusste Subjektivität. In der Scham darüber erschließt sich dem Selbst, dass seine Vermögen nichts ausrichten können. Es erkennt, dass seine Vermögen und daher es selbst nichts sind – seine Nichtigkeit.

Beide Modelle der Befreiung formulieren aus der Scham heraus eine Kritik der sozialen Existenz – aber aus entgegengesetzten Gründen: aufgrund ihrer Abhängigkeit von anderen (so im ökonomischen Modell) und aufgrund der Zentrierung um sich selbst (so dagegen im religiösen Verständnis). Beide Modelle der Befreiung kritisieren *die* Gesellschaft. Damit stellt sich die Frage nach dem Maßstab ihrer Kritik.

(3) *Die Befreiung zur Wahrheit.* Die Antwort auf die Frage nach dem Warum (und damit dem Recht) der Scham über die alte, soziale Existenz lautet: weil diese Existenz unwahr ist. Das soziale Sein des Selbst ist das falsche Sein. Die Befreiung vom Sozialen ist dagegen der Weg zur Wahrheit. Das ist die Wahrheit über das Selbst, die zugleich nur die Wahrheit für das Selbst sein kann; eine Wahrheit, die objektiv – wie ein Objekt, das ich anschaue – ist, kann nicht befreiend sein.

– Die ökonomische Wahrheit ist, dass ich ein Lebewesen bin: das Dass des Lebens. Ein Lebewesen zu sein heißt, ein Individuum zu sein, das seine Vermögen gebraucht, um sich selbst zu erhalten. Das ist das natürliche, also vorsoziale Sein des Selbst. Das Selbst reißt sich mithin von seiner sozialen Abhängigkeit los und macht sich selbständig, indem es sich daran erinnert, was es seiner Natur nach ist – daran, wie es geboren wurde. Die ökonomische Befreiung stellt die natürliche Form des Selbst wieder her.

– Die religiöse Wahrheit ist, dass ich unter dem unendlichen Anspruch des Gebots stehe: das Dass des Gebots. Diesem Anspruch gehorchen heißt anerkennen, dass das Gebot das Selbst hervorgebracht hat. In seinem Gehorsam gegenüber dem Gebot erinnert das Selbst, was es in seiner sozialen Existenz unter Gesetzen vergessen hat. Die religiöse Befreiung wiederholt die Erschaffung des Selbst durch die unendliche Anrede.

Die Befreiung ist der Weg zur Wahrheit, weil die Befreiung das vorsoziale Sein des Selbst erinnert und bejaht. Das bedeutet ökonomisch: die Erinnerung an das *Geborensein* des Selbst – dass es ein Lebewesen ist, das sich als Individuum hervorbringt und erhält. Und es bedeutet religiös: die Erinnerung an das *Geschaffensein* des Selbst – dass es nichts als der Effekt eines unendlichen Anspruchs ist, der das Bestehende radikal transzendiert. Der ökonomische Individualismus führt auf eine natürliche Bestimmung zurück; das ökonomische Modell ist naturalistisch – oder genauer: biologistisch. Der religiöse Transzendentalismus bezieht das Selbst auf eine über- oder unnatürliche Äußerlichkeit zurück; das religiöse Modell ist negativistisch – es trennt das Selbst von sich selbst. Die ökonomische Befreiung vernimmt in der »Geisterstimme«, die von außen zu uns spricht, die Stimme der Natur (oder des Lebens), die religiöse Befreiung hingegen die Stimme der Transzendenz (oder des Anderen).

*

Beide Konzepte der radikalen Befreiung scheitern. Sie scheitern an der Macht des Sozialen, die sie nicht brechen können. Das Soziale, gegen das sich die Befreiung richtet, kehrt im Inneren der Befreiung wieder.

– In der ökonomischen Befreiung dreht sich die Wiederkehr des Sozialen um den Wert. Die Vermögen, um die das Individuum sich sorgt, sind Werte, und Werte sind abhängig vom Urteil der anderen. Damit kehrt die Abhängigkeit zurück. Sie zwingt das Selbst, das im selbständigen Gebrauch seiner Vermögen seine Individualität wiederherstellen wollte, zu einer unendlichen Anstrengung der Selbstbehauptung: Die ökonomische Existenz wird *seriell*.

– In der religiösen Befreiung dreht sich die Wiederkehr des Sozialen um das Gesetz. Das transzendente Gebot, dessen unbedingter Anspruch das Selbst aus der sozialen Existenz unter Gesetzen befreit, wird selbst wieder zum Gesetz; die Befreiung restituiert die soziale Autoritätsform des Gesetzes. Das nötigt das Selbst dazu, seinen Auszug aus dem Gesetz nicht nur zu wiederholen, sondern ihn unendlich zu radikalisieren: Die religiöse Existenz wird *mystisch*.

Die Erfahrung, dass sie scheitern, ist nicht das Ende der beiden Geschichten, die von der radikalen Befreiung aus der sozialen Existenz erzählen. Sie enden beide nicht in bloßer Selbstzerstörung; *Breaking Bad* wie *Exodus* weisen über das hinaus, was sie erzählen. In *Breaking Bad* wird die Serialisierung der ökonomischen Existenz, in der sich die Einheit des Individuums auflöst, zu einer lustvollen Erfahrung; Walter White fühlt sich in ihr wahrhaft lebendig. In *Exodus* durchbricht die Sprach- und Bestimmungslosigkeit der mystischen Erfahrung das Gesetz der Gebotserinnerung; das Volk Israel kehrt zu der Erfahrung der Faszination zurück, mit der Moses Befreiung begonnen hat.

Hier endet die Parallele der beiden Konzepte radikaler Befreiung. Sie endet, wo sie scheitern. Denn zwar scheitern sie beide, aber nicht im gleichen Maß und nicht auf die gleiche Weise. Das zeigt sich, wenn wir daraus, wie die radikale Befreiung in diesen beiden Modellen scheitert, etwas zu lernen versuchen. Aus der Erfahrung des Scheiterns zu lernen heißt zweierlei. Es heißt erstens, den Fehler zu erkennen. Und es heißt zweitens, den Überschuss zu sichern.

III. Ein Begriff radikaler Befreiung

> Ich glaube, wenn Sie diese Erwägungen hier sich zueignen, dann sehen Sie [...] in die Geheimnisse des Freiheitsbegriffs hinein, in dem in einer sehr seltsamen Weise gerade die äußerste Erhebung des Ichs mit dem Abgrund des Ichs sich zusammenfindet.
>
> *Theodor W. Adorno*[1]

Die Frage nach der Befreiung ist die Frage nach dem Werden der Freiheit. Warum stellt sich diese Frage? Ist der Prozess, in dem die Freiheit wird oder geworden ist, ihr nicht äußerlich? Geht das Sein der Freiheit nicht ihrem Werden vorher? Muss es die Freiheit nicht bereits geben, damit sie hervorgebracht werden kann? Und muss sich daher das Sein der Freiheit – das, was sie ist – nicht unabhängig davon bestimmen lassen, wie sie geworden ist?

Die Frage nach dem Werden der Freiheit ist zweideutig.[2] Ja: Das Sein der Freiheit geht ihrem Werden vorher. Und nein: Das Sein der Freiheit lässt sich nicht unabhängig davon bestimmen, wie sie geworden ist. Zum einen gilt, dass man das Werden der Freiheit nicht verstehen kann, ohne vorauszusetzen, dass es sie bereits, also immer schon, gibt. Die Freiheit wird nur aus der Freiheit; die Freiheit wird aus der Erfahrung der Freiheit hervorgebracht. Denn es gibt keine Befreiung, das heißt die Befreiung kann nicht getan und vollzogen werden, ohne die Erfahrung der Freiheit zu machen. Die Befreiung geht aus der Freiheit hervor. Am Anfang der Befreiung steht daher ein Sein, das unmittelbare Sein der Freiheit: die Lust daran, wie wir sind – und wie wir darin frei sind –, indem wir erfahren. Das ist die Lust der Faszination. Aber zugleich gilt, dass die Erfahrung erst durch den Akt der Befreiung, der von ihr ausgeht – der im Ausgang von der Erfahrung vollzogen wird –, frei wird. Die Erfahrung der Freiheit ist als unmittelbare noch nicht frei. Sie muss erst zur Freiheit werden; sie muss zur Freiheit befreit werden. Denn solange die Freiheit als ein Sein, als ein bloßer Zustand in der Erfahrung erscheint, ist sie ihr eigenes Gegenteil. Die Freiheit als ein bloßer Zustand ist ununterscheidbar von der Unfreiheit. Das gilt inhaltlich; denn die Lust an der Freiheit ist ununterscheidbar von dem »Glück der Unterwerfung« (Heiner Müller). Und es gilt ontologisch, für die Weise, in der die Freiheit in der Erfahrung ist. Denn wenn die Freiheit ein bloßes Sein ist, ist sie eine Gegebenheit; sie ist ein Zustand, der uns bestimmt. Wir wären also durch unsere Freiheit bestimmt; wir wären auf unfreie Weise frei. Die Freiheit wird daher nur frei, indem sie sich unterscheidet und über ihr unmittelbares Dasein in der Erfahrung hinausgeht: durch die Negation der Unfreiheit.

Das ist der Grund, aus dem sich die Frage nach der Befreiung stellt. Nach dem Werden der Freiheit zu fragen, also die Freiheit aus ihrem Werden zu verstehen, heißt nicht, dass die Freiheit immer nur wird und niemals war, niemals gegenwärtig ist oder sein wird. Es heißt nicht, das Sein der Freiheit in ein unendliches, unabschließbares Werden aufzulösen. Sondern es heißt, dass sich das Sein der Freiheit nur von ihrem Werden her verstehen lässt. Das bloße *Sein* der Freiheit ist nicht das Sein der *Freiheit*. Das Freisein wird nur frei, indem die Freiheit wird – indem sie negativ wird: indem sie die Unfreiheit negiert; indem sie zur Befreiung wird. Die Negation der Unfreiheit aber bezieht sich zurück auf das Sein der Freiheit, das wir unmittelbar erfahren. Die Befreiung negiert die Unfreiheit im Namen der Erfahrung der Freiheit. Deshalb muss die Frage nach der Befreiung, nach dem Werden der Freiheit, am Anfang stehen: Man muss vom Werden der Freiheit ausgehen, um ihr Sein zu verstehen. Aber man kann das Werden der Freiheit nur verstehen, wenn man auf ihr Sein zurückgeht.

Denn der Versuch, das Werden der Freiheit zu verstehen – also die Frage nach der Befreiung zu beantworten –, steht sogleich vor einem Problem, das unlösbar scheint. Das Problem betrifft den Prozess, der die Freiheit hervorbringen soll. Es betrifft seine Modalität. Der Prozess der Befreiung kann weder eine Tat noch ein Geschehen sein. Die Freiheit kann weder durch einen Akt der Revolution noch durch den Gang der Evolution hervorgebracht worden sein. Denn die Revolution setzt die Freiheit schon voraus, die Evolution führt nie bis zu ihr hin. Das habe ich am Anfang des Buchs das »Paradox der Befreiung« genannt. Es bezeichnet die grundlegende Schwierigkeit, wenn nicht gar Aporie, in die der Versuch gerät, die Hervorbringung der Freiheit begrifflich zu fassen. Jeder Versuch, die Befreiung zu begreifen, wird zerrieben zwischen den Extremen von Tun und Geschehen, Aktivität und Passivität, die einander ebenso ausschließen wie voraussetzen.

Der Ausweg, den die Teile I und II aus diesem Problem gesucht haben, besteht darin, sich dem Prozess, in dem die Freiheit hervorgebracht wird, über Erzählungen zu nähern. Das geschah nicht, um Argumente durch narrative Sinnstiftung zu ersetzen. Wenn das Denken der Befreiung von Erzählungen ausgehen (und stets wieder zu ihnen als seinem dunklen Grund zurückkehren) muss, dann gerade deshalb, weil sie immer Erzählungen von etwas Unerzählbarem sind: weil sie von einer Erfahrung erzählen – der Erfahrung der Faszination –, die in keiner narrativen Kontinuität des Sinns aufgeht und ohne die sich die Befreiung gar nicht verstehen lässt. (Das habe ich das »ästhetische« Moment der Befreiung genannt. Dem entspricht das Wunder. Die Erzählungen von der Befreiung sind Erzählungen von dem Wunder der Freiheit.) Der Nutzen dieser Erzählungen für das Denken der Befreiung besteht darin, dass sie durch ihre Form vorführen, wie Passivität – Erfahren – und Aktivität – Erzählen – verklammert sind. Oder wie aus dem Erleiden – dem befreienden Erleiden der Faszination – ein Tun, die Tat der Befreiung, hervorgehen kann.

Diese Lehre der Erzählungen sollen die beiden abschließenden Kapitel in zwei Schritten resümierend festhalten. Im ersten Schritt fasse ich die begrifflichen Konsequenzen zusammen, zu denen die Überlegungen des ersten und zweiten Teils geführt haben; diese Zusammenfassung mündet in ein Problem und erlaubt zugleich, das Programm seiner Lösung zu formulieren (Kapitel 5). Dieses Programm soll der zweite Schritt ausführen; er konstruiert den Begriff radikaler Befreiung (Kapitel 6). Beide Schritte sind nachträglich. Sie ziehen eine Summe aus dem, was die vorhergehenden Kapitel besprochen haben.

5.
Im Rückblick: Eine Idee und zwei Modelle

Dieses Kapitel ist im Rückblick geschrieben. Es ist ein Rückblick auf die Analysen und Argumente, durch die ich in den vorhergehenden beiden Teilen den Begriff der Befreiung aus ihrer Erzählung zu bestimmen versucht habe. Dabei haben die Überlegungen in Teil I gezeigt, dass die radikale Befreiung ein ästhetischer Begriff ist: das Programm einer Ästhetik der Befreiung. Sie versteht die Befreiung als einen Bruch mit der sozialen Definition und Existenz des Subjekts, der sich in der Erfahrung des Ungewöhnlichen vollzieht; dieses Programm reformuliere ich in Abschnitt (a) dieses Kapitels. Im zweiten Teil wurde untersucht, zu welchen Denk- und Lebensweisen das Programm einer solchen radikalen Befreiung aus der sozialen Existenz führt. Hier ließen sich zwei extreme Konzeptionen unterscheiden, die den Begriff der radikalen Befreiung in entgegengesetzter Weise verstehen: als Individualisierung und als Singularisierung. Das Paradigma der ersten Konzeption ist der ökonomische Mensch, dem es um seine Selbständigkeit geht, das Paradigma der zweiten Konzeption die religiöse Existenz, die ihre Nichtigkeit bekundet. Beide sind die entgegengesetzten Figuren einer radikalen, antisozialen Befreiung; das werde ich in Abschnitt (b) nachzeichnen. Aus ihrem Gegensatz ergibt sich – in Abschnitt (c) – das Programm, die Dialektik der radikalen Befreiung zu denken. Dieses Programm soll die Konstruktion eines Begriffs der radikalen Befreiung einlösen. Das geschieht in Kapitel 6.

Es bedarf einer Vorbemerkung dazu, wie ich im Folgenden verfahre. Ich rekapituliere in den Abschnitten (a) und (b) dieses Kapitels zunächst die wesentlichen Bestimmungen, die in den Teilen I und II des Buches entwickelt worden sind. Dabei zeichne ich nicht noch einmal den Weg nach, durch die diese Bestimmungen gewonnen worden sind. Ich fasse aber das zuvor Dargestellte auch nicht nur zusammen. (Das ist bereits in den beiden »Zwischenständen« jeweils am Ende von Teil I und II geschehen.) Ich skizziere vielmehr das Gerüst einiger argumentativer Schritte – ich *abstrahiere* von allen Erläuterungen, Begründungen und Lektüren und versuche nur, die begrifflichen Resultate festzuhalten; hier wird daher nichts mehr erläutert und begründet. Diese Abschnitte verhalten sich zu den Überlegungen in den vorangegangenen beiden Teilen, die den gewundenen Pfaden verschiedener Erzählungen folgen, daher so wie nach Hegel die Philosophie der Geschichte zur Historie: Die Philosophie der Geschichte muss »sich mit Abstraktionen behelfen, epitomieren, abkürzen, nicht bloß in dem Sinne, daß Begebenheiten und Handlungen wegzulassen sind, sondern in dem anderen, daß der Gedanke der mächtigste Epitomator bleibt«.[3] Es geht um eine Abkürzung, ja Verkürzung, die die zentralen Gedanken gewissermaßen kahl hervortreten lassen soll, um daraus abzuleiten, wie der Begriff der radikalen Befreiung weiter zu entfalten ist. Einen Vorblick auf diese weitere Entfaltung gibt der Abschnitt (c). Er skizziert die widersprüchliche Lage, in die die beiden Erzählungen im zweiten Teil – *Breaking Bad* und *Exodus* – das Denken der Befreiung erneut geführt haben.

(a) Analytik: Gewohnheit und Erfahrung

Die Ästhetik der Befreiung besteht aus zwei Schritten. Der erste Schritt ist eine Kritik: Die Ästhetik der Befreiung kritisiert die (»griechische«) Konzeption der Befreiung als Subjektivierung. Denn diese Konzeption führt nicht aus der Knechtschaft heraus. Sie führt aus der Knechtschaft nur so hinaus, dass sie eine neue Form der Knechtschaft hervorbringt. Der Grund dafür liegt darin, dass sie die Freiheit des Anfangens, des Neuen, der Spontaneität nicht verstehen kann (oder will). Der zweite Schritt ist konstruktiv. Er erläutert die Freiheit des Neuanfangens durch den ästhetischen Begriff der Erfahrung: Die Befreiung vollzieht sich in der Erfahrung – die Erfahrung ist die Befreiung. Zugleich zeigt die Ästhetik der Befreiung, weshalb die Befreiung über die Erfahrung hinausgehen muss. Sie muss zum Denken werden.

Kritik der Subjektivierung

Vorbemerkung: Das Ausgangsproblem ist das Paradox der Befreiung. Wir haben gesehen: Die Befreiung, das Werden der Freiheit, kann weder eine eigene, selbstbewusste Tat (»Revolution«) noch ein passiv erlittenes Geschehen (»Evolution«) sein. Eine erste Lösung dieses Paradoxes besteht darin, die Befreiung als einen Akt der Bewusstmachung zu verstehen. Sich zu befreien heißt demnach, sich die Befreiung bewusst zu machen, die bereits geschehen ist; die Befreiung ist nachträglich, sie folgt sich selbst nach. Das ist das dialektische Modell der Befreiung, das die Geschichte der westlichen Freiheit bestimmt. Danach befreien sich die Knechte von der Herrschaft, indem sie sich dessen bewusst werden, handeln zu können. Freiheit heißt in diesem Modell: praktische, subjektive Freiheit – das Selbstbewusstsein des Könnens.

§ 1 Handeln zu können heißt, Fähigkeiten zu haben. Fähigkeiten werden durch *Gewöhnung* erworben; Gewöhnung heißt Befähigung. Die gewöhnende Befähigung erfolgt durch einen zweifachen, in sich gedoppelten Prozess der Aneignung: die Aneignung der körperlich-seelischen Natur des Selbst und die Aneignung der sozialen Normen, die definieren, was eine Handlung ausmacht (worin ihr Gutes besteht). Die Fähigkeiten des Selbst sind der Effekt und der Ausdruck dieser doppelten Aneignung: Fähig zu sein heißt, sich so selbst führen zu können, dass man etwas ausführen kann. Solche Fähigkeiten erwirbt das Selbst durch Gewöhnung; Fähigkeiten sind Gewohnheiten, und Gewohnheiten verbinden Natur und Norm. Sie sind die Integration von Natürlichkeit und Normativität. Ein anderes Wort dafür ist »Disziplinierung«.

§ 2 Die disziplinierende Gewöhnung bringt Subjekte hervor. Ein Subjekt zu sein heißt, der Urheber oder Ursprung von Handlungen zu sein. Das ist das Subjekt durch seine Fähigkeiten. Soweit das Subjekt etwas tun kann, kann es dieses auch wollen: Es kann seine psychisch-somatischen Impulse so lenken, dass sie sich auf das Gute richten, das die Handlung nach den gegebenen sozialen Normen definiert. Die Aneignung der inneren Natur ist zugleich die der sozialen Norm. Das Subjekt ist nur der Urheber seiner Vollzüge, weil es ein fähiges soziales Mitglied ist. Weil die Subjektivierung durch Gewöhnung erfolgt, bedeutet »Subjektivierung« Sozialisierung (und »Sozialisierung« Subjektivierung). Beides fällt in der disziplinierenden Gewöhnung in eins.

§ 3 Die Vollzüge des Subjekts sind Handlungen, und Handlungen sind Akte des Bestimmens. Etwas zu bestimmen und sich zu bestimmen heißt gleichermaßen, einer Regel, einem Gesetz zu folgen; es heißt, etwas Allgemeines zu besondern. In seinen Bestimmungsakten verwirklicht das Subjekt seine Fähigkeiten, also Gewohnheiten; Fähigkeiten sind Fähigkeiten des Bestimmens, oder Gewohnheiten sind Gewohnheiten des Bestimmens. Die Gewohnheiten bestimmen, wie wir bestimmen: wie wir etwas Allgemeines, eine Regel, auf besondere Fälle anwenden oder besondere Fälle unter ein Allgemeines bringen.

§ 4 Das Selbst befreit sich aus der Knechtschaft, indem ihm seine Befähigung bewusst wird. Ein Knecht zu sein heißt, das Prinzip seiner Vollzüge außer sich zu haben: in dem Herrn, dessen Befehle ihn führen. Ein Knecht zu sein – also: als ein Knecht zu *gelten* – heißt daher, nicht selbst zu handeln. Die Knechte bewegen sich und bewirken etwas, aber sie handeln nicht – sie können es nicht; sie haben keine Fähigkeiten und Gewohnheiten. Sobald dem Selbst zu Bewusstsein kommt, dass es – in Wahrheit – handeln, sprechen, wollen usw. kann, hört es daher auf, ein Knecht zu sein. Die Befreiung besteht in dem Bewusstsein, handeln zu können. Handeln zu können ist das Resultat einer disziplinierenden Gewöhnung; das ist der erste Schritt der Subjektivierung. Der zweite Schritt, der die Subjektivierung vollendet, besteht im Selbstbewusstsein des Handelnkönnens. Das ist der Schritt der Befreiung.

Kommentar: Der Befreiung geht daher die Disziplinierung voraus. Das ist die (»dialektische«) Lösung des Ausgangsproblems. Die Befreiung besteht darin, die Gewöhnung ins Bewusstsein zu heben – sich die Disziplinierung bewusst zu machen und dadurch als eigene Tat zu beanspruchen; sich also durch die Emanzipation des Bewusstseins von einer Wirkung zur Ursache, zum Subjekt, zu machen. Die Gewöhnung ist die List der Vernunft. Sie bringt die Befreiung durch die Disziplinierung hervor.

§ 5 Die befreiende Bewusstmachung der Gewöhnung ist notwendig unvollständig. Weil sie nachträglich ist, ist sie immer nur punktuell und partiell. Die Gewohnheit im Ganzen kann nicht bewusst werden. Die befreiende Bewusstmachung ist daher nicht totalisierend. Deshalb ist die Befreiung, die durch die Emanzipation des Bewusstseins erfolgt, als Subjektivierung, zugleich ein Prozess der Selbstspaltung. In der bewussten Zueignung der Gewöhnung spaltet sich das Subjekt in seinem Inneren in Eigenes und Fremdes. Denn indem das Subjekt sich der Gewohnheit in einer Hinsicht bewusst wird, setzt es sich diese in der anderen Hinsicht uneinholbar voraus – die Bewusstmachung *setzt* die Gewohnheit, als ihr vorgehend, voraus. Die Emanzipation des Bewusstseins ist zugleich die Hervorbringung des Nicht- oder Unbewusstseins: die *Dialektik der Subjektivierung*.

§ 6 Die Dialektik der Subjektivierung ist der Umschlag von Subjektivität in Identität. Weil die Gewohnheit in der Bewusstmachung zugleich unbewusst gemacht, als äußerliche vorausgesetzt wird, produziert die Emanzipation des Bewusstseins mit der, ja durch die selbstbewusste Subjektivität eine präsubjektive, unbewusste, soziale Identität. Zwar übt das Subjekt seine Fähigkeiten selbstbewusst aus; es hat sie sich zu eigen gemacht. Zugleich aber determinieren seine Fähigkeiten, was das Subjekt ist, was es wollen und tun kann; die Fähigkeiten des Subjekts, die es durch Gewöhnung erworben hat, sind seine Gewohnheiten, die es ausmachen. Sie bilden die nicht- oder unbewusste Identität des Subjekts, die es bestimmt: die es in allem, was es selbstbewusst tut, reproduzieren muss.

§ 7 Das zeigt sich an den Bestimmungsvollzügen des Subjekts. Es definiert, wie das Subjekt etwas (eingeschlossen sich selbst) als etwas bestimmt. Etwas als etwas zu bestimmen heißt, es als das Besondere eines Allgemeinen, den Fall einer Regel zu fassen. Wenn dies durch die Fähigkeiten oder Gewohnheiten, die die Identität des Subjekts bilden, äußerlich determiniert ist, dann werden auch die Bestimmungsvollzüge des Subjekts zu einer bloßen Wiederholung des in der Fähigkeit oder Gewohnheit Vorgegebenen: Der Akt des Bestimmens wird äußerlich subsumierend. Das Subjekt, das durch seine Gewohnheiten identifiziert ist, verfährt identifizierend. Seine Bestimmungsvollzüge sind gewohnheitsmäßig. Sie wiederholen das Immerselbe. Sie unterstehen dem Gesetz der Identität.

§ 8 Indem das Selbst die Gewöhnung, die ihm disziplinierend geschehen war – deren Effekt oder Produkt es ist –, im Bewusstsein wiederholt, eignet es sich die Gewöhnung als eigene Tat und selbstbewusste Fähigkeit an. Das ist der Prozess der Subjektivierung. Die Dialektik der Subjektivierung ist ihr Umschlag in die Identifizierung. Denn die Fähigkeiten, die das Subjekt durch die disziplinierende Doppelaneignung seiner inneren Natur und der sozialen Normen gebildet hat, bilden seine Identität – seine Gewohnheiten. Das Subjekt reproduziert diese Identität, indem es etwas identifiziert: indem es etwas gewohnheitsmäßig bestimmt. Im Prozess der Subjektivierung befreit sich das Selbst von seiner Unterwerfung unter den Herrn. Denn in diesem Prozess wird sich das Selbst bewusst, dass es handeln kann; dass es autonom und also kein Knecht ist. Aber diese Befreiung erfolgt nur um den Preis einer neuen Knechtschaft: der Knechtschaft der Gewohnheit, der Identität; des Zwangs zur leeren Wiederholung – der Knechtschaft des Schicksals.

§ 9 Weil die Befreiung, die im Bewusstsein der Gewöhnung erfolgt, in neue Unfreiheit umschlägt, kann die Befreiung nicht von der Gewöhnung ausgehen. Sie muss durch die Gewöhnung hindurch und über die Gewöhnung hinausgehen. Die Befreiung kann nicht als Bewusstsein der Gewohnheit und damit als Subjektivierung durch Sozialisierung definiert werden. Sie muss zur Befreiung des Selbst von der sozial-subjektiven Identität werden; sie muss das Selbst zur Nichtidentität befreien. Das ist die Forderung der *radikalen Befreiung*. Die Befreiung ist radikal, wenn sie den Bannkreis der Gesellschaft und des Subjekts (die durcheinander definiert sind) sprengt. Die radikale Befreiung desozialisiert und desubjektiviert das Selbst.

§ 10 Die Logik der Unfreiheit ist die Logik der Identifizierung: Die Bestimmungsvollzüge des durch Gewöhnung befreiten Subjekts sind darin unfrei, dass sie von dem Gesetz der Identität beherrscht werden. Die radikale Befreiung aus der Gewohnheit hingegen unterbricht den Reproduktionszwang der Identität. Die radikale Befreiung ist ein Hiatus, eine Katastrophe im Bestehenden. Sie setzt das Bestimmen vom Gesetz der Identität frei, das unsere Gewohnheiten beherrscht. Die Befreiung aus der Gewohnheit ist daher die Befreiung zu einem Bestimmen, das nicht wiederholend subsumiert, sondern – jedes Mal wieder – neu anfängt. Die Befreiung ist radikal, weil (oder wenn) sie die Befreiung zum Anfangen ist.

§ 11 Indem die radikale Befreiung mit dem Gewohnheitsgesetz des identifizierenden Bestimmens bricht, beendet sie die Geschichte der Freiheit, die die Befreiung als Subjektivierung (durch Sozialisierung) begriffen hat. Denn Subjektivierung heißt Befähigung, Befähigung heißt Gewöhnung: Es gibt keine Subjektivität ohne Gewohnheit und Fähigkeit, also ohne Identität; es gibt kein selbstbewusstes Bestimmen, kein subjektives Tun, das nicht vom Gesetz der Identität beherrscht ist. Also ist die Befreiung von der Identität auch die Befreiung von der Subjektivität. Die radikale Befreiung beruht auf keiner Gewohnheit, sie übt keine Fähigkeit aus. Die Kraft der radikalen Befreiung ist eine nichtsoziale und nichtsubjektive Kraft.

§ 12 Die Befreiung als Subjektivierung bringt die Freiheit der Autonomie hervor. Dabei heißt Autonomie, den sozialen Normen zu folgen, die das Selbst sich angeeignet hat (und die so, als angeeignete, das Streben des Subjekts ausmachen oder konstituieren: Indem das Subjekt sich die sozialen Gesetze aneignet, eignet es sich zugleich seine innere Natur an). Die Freiheit der Autonomie ist daher die soziale Freiheit: die Freiheit des sozialen Mitglieds. In der radikalen Befreiung hingegen wirkt die Freiheit der Spontaneität. Das ist die Freiheit des unterbrechenden Anfangens, das ebenso nicht mehr wie noch nicht von den Gesetzen des identifizierenden Bestimmens beherrscht ist; die Freiheit, deren Wirken das Selbst desubjektiviert, die es desozialisiert. Sie ist die Freiheit des Neuen: etwas (oder sich) zu bestimmen, ohne eine Gewohnheit des Bestimmens fortzusetzen. Die Freiheit des Neuen heißt nicht, etwas oder sich immer anders zu bestimmen, sondern es jedes Mal wie zum ersten Mal zu tun.

Kommentar: Bis zu diesem Punkt ist die Idee der radikalen Befreiung nur eine Annahme oder eine Forderung. Sie ist aber nicht grundlos. Die Forderung der radikalen Befreiung folgt aus zwei Einsichten und einer Voraussetzung. Die erste Einsicht besagt, dass das Gesetz der Gewohnheit das Gesetz der Identität und damit knechtend ist. Die zweite Einsicht besagt, dass die befreiende Subjektivierung selbst in die knechtende Identifizierung umschlägt. Wenn daher – das ist die Voraussetzung – an dem Impuls der Befreiung, der die Subjektivierung antreibt, festgehalten werden soll, folgt aus den beiden Einsichten, dass die Befreiung – die die Subjektivierung, die Sozialisierung, die Gewöhnung usw. antreibt und hervorbringt – sich gegen die Subjektivierung, das heißt: gegen die Sozialisierung, die Gewöhnung usw., richten muss. Die Idee der Befreiung treibt über die Subjektivierung hinaus, die sie hervorgebracht hat. Bei der Subjektivierung stehenzubleiben heißt daher, die Idee der Befreiung preiszugeben. Die radikale Befreiung tritt nicht ergänzend oder fortsetzend zur Befreiung in der Subjektivierung hinzu. Die Subjektivierung wird überhaupt erst befreiend werden, wenn die Befreiung – das heißt »radikal« – über sie hinausgeht.

Ästhetik der Befreiung

Vorbemerkung: Die radikale Befreiung ist eine Forderung des Denkens. Wenn es überhaupt Befreiung geben soll, dann muss die Befreiung radikal sein und über die Subjektivierung hinausgehen. Zugleich aber kann diese Forderung des Denkens nicht als eine Forderung an das Subjekt verstanden werden. Denn die radikale Befreiung kann nicht eine Tat sein, die das Subjekt ausführen soll. Oder um eine Tat werden zu können, muss sie bereits erfahren worden sein. Die Forderung nach der radikalen Befreiung gründet in ihrer Erfahrung – ihrer Wirklichkeit, ihrem Sein. So denkt die Ästhetik die Befreiung. Die Ästhetik beschreibt und untersucht die Befreiung, die sich in der Erfahrung vollzieht, und die Ästhetik geht über die Befreiung in der Erfahrung hinaus, indem sie sie denkt.

§ 1 Der Begriff der radikalen Befreiung ist ein ästhetischer Begriff: Die radikale Befreiung ereignet sich. Das heißt, dass sie sich in der *Erfahrung* vollzieht. Die radikale Befreiung muss nicht erst (und sie kann nur deshalb) getan werden, weil sie sich schon in der Erfahrung vollzieht. Die Erfahrung – jede wahre Erfahrung – ist ein Vollzug radikaler Befreiung. Indem wir etwas erfahren, befreien wir uns schon. Als ästhetische beginnt die Theorie der radikalen Befreiung deshalb damit, die Erfahrung zu untersuchen.

§ 2 Die Erfahrung ist der ästhetische Gegenbegriff zur Gewohnheit (in der die Befreiung als Subjektivierung gründet). Die ästhetische Grundbestimmung der Erfahrung lautet: Die Erfahrung, jede wahre Erfahrung, ist die Erfahrung eines Unbestimmten – von etwas, das nicht gewohnheitsmäßig bestimmt werden kann. Weil das, was erfahren wird, nicht gewohnheitsmäßig bestimmbar ist, ist die Erfahrung der Abbruch der subjektiven (Bestimmungs-)Aktivität. Die Erfahrung geht hinaus über das Bestimmen; sie ist nichts anderes als dies Hinausgehen. Der Moment, in dem das geschieht, ist der Moment der Faszination. In der Faszination erleidet ein Selbst den Abbruch seiner Bestimmungsaktivität und bejaht dieses Erleiden. Die Faszination ist die Lust am Erleiden der Unbestimmtheit.

§ 3 Die positive Bestimmung dieser Lust besagt, dass die Faszination die Erfahrung des Wirklichen ist. Die Erfahrung geht hinaus über die Realität, die wir gewohnheitsmäßig bestimmen. Sie ist die Erfahrung, dass etwas – so – nicht bestimmt werden kann: das Dasein des Unbestimmten; die Existenz der Negativität, als Ding oder Ereignis; dieses hier nicht als etwas Bestimmtes, sondern als Unbestimmtes. Weil das Unbestimmte, das sich jeder Bestimmung entzieht, uns aber in der Erfahrung erscheint, ist das Wirkliche, Unbestimmte, das wir erfahren, zugleich das Bestimmbare. In der faszinierenden Erfahrung erscheint uns die reine Möglichkeit des Bestimmens. Indem wir dies erfahren, werden wir von dem Gesetz der Identität befreit. Wir werden selbst bestimmbar – bestimmungsfrei.

§ 4 Die Erfahrung des Wirklichen ist befreiend, weil sie das Selbst und seinen Gegenstand in einen Zustand der Bestimmbarkeit versetzt. In seiner Faszination bejaht das Selbst diesen Zustand; es empfindet Lust an ihm. Das ist die Lust der radikalen Freiheit. Denn die Bestimmbarkeit, die das Selbst in der Faszination erfährt, unterbricht nicht nur das Bestimmen, sondern ermöglicht es. Sie ermöglicht ein Bestimmen, das nicht eine Fähigkeit ausübt, also einer Gewohnheit folgt, sondern neu anfängt; das also eine – darin neue – Bestimmung allein aus der Möglichkeit des Bestimmens hervorbringt. Die Freiheit anzufangen, die Freiheit der Spontaneität, ist mithin nicht eine Kraft, die das Selbst ursprünglich hat, sondern die sich zwischen Selbst und Wirklichem ereignet. Die Spontaneität ist ein Effekt des Wirklichen, ein Effekt der Erfahrung. Die Spontaneität ist rezeptiv.

§ 5 Die ästhetische Begründung der radikalen Befreiung in der Erfahrung begrenzt sie zugleich. Als ästhetische ist die radikale Befreiung begrenzt: Sie ist auf die Gegenwart der Erfahrung begrenzt. Denn wenn sich die Befreiung in der Erfahrung vollzieht, dann ist sie durch die Gegenwart des Erfahrenen bedingt; sie hängt davon ab und ist darauf beschränkt, dass etwas Wirkliches gegenwärtig ist – gegenwärtig da ist. Die Befreiung in der Erfahrung ist daher kontingent und transitorisch. Weil die Erfahrung davon abhängt, dass etwas Wirkliches erscheint, löst sich die Befreiung in der Erfahrung mit dessen Verschwinden auf. Die ästhetische Befreiung vergeht wie im Rausch.

§ 6 Um wahrhaft befreiend zu sein, muss die Erfahrung daher ein Gedächtnis ausbilden: Sie muss die Befreiung nicht nur gegenwärtig vollziehen, sondern festhalten und erinnern. Wenn sie das tut, wird die Erfahrung zum *Denken*; denn der Gedanke ist das Gedächtnis der Erfahrung. Der Prozess des Denkens besteht darin, aus der Erfahrung der radikalen Befreiung den Gedanken der radikalen Befreiung zu entwickeln.

§ 7 Die Befreiung nicht nur gegenwärtig zu erfahren, sondern sie zu denken heißt, danach zu fragen, was es bedeutet, dass es sie gibt; es heißt, nach der Bedeutung der Faszination zu fragen. Das ist die Frage nach dem Selbst: die Frage danach, wer die Befreiung erfährt; wie das Selbst ist, wie es sich verstehen und begreifen muss, wenn es in der Faszination seine Befreiung erfährt. In der Faszination erleidet das Selbst eine Wirkung; es erleidet die Wirkung eines unbestimmten Gegenstands, die es bestimmbar macht. Wenn es dieses Erleiden als seine Befreiung erfährt, dann bejaht das Selbst sein Erleiden. Es bejaht, so zu sein, wie es durch das Erleiden dieser Wirkung wird: Es sieht darin, unbestimmt-bestimmbar gemacht worden zu sein, sein Sein – seine Wahrheit. Indem das Selbst seine Befreiung in der Erfahrung denkt, denkt es also sich selbst auf neue Weise. Es begreift sich als einen Effekt: als einen Effekt, der sich bejaht.

§ 8 Die Befreiung in der Erfahrung zu denken heißt, sie nicht gegenwärtig zu vollziehen, sondern sie zu erinnern. Das heißt aber nicht, von ihr zu wissen, sondern sie in sich zu wiederholen. Das Denken, das über die Erfahrung hinausgeht, geht daher aus der Erfahrung hervor. Das Denken der Befreiung setzt sich nicht an die Stelle der Erfahrung. Es ersetzt sie nicht; das Denken steht nicht über oder jenseits der Erfahrung. Das zu behaupten ist die Position des Idealismus: Das Denken hat hier die Erfahrung zum Gegenstand und damit hinter sich. Die Befreiung zu denken heißt aber nichts anderes, als von der Erfahrung zum Denken überzugehen und daher zur Erfahrung zurückzugehen. Deshalb bedeutet, die Befreiung zu denken, die sich in der Erfahrung vollzieht, zugleich das Denken zu befreien. Es befreit das Denken dazu, in sich das Erleiden derjenigen Wirkung zu wiederholen, die uns in der Erfahrung befreit. Diese Wirkung kommt von außen. Das Denken der Befreiung ist daher das Denken des Außen: Das Denken der Befreiung ist – strukturell, seiner Form nach – materialistisch.

Kommentar 1: Am Anfang steht das Paradox der Befreiung. Die Befreiung kann weder eine Tat noch ein Geschehen sein. Wenn die Befreiung aber nicht getan werden kann, muss sie geschehen sein, und wenn sie nicht geschehen kann, muss sie getan werden. Die erste Auflösung des Paradoxes ist das griechisch-westliche Modell der Emanzipation des Bewusstseins. Darin geht die Gewöhnung, die das Selbst befähigt und zum Subjekt macht, der Befreiung voraus; die Befreiung besteht darin, sich der Gewöhnung bewusst zu werden, und setzt sie sich daher, als ihr Unbewusstes, voraus. Subjektivität schlägt in Identität um. Die Ironie (oder Tragödie) der dialektischen Befreiung ist die selbstgemachte Knechtschaft der Identität. Deshalb setzt die Ästhetik der Befreiung nicht bei der Gewohnheit, sondern bei der Erfahrung an, in der sich das Subjekt von seinen Gewohnheiten und damit seiner Identität befreit. Die Erfahrung ist befreiend, weil sie passiv ist. In ihr erleidet das Selbst die Wirkung des unbestimmt Bestimmbaren: Es erleidet die Kraft des Anfangens; die Spontaneität ist erlitten, ein Effekt. Daher wird die Erfahrung erst befreiend, indem sie bejaht und damit erinnert wird – indem also über sie hinausgegangen wird; die Erfahrung wird zu der Befreiung, die sie ist, indem sie gedacht wird. Auch die Ästhetik der Befreiung verbindet daher Geschehen und Tat. Auch sie versteht die Tat der Befreiung als nachträglich; sie folgt dem Geschehen der Befreiung. Aber nicht, indem es im Bewusstsein angeeignet wird – denn dies schlägt in die Voraussetzung einer unbewussten Identität um –, sondern indem es im Denken wiederholt wird: indem das Denken das Erleiden (und damit das Außen) nicht aneignend auflöst, sondern es bejaht.

Kommentar 2: Deshalb beantwortet die Ästhetik der Befreiung auch die Frage nach dem Sein und Werden der Freiheit anders. In dem dialektischen Modell ist das Sein der Freiheit ein Resultat. Es ist das Resultat einer Bewusstwerdung. Diese Bewusstwerdung ist schöpferisch. Sie ist aber zugleich an das rückgebunden, was sie sich bewusst macht – die Gewöhnung. Wenn sich zu befreien heißt, sich seiner selbst bewusst zu werden, dann setzt sich die Bewusstwerdung die Gewöhnung voraus. Oder wenn das dialektische Modell die Bewusstwerdung als bestimmte Negation versteht, dann bleibt sie, wie auch immer verwandelnd, an ihren Ausgangspunkt, das Negierte, zurückgebunden. Das aber ist die Freiheit in unfreier Gestalt: Das dialektische Modell kann die Einheit von Sein und Werden im Wesen der Freiheit nur so denken, dass es die Freiheit mit der Unfreiheit, der Herrschaft oder Knechtschaft, kontaminiert. Im Gegensatz dazu zeigt das ästhetische Modell, dass die Freiheit in der Erfahrung der Faszination unmittelbar da ist. Die Erfahrung der Faszination ist das affirmative Sein der Freiheit. Sie ist es aber nur deshalb, weil sie zugleich das Werden der Freiheit, die Freiheit als Befreiung, als Negation ist. Denn es gibt die Erfahrung der Faszination nur nach der Gewöhnung, nach der Subjektivierung; sie befreit uns von deren Gesetz der Identität. In der Erfahrung der Faszination sind wir frei, unmittelbar und affirmativ, *und* wir befreien wir uns in ihr, vermittelt und negativ (oder negatorisch). In der Erfahrung fallen Freiheit und Befreiung, Freisein und Freiwerden in eins. Und *trotzdem* – oder gerade deshalb – muss die Befreiung über die Erfahrung hinausgehen: muss die Freiheit erst noch werden. Denn die Lust der Faszination verspricht, uns von der Gewohnheit zu befreien. Aber dieses Versprechen kann sie nicht einlösen; sie fällt in die Gewohnheit zurück. Die Befreiung in der Erfahrung verrät sich selbst.[4] Die Befreiung muss also genau deshalb über die Erfahrung der Faszination hinausgehen, weil diese Erfahrung befreiend *ist*. Die Ästhetik der Befreiung sagt: Die Freiheit wird erst noch, weil sie schon geworden ist; weil das Werden der Freiheit, das die Erfahrung der Faszination hervortreibt, über sie hinaustreibt. Die Erfahrung der Befreiung muss über sich hinausgehen. Sie muss zur Entscheidung für die Befreiung werden. Sich für die Befreiung zu entscheiden heißt, sie als die eigene Wahrheit – die Wahrheit des Selbst – zu verstehen, also die radikale Befreiung zu denken.

(b) Diagnostik: Individualisierung oder Singularisierung

Vorbemerkung: Es gibt eine Vielzahl ganz verschiedener Weisen, die radikale Befreiung zu denken und zu praktizieren. In Teil II des Buches werden zwei extreme Antworten rekonstruiert, die kaum unterschiedlicher sein können, ja einen scharfen Gegensatz bilden. In ihrer Rekonstruktion geht es zum einen darum, Spielräume des Denkens zu gewinnen: zu verstehen, wie dieselbe Frage bereits beantwortet wurde, und daraus zu lernen, wie sie beantwortet werden könnte und sollte, um nicht zu schnell den Wegen zu folgen, die die eigenen Traditionen und Gewohnheiten des Denkens vorgeben. Es geht um eine Übung in Variation, um eine Lockerung der Denkgelenke. Aber es geht zum anderen auch darum zu zeigen, dass die Forderung der radikalen Befreiung eine geistige, kulturelle und politische Kraft ist, ohne die sich die gegenwärtige Welt nicht verstehen lässt. Denn unsere Welt, gegen die sich die Forderung der radikalen Befreiung richtet, ist selbst aus dieser Forderung hervorgegangen. Wir müssen die Gegenwart so verstehen, dass sie bereits das Ergebnis von Versuchen radikaler Befreiung ist. Das ist ebenso vergewissernd wie verwirrend. Es ist vergewissernd, weil es besagt, dass die Forderung der radikalen Befreiung weder willkürlich noch idiosynkratisch ist; sie ist geschichtlich wirksam. Und es ist verwirrend, weil es die Forderung der radikalen Befreiung ihres guten Gewissens beraubt; ihre Radikalität verbürgt nicht, dass sie gut und gerechtfertigt ist. Denn sie bringt neue Formen der Knechtschaft hervor.

§ 1 Die radikale Befreiung beginnt in der Erfahrung (und geht aus ihr hervor). Die Erfahrung ist die Erfahrung des Außen. »Außen« heißt: außerhalb des Subjekts (und damit außerhalb des Sozialen). Das kann auf zwei entgegensetzte Weisen bestimmt werden. Die Bestimmung des ersten Modells besagt: Das befreiend erfahrene Außen ist die Natur des Selbst; dasjenige, was das Selbst von Natur aus ist. Die Bestimmung des zweiten Modells besagt: Das befreiend erfahrene Außen ist die Transzendenz des Selbst – das Andere als das Höhere.

Beide Bestimmungen deuten die Erfahrung – die Erfahrung des Außen – so, dass wir darin einen Ruf hören. Das ist der Ruf des Gewissens, der das Selbst aus seiner bisherigen Existenz herausruft. Nach der ersten Bestimmung sagt dieser Ruf: Werde, wer du von Natur aus bist – nicht länger ein sozialer Teilnehmer, der sich an der Erfüllung geteilter Normen orientiert, sondern ein lebendiges, sich erhaltendes und verwirklichendes *Individuum*. Das Individuum ist eine (oder die) biologische Einheit: Das Individuum ist die sich selbst produzierende und reproduzierende Einheit des Organismus. Diese Einheit will das Selbst zurückgewinnen. Nach der zweiten Bestimmung sagt der Ruf der Befreiung: Werde, wer du für den Anderen bist – nicht länger ein autonomes Subjekt, das sich durch die Aneignung der sozialen Normen selbst regiert, sondern eine *Einzelne*, außerhalb der sozialen Gemeinschaft. Die Einzelne ist durch den transzendenten Anderen da. Die Befreiung besteht darin, sich zum Anderen umzuwenden und darin einzeln, »singulär« zu werden. Darin verbinden beide Bestimmungen eine negative (§ 2) und eine positive Seite (§ 3).

§ 2 Die *negative Seite der radikalen Befreiung* besagt, dass beide, das sich selbst verwirklichende Individuum und die nur dem Anderen antwortenden Einzelnen, »Idioten« sind – keine Bürger, keine Teile oder Glieder eines Gemeinwesens. Ihre Befreiung ist die Befreiung von der sozialen Freiheit. Beide, das Individuum und der Einzelne, wollen keine Subjekte, keine sozialen Glieder mehr sein. Denn ein Subjekt zu sein heißt, das Vermögen zur je besonderen Verkörperung des herrschenden Allgemeinen, seiner Gesetze, zu besitzen. Es ist eine gute Teilnehmerin der Gesellschaft, oder es ist sittlich. Indem es sittlich wird, verliert das Subjekt aber, was es in Wahrheit ist; es verliert die Wahrheit seiner Existenz. Deshalb muss die radikale Befreiung nicht weniger als der Auszug aus der Sittlichkeit sein; die Befreiung ist die Suspension des Ethischen. Diese befreiende Entsittlichung hat zwei entgegengesetzte Richtungen, die ineinander umschlagen können (und sich in manchen Figuren kreuzen können; Goethes Faust ist eine solche Figur[5]).

§ 3 Der Gegensatz dieser beiden Richtungen bestimmt die *positive Seite der radikalen Befreiung*. Das erste Modell begreift die Befreiung aus der Sittlichkeit so, dass das Selbst seine Einheit als ein Individuum zurückgewinnt, die es im Sozialen – indem es zum Subjekt, das heißt zum Teilnehmer wurde – verloren hat. Daher heißt »Befreiung« hier: Individualisierung (oder Reindividualisierung). Sich zu individualisieren, zu einem Individuum zu machen bedeutet, sich die Eigenschaften und Vermögen, die das Selbst erworben hat, indem es zu einem Subjekt sozialisiert wurde, so zu eigen zu machen, dass sie – wieder – die Momente einer individuellen, organisch-lebendigen Ganzheit sind. Es bedeutet also, die eigenen Vermögen nicht gemäß ihrer sozialen Normativität, die sie immanent konstituiert, zu gebrauchen, sondern allein dazu, sich selbst zu erhalten und zu steigern. Das zweite Modell hingegen begreift die entsittlichende Desubjektivierung als Singularisierung. Singulär oder singularisiert zu werden bedeutet, in der Öffnung für einen unbedingten, also unerfüllbaren Anspruch die eigenen Vermögen preiszugeben. Die Teilnahme am Sozialen ermächtigt das Selbst. In der Beziehung zum transzendenten Anderen hingegen erfährt das Selbst, dass es in Wahrheit nichts kann und ist; das Selbst erfährt seine Nichtigkeit. Indem es dem Ruf des Anderen antwortet, wird das Selbst jeder Bestimmung entblößt. Das heißt: Es wird singulär. Die Individualität ist die Einheit, die sich selbst erhält. Die Singularität ist der leere, bloße Rest, der bleibt, wenn die Gattung, also die soziale Allgemeinheit, abgezogen wird.

§ 4 Die beiden Modelle der befreienden Entsittlichung bringen zwei Lebensformen, zwei Existenzweisen hervor, die einander scharf entgegengesetzt sind.

Die Individualisierung bringt ein Selbst hervor, dem es um sich selbst geht. Durch seine Gewöhnung hat das Selbst Vermögen erworben, die es sozial befähigen, aber zugleich ihrem sozialen Gesetz unterstellen (und damit dem Urteil der anderen ausliefern). Daher sollen die Vermögen – die das Subjekt definieren – in der Individualisierung entsozialisiert werden: Das Individuum entwendet seine Vermögen ihrer sozialen Bestimmung und gebraucht (oder missbraucht) sie allein zu seiner individuellen Selbstreproduktion. Diese Inversion der Teleologie, vom sozial definierten Guten zur individuellen Selbsterhaltung, ist die neuzeitliche Grundbestimmung der Ökonomie: *Das befreite Individuum ist der ökonomische Mensch*. Ihm geht es um seine Selbststeigerung, seine Vitalität.

Die Singularisierung hingegen bringt ein Selbst hervor, das nichts als seine Beziehung (eine Beziehung ohne Beziehung; denn sie ist nicht wechselseitig) zum Anderen ist. Durch seine Gewöhnung hat das Selbst Vermögen erworben und sich dabei das soziale Gesetz, das sie definiert, angeeignet; es kann daher nun selbst im Namen des Gesetzes handeln. Es ist zum Subjekt geworden, das das Gesetz auslegen und erfüllen kann. Der singularisierende, das heißt, radikal vereinzelnde Ruf des Anderen zerstört dieses Selbstvertrauen. Die singulär Einzelnen wissen sich abhängig von einem Anderen, der sie unendlich überragt und dem sie deshalb folgen oder dienen: *Der befreite Einzelne ist der religiöse Mensch.* Er erfährt in der Befreiung seine Selbsttranszendierung, seine Heiligung.

Darin liegt die gegenwartsdiagnostische Bedeutung der beiden Modelle radikaler Befreiung. Sie besteht in der These, dass die modern entgrenzte Ökonomie und die monotheistisch verschärfte Religion Existenzweisen sind, die aus einer Bewegung radikaler Befreiung hervorgegangen sind. Diese beiden Existenzweisen stehen untereinander ebenso in einem Gegensatz, wie sie beide im Gegensatz stehen zur subjektiven Existenz des sozialen Teilnehmers. Die moderne Ökonomie und die monotheistische Religion sind verfeindete Feinde der Gesellschaft.

§ 5 Beide Modelle der radikalen Befreiung sind Operationen der *Differenz* (i), die sie prozessual, als *Selbstentzweiung*, verstehen (ii).

(i) Das erste Modell beschreibt die Befreiung durch die Differenz von sozialer und individueller Existenz. Dabei konzipiert es die Individualität nach dem Bild des Lebewesens, des Organismus, der seine Einheit autopoietisch reproduziert. Das erste Modell verortet das Außen des Sozialen *vor* dem Sozialen und bestimmt es als Natur. Die Befreiung-durch-Individualisierung ist naturalistisch. Das zweite Modell hingegen deutet die Befreiung durch die Differenz von unbedingtem Anspruch und sittlichem Gesetz. Dass der Anspruch unbedingt ist, heißt, dass er unerfüllbar ist; er überschreitet, ja sprengt das Subjekt. Das zweite Modell verortet das Außen des Sozialen *über* dem Sozialen und bestimmt es als Transzendenz. Die Befreiung-als-Singularisierung ist transzendent.

(ii) Beide Modelle verstehen die Differenz – deren Logik sie konstituiert – als Prozess. Die Differenz muss vollzogen werden; »Differenz« bedeutet Differenzierung. Diesen Prozess versteht das erste Modell so, dass die Befreiung uns aus unserer sozialen Existenz herausführt und einen natürlichen Zustand wiederherstellt. Das zweite Modell hingegen versteht die befreiende Selbstentzweiung so, dass wir eine Erfahrung erinnernd wiederholen, die wir immer schon vergessen haben – die immer nur als verschwindende gegenwärtig war. Deshalb bleibt nach dem zweiten Modell die Befreiung im Vollzug. Die beiden Modelle unterscheiden sich nicht nur inhaltlich – darin, wie sie die befreiende Differenz (und damit die Richtung der Befreiung; siehe § 3 dieses Abschnitts) bestimmen. Sie unterscheiden sich auch modal – dadurch, wie sie den Prozess der Befreiung vollziehen: restaurativ oder revolutionär, als Rückkehr oder als unendliche Öffnung.

§ 6 Beide Befreiungsprozesse scheitern. Sie scheitern auf ganz verschiedene Weise, aber aus demselben Grund: Sie scheitern an der Wiederkehr des Sozialen, der Normativität oder Subjektivität (alles drei ist dasselbe), deren Herrschaft sie durchbrechen wollen.

Die Individualisierung bringt den ökonomischen Menschen hervor. Der ökonomische Mensch will seine durch soziale Gewöhnung erworbenen Vermögen in die natürlich-biologische Einheitsform des Individuums zurückführen. Weil es ihm darin nur um seine Vermögen geht, weil die Ontologie des Vermögens aber sozial ist, bleibt das ökonomische Individuum dem sozialen Urteil ausgeliefert. Seine Existenz ist daher strukturell krisenhaft. Die ökonomische Befreiung endet in dem selbst geschaffenen Zwang einer potentiell unendlichen Selbststeigerung. *Das ökonomische Individuum unterliegt dem Gesetz der Serie.*

Die Singularisierung bringt den religiösen Menschen hervor. Der religiöse Mensch gehorcht dem transzendenten Gebot. Dieses gehorchende Hören ist ein Akt erinnernder Wiederholung; denn das Gebot ist der Grund, der immer schon in der Errichtung sozialer, sittlicher, also gesetzlicher Ordnungen vergessen wurde. Um gegen das Vergessen im Gesetz anzukommen, muss deshalb das Erinnern selbst zum Gesetz werden: Das religiöse (Ur-)Gesetz schreibt vor, das Gebot vor dem und gegen das Gesetz zu erinnern. Damit kehrt die Gesetzesform der sozialen Normativität, gegen die sich die singularisierende Befreiung gerichtet hat, durch die Befreiung zurück. Die religiöse Existenz ist daher paradox. Ihre Befreiung endet damit, sich in den endlosen Kreislauf von Gebot und Gesetz, Befreiung und Knechtschaft zu verstricken. *Die religiöse Existenz unterliegt der Macht des Schicksals* (die sie durchbrechen wollte).

Kommentar: Beide, die Individualisierung, die den ökonomischen Menschen, und die Singularisierung, die den religiösen Menschen hervorbringt, sind Modelle der radikalen Befreiung. Das verstehen sie in scharf entgegengesetzter Weise: als Wiederherstellung der natürlichen Form und als Öffnung für das transzendente Gebot. Beide Modelle sind extremistisch.

Verlangt der Gegensatz dieser Modelle daher nicht nach einer Entscheidung? Aber kann es hier überhaupt eine Entscheidung geben? Und wenn nicht: Bedeutet das, dass sich die Idee der radikalen Befreiung in Widersprüche verstrickt, die sich nicht auflösen lassen, und dass diese Idee daher preisgegeben werden muss? Dass sich die Idee der radikalen Befreiung nur so begreifen lässt, dass sie entweder die natürliche Einheit des Individuums wiederherstellen will oder das Selbst dem Exzess der normativen Unbedingtheit ausliefern muss? Und dass daher beide Modelle gleichermaßen abwegig sind? Das erste Modell führt in einen reduktionistischen Naturalismus, der sich in einer bloß ökonomischen Existenz der Vermögenserhaltung und Vermögenssteigerung verwirklicht. Das zweite Modell führt in einen normativen Absolutismus, der sich in einen leeren Kreislauf der Gesetzesdurchbrechung und Gesetzeswiederherstellung verstrickt. Das sind *zwei Formen des Scheiterns der radikalen Befreiung*, zwischen denen sich unsere Gegenwart bewegt.[6]

(c) Dialektik: Der Widerspruch der radikalen Befreiung

Wenn man zwischen den beiden Modellen der radikalen Befreiung weder entscheiden kann noch – deshalb – die Idee der radikalen Befreiung preisgeben will, kann man immer noch versuchen, aus ihrem Gegensatz etwas zu lernen: wie sich der Begriff der radikalen Befreiung besser verstehen lässt. Denn beide Antworten führen über sich hinaus; sie sind wahr und unwahr zugleich. Beide Antworten sind wahr, weil sie eine Einsicht hervorbringen, die sich nur durch sie gewinnen lässt. Und sie sind unwahr, weil sie diese Wahrheit nicht fassen können; die Einsicht, die sie hervorbringen, sprengt sie. Die beiden Modelle der radikalen Befreiung zu begreifen heißt daher, der Bewegung zu folgen, die durch sie über sie hinausführt – mit dem Ziel, einen Begriff der radikalen Befreiung zu gewinnen, der von dem Gegensatz der beiden Modelle nicht zerrissen wird, weil er ihn in sich enthält (oder ihn aufhebt).

In den beiden Modellen ist diese Bewegung, die sie in Frage stellt, jedoch ganz verschieden. Darin ist ihr Gegensatz asymmetrisch. Die Dialektik, die zwischen den beiden Modellen herrscht, die sie trennt und verbindet, ist schräg – eine quere Dialektik –, weil die *innerhalb* der Modelle wirkende Dialektik dort jeweils ganz anders operiert. Die Dialektik der ökonomischen Befreiung ist »passiv« (Herbert Marcuse). Die dialektische Bewegung »geht über die [ökonomische Befreiung] hinweg, ohne daß diese sie aufnehmen und sich in ihr weitertreiben kann«;[7] sie bleibt stecken, sie zerstört nur und bringt nichts hervor. Die Dialektik der religiösen Befreiung hingegen ist aktiv, über sich hinausgehend, also progressiv.

Dieser Unterschied der beiden Dialektiken lässt sich zunächst formal anzeigen. Das erste Modell, die Befreiung als Individualisierung, bleibt in dem Widerspruch stecken. Die Befreiungsbewegung der Individualisierung erleidet ein Schicksal, das sie ebenso selbst hervorbringt, wie es ihr fremd erscheinen muss. Sie kann es nicht verstehen; sie gerät in eine Sackgasse, aus der sie nicht herausfinden kann. Das Schicksal der ökonomischen Existenz bringt daher zwar eine Wahrheit hervor. Aber weil sie diese Wahrheit nicht begreifen kann, hat die Befreiungsbewegung der Individualisierung keine Zukunft. Die Wahrheit, die sie hervorbringt, kann nur von außen formuliert und bewahrt werden: im Bruch mit der ökonomischen Existenz, und zwar von der religiösen Befreiungsbewegung aus. Denn zwar führt auch das zweite Modell der radikalen Befreiung an den Punkt, der seine religiöse Prämisse in Frage stellt. Aber zugleich kann die Singularisierung über die religiöse Existenz, die sie hervorgebracht hat, hinausgetrieben werden; sie kann fortgesetzt werden. Und wenn man dies tut, geschieht etwas Überraschendes: Wenn die Singularisierung bis zu dem Punkt radikalisiert und vorangetrieben wird, an dem sie die Form der religiösen Existenz hinter sich zurücklässt (oder genauer: hinter sie zurückgeht), entdeckt sie genau in diesem Moment die Wahrheit der ökonomischen Existenz (die diese selbst nicht begreifen kann, weil sie die Figur der Individualisierung, aus der die ökonomische Existenz hervorgeht, sprengt). Indem die befreiende Singularisierung über die religiöse Existenz hinausgetrieben wird, holt sie zugleich die Erfahrung ein, die die ökonomische Existenz an ihrem Ende machte, ohne sie begreifen zu können.

Die Wahrheit, die über das Befreiungsprogramm der Individualisierung hinausführt, ist also für die ökonomische Existenz selbst bloß negativ. Diese Wahrheit – *ihre* Wahrheit, das Urteil über die ökonomische Existenz: die Wahrheit, die sie verurteilt – ist ihr selbst unzugänglich. Das religiöse Modell hingegen, die Befreiung als Singularisierung, führt so über sich selbst hinaus, dass es dabei zugleich auch über den Widerspruch zwischen den beiden Modellen hinausführt: weil die befreite, »singulär« Einzelne die Wahrheit der ökonomischen Befreiung zu erkennen und aufzunehmen vermag – indem sie den Naturalismus dieses Modells entökonomisiert (und entbiologisiert). Daher gehört dem religiösen Modell die Zukunft; die Wahrheit, die es hervorbringt und die es zugleich sprengt, ist progressiv.

Dieses formale Schema der asymmetrischen Dialektik, die sich zwischen den beiden Modellen der radikalen Befreiung entfaltet, muss nun inhaltlich beschrieben werden. Das heißt, als Erfahrung. Was erfahren wir in den Erzählungen der beiden Befreiungsbewegungen? Wir erfahren, wie die Befreiungsbewegungen beginnen, zu welcher Existenzweise sie führen und wodurch sie diese Existenzweise am Ende wieder in Frage stellen. Aber diese Infragestellung hat für beide einen ganz verschiedenen Sinn.

Die Dialektik der Ökonomie: Serialisierung

Die Befreiung als Individualisierung bringt die ökonomische Existenz hervor. Ich habe vorgeschlagen, diese Existenzform nicht inhaltlich – durch das, was sie will –, sondern ontologisch zu bestimmen: In der ökonomischen Individualisierung geht es darum, dass ein Selbst zu den Bestimmungen, die es durch soziale Gewöhnung gewonnen hat, das natürliche Verhältnis zurückgewinnt, das die biologische Einheit des Organismus ausmacht; dass es seine natürliche Identität wiederherstellt. Die sozialen Bestimmungen des Selbst sind seine Vermögen. Durch sie vermag es etwas, durch sie ist das Selbst ein Subjekt. Und zugleich auch der Normativität, dem sozialen Gesetz, das das Vermögen definiert, unterstellt. Davon will sich das Selbst befreien, indem es seine Vermögen entsozialisiert – also: sie desubjektiviert, von ihrer Normativität befreit – und sie sich als individuelle aneignet: Sie sollen *seine* werden, das heißt Medien allein seiner Selbstreproduktion, so wie es die natürlichen Kräfte des Organismus, des biologischen Individuums sind. Damit bringt die Befreiung-als-Individualisierung eine Existenz hervor, die deshalb – im modernen Sinn des Wortes – »ökonomisch« genannt werden kann, weil dies eine Existenz ist, die nicht um eines Zwecks oder Guten, sondern um der bloßen Erhaltung des Selbst und seiner Vermögen willen lebt. »Ökonomisch« meint daher einen Vollzug reiner Selbstreproduktion (so wie »biologisch« die Autopoiesis des Organismus bezeichnet); der ökonomische Mensch ist das absolute Individuum. Weil aber alle Vermögen sozial definiert sind – »Dies ist ein Vermögen« ist ein soziales Urteil: das Urteil des anderen –, wird er um seiner Selbsterhaltung willen zu einer Serie von Handlungen getrieben, deren Logik (und Zeitlichkeit) die Einheit des Individuums immer wieder, also unendlich aufschiebt. Der Effekt der Individualisierung ist die Serialisierung der Existenz (und damit ihre Deindividualisierung). Ihre individuelle Einheit löst sich in eine Serie sich potentiell unendlich wiederholender Versuche auf, sich durch ihre Selbststeigerung selbst zu erhalten.

In diesem Ende, dem Umschlag in eine serielle Existenz, liegt die – negative – Wahrheit des Programms der ökonomischen Befreiung. Indem es das Selbst dazu anhält, sich seine sozial definierten Vermögen individuell anzueignen, bringt es das Gegenteil hervor: eine Folge, die von einem Gesetz radikaler Äußerlichkeit beherrscht wird; die Serie ist die äußerliche Folge. Deshalb sagt Jean-Paul Sartre über die Form der Serie, die Serie als Form, dass sie nicht begriffen und durch den, der sie erfährt, nicht angeeignet werden kann. »Kein *Begriff* kann von der Serie gebildet werden.«[8] Die Elemente einer Serie sind daher keine »Glieder«; sie sind nicht *mit* anderen, *in* einem sie einbegreifenden Allgemeinen. Und weil die Einheit einer Serie, das heißt: die Serie als eine Einheit, nicht begriffen werden kann, sind die Elemente einer Serie nicht nur einander gegenüber äußerlich, sondern ebenso äußerlich ist die Serie gegenüber dem Selbst, dessen Existenz oder Wirklichkeit sie ist. »Serialisierung« heißt, dass die Existenz und das Selbst einander »fern« sind. »[D]as Seriell-sein [gewinnt], als strenge Alterität innerhalb jeder lebendigen Beziehung, seine Kraft aus der *praktischen Entfernung*, das heißt aus dem ungreifbaren Gewimmel der anderen Beziehungen.«[9] Weil das Selbst die Serie – die Serie, die seine eigene Existenz ist: die Serie als Existenz des Selbst – nicht begreifen kann, ist es ihr gegenüber strukturell ohnmächtig. Die ökonomische Befreiung »führt uns logisch zur Erfahrung der Ohnmacht als reale Verbindung zwischen den Gliedern der Serie«.[10] Das Selbst hat keine Macht über die Serie seiner Handlungen. Es erleidet sie, passiv.

Kurzum: Die Serie der Ereignisse, in die sich dem Selbst, das sich zu seiner Individualität befreien will, seine Existenz auflöst, ist für es (wie) eine Natur. Denn die Natur ist das für uns nur äußerlich Gegebene, das sich nicht in die Einheit des Begriffs fassen lässt. Genauer: Als serielle ist seine Existenz für das Selbst wie eine *andere* Natur. Denn die Einheit der Individualität war die biologische Formbestimmung derjenigen Natur, die das Selbst durch seine Subjektivierung-als-Sozialisierung verloren hatte und deren Form oder Einheit es wiedergewinnen wollte. Die Befreiung durch Individualisierung war der Versuch, das Selbst zu (re)naturalisieren. Im Umschlag der Individualisierung in die Serialisierung geschieht daher eine zweite, andere Naturalisierung. Das ist eine Naturalisierung des Selbst, die die biologische Einheit und Form der Individualität sprengt. Der Versuch, die biologische Einheitsform der Individualität wiederzugewinnen, bringt eine antiorganische Natürlichkeit hervor: die »anorganisch[e] Materialität«[11] des Seriellen. Die Naturalisierung des Selbst – so erfährt es – ist nicht die Wiederherstellung einer verlorenen Einheit, sondern der Selbstverlust in Verkettungen, die sich zu keiner Einheit fügen. Die Existenz in der Serie ist dynamisch, infinit, permutabel – eine Lebendigkeit, die unlebendig ist: die Lebendigkeit des Untoten.

Die Wahrheit, die durch die Dialektik der Befreiung-als-Individualisierung hervorgetrieben wird, besteht also darin, dass ihre biologische Renaturalisierung der sozialen Existenz scheitert – und dass sich in diesem Scheitern ein Gegensinn der Naturalisierung zeigt. Indem die biologisch, das heißt individualisierend verstandene Naturalisierung scheitert, gewinnt sie einen ganz anderen Sinn und Gehalt. Die Naturalisierung verändert sich; die Natur des Selbst – das, was das Selbst als seine Natürlichkeit oder seine Natur erfährt – wird selbst eine andere. An die Stelle der natürlichen Einheitsform des Individuums, die das Selbst wiedergewinnen wollte, ist die ebenfalls, aber anders naturhafte Verkettungsform der Serie getreten. Das, so zeigt sich am Ende, heißt es, »naturhaft« zu existieren. Es heißt, in Serien verstrickt zu sein, deren Glieder, Verkettungen und Verschiebungen einander äußerlich sind.

Damit sind wir bei der entscheidenden Frage. Sie lautet: Hat die Wahrheit über die ökonomische Befreiung – dass die Naturalisierung der Existenz nicht in ihrer Individualisierung, sondern in ihrer Serialisierung besteht – nur eine negative oder auch eine positive Bedeutung? Eines ist klar: Aus der Perspektive dieses Befreiungsprogramms selbst ist dies eine *bloß* negative Erfahrung; es erfährt in der Serialisierung sein Scheitern. Aber ist dies das letzte Wort über dieses Programm? Zeigt sich also im Effekt der Serialisierung nur die Unwahrheit eines Befreiungsprogramms, das eine natürliche Form wiederherstellen will? Oder verbirgt sich in diesem Effekt eine positive, das heißt: die Befreiung weiterführende Wahrheit – eine Wahrheit, die das ökonomische Befreiungsprogramm selbst nicht zu fassen vermag, die sich vielmehr nur erfassen lässt, indem von außen auf es zurückgeblickt wird?

Auf diese Fragen gibt es zwei Antworten. Die erste – negative – Antwort versteht die Serialisierung der Existenz, mit der die ökonomische Befreiung endet (oder *verendet*), als einen Zustand bloßer Unfreiheit. Sie ist die Unfreiheit in reiner, weil extremer Form. Die seriell gewordene Existenz ist dies deshalb, so lautet das Argument der ersten Antwort, weil sich in ihr eben in extremer Form zeigt, was Naturalisierung in Wahrheit ist. In der Form der Serie gelangt zur Anschauung, was *die* Naturalisierung – alle und jede Naturalisierung – ist: Das Selbst zu naturalisieren heißt, es zu einer Existenz zu verdammen, in der es äußerlich, entfremdet, ohnmächtig ist; die Naturalisierung bringt eine Existenz hervor, die sich – also: ihre Sozialität – nicht begreifen kann. Dass das naturalisierte Selbst sich in seiner Existenz nicht begreifen kann (oder sie ihm gegenüber äußerlich, »entfernt« ist), heißt aber nichts anderes, als dass seine Existenz, eben aufgrund ihrer Serialisierung, nicht Teil einer sozialen Praxis ist – dass sie nicht an einer sozialen Praxis teilhat. Denn sich zu begreifen und sich als Teil einer Praxis zu begreifen, ist nach Sartre ein und dasselbe: »Im Begriff ist nämlich jeder der Gleiche wie die Anderen, insofern er er selbst ist.«[12] Die soziale Praxis ist dialektisch. Dass die Serie einen »natürlichen Verlauf« nimmt, heißt dagegen – schreibt Stanley Cavell –, dass sie »undialektisch« ist.[13] Das kritische Urteil, dass sich in der Serialisierung der Existenz nichts anderes als die Unwahrheit des Naturalisierungsprogramms zeigt, erfolgt mithin im Namen der sozialen Praxis; »Praxis« ist der Gegenbegriff zu »Serie«. Die Serie ist unwahr, weil ihre Verkettungen begriffslos, unbegreifbar (und daher äußerlich, natürlich) sind; die soziale Praxis ist wahr, weil sie einen Zusammenhang bildet, der begriffen und daher gewusst und gewollt werden kann. Man kann daher auch sagen: Die erste, negative Antwort – die Antwort, dass sich in der Serialisierung nichts anderes und nichts weiter zeigt, als dass jeder Versuch scheitern muss, das Selbst dadurch zu befreien, dass es sich individualisiert, also (re)naturalisiert – ist die Antwort des Sozialismus. Sie ist die sozialistische Antwort auf die Befreiung-als-Individualisierung, die die ökonomische Existenz hervorbringt. Ja, sie ist die sozialistische Antwort auf die Idee und den Versuch der radikalen Befreiung überhaupt. Denn der Sozialismus sagt – so definiert Axel Honneth –, dass es die Freiheit nur in »der Teilhabe an einer bestimmten Art von sozialer Gemeinschaft«[14] geben kann und daher alle radikale Befreiung scheitern muss (denn radikal ist die Befreiung, die sich gegen die soziale Konstitution des Subjekts wendet). Das eben zeigt sich an der Serialisierung der ökonomischen Existenz. Es zeigt sich, dass der Versuch, sich von der sozialen Existenz zu befreien, sie als äußerlich-mechanische reproduziert. Die sozialistische These lautet: Die Befreiung kann (und darf) niemals radikal sein; die Befreiung und die Freiheit sind sozial.

Diese – sozialistische – Schlussfolgerung aus dem Schicksal des ökonomischen Befreiungsversuchs steht nicht nur vor dem Problem, nicht erklären zu können, wie überhaupt eine soziale Praxis möglich sein soll, die von den Erstarrungen und Wiederholungszwängen frei ist, gegen die sich jener Befreiungsversuch richtete (so dass der Sozialismus durch dieselben Erfahrungen der Faszination erschüttert werden wird, mit der jeder Versuch einer radikalen Befreiung beginnt; der Sozialismus mag gerechter sein, seine Praxis wird aber ebenso von dem Gesetz der Identität beherrscht werden wie alle bisherige: Sie ist nicht frei). Die negative Antwort des Sozialismus auf die Frage danach, was sich in der Serialisierung der ökonomischen Existenz zeigt – dass sich darin nichts als die Unwahrheit jeder radikalen Befreiung zeigt –, übersieht auch, wie die Serialisierung tatsächlich erfahren wird. Erinnern wir uns an die Geschichte, die von dieser Befreiung erzählt (denn Erfahrungen müssen erzählt werden): Sie endet damit, dass Walter White die Erfahrung seiner Serialisierung macht *und diese Erfahrung genießt.*[15] Die Geschichte der ökonomischen Befreiung endet mit dem Genießen der eigenen Serialität – ja damit, deren anorganische Dynamik als die eigentliche, wahre Lebendigkeit zu erfahren: In meiner seriellen Existenz war ich lebendig.

Soweit die sozialistische Konzeption diese Erfahrung zur Kenntnis nimmt, kann sie nur sagen, dass dieser Genuss pervers ist. Sie ist der »Genuß in [der] Entfremdung«[16] und damit die äußerste Entfremdung: an der Entfremdung nicht einmal zu leiden, sondern sie auch noch zu genießen. Die Gegenthese dazu besagt – und das ist der Schritt zu einer positiven Antwort auf die gestellte Frage –, dass sich in diesem Genuss eine Wahrheit erschließt: weil er eine andere Erfahrung der Naturalisierung ist (die die ökonomische Befreiung betreibt und erleidet). Indem das Selbst die Serialisierung seiner Existenz genießt, erfährt es seine Naturalisierung – in ganz neuer, radikal nichtökonomischer Weise – als Befreiung. Das ist die Gegenthese zur sozialistischen Kritik der Serie: Die Serialisierung ist nicht das Scheitern, sondern ein Element der Befreiung; die Serialisierung zu genießen ist die Lust an der Freiheit.

Die Begründung für diese These besagt, dass die Serialisierung die *andere* Naturalisierung ist: Das Selbst genießt die Serialisierung seiner Existenz und ist darin frei, weil es darin seine andere, nichtbiologische Natur erfährt. Und das besagt weiterhin, dass diese andere Natürlichkeit des Selbst, gerade weil sie nicht von seiner Biologie beherrscht wird – weil sie der natürliche Bruch mit der Biologie ist, der natürliche Bruch in der Natur –, eine wesentliche Kraft der Befreiung ist. Aber davon begreift das Selbst, das seine Serialisierung erfährt und genießt, indem seine Individualisierung scheitert, buchstäblich *nichts*. Es versteht nicht, was ihm geschieht. Es weiß nicht, was es mit dem Genuss der seriellen Wiederholung anfangen soll. Es kann ihn nicht denken. Es kann ihn nur feststellen und hinnehmen, es kann aber von diesem Genuss aus nicht weitermachen. Indem die ökonomische Befreiung im Genießen der Serialisierung ihre Wahrheit erreicht, ist sie zu Ende; ihre Wahrheit ist ihr *dead end*.

Die Befreiung als Singularisierung beginnt damit, einen Ruf zu hören. Dieser Ruf unterbricht das gewohnheitsmäßig identifizierende Bestimmen. Das Selbst hört einen Ruf, der ein Befehl oder Gebot ist. Es hört das Gebot, das Gebot zu hören. Diese gebietende Anrede ist von ganz anderer Art als die Vorschriften, die eine Autorität im Namen der Gesetze erlässt, die die soziale Gewohnheit konstituieren: Die gebietende Anrede ist transzendent. Der Ruf kommt von außerhalb oder oberhalb des Sozialen. Indem es die Anrede hört, tritt das Selbst in die »Beziehung ohne Beziehung« (Emmanuel Lévinas) zur Transzendenz, die die religiöse Existenz definiert. In der religiösen Beziehung ist das Selbst kein Subjekt, kein Glied oder Teil des Sozialen mehr. Es ist ein Einzelnes ohne Allgemeines geworden. Das heißt »Singularisierung«, und deshalb heißt »Singularisierung« Befreiung. Weil die gebietende Anrede transzendent und daher singularisierend ist, befreit sie das Selbst aus seiner personalen Existenz in der sozialen Gewohnheit.

Das Gebot steht in einem doppelten Verhältnis zur Autorität der Gesetze, die ihren Grund in der sozialen Gewohnheit haben. Für diese Gesetze gilt, dass sie, vorschreibend oder verbietend, auf ein Subjekt angewandt werden können, weil sie das Subjekt bereits ausmachen. (Das definiert das Verständnis des Gesetzes im Begriff der Sittlichkeit: Sittliche Gesetze gelten, weil sie »sind«.[17]) Die Gesetze konstituieren das Subjekt: Ein Subjekt zu sein heißt, der Ursprung seiner Vollzüge zu sein, und das ist ein Subjekt, weil es selbst die Gesetze anwenden kann, die auf es angewandt werden, und *das* kann das Subjekt, weil diese Gesetze es ausmachen; das bedeutet »Autonomie«. Aus dieser autonomen, also nomischen Existenz ruft die gebietende Anrede, deren Macht in keinem Gesetz gründet und daher nicht autoritär, ja antiautoritär ist, das Selbst heraus. Sie ruft das Selbst aus der sozialen Ordnung unter Gesetzen heraus. Aber zugleich *gebietet* die Anrede dem Selbst – sie gebietet ihm, das Gebot zu *hören*. Sie macht das Selbst zu einem Hörenden: zu einem, der eine Forderung hört und sich vor ihr verantwortet. Das heißt, die Anrede macht das Selbst normativ. Nur weil es das Gebot – das Gebot, zu hören – gehört hatte, konnte das Selbst fähig und bereit werden, überhaupt irgendwelche normativen Vorschriften zu empfangen. Das Gebot ist als das Andere des Gesetzes – das es durchbricht – zugleich das Ermöglichende des Gesetzes. Ohne Gebot kein Gesetz; ja, nur deshalb, weil das Gebot der Grund, das Ermöglichende des Gesetzes war, kann das Gebot jetzt die Ordnung des Gesetzes unterbrechen.

In dieser Bestimmung der religiösen Befreiung – der Befreiung im Hören des Gebots – liegt ihre Wahrheit (i) und daraus folgt zugleich ihr Problem (ii). Im Anschluss daran lässt sich sagen, auf welchem Weg die religiöse Befreiung über sich selbst hinausführt (iii).

(i) Das Doppelverhältnis von Gesetz und Gebot – das Gebot ermöglicht und unterbricht das Gesetz – definiert das religiöse Denken. Es definiert die Religion als Denken: die Weise, wie sie denkt. Denn wenn das Hören des Gebots nur deshalb das Gesetz und seine Autorität durchbrechen kann, weil das Gesetz, zugleich und dagegen, aus dem Hören des Gebots hervorgegangen ist – dann bedeutet dies, dass die Autorität des Gesetzes ebenso in dem Hören des Gebots gründet, wie sie diesen Grund vergisst. Das Gebot ermöglicht das Gesetz, das Gesetz vergisst das Gebot. (Das impliziert unmittelbar, dass das Gebot, indem es das Gesetz hervorbringt, das das Gebot vergisst, sich selbst vergisst; das ist das Problem der Religion, dazu unten, [ii].) Das Gebot ist immer schon im Gesetz vergessen; es ist immer schon vergangen, und daher ist das Gebot, zu hören, zugleich ein Akt der Erinnerung, eine Erinnerung, die eine Wiederholung (und daher keine Rückkehr) ist. Die Religion – so habe ich diesen Begriff in Kapitel 4 im Anschluss an Rosenzweig, Lévinas und Santner verwendet – ist diejenige Weise zu denken, die das gegenstrebige Verhältnis von Gebot und Gesetz entfaltet: indem es das im Gesetz ebenso vorausgesetzte wie vergessene Gebot erinnert. Denken ist Eingedenken.

Dabei hängt alles davon ab, den religiösen Rückgang in den Grund nicht metaphysisch zu verstehen; davon hängt ab, dass das Denken der Religion befreiend ist. Denn der metaphysische Rückgang in den Grund ist es nicht; er ist knechtend. Das ist er deshalb, weil die Metaphysik – wie Michael Theunissen sagt – eine »Archäologie« ist; sie betreibt »Herkunftsforschung«.[18] Ihre Forschung ist darauf gerichtet, unterscheiden zu können zwischen dem, was der wahre Grund ist, und dem, das er gründet – was daher abgeleitet, nicht in sich selbst begründet ist. Das ist die Grundunterscheidung jeder »theoretischen« Wissenschaft,

> die dem Seienden im ganzen ein »archaisches« Aussehen verleiht. Unter ihrem Blick verwandelt sich alles, was ist, in Grund oder Gegründetes. In der Metaphysik aber vollendet sich die theoretische Wissenschaft, weil sich in ihr diese Sicht aufs äußerste verschärft. Was immer sie schaut, zeigt sich ihr im Licht der ersten Gründe, des radikal Archaischen, und so ist sie in sämtlichen Forschungsrichtungen radikale Archäologie.[19]

Indem sie zum Grund zurückgeht, vollzieht die Metaphysik daher einen Akt der Kritik; die Metaphysik ist knechtend (und nicht befreiend), gerade weil, und wie, sie kritisch ist. Ihre kritische Unterscheidung richtet sich gegen die »Menge« und deren »Meinung«, die zwischen Sein und Nichtsein schwankt, also nicht zwischen ihnen entscheiden kann; die metaphysische »Kritik [richtet sich] gegen die Kritiklosigkeit«.[20] Sie ist aber – so Gunnar Hindrichs pointiert – Kritik nur *als* Theorie; »der Weg des kritischen Denkens [entpuppt] sich als Weg der Theorie«:[21] als Wissen vom Grund. Die Metaphysik kann als Kritik zwischen Sein und Nichtsein unterscheiden – was die von ihr kritisierte Menge nicht kann –, weil sie als Theorie den Grund weiß. Den Grund zu wissen heißt aber, die Ordnung zu erkennen, die der Grund stiftet und trägt. Die Metaphysik ist die »Erkundung desjenigen Ursprungs, der ihre [sc. der Welt] Wohlgeordnetheit selbst begründet«.[22] Der metaphysisch erinnerte Grund ist der Ursprung, und der Ursprung hat die Macht, die Ordnung der Welt zu stiften und zu sichern. Zwar ist der Grund als Ursprung vergangen; deshalb kann er im Meinen der Menge vergessen werden. Aber das ändert nichts an seiner Gegenwart und Macht – seiner Macht in der Gegenwart und über die Gegenwart. Denn:

> Die ontologisch qualifizierte Vergangenheit [...] ist [...] die allzeit gegenwärtige. Sie ist die Vergangenheit des frühesten Ursprungs, der aber das Entsprungene nicht aus sich entläßt, sondern immer in ihm anwesend bleibt. Das Wort ἀρχή verweist in seiner metaphysischen Doppelbedeutung von »Anfang« und »Prinzip« auf beides zusammen: auf die Frühe und die Gegenwärtigkeit des ontologisch Vergangenen; die Gründe, welche die Metaphysik aufzudecken versucht, liegen als erste dem Seienden auch bis zuletzt zugrunde. Sie begründen das Seiende in seinem Sein und lassen es als das, was es ist, ursprünglich und ständig aus sich hervorgehen.[23]

Der metaphysische Rückgang erinnert eine Vergangenheit, die Gegenwart ist. Ihre Gegenwart ist die Macht des Ursprungs über das, was folgt: die Macht, die Ordnung in allem, was folgt, zu errichten und zu erhalten. In der metaphysischen Erinnerung des Grunds geht es darum, die Gewissheit der Ordnung zu gewinnen.

Deshalb sieht Aristoteles' Metaphysik in dem »theoretischen« Erkennen auch die wahrhaft freie Tätigkeit: So »wie wir den Menschen frei nennen, der um seiner selbst willen, nicht um eines anderen willen ist, so auch diese Wissenschaft als allein unter allen freie; denn sie allein ist um ihrer selbst willen«.[24] Das gilt nicht nur in dem – von Aristoteles hervorgehobenen – negativen Sinn, dass das Erkennen hier keinem anderen Zweck (und daher auch nicht dem Zweck eines anderen) dient. Sondern in dem positiven Sinn, dass, wer die letzten Gründe erkennt, damit nicht mehr von deren Ursprungsmacht bloß beherrscht wird. Das gilt nicht, weil der Metaphysiker diese Macht selbst ausübt (denn die praktische Freiheit ist immer begrenzt), sondern weil er diese Macht vom Ursprung her in ihrer gründenden, ordnungssetzenden und -erhaltenden Wirkung anschaut und begreift. Das metaphysische Erkennen ist also deshalb frei, weil es von der Position – der Position der letzten Gründe, des Ursprungs – aus schaut, von der die Macht über das Folgende und Spätere ausgeübt wird. (Deshalb ist Gott auch der wahre Theoretiker – oder ist der wahre Theoretiker wie Gott; die metaphysische »Wissenschaft [ist] göttlich«.[25]) Die Freiheit der Metaphysik ist die Affirmation der Ordnungsmacht – die Freiheit als Affirmation der Herrschaft, die der Ursprung über das Folgende ausübt.

Dem setzt sich die Religion scharf entgegen. Das zeigt sich am direktesten dort, wo beide, die Metaphysik und die Religion, Kritik betreiben – wo beide, indem sie den Grund erinnern, Nein sagen. Die Metaphysik kritisiert das Schwanken der Menge, die etwas meint, ohne es zu erkennen, ohne sich also auf die Gründe zu beziehen Daher weiß sie nichts von der Ordnung, die durch die Macht des Ursprungs hervorgebracht und erhalten wird; die Metaphysik kritisiert die Menge im Namen der Ordnung. Die Religion hingegen ist die Kritik an der Ordnung. Sie kritisiert die geschichtliche Ordnung der Welt. Die Religion kritisiert die Herrschaft: nicht nur die Herrschaft, die ein anderer über uns ausübt – Pharaos Herrschaft über Israel –, sondern jede Herrschaft, auch die, die wir über uns selbst, autonom, ausüben. (Darum geht es in der Kritik der Propheten, die an den Grund erinnern, aus dem die in Israel neu errichtete Ordnung hervorgegangen ist und den sie vergessen hat. Die Kritik der Propheten ist »erinnernd und hoffend«.[26]) Die religiöse Kritik erinnert die herrschende Ordnung an ihren Grund, aus dem sie angefangen hat. Dieser Anfang ist als der Grund der Ordnung zugleich ihr Abgrund: nicht die Ursprungsmacht, die die Ordnung hervorbringt und sichert, sondern eine Kraft, die der Ordnung widerstreitet und sie auflöst. Weil aber diese auflösende Kraft am Anfang in der Ordnung immer schon vergessen wurde, findet auch der erinnernde Rückgang sie nicht in der Vergangenheit als gegenwärtig gegebene vor. Die Erinnerung ist nicht nur retrospektiv, sondern retroaktiv: Die Bewegung des Rückgangs bringt mit hervor, was sie erinnert. Sie bringt rückwirkend die Kraft und damit den Anfang mit hervor; das »Heilswirken Gottes [ist] mitkonstituiert durch menschliches Handeln«.[27] Die religiöse Erinnerung des Gebots am Anfang ist nicht schauend, sondern verändernd. Sie verändert den Grund, den sie erinnert. Dieser wird erst durch die Erinnerung zu dem Grund, der die Ordnung durchbricht (an deren Anfang er stand). Der religiöse Rückgang in den Grund befreit den Grund. Er befreit ihn von der Macht des

Gründens, der Macht des Ursprungs, der Ordnungsstiftung, der Herrschaft. Und dadurch befreit er uns aus der Ordnung und Herrschaft.

Das erinnernde Denken der Metaphysik und das erinnernde Denken der Religion sind einander Wort für Wort entgegengesetzt. Der Grund, den die Religion erinnert, ist nicht der Ursprung – sondern der Anfang, in dem das Neue beginnt. Was die Religion erinnert, war nie gegenwärtig – sondern wird erst, indem es erinnert wird. Das religiöse Denken erkennt und bejaht nicht die herrschende Ordnung – sondern schreibt ihr ihren Grund ein, der sie durchbricht und verändert. Die religiöse Erinnerung ist keine Wiedererinnerung: Indem sie wiederholt, geht sie nach vorn. Sie geht zurück, um weiterzugehen. Die religiöse Erinnerung ist also deshalb keine *Wieder*erinnerung, weil sie nicht erkennend ist. Oder wenn erkennend, dann nicht theoretisch, eine Erklärung aus letzten Gründen, sondern praktisch, das Erkennen und Bejahen einer Verbindung, die das Selbst ausmacht. Die religiöse Erinnerung gilt dem Bund; sie wiederholt und bejaht den Bund. Sie ist – sagt Klaus Heinrich – ein Akt der Treue.[28]

(ii) In dem Begriff der – herrschaftskritischen, weil grunderinnernden, anfangswiederholenden – Erinnerung liegt die Wahrheit der religiösen Befreiung. Daraus folgt zugleich ihr Problem (das sie ebendeshalb – weil es aus ihrer Wahrheit folgt – nicht lösen kann). Das Problem besteht darin, dass die Erinnerung das Vergessen, gegen das sie sich richtet, selbst hervorbringt, ja: *ist*. Das Vergessen des Gebots ist ihm nicht äußerlich; das Gebot ist selbstvergessen. Das hat die Geschichte vom Exodus gezeigt.[29] In ihr tritt das Gebot von Anfang an in zweifacher, in sich gegenläufiger Gestalt auf: als das Gebot, das Gebot zu hören, und als das Gebot, das Gebot zu erinnern. Von Anfang an muss das Gebot, zu hören, durch das Gebot begleitet und verdoppelt werden, das Gebot, zu hören, nicht zu vergessen, sondern es zu erinnern. Dieses Gebot, das Gebot zu erinnern, ist notwendig, es ist aber ebenso notwendig kein – reines – Gebot mehr. Es ist über die Reinheit und Leere der Anrede hinausgegangen, es schreibt etwas Bestimmtes (und damit Allgemeines) vor. So vollzieht sich die Erinnerung zum Beispiel in bestimmten rituellen Formen, die jährlich zu wiederholen sind. Das Gebot der Erinnerung ans Gebot ist also ein erstes oder Ur-*Gesetz*. Indem das Gebot, zu hören, zu dem Gebot wird, sich an das Gebot, zu hören, zu erinnern, wird das Gebot selbst zum Gesetz (gegen dessen Form es sich richtet). Das heißt aber: Indem das Gebot sich gegen die Gefahr richtet, vergessen zu werden, vergisst es sich selbst und macht sich zu einem Gesetz (dessen Herrschaft es beenden wollte). Das Schicksal des Gebots, wieder zu einer sozialen Gesetzesordnung zu werden, kommt also deshalb nicht von außen, weil es in der Selbstvergesetzlichung des Gebots gründet. Dass das Gebot in der Ordnung des Gesetzes vergessen wird, ist ein Effekt seiner Selbstvergessenheit. Das Gebot und das Gesetz widersprechen sich; jenes durchbricht dieses, dieses verdrängt jenes. Aber zugleich lassen sie sich nicht trennen. Denn das Gebot bringt das Gesetz hervor, das das Gebot verbirgt: Das Gebot bringt sich als Gesetz hervor. Das Gebot, gegen das Gesetz das Gebot zu erinnern, unterliegt dem Gesetz des Gesetzes.

Die unmittelbare Folge davon ist, dass sich die religiöse Befreiung in einen endlosen Kreislauf verstrickt, in dem die singularisierende Befreiung aus der sittlich-autoritativen Ordnung eine neue sittlich-autoritative Ordnung hervorbringt, die wiederum befreiend durchbrochen werden muss. Usf. Das ist das Schicksal – oder die Tragödie – der religiösen Befreiung vom Schicksal. Das Gebot, das erinnert wird, und das Gesetz, in dem es sich vergisst, sind die beiden Seiten einer

Paradoxie, die sich weder miteinander vereinen noch voneinander trennen lassen. Diese Paradoxie im Herzen der religiösen Befreiung entfaltet sich in einem Prozess, dessen Notwendigkeit fatal und dessen Zeit zyklisch ist.[30] Die religiöse Befreiung unterläuft sich selbst.

(iii) Gibt es einen Ausweg? Kann die religiöse Befreiung das Paradox durchbrechen, in dem sie feststeckt? Die religiöse Befreiung kann es nur, indem sie sich radikalisiert: indem sie bis zu dem Punkt vorangetrieben wird, an dem sie die Religion selbst in Frage stellt.

So beschreibt Gershom Scholem den »Nihilismus« der jüdischen Mystik.[31] Die Mystik radikalisiert den Antinomismus des Gebots bis zu dem Punkt, an dem das Gebot *nichts* mehr gebietet, ja, an dem es nicht mehr *gebietet*. Denn die Mystik sagt, dass das göttliche Gebot nicht nur deshalb befreiend ist, weil es das Gesetz durchbricht (indem es das Gesetz auf seinen Grund zurückführt), sondern weil es sich selbst aussetzt; weil es Anrede und Aussetzung der Anrede im Schweigen zugleich ist. Also ist das göttliche Gebot in sich gespalten. Es ist gespalten in das Gebot und das Andere des Gebots – in Gottes Anrede und Gottes Schweigen, das so tief ist, dass Gott selbst in ihm verschwindet. Das ist der Schritt, durch den der Nihilismus der Mystik über die paradoxale, dekonstruktive Logik der religiösen Befreiung hinausgeht. Diese Logik ist paradoxal (oder dekonstruktiv), weil die religiöse Befreiung Gebot und Gesetz nur so einander gegenüberstellen kann, dass sie sie miteinander verbindet; das gesetzesunterbrechende Gebot ist gesetzesgenerierend. Die Mystik hingegen denkt weiter; sie denkt die widersprüchliche Einheit von Gebot und Nichtgebot, von Gottes Anrede und Gottes Schweigen (seiner Liebe und seinem Tod), *im Gebot*. Aus der Sicht der Mystik bleibt die religiöse Befreiung daher deshalb und so lange in den Kreislauf ihrer Paradoxie gebannt, wie sie im Feld des Normativen, in dem der Rede, bleibt. Denn das Gebot kann nur so aus der gesetzlichen Ordnung herausrufen, dass es in sie hineinruft; es kann die gesetzliche Ordnung nur so aussetzen, dass es sie wiedererrichtet. Darin liegt – einerseits – die Stärke und Kraft des Gebots. Denn dadurch ist es mehr als nur gesetzes- und gewohnheitsunterbrechend – es befreit von Gesetz und Gewohnheit. Aber weil es dies nur so tun kann, dass es sie wiedererrichtet, liegt darin – andererseits – die Schwäche des Gebots. Seine befreiende Kraft macht es zur Komplizin des Gesetzes.

Das zeigt dem Mystiker, dass die Transzendenz des Gebots nicht transzendent genug ist – und die religiöse Befreiung, die das Gebot erinnert (so wie die Propheten das tun), scheitern muss. Das Gebot ist die immanente Transzendenz: Es ist die Transzendenz innerhalb des normativen Felds, des Felds der Rede und des Diskurses. Das Gebot will an die Schwelle des Normativen zurückführen. Aber zur Schwelle gehört das Außen; die Schwelle verbindet, also trennt das Innen und Außen. Deshalb muss die Transzendenz des Gebots auch noch aus der Normativität hinausführen. Damit das Gebot befreiend ist, muss es über sich selbst hinausgehen: Es muss sich selbst – die Anrede, die Normativität, die Bedeutung, das Sprechen – zurücknehmen. So erfährt der Mystiker das Gebot, so liest er den geoffenbarten Text. Der Mystiker erfährt die antinomische, anonyme, anormative Rückseite des Gebots. Der Mystiker erkennt, dass das Gebot nicht nur das Andere des Gesetzes ist, sondern sein eigenes Anderes. Er erkennt das Gebot als in sich gespalten zwischen Gebot und Nichtgebot, nomisch und antinomisch, personal und anonym, normativ und anormativ.[32] Und nur diese Spaltung im Gebot kann die paradoxe Verklammerung von Gebot und Gesetz aufsprengen, in die die religiöse Befreiung gebannt bleibt. Die Befreiung muss, in einem wesentlichen Moment, nihilistisch sein.

*

Wie ist dieser Schritt zu verstehen? Was bedeutet er begrifflich und systematisch? Die Antwort auf diese Frage lautet, dass sich in dem Schritt, in dem die religiöse Befreiung sich verdoppelt und übersteigt (oder unterläuft), nicht weniger als die Wahrheit der radikalen Befreiung überhaupt zeigt; das wird das folgende, abschließende Kapitel zu skizzieren versuchen. Zwei Bemerkungen, noch einmal im Rückblick auf die beiden Modelle radikaler Befreiung, sollen diesen Schritt vorbereiten.

(i) Wie verhält sich der Schritt der Mystik, der Schritt des Nihilismus, der die anonyme Macht der Defigurierung ins Feld führt, zur Grundbestimmung des religiösen Modells der Befreiung? Er verhält sich kritisch zu diesem Modell. Das heißt: Der Schritt der Mystik unterscheidet in diesem Modell zwei Seiten. Die eine Seite besteht darin, die gewohnheitsdurchbrechende Erfahrung als Hören einer Anrede, eines Rufs, also eines Gebots zu verstehen. Dahinter führt die Mystik zurück. So wie Moses Berufung am Horeb die Faszination durch den brennenden (aber nicht verbrennenden) Dornbusch voranging und er ohne diese sprachlose Erfahrung Gottes Ruf nicht hätte hören können,[33] so beruht nach der Erkenntnis der Mystiker das Gebot auf dem Nichtgebot – der Erfahrung einer Negativität, die allem Neinsagen vorangeht. Das Gebot ist nicht, wie die religiöse Befreiung denkt, das Erste. Indem der nihilistische Einwand der Mystik diese Behauptung des religiösen Modells zurückweist, erfolgt dieser Einwand zugleich aber im Namen dieses Modells. Dessen grundlegende Bestimmung lautet, wie gesehen, dass die Befreiung in der erinnernden Wiederholung des vergessenen Anfangs besteht; die Bewegung der Befreiung ist der Rückgang in den Grund. Dem bleibt die Mystik treu; diese Bewegung nimmt sie auf und treibt sie weiter. Der Schritt der Mystik, der hinter das Gebot in seinen anonymen Grund der Faszination zurückführt, ist nichts anderes als eine Radikalisierung der religiösen Grundbewegung der Befreiung – der Befreiung als Erinnerung – bis zu dem Punkt, an dem diese Bewegung über die Grenzen des religiösen Modells hinausführt.

Darin liegt die begriffliche (oder philosophische) Bedeutung des von Scholem untersuchten mystischen Nihilismus für den Begriff der Befreiung. Der mystische Nihilismus treibt die befreiende Bewegung des Denkens, das die Religion praktiziert, über die Religion hinaus, genauer: vor den Anfang der Religion, hinter das Gebot, mit dem sie anfängt, zurück. Um wahrhaft befreiend zu sein, muss die erinnernde Wiederholung sich auf die »Vorgeschichte« (Franz Rosenzweig) des Gebots und seines Hörens erstrecken. Sie muss die befreiende Singularisierung bis zu dem Punkt treiben, an dem die nichtnormative Bedingung der Urszene der Normativität erscheint. Sie muss die Faszination wiederentdecken, ohne die das Selbst den Ruf nicht hätte hören können, ohne die es daher gar kein Gebot gäbe.

(ii) Genau in diesem Schritt, der die religiöse Befreiung über sich hinaus-, weil hinter ihren Anfang zurücktreibt, begegnet sie aber der Erfahrung, mit der die ökonomische Befreiung endete (und die der ökonomische Mensch nicht zu begreifen vermag): die Erfahrung, dass die eigene Existenz seriell geworden ist. Das habe ich als die Erfahrung einer anderen – antibiologischen, weil anorganischen – Naturalisierung gedeutet; Walter White beschreibt sie als die Erfahrung einer anderen Lebendigkeit. Genau darin koinzidiert die Erfahrung, die am Ende der ökonomischen Individualisierung steht – in der sie verendet –, untergründig, ja abgründig mit derjenigen, in der der Mystiker die religiöse Befreiung überschreitet. Auch der Mystiker spricht vom »Leben«, seiner Lebendigkeit, und auch der Mystiker versteht dies nicht organisch, als Selbsterhaltung oder Selbststeigerung, sondern, im Gegenteil, als seine Selbstüberschreitung oder Selbstunterlaufung in einem Prozess unendlicher, also serieller Figurierung und Defigurierung durch »die unaufhörliche Vernichtung aller aus ihm auftauchenden Gestalt«.[34] Wenn die religiöse Befreiung bis zu dem Punkt radikalisiert wird, an dem sie das religiöse Gebot unterschreitet (oder hintergeht) – so wie es in der Erfahrung der Mystik geschieht –, dann trifft sie genau dort, an ihrem höchsten oder tiefsten Punkt, auf das Ende, auf das die ökonomische Befreiung hinausläuft. Beide koinzidieren in der Faszination an einem Leben, das präorganisch und antipersonal ist. Das heißt, beide Befreiungsbewegungen koinzidieren darin, dass sie an ihrem Ende die ästhetische Faszination in ihrer Reinheit wiederentdecken, ohne die sie gar nicht hätten beginnen können, die beide aber bereits in ihrem allerersten Schritt vergessen und verstellt haben: indem sie glaubten, in der Erfahrung der Faszination einen Ruf zu hören. In der Faszination der Lebendigkeit, auf die beide Befreiungsbewegungen an ihrem Ende treffen, kehrt die ästhetische Faszination wieder, die sie ebenso voraussetzen wie verdrängen.

Wie lässt sich diese ebenso überraschende wie irritierende Koinzidenz verstehen? Das ist zuerst die Frage, *von woher* sie sich überhaupt verstehen lässt. Die Antwort ist, dass dies nur von der religiösen Befreiung her geschehen kann. Im Rahmen der ökonomischen Befreiung als Individualisierung – in der Begrifflichkeit, über die sie verfügt – hingegen kann überhaupt nicht verstanden werden, wie die Serialisierung der eigenen Existenz genossen und bejaht werden kann; denn diese Lebendigkeit ist das Gegenteil des ökonomischen Vitalismus der Selbststeigerung. Ganz anders die mystische Erfahrung der Lebendigkeit: Sie ist der Endpunkt einer Bewegung, in der die Wahrheit der religiösen Befreiung – dass die Befreiung erinnernde Wiederholung ist – bis zu dem Punkt radikalisiert wird, an dem sie die Prämisse des religiösen Modells – die Befreiung besteht im Hören des Gebots – in Frage stellt. Deshalb kann die Erfahrung der seriellen, anorganischen Lebendigkeit, in der beide Befreiungsbewegungen an ihrem Ende koinzidieren, und damit auch die Koinzidenz der beiden Bewegungen selbst nur von der einen Seite her gedacht werden. Nur von dem religiösen Denken der Befreiung aus kann die Erfahrung der Serialität begriffen werden, mit der die ökonomische Befreiung endet; nur von hier aus kann begriffen werden, worin sie befreiend ist.

Dieses Programm (das das folgende Kapitel einzulösen versuchen wird) lässt sich noch stärker formulieren: Das religiöse Denken der Befreiung kann nicht nur, sondern es *muss* die Erfahrung der Serialität zu begreifen versuchen, mit der die ökonomische Befreiung endet. Das religiöse Denken muss dies um seiner eigenen Wahrheit willen. Denn die erinnernde Wiederholung, die das religiöse Denken praktiziert, wird nur befreiend sein, wenn sie an den Punkt geführt hat, an dem sie auf ihre Koinzidenz mit der Erfahrung trifft, die am Ende der ökonomischen Befreiung steht. Das Denken der Religion muss daher zum Denken der Ökonomie werden. (Der erste Genitiv ist subjektiv, der zweite objektiv. Das drückt noch einmal die unterschiedliche Art und Weise aus, in der die religiöse und die ökonomische Befreiung scheitern.) Die Wahrheit des religiösen Denkens zu entfalten heißt nichts anderes, als die Wahrheit der ökonomischen Befreiung zu erfassen. Denn die Wahrheit der ökonomischen Befreiung liegt genau dort, wo sie völlig falsch ist: in ihrem Naturalismus; das Falscheste des ökonomischen Naturalismus ist sein Wahrstes. Die ökonomische Befreiung wird nicht dadurch wahr, dass ihre Naturalisierung abgebrochen und in eine neue normativ-soziale Ordnung eingehegt, sondern dass sie bis zu ihrer radikalen Konsequenz entfaltet wird. Das ist die Serialisierung der Existenz – die aber nur von ihrem Gegenteil, dem religiösen Denken aus, begriffen werden kann.

Wenn das religiöse Denken diese Erfahrung in ihrer Wahrheit zu erfassen versuchen muss, dann nicht, um der ökonomischen Existenz gerecht werden. (Der ökonomischen Existenz wird man nur gerecht, indem man sie bekämpft.) Sondern weil das religiöse Denken nur so *seine* Wahrheit gewinnt. Es gewinnt seine Wahrheit, indem es die Wahrheit dessen denkt, das ihm als das Schlimmste und Falscheste gelten muss: die Wahrheit des ökonomischen Naturalismus, der seelenlos-unlebendigen Serialität. Denn indem es dessen Wahrheit denkt, geht das Denken über seine religiöse Grenze hinaus. Diese Grenze ist die Grenze der Normativität; das religiöse Denken führt alles auf das transzendente Gebot und sein Hören zurück. Das Gebot ist der gesetzlose Grund des Gesetzes. Indem das religiöse Denken die Wahrheit der Serialisierung denkt, geht es hinter diesen Grund zurück. Es denkt ein Außen, das kein Höheres oder Höchster ist, nicht personal, sondern anonym – entzogener und ferner als die Transzendenz. Nur durch diese Erinnerung des Vornormativen lässt sich die paradoxale Blockade zwischen Gesetz und Gebot lösen, die das Feld des Normativen beherrscht. Die religiöse Befreiung kann den schicksalhaften Zirkel, in dem immer wieder das Gebot und das Gesetz, die Singularisierung und die Subjektivierung ineinander umschlagen, nur durch eine Kraft durchbrechen, die aus dem Außen kommt: aus der Lust oder dem Genuss an der Serialisierung, der Verlebendigung und der Naturalisierung, die die ökonomische Befreiung an ihrem Ende hervorbringt. Die religiöse Befreiung, die den Anfang erinnernd wiederholt, wird nur durch das Gift des Naturalismus davon geheilt, sich endlos in die Paradoxien der Normativität zu verstricken.

**

Das ist ein Vabanquespiel. Das Denken bis zu dem Punkt voranzutreiben, an dem es die Wahrheit der untoten Lebendigkeit der seriellen Existenz *bejaht*, sie also zum Moment, ja zur Bedingung der Befreiung erhebt, gleicht dem »*Vabanque-Spiel* der Geschichte«, das Siegfried Kracauer in seiner geschichtsphilosophischen Deutung der Photographie beschrieben hat.[35] Denn worum geht es in der Photographie? Es geht nicht mehr darum, etwas sinnlich Wahrnehmbares als Bedeutungsvolles zu zeigen, wie es die Kunst immer getan hat. Die Photographie ist keine Kunst; sie gestaltet nicht die Materie und erschließt keine Bedeutung. Sie zeigt nichts als das »bedeutungsleere Naturfundament«. Aber damit spiegelt und wiederholt sie nur, was in der gesellschaftlichen Realität geschieht; die Seinsweise der Dinge in der Photographie ist genau die, die der kapitalistische Produktionsprozess hervorbringt. »Dieselbe bloße Natur, die auf der Photographie erscheint, lebt sich in der Realität der von ihm erzeugten Gesellschaft aus.« Beim Betrachten von Photographien verstehen wir:

> Es läßt sich durchaus eine der stummen Natur verfallene Gesellschaft denken, mit der nichts gemeint ist; wie abstrakt immer sie schwiege. In den illustrierten Zeitungen tauchen ihre Umrisse auf. Hätte sie Bestand, so wäre die Folge der Emanzipation des Bewußtseins [also der griechisch-westlichen Be-

> wegung der Befreiung: siehe oben, Kapitel 1; C. M.] seine Tilgung; die von ihm undurchdrungene Natur setzte sich an den Tisch, den es verlassen hat.

Indem die Photographie das bedeutungsleere Naturfundament zeigt, antizipiert und verdoppelt sie, kritiklos-affirmativ, die gesellschaftliche Katastrophe.

Dass in der Photographie das bedeutungsleere Naturfundament erscheint, ist deshalb der Moment äußerster Gefahr; der Moment, in dem das Bild zur bloßen Wiederholung der extremsten Verdinglichung wird, in der die Gesellschaft zur Natur erstarrt und alle Freiheit aus ihr gewichen ist. Das ist der Moment der Krise – und daher zugleich der Moment der anderen, entgegengesetzten Möglichkeit: dass die naturalisierte, kapitalistische Gesellschaft *nicht* Bestand hat. Denn indem die Photographie nichts als das bedeutungsleere Naturfundament abzubilden vermag, »ist dem freigesetzten Bewusstsein eine unvergleichliche Chance gegeben«. Diese Chance, die Chance der Befreiung, ist nichts anderes als »das erschreckende Ja« zur »Katastrophe« – der Katastrophe, die der ökonomische Naturalismus ist –, ohne das aller »Protest« gegen sie kraftlos bleiben muss. Der Protest, sagt Klaus Heinrich, bedarf eines »›tödlichen‹ Konformismus«, der das Bestehende »beim Wort« nimmt[36] – es buchstäblich für wahr nimmt. Nur dadurch öffnet sich die Möglichkeit der *anderen* Katastrophe, die die Befreiung ist; die Befreiung ist die Verdoppelung der Katastrophe. Die »entscheidende Auseinandersetzung«, die das »Vabanque-Spiel des Geschichtsprozesses« nach Kracauer ist, dreht sich darum, ob diese Chance, die nur die äußerste Gefahr bietet, ergriffen wird. Oder ob sie vertan wird.

6.
Die Verwirklichung der Befreiung

Die Befreiung ist der Prozess, in dem wir neu anfangen; sie ist der Prozess, in dem wir anfangen anzufangen. Das ist die Grundbestimmung. Sie definiert, worum es in der Befreiung geht. Die Befreiung verändert – sie verändert radikal –, wie wir Bestimmungen vornehmen: wie wir wahrnehmen, empfinden, wünschen, wollen, dass etwas, eingeschlossen wir selbst, ist (oder sein soll). Die Befreiung befreit unser Bestimmen. Bestimmungsvollzüge sind frei, wenn sie neu anfangen. Denn das heißt, dass sie nicht aus etwas Vorhergehendem und Vorgegebenem folgen. Freie Bestimmungen sind keine bloße Folge anderer Bestimmungen. Freie Bestimmungen erfolgen vielmehr aus sich selbst: Sie folgen nicht daraus, was etwas bereits ist – oder war –, sondern erfolgen allein daraus, dass es ist. Die freie Bestimmung ist neu oder anfangend, weil sie nicht eine vorgegebene Bestimmung fortsetzt und wiederholt, sondern von dort her beginnt, wo nichts weiter da ist, als dass uns etwas – etwas Wirkliches, als Unbestimmtes – erscheint. Darin ist die freie Bestimmung die Feindin der Gewohnheit. Denn die Gewohnheit determiniert jede gegenwärtige Bestimmung durch die bisherigen. Das Gesetz der Gewohnheit ist das Gesetz der Identität. Das ist das Prinzip der Folgsamkeit, der Unfreiheit: etwas so zu bestimmen, wie es (und man selbst) schon bestimmt ist; das gewohnheitsmäßige Bestimmen folgt aus dem Bestimmtsein, der Bestimmtheit. Neuanzufangen dagegen heißt, etwas oder sich selbst frei vom Gesetz der Identität zu bestimmen.

Die Gewohnheit aber gibt es immer schon. Es gibt sie

nicht von selbst – von Natur aus –, denn sie ist gebildet worden; die Gewohnheit ist ein Produkt (das »Kunstwerk der Seele«, wie Hegel sagt). Sie ist das Produkt derjenigen Prozesse der sozialen Disziplinierung, die uns zu Subjekten, das heißt handlungsfähig machen. Das Gesetz der Identität, das die Gewohnheit beherrscht, ist das Gesetz der Subjektivität. Ohne Identität gibt es keine Selbstbestimmung, kein Handeln, keine Gesellschaft; das Gewohnheitsgesetz der Identität ist unsere zweite Natur. Deshalb ist die Befreiung zum Neuanfangen, die mit dem gewohnheitsmäßigen Bestimmen bricht, radikal. Sie ist nicht die Befreiung der, sondern *von* der Subjektivität, Praxis und Gesellschaft. (Oder sie befreit nur die Subjektivität, Praxis und Gesellschaft, wenn sie von ihnen befreit.) Wenn die Gewohnheit aber unsere zweite Natur ist, dann gibt es sie immer schon, wenn die Befreiung zum Neuanfangen beginnt. Ohne die Gewohnheit gibt es keine Befreiung von der Gewohnheit; die Befreiung von der Gewohnheit setzt sie immer schon voraus. Deshalb – das ist die entscheidende Lehre aus der Dialektik der radikalen Befreiung (Kapitel 5, Abschnitt [c]) – ist die radikale Befreiung von der Gewohnheit und ihrem subjektiv-praktisch-sozialen Gesetz der Identität nichts anderes als der Rückgang hinter die Gewohnheit, in den Grund, der sie ermöglicht und hervorbringt (und damit »radikal« auch im zweiten Sinn des Worts: Sie setzt an der Wurzel an). Weil die Gewohnheit der Befreiung von der Gewohnheit vorhergeht, muss die Befreiung von der Gewohnheit hinter die Gewohnheit zurückgehen. Der befreiende Schritt über die Gewohnheit hinaus ist daher nichts anderes als ein Akt der Erinnerung. Die Befreiung erinnert den Grund der Gewohnheit, der in der Gewohnheit immer schon vergessen ist, ja, der niemals gegenwärtig war, bevor er nicht – in der Befreiung – erinnert worden ist. Die Befreiung von der Gewohnheit ist die Befreiung des

Grunds der Gewohnheit. Sie befreit den Grund aus der Gewohnheit, die er begründet.

Daher ist der erinnernde Rückgang in den Grund nach vorne gerichtet ist: Die Erinnerung ist ein Akt der Wiederholung; nur so ist sie befreiend. (Die »eigentliche Wiederholung«, sagt Sören Kierkegaard, besteht darin, dass man »sich der Sache vorlings erinnert«.[37]) Die Erinnerung ist wiederholend, weil sie den Grund, zu dem sie zurückgeht, in der Gewohnheit geltend macht – ihn der Gewohnheit einschreibt – und diese dadurch grundlegend verändert. Die befreiende Erinnerung ist nicht archäologisch, sondern progressiv; sie ist umstürzend und verändernd. Die Erinnerung des Grunds der Gewohnheit stürzt die Gewohnheit um und beginnt eine neue, andere Weise des Bestimmens; in der Befreiung als Wiederholung fallen Erinnern und Neuanfangen in eins. Die erinnernde Wiederholung ist neuanfangend, der Neuanfang ist erinnernd-wiederholend.

Also ist die Befreiung zugleich destruktiv und kreativ, ebenso zerstörerisch wie schöpferisch. Die Befreiung ist nicht der negative Akt, in dem das Bestehende – das ist die Gewohnheit – ausgesetzt wird und auf den dann, getrennt von ihm, ein positiver, aufbauender Akt der Neugründung folgt. Wenn die Befreiung richtig – das heißt als erinnernde Wiederholung – verstanden wird, dann sind die Befreiung und die freie Neugründung nicht durch einen Hiatus getrennt (wie Hannah Arendt denkt[38]). Wo immer der Neuanfang von der Befreiung getrennt wird, werden vielmehr beide falsch. Sie »münden in dasselbe Dilemma ein: entweder Polizei oder Wahnsinn«.[39] Das ist Albert Camus' Einsicht in das Scheitern der modernen Revolution: Die Revolution scheitert, weil (oder wenn) sie den »Geist der Revolte, der sie hervorgerufen hat […] zu verneinen« versucht. Dann scheint es »einen unbezwinglichen Gegensatz zu geben zwischen der Bewegung der Revolte und den Errungenschaften der Revolution«, zwischen der Befreiung aus der alten Ordnung und der Gründung der neuen. Das ist fatal: Die Revolution, die sich der Revolte entgegensetzt, die Befreiung zu beenden versucht, wird zur Gründung einer totalen Ordnung und beansprucht eine »unbegrenzte Macht«. Zugleich beraubt sie dadurch die Revolte ihres »schöpferischen« Moments, das ihre »innere Logik« definiert. Denn ganz anders als die Revolution, die eine neue Ordnung gründen will, die Revolte sieht – die Revolution kann die Revolte nicht begreifen –, ist ihre Logik »nicht die der Zerstörung, sondern der Erschaffung«. Genauer: Die Revolte ist beides. »Um echt zu bleiben, darf ihre Bewegung keines der Elemente des Widerspruchs preisgeben, der sie stützt. Sie muß dem *Ja* treu bleiben, das sie enthält, ebenso wie dem *Nein*, das die nihilistischen Deutungen in der Revolte isolieren.« Die »Quelle der Revolte« liegt genau da, »wo Ablehnung und Zustimmung, Besonderes und Allgemeines, Individuum und Geschichte sich in der härtesten Spannung ausgleichen«.[40] Die Befreiung ist selbst der Widerspruch, also die Einheit der beiden Momente. Denn wenn sie vom Bestehenden befreit, indem sie den Anfang erinnert, ist sie bereits der Anfang – genauer: das Anfangen – des Neuen. Die Befreiung ist – gerade und nur – durch ihre totale Negativität kreativ oder affirmativ.

Die Formel »Die Befreiung ist die Erinnerung« – ausführlicher: Die Befreiung erinnert den immer schon vergessenen Grund der Gewohnheit und schreibt ihn der Gewohnheit, sie durchbrechend, wieder ein – erklärt damit zugleich, wie die Befreiung möglich *und* wie sie wirklich ist. Die Befreiung von der zweiten Natur, die uns, uns Subjekte, ausmacht – von der zweiten Natur, die wir sind, weil wir ohne sie nichts sind –, ist nur möglich, weil sie die befreiende Kraft in dem Gesetz der Identität entdeckt, gegen das sich die Befreiung wendet; denn die befreiende Kraft begründet das Gesetz der Identität, das sie zugleich verstellt, ja unterdrückt. Dadurch, indem sie den Grund des Gesetzes erinnert, verwirklicht sich die Befreiung; denn in der Befreiung der Kraft, die das Gesetz der Identität ebenso begründet, wie dass dieses ihr widerstreitet, beginnt ein Bestimmen, das nicht mehr gewohnheitsmäßig ist, sondern neu anfängt. Deshalb kommt alles darauf an, die erinnernd-wiederholende Bewegung der Befreiung richtig zu verstehen. Es kommt also darauf an, sich selbst so zu verstehen, dass das, was wir sind – Subjekte mit einer Identität –, der Effekt einer Kraft ist, deren Erinnerung und Wiederholung uns befreit.

Ich werde im Folgenden die Umrisse eines solchen Selbstverständnisses in drei Schritten skizzieren. Die Bewegung führt von dem Ereignis der Befreiung in der ästhetischen *Erfahrung* zurück zu dem Spalt, der sich durch die subjektivierende Gewöhnung in der *Existenz* des Menschen öffnet, und dadurch voran zu der *Praxis* der Befreiung, die ein neues Gesetz errichtet. Der erste Schritt zeigt, wie sich die befreiende Wiederholung unmittelbar vollzieht – in der ästhetischen Erfahrung (a). Der zweite Schritt erläutert, wodurch sie ermöglicht oder begründet wird – durch die Seinsweise des Menschen (b). Der dritte Schritt entwirft, wie sich der Vollzug der befreienden Wiederholung dadurch verändert – indem er zur Praxis wird (c). Die Bewegung der Befreiung – von der Erfahrung aus, zurück zur Existenz, voran zur Praxis – ist die Bewegung der Verwirklichung, der (Selbst-)Verwirklichung der Befreiung. Die Befreiung, die sich in der Erfahrung unmittelbar ereignet, wird wirklich – das heißt: praktisch –, indem sie retroaktiv ihre eigene Möglichkeit hervorbringt.

(a) Erfahrung: Erinnerung

Die Grundthese lautet, dass die Befreiung sich zuerst – das ist ihre unmittelbare Gestalt – in der Erfahrung vollzieht: Um die Befreiung zu denken, müssen wir von der Tatsache der Erfahrung ausgehen. Darin besteht der Materialismus (der »absolute Empirismus«, wie Karl Löwith über Franz Rosenzweig sagt[41]), ohne den die Befreiung nicht gedacht werden kann. Was für eine Tatsache ist das? Es ist die Tatsache, dass die Erfahrung das Gesetz der Identität durchbricht, das unser Bestimmen beherrscht (weil es das Gesetz ist, das *unsere* Identität, unsere zweite Natur als Subjekte, ausmacht). Das gilt für jede Erfahrung; die Erfahrung – jede Erfahrung – ist die Erfahrung eines Bruchs: eines Bruchs in der Welt der Bestimmungen.

Dieser Bruch der Erfahrung lässt sich durch den Gegensatz von Gewohnheit und Faszination beschreiben. In ihrem Gegensatz sind beide wechselseitig durcheinander bestimmt. Die Gewohnheit und die Faszination sind beide ihr Anderes. Die Faszination ist das Andere der Gewohnheit, die Gewohnheit ist das Andere der Faszination. Die Gewohnheit folgt der Logik der identitären Wiederholung, die Faszination gilt der Erscheinung eines Unbestimmten (das, wenn wir es nach der Logik der Gewohnheit zu bestimmen versuchen, in Widersprüche führt: ein Brennen, das nicht ausbrennt; eine Arbeit, die alles kann; ein Bild, das die Welt ist, usw.[42] Es sind diese Paradoxien, die uns faszinieren). Die Gewohnheit bestimmt etwas Besonderes als den Fall eines Allgemeinen. In der Erfahrung der Faszination erscheint uns, dass es – so – nicht bestimmt werden kann. In der Gewohnheit ist jede Sache etwas, etwas Bestimmtes: dasselbe; in der Faszination ist jedes Ding etwas Nicht- oder Unbestimmtes: etwas als nichts.

Deshalb bricht ebenso die Faszination mit der Gewohnheit – denn in jeder Erfahrung wird die gewohnheitsmäßige Praxis des Bestimmens ausgesetzt –, wie die Gewohnheit der Abbruch der Erfahrung ist – denn indem wir etwas als etwas bestimmen, drängen wir unsere Faszination beiseite; wir vergessen sie. So geht es zwischen der Faszination und der Gewohnheit hin und her. »Aufmerken und Gewöhnung, Anstoß nehmen und Hinnehmen«, schreibt Walter Benjamin, »sind Wellenberg und Wellental im Meer der Seele.« Aber was treibt diese Bewegung und diesen Wellenschlag an, die immer wieder vom einen zum anderen führen? »Alle Aufmerksamkeit muß in Gewohnheit münden, wenn sie den Menschen nicht sprengen, alle Gewohnheit von Aufmerksamkeit verstört werden, wenn sie den Menschen nicht lähmen soll.«[43] Beide Seiten sind als isolierte und damit absolute, voneinander abgelöste, unerträglich. Das immer selbe gewohnheitsmäßige Bestimmen führt zu Ödnis und Ermattung, die Hingabe an die Aufmerksamkeit und die Intensität der Faszination überfordern und verwirren uns. Aber durch diese Dynamik, die von der einen zur anderen und von der anderen zur einen nur deshalb treibt, weil sie jeweils allein oder rein nicht auf Dauer gestellt werden können, ist ihr Verhältnis noch nicht richtig beschrieben. Denn die beiden Seiten werden weiterhin als einander bloß äußerliche gedacht. Sie sind aber innerlich verbunden; jede ist in sich selbst entzweit und enthält die andere, ihr entgegengesetzte.

Das gilt zwar für beide Seiten, die Faszination wie die Gewohnheit. Es lässt sich aber nur von der einen Seite aus, von der Faszination her, richtig verstehen. (Das Verhältnis zwischen Gewohnheit und Faszination, so zeigt sich damit noch einmal, ist wechselseitig, aber asymmetrisch.) Denn was fasziniert uns in der Erfahrung? Was erscheint uns in der Erfahrung der Faszination? Die Faszination gilt der Erscheinung des Unbestimmten: dass da etwas ist, also erscheint, das nicht etwas – nicht etwas Bestimmtes – ist; dass das Unbestimmte da oder anwesend ist. Diese Erfahrung steht im Gegensatz dazu, wie sich die Praxis des Bestimmens in der Gewohnheit vollzieht. Es zersetzt ihre (ontologische) Voraussetzung. Denn in der Gewohnheit geht alles, jedes Besondere, in seiner allgemeinen, begrifflich gegebenen Bestimmung auf. Es gibt in der Gewohnheit kein Moment der Unbestimmtheit; es erscheint uns nichts, das nicht bestimmt ist (oder werden kann). Aber zugleich kann es gar kein Bestimmen geben – auch nicht das identitär wiederholende Bestimmen der Gewohnheit –, das nicht von der Erfahrung des Unbestimmten ausgeht. Denn genau in dem Moment, in dem ein Akt des Bestimmens einsetzt, setzt er sich das, was er erst noch bestimmen will, als nicht bestimmtes voraus: Jetzt, in diesem Moment, in dem das Bestimmen einsetzt, ist es – noch – nicht bestimmt. Mehr noch: Jetzt, in diesem Moment, ist es unbestimmt und damit das Andere des Bestimmens; so, wie es an diesem Anfang (oder vor diesem Anfang) des Bestimmens ist, entzieht es sich jeder Bestimmung. Aber genau so, als etwas, das nicht bestimmt ist, ist es der Anfang des Bestimmens. Deshalb erfährt die Faszination das Unbestimmte als Bestimmbarkeit: als die Möglichkeit des Bestimmens. In der Faszination erfahren wir, was jedwedes Bestimmen erst möglich macht, gerade weil es nicht bestimmt ist. Wir erfahren das reine, pure, bloße Dass des Erscheinens – von etwas als nichts, des Nichts als da oder hier –, aus dem das Was jeder Bestimmung hervorgeht. Also auch das Bestimmen der Gewohnheit (denn alles Bestimmen ist konstitutiv gewohnheitsmäßig, so wie alle Subjektivität konstitutiv identitär ist). Die Faszination ist das Andere der Gewohnheit, aber nicht gegenüber der Gewohnheit, sondern in der Gewohnheit. In der Faszination erfahren wir, was die Gewohnheit ermöglicht: ihren Grund.

Wir erfahren in der Faszination den Grund der Gewohnheit, den wir in der Gewohnheit nie erfahren; der uns also in der Gewohnheit systematisch verborgen ist: Die Gewohnheit hat keinen Begriff ihrer selbst (oder sie begreift sich so, dass sie unmöglich ist – sie begreift ihre Möglichkeit nicht: So wie die Gewohnheit sich selbst begreift, kann es sie gar nicht geben. Begriffen werden kann die Gewohnheit nur von der Faszination her; das ist, siehe oben, die Asymmetrie von Faszination und Gewohnheit). Der Moment der Faszination in der Erfahrung liegt genau dort, wo uns etwas erscheint – wo uns das Erscheinen erscheint –, das das gewohnheitsmäßige Bestimmen erst ermöglicht, aber in diesem Bestimmen notwendig vergessen werden muss. Ohne den Grund des Bestimmens, die Unbestimmtheit als Bestimmbarkeit, zu vergessen, kann es kein gewohnheitsmäßiges Bestimmen geben. Das Vergessen des Grunds ist also die Bedingung dafür, dass er begründend ist. Der Grund begründet nur, indem er vergessen wird: Nur indem wir die Erscheinung des Unbestimmt-Bestimmbaren vergessen, können wir gewohnheitsmäßig Bestimmungen vornehmen, die ein Besonderes als den Fall eines Allgemeinen identifizieren – die sagen, dass es *dieses* Bestimmte ist (und also nicht nichts). Das Vergessen des Grunds – das Vergessen, das in der Gewohnheit geschieht, ja die Gewohnheit *ist*: gewohnheitsmäßig zu bestimmen heißt, zu vergessen, was alles Bestimmen möglich macht – ist also nicht privativ, nicht nur ein Mangel, sondern produktiv: Es bringt die Gewohnheit hervor. Das Ermöglichende zu vergessen ist selbst ermöglichend.

Das erklärt, was in der Erfahrung der Faszination geschieht. Diese Erfahrung ist immer schon eine Erinnerung. Sie erinnert die Gewohnheit an das, was sie ermöglicht, an ihren Grund. Weil dieser Grund in der Gewohnheit aber wesentlich vergessen ist – weil es das Wesen des Grunds ist, vergessen worden zu sein: dass er vergessen wurde, macht ihn, wie gesehen, erst zum Grund –, wendet sich die Erfahrung der Faszination erinnernd auf etwas zurück, das immer schon, von Anfang an, vergangen ist und daher »beim ersten Mal, vom ersten Mal an nur erinnert werden kann«.[44] Deshalb nennt Gilles Deleuze eine solche Erinnerung »transzendental«. Sie konstituiert das Erinnerte, das eben nur in der Erinnerung ist, also immer schon vergangen war (und dies daher bleibt). Die Abwesenheit des Grunds in der Gewohnheit ist »nicht eine kontingente Vergangenheit, sondern das Sein der Vergangenheit als solcher, seit jeher vergangen«.[45] Die Erfahrung der Faszination erinnert uns – uns Subjekte, uns Teilnehmer der Praxis der Gewohnheit – an etwas, das immer wirksam, weil unser Bestimmen ermöglichend, aber für uns niemals gegenwärtig war; das nur wirksam und ermöglichend ist, *weil* es niemals gegenwärtig war. Die Erfahrung ist nicht erinnernd, weil sie eine Gegenwart reproduziert. Indem sie erinnert, bringt sie das Erinnerte rückwirkend – als Vergangenes, Abwesendes und Vergessenes – erst hervor. Und weil die Erfahrung der Faszination erinnert, was es nie anders gab als dadurch, dass es vergessen wurde, kann sie immer erst nach der Gewohnheit gemacht werden. Gerade weil die Faszination hinter oder vor die Gewohnheit, in ihren vergessenen Grund zurückführt, folgt sie der Gewohnheit nach; das Erste erscheint nur an zweiter Stelle.

Das bezeichnet die Asymmetrie zwischen Faszination und Gewohnheit. Beide sind das Andere des Anderen, und beide setzen einander voraus: weil, so noch einmal Benjamin, »beide ihren Gegensatz schon in sich tragen, wie Wellenberg und Wellental bei Windstille ineinander gebettet liegen«.[46] Dies aber auf gegenläufige Weise: Die Faszination setzt die Gewohnheit voraus, weil die Erfahrung der Faszination die Erinnerung und die Erinnerung der Faszination »transzendental« ist – die Erinnerung des vergessenen Grunds der Gewohnheit, der nur als vergessener gründend ist. Was die Faszination erfährt, kann nur als Erinnertes, also Vergangenes und Vergessenes erscheinen: nachträglich. Das heißt aber zugleich, dass es der Gewohnheit nicht äußerlich ist, in der Erfahrung der Faszination unterbrochen und ausgesetzt zu werden. Die Erfahrung der Faszination hat nur die Kraft, die Gewohnheit zu unterbrechen, weil sie die Gewohnheit gegen sich selbst wendet: weil sie hinter sie zurückgeht und erfährt, was die Gewohnheit ermöglicht; denn allein das Unbestimmte kann bestimmt werden. Die Gewohnheit setzt voraus, was in der Faszination erscheint, und deshalb setzt zugleich die Faszination die Gewohnheit voraus; denn sonst könnte ihr das Unbestimmte nicht erscheinen.

Diese asymmetrische Verflechtung von Gewohnheit und Faszination definiert, was hier »Befreiung« heißt. »Befreiung« – im radikalen Sinn des Worts – heißt Befreiung von der Gewohnheit. Es gibt aber kein Jenseits der Gewohnheit; die Gewohnheit ist alles, was es gibt. Das Subjekt (und seine Praxis) *ist* die Gewohnheit. Also kann die Befreiung nur in der Gewohnheit erfolgen. In der Gewohnheit gibt es aber keine Freiheit – keine Freiheit des Neuanfangens, der Spontaneität. Die Gewohnheit wird von dem Gesetz der identitären Wiederholung beherrscht. Die Befreiung ist weder transzendierend – jenseits der Gewohnheit – noch immanent: in der Gewohnheit; ihre Negativität ist weder abstrakt noch bestimmt. Also muss beides gelten. Die Befreiung muss die Befreiung von der Gewohnheit in der Gewohnheit sein: Sie muss die Befreiung *der* Gewohnheit sein – die Befreiung der Gewohnheit von sich selbst. Die Operation dieser Befreiung – so hat sich gezeigt – ist der Rückgang in den verborgenen und sich verbergenden Grund der Gewohnheit; es ist die Erinnerung daran, was das gewohnheitsmäßig-identitär wiederholende Bestimmen dadurch ermöglicht, dass es in diesem Bestimmen vergessen wird. »In der Gewohnheit über die Gewohnheit hinaus« heißt: hinter die Gewohnheit zurück. Die Faszination kann also nur deshalb die Gewohnheit aussetzen, weil das, was die Faszination erfährt, die Gewohnheit begründet. Das ist die Figur der – im Doppelsinn des Wortes – *radikalen* Befreiung. Die Aussetzung und die Begründung der Gewohnheit fallen in der radikalen Befreiung in eins.

*

Das lässt sich auf einen einfachen – negativen – Punkt bringen: dass die radikale Befreiung kein Bruch, nicht eine bloße Unterbrechung ist. Oder dass die Befreiung, wenn sie ein bloßer Bruch ist, nicht radikal und daher in Wahrheit gar keine Befreiung ist. Aber das zeigt zugleich, dass der negative Punkt – die Befreiung ist *nicht* ein bloßer Bruch – nicht so einfach ist, wie es scheint. Denn es zeigt, dass die Negation des Bruchs in der Befreiung selbst vollzogen werden muss: Die Befreiung selbst besteht darin, die Befreiung-als-Bruch zu negieren, sich von sich als bloßer Bruch, als bloßer Aussetzung zu befreien. Die Befreiung ist die Befreiung von der – abstrakten, nur unterbrechenden – Befreiung: Die Befreiung muss zur radikalen Befreiung erst *werden*. Die Befreiung ist nicht – immer schon, unmittelbar, von sich aus – radikal. Sie ist nur radikal, indem sie sich radikalisiert.

Aber wodurch wird die Befreiung radikal (und dadurch mehr – und etwas anderes – als eine bloße Unterbrechung der Gewohnheit)? Die zuvor gegebene Antwort lautet: indem sie in der Erfahrung der Faszination den in der Gewohnheit immer schon vergessenen Grund der Gewohnheit erinnert, also das ermöglichende Andere der Gewohnheit freisetzt. Diese radikal befreiende Erinnerung vollzieht sich in der Erfahrung, soweit alle Erfahrung eine Erfahrung der Faszination ist. Aber *ist* die Erfahrung die faszinierte Erinnerung des Ermöglichenden? Oder wird sie dazu? Das ist die falsche Alternative. Einerseits gibt es die radikale Befreiung – das ist: die Befreiung zum Neuanfangen, zur Spontaneität – nur in der Erfahrung, unmittelbar. Die Befreiung ist kein Akt, den wir tun, sondern sie geschieht uns, indem wir erfahren. Andererseits ist die Erfahrung, als unmittelbare, transitorisch und ephemer (so wie die Götter, die Louis Aragon am Straßenrand entdeckt[47]). Die Befreiung, die bloß erfahren wird, verkommt zum Bruch. Sie unterbricht die Gewohnheit momentan, und danach geht es unverändert weiter. Die Erfahrung muss daher zu der Befreiung – die sie ist – erst werden. Das geschieht, indem wir über die Erfahrung hinausgehen und ihre Erinnerung daran festhalten, was das Bestimmen ermöglicht: indem wir die Erinnerung bewahren. Die Befreiung zu radikalisieren – die Operation, durch die sie radikal wird – besteht darin, der Befreiung treu zu bleiben.

Das bedeutet zweierlei. Und es verlangt, zwei weitere Schritte zu tun.

Der Befreiung, die wir in der Faszination erfahren, treu zu bleiben, bedeutet erstens, die Befreiung zu denken. Die Befreiung zu erfahren heißt, sie hinzunehmen; der eigenen Erfahrung – dass wir von der Erscheinung des Unbestimmt-Bestimmbaren fasziniert sind – zu vertrauen. Dieses Vertrauen ist grundlos. Es ist aber nicht dumm. Es ist dann nicht dumm, wenn es zu denken versucht, was es erfahren hat. Indem wir sie denken, fragen wir nach der Wahrheit der Erfahrung. Im Vertrauen auf die Erfahrung der Faszination zu denken heißt daher, sich zu fragen, was diese Erfahrung über uns sagt: Was oder wie bin ich, wenn es wahr ist – wenn es meine Wahrheit ist –, dass ich die Erfahrung der Faszination mache? Im Vertrauen auf die Erfahrung zu denken heißt, die Befreiung in der Faszination so zu verstehen, dass sie uns sagt, wer wir sind; was unser »Sein«, unsere Existenz ausmacht. Es heißt, den Menschen neu zu definieren: als das Wesen, das die Erfahrung der Faszination macht und dadurch frei ist (siehe Abschnitt [b]).

Der Befreiung, die wir in der Faszination erfahren, treu zu bleiben bedeutet zweitens, unser Bestimmen zu verändern. Es bedeutet nicht nur aufzuhören, gewohnheitsmäßig zu bestimmen – weil die Erscheinung des Unbestimmten, die uns fasziniert, die Gewohnheit unterbricht. Sondern es bedeutet auch anzufangen, auf andere, neue Weise zu bestimmen – weil in dem Wirklich-Surrealen, das nicht gewohnheitsmäßig bestimmt werden kann (oder die Versuche gewohnheitsmäßigen Bestimmens in Paradoxien treibt), zugleich seine Bestimmbarkeit erscheint: es erscheint *uns* und ermöglicht, es neu zu bestimmen. Das liegt allem Bestimmen zugrunde. Im gewohnheitsmäßigen Bestimmen ist es jedoch vergessen. Der Befreiung in der Erfahrung treu zu bleiben heißt, nach einer – anderen, neuen – Weise des Bestimmens zu suchen, die die unbestimmte Bestimmbarkeit erinnert und wiederholt, die alles Bestimmen erst ermöglicht (Abschnitt [c]).

(b) Existenz: Humanisierung

Das Ergebnis der bisherigen Argumentation lautet, dass die Faszination, als erinnernde, der Rückgang zum Anfang, in den Grund ist: zu der Bestimmbarkeit, die alles ermöglicht. Darin ist sie (»radikal«) befreiend. Aber dieser Anfang ist kein Zustand, er hat keine – und hatte nie eine – Gegenwart. Er besteht nur so, dass er verschwindet. Genauer: Er besteht nur, indem er sein eigenes Verschwinden hervorbringt. Denn bestimmbar zu sein heißt, bestimmt zu werden – das Werden der Bestimmung (und damit das Verschwinden der Bestimmbarkeit). Der Anfang ist das Ende des Anfangs; am Anfang ist der Umschlag von Bestimmbarkeit in Bestimmung.

Aber deshalb kann allein die Erfahrung, die den anfänglichen Zustand der Bestimmbarkeit erinnernd wiederholt, noch nicht befreiend sein – wie es sich einer Ästhetik der Befreiung (deren Programm und Grenze das zweite Kapitel am Modell des Surrealismus rekonstruiert hat) zunächst darstellen muss. Denn in der Erfahrung scheint das Unbestimmt-Bestimmbare das unterbrechende Andere der Gewohnheit zu sein, die sich ebendaher sogleich wiederherstellt. Der Unterbrechung durch die Faszination folgt die Gewohnheit unmittelbar nach. Die Befreiung kann aber auch nicht darin bestehen, die Faszination und die Gewohnheit zusammenzuführen, gar sie zusammenzudenken – sie zu relativieren und in eine gemeinsame Ökonomie zu integrieren. Denn es gibt keine Ordnung oder Praxis, die sie zu synthetisieren vermag; die Faszination und die Gewohnheit unterbrechen und verdrängen einander. Die Befreiung zu verstehen, verlangt daher zu verstehen, dass die Gewohnheit und die Faszination deshalb durch ihre Entgegensetzung verklammert sind, weil sich in ihnen die Entzweiung im Anfang (oder des Anfangs) entfaltet: weil die Bestimmbarkeit von Anfang an ins Bestimmen umschlägt (das sie verdrängt und vergisst) und das Bestimmen von Anfang an die Bestimmbarkeit voraussetzt (die es unterbricht und aussetzt). »Von Anfang an« heißt hier aber: vom Anfang des Subjekts an; der Anfang ist der Anfang des Subjekts. Es gibt die Entgegensetzung (und Einheit: die Einheit als Entgegensetzung) von Faszination und Gewohnheit nur, weil das Subjekt von Anfang an entzweit ist: Es wird nur zu der Instanz der Bestimmung (die es in Gewohnheiten verwirklicht), indem es zugleich der Ort und das Medium der Bestimmbarkeit wird (die es in der Faszination erfährt).

Das ist der Subjektbegriff der Befreiung. Das heißt, so ist das Selbst, wenn – und damit – die Befreiung möglich ist. Um die Befreiung zu verstehen, müssen wir daher den Prozess der Subjektivierung, der Bildung des Subjekts, verstehen. Die Theorie der Befreiung bedarf einer Genealogie des Subjekts; sie muss von der Ästhetik, der Theorie der Erfahrung her eine Theorie der Subjektbildung entwerfen. In dieser zeigt sich, dass die Urszene des Subjekts seine Entzweiung ist: Indem es die Fähigkeit des Bestimmens erlangt, wird es – zugleich und dagegen – zum Ort der Unbestimmtheit, zum Medium der Bestimmbarkeit. Die Szene der Subjektbildung ist nichts als die der Subjektspaltung. Sie ist die Szene, durch die das Subjekt so gebildet wird, dass es sich in Bestimmung und Bestimmbarkeit (und daher in Gewohnheit und Faszination) entzweit. In dieser Selbstentzweiung im Ursprung des Subjekts gründet die Möglichkeit der Befreiung.

Dies zu erläutern ist die Aufgabe dieses Abschnitts; dadurch lässt sich zugleich die Wahrheit der beiden Modelle der Befreiung begreifen, die in den beiden Kapiteln des zweiten Teils rekonstruiert (und in Kapitel 5, Abschnitt [b] und [c] auf ihren argumentativen Punkt gebracht) wurden. Denn die Genealogie des Subjekts zeigt, dass die Spannung zwischen der hieratischen Unbedingtheit des Gebots, dessen imperativische Anrede das Selbst gemäß dem religiösen Modell befreit, und der seriellen Unendlichkeit des Lebens, die das ökonomische Modell, an seinem Ende, als die Kraft der Befreiung bejaht, in der Urszene der Subjektivierung selbst hervorgebracht wird: und dass diese Spannung genau und nur deshalb in der Befreiung wieder entfaltet werden kann (und muss). Denn die Bildung des Subjekts folgt einer Doppellogik. Sie erfolgt durch die Anrede des Gebots und macht das Individuum normativ, indem sie zugleich seine Natur unbestimmt und daher bestimmbar macht. Indem sie das Individuum normativ, also zum Subjekt macht, vermenschlicht – also: entbiologisiert – sie seine Natur. Oder indem das Selbst subjektiviert wird, wird es zugleich und im Gegenzug humanisiert.

*

Die Subjektivierung ist der Prozess, durch den aus einem natürlichen, durch seine Natur bestimmten Individuum der Teilnehmer einer normativen oder symbolischen Ordnung wird. Ein solcher Teilnehmer heißt »Subjekt«, weil er der Norm und dem Symbolismus ebenso unterworfen ist, wie er sie verwirklicht und trägt. (Das Subjekt ist der unterworfene Grund oder der Grund der Unterwerfung. Daher ist ihm seine Unterwerfung nicht äußerlich. Das Subjekt ist nicht einem fremden Willen unterworfen – so wie die Sklavin der Herrin[48] –, sondern es ist selbst die Unterwerfung. Und daher frei.) Das Individuum tritt also durch seine Subjektivierung in eine normative, symbolische Ordnung ein. Aber das heißt genauer, dass es in sie hineingerufen wird. Es wird in sie eingeführt und damit befähigt, selbständig an ihr teilzunehmen. Die Subjektivierung kann nicht die eigene Tat des Individuums sein – sie kann nicht ihr Prinzip, ihren Ursprung in dem Individuum haben, denn so wie das Subjekt normativ ist, ist das Individuum vornormativ –, sondern hat ihren Beginn außerhalb von ihm. Zwar erleidet das Individuum seine Subjektivierung nicht bloß; es muss selbst etwas dazu tun. Aber dieses Tun ist antwortend. Sein Anfang ist erlitten, eine Wirkung von außen. Die Subjektivierung beginnt damit, dass das Individuum normativ und symbolisch, gebietend und bedeutend angeredet wird. Die Subjektivierung beginnt als Gebot von außen oder oben.

Dieses Gebot, mit dem die Subjektbildung beginnt, richtet sich an ein »Individuum«. Dieser Ausdruck bezeichnet (in Rousseaus Terminologie[49]) ein Sein oder Wesen, das noch nicht Teil oder Teilhaberin – *parti* – einer normativen Ordnung und daher noch kein Subjekt ist. Weil dieses Sein schon war, bevor das Subjekt gebildet wurde – weil also das Sein des Individuums nicht künstlich gebildet, nämlich im Ausgang und in Aufnahme von einem Gebot von außen hervorgebracht wurde –, kann es »natürlich« genannt werden. Es ist natürlich im Sinn eines Vorausgesetzten: Es ist die natürliche Voraussetzung für die Subjektbildung. Genauer: Es ist die Voraussetzung der Subjektbildung, die in der Subjektbildung selbst *gemacht* wird. Dass die Subjektbildung mit dem natürlichen Sein des Individuums beginnt und es also voraussetzt, ist daher keine Feststellung von außen – ein Wissen durch Beobachtung oder höhere Einsicht, durch empirische Wissenschaft oder philosophische Forschung. Es ist der Subjektbildung vielmehr immanent: Die Bildung des Subjekts setzt (sich) die Natur voraus.[50] Sie setzt sich das Sein des Individuums voraus und setzt es eben dadurch als Natur. Oder sie naturalisiert das Sein des Individuums; natürlich – gewesen – zu sein ist, als Voraussetzung in der Subjektbildung, ein retroaktiver Effekt.

Worin besteht diese Voraussetzung? Wie ist die Natur bestimmt, die die Subjektbildung voraussetzen muss, wenn sie gelingen können soll? Das heißt: Wie bezieht sich die Subjektbildung auf das Sein des Individuums zurück, das sie sich als natürliches voraussetzt? Dieser Rückbezug ist in sich gedoppelt.

Weil die Bildung des Subjekts mit der Anrede von außen beginnt, folgt sie nicht aus dem natürlichen Sein des Individuums; sie ist keine natürliche Folge (und die Bildung des Subjekts ist keine Evolution). Sie geht über das hinaus, was das Individuum von Natur aus ist. Die Subjektbildung setzt sich dem natürlichen Sein des Individuums entgegen; oder sie setzt sich das natürliche Sein des Individuums als ihr Anderes voraus. In der Subjektbildung heißt, sich die Natur vorauszusetzen, sich der Natur entgegenzusetzen. Zu einem Subjekt zu werden bedeutet und verlangt, die natürlichen Antriebe und Verläufe, die das Sein des Individuums bestimmen, zu unterbrechen und, wenn nötig, zu unterdrücken. Die Subjektbildung ist nichts anderes als der Prozess, in dem die Natur als Anderes gesetzt wird: als das Andere des Subjekts, das ihm äußerlich ist und demgegenüber das Subjekt daher äußerlich ist. Das Subjekt bildet sich aus der Natur, indem es sich ihr gegenüber – und sie ihm gegenüber – veräußerlicht. Das ist die eine Seite.

Die andere Seite ist, dass die Bildung des Subjekts mit der Anrede von außen nur begonnen haben kann, wenn das Individuum – das das Subjekt gewesen sein wird – dieses Gebot aufgenommen, es empfangen haben kann. (Um diese Annahme kreist die Figur der *tabula rasa*: Damit etwas darauf geschrieben werden kann, muss eine Tafel da sein; sie muss leer – oder gar: leer gemacht, gereinigt worden – sein, um das Geschriebene aufnehmen und bewahren zu können. Das ist die Seele in ihrem vorsubjektiven Zustand. Die Frage ist, wie sie ist und wie es sie gibt.) Damit es die Subjektivierung, die Bildung des Subjekts geben kann, muss das Individuum bildbar sein.[51] Es muss überhaupt möglich sein, dass es das Gebot empfängt: Bevor – genauer, wie sich zeigen wird, *indem* – das Subjekt das Gebot befolgen und die Bedeutung verstehen kann, muss es als Individuum daher für das Gebot empfänglich gewesen sein.

Das natürliche Sein des Individuums kann also nicht nur –

erstens – das Andere des Subjekts sein, zu dem es gebildet wird. Es kann in der Subjektbildung nicht nur als das Andere vorausgesetzt (und das Subjekt als das Andere diesem Anderen entgegengesetzt) sein. Dann wird die Bildung des Subjekts völlig unbegreiflich. Um sie begreifen zu können, muss das natürliche Sein des Individuums zugleich auch – zweitens – die Möglichkeit der Bildung zum Subjekt und also die Möglichkeit des Subjekts sein, zu dem es gebildet wird. Und beides muss zusammengedacht werden: Das natürliche Sein des Individuums ist das Andere des Subjekts nur als die Möglichkeit des Subjekts, und die Möglichkeit des Subjekts ist nur als das Andere des Subjekts. Wie lässt sich das verstehen?

Die Voraussetzung dafür, dass das Individuum zum Subjekt werden kann, ist, dass es lebt. Das Individuum muss lebendig sein. Das gilt nicht nur in dem äußerlichen Sinn, in dem das Individuum fortdauernd existieren muss, damit es sich zum Subjekt bilden kann; das ist klar. Sondern die Existenz des Individuums, die in der Subjektbildung vorausgesetzt wird, muss deshalb die Form des Lebens haben, das heißt, so geschehen, dass es sich selbst erhält, weil die lebendige Existenz des Individuums und die normativ-symbolische, also geistige Existenz des Subjekts zwei verschiedene Vollzugsweisen derselben allgemeineren Grundbestimmung sind: Leben und Geist sind zwei Weisen der Selbstherstellung; zwei Weisen, in denen etwas oder jemand nur so existiert, dass es sich selbst hervorbringt und gestaltet. Oder, wie Thomas Khurana mit Aristoteles sagt und mit Hegel erklärt, weil das Leben und der Geist »zwei verschiedene Spezies eines Genus« sind.[52] Die Bildung des Subjekts setzt demnach deshalb voraus, dass das Individuum, das zum Subjekt gebildet wird, lebendig ist, weil ein Subjekt zu sein darin besteht, den Prozess der Selbstproduktion, der sich bereits –

natürlicherweise – im Leben des Individuums vollzieht, auf andere Weise noch einmal zu vollziehen. Die Bildung des Subjekts ist nichts anderes als die Verdoppelung und dadurch die Veränderung, die Transformation der lebendigen Selbstproduktion. Nur so ist sie möglich: weil (oder wenn) das Sein des Individuums nicht mechanisch, sondern biologisch, genauer animalisch bestimmt ist; wenn also das Individuum, das zum Subjekt gebildet wird, ein Tier ist. Nur ein Wesen, das ein Tier ist, kann geistig oder subjektiv werden.

Das kann aber nur der erste Schritt sein, um die Möglichkeit der Subjektbildung aus dem natürlichen Sein des Individuums zu verstehen. Denn nicht jedes Tier kann zum Subjekt gebildet werden. Die Subjektbildung muss die animalisch-lebendige Selbstproduktion des Individuums verändern, aber nicht jede Gestalt animalisch-lebendiger Selbstreproduktion *kann* so verändert werden (oder ist bildbar zum Subjekt); nicht jedes Tier ist für das normative Gebot empfänglich. Das aber setzt die Subjektbildung voraus. Sie setzt den Unterschied des einen Tiers von den anderen Tieren voraus. Dieses eine Tier, dessen lebendige Selbstproduktion in die geistige des Subjekts verwandelt werden kann, heißt »der Mensch«.

Es hilft hier nicht weiter, den Begriff des Menschen – und damit die biologische oder animalische Kondition der Subjektivierung – dadurch zu bestimmen, dass er die Klasse von Tieren bezeichnet, die in ihrem natürlichen Sein das normative Gebot bereits – irgendwie – besitzen; die also in einer irgendwie noch unentwickelten Weise, der »Anlage« nach, wie es seit Aristoteles heißt, mithin von Natur aus, bereits normativ sind. Das widerspricht der ersten oben genannten Bedingung: dass das natürliche Sein des Individuums als das Andere des Subjekts verstanden werden muss. Denn diese Bedingung besagt, dass die Bildung des Subjekts nicht, so Khurana,

»im Ausgang von einer vorweggenommenen Harmonie von Leben und Geist«[53] bestimmt werden kann – einer Vor- oder Vorweggegebenheit des Geistes im menschlichen Leben, als Keim oder Anlage des Subjekts. Oder: Wenn zu einem Subjekt gebildet zu werden darin besteht, Vermögen zu erwerben, dann kann die Möglichkeit der Subjektivierung, die den Menschen ausmacht, die also in der Subjektbildung vorausgesetzt ist, nicht selbst bereits als ein Vermögen – ein mögliches Vermögen oder als das Vermögen der Möglichkeit nach – bestimmt werden. Sie muss vielmehr so bestimmt werden, dass das natürliche Sein des subjektivierbaren Tiers, also des Menschen, die Möglichkeit zur Subjektbildung ist, *ohne* ein Subjekt »der Möglichkeit nach« – das heißt: das Subjekt, das unentwickelt schon da ist – zu sein.

Diese Alternative zum traditionellen Begriff des Menschen lässt sich in zwei Hinsichten beschreiben. Die eine Hinsicht bestimmt diesen Begriff formal (oder ontologisch); das betrifft die Seinsweise des Menschen: wo und wie es ihn gibt (i). Die andere Hinsicht bestimmt den Begriff des Menschen inhaltlich; das betrifft die Operationsweise der menschlichen Natur: wie sich der Mensch natürlicherweise bewegt (ii).

(i) Formal, also ontologisch bestimmt, bezeichnet der Begriff des Menschen das Ereignis oder Geschehen einer Denaturalisierung des Natürlichen. Genauer: einer Denaturalisierung im Natürlichen. Man kann den Menschen durch – oder *als* – die »Kerbe«, die »leere Form« bestimmen, die nach Claude Lévi-Strauss das »Scharnier« bildet, das das »Faktum der Regel«, also die Kultur und die Subjektivität, mit der Natur verbindet.[54] Oder man kann mit Adorno sagen, dass es die Freiheit, also die Subjektivität, im empirischen, natürlichen Subjekt – das dadurch als der Mensch bestimmt wird – nur geben kann, wenn »die Kantische – durch die Kategorien gestiftete – Einheit der Natur durchbrochen [ist]. Die Natur hat dann gewissermaßen eine Lücke.«[55] Der Mensch ist der Ort in der Natur, an dem das Leben selbst unnatürlich wird; es wird entbiologisiert oder deanimalisiert. Diese – ontologische – Veränderung der Natur, die sich am Ort des Menschen vollzieht, ist die Voraussetzung der Subjektivierung. Das bedeutet formal, dass es die Humanisierung des natürlichen Lebens nur in der Subjektivierung gibt; es gibt sie beide nur zugleich, ja durcheinander. Unabhängig von der Bildung zum Subjekt, das heißt vor dieser, gibt es die natürliche Lücke in der Natur, die der Mensch ist, also nicht. Sie lässt sich nicht bereits feststellen, bevor der Prozess der Subjektbildung eingesetzt hat. Vorsubjektiv, das heißt: objektiv beschrieben ist der Mensch bloß ein weiteres Tier. Der Mensch ist eine subjektive Kategorie – die Kategorie, durch die das Subjekt seine Naturvoraussetzung bestimmt; es gibt den Menschen nur für das Subjekt. Denn das natürliche Individuum wird erst rückwirkend oder rückblickend – diese Alternative ist unentscheidbar – zum Menschen, indem es zum Subjekt wird. Der Mensch ist eine retroaktiv-retrospektive Hervorbringung des Subjekts. Das heißt es zu sagen (siehe oben), dass der Mensch die »Voraussetzung« des Subjekts ist: Er ist das in der Subjektivierung gesetzte natürliche Voraus der Subjektivierung (und diese damit zugleich die Setzung des Voraus der Setzung).

(ii) Inhaltlich bestimmt, bezeichnet der Begriff des Menschen eine andere – eine in der Subjektbildung vorausgesetzte veränderte – Operationsweise des Lebens. Biologisch verstanden, ist das Leben der Prozess der Selbsthervorbringung und Selbstorganisation eines Organismus; »Leben« heißt Autopoiesis. Dieser Prozess steht, bei aller Variation und Innovation, die er nicht nur zulässt, sondern verlangt, unter dem Imperativ der Selbsterhaltung – der Erhaltung des Selbst; der Prozess des Lebens muss sich zirkulär schließen (oder er muss die Einheit reproduzieren, die biologisch das Individuum definiert[56]). Alle Strebungen und Bewegungen, Antriebe und Vollzüge sind als Elemente dieser sich schließenden Operation definiert; sonst stirbt das Tier (und überlebt sich nur als Gattung). Die Vermenschlichung des Lebens, die in der Subjektbildung vorausgesetzt ist, besteht in nichts anderem als darin, das Streben und Sichbewegen des Individuums von dem Imperativ der Einheit, der Erhaltung des individuellen Selbst, freizusetzen; sein Streben und Sichbewegen über die Einheit – die es ist – hinauszutreiben und vom Imperativ der Selbsterhaltung (oder der Individualisierung) zu befreien. Das menschliche Streben und Sichbewegen geht über die individualisierte Einheit des sich selbst reproduzierenden Lebendigen hinaus; es durchbricht die organische Logik, die es in seiner biologisch-animalischen Selbstreproduktion definiert. Darin besteht die Negativität der menschlichen Natur. Der Mensch ist die Negativität der Natur gegenüber der biologischen Natur. Diese Negativität bildet die spezifische lebendige Kraft des Menschen.[57] Oder sie ist nichts anderes als »die merkwürdige Bewegung, die wir Trieb nennen«.[58] Denn es ist die Bewegung des Triebs – wie Slavoj Žižek sagt –, durch die »das menschliche Leben nie einfach ›nur Leben‹ ist«. Der Trieb ist »die Nullstufe der ›Vermenschlichung‹«; er ist das, was im Leben des Menschen über das bloße, animalische Leben hinaustreibt; was ihn über die Einheit des Lebendigen – das es immer nur als sich erhaltendes Individuum gibt – hinwegtreibt. Und daher ist der Trieb, der »Trieb als solcher«, wie Slavoj Žižek weiter erklärt, »der Todestrieb«;[59] darin besteht seine Negativität. Das ist nicht der Trieb zum Tod, sondern der Trieb als die Kraft eines Lebens, das über das sich erhaltende und sich reproduzierende Individuum hinausführt. Die Kraft oder der Trieb werden daher durch ihre Negativität unendlich. Aber diese

Unendlichkeit ist nicht das (traurige, frustrierte) Immerweitermüssen des Begehrens – das sich nie erfüllt –, sondern sie ist, im Gegenteil, der Genuss und die Lust, die sich im Moment des Hinausgehens über die biologischen Imperative der Selbsterhaltung einstellt. (So wie Walter White, am Ende seines Lebens, zu einer neuen, nichtökonomischen, ja unökonomischen Erfahrung der Serialität zu gelangen vermochte: einer lustvollen Erfahrung, die in der Serie nicht den endlosen Aufschub der Befriedigung sieht, die die negative Unendlichkeit der modernen Ökonomie ausmacht, sondern die Erfüllung, »weil er sozusagen Scheitern in Triumph verwandelt«.[60]) Diese, die lustvoll bejahte Serialität ist nichts anderes als die wahre – die wahrhaft unendliche, weil unendlich negative – Natur des Menschen.

Zieht man die beiden Bestimmungen, die formale der Seinsweise und die inhaltliche der Operationsweise, zusammen, so lautet die These so: Die Anrede von außen, mit der die Hervorbringung des normativen Subjekts beginnt, setzt (sich) zugleich die natürliche Unendlichkeit oder unendliche Natürlichkeit des Menschen voraus. Nur ein Individuum, das in seiner Natur negativ, das die natürliche Negation seiner natürlichen Einheit ist, kann das normative Gebot empfangen. Deshalb nennt Žižek den Trieb »eine Art von ›notwendigem Nebenprodukt‹ davon, dass der körperliche Instinkt im Netz der symbolischen Ordnung eingefangen wird«.[61] Und weil der Begriff des Triebs (wie der der Kraft) die spezifische – negative – Natürlichkeit des Menschen bezeichnet, die ihn vom Tier unterscheidet, kann man sagen, dass der Mensch ein Nebenprodukt, ja ein Abfallprodukt des Subjekts ist: Die Subjektivierung ist eine retroaktiv-retrospektive Humanisierung. Nur der Mensch – das ist das natürliche Wesen, das der Sitz oder Ort des Triebs und der Kraft ist – kann zum Subjekt gebildet werden. Aber nur indem dieses Wesen zum Subjekt gebildet wird, wird er zum Menschen geworden sein; davor gibt es den Menschen – positiv: in Erkenntnis und Erfahrung – nicht. (So wie nur ein Wesen ein Kind, *infans*, gewesen sein kann, das zum sprachförmigen Subjekt geworden ist. Die Kindheit vor der Sprache, der Zustand »stummer Erfahrung«, und die Subjektivität in der Sprache »scheinen demnach«, wie Giorgio Agamben erläutert, »in einem Zirkel aufeinander zu verweisen«.[62]) Die Normativität des Subjekts setzt die vorsubjektive, azephale, kopf- und orientierungslose, also natürliche Negativität und Unendlichkeit eines Strebens und Sichbewegens voraus, die von keinem Zweck und keiner Funktion kontrolliert werden. Denn nur ein Wesen, dessen Strebungen und Bewegungen von Natur aus zweckfrei und funktionslos, leer und unbestimmt sind, kann die normative Anrede empfangen. Normative Empfänglichkeit heißt, also setzt voraus: natürliche Unbestimmtheit. Die normative Anrede spricht in die Lücke in der Natur hinein – die Lücke der Natur in der Natur, die der Mensch ist –, die nur durch die normative Anrede erscheint.

**

Das beschreibt den Prozess der Subjektivierung als einen Prozess wesentlicher – also konstitutiver, daher unüberwindbarer – Entzweiung. Die Existenz des Subjekts ist entzweit: Das Subjekt entzweit sich in das Subjekt und den Menschen. Denn es gibt das Subjekt und seine Vermögen nur, wenn und indem es vorsubjektiv den Trieb oder die Kraft eines Strebens und Bewegens gegeben hat, die unendlich, also unendlich negativ sind. Das Subjekt muss von Natur aus, als Mensch, negativ-unendlich gewesen sein; der Mensch ist die negativ-unendliche Naturbedingung des Subjekts. Die Subjektivierung schafft also als ihr »Nebenprodukt« (Žižek) – das heißt, als ihren Gegeneffekt – eine Kraft der Negativität, die durch ihre unendliche Bewegung, die über den sich erhaltenden Organismus hinausführt, die Subjektivierung zugleich ermöglicht und überschreitet oder unterläuft; denn die Negativität der menschlichen Natur, die die Subjektivierung voraussetzt, wendet sich zugleich gegen sie. Die Urszene der Subjektivierung ist, mit Hegels pointierter Formulierung, ein »*absoluter Gegenstoß* in sich selbst«:[63] Sie setzt sich, in einem Gegenstoß, den sie nicht parieren kann, die Natur als Negation der Natur voraus, ohne die die Subjektbildung nicht beginnen kann und aufgrund deren die Subjektbildung nicht gelingen kann. Nichts anderes als dieses Nichtgelingenkönnen, das konstitutive Scheitern, der Subjektivierung ist die Kraft der radikalen Befreiung – der Spalt, an dem sie ansetzt.

Denn durch dieses Verständnis der Subjektwerdung als Deanimalisierung oder Entbiologisierung, das heißt: Humanisierung, ihrer Naturvoraussetzung erklärt sich, warum die Befreiung in der Erfahrung, also der Faszination beginnt: Die Entzweiung in der Urszene des Subjekts erklärt, wie die Befreiung in der Faszination möglich (i) und weshalb sie notwendig (ii) ist – wie wir Subjekte die Befreiung erfahren *können* und weshalb wir sie *erfahren* müssen.

(i) Die Definition der Erfahrung der Faszination (oder der Faszination der Erfahrung) lautet, dass sie den Zustand reiner Bestimmbarkeit erinnert und darin wiederholt, der alles Bestimmen erst ermöglicht. So weit waren wir schon (im Abschnitt »Erfahrung: Erinnerung«). In diesem Abschnitt (»Existenz: Humanisierung«) hat sich gezeigt, wie und wodurch es für uns die – ästhetische oder mystische[64] – Erfahrung reiner Bestimmbarkeit gibt; das heißt, wie es überhaupt möglich ist, dass wir in der Erfahrung der Faszination in diesen Zustand versetzt werden – dass wir in ihn versetzt werden *können*. Wir können es, weil der Prozess der Subjektivierung, der Einfügung in die normativ-symbolische Ordnung, die gegenläufige Voraussetzung hat oder macht, dass das Individuum in seiner natürlichen Existenz, an das sich diese normative Anrede richtet, leer und unbestimmt und daher bestimmbar ist. Genauer: dass es durch einen Trieb oder eine Kraft bewegt wird, über jede gegebene Bestimmung hinauszugehen, sie auszuhöhlen und aufzulösen und damit empfänglich zu sein für ein Bestimmen ganz anderer Art. Der Prozess der Subjektivierung setzt voraus, dass das adressierte Individuum bestimmbar gewesen ist; ohne diese Voraussetzung gäbe es gar kein Subjekt. Die Antwort auf die Frage nach der Möglichkeit der Faszination ist die Genealogie des Subjekts. Das heißt: Die transzendentale Bestimmung der Faszination – dass sie die Erfahrung, also die Erinnerung, des Ermöglichenden ist – ist genealogisch begründet. Wir müssen also die Erinnerung in der Faszination so verstehen, dass sie uns zurückführt zur Urszene der Subjektivierung. Oder umgekehrt: Wir müssen die Erfahrung der Faszination so begreifen, dass das Selbst darin sich selbst begegnet. Es erfährt in der Faszination die Wahrheit seiner Existenz – seinen Trieb oder seine Kraft der Negativität.

(ii) Damit erklärt die Genealogie des Subjekts zugleich und umgekehrt, weshalb das Selbst der negativen Wahrheit seiner Existenz nur begegnen und dadurch frei werden kann, indem es etwas erfährt, das es fasziniert: weshalb das Selbst sich nur in einem *Gegenstand* – »das Bild, dieser brennende Busch« (Aragon) – selbst erfahren kann und weshalb es nur frei *werden* kann; beides hat denselben Grund. Dieser Grund besteht darin, dass die Gewohnheit, also die Unfreiheit, notwendig ist. Denn die Gewohnheit – die Ordnung des Bestimmens nach dem Gesetz der Identität, die uns, nach Augustinus und Hegel, zu ihrem Sklaven macht[65] – gründet ebenfalls in nichts anderem als der Entzweiung, die das Subjekt hervorbringt. Die Gewohnheit gründet in der Entzweiung, weil sie sie verdeckt, ja verdrängt. Denn die Entzweiung ist nicht auszuhalten, sie kann nicht gelebt werden. Nach oder mit der Entzweiung am Grund der Subjektivierung zu leben verlangt, Ordnungen und Praktiken des Bestimmens hervorzubringen, die verdecken, was sie ermöglicht. Und das nicht nur in dem pragmatischen Sinn, dass sie, um zu funktionieren, blind sein müssen für die sie konstituierende Leere oder Lücke. Sondern in dem illusorischen (genauer: phantasmatischen) Sinn, dass jene Ordnungen die Lücke, die sie konstituiert, bestreiten und die Leere durch einen Scheingrund füllen müssen, der sie tragen kann. Deshalb bilden die Gewohnheiten eine zweite *Natur*: eine Ordnung der Selbstverständlichkeit, in der sich die Identität des Selbst reproduziert. Und wenn oder weil das so ist, kann das Subjekt sich nicht selbst befreien: Es kann nicht selbst zur Wahrheit seiner selbst gelangen. Es kann nur befreit werden – seine Befreiung nur durch eine Erfahrung, also Wirkung, von außen erleiden. Es kann nur befreit werden, indem es seiner Wahrheit – seiner Unbestimmtheit als Bestimmbarkeit oder »Bestimmungsfreiheit« (Friedrich Schiller) – in einem Gegenstand begegnet; indem ihm seine Wahrheit von außen gegeben wird (wie Žižek sagt: durch ein »Ding«, dessen »übermäßig[e] Anwesenheit […] letztlich *das Selbst selbst* ist«[66]). Das ist der systematische Ort der Faszination in einer Theorie der Befreiung.

(c) Praxis: Universalisierung

Die Erfahrung der Faszination ist befreiend, weil sie das Subjekt aus seinen Gewohnheiten des Bestimmens herausreißt und in den Zustand der Bestimmbarkeit zurückversetzt, der seine – »menschliche« – Natur bildet: Die Bewegung des wiederholenden Erinnerns, die sich in der Faszination der Erfahrung vollzieht (und sie zu einer »transzendentalen Erfahrung« [Agamben] macht), reicht bis in die Naturbedingung der Subjektbildung zurück. So das bisher entwickelte Argument. Das ist die Definition der »radikalen« Befreiung (oder so ist oder wird die Befreiung radikal: als Rückgang zur Wurzel).

Wenn die Erfahrung und die Existenz, also die Erinnerung und die Genealogie so zusammenhängen, dann erklärt sich auch, weshalb eines der beiden Modelle der radikalen Befreiung die moderne Idee des ökonomischen Menschen ist. Sie ist es deshalb, weil sie das Subjekt aus seiner sozialen Gestalt im Namen seiner natürlichen Form befreien will; die Ökonomisierung des Menschen ist seine (Re-)Naturalisierung.[67] Darin liegt das Recht, ja sogar die Notwendigkeit der ökonomischen Befreiung. Denn wie sich jetzt gezeigt hat, ist die radikale Befreiung tatsächlich eine Rückkehr zur Natur. Aber zugleich liegen genau hier auch die Unwahrheit und daher das Unrecht der ökonomischen Befreiung.

Denn nicht nur beschreibt die ökonomische Befreiung ganz falsch, worin die natürliche Bestimmung des Menschen liegt: Sie beschreibt sie als die biologische Einheits- oder Ganzheitsform der Individualität, die sich, ökonomisch verstanden, in der leeren Unendlichkeit eines Immerweiterbegehrens oder Immermehrbegehrens verliert – während die Naturbestimmung des Menschen die »erfüllte Unendlichkeit« der »Bestimmungsfreiheit« ist (als die Schiller den ästhetischen Zustand und Žižek die Befriedigung des Triebs beschreibt). Aber entscheidend ist, *weshalb* sich das ökonomische Befreiungsmodell über die menschliche Natur täuscht; weshalb es sie gar nicht als menschliche begreifen kann, sondern als animalische beschreibt. Der Grund ist methodologisch oder epistemologisch: Der Fehler des ökonomischen Modells liegt darin, dass es die menschliche Natur – positivistisch oder empiristisch – als eine Vorgegebenheit und nicht – genealogisch – als die Voraussetzung der Subjektivierung versteht. Das ökonomische Modell versteht nicht, dass es die menschliche Natur – die es befreien will – nicht gibt: dass sie vielmehr vorausgesetzt, also als das Voraus gesetzt ist (und damit retroaktiv als Nebenprodukt hervorgebracht wird) im Prozess der Subjektbildung. Die Subjektbildung ist aber normativ; sie ruft das Individuum in die normativ-symbolische Ordnung hinein. Die Subjektbildung ist also ein Akt normativer Anrede, und die menschliche Natur ist ein Effekt dieses Akts. Die menschliche Natur ist ein normativer Nebeneffekt – ein Gegeneffekt der Normativität. Es gibt sie daher nur als die Voraussetzung der normativen, subjektivierenden Adressierung. Nur wenn man vom Subjekt her – also: subjektiv – denkt, gibt es den Menschen. Objektiv gesehen, gibt es in der organischen Natur nur Tiere (und Pflanzen) oder sind die Menschen wie Tiere: sich erhaltende, reproduzierende Individuen. Das ökonomische Modell, das den Menschen aus seiner sozial-subjektiven Gestalt und durch die Rückkehr zu seiner natürlichen Form der Individualität befreien will, ist ein falscher Naturalismus. Weil er positivistisch ist – weil er die Natur als Gegebenheit, nicht als Effekt versteht –, verfehlt er die Natur des Menschen.

Das hat Konsequenzen für den Begriff radikaler Befreiung. Diesem Begriff zufolge beginnt die Befreiung damit, dass wir in der Erfahrung hinter die Form der Subjektivität zum menschlichen Naturzustand reiner Bestimmbarkeit zurückgeführt werden; die radikale Befreiung besteht darin, diese natürliche Voraussetzung zu erinnern – sie zu wiederholen und der Praxis des Bestimmens einzuschreiben. So lautete die soeben vorgeschlagene Definition. Jetzt aber zeigt sich, dass es diesen Naturzustand nur dadurch – und so – gibt, dass das Individuum normativ adressiert wird. In der dadurch befreienden Erfahrung der Faszination erinnernd zum Naturzustand reiner Bestimmbarkeit zurückzukehren heißt daher zugleich und immer schon, auch den Akt der normativen Adressierung zu wiederholen; die Rückkehr zum Natürlichen *ist* die Wiederholung des ersten normativen Akts (dessen retroaktiver Gegeneffekt das Natürliche ist). Die Bewegung der radikalen Befreiung biegt sich also in sich zurück: Indem sie hinter das Subjekt zurückgeht, führt sie zugleich an dessen Anfang – und beginnt sie also wieder dessen Bildung. Sie kann das eine nicht tun, ohne das andere zu tun: Sie kann nicht den Zustand reiner Bestimmbarkeit vor dem Subjekt erinnern, ohne den Akt der normativen Anrede zu wiederholen, die jenen Zustand voraussetzt und zugleich die Subjektbildung beginnt. Die Logik der radikalen Befreiung besteht nicht nur in einer Operation. Sie treibt nicht nur die Bewegung der Erinnerung, die in der Erfahrung der Faszination beginnt, bis zu der Naturvoraussetzung des Subjekts zurück. Sie vollzieht vielmehr immer schon zwei Operationen zugleich, die ebenso untrennbar miteinander verflochten wie einander entgegengesetzt sind. Denn indem die Bewegung der radikalen Befreiung die natürliche Voraussetzung – vor – der Subjektivität erinnert, wiederholt sie auch deren normativen Anfang.

Auf den ersten Blick muss dies so erscheinen, als verstricke sich die Idee der radikalen Befreiung damit in einen Widerspruch, den sie nicht auflösen kann, an dem sie also – definitiv – scheitern muss. Denn es hat den Anschein, als sei es nicht möglich, der Ordnung der Subjektivität, das heißt der Praxis ihres gewohnheitsmäßigen, identitären Bestimmens, zu entgehen, indem der Naturzustand reiner Bestimmbarkeit erinnert und wiederholt wird: weil es diesen Zustand nicht positiv gibt; weil er durch den Akt der normativen Anrede (voraus)gesetzt ist; weil den natürlichen Zustand zu erinnern also zugleich bedeutet, den Akt zu wiederholen, der diesen Zustand unterbricht, ja in der Folge vergisst. Ist das ein Widerspruch und damit das Scheitern der Idee radikaler Befreiung? Es ist dies dann, wenn man den Akt der normativen Anrede allein von seinem Ziel und Ende, der Bildung des Subjekts, her versteht – wenn man also in der einfachen Entgegensetzung von natürlich und normativ oder Mensch und Subjekt denkt, wie es das ökonomische Modell der Befreiung tut (und daher scheitert). Der Akt der normativen Anrede – der den Naturzustand der Bestimmbarkeit voraussetzt – ist aber nicht ein normativer Akt; er ist kein Akt, der eine Norm verwirklicht. Der Akt der normativen Anrede ist selbst noch nicht normativ und subjektiv (oder sozial). Daher steht auch dieser Akt – ebenso wie und zugleich ganz anders als die natürliche Bestimmungsfreiheit des Menschen – in einem negativen Verhältnis zur Subjektivität und ihrer Gewohnheitspraxis identitären Bestimmens. Die Bestimmungsfreiheit des Menschen zu erinnern und den Akt der normativen Anrede zu wiederholen, sind zwei Seiten der befreienden Bewegung, die die Gewohnheit auf ihren vergessenen Anfang zurückführt – zwei Seiten, die ebenso gegenläufig sind, wie sie nur zusammen auftreten (weil befreiend sein) können.

*

Für das ökonomische Modell der Befreiung ist es völlig unverständlich, weshalb das Wiederholen der normativen Anrede überhaupt befreiend sein kann: Fügt diese Anrede das Individuum nicht vielmehr in die soziale Ordnung ein und unterwirft es deren Normativität, die seine natürliche Einheit, als Individualität, auflöst und verletzt? Die Gegenthese definiert das religiöse Modell. Nach diesem Modell werden wir allein dadurch frei, dass wir der Anrede folgen, die von außen oder oben kommt. Wir haben gesehen, wie das religiöse Modell diese Behauptung begründet: Die Begründung liegt in der Unterscheidung von Gesetz und Gebot.[68] Das ist die befreiende Grundoperation. Die Religion ist befreiend, weil – oder insofern – sie kritisch ist, unterscheidend und entscheidend: indem sie das (transzendente) Gebot dem (sittlichen, immanenten) Gesetz entgegenstellt. Es hat sich aber auch gezeigt, dass die Religion nicht erklären kann, wie diese Unterscheidung getroffen und vollzogen werden kann. Das ist die Krise der Kritik, in der das religiöse Befreiungsmodell endet.[69] Jetzt geht es darum zu verstehen, wie diese Krise überwunden werden und damit das religiöse Befreiungsmodell gerechtfertigt werden kann, wenn wir es durch die subjektgenealogische Bestimmung der radikalen Befreiung (die in Abschnitt [b] dieses Kapitels begonnen wurde) weiterdenken. Das geschieht in einem Argument, das sich in sieben Schritten entfaltet.

(1) Am Anfang steht der Akt der normativen Anrede. Mit diesem Akt beginnt die Subjektbildung. Die Anrede ist der Akt, in dem ein Subjekt sich an ein – in diesem Moment noch – natürliches Individuum wendet und ihm sagt: »Sei ein Subjekt!« Der Akt der Anrede ist eine Forderung: die Forderung, ein Subjekt zu sein, also ein Subjekt zu werden. Diese Forderung ist kein beliebiger Inhalt der Anrede. Jede Anrede des Individuums durch ein anderes Subjekt, gleichgültig, was dieses ihm sagen mag, fordert von ihm, ein Subjekt zu werden. Das gilt, weil diese Anrede radikal asymmetrisch ist. Ihre Sprecherin ist, allein indem sie spricht, die Repräsentantin der normativen Ordnung der Sprache und verlangt von dem Individuum, das sie anspricht, dass dieses sie hört, also versteht, also an der Ordnung teilnimmt – und das heißt: dass

es ein Subjekt wird. Die Anrede ruft das Individuum, das sie adressiert, in die normative, symbolische Ordnung hinein. Sie erfolgt daher aus der normativen Ordnung heraus; sonst wäre sie gar keine Anrede (sondern ein bloßes Geräusch). Aber das heißt nicht – und das ist entscheidend –, dass die Anrede, die von dem adressierten Individuum fordert, ein Subjekt zu sein, selbst ein normativer Sprechakt ist. Sie ist kein Akt, der einen normativen Gehalt und normative Gründe hat. Sein Gehalt und sein Grund sind vielmehr *die* Normativität – im Unterschied und Gegensatz zur bloßen Natürlichkeit des Individuums: Sie ist der Akt der Normativität, aber kein normativer Akt. Und daher auch ein Akt, für den es keinen Grund gibt, also kein Grund gegeben werden kann. Denn Gründe zu geben (und zu nehmen) setzt voraus, dass beide Seiten bereits normativ sind, Teilnehmer einer normativen Ordnung. Die Forderung, die die Anrede erhebt, mit der die Subjektbildung beginnt – die Forderung, ein Subjekt zu werden und also Forderungen befolgen zu können: die Forderung der Forderungen –, ist grundlos. Der Grund und Anfang der Subjektivität, mithin der Normativität, ist ein grundloser Akt: ein Befehl und damit, im formalen Sinn des Worts, ein Akt der Gewalt; denn zwischen Normativität und Natur gibt es kein symbolisches oder normatives Verhältnis (und jedes Einwirken des einen auf den anderen, das nicht symbolisch oder normativ ist, kann »Gewalt« genannt werden).

(2) Der Akt der normativen Anrede hat ein doppeltes, ja in sich entzweites, sich widerstreitendes Produkt. Mit der normativen Anrede beginnt der Prozess der Subjektbildung, des Selbstbewusstseins des Könnens, und zugleich bringt sie die Negativität und Unendlichkeit der vorsubjektiven Triebe oder Kräfte hervor (die wesentlich unbewusst sind). Durch den Akt der normativen Anrede wird das natürliche Indivi-

duum zugleich subjektiviert und humanisiert. Es wird fähig und unfähig, bestimmend und unbestimmt (oder bestimmbar: bestimmungsfrei). Es erwirbt also eine doppelte neue Natur: die zweite Natur der Subjektivität und die – ästhetische – Nullnatur des Menschen. Beide gibt es nur durch denselben Akt, die normative Anrede; das verklammert sie miteinander. Zugleich jedoch birgt die doppelte Produktivität der normativen Anrede eine fundamentale Asymmetrie: Das Subjekt ist das Ziel, der Trieb oder die Kraft ist die retroaktive Voraussetzung – das Nebenprodukt, besser: der Gegeneffekt – der Transformation des natürlichen Individuums, die durch seine normative Anrede beginnt. Daher sind die beiden Effekte der normativen Anrede einander doppelt entgegengesetzt: ebenso darin, was sie sind, das heißt, wie sie operieren, wie auch darin, wie es sie gibt. Das Ziel und die Voraussetzung, der Zweck und der Gegeneffekt der normativen Anrede wirken gegeneinander.

(3) Die anfängliche Gewalt, mit der die normative Ordnung dem natürlichen Individuum gegenübertritt, bestimmt, wie diese Ordnung für das – oder genauer: in dem – Subjekt da ist, das an ihr teilnimmt. Die anfängliche Gewalt wirkt so, dass sie in der Ordnung verschwindet. Das Fortwirken der anfänglichen Gewalt in der normativen Ordnung, in die sie das Individuum integriert, besteht also nicht darin, dass diese Ordnung denen gegenüber, die an ihr teilnehmen, äußerlich bleibt und sie unterdrückt. Im Gegenteil: Die Gewalt, mit der die normative Ordnung dem natürlichen Individuum äußerlich gegenübertrat, wirkt innerhalb dieser Ordnung vielmehr so weiter, dass sie das teilnehmende Subjekt ausmacht, dass die Gewalt der Subjektivierung zu seinem Inneren und Eigenen wird; dass sie es – vollständig – integriert. Denn weil wir nur dadurch zu Teilnehmern der normativen Ordnung, also zu Subjekten, geworden sein können, dass sie

uns von außen befehlend, nicht begründend, gegenübertrat, müssen auch ihre Gesetze und Regeln ein Moment der Äußerlichkeit behalten, das sich niemals auflösen lässt. Diese Äußerlichkeit der Gesetze besteht aber gerade darin, dass sie ganz innerlich werden: Die normative Ordnung bildet die Identität des Subjekts. Das Subjekt *ist* die Gesetze der normativen Ordnung; sie sind sein Sein, das es in allem, was es tut, reproduzieren muss. Die Äußerlichkeit der Forderung oder des Befehls, in der die normative Ordnung zuerst dem natürlichen Individuum gegenübertritt, reproduziert sich also in dem gebildeten Subjekt als die innere Äußerlichkeit seiner zweiten Natur, zu der ihm die Gesetze der normativen Ordnung geworden sind. Das Individuum kann sich die Gesetze, die ihm im Befehl gegenübertraten, nur so aneignen (und dadurch zum Subjekt werden), dass es sich ihnen übereignet: dass es nichts anderes als die Instanz des Gesetzes ist (oder dass das Gesetz sein Sein ist und beide, das Gesetz und das Subjekt, in dieser Identität »sittlich« sind). Die Normen der Ordnung, in die es eingefügt wurde, determinieren das Subjekt wie eine Natur. Und weil die Gesetze seiner Ordnung seine Identität bilden, die es zwanghaft reproduzieren muss, ist alles Bestimmen, das das Subjekt in der Anwendung jener Gesetze vornimmt, selbst zwanghaft identifizierend. Das Subjekt ist in seiner Freiheit, ja durch seine Freiheit – seine Freiheit, die darin besteht, selbst die Instanz des Gesetzes geworden zu sein und sie nun, in allem, was es will, denkt und tut, anzuwenden; seiner Freiheit als Autonomie – unfrei: Es kann weder sich noch etwas frei bestimmen, weil es von den Gesetzen der normativen Ordnung bestimmt wird.

(4) Die Befreiung des Subjekts verlangt daher, die Integration in die normative Ordnung zu durchbrechen. Das kann nur so erfolgen, dass die anfängliche Äußerlichkeit des Normativen wiederhergestellt wird. Darin liegt die grundlegende

Einsicht desjenigen Modells der Befreiung, das »religiös« genannt werden kann – wenn oder soweit die Religion die »Beziehung ohne Beziehung« (Emmanuel Lévinas) zur als Transzendenz erfahrenen Äußerlichkeit ist. Die Befreiung, die die Gefangenschaft in der Gewohnheit aufzusprengen vermag, kann nur beginnen, indem der Befehl wiederholt wird, durch den das Individuum in diese Ordnung hineingerufen worden war und der in der normativen Ordnung ebenso vergessen oder verdrängt war, wie er ebendeshalb in ihr wirksam bleibt und die normative Ordnung zur inneren Äußerlichkeit (oder zum äußerlichen Inneren) der zweiten Natur versteinern lässt. Gegen die eine, falsche, naturhafte Äußerlichkeit – die Äußerlichkeit der Gewohnheit, zu der die normative Ordnung werden muss – setzt die Befreiung die andere, wahre Äußerlichkeit: die Äußerlichkeit der Forderung, normativ zu werden, die das natürliche Individuum von oben anspricht; gegen die Integration in die normative Ordnung hilft nur die Gewalt der normativen Anrede. Die Befreiung erinnert den Anfang, sie wiederholt den Akt, der die normative Ordnung – für das Subjekt – hervorgebracht hatte. Sie führt an die Schwelle der Normativität und damit der Subjektivität zurück. Das heißt, sie erneuert den äußerlich gebietenden Befehl, der das Individuum in die Ordnung hineingerufen hatte. Die Befreiung beginnt als Erneuerung der Unterwerfung – die in der normativen Ordnung vergessen war; denn die normative Ordnung ist nicht repressiv, sondern integrativ und ebendeshalb eine Ordnung der Knechtschaft.

(5) Wenn – in einer außergewöhnlichen Situation, durch einen Ruf von außen oder oben: durch ein Wunder – der anfängliche Akt der normativen Anrede erneuert wird, dann erfährt das Subjekt dies als eine unendliche Beraubung: Das Subjekt wird damit seiner Bestimmungsfähigkeiten beraubt. Es wird desubjektiviert (oder »nichtig«). Indem die normati-

ve Anrede wiederholt wird, in deren Folge es erst zum Subjekt wurde, wird es in den Zustand vor der Subjektivität zurückversetzt. Das ist aber nicht der Zustand, in dem es vor dem Ruf von Natur aus war – der natürliche Zustand der sich hervorbringenden und erhaltenden Individualität (so missversteht es das ökonomische Modell der Befreiung). Sondern es ist der Zustand vor der Subjektivität, der in dem, ja durch den Akt der normativen Anrede vorausgesetzt und in der subjektiven Existenz als Teilnehmer einer normativen Ordnung vergessen, sogar verdrängt wurde. Es ist der Naturzustand unendlich – unendlich negativ – wirkender Triebe oder Kräfte (der Naturzustand des »Menschen«, der sich mit Schiller »ästhetisch« nennen lässt). Denn ohne deren Wirken kann die normative Anrede überhaupt nicht gehört werden. Der ästhetische Naturzustand wirkender Triebe oder Kräfte ist der Zustand der Bestimmbarkeit, der anfänglich gegen die Naturbestimmtheit des Individuums vorausgesetzt werden musste, damit es die normative Anrede aufnehmen und empfangen, damit es ihre Gewalt überhaupt *erleiden* konnte (also erleiden *konnte*). Indem nun, *nach* der Einfügung in die normative Ordnung, in einer außergewöhnlichen Situation, durch eine Stimme von außen oder oben, die normative Anrede wiederholt und ihre anfängliche Gewalt wiederhergestellt wird, wird zugleich auch der ästhetische Naturzustand der Unbestimmtheit erneuert. Weil der ästhetische Zustand darin aber *erneuert*, also restituiert wird – denn er war in der normativen Ordnung vergessen –, wird er nun ganz anders erfahren: Der Trieb und die Kraft seines Wirkens richten sich nun gegen die zweite Natur des Subjekts. Wer die normative Anrede in ihrer Unbedingtheit und Äußerlichkeit hört, wird darin zugleich in den vorsubjektiven Zustand reiner Bestimmbarkeit zurückversetzt; denn nur in diesem Naturzustand ist das Selbst für die normative Anrede empfänglich. Diese zu wiederholen heißt daher, jene wiederherzustellen.

(6) Das ist die Bedingung dafür, dass die Wiederholung der normativen Anrede, deren Wucht in die Ordnung der Gewohnheit einbricht und dadurch die anfängliche Gewalt und Unterwerfung erneuert, befreiend ist. Sie ist – nur und genau – deshalb befreiend, weil diese Wiederholung auch die Voraussetzung der normativen Anrede erneuert: weil sie diese Voraussetzung erneuern muss, denn sonst könnte sie nicht gehört werden; weil sie also das Subjekt in seinen vorsubjektiven, natürlich-gegennatürlichen Nullzustand wirkender Triebe und Kräfte zurückversetzt und dadurch für diese Anrede empfänglich macht. Es wird durch die normative Anrede unfähig gemacht – und ebendadurch fähig, die Gewalt des Normativen, das Normative als Gewalt zu erleiden.[70] Damit ändert sich also zugleich, wie das Selbst seine Bestimmungsunfähigkeit erfährt. In seiner ästhetischen Erfahrung, in der Faszination erfuhr das Selbst sie als gewohnheitsunterbrechend, als befreiend im negativen Sinn: als Auszug aus der Ordnung. Jetzt erfährt das Subjekt seine Entfähigung als Ermöglichung. Zwar erleidet es die Wirkung der normativen Anrede von außen. Aber jetzt, indem die Anrede wiederholt wird, versteht das Selbst, dass das Nebenprodukt dieser Anrede – dass es naturalisiert oder vermenschlicht oder ästhetisiert wird (das sagt dasselbe) – zugleich die Bedingung dafür ist, dass es die Anrede empfangen kann. Es erfährt *sich* als die Bedingung dafür, dass die normative Anrede wirken kann, also: dass es sie gibt. Und indem das Selbst, in der Wiederholung der normativen Anrede, diese Erfahrung macht, kann es sie bejahen: Es kann ihre Gewalt bejahen. Es kann Ja zu ihrer Gewalt sagen. Das ist das Ja der Befreiung.

(7) Indem das Subjekt, das darin keins mehr ist, die Gewalt, die es von dem Akt der normativen Anrede erleidet, be-

jaht, verändert sich diese Gewalt. Die wiederholte oder erneuerte Äußerlichkeit des Normativen ist nicht dieselbe wie die anfängliche. Die Logik der befreienden Wiederholung ist also nicht zirkulär; sie ist nur befreiend, weil sie den Kreislauf endlos identischer Wiederholungen (die die Zeit der – zweiten – Natur, als Gewohnheit, definiert) durchbricht. Indem das Subjekt, das darin keins mehr ist, durch die Wiederholung der normativen Anrede befähigt wird, sie zu bejahen – die normative Anrede, so haben wir gesehen, bringt die Möglichkeit ihrer Bejahung hervor –, verändert sich grundlegend, was und wie die Normativität für das Subjekt ist; es wird auf andere Weise normativ. Denn inzwischen, in der Zwischenzeit, ist aus der normativen Anrede eine normative Ordnung hervorgegangen, die die zweite Natur des Subjekts bildet. Wenn sie wiederholt wird, richtet sich die Äußerlichkeit der normativen Anrede also nicht mehr, wie zu Anfang, gegen die biologisch-animalische Natürlichkeit des Individuums, das sich selbst erhält und reproduziert, sondern gegen die Normativität der Ordnung: gegen das sittliche Gesetz, als zweite Natur des Subjekts. Indem die normative Anrede wiederholt wird, spaltet sie daher die Normativität in sich auf oder von sich ab: Sie stellt die Äußerlichkeit des Normativen im Normativen wieder her. Als wiederholte richtet sich die Äußerlichkeit des Gebots gegen die normative Ordnung, die Gesetzlichkeit, die das Gebot hervorgebracht hatte. Sie befreit die Normativität von ihrer gesetzlichen Gestalt in dieser Ordnung. Sie wird zur Äußerlichkeit der Unbedingtheit (oder Transzendenz). Die Wiederveräußerlichung der Norm befreit also nicht nur das Subjekt von seiner Identität mit der Norm; das war der sechste Schritt: die Humanisierung der Natur. Sondern sie befreit ebendarin zugleich die Normativität von der Gesetzesform, in die ihre Identität mit dem Subjekt sie gebannt hatte. Das ist der siebte und letzte Schritt des

Arguments: Durch ihre Wiederveräußerlichung wird die Norm unendlich. Die Normativität selbst wird befreit.

Die Bestimmung der radikalen Befreiung führt damit zu dem Ergebnis, dass die Befreiung in sich gedoppelt, ja widerstreitend ist – dass sie dies sein muss, um zu gelingen. Denn das Ergebnis lautet, dass die Befreiung des Menschen von seiner zweiten Natur, von seiner normativen Identität als Subjektivität, zugleich bedeutet, in ein und demselben Akt die Normativität von ihrer gesetzlichen Form zu befreien. Die eine Befreiung ist die andere Befreiung. Die Befreiung von der Normativität und die Befreiung der Normativität fallen in eins.

Das ist die Logik (oder Dialektik), die die Praxis der Befreiung ermöglicht und vorantreibt. Ihre Bewegung besteht darin, so Adorno, durch den »Rekurs auf das Vor-Ichliche, auf jene Regung, die gewissermaßen eine Körperregung ist, die noch nicht von der zentralisierenden Bewußtseinsinstanz gelenkt wird«[71] – also: durch den Rekurs, den Rückgang auf die vorsubjektive Kraft der menschlichen Natur –, die Normativität und damit die Logik der Bestimmungen zu verändern, in deren Vollzug unsere Subjektivität besteht. Das macht die Praxis der Befreiung »in sich selbst antagonistisch«. In ihr findet »gerade die äußerste Erhebung des Ichs« – diese Erhebung ist die *äußerste*, weil sie die Erhebung des Ichs über sich selbst ist: die äußerste Erhebung des Ichs ist die *zum* Äußeren – »mit dem Abgrund des Ichs sich zusammen« (wie Adorno in dem Zitat sagt, das diesem dritten Teil zum Motto dient). Die Praxis der Befreiung geht hinter die Normativität des Subjekts zu dessen Trieb oder Kraft zurück, um über sie hinauszugehen: um die Normativität von der Instanz des Subjekts, aus der Form des Selbstbewusstseins, zu befreien; um ihre Unbedingtheit zu gewinnen – als unendliches, unbedingtes, transzendentes Gebot. Denn die eigentümlich menschliche Naturbestimmung des Triebs oder der Kraft ist die andere Seite der gestaltlosen Normativitätsform des Gebots, und die normative Unbedingtheit des Gebots, das nichts als seine grundlose Befolgung verlangt, ist die andere Seite der natürlichen Negativität des Triebs oder der Kraft, die den Menschen unendlich bestimmbar macht. Trieb (oder Kraft) und Gebot sind durch einander definiert. Sie wirken gegen- und eben dadurch miteinander. Dieses Durch-, Mit- und Gegeneinanderwirken von Trieb oder Kraft und Gebot, von natürlicher Negativität und unbedingter Normativität zu entfalten, darin besteht die Praxis der Befreiung.

**

Das Modell der Befreiung, das ich das »religiöse« genannt habe, formuliert eine grundlegende Einsicht, ohne die der Begriff der Befreiung schlechterdings nicht gedacht werden kann. Die Einsicht besagt, dass nur eine Anrede von außen das Selbst aus seiner Gewohnheit reißen und die Macht brechen kann, die seine Identität über seine Vollzüge hat. Dass die Anrede »von außen« kommt, ist hierin radikal verstanden. Die Anrede kommt nicht von einem anderen Selbst – das, die oder der wie ich selbst ist: ein Subjekt der Gewohnheit –, sondern von oben. Die Anrede ist ein Ruf, ein Befehl oder ein Gebot. Aber ein Gebot, das nichts anderes gebietet als zu hören: zu einem zu werden, der das Gebot, zu hören, hört. In diesem Hören fängt die Freiheit an. Der Anfang der Freiheit ist die Unterwerfung.

Das aber ist nur unter einer Bedingung wahr (und kein Paradox oder, schlimmer, bloße Ideologie: eine Verklärung der Knechtschaft). Die Bedingung ist, dass es *das Gebot* ist, das wir hören; dass es also nicht ein weiteres Gesetz ist, auch nicht das Gesetz einer anderen, besseren, umfassenderen Sittlichkeit. Das Gebot ist nur befreiend, wenn es nichtgesetzlich und nichtsittlich ist. Diese Negation steht im Zentrum des Begriffs der Befreiung, den das religiöse Denken ausbildet. Von ihr hängt seine Wahrheit ab: Von der Unterscheidung zwischen Gesetz und Gebot hängt ab, ob die zentrale These des religiösen Modells – dass nur das Hören des Gebots, das von außen kommt, uns aus unserer Identität als Subjekte befreien kann – richtig ist. Oder ob das Gegenargument der Aufklärung (das Spinoza formuliert[72]) zutrifft, dass frei zu sein heißt, sich das Gesetz aus eigener Einsicht in seine Wahrheit anzueignen.

Die Unterscheidung des Gebots vom Gesetz gibt es aber nicht: Es gibt den Unterschied zwischen Gebot und Gesetz nicht so, dass es ihn gibt; er ist nicht gegeben. Es gibt also das Gebot nicht (denn das Gebot ist nichts als dieser Unterschied: das Nicht des Gesetzes). Denn in dem Moment, in dem uns das Gebot gegeben wird und wir es hören, hat es sich schon ins Gesetz verwandelt – und hat es damit uns, indem wir es hören, in die Untergebenen oder Untertanen einer Autorität zurückverwandelt. Oder es hat, in der Sprache von *Exodus*, Ägypten wiedererrichtet, aus dem das Gebot uns herausführen wollte oder sollte. Und dieser Umschlag ist nicht ein später Verfall, der sich berichtigen lässt, indem wir zum Anfang oder Ursprung zurückkehren. Denn auch diesen Ursprung gibt es – für uns – nicht; die Vergesetzlichung des Gebots hat immer schon eingesetzt. Das ist die Krise der Religion. Das genealogische Argument (Abschnitt [b] in diesem Kapitel) hat gezeigt, weshalb diese Krise die Krise der Befreiung ist. Dieses Argument besagt, dass das Gebot als das Andere des Gesetzes zugleich dessen Grund und Anfang ist. Denn es ist die Forderung – die selbst nur grundlos sein kann, also ein Befehl ist –, zum Teil einer gesetzlichen, normativen oder symbolischen Ordnung, das heißt, zu einem Subjekt zu werden. Indem es uns gegeben wird, beginnt daher das Gebot schon, sich ins Gesetz – und damit uns, die wir es hören, in die Untergebenen oder Untertanen seiner Autorität – zurückzuverwandeln. Die Krise der radikalen Befreiung, die sich in der Krise der Religion zeigt, besteht darin, dass nur das Gebot, das sich vom Gesetz unterscheidet, befreiend sein kann, dass das Gebot aber nicht vom Gesetz unterschieden ist – dass dieser Unterschied nicht positiv da und gegeben ist.

Aus dieser Lage gibt es keinen Ausweg – solange dieser Ausweg auf der Seite des Gebots gesucht wird; wenn also nach einem begleitenden Anzeichen, gar einer formalen Eigenschaft gesucht wird, die sicherstellen soll, dass die Anrede in Wahrheit nicht gesetzlich vorschreibend und daher autoritativ, sondern rein gebietend und daher befreiend ist. (Das ist die Grundeinsicht der Dekonstruktion: Die Dekonstruktion ist nichts anderes als die Dekonstruktion des Unterschieds, der Unterscheidbarkeit, von Gebot und Gesetz; die Krise der Religion ist nichts anderes als die Krise der Kritik, also die Krise der Befreiung.[73]) Der Ausweg aus der Krise der Befreiung muss auf der anderen Seite gesucht werden: nicht auf der Seite des Gebots und derjenigen, die gebieten, sondern auf der Seite des Hörens und derer, die hören. Wenn das Gebot, das heißt: der Unterschied von Gebot und Gesetz, nicht gegeben ist und damit nicht zu bewirken vermag, dass wir frei werden, indem wir es hören, dann muss man die Perspektive umdrehen und fragen: Kann, ja, muss die befreiende Kraft des Gebots als ein Effekt des Hörens verstanden werden – als ein Effekt also ebenjenes Hörens, zu dem das Gebot erst befreit? Befreit das Hören das Gebot, das das Hören befreit? Befreien diejenigen, die befreit werden, den Befreier?

Es ist klar, wie dies nicht verstanden werden kann: Es

kann nicht heißen, dass die Befreiung dem Gebot vorhergeht und es hervorbringt. Dann wäre die Befreiung ein Akt der Selbstbefreiung. Es gibt aber keine Selbstbefreiung; alle Befreiung ist ein Effekt, ist bewirkt. Wenn aber, wie gesehen, die befreiende Wirkung – das Befreiende der Wirkung: dass sie befreiend ist – nicht einseitig durch das Wirkende, die Qualität der wirkenden »Ursache« (wie Lévinas sagt[74]), sichergestellt werden kann; wenn die wirkende Kraft nicht die Kraft hat, sicherzustellen, dass ihre Wirkung befreiend ist, dann muss die Wirkung ihre Verursachung mitbewirken. Es bedarf einer passiven Kraft, einer Kraft auf der Seite der Wirkung, damit die aktive Kraft der Ursache sie bewirken kann.[75]

Das ist die formale Struktur des Auswegs aus der Krise der radikalen Befreiung, den die Genealogie des Subjekts eröffnet. Inhaltlich bestimmt, besagt diese Lösung: Das Gebot, das uns anredet und anruft, kann nur bewirken, dass wir es hören und dadurch aus der sittlich-gesetzlichen Identität, als Subjekte, befreit werden, wenn (oder weil) es uns selbst noch vom Hören befreit. Nur wer nicht – noch nicht oder nicht mehr – *hört*, hört das *Gebot* (und nicht nur ein weiteres Gesetz, das eine Lebensweise vorschreibt). Es bedarf also eines Schritts zurück hinter den Anfang, hinter den allerersten Schritt der religiösen Befreiung, um aus ihrer Krise heraus oder durch sie hindurchzugelangen. Denn dieser Schritt ist die Anrede – »Mose, Mose!« – und dass sie gehört und bejaht wird: »Hier bin ich.«[76] Nach dem religiösen Modell beginnt damit die Befreiung. Der *Text*, der davon erzählt, die Erzählung von Moses Berufung im Buch *Exodus*, aber hält fest, dass dem Hören des Gebots etwas vorausgehen muss:

> Und der Engel des HERRN erschien ihm in einer feurigen Flamme aus dem Dornbusch. Und er sah, dass der Busch

> im Feuer brannte und doch nicht verzehrt wurde. Da sprach er: Ich will hingehen und diese wundersame Erscheinung besehen, warum der Busch nicht verbrennt.[77]

Die Wahrheit des Exodus ist: Es gibt kein Hören des Gebots, das nicht aus der Faszination des Sehens hervorgeht; das Gebot kann nicht gehört werden – es gibt also das Gebot nicht –, ohne die Faszination erfahren zu haben. Vor der gebietenden, unbedingt fordernden Anrede steht die wundersame Erscheinung: Die Befreiung durch die Transzendenz geht aus der Befreiung in der Erfahrung hervor. Die Religion der Befreiung setzt eine Ästhetik der Befreiung voraus.

Fazit 1: Die Universalität der Befreiung

Der erste Schritt der Theorie der Befreiung beginnt mit der Erfahrung: Die Freiheit, anzufangen, fängt in der Erfahrung an. Das ist die Grundthese der Ästhetik der Befreiung. Sie beschreibt, wie die Erfahrung die Bestimmungsleistungen des Subjekts unterbricht. Dieser erste Schritt ist entscheidend; aus ihm folgen die weiteren Schritte, die zum Denken und zur Praxis der Befreiung führen.

Wie gesehen, lässt sich der erste Schritt jedoch erst durch eine genealogische Reflexion begründen, die erschließt, wie das Subjekt gebildet wird. Denn darin zeigt sich, dass das Subjekt, indem es gebildet wird, zugleich, in ein und demselben Zug, von sich gespalten wird: Die normative Anrede, die das Individuum in die symbolische Ordnung hineinruft und es dadurch subjektiviert, verändert seine Natur. Seine Natur wird negativ, unendlich; sein Begehren wird zum Trieb oder zur Kraft. Das ist es, was in der Erfahrung der Faszination befreiend reaktualisiert wird. Die Befreiung in der Erfahrung ist also nur möglich, weil die erfahrene Unbestimmtheit unsere eigene *Natur* ist. Das heißt: weil es unsere Natur geworden ist; weil die normative Anrede, die uns subjektiviert hat, zugleich voraussetzt, dass wir naturhaft unbestimmt, negativ, unendlich sind. Oder dass wir nicht nur Subjekte, sondern – im erläuterten Sinn – »Menschen« sind.

Daraus folgt, dass die radikale Befreiung (i) schlechthin fundamental und deshalb (ii) wahrhaft universal ist.

(i) Die radikale Befreiung ist fundamental – das heißt, negativ formuliert: Sie ist nicht die »Emanzipation des Bewußtseins«.[78] Die Befreiung ist nicht ein autonomer Akt der Subjektivität: Sie besteht nicht darin, sich die Gewohnheiten des Bestimmens – die unsere Identität bilden – in der Selbstreflexion anzueignen; die Befreiung wird nicht von uns selbstbewusst getan. (Denn wenn die Befreiung durchs Bewusstsein, als dessen Selbstreflexion, vollzogen wird, bindet sie sich, paradoxerweise, an ebendie Identität zurück, die es in Frage zu stellen gilt: Die Emanzipation des Bewusstseins verewigt die Knechtschaft.) Die Befreiung ereignet sich vielmehr in der Erfahrung, die den Trieb oder die Kraft reaktualisiert, die in der Subjektbildung zur Natur des Menschen geworden ist. Es ist die unendliche Negativität des Unbewussten, des Triebs oder der Kraft, nicht erst das Vermögen des Bewusstseins, seine Gewohnheiten zu reflektieren, mit der die Befreiung beginnt. Die radikale Befreiung geht unserem Bewusstsein vorher. Daher beginnt sie immer schon; sie hat immer schon begonnen.

(ii) Weil die radikale Befreiung fundamental ist, ist sie schlechthin universal – jeder Mensch erfährt sie. Wenn die Befreiung die Emanzipation des Bewusstseins wäre, dann wäre sie, als autonomer Akt, eine Leistung des Subjekts. Dann könnte die Befreiung also auch nicht geleistet werden.

Ob sie zu diesem Akt des Bewusstseins fähig und bereit sind, unterschiede zwischen den Subjekten. Es gäbe dann solche Subjekte, die zu dumm oder zu faul sind, mit den Gewohnheiten ihres Bestimmens zu brechen und die daher in selbstverschuldeter Unmündigkeit verharren, und die anderen, die die emanzipative Leistung zu erbringen vermögen. Nach diesem Modell gilt: Die einen befreien sich, die anderen bleiben unfrei. Ja, indem sich die einen befreien – indem sie sich *selbst* befreien –, unterscheiden sie sich von den anderen, die unfrei bleiben. (So sagt Karl Jaspers, dass der Durchbruch der Befreiung in der »Achsenzeit« zugleich die »tiefste Scheidung zwischen den Völkern« hervorbringt. Denn »[was] an den Entfaltungen der Achsenzeit nicht Teil gewinnt, bleibt ›Naturvolk‹ in der Art des ungeschichtlichen Lebens der Jahrzehntausende oder Hunderttausende.«[79] Dieses Leben nimmt an der Befreiung nicht aktiv teil; die »Naturvölker« *wurden* von den »drei Welten« der Achsenzeit, »China, Indien und dem Abendland«, aus befreit und »in die Geschichte aufgenommen«, indem diese Welten sich »ausdehnen« – durch Expansion.[80]) In der Emanzipation des Bewusstseins ist die Befreiung eine Sache des Vermögens. Wer sich nicht befreit, muss daher unvermögend, unfähig zur Freiheit sein. Im Gegensatz dazu ist die radikale Befreiung immer schon und überall wirklich. Denn wer überhaupt ein Subjekt ist, wer also überhaupt Bestimmungen (von etwas als etwas) vorzunehmen vermag, erfährt, zugleich und dagegen, das unbestimmt Bestimmbare; er wird darin selbst unbestimmt-bestimmbar gemacht – und *ist* darin befreit von dem Gewohnheitsgesetz der Identität, dem sein Bestimmen unterliegt. Und weil die radikale Befreiung also in der Erfahrung schon wirklich ist, kann sie immer – überall, durch jede und jeden, an jedem Ort und in jeder Zeit: in jeder Kultur – *verwirklicht* werden. Denn dass wir in der Erfahrung befreit sind, dass wir unsere

Befreiung erfahren, ist noch nicht die – Praxis der – Befreiung. Die Befreiung zu verwirklichen verlangt, aus der Erfahrung herauszutreten und sie zu bejahen: sich zu ihr zu entscheiden und sie zu denken. Das ist eine Anstrengung und Arbeit, die über die Erfahrung hinausgeht; ohne sie verfällt die erfahrene Befreiung zu einem bloßen Erlebnis vorübergehender Gewohnheitsaussetzung (sie wird *bloß* ästhetisch, wie dies dem Surrealismus passiert ist[81]). Aber weil diese Anstrengung und Arbeit der Befreiung nur aus der Erfahrung *heraus* geschehen kann; weil die Befreiung zu verwirklichen heißt, zu bejahen, sie schon erfahren zu haben; und weil dies zugleich heißt, zu verstehen, dass jede sie erfahren hat – deshalb unterscheidet die radikale Befreiung, indem sie sich verwirklicht, nicht zwischen solchen, die sich selbst befreien können, und solchen, die dies nicht können (und daher befreit werden müssen), zwischen Geschichts- und Naturvölkern, zwischen Kulturen und Klassen der Freiheit und der Unfreiheit. Die radikale Befreiung ist deshalb nicht die Leistung einer »höheren«, rationalen, geschichtlichen Kultur im Gegensatz zu denen, die im vorgeschichtlichen Zustand der Menschheit verharren, weil sie sich nicht allein einem kulturellen Vermögen – der Reflexion, des Bewusstseins, der Subjektivität – verdankt. Ihre Kraftquelle ist die Nichtkultur, die nichtnatürliche Natur, die jede Kultur als ihren Gegeneffekt hervorbringt und voraussetzt. So ist die radikale Befreiung der wahre »Schritt ins Universale« (den Jaspers verspricht, aber nicht denken kann). Die radikale Befreiung ist die menschliche Befreiung.

Fazit 2: Die Befreiung der Universalität

Die radikale Befreiung ist der Schritt ins Universale; denn sie kann überall, jederzeit, von allen verwirklicht werden. Die radikale Befreiung ist aber auch deshalb der Schritt ins Universale, weil sie das Universale, das universal Gültige hervorbringt. Die radikale Befreiung ist die »äußerste Erhebung des Ich« (so sagt Adorno mit einer Kantischen Metapher im Motto dieses Teils) – die Erhebung ins Unendliche oder zum Absoluten. Denn die Befreiung nicht nur zu erfahren, sondern sie zu verwirklichen, heißt, auf grundlegende Weise zu verändern, wie wir – etwas oder uns selbst – bestimmen, wie wir Bestimmungen vornehmen. Das tun wir gewohnheitsmäßig so, dass wir ein Besonderes unter ein Allgemeines bringen, dass wir also einer Regel folgen, die wir schon haben. Sicherlich: Durch jede weitere Anwendung verändert sich auch die Regel. Denn eine Regel ist nur die Reihe ihrer Anwendungen, und diese Reihe wird durch jede weitere Anwendung verändert. Sie ist jetzt die Reihe der bisherigen Anwendungen *plus* eine weitere. Aber entscheidend ist, dass etwas nur dadurch zu einer Bestimmung wird – dass ihr normativer, sozialer Status, als eine Bestimmung zu gelten, davon abhängt –, dass es ein Element innerhalb einer Reihe ist. Etwas (oder sich) zu bestimmen heißt daher, es (oder sich) in eine Reihe einzuschreiben, die wir dadurch fortschreiben. Damit bricht das freie Bestimmen. Denn das freie ist das neue Bestimmen. Und etwas neu zu bestimmen heißt, es aus nichts anderem als es selbst zu bestimmen. Das heißt aber: aus nichts. Denn außerhalb der Reihe ist es nichts Bestimmtes, hat es keine Bestimmung. Etwas neu zu bestimmen heißt also, seine Bestimmung aus seiner bloßen, reinen Erscheinung, der Erscheinung als unbestimmt Bestimmbares (die uns fasziniert), hervorgehen zu lassen. Was es ist, geht nur darauf zurück und allein daraus hervor, dass es ist – dass es uns erscheint. So ist die wahrhaft freie, neue Bestimmung die absolute Bestimmung. Sie ist absolut, weil sie nicht relativ ist, nicht relativ auf eine andere, bereits gegebene Bestimmung. Weil sie ihren Grund in nichts – in nichts Bestimmtem, nur in der bloßen Bestimmbarkeit – hat und daher absolut ist, ist sie die Bestimmung eines jeden, von jedem Beliebigen; die Bestimmung von niemand Bestimmtem und daher von jeder: die universal gültige Bestimmung. Die radikale Befreiung befreit zur Wahrheit.

Ausblick: Politik

Die Befreiung ist nicht politisch. Die Theorie der Befreiung ist keine politische Theorie – keine Theorie der Politik. Die Befreiung ist nicht politisch, denn sie ist weder politisch noch ethisch, rechtlich, ökonomisch, ästhetisch, religiös, kulturell (oder sonst irgendetwas in dieser Reihe). Der Begriff der radikalen Befreiung liegt quer zu diesen Unterscheidungen, er fällt nicht *in* eine dieser Kategorien. Denn die Befreiung ist sowohl politisch wie ethisch, rechtlich, ästhetisch, ökonomisch, religiös, kulturell: Sie findet in allen Feldern statt (oder sie *kann* in allen Feldern stattfinden). Die Theorie der Befreiung will erkunden, was allen diesen Befreiungen gemeinsam ist. Sie will ein Moment radikaler Befreiung – das Moment der Spontaneität – verstehen, ohne das es überhaupt keine Befreiung, in keiner ihrer Gestalten, geben kann. Weil dies die Frage betrifft, wie das Selbst in seinen freien Vollzügen – oder wie das Selbst in seinen Vollzügen frei – ist, können wir auch sagen, dass der Begriff der radikalen Befreiung ein ontologischer (oder ein existenzieller) Begriff ist.

Die Befreiung ist aber auch nicht nichtpolitisch. Sie ist nicht unpolitisch oder gar antipolitisch. Das ist sie nicht nur deshalb nicht, weil es *auch* die politische Befreiung, die Befreiung im Prozess kollektiver Selbstregierung gibt – so wie in jedem anderen Feld des menschlichen Lebens. Die radikale Befreiung hat vielmehr in jeder ihrer Gestalten ein politisches Moment. Genauer gesagt, ist es die *Verwirklichung* der radikalen Befreiung, ihre Praxis, die ohne Politik unmöglich ist. Die radikale Befreiung kann nicht verwirklicht werden, ohne politisch zu werden.

Denn was bedeutet es, die Befreiung zu verwirklichen? Es

hat sich wiederholt – zum ersten Mal in der Diskussion des Surrealismus (Kapitel 2) – gezeigt, dass die Befreiung, die bloß mit der Gewohnheit bricht, in ihr Gegenteil umschlägt. Der Ausbruch aus der Gewohnheit lässt alles, wie es ist. Die Befreiung zu verwirklichen verlangt, über den Augenblick der Faszination hinauszugehen und sich von ihrer Erfahrung her neu zu verstehen. Das heißt, ihre Wahrheit zu denken: zu denken, dass die Befreiung, die uns in der Erfahrung widerfährt, die Wahrheit über uns sagt. Und weil wir nicht denken können, ohne Bestimmungen vorzunehmen, und weil wir nicht bestimmen können, ohne Gewohnheiten auszubilden und auszuüben, heißt die Wahrheit der Faszination zu denken, sie im Verhältnis zur Gewohnheit – oder die Gewohnheit im Verhältnis zur Faszination – zu denken. Es heißt, sie ins Verhältnis zu setzen: die Faszination, die uns in der Erfahrung des Wirklichen befreit, unseren Gewohnheiten einzuschreiben – ihr »eine Stätte in dieser Welt zu bereiten« (wie Friedrich Nietzsche sagt);[1] die Faszination in der Welt, der Welt der Gewohnheit, einzurichten; oder die Welt so einzurichten, dass sie der Wahrheit genügt und entspricht, die wir in der Faszination erfahren.

Und deshalb muss die Befreiung, indem wir sie zu verwirklichen versuchen, politisch werden. Das muss sie, weil die Gewohnheiten sozial sind: Sie sind das Soziale im Subjekt. Jeder Versuch, die radikale Befreiung, die wir erfahren haben, dadurch zu verwirklichen, dass wir ihre Erinnerung an den Anfang innerhalb der Gewohnheit wiederholen – so lautet die vorgeschlagene Definition (Kapitel 6) –, ist daher ein Eingriff in die soziale Ordnung und ihre Macht. Ja, es ist ein Versuch der Umgestaltung der sozialen Ordnung. Das kann aber nur kollektiv geschehen, also politisch. Alle individuellen Eingriffe können zur Umgestaltung der sozialen Ordnung nur beitragen – bewirken können sie sie nicht. Die soziale Ordnung umzugestalten *ist* politisch – auch dann und dort, wo es um unsere ethischen, rechtlichen, ökonomischen, ästhetischen, religiösen, kulturellen Gewohnheiten geht.

Eine Politik der Befreiung hat eine doppelte Aufgabe. Sie soll die radikale Befreiung in der Welt einrichten. Dafür muss sie die Welt so verändern, dass die radikale Befreiung in ihr möglich ist. Sie muss also die Form der Gewohnheit verändern; das ist ihre erste Aufgabe. Die Politik der Befreiung muss die Form der Gesetze verändern, von denen wir in unseren Gewohnheiten beherrscht werden. Sie muss – der Form nach – neue Gesetze machen. Wie sich am jüdischen Gesetz gezeigt hat (Kapitel 4), sind dies Gesetze, die nicht mehr nur dies und jenes vorschreiben (oder verbieten), sondern die zu erinnern und zu wiederholen vorschreiben (und zu vergessen verbieten), woraus alle Gesetze hervorgehen. Das ist aber nichts anderes als die Erfahrung, die uns befreit. Das neue Gesetz ist – vor allem weiteren Inhalt, also in seiner Form – das Gesetz, die Befreiung in der Erfahrung zu erinnern.

Damit erfüllt die Politik der Befreiung zugleich eine zweite Aufgabe. Ist es ihre erste Aufgabe, durch neue Gesetze die sozialen Gewohnheiten umzugestalten, so ist es ihre zweite Aufgabe, dadurch zugleich das Subjekt und seine Freiheit zu verändern. Die Politik der Befreiung ist eine Politik der Erziehung. Sie soll einen neuen Menschen schaffen. Aber weil dies bedeutet: ihn zu befreien; und weil die Befreiung (wie inzwischen klar sein sollte) nicht getan werden kann, weder von mir selbst noch durch einen anderen für mich; weil die Befreiung nämlich nur erfahren werden kann – deshalb heißt, einen neuen Menschen zu schaffen, das Subjekt daran zu erinnern, was es schon erfahren hat, wann, wie und worin es sich schon befreit hat. Nur so ist die Erziehung befreiend:

Deine wahren Erzieher und Bildner verrathen dir, was der wahre Ursinn und Grundstoff deines Wesens ist, etwas durchaus Unerziehbares und Unbildbares, aber jedenfalls schwer Zugängliches, Gebundenes, Gelähmtes: deine Erzieher vermögen nichts zu sein als deine Befreier.[2]

Anmerkungen

Der Kampf der Befreiung

1 In: Friedrich Hölderlin, *Sämtliche Werke*, hg. v. Dietrich E. Sattler, Frankfurt/M., Basel: Stroemfeld 2008, Bd. 20, S. 312.

I. Ästhetik der Befreiung

1 Samuel Beckett, *Proust*, in: ders., *Proust – Three Dialogues*, London: Calder & Boyars 1965, S. 7-95, hier S. 20 (dt.: *Marcel Proust. Essay*, übers. v. M. u. P. Pörtner, W. Morlang, Zürich, Hamburg: Arche 2001, S. 17 [Übers. mod.]).

2 Adorno schreibt: »Der Begriff des musikalischen Subjekts wäre in sich zu differenzieren. Mit potentiellen Hörern hat er überhaupt nichts zu tun, alles mit dem Menschenrecht auf das, was Hegel Dabeisein nannte; dem Recht darauf, daß Subjektivität in Musik selbst, als Kraft ihres immanenten Vollzugs, gegenwärtig ist, anstatt von der losgelassenen ausgesperrt zu werden. Dies Recht involviert nicht die Hybris, den Aberglauben, das Subjekt könne die Musik rein von sich aus schaffen, in ihr sich abbilden, während es musikalisch in jedem Augenblick von der Musik gesetzt wird, der das Subjekt dort am meisten gehorcht, wo es am meisten sich anspannt.« (Theodor W. Adorno, »Vers une musique informelle«, in: ders., *Gesammelte Schriften* [*GS*], hg. von Rolf Tiedemann, Frankfurt/M.: Suhrkamp 1970 ff., Bd. 16, S. 493-540, hier S. 538 f.) Bei Gadamer heißt es: »Das Fest ist nur, indem es gefeiert wird. Damit ist keineswegs gesagt, daß es subjektiven Charakters sei und nur in der Subjektivität der Feiernden sein Sein habe. Vielmehr feiert man das Fest, weil es da ist. Ähnlich galt auch für das Schauspiel, daß es sich für den Zuschauer darstellen muß, und doch ist sein Sein durchaus nicht bloß der Schnittpunkt von Erlebnissen, die Zuschauer haben. Vielmehr ist umgekehrt das Sein des Zuschauers durch sein ›Dabeisein‹ bestimmt. Dabeisein ist mehr als bloße Mitanwesen-

heit mit etwas anderem, das zugleich da ist. Dabeisein heißt Teilhabe. [...] Erst abgeleiteterweise bedeutet Dabeisein dann auch eine Weise des subjektiven Verhaltens, das ›Bei-der-Sache-Sein‹.« (Hans-Georg Gadamer, *Wahrheit und Methode. Grundzüge einer philosophischen Hermeneutik*, Tübingen: Mohr Siebeck 1975, S. 118.) Es ist nicht klar, ob Gadamer, wie Adorno, das Dabeisein als Bestimmung der Freiheit versteht. Denn um dies klarzumachen, bedarf es des Schritts zur Negativität, zum Werden der Freiheit. Das wird sich gleich zeigen.

3 Heiner Müller, *Die Hamletmaschine*, in: ders., *Werke*, Bd. 4, Frankfurt/M.: Suhrkamp 2001, S. 543-554, hier S. 554.

4 Theodor W. Adorno, *Negative Dialektik* (*GS*, Bd. 6), S. 219.

5 Frantz Fanon, *Die Verdammten dieser Erde*, übers. v. T. König, Frankfurt/M.: Suhrkamp 2008, S. 186. Die Stelle in der Auslassung lautet: »Lange vor der politischen oder bewaffneten Phase des nationalen Kampfes kann ein aufmerksamer Leser also spüren und sehen, wie sich die neue Kraft, der bevorstehende Kampf ankündigt. Ungewohnte Formen des Ausdrucks, neue Themen, denen nicht mehr nur die Macht der Anrufung eignet, sondern die der Versammlung, der Zusammenrufung ›im Hinblick auf ...‹. Alles trägt dazu bei, die Sensibilität des Kolonisierten zu wecken, die kontemplativen oder verzweifelten Haltungen unaktuell und unannehmbar zu machen.«

6 Kurt Raaflaub, *Die Entdeckung der Freiheit. Zur historischen Semantik und Gesellschaftsgeschichte eines politischen Grundbegriffes der Griechen*, München: C.H. Beck 1985, S. 320-322; Orlando Patterson, *Freedom*, Bd. 1: *Freedom in the Making of Western Culture*, New York: Basic Books 1991, S. xiii. – Zur These von der griechischen Genealogie der westlichen (oder »europäischen«) Freiheit siehe Christian Meier, *Kultur, um der Freiheit willen. Griechische Anfänge – Anfang Europas?*, München: Siedler 2009, S. 18-24. So auch entschieden Patterson, *Freedom*, S. 20: »Die Freiheit war ein eigentümlich westlicher Wert und Ideal.« Im Unterschied zu Meier betont Patterson die vermittelnde Rolle des Christentums: »ohne Paulus' Christentum, keine Tradition der Freiheit im Westen.« (Orlando Patterson, »Paul, Slavery and Freedom. Personal and Socio-Historical Re-

flections«, in: Allen Dwight Calahan, Richard A. Horsley, Abraham Smith [Hg.], *Slavery in Text and Interpretation*, Atlanta: The Society of Biblical Literature 1998, S. 263-279, hier S. 266.) Aber zugleich weist Patterson darauf hin, dass Paulus »das zu seiner Zeit vorherrschende weltliche [also: griechische, C.M.] Konzept der Freiheit als metaphorische Quelle« nutzte (S. 271; mit Verweis auf *Freedom*, Kap. 19).

7 Raaflaub, *Die Entdeckung der Freiheit*, S. 56.

8 Patterson, *Freedom*, S. 42. Zur »Politisierung« der Freiheit siehe Raaflaub, *Die Entdeckung der Freiheit*, S. 20f., 333 (im Anschluss an Christian Meier, »Der Wandel der politisch-sozialen Begriffswelt im 5. Jahrhundert v. Chr.«, in: ders., *Die Entstehung des Politischen bei den Griechen*, Frankfurt/M.: Suhrkamp 1980, S. 275-325, hier v.a. S. 289-291, 297f.).

9 Patterson, *Freedom*, S. xiii.

10 Herbert Marcuse, *Konterrevolution und Revolte*, übers. von R.u.R. Wiggershaus, unter Mitw. v. A. Schmidt, Frankfurt/M.: Suhrkamp 1972, S. 89 u. 152.

11 Homer, *Ilias*, übers. v. W. Schadewaldt, Frankfurt/M.: Insel 1975, VI, 448-458.

12 So verstehen auch Raaflaub (*Die Entdeckung der Freiheit*, S. 29) und Patterson (*Freedom*, S. 52) *eleútheron ẽmar*. Raaflaub begründet dies so: »Dieses formelhafte *eleutheron emar* hat eine genaue Entsprechung in *doulion emar* (›Tag der Knechtschaft‹).« (S. 29) »*Eleutheros* bildet somit von seinem ersten Auftreten in der griechischen Literatur an ein Gegensatzpaar mit *doulos*.« (S. 30)

13 Dieter Nestle, *Eleutheria. Studien zum Wesen der Freiheit bei den Griechen und im Neuen Testament*, Teil 1: *Die Griechen*, Tübingen: Mohr (Siebeck) 1967, S. 11. Van Straatens Formulierung zitiert Claude Romano, Art. »Eleutheria«, in: Barbara Cassin (Hg.), *Vocabulaire Européen des Philosophes. Dictionnaire des Intraduisibles*, Paris: Édition du Seuil 2019, S. 341-349, hier S. 342.

14 Nestle, *Eleutheria*, S. 7 (Zitat Otto Schrader).

15 Émile Benveniste, *Le vocabulaire des institutions indo-européennes*, Paris: Les Éditions de Minuit 1969, Bd. 1, S. 327. Zum Folgenden ebd., S. 323f.

16 Romano, Art. »Eleutheria«, S. 342. (Das germanische »Leute« entstammt derselben indoeuropäischen Wurzel **leudh*, auf die *eleuthería* zurückzuführen ist. Frei zu sein heißt demnach, zu unseren Leuten zu gehören.)

17 Benveniste, *Le vocabulaire des institutions indo-européennes*, Bd. 1, S. 323.

18 Nestle, *Eleutheria*, S. 7 u. 9, gegen Max Pohlenz, *Griechische Freiheit. Wesen und Werden eines Lebensideals*, Heidelberg: Quelle & Meyer 1955, S. 7.

19 Raaflaub, *Die Entdeckung der Freiheit*, S. 53 u. 35. Den Grund dafür sieht Raaflaub darin, dass die Unterscheidung der Freien von den Sklaven zwar objektiv gegeben, zugleich jedoch relativ unbedeutend, ja, im gesellschaftlichen Leben sogar »außerordentlich relativiert« (S. 21) war: »In der gesamten bei Homer und Hesiod gespiegelten gesellschaftlichen und politischen Lebenswirklichkeit der aristokratisch bestimmten Gemeinwesen zwischen dem ausgehenden 9. und dem frühen 7. Jh. waren der Bewußtwerdung von Freiheit als Wertbegriff enge Grenzen gesetzt. [...] Auch hierfür muß der Grund einerseits im Dominieren der Scheidung zwischen Adel und Nichtadel liegen, die alle andern Unterschiede vergleichsweise nivelliert erscheinen ließ. Noch wichtiger aber dürfte gewesen sein, daß im täglichen Leben nicht so sehr dem Sklaven der Freie, sondern dem Knecht der Herr gegenüberstand [...].« (S. 53)

20 Ebd., S. 314.

21 Orlando Patterson, *Slavery and Social Death. A Comparative Study* [1982], Cambridge (Mass.), London: Harvard University Press 2018, S. 341. Dazu ders., »Paul, Slavery and Freedom«, S. 264 f., 275.

22 Ebd., S. 98.

23 G.W.F. Hegel, *Phänomenologie des Geistes*, in: ders., *Werke*, hg. v. Eva Moldenhauer u. Karl Markus Michel (*Theorie-Werkausgabe*), Frankfurt/M.: Suhrkamp 1969 ff., Bd. 3, S. 74.

24 Patterson, *Slavery and Social Death*, S. 98.

25 Kurt Raaflaub, »Freedom for the Messenians? A Note on the Impact of Slavery and Helotage on the Greek Concept of Freedom«, in: Susan Alcock, Nino Luraghi (Hg.), *Helots and Their Masters*

in Laconia and Messenia: Histories, Ideologies, Structures, Washington, D. C.: Center for Hellenic Studies 2003, S. 169-90, hier S. 178-183, und Patterson, »Reflections on Helotic Slavery and Freedom«, in: ebd., S. 289-309, hier S. 299-307. In dieser Kontroverse betont Raaflaub ihre Differenz (S. 176f., 182f.) und Patterson ihre Übereinstimmung (S. 300, siehe aber S. 304).

26 Raaflaub, *Die Entdeckung der Freiheit*, S. 103.

27 Patterson, *Freedom*, S. xiii.

28 Dabei ist festzuhalten, worin Raaflaub und Patterson noch übereinstimmen. Beide weisen die Ansicht zurück, dass das Aufbegehren der Athener gegen die Schuldknechtschaft zu Anfang des 6. Jahrhunderts für die Bildung des griechischen Freiheitsbewusstseins entscheidend gewesen ist (*Die Entdeckung der Freiheit*, S. 54-70; *Freedom*, S. 64-72). Und zwar bestreiten sie dies aus demselben Grund: weil die Reformen Solons so rasche und nachhaltige Abhilfe schufen. Solon beschreibt sich zwar auch als einen Befreier: »Aus Sklaverei, in die sie Willkür oder Recht gezwungen, führt' ich viele nach Athen zurück ins gottgeschenkte Vaterland; und andre auch, die vor dem Schuldzwang fliehend in die Fremde rings umirrten, schon der att'schen Sprache Klang entwöhnt; auch denen, die daheim der Knechtschaft hartes Joch ertrugen, zitternd vor der Willkür mächt'ger Herrn, gab Freiheit ich zurück.« (Solon, *Dichtungen*, übers. v. Eberhard Prieme, München: Heimeran [3]1945, S. 31; dazu Pohlenz, *Griechische Freiheit*, S. 10f.) Aber einen Begriff der Freiheit brachte dies nach Raaflaub und Patterson nicht hervor. Wichtiger für Solon als der Gegensatz von Freiheit und Unfreiheit ist der von *eunomia* und *dysnomia*, Wohl- und »Schlechtgeordnetheit« (Raaflaub, *Die Entdeckung der Freiheit*, S. 68f.). Solons Abhilfe bestand darin, die elementare Gleichheit der Athener Bürger zu sichern und die Sklaverei wieder zu externalisieren. Seine Reformen richteten sich gegen die Möglichkeit, dass ein Athener Bürger durch Verschuldung zum Sklaven würde, und schufen gerade damit die Grundlage für eine ungekannte Zunahme der Sklaverei in Athen (Patterson, *Freedom*, S. 74, 79f., 98f.). Solons »Programm bezog sich nicht auf Nicht-Athener«, schon gar nicht war es »gegen die Sklaverei als solche gerichtet« (Mo-

ses Israel Finley, »Between Slavery and Freedom«, in: *Comparative Studies in Society and History*, 6:3 [1964], S. 233-249, hier S. 235).

29 Herodot, *Historien*, übers. v. A. Horneffer, Stuttgart: Kröner 1971, IX.45 (S. 602) u. VI.109 (S. 421).

30 So nach Meier (*Kultur, um der Freiheit willen*, S. 30) Herodot.

31 Die Griechen sahen »einen wesentlichen Grund für die persische Niederlage in der Überlegenheit sowohl der natürlichen Freiheitlichkeit des griechischen Menschen gegenüber den orientalisch-barbarischen ›Sklavennaturen‹ als auch der freiheitlichen Staatsform der griechischen Poleis gegenüber dem persischen Despotismus« (Raaflaub, *Die Entdeckung der Freiheit*, S. 104).

32 Ebd., S. 223, 125, 323.

33 Patterson, »Reflections on Helotic Slavery and Freedom«, S. 303.

34 Siehe Patterson, *Freedom*, Kap. 7: »A Woman's Song: The Female Force and the Ideology of Freedom in Greek Tragedy and Society.« Pattersons Beispiele sind Aischylos' *Agamemnon* (darin Kassandra) und *Sieben gegen Theben* (der Frauenchor), Sophokles' *Aias* (Tekmessa) und vor allem Euripides (*Andromache*, *Hekuba*, *Die Schutzflehenden*). Pattersons These, »dass Frauen sehr stark an der ursprünglichen Entdeckung der Freiheit beteiligt waren« (»Reflections on Helotic Slavery and Freedom«, S. 304), bestreitet Raaflaub (»Freedom for the Messenians?«, S. 178-182).

35 Patterson, *Freedom*, S. 78.

36 Raaflaub, *Die Entdeckung der Freiheit*, S. 232. – Nietzsche bestimmt die Herkunft der Freiheitsidee »im gesellschaftlich-politischen Gebiete« so: »[D]ort ist der starke Mann auch der freie Mann, dort ist lebendiges Gefühl von Freud und Leid, Höhe des Hoffens, Kühnheit des Begehrens, Mächtigkeit des Hassens das Zubehör der Herrschenden und Unabhängigen, während der Unterworfene, der Sklave, gedrückt und stumpf lebt. – Die Lehre von der Freiheit des Willens ist eine Erfindung *herrschender* Stände.« (Friedrich Nietzsche, *Menschliches, Allzumenschliches*, II, 2.9, in: ders., *Kritische Studienausgabe* [*KSA*], hg. v. Giorgio Colli u. Mazzino Montinari, München: dtv 1999, Bd. 2, S. 545.) Zur Analogie zwischen Nietzsches und Raaflaubs Genealogie der Freiheit siehe Olivier Clain, »The Ideal of Freedom in Mod-

ern Times and Beyond«, ⟨http://live-critical-theory.pantheon.berkeley.edu/wp-content/uploads/2016/06/Clain_The-Ideal-of-Freedom-in-Modern-Times-and-Beyond.pdf⟩; letzter Zugriff: 10.8.2021, S. 17.

37 Patterson, *Freedom*, S. 20. – Hegel schreibt, dass »die Furcht des Herrn der Anfang der Weisheit ist« (*Phänomenologie des Geistes*, S. 153). Diese »Weisheit«, die in der Furcht gründet, ist im ersten Schritt die Einsicht der Knechte, dass in Wahrheit die Herren von ihnen abhängig sind. Daraus entsteht sodann die weitere Einsicht in die »wahre Selbständigkeit«, zu der sich ihre Knechtschaft »umkehren« wird (S. 152).

38 Aristoteles, *Politik*, übers. v. E. Schütrumpf, Hamburg: Meiner 2012, IV.8, 1294a; *Nikomachische Ethik*, übers. v. E. Rolfes u. G. Bien, Hamburg: Meiner 1972, V.6, 1131a. Perikles sieht das Besondere des demokratischen Athens darin, dass wir »das Glück in der Freiheit sehen« (Thukydides, *Der Peloponnesische Krieg*, übers. v. G. P. Landmann, Düsseldorf, Zürich: Artemis & Winkler 2002, II.43, S. 116).

39 Herodot, *Historien*, III.80, S. 218; Thukydides, *Der Peloponnesische Krieg*, II.38, S. 112.

40 Ebd., I.75-76, S. 48f.; siehe Raaflaub, *Die Entdeckung der Freiheit*, S. 233-245.

41 Platon, *Politeia*, in: ders., *Sämtliche Werke*, übers. v. F. Schleiermacher, hg. v. Karlheinz Hülser, Frankfurt/M., Leipzig: Insel 1991, Bd. IV, 557b; Aristoteles, *Politik*, VI.2, 1317b. Zu dieser Formel Mogens Herman Hansen, »Democratic Freedom and the Concept of Freedom in Plato and Aristotle«, in: *Greek, Roman, and Byzantine Studies*, 50 (2010) S. 1-27, hier S. 6, 15-17.

42 Aristoteles, *Politik*, VI.2, 1317b.

43 Orlando Patterson, »Freiheit, Sklaverei und die moderne Konstruktion der Rechte«, in: Hans Joas, Klaus Wiegandt (Hg.), *Die kulturellen Werte Europas*, Frankfurt/M.: Fischer 2005, S. 164-218, hier S. 167 u. 166.

44 Platon, *Politeia*, 557e; 559d-561e; Aristoteles, *Politik*, V.9, 1310a. Zu Platons Kritik der Demokraten siehe Juliane Rebentisch, *Die Kunst der Freiheit. Zur Dialektik demokratischer Existenz*, Berlin: Suhrkamp 2012, Teil I.

45 Patterson, »Reflections on Helotic Slavery and Freedom«, S. 306 u. 307.

46 Patterson, *Slavery and Social Death*, S. 77f., 337. Darin geht es dem Herrn mehr als um »materielle Bedürfnisse« um »das psychologische Bedürfnis zu herrschen« (S. 88): »Die wahre Süße der Herrschaft lag für den Sklavenhalter nicht unmittelbar im Profit, sondern in der Erhebung der Seele, die mit der Erkenntnis einhergeht, dass zu seinen Füßen ein anderes, menschliches Wesen liegt, das nur für einen selbst lebt und atmet, als Surrogat der eigenen Macht, als lebendige Verkörperung der eigenen Männlichkeit und Ehre.« (S. 78)

47 Ebd., S. 38.

48 Ebd.

49 *Nikomachische Ethik*, III.1, 1110a. Aristoteles kritisiert zwar die demokratische Freiheit, nach der jeder lebt, wie er will (oben, S. 46f.). Aber »kann er die demokratische Formel *grundsätzlich* bestreiten? Wohl kaum.« (Nestle, *Eleutheria*, S. 105) Nestle begründet diese Einschätzung dadurch, dass jene Formel »offensichtlich ein Element seiner eigenen Bestimmung der Eudämonie, ζῆν κατὰ προαίρεσιν«, Leben nach eigener Wahl, enthält (ebd.). So nennen wir nach Aristotles »den Menschen frei [...], der um seiner selbst willen, nicht um eines anderen willen ist« (*Metaphysik*, übers. v. H. Bonitz, bearb. v. H. Seidl, Hamburg: Meiner 1978, Buch I, 982b). Und obwohl es völlig einleuchtend ist, mit Aristoteles zu sagen, dass die Freiheit des Wählens nicht mit der Freiwilligkeit des Handelns zusammenfällt (S. 111), sind sie unablösbar voneinander: Die Freiheit des Handelns – die Aristoteles entwickelt – ist der Grundbegriff, von dem her die der Wahl und daher auch die »persönliche« Freiheit der Demokraten allein zu verstehen ist.

50 *Nikomachische Ethik*, 1112a.

51 Ebd., 1113b. Aristoteles erklärt: so »wie er auch der Vater seiner Kinder ist«.

52 Martin Heidegger, »Vom Wesen und Begriff der φύσις. Aristoteles, Physik B, 1«, in: ders., *Wegmarken*, Frankfurt/M.: Klostermann [2]1978, S. 237-300, hier S. 245.

53 Reiner Schürmann, *Heidegger on Being and Acting: From Prin-*

ciples to Anarchy, Bloomington: Indiana University Press 1990, S. 97. Diese Verbindung geschieht nach Schürmann in Aristoteles' *Physik*, die aber die Natur nach dem Modell des Handelns, genauer: der Herstellung, begreife. Das »Prinzip« ist hier der »Zweck« (S. 102-104).

54 Hannah Arendt, »Freiheit und Politik«, in: dies., *Zwischen Vergangenheit und Zukunft, Übungen im politischen Denken I*, übers. v. U. Ludz, München: Piper 2012, S. 201-226, hier S. 217f.

55 Ebd., S. 218.

56 Ebd., S. 224.

57 Daher entsprechen die Bewegungen, die die Sklaven ausführen, auch nicht dem Fall der Handlungen von »gemischter Natur«, die Aristoteles unter anderem am Beispiel der Tyrannei erläutert: wenn »etwas aus Furcht vor größeren Übeln oder wegen etwas Gutem getan wird – z.B. wenn ein Tyrann, der unsere Eltern und Kinder in seiner Gewalt hat, eine schimpfliche Handlung von uns verlangte und jene geschont würden, wenn wir die Handlung verrichteten, dagegen sterben müßten, wenn wir uns weigerten«. Diese Handlungen sind einerseits freiwillig, andererseits unfreiwillig: freiwillig, denn »auch das Prinzip, das bei derartigen Handlungen die Glieder des Leibes bewegt, liegt in dem Handelnden selbst«; unfreiwillig, »da niemand sich für derartiges an sich entscheiden würde« (*Nikomachische Ethik*, III.1, 1110a). Das Beispiel zeigt noch einmal, was es heißt, dass »das Prinzip im Handelnden liegt«. Es heißt, dass die Handlung ein Urteil darüber verwirklicht, was zu tun richtig, gut oder nützlich ist. Das gilt auch dann, wenn die Urteilsbildung unter Zwang – der Drohung des Tyrannen – erfolgt; die Drohung geht als eine Prämisse in eine Überlegung darüber ein, was zu tun ist. Und das gilt für die Versklavten nicht. Das heißt: So werden ihre Bewegungen nicht gesehen. Dass sie tun, was man ihnen sagt, wird nicht als Ausdruck einer Überlegung – einer Überlegung darüber, was vorzuziehen ist – angesehen. Denn die Furcht, die das Leben des Sklaven regiert, ist nicht ein Teil ihrer Überlegung, sondern verhindert jegliche Überlegung. Daher hat Aristoteles völlig recht, wenn er sagt: »Der Sklave besitzt die Fähigkeit zu praktischer Vernunft überhaupt nicht« und ist

deshalb »vom Glück und Leben nach persönlicher Entscheidung ausgeschlossen« (*Politik*, I.13, 1260a; III.9, 1280a). Nur beschreibt Aristoteles damit natürlich nicht, wie der Sklave »von Natur« aus, sondern wie er in der (Sklaven-)Gesellschaft ist. So ist er hier: Er ist hier so, dass er nicht ist – dass er nicht das Prinzip seiner Bewegungen ist. Denn dafür müsste er sich Zwecke setzen, also urteilen können. Und das heißt: Seine Bewegungen müssten als Verwirklichung seiner Zwecke und Urteile angesehen, also *anerkannt* werden. Das aber passiert in einer Sklavengesellschaft nie.

58 Arendt, »Freiheit und Politik«, S. 217 u. 212.

59 Hannah Arendt, »What Is Freedom?«, in: dies., *Between Past and Future, Six Exercises in Political Thought*, New York: Viking Press 1961, S. 143-171, hier S. 158. (Diese und die folgende Formulierung fehlen in der deutschen Fassung.)

60 Ebd., S. 159.

61 Hannah Arendt, *Vom Leben des Geistes*, übers. v. H. Vetter, München, Zürich: Piper 1998, S. 258. In einer Fußnote zu dieser Stelle (in der sie auf Nestle verweist) schreibt Arendt: »Bemerkenswert scheint, daß die moderne Etymologie dazu neigt, das Wort ›eleutheria‹ von einer indogermanischen Wurzel abzuleiten, die Volk oder Stamm bedeutet, wonach nur die Angehörigen desselben Volkes oder Stammes von ihren Genossen als ›frei‹ erkannt werden können. Ähnelt diese Frucht der Gelehrsamkeit nicht fatal den Vorstellungen deutscher Wissenschaft in den dreißiger Jahren, der Zeit ihrer Entstehung?« (S. 479) Man könnte zurückfragen, ob die Wurzel von *eleutheria*, die Gelehrte wie Benveniste aufgewiesen haben, nicht eher die Fatalität der Freiheit selbst bezeichnet, die ihren Ursprung in der Zugehörigkeit zu Volk und Stamm hat und sich davon allenfalls spät, und vielleicht nie ganz, befreit. An ihrem Ursprung war die Freiheit nicht frei.

62 Im Unterschied zu einem ganz anderen Sinn von befreiender Erinnerung, auf den wir viel später stoßen werden; siehe unten, Kap. 6 (a).

63 Herodot, *Historien*, III.83 (S. 220).

64 Nach Hegels Definition im Moralitätskapitel der *Grundlinien*

der Philosophie des Rechts (*Theorie-Werkausgabe*, Bd. 7) bezeichnet der Begriff des Subjekts (§ 105) die Freiheit der »Tätigkeit«, der »Handlung« (§§ 109, 113) und damit denjenigen, der »[n]icht Sklave, nicht Leibeigener« ist (§ 105 N).

65 Das ist Hegels These (*Phänomenologie des Geistes*, S. 153f.), die Patterson zurückweist, weil »Sklave [nicht] notwendig Arbeiter bedeutet«: »Nichts im Wesen der Sklaverei verlangt, dass der Sklave ein Arbeiter sein muss.« (*Slavery and Social Death*, S. 99) Aber dieser Einwand versteht den Begriff der Arbeit zu eng. Es geht bei Hegel nicht – bzw. nicht nur oder vor allem – um die Arbeit als Herstellung, als Produktion, sondern um die Arbeit, in der der Arbeitende »sich selbst transformiert und bildet, [...] indem er die Dinge und die Welt trans-formiert« (Alexandre Kojève, *Hegel. Kommentar zur Phänomenologie des Geistes*, hg. v. Iring Fetscher, übers. v. T. König, Frankfurt/M.: Suhrkamp 1975, S. 42). Es geht um die Arbeit der Selbstformierung. Diese Arbeit muss nicht produzierend sein. Sie ist aber – nach Hegels und Kojèves Analyse – nicht ohne den Bezug zu Gegenständen, zu den Dingen der Welt oder eine Welt der Dinge, möglich. Simone Weil begründet denselben Gedanken so: »Ohne Disziplin kann es keine Selbstbeherrschung geben, und es gibt für den Menschen keinen anderen Ursprung der Disziplin als die Anstrengung, die durch äußere Hindernisse notwendig wird.« (Simone Weil, *Über die Ursachen von Freiheit und gesellschaftlicher Unterdrückung*, übers. v. T. Laugstien, Zürich: Diaphanes 2012, S. 66.)

66 So reformuliert Pohlenz, *Griechische Freiheit*, S. 73-75, 95-101, ein Argument bei Platon und Aristoteles.

67 Friedrich Nietzsche, *Jenseits von Gut und Böse* (*KSA*, Bd. 5), Nr. 19, S. 33 u. 32.

68 Michel Foucault, *Überwachen und Strafen. Die Geburt des Gefängnisses*, übers. v. W. Seitter, Frankfurt/M.: Suhrkamp 1977, S. 250. Pirmin Stekeler-Weithofer liest Hegels Überlegungen zu »Herrschaft und Knechtschaft« (in der *Phänomenologie des Geistes*) als die Kritik eines solchen »kratischen« Bilds der Subjektivität: »Das Bild löst sich auf« – wenn wir die subjektive Praxis des Urteilens und Handelns zu verstehen versuchen (Pirmin

Stekeler-Weithofer, *Philosophie des Selbstbewußtseins. Hegels System als Formanalyse von Wissen und Autonomie*, Frankfurt/M.: Suhrkamp 2005, S. 418).

69 Die folgende Skizze resümiert eine Analyse der Gewöhnung, die sich übereinstimmend bei sehr unterschiedlichen Autoren findet. Ich folge hier Hegels Überlegungen zur Anthropologie und Psychologie in *Enzyklopädie der philosophischen Wissenschaften III* (*Theorie-Werkausgabe*, Bd. 10) und Foucaults Untersuchung der Subjektivierung in *Überwachen und Strafen. Die Geburt des Gefängnisses*, Teil III.

70 Zur Relativierung des Bilds vom sozialen Tod der Sklaven – es ist relativ auf die Gesellschaft der Sklavenhalter, die Perspektive der Herren – siehe (im Anschluss an Fred Moten) Juliane Rebentisch, *Der Streit um Pluralität. Auseinandersetzungen mit Hannah Arendt*, Berlin: Suhrkamp 2022, Kap. 4: »Politische Optik« (hier S. 88). Wie Rebentisch zeigt, bedarf die verbreitete Diagnose der »Unsichtbarkeit« einer kritischen Überprüfung. Dann tritt auch die eigentümliche, andere Form der Sozialität der sklavischen Existenz hervor. Diese ist aber in sich widersprüchlich. Denn die Handlungsfähigkeit (*agency*), die die Sklavinnen und Sklaven erfahren und ausüben, entfaltet sich in einem Feld der Praktiken (*practice*), »[which] are determined by, exploit and exceed the constraints of domination« (Saidiya V. Hartman, *Scenes of Subjection. Terror, Slavery, and Self-Making in Nineteenth-Century America*, New York, Oxford: Oxford University Press 1997, S. 54). Auf dieses Problem komme ich unten mit Hartman zurück; siehe S. 78-80. Hartman (*Scenes of Subjection*, Kap. 1 u. 2) beschreibt die Handlungserfahrung vor allem im Bereich der Performances, Treffen und Feiern, in denen die Versklavten ihre Lage *darstellen*: Im Zentrum ihrer Handlungserfahrungen stehen Darstellungspraktiken. Siehe dazu auch das Motto dieses Teils aus Fanon, oben, S. 27.

71 Diese Möglichkeit der Befreiung ist selbst Aristoteles' Begriff des Sklaven »von Natur« eingeschrieben. Denn da der Sklave ein Mensch ist und dies seine Natur ist, ist er auch von Natur aus niemals ein »›Gefangener‹ seiner Natur«. Er kann sie »transzendieren«, durch die *paideia*, die Gewöhnung (Barbara Cassin,

»Aristotle with and Against Kant on the Idea of Human Nature«, in: dies., *Sophistical Practice. Towards a Consistent Relativism*, New York: Fordham University Press 2014, S. 136-163, hier S. 144 u. 145f.).

72 Der positiven Bestimmung der griechischen Freiheit – selbst der Urheber seiner Handlungen, also ein Subjekt zu sein – entspricht die negative, nicht von anderen beherrscht zu werden: die Freiheit der »Nicht-Beherrschung«, die »Abwesenheit der Beherrschung durch andere« (Philip Pettit, *Republicanism. A Theory of Freedom and Government*, Oxford: Clarendon Press 1997, S. 51). Das ist nicht eine Freiheit ohne Einschränkungen und Zwänge, sondern *ohne Herren*: Die subjektive Freiheit der Nicht-Beherrschung ist nicht liberal, sondern republikanisch (Quentin Skinner, *Liberty Before Liberalism*, Cambridge: Cambridge University Press 1998, S. 69-71 u. 80-99).

73 Wladimir Iljitsch Lenin, *Der »linke Radikalismus«, die Kinderkrankheit im Kommunismus*, in: ders., *Ausgewählte Werke*, Berlin: Dietz 1970, Bd. III, S. 389-485, hier S. 415.

74 Aristoteles, *Metaphysik*, I.2, 982b; ders., *Rhetorik*, übers. v. F.G. Sieveke, München: Fink 1980, I.9, 1367a (Übers. mod.).

75 Okko Behrends, Rolf Knüttel, Bertold Kupisch, Hans Hermann Seiler, *Corpus Iuris Civilis/Die Institutionen*, Heidelberg: C.F. Müller [3]2007, 1.8 (S. 12). Diese Unterscheidung ist nicht identisch mit der, die *Die Institutionen* als die »oberste Einteilung des Rechts der Personen« einführen: »daß alle Menschen entweder Freie sind oder Sklaven (*aut liberi sunt aut servi*)« (I.3; S. 6). Fremdem Recht unterworfen zu sein oder nach dem Willen eines anderen zu leben, gilt in einer patriarchalischen Ordnung auch für die Ehefrau und die Kinder; sie unterstehen der Herrschaft des Ehemanns und Vaters. Es gibt vielfache Abstufungen der Unfreiheit.

76 Baruch de Spinoza, *Theologisch-politischer Traktat*, übers. v. C. Gebhardt, neu bearb. von G. Gawlick, in: Spinoza, *Werke*, Bd. 1, Darmstadt: Wissenschaftliche Buchgesellschaft 1989, S. 483.

77 Finley, »Between Slavery and Freedom«, S. 244.

78 Ich zitiere die Bibel nach Martin Luthers Übersetzung, revidiert

2017, mit den üblichen Kürzeln. – Zur Komplexität der späteren Lage Israels in Ägypten gehört, dass dem Exodus »in der Bibel (am Ende des Buches *Genesis*) die Erzählung einer erstaunlichen #Integration voraus[-geht], des wundersamen #Aufstiegs eines kolonisierten Subjekts« (Klaus Neundlinger, »Social Media und #brennender Dornbusch. Politisch-theologische Skizze zum Exodusbegriff«, in: Isabell Lorey, Roberto Nigro, Gerald Raunig [Hg.], *Interventionen 2*, Zürich: Diaphanes 2012, S. 27-41, hier S. 29). Pharao hatte Josef vom Knecht zum Aufseher gemacht und »über ganz Ägyptenland gesetzt« (Gen 41,41) – woraufhin Josef, unter Ausnutzung einer Hungersnot, Pharao erst die Machtposition verschaffte, die er später gegen Israel wenden wird: »So kaufte Josef dem Pharao das ganze Ägypten. Denn die Ägypter verkauften ein jeder seinen Acker, weil die Hungersnot schwer auf ihnen lag. Und so wurde das Land dem Pharao zu eigen.« (Gen 47,20)

79 Das untersuche ich genauer in den Kap. 2 (a) und 4.

80 Zu der juridischen Terminologie, in der *Exodus* diesen Akt präsentiert, siehe Wolfgang Oswald, »Auszug aus der Vasallität – Die Exodus-Erzählung (Ex 1-14*) und das antike Völkerrecht«, in: *Theologische Zeitschrift*, 67:3 (2011), S. 263-288, hier S. 267, 278f. Diese Terminologie steht im Zusammenhang mit Praktiken der Sklavenfreilassung (S. 282f.), die daher auch in der jüdischen Sklavengesetzgebung am Sinai eine zentrale Rolle spielen; siehe Martin Arneth, »Der Exodus der Sklaven«, in: *Kerygma und Dogma*, 59 (2013), S. 109-124, hier S. 112f., 122-124. Dazu mehr in Kap. 4 unten.

81 Michael Walzer, *Exodus und Revolution*, übers. v. B. Rullkötter, Frankfurt am Main: Fischer, S. 54.

82 Yirmiyahu Yovel, *Dark Riddle. Hegel, Nietzsche, and the Jews*, Cambridge: Cambridge University Press 1998, S. 35.

83 G.W.F. Hegel, »Abraham in Chaldäa gebohren«, in: ders., *Frühe Schriften II* (*GW*, Bd. 2), Hamburg: Meiner 2014, Text 48, S. 47. Ich komme in Kap. 4, S. 396, noch einmal auf Hegels Deutung der jüdischen »Dienstbarkeit« gegenüber Gott zurück. Diese Deutung radikalisiert die Position, die Spinoza zum Judentum einnimmt.

84 Ebd., S. 63.

85 Ebd., S. 55.

86 Siehe (mit Bezug auf Hegel, der hier nur ein Beispiel ist) Frank Ruda, *Hegels Pöbel. Eine Untersuchung der »Grundlinien der Philosophie des Rechts«*, Konstanz: Konstanz University Press, 2011, Kap. 9; Rocío Zambrana, »Bad Habits: Habit, Idleness, and Race in Hegel«, in: *Hegel Bulletin*, 42:1 (2021), S. 1-18, hier Abs. II; dies., »Hegel, History, and Race«, in: Naomi Zack (Hg.), *The Oxford Handbook of Philosophy and Race*, Oxford: Oxford University Press 2017, S. 251-260, hier S. 252-255. Beide Analysen stellen die Gewohnheit ins Zentrum. Pöbel- oder Schwarzsein heißt: die Gewohnheit, als Arbeit der Subjektivierung, setzt aus (oder ist geschwächt).

87 Frantz Fanon, *Schwarze Haut, weiße Masken*, übers. v. E. Moldenhauer, Wien: Turia + Kant 2016, S. 185 (frz. Orig.: Paris: Éditions du Seuil 1952, S. 178). Fanon unterscheidet zwischen *les nègres* und *les Noirs* (die er großschreibt). Dabei bezeichnet *le nègre*, was die weißen Unterdrücker so nennen. Eva Moldenhauer hat dies 1980 (als ihre Übersetzung zuerst erschien) mit »der Neger« übersetzt. Und das ist genau, was Fanon gemeint hat: *Le nègre* ist der Schwarze im Blick des Weißen. Es ist umstritten, ob daraus folgt, dass dieser Ausdruck nicht zitiert werden darf, wenn dieser Blick und die auf ihm beruhenden Praktiken analysiert werden. Fanon sah das offenkundig anders, und das lässt sich nicht einfach übergehen.

88 Fanon, *Schwarze Haut, weiße Masken*, S. 10.

89 Hartman, *Scenes of Subjection*, S. 116.

90 Ebd., S. 6; dazu ausführlich ebd., Kap. 5.

91 Fanon, *Schwarze Haut, weiße Masken*, S. 185.

92 Ebd., S. 44.

93 »Ich bin Narziss, und ich will in den Augen des anderen ein Bild von mir sehen, das mich befriedigt. So gibt es auf Martinique in einem bestimmten Kreis (Milieu) den ›pélé‹, den Hofstaat des ›pélé‹, die Gleichgültigen (die warten) und die Erniedrigten. Diese werden erbarmungslos massakriert. Man ahnt, welche Temperatur in diesem Dschungel herrscht. Unmöglich, da herauszufinden. / Ich, immer nur ich. / Die Martiniquaner lechzen nach

Sicherheit. Sie wollen ihre Fiktion anerkannt wissen. Sie wollen in ihrem Wunsch nach Männlichkeit anerkannt werden. Sie wollen scheinen. Jeder von ihnen ist ein isoliertes, dürres, schneidendes Atom mit genau abgegrenzten Trottoirs, jeder von ihnen *ist*. Jeder von ihnen will *sein*, will *scheinen*. Jede Handlung des Antillaners läuft über den anderen. Nicht weil der andere der Endzweck seiner Handlung bleibt, in der Perspektive der menschlichen Gemeinschaft, die Adler beschreibt, sondern einfach deshalb, weil der andere ihn in seinem Bedürfnis nach Aufwertung bestätigt.« (Ebd., S. 178 f.) Die Struktur gleicht der von Stanley Cavell beschriebenen Theatralisierung, die die Gegenwart des anderen auflöst; siehe »The Avoidance of Love: A Reading of *King Lear*«, in: ders., *Must We Mean What We Say? A Book of Essays*, Cambridge: Cambridge University Press 1976, S. 276-353, hier S. 331-337.

94 Fanon, *Schwarze Haut, weiße Masken*, S. 179.

95 Ebd., S. 181.

96 Ebd., S. 161 (frz. S. 155; Übers. mod.).

97 Ebd., S. 11.

98 Ebd.

99 Dass Fanon diesen Schritt nicht zu Ende geht, liegt vielleicht darin begründet, dass er noch an einer These der ersten Deutung (die der junge Hegel für den Exodus entwickelt) festhält. Das ist die These, nach der die Juden deshalb durch den Exodus nicht ihre knechtische Passivität überwunden haben, weil sie ihre Befreiung bloß als »Geschenk« empfangen hätten (Hegel, »Abraham in Chaldäa gebohren«, S. 49): »Die Juden siegen, aber sie haben nicht gekämpft.« (S. 46) Genauso meint Fanon: »Historisch ist der Neger, in der Unwesentlichkeit der Knechtschaft versunken, von dem Herrn befreit worden. Er hat für die Freiheit nicht gekämpft. [...] Die Umwälzung hat den Sklaven von außen erreicht. Der Schwarze ist agiert worden.« (*Schwarze Haut, weiße Masken*, S. 185) Darin bleibt Fanon der von Hegel entwickelten Deutung verhaftet, nach der die knechtische Existenz durch einen Mangel an Aktivität, durch mangelhafte Subjektivierung fortgeschrieben wird. Den Schritt zur zweiten Deutung zu Ende zu gehen heißt, diesen Grund genau umgekehrt in der

spezifischen Formbestimmung der subjektivierenden Aktivierung – der Aktivierung als Subjektivierung – selbst zu erkennen.

100 »Burdened individuality«: Hartman, *Scenes of Subjection*, S. 115. – Das im Folgenden skizzierte Argument, nach dem es keine Subjektivierung ohne Identifizierung gibt, folgt Judith Butler, *Psyche der Macht. Das Subjekt der Unterwerfung*, übers. v. R. Ansén, Frankfurt/M.: Suhrkamp 2001, v.a. S. 11-15.

101 Foucault, *Überwachen und Strafen*, S. 42.

102 Michel Foucault, »Was ist Aufklärung?«, übers. v. H.-D. Gondek, in: *Schriften in vier Bänden. Dits et Ecrits*, Bd. IV, Frankfurt/M.: Suhrkamp 2005, S. 687-707, hier S. 704. Wie im ersten Schritt, der Analyse der Subjektivierung durch (oder als) Gewöhnung (oben, S. 57-63), so stimmen Foucault und Hegel auch im zweiten Schritt überein, der darlegt, dass »die Beziehungen zwischen dem Anwachsen der Fähigkeiten und dem Anwachsen der Autonomie nicht so einfach« (ebd.) sind: dass der Freiheit der Subjektivität – nicht nur noch, sondern wieder – ein Mechanismus der Knechtschaft, der »Macht«, ist. Weil sie beides in einem ist, zählt Hegel die Gewohnheit »zu den schwersten Bestimmungen«, die in »wissenschaftlichen Betrachtungen der Seele und des Geistes [...] übergangen« wird (Hegel, *Enzyklopädie der philosophischen Wissenschaften III*, § 410 A, S. 187). Die Zweideutigkeit, ja Paradoxie der Gewohnheit besteht darin: »Obgleich [...] der Mensch durch die Gewohnheit einerseits frei wird, so macht ihn dieselbe doch andererseits zu ihrem *Sklaven* und ist eine zwar nicht *unmittelbare*, *erste*, von der Einzelheit der Empfindungen beherrschte, vielmehr von der Seele *gesetzte*, *zweite* Natur, – aber doch immer eine *Natur*, ein die Gestalt eines *Unmittelbaren* annehmendes *Gesetztes*, eine selber noch mit der Form des *Seins* behaftete *Idealität* des Seienden, folglich etwas dem freien Geiste Nichtentsprechendes.« (Ebd., § 410 Z, S. 189)

103 Augustinus, *Confessiones/Bekenntnisse*, übers. v. K. Flasch u. B. Mojsisch, Stuttgart: Reclam 2009, Buch 8, V.10, S. 371. Die Gewohnheit ist für Augustin »der ganze ›alte Adam‹, der ausgezogen werden muß« (Gerhard Funke, *Gewohnheit*, Bonn: Bou-

vier [2]1961, S. 142). Diese Gewohnheitskritik zielt auf die Idee einer *anderen* Gewohnheit oder Tugend, die nicht »auf natürlichen Anlagen aufbauend«, sondern von Gott ›eingegossen‹ ist, die daher »zum ἦθος, aber nicht zum ἔθος des Menschen« gehört (S. 143). Der Gegenbegriff zu der versklavenden Gewohnheit ist die Wahrheit: »Unser Herr Christus hat sich die Wahrheit genannt, nicht die Gewohnheit.« (Tertullian) »Gotts Wort und Gewonheit [sind] widdern ander« (Martin Luther, »Tröstung der Christen in Halle«, zit. n. Funke, *Gewohnheit*, S. 187). – Diese christliche Gewohnheitskritik reformulieren Pascal (Norbert Rath, *Zweite Natur. Konzepte einer Vermittlung von Geist und Natur in Anthropologie und Ästhetik um 1800*, Münster u. a.: Waxmann 1996, S. 19-24) und Kant (Thomas Khurana, *Das Leben der Freiheit. Form und Wirklichkeit der Autonomie*, Berlin: Suhrkamp 2017, S. 224-228) für die moderne Diskussion.

104 Isaiah Berlin, »Zwei Freiheitsbegriffe«, in: ders, *Freiheit*, übers. v. R. Kaiser, Frankfurt/M.: Fischer 2006, S. 202. Nach dieser Definition ist mein »Unvermögen« – zum Beispiel meine Armut – dann ein Zustand der Unfreiheit, wenn es »daher rührt, daß andere Menschen Abmachungen oder Maßnahmen getroffen haben, durch die mir, im Unterschied zu anderen, das Geld vorenthalten bleibt, mit dem ich zahlen könnte – nur dann betrachte ich mich als ein Opfer von Zwang oder Knechtschaft.« (Ebd.)

105 Etienne de la Boetie, *Über die freiwillige Knechtschaft des Menschen*, übers. v. W. Koneffke, Frankfurt/M.: Europäische Verlagsanstalt 1968, S. 34.

106 Immanuel Kant, »Beantwortung der Frage: Was ist Aufklärung?«, A 461, in: ders., *Werke*, hg. v. Wilhelm Weischedel, Darmstadt: Wissenschaftliche Buchgesellschaft 1956 ff., Bd. VI, S. 51-62, hier S. 53.

107 Ebd.

108 Johann Georg Hamann, Brief an Christian Jacob Kraus, 18. 12. 1784, in: ders., *Briefe*, Frankfurt/M.: Insel 1988, S. 146.

109 Ebd., S. 147 f.

110 Ebd., S. 148.

111 Butler, *Psyche der Macht*, S. 13. Siehe Herbert Marcuse, *Versuch*

über die Befreiung, übers. v. H. Reinicke u. A. Schmidt, Frankfurt/M.: Suhrkamp 1969, S. 19. Die zuvor skizzierte These lautet, dass man dies nur verstehen kann, wenn man die paradoxe Einheit von Subjektivierung und (Selbst-)Identifizierung versteht. Zwar gilt auf der einen Seite: »Jede Subjektivierung ist eine Ent-Identifizierung, das Losreißen von einem natürlichen Platz« (Jacques Rancière, *Das Unvernehmen. Politik und Philosophie*, übers. v. R. Steurer, Frankfurt/M.: Suhrkamp 2002, S. 48). Aber wenn »Subjektivierung« Ermächtigung und »Ermächtigung« Befähigung und »Befähigung« Gewöhnung heißt – dann unterliegt der »Unterschied einer Subjektivierung zu einer Identifizierung« (S. 49) einer Logik der Verkehrung, in der sich die Identifizierung durch die Subjektivierung reproduziert.

112 Felix Trautmann, *Das Imaginäre der Demokratie. Politische Befreiung und das Rätsel der freiwilligen Knechtschaft*, Konstanz: Konstanz University Press 2020, S. 11. Ich beschränke mich hier auf Trautmanns Grundstrategie. Ihre Durchführung besteht in einer Geschichte von Regimen des Imaginären. Dabei ist der wesentliche Unterschied der zwischen dem monarchischen und dem demokratischen Imaginären. Für beide heißt auch die Verkehrung der Macht der Beherrschten gegen sich selbst etwas ganz anderes. Das demokratische Imaginäre bildet sich in den Anrufungsszenen der ideologischen Staatsapparate (siehe v. a. ebd., S. 302-312). Das entspricht der oben skizzierten Subjektivierung als Gewöhnung.

113 Ebd., S. 12.

114 Ebd., S. 20. – Die folgende Bemerkung gilt einer Deutung des Exodus, die ihn als Exit – Ausziehen, Flüchten, Desertieren usw. – missversteht; siehe Paolo Virno, *Exodus*, übers. v. K. Neundlinger u. G. Raunig, Wien: Turia + Kant 2010, S. 23-31. Denn darin bleiben die Flüchtenden dieselben. Die anarchistische Kritik am marxistischen Revolutionsbegriff (auf die sich die verbreitete Gleichsetzung von Exodus und Exit daher zu Unrecht beruft) hat die entgegengesetzte Pointe. Das zeigt sich bei Gustav Landauer. Landauer kritisiert den Satz: »erst muss die Revolution kommen, dann kann der Sozialismus beginnen.« (Das erste Flugblatt: »Was will der Sozialisti-

sche Bund?«, in: ders., *Antipolitik. Ausgewählte Schriften*, Bd. 3.1, Lich: Edition AV 2010, S. 130-133, hier S. 131.) Dagegen stellt er die These, dass der Sozialismus jetzt beginnen kann. Landauer schreibt: »Wir beginnen *mit* dem *Sozialismus*, indem wir aufhören, Knechte des Kapitals zu sein« (Das zweite Flugblatt: »Was ist zunächst zu tun?«, in: ebd., S. 134-139, hier S. 135); das heißt, indem wir aus dem Kapitalismus »austreten« (Das dritte Flugblatt: »Die Siedlung«, in: ebd., S. 140-144, hier S. 143). Das scheint die Revolution überflüssig zu machen. Es scheint zu sagen: Wer keinen Herrn hat, ist auch kein Knecht mehr; eine revolutionäre (Selbst-)Veränderung wäre dann unnötig – die Exit-Deutung. Aber das verkennt Landauers Pointe. Diese Pointe ist eine Strategie der Vertauschung. Der Sozialismus – der Auszug aus der Knechtschaft, die Abschaffung der Herren – ist noch nicht die revolutionäre Veränderung; sie macht sie erst möglich (und nötig). In Daniel Loicks pointierter Formulierung: »Nicht die Revolution ist Voraussetzung für den Sozialismus, der Sozialismus ist Voraussetzung für die Revolution.« (*Anarchismus zur Einführung*, Hamburg: Junius 2017, S. 208.) So verstanden, ist der Exodus die Transformation, die auf dem Weg aus der Knechtschaft – damit es einen Weg *aus* der Knechtschaft geben kann – erfolgt. Anarchistisch verstanden ist also der Exodus eine Transformation, die – immer erst noch – praktiziert werden muss; siehe Eva von Redecker, »Topischer Sozialismus. Zur Exodus-Konzeption bei Gustav Landauer und Martin Buber«, in: *WestEnd. Neue Zeitschrift für Sozialforschung*, 11:1 (2014), S. 93-108, hier S. 95; systematisch ausgeführt in dies., *Praxis und Revolution. Eine Sozialtheorie radikalen Wandels*, Frankfurt/M., New York: Campus 2019, S. 46f., 270 (und passim). Der Sozialismus, den wir nach Landauer jetzt beginnen, ist also weder »Zweck« noch »Mittel«, sondern – transformatives – »Handeln« (Gustav Landauer, »Sozialistisches Beginnen«, in: ders., *Antipolitik*, S. 198-202). Die auch bei Landauer ungeklärte Frage ist, was es heißt, wie es möglich und denkbar ist, zu beginnen – mit dem Beginnen zu beginnen. Ist der Beginn eine Entscheidung?

115 Emmanuel Levinas, »Liberté et commandement«, in: ders, *Li-*

berté et commandement, o.O. [Montpellier]: Fata Morgana 1994, S. 27-48, hier S. 32.

116 Aristoteles, *Politik*, I.5, 1254b.

117 Maurice Blanchot, »Jude sein«, in: ders., *Das Unzerstörbare. Ein unendliches Gespräch über Sprache, Literatur und Existenz*, übers. v. H.-J. Metzger u. B. Wilczek, München: Hanser 1991, S. 181-193, hier S. 185.

118 Das ist eine zentrale These von Georges Bataille: Wenn die Herren abgeschafft werden, indem sich die Knechte zur Subjektivität befreien, geht etwas verloren – etwas, wovon die Herren nichts wussten und das erst eine zweite Befreiung, von der Subjektivierung, einzuholen vermag. Bataille nennt dies »die Souveränität«; siehe Georges Bataille, »Die Souveränität«, in: ders., *Die psychologische Struktur des Faschismus – Die Souveränität*, übers. v. R. Bischof, E. Lenk u. X. Rajewski, München: Matthes & Seitz 1978, S. 45-86, hier v. a. S. 54-56.

119 Arendt, »Politik und Freiheit«, S. 218.

120 Ebd., S. 218 und 220.

121 Immanuel Kant, *Kritik der reinen Vernunft*, A 448 (*Werke*, Bd. II, S. 430); zit. in Arendt, *Vom Leben des Geistes*, S. 268.

122 Theodor W. Adorno, *Zur Lehre von der Geschichte und von der Freiheit*, Frankfurt/M.: Suhrkamp 2001, S. 296. Zu der »Aporie« der Freiheit, die dem entspricht, siehe *Negative Dialektik*, S. 294. Dirk Setton rekonstruiert diese »Gespaltenheit« der Spontaneität als Kants wesentliche Einsicht (*Autonomie und Willkür. Kant und die Zweideutigkeit der Freiheit*, Berlin: de Gruyter 2021, passim und v. a. S. 98-103). Siehe auch Dominik Finkelde, *Exzessive Subjektivität. Eine Theorie tathafter Neugründung des Ethischen nach Kant, Hegel und Lacan*, Freiburg, München: Alber 2015, Teil III: »Kant: Das gespaltene Subjekt ethischer Handlung«.

123 Kant, *Kritik der reinen Vernunft*, A 450 (S. 432).

124 Arendt, *Vom Leben des Geistes*, S. 268. Der Fehler besteht nach Arendt darin, nicht zwischen der relativen Spontaneität auch des gewohnheitsmäßigen und der absoluten des neuen Tuns zu unterscheiden. Diesen Unterschied bestimmt Oliver Marchart (*Neu beginnen. Hannah Arendt, die Revolution und die*

Globalisierung, Wien: Turia + Kant 2004, S. 31-44) als den zweier Begriffe des Anfangens: von *principium* und *initium*. Bei Arendt selbst ist der Unterschied nicht so klar. So sieht sie in Kants Spontaneitätsbegriff eine durch Augustinus vermittelte Konsequenz des griechischen Freiheitsgedankens; siehe »Freiheit und Politik«, S. 220.

125 Arendt, *Vom Leben des Geistes*, S. 268.

126 Ebd., S. 269.

127 Ebd., S. 271.

128 Henri Bergson, *La pensée et le mouvant*, Paris: PUF [27]1950, S. 10; Arendt, »What Is Freedom?«, S. 150.

129 Frank Ruda, *Indifferenz und Wiederholung. Freiheit in der Moderne*, Konstanz: Konstanz University Press 2018, S. 17. So aber versteht nach Ruda die griechische Philosophie die Freiheit.

130 Leo Strauss, »Jerusalem and Athens: Some Preliminary Reflections«, in: ders., *Studies in Platonic Political Philosophy*, Chicago, London: The University of Chicago Press 1983, S. 147-173.

131 Damit geht die Philosophie zugleich über die Gestalt der Befreiung hinaus, die ich bisher an der Bewusstwerdung der Sklaven und Sklavinnen beschrieben habe. Dieses Hinaus markiert der Begriff der Vernunft: Die Philosophie weist auf, weshalb und worin das praktische Können vernünftig ist. Andrea Kern hat in ihrer Analyse des Begriffs vernünftiger Fähigkeiten gezeigt, was das heißt. Es heißt, dass ihre Ausübung auf einer Entscheidung, als überlegter Wahl, beruht. Das folgt daraus, dass die Fähigkeit und die Vollzüge, die sie aktualisieren, in einem »normativen Verhältnis« stehen (Andrea Kern, *Quellen des Wissens. Zum Begriff vernünftiger Erkenntnisfähigkeiten*, Frankfurt/M.: Suhrkamp 2006, S. 212). Das bedeutet weiterhin, dass die Aktualisierung einer vernünftigen Fähigkeit – nicht nur wie, sondern ob sie ausgeübt wird – vor der Alternative von Richtig und Falsch steht; sie ist, so Aristoteles, ein »Vermögen für das Gegenteil« (ebd., S. 219). Daher erfolgt die Aktualisierung einer vernünftigen Fähigkeit durch eine »überlegte Entscheidung dazu, das unter den gegebenen Umständen *gemäß der Fähigkeit Richtige* zu tun« (S. 234). So versteht die (»griechische«) Philosophie die Freiheit des Anfangens: Die Freiheit

des Anfangens ist mit der vernünftigen Fähigkeit gegeben und besteht in der überlegten Entscheidung, die Fähigkeit gemäß ihrer immanenten Normativität auf eine je besondere Weise auszuüben. Die vernünftige Freiheit des Anfangens – oder die Freiheit des vernünftigen Anfangens – ist normativ definiert. »Freiheit« heißt, philosophisch verstanden, Autonomie. Damit, so Kerns hier wichtige These, soll die Macht der Gewohnheit gebrochen sein: Die Freiheit der Autonomie, die der vernünftigen Fähigkeit immanent ist, unterliegt nicht dem Gesetz der Identität; die Ausübung einer vernünftigen Fähigkeit, das heißt die vernünftige Ausübung einer Fähigkeit identifiziert nicht ihren Gegenstand, sondern sie »interpretiert« das Allgemeine, unter das sie ihn subsumiert: »Vernünftige Fähigkeiten sind im Unterschied zu Gewohnheiten etwas Allgemeines, das zu dem einzelnen Fall, der unter es fällt, in einem interpretativen Verhältnis steht.« (S. 204f.) – Das ist einleuchtend, aber es bricht die Macht der Gewohnheit nicht. Denn indem die Gewohnheit als zweite Natur in der vernünftigen Ausübung ausgesetzt wird, wird sie zugleich vorausgesetzt: Die Vernunft *setzt* die Gewohnheit. Dazu unten, Kap. 5, Abschn. (a), S. 480f.

132 Strauss, »Jerusalem and Athens«, S. 171.

133 Ebd.

134 Leo Strauss, *The City and Man*, Chicago, London: The University of Chicago Press 1978, S. 93.

135 Strauss, »Jerusalem and Athens«, S. 170.

136 Klaus Heinrich, *Versuch über die Schwierigkeit nein zu sagen*, Frankfurt/M.: Suhrkamp 1964, S. 33. Der »Kampf der ›prophetischen‹ Aufklärung des Alten Testaments« richtet sich gegen die »Ursprungsmächte« (wie Heinrich »mit einem halb mytho-logischen, halb bio-logischen Begriff« [S. 105] sagt, den er Paul Tillichs *Die sozialistische Entscheidung*, hg. v. Klaus Heinrich, Berlin: Medusa 1980, v.a. S. 24-34, entnimmt).

137 Das Vorurteil besagt, dass das jüdische Denken die Freiheit nicht kenne. Zur Begründung wird angeführt (wie Hans-Christoph Askani resümiert), »daß es etwa in der hebräischen Bibel einen Begriff für ›Freiheit‹ schlichtweg nicht gibt« (»Jüdische Wurzeln neuzeitlicher Freiheit?«, in: Ralf Elm [Hg.], *Vernunft*

und Freiheit in der Kultur Europas. Ursprünge, Wandel, Herausforderungen, Freiburg: Alber 2006, S. 116-139, hier S. 120). Aber was, wenn dies bereits die falsche Frage ist? Wenn die Frage nach einem Begriff der Freiheit bereits ein bestimmtes, nämlich zuerst griechisches, dann aufklärerisches Verständnis der Freiheit impliziert, das das jüdische Denken der Freiheit von vornherein verfehlen muss: weil es ein Denken der Erfahrung der Freiheit (und der Freiheit der Erfahrung) ist, die in keinem Begriff aufgeht? Dann geht »die umstandslose Zuordnung der jüdischen Religion zur Heteronomie« (ebd., S. 122), die seit der Aufklärung üblich ist, nicht auf: Weil sich erweist (wie Askani dem Vorurteil von der Freiheitsignoranz des jüdischen Denkens entgegenhält), dass »Heteronomie und Freiheit sich möglicherweise nicht unbedingt zu widersprechen brauchen« (S. 123). Diese Hypothese werde ich in den folgenden Kapiteln (vor allem Kap. 2 und 4) ausarbeiten.

138 Franz Rosenzweig, »Das Büchlein vom gesunden und kranken Menschenverstand«, in: ders., *Mein Ich entsteht im Du. Ausgewählte Texte zu Sprache, Dialog und Übersetzung*, Freiburg, München: Alber 2013, S. 25-80, hier S. 63.

139 Jean-Luc Nancy, *Die Erfahrung der Freiheit*, übers. v. T. Laugstien, Zürich, Berlin: Diaphanes 2016, S. 110f. Das richtet sich gegen Kant, der die Freiheit unerfahrbar nennt, »denn Erfahrung gibt uns nur das Gesetz der Erscheinungen, mithin den Mechanismus der Natur, das gerade Widerspiel der Freiheit, zu erkennen« (*Kritik der praktischen Vernunft*, A 53 [*Werke*, Bd. IV, S. 139]). Die Freiheit kann nur als »absolute«, als Spontaneität, gedacht werden, wenn sie als »transzendentale« verstanden wird (A 173; S. 222). Nancys Begriff der Erfahrung soll diese Kantische Entgegensetzung nicht auflösen, sondern unterlaufen. Nancys Programm besagt: Die Freiheit der Spontaneität muss als Rezeptivität, aber die Rezeptivität als eine Szene oder Kraft der Spontaneität gedacht werden. So sagt auch Slavoj Žižek, dass die Freiheit weder noumenal noch phänomenal ist, sondern dazwischen: die Negativität, die nichts als die »Selbstbegrenzung der Erscheinungen« ist, das heißt, die Selbstbegrenzung der Erscheinungen *in ihnen selbst* (*Weniger als*

nichts. Hegel und der Schatten des dialektischen Materialismus, übers. v. F. Born, Berlin: Suhrkamp 2014, S. 389). Dazu unten, Kap. 2.

140 Arendt, »Freiheit und Politik«, S. 223, siehe S. 221-224. Damit widerspricht Arendt ihrer eigenen These, dass die Spontaneität »im *Geborensein* [wurzelt] und gar nicht in der Kreativität, nicht in einer Gabe, sondern in der Tatsache, daß Menschenwesen, neue Menschen, wieder und wieder durch die Geburt in der Welt erscheinen« (Arendt, *Vom Leben des Geistes*, S. 442f.). Wenn (oder da) die Spontaneität ein Wunder ist, ist sie keine »Tatsache«; sie gründet nicht in dem natürlichen Vorgang der Geburt.

141 Marcuse, *Versuch über die Befreiung*, S. 16f. Zum Begriff des Ästhetischen: ebd., S. 44. Zur ästhetischen Emanzipation der Sinne: Marcuse, *Konterrevolution und Revolte*, S. 89. (Marcuse denkt hier allerdings das Verhältnis beider so, dass »die Emanzipation des Bewußtseins mit der der Sinne einhergehen, die *Totalität* des menschlichen Daseins umfassen« muss [ebd.]. Er denkt es als ein Verhältnis der Ergänzung.) – In diesem Schritt zur Ästhetik liegt die Übereinstimmung mit Enrique Dussels Philosophie der Befreiung. Die entscheidende Bestimmung lautet: »La fenomenología, como su nombre lo indica, se occupa de lo que aparece y cómo aparece desde el horizonte del mundo, el sistema, el ser. La epifanía, en cambio, es la revelación del oprimido, del pobre, del otro, que nunca es pura apariencia ni mero fenómeno, sino que guarda siempre una exterioridad metafísica. El que se revela es trascendente al sistema, pone continuamente en cuestión lo dado. *La epifanía es el comienzo de la liberación real.*« (Enrique Dussel, *Filosofía de la liberación*, Bogotá: Nueva America, [4]1996, S. 29: meine Hervorh., C.M.) Die Grenze dieser Übereinstimmung liegt dort, wo Dussel die Epiphanie oder Erfahrung mit der des menschlichen Gesichts identifiziert – sie also personalisiert. Dazu unten, S. 695, Anm. 33.

142 »[Die] gemeinen Formen des Erkennens, unter dem Vorwand der Wissenschaft oder der Logik, [sind] nur die bewußten Etappen [...], die das Bild, dieser brennende Busch, wunder-

bar verbrennt.« (Louis Aragon, *Pariser Landleben – Le Paysan de Paris*, übers. v. E. Lenk, München: Rogner & Bernhard 1969, S. 247.)

143 Emmanuel Lévinas, *Totalität und Unendlichkeit. Versuch über die Exteriorität*, übers. v.W.N. Krewani, Freiburg, München: Alber 1987, S. 273.

144 Ebd., S. 274.

145 Ebd., S. 105. – Das Hören ist das Hören der Anrede des Anderen. Diese Anrede hat die Form des Gebots: Die Befreiung erfolgt durchs Hören des Gebots – durch Gehorsam. Die Begründung, die Konsequenzen und die Probleme dieser These – die das religiöse Modell der Befreiung ausmacht – sind der Gegenstand des vierten Kapitels.

146 Maurice Blanchot, »Sprechen ist nicht sehen«, in: ders., *Das Unzerstörbare*, S. 83-94, hier S. 86.

147 Ebd., S. 88.

148 Zitate in dieser Passage: ebd., S. 87, 89, 88 und 90. – Hier geht Gilles Deleuze noch einen Schritt weiter: Nach Deleuze müssen wir das Verhältnis von Sehen und Hören im Film so verstehen, dass sie sich nur *wechselseitig* befreien können – indem sie sich gegenseitig begrenzen und dadurch gegenseitig als *in sich* begrenzt erfahren lassen. »*Keines der beiden Vermögen gelangt* [...] *zur höheren Ausübung, ohne an die Grenze zu reichen, die es von dem anderen trennt und zugleich auf das andere bezieht, indem sie sie beide trennt*. Das von der Rede Kundgegebene ist ebensogut das Unsichtbare, das der Blick allein durch Hellsicht sieht, wie das vom Blick Gesehene das von der Rede kundgegebene Unsagbare ist.« (Gilles Deleuze, *Das Zeit-Bild. Kino* 2, übers. v. K. Englert, Frankfurt/M.: Suhrkamp 1999, S. 333.)

149 Blanchot, »Sprechen ist nicht sehen«, S. 90.

150 Das untersucht ausführlich Kap. 4 unten.

151 Werner H. Schmidt, *Exodus, Sinai und Mose. Erwägungen zu Ex 1-19 und 24*, Darmstadt: Wissenschaftliche Buchgesellschaft 1983, S. 39. Die Rede ist auch von einer »Entdeckersage« vor der »Berufungssage« (»Entdeckersage«, weil die Erscheinung des Dornbuschs zu der Entdeckung eines heiligen Orts führt;

siehe Ex 3,5: »der Ort, darauf du stehst, ist heiliges Land«). In seinem ausführlichen Kommentar rekonstruiert Werner H. Schmidt die »Indizien für die Existenz von zwei Strängen in Ex 3«, die »zwei selbständige, in sich verständliche Größen – mit jeweils ihren Eigenarten und Intention« bilden und auf verschiedene Quellen zurückzuführen sind (Werner H. Schmidt, *Exodus*, 1. Teilbd.: *Exodus 1-6*, Neukirchen-Vluyn: Neukirchener Verlag 1988, S. 106-123; siehe auch Martin Noth, *Das zweite Buch Mose. Exodus*, Göttingen: Vandenhoeck und Ruprecht [2]1961, S. 25-27). Christoph Dohmen betont die Differenz der Sinne und Medien der beiden Szenen: »Für den weiteren Verlauf der Erzählung ist entscheidend, dass es sich beim ›Dornbusch‹ um ein visuelles Phänomen handelt: So wird die Begegnung mitsamt der Berufung des Mose […] ›sehend‹ vorbereitet.« (Christoph Dohmen, *Exodus 1-18* [in: *Herders Theologischer Kommentar zum Alten Testament*], Freiburg i. Br., Basel, Wien: Herder 2015, S. 150.) Eine ähnliche Abfolge findet sich in der Offenbarung am Berg Sinai: Dem Bundesschluss geht die Erscheinung Gottes in Donnern, Blitzen und schwerer Wolke vorher. – Die Bedeutung dieser visuellen Vorbereitung und Ermöglichung des Hörens steht quer zu der These, dass die Entstehung des Monotheismus einen sensorischen und medialen »shift from ›images‹ to language« bedeute (Joachim Schaper, *Media and Monotheism. Presence, Representation, and Abstraction in Ancient Judah*, Tübingen: Mohr Siebeck 2019, S. 165). Dieser Vorbehalt betrifft nicht die überzeugende Lektüre von *Exodus*, in der Schaper diesen Shift aufweist (ebd., S. 116-127), und betrifft auch nicht die Begründung, die Schaper für diesen Shift gibt, wenn er zusammenfassend schreibt, dass diese neuen religiösen Überzeugungen und Praktiken »were triggered by the impact of shifts in a society's material culture on the sensory experience and consciousness of the members of that society: the rising importance of the use of writing opened up the gulf between the sign and the signified, it *created* the concepts of the ›real‹ and ›representation‹ in the first place« (S. 165). Denn Schapers These, dass »visual communication is seen mostly negative in the book of Exodus and beyond«, ist völlig überzeugend, soweit es um die sensorische und mediale Präsenz *Gottes* geht (wie Schaper betont, S. 127). In der im Folgenden analysierten visuellen Szene – Moses Faszination vor dem brennenden Busch – geht es jedoch ausdrücklich nicht um die Präsenz Gottes, sondern die Erscheinung seines Boten: um die mediale Präsenz des Mediums (›selbst‹). Das steht quer zu Schapers methodischer Perspektive. Denn hier ist das Medium nicht mehr die »reale« Bedingung der Erfahrung, sondern die Erfahrung wendet sich auf ihre eigene Voraussetzung zurück und holt sie ein.

152 Die Übersetzung von Martin Buber und Franz Rosenzweig (*Die Schrift*, Heidelberg: Lambert Schneider 1981, hier zitiert als B/R), auf die ich im Folgenden gelegentlich zurückgreife, lautet: »Mosche war Hirt der Schafe Jitros seines Schwähers, Priesters von Midjan. Als er die Schafe hinter die Wüste leitete, kam er an den Berg Gottes, zum Choreb. SEIN Bote ließ von ihm sich sehen in der Lohe eines Feuers mitten aus dem Dornbusch. Er sah: da, der Dornbusch brennt im Feuer, doch der Dornbusch bleibt unverzehrt. Mosche sprach: Ich will doch hintreten und ansehn dieses große Gesicht – warum der Dornbusch nicht verbrennt. Als ER aber sah, daß er hintrat, um anzusehn, rief Gott ihn mitten aus dem Dornbusch an, er sprach: Mosche! Mosche! er sprach: Da bin ich.«

153 Rudolf Otto, *Das Heilige. Über das Irrationale in der Idee des Göttlichen und sein Verhältnis zum Rationalen*, München: C. H. Beck 1963, S. 42. Die folgende Erklärung der Faszination weicht von Otto ab: Otto verkennt den Bildcharakter des Faszinierenden und daher auch den Zusammenhang von Faszination und Freiheit.

154 Ute Holl, *Der Moses-Komplex. Politik der Töne, Politik der Bilder*, Zürich, Berlin: Diaphanes 2014, S. 100. Holl schreibt dies über *Moses und Aron*, Schönbergs Oper und den Film von Straub/Huillet. Beide, die Oper und der Film, sind Lektüren von *Exodus*.

155 G.W.F. Hegel, *Enzyklopädie der philosophischen Wissenschaften II* (*Theorie-Werkausgabe*, Bd. 9), § 283, und ders., *Vorlesungen über die Geschichte der Philosophie I* (*Theorie-Werkausgabe*,

Bd. 18), S. 330 (mit Bezug auf Heraklit; dazu ausführlicher unten, Abschnitt (c), S. 205-207).

156 Immanuel Kant, *Logik*, A 161 (*Werke*, Bd. III, S. 534). Siehe die Rekonstruktion in Jan Völker, *Ästhetik der Lebendigkeit. Kants dritte Kritik*, München: Fink 2011, S. 100-111.

157 Dass Mose glaubt, heißt nicht, dass er es nicht sieht, sondern genau umgekehrt, dass er glaubt, was er sieht. Glauben ist nicht eine Alternative zum Sehen, sondern eine Haltung zum Sehen. Glauben heißt, dem zu *folgen*, was man gesehen hat.

158 Maurice Merleau-Ponty, *Das Sichtbare und das Unsichtbare, gefolgt von Arbeitsnotizen*, übers. v. R. Giuliani u. B. Waldenfels, München: Fink 1994, S. 299 u. 183 f.

159 Walter Benjamin, »Über Sprache überhaupt und über die Sprache des Menschen«, in: ders., *Gesammelte Schriften* [*GS*], hg. v. Rolf Tiedemann und Hermann Schweppenhäuser, Frankfurt/M.: Suhrkamp 1974 ff., Bd. II: Aufsätze, Essays, Vorträge, Teilbd. 1, S. 140-157, hier S. 142.

160 Merleau-Ponty, *Das Sichtbare und das Unsichtbare*, S. 193, 176, 191, 184.

161 Martin Heidegger, »Hegels Begriff der Erfahrung«, in: ders., *Holzwege*, Frankfurt/M.: Klostermann 1950, S. 105-192, hier S. 162.

162 Ebd., S. 178.

163 Giorgio Agamben, *Kindheit und Geschichte. Zerstörung der Erfahrung und Ursprung der Geschichte*, übers. v. D. Giuriato, Frankfurt/M.: Suhrkamp 2004, S. 9.

164 Benjamin, »Über Sprache überhaupt und über die Sprache des Menschen«, S. 142.

165 Zum Folgenden siehe Lambert Wiesing, *Die Sichtbarkeit des Bildes. Geschichte und Perspektiven der formalen Ästhetik*, Reinbek: Rowohlt 1997, S. 154-164 u. 219-227. Darin führt Wiesing Überlegungen von Konrad Fiedler mit denen von Merleau-Ponty zusammen. – Ein anderes Wort für »Bild« ist »Darstellung« (Benjamin, Heidegger).

166 Zit. n. ebd., S. 159. In dem Schritt »von der Sichtweise zur reinen Sichtbarkeit« folge ich Wiesing (hier S. 155).

167 Maurice Blanchot, *Der literarische Raum*, übers. v. M. Gutjahr

u. J. Hock, Zürich: Diaphanes 2012, S. 25. Dazu erhellend: Andreas Gelhard, *Das Denken des Unmöglichen. Sprache, Tod und Inspiration in den Schriften Maurice Blanchots*, München: Fink 2005, S. 47-53.

168 Benjamin, »Über Sprache überhaupt und über die Sprache des Menschen«, S. 143.

169 Deshalb ist das Erscheinen des Erscheinens zugleich dessen Verbergung. Weil das Erscheinen des Erscheinens im Erscheinenden das Erscheinende auflöst, es sprengt und damit der Erfahrung entzieht, verbirgt sich das Erscheinen in seinem Erscheinen immer schon. Es ist nur als Verborgenes da. Die Erfahrung dessen, was alle Erfahrung ermöglicht, ist die Erfahrung der Nichterfahrung. Die Erfahrungslosigkeit ist der Moment der Wahrheit. Siehe dazu Sam Webers Erläuterung des Es-gibt der Sprache und damit der Mitteilbarkeit bei Benjamin: Sie teilt (oder spaltet) sich von sich selbst (*Benjamin's -abilities*, Cambridge (Mass.), London: Harvard University Press 2008, S. 42 u. 44-46).

170 Blanchot, *Der literarische Raum*, S. 25f. (Übers. mod.).

171 Zum Folgenden Martin Seel, »Bestimmen und Bestimmenlassen. Anfänge einer medialen Erkenntnistheorie«, in: ders., *Sich bestimmen lassen. Studien zur theoretischen und praktischen Philosophie*, Frankfurt/M.: Suhrkamp 2002, S. 146-166, hier S. 147. Wie genau die Wirkung des Gegenstands auf unsere Begriffsverwendung zu denken ist, kann hier offenbleiben; siehe dazu die Differenzierungen, die John McDowell in »Avoiding the Myth of the Given« (in: ders., *Having the World in View. Essays on Kant, Hegel, and Sellars*, Cambridge [Mass.], London: Harvard University Press 2013, S. 256-272) gegenüber seiner Position in *Mind and World* vorgenommen hat.

172 Heidegger, »Hegels Begriff der Erfahrung«, S. 176.

173 Merleau-Ponty, *Das Sichtbare und das Unsichtbare*, S. 173 u. 183. – Ohne ein Verständnis dieser magischen Kraft des Anderen kann – in dem hier vorgeschlagenen Sinn des Ausdrucks – nicht von »Faszination« gesprochen werden. Darin unterscheidet sich der Vorschlag von dem Verständnis der Faszination, das Andreas Degen in einer Reihe von Untersuchungen für

die Ästhetik des 18. Jahrhunderts (im Gegensatz zur vorneuzeitlichen Verwendung) aufgewiesen hat. Denn hier geschieht nach Degen eine »Freisetzung von magischer Bedeutung« und eine Überführung des Ausdrucks in einen rein »intransitiven« Gebrauch (Andreas Degen, »Sokrates fasziniert. Zu Begriff und Metaphorik der Faszination [Platon, Ficino, Nietzsche]«, in: *Archiv für Begriffsgeschichte*, 53 [2011], S. 9-31, hier S. 10; ders., »Concepts of Fascination, from Democritus to Kant«, in: *Journal of the History of Ideas*, 73:3 [2012], S. 371-393, hier S. 387-392). Bezeichnend für das Problem ist das Fazit in Degens großer Studie, die seine Untersuchungen zusammenführt: »Als Faszinierter bin ich weniger der Welt als vielmehr mir und meinen (als partiell inadäquat erfahrenen) Ordnungsschemata von Welt zugewandt. Faszination bedarf zwar immer eines sinnlich stimulierenden Wahrnehmungsobjektes, das involvierende Aktivierungspotential und dessen Lusteffekt betreffen aber wesentlich die Kategorien des Subjekts.« (*Ästhetische Faszination. Die Geschichte einer Denkfigur vor ihrem Begriff*, Berlin, Boston: de Gruyter 2017, S. 255.) Durch ihre Ästhetisierung (um 1800) wird die Faszination in Imagination aufgelöst. Zu diesem Problem siehe unten, S. 141-146.

174 Walter Benjamin, »Über einige Motive bei Baudelaire« (*GS*, Bd. I.2), S. 605-653, hier S. 647f. Diese wechselseitige Herausforderung der Blicke, die sich gegenseitig faszinieren, zeigt Tiepolos *Alexander der Große und Campaspe im Atelier des Apelles* im Dreiecksverhältnis von Gemalter, Bild und Maler (Alexander ist davon ausgenommen). Beiden gehen im Blick aufeinander buchstäblich die Augen über.

175 Diese Formulierung folgt Blanchot, der schreibt, »dass ein beschädigtes Gerät sein *Bild* wird (und manchmal ein ästhetisches Objekt: ›diese überholten, zerstückelten, unverwendbaren, beinahe unverständlichen, perversen Gegenstände‹, die Breton liebte). In diesem Fall *erscheint* das Gerät, das nicht mehr in seinem Gebrauch verschwindet. Diese Erscheinung des Gegenstandes ist die der Ähnlichkeit und des Widerscheins: sein Doppel, wenn man will. Die Kategorie der Kunst ist verbunden mit dieser Möglichkeit für die Gegenstände, zu

›erscheinen‹, das heißt, sich der reinen und einfachen Ähnlichkeit hinzugeben, hinter der nichts ist – als das Sein.« (*Der literarische Raum*, S. 269 f.)

176 André Breton, »Erstes Manifest des Surrealismus«, S. 18, in: ders., *Die Manifeste des Surrealismus*, übers. v. R. Henry, Reinbek bei Hamburg: Rowohlt 1977; Emmanuel Lévinas, »La réalité et son ombre«, in: *Les Temps Modernes*, 38 (1948), S. 771-789, hier S. 771 (das versteht Lévinas als Einwand; dazu unten, S. 144).

177 Karl Heinz Bohrer, *Die gefährdete Phantasie, oder Surrealismus und Terror*, München: Hanser 1970, S. 33. Der entscheidende Satz von Bretons erstem Manifest steht in einer Fußnote: »Das Bewundernswerte am Phantastischen ist, daß es nichts Phantastisches daran mehr gibt: es gibt nur noch das Wirkliche.« (S. 19) Von hier aus muss die Feier der Imagination und der Phantasie (mit der das Manifest einsetzt und die sich auch bei Aragon findet) verstanden werden. Die surrealistische Imagination produziert kein Bild; sie entdeckt oder erfährt oder erleidet es. So Andreas Gelhard (*Das Denken des Unmöglichen*, S. 50 f.) zu Blanchot.

178 Bohrer, *Die gefährdete Phantasie*, S. 32-34.

179 Walter Benjamin, »Der Sürrealismus. Die letzte Momentaufnahme der europäischen Intelligenz« (*GS*, Bd. II.1), S. 295-310, hier S. 309.

180 Aragon, *Pariser Landleben*, S. 247-249. Helmut Draxler hat in seiner großen Abhandlung »Das brennende Bild. Eine Kunstgeschichte des Feuers in der neueren Zeit« (in: *Kunstforum*, Bd. 87, Januar/Februar 1987, S. 70-228) gezeigt, dass die Verbindung von Feuer und Bild, von Brennen und Darstellen schlechthin grundlegend für die surrealistische Malerei ist. Die zentralen Figuren dafür sind André Masson und René Magritte. Die These lautet, dass hier, im Surrealismus, anders als in dem malerischen Paradigma, das Draxler »mystisch« nennt und in dem die auflösende Kraft des Feuers zentral ist (ebd., S. 80-117), das Bild durch sein Brennen »symbolisch« wird. Das müsste mit Aragon so verstanden werden, dass es das Erscheinen des »Konkreten«, des unbestimmt Wirklichen ist.

181 Theodor W. Adorno, *Ästhetische Theorie* (*GS*, Bd. 7), S. 174; ders., »Die Kunst und die Künste« (*GS*, Bd. 10), S. 432-453, hier S. 450. Zu Adornos Affirmation der Verdinglichung siehe Dirk Quadflieg, *Vom Geist der Sache. Zur Kritik der Verdinglichung*, Frankfurt/M.: Campus 2019, S. 49-55.

182 Oliver Fahle, »Das Bild und das Sichtbare«, in: ders. (Hg.), *Philosophie des Fernsehens*, München: Fink 2006, S. 77-90, hier S. 84. Daher ist das Wirkliche das Unmögliche: Es ist das Erscheinen seines Grundes, der nicht erscheinen kann (oder nur so erscheinen, dass er als nichterscheinender, als verborgener erscheint).

183 Aragon, *Pariser Landleben*, S. 10.

184 Ebd., S. 9.

185 Karl Heinz Bohrer hat die Figur des ästhetischen Terrors, die er am Surrealismus entwickelt hat, in späteren Schriften mit dem Schrecken vor einer unbegreiflichen Gegenwart identifiziert, die er »mythisch« nennt. Diese Identifikation des Ästhetischen mit dem Mythischen bleibt zutiefst zweideutig. Ist der mythische »Erscheinungsschrecken« (Bohrer) das Schaudern vor der Übermacht unbegreiflicher Mächte? Oder ist er der Schrecken über das Erscheinen – über das Erscheinen des Erscheinens – und hat daher eine »ästhetisch-formale Verursachung«, ja, ist sogar ein Effekt »ästhetische[r] Selbstreferenz«? Karl Heinz Bohrer, »Erscheinungsschrecken und Erwartungsangst. Die griechische Tragödie als moderne Epiphanie«, in: ders., *Das absolute Präsens. Die Semantik ästhetischer Zeit*, Frankfurt/M.: Suhrkamp 1994, S. 32-62, hier S. 40, 62.

186 André Breton beschreibt dies als die Vorstellung – das ist Nadjas Vorstellung, die sie zugleich stark und »sehr schwach« machte –, »daß die Freiheit, die wir auf Erden um den Preis tausendfachen und schwierigsten Verzichtes erwerben, in der Frist, in der sie uns gegeben ist, ohne Einschränkungen, ohne irgendwelche Erwägung der Folgen angewendet werden will – und das, weil die Befreiung des Menschen, endgültig begriffen in ihrer einfachsten revolutionären Form, die nichtsdestoweniger die Befreiung des Menschen *in jeder Beziehung* ist, verstehen wir uns richtig, *nach den Fähigkeiten, über die der einzelne*

verfügt, die einzige Sache bleibt, der man würdigerweise dienen kann« (*Nadja*, übers. v. M. Hölzer, Frankfurt/M.: Suhrkamp 1974, S. 109).

187 »Seit Bakunin hat es in Europa keinen radikalen Begriff von Freiheit mehr gegeben. Die Sürrealisten haben ihn. Sie sind die ersten, das liberale moralisch-humanistisch verkalkte Freiheitsideal zu erledigen.« (Benjamin, »Der Sürrealismus«, S. 306)

188 Aristoteles, *Metaphysik*, V.15, 1021a; vgl. IX.1, 1046a. Hegel reformuliert dies als die wechselseitige Angewiesenheit, ja, die wesentliche Einheit von sollizitierender und sollizitierter oder von tätiger und passiver Kraft (Hegel, *Phänomenologie des Geistes*, S. 114).

189 Dirk Setton, *Unvermögen. Die Potentialität der praktischen Vernunft*, Zürich: Diaphanes 2012, S. 37.

190 Aristoteles, *Über Werden und Vergehen*, übers. v. T. Buchheim, Hamburg: Meiner 2011, 323b u. 324a.

191 Bernhard Waldenfels, »Das Rätsel der Sichtbarkeit. Kunstphänomenologische Betrachtungen im Hinblick auf den Status der modernen Malerei«, in: ders., *Der Stachel des Fremden*, Frankfurt/M.: Suhrkamp 1990, S. 204-225, hier S. 215f.

192 Gershom Scholem, »Der Nihilismus als religiöses Phänomen«, in: ders., *Judaica 4*, Frankfurt/M.: Suhrkamp 1984, S. 129-188, hier S. 135 (dazu ausführlicher unten, Kap. 4, S. 443-453). Auf die Nähe von Scholems Begriff der mystischen Erfahrung zu Benjamins ästhetischem Begriff des Surrealismus weist Jürgen Habermas hin: »In der Geschichte das Andere der Geschichte aufspüren. Zu Gershom Scholems ›Sabbatai Zwi‹«, in: ders., *Vom sinnlichen Eindruck zum symbolischen Ausdruck*, Frankfurt/M.: Suhrkamp 1997, S. 73-83, hier S. 75. Zum Folgenden siehe die Erläuterung des Begriffs des »Unvermögens« bei Dirk Setton, der seine plastische, schöpferische Kraft hervorhebt (*Unvermögen*, S. 83-86, 104-106).

193 Scholem, »Der Nihilismus als religiöses Phänomen«, S. 135.

194 Friedrich Schiller, *Über die ästhetische Erziehung des Menschen in einer Reihe von Briefen*, in: ders., *Sämtliche Werke*, hg. v. Gerhard Fricke u. Herbert G. Göpfert, München: Hanser, Bd. 5, S. 570-669, hier S. 635 (21. Brief). – Diese Zusammenstel-

lung von ästhetischer und mystischer Erfahrung ist keine willkürliche Assoziation. Die Faszination steht genau am Punkt der Indifferenz von Ästhetischem und Religiösem. (Darin liegt die Differenz zu der von Degen – oben, Anm. 173 – rekonstruierten Auffassung.) Daraus schließt Schiller, dass das Ästhetische die Wirksamkeit oder Macht des Religiösen beerben und besitzen könne. Daher nennt er die Schönheit »unsre zweite Schöpferin«. Die ästhetische Wirkung ist »die Schenkung der Menschheit«. »Freilich besitzt er [der Mensch] diese Menschheit der Anlage nach schon vor jedem bestimmten Zustand, in den er kommen kann; aber der Tat nach verliert er sie mit jedem bestimmten Zustand, in den er kommt, und sie muß ihm, wenn er zu einem entgegengesetzten soll übergehen können, jedesmal aufs neue durch das ästhetische Leben zurückgegeben werden.« (S. 636f.) Die Schönheit, so Schiller, führt uns auf unseren Anfang zurück; sie macht uns neu. Diese Identifizierung der ästhetischen Verwandlungsmacht mit der religiösen verkennt ihre Grenze, ja ihre strukturelle, prinzipielle Ohnmacht (dazu unten, »Die Krise der Faszination«).

195 Blanchots Frage lautet, weshalb es gerade sein »Mangel« ist, der dem Gesang der Sirenen seine unwiderstehliche Macht verlieh. »Die einen haben darauf von jeher geantwortet: Es war ein nichtmenschlicher Gesang, – ein natürliches Geräusch (gibt es denn andere?), aber am Rande des Natürlichen, dem Menschen in jeder Hinsicht fremd, sehr leise, geeignet, ihm jene höchste Lust zu bescheren, die im Fallen besteht und die er im gewöhnlichen Leben nicht befriedigen kann. Aber, sagen die anderen, noch seltsamer war die Verzauberung; ihr Gesang war dem gewohnten Singen der Menschen nachgebildet, und weil die Sirenen, die nur rein tierischer Natur waren – dabei sehr schön, weil sie den Widerschein weiblicher Schönheit auffingen –, singen konnten wie die Menschen singen, machten sie aus dem Gesang etwas Außerordentliches, das den Hörer vermuten ließ, jeder menschliche Gesang sei im Grunde nicht menschlich. Das würde heißen, daß die Menschen sich für ihren eigenen Gesang leidenschaftlich entflammt hätten und an Verzweiflung zugrunde gegangen seien. An einer Verzweiflung,

die sehr nahe an das Entzücken grenzte. Etwas Wunderbares lag in diesem wirklichen Gesang, diesem allen gemeinsamen, heimlichen, schlichten und alltäglichen Gesang verborgen, und dieses Wunderbare müssen sie mit einem Schlag erkannt haben, als es auf unwirkliche Art von fremden und sozusagen imaginären Mächten gesungen ward: Sang des Abgrundes, der, wenn man ihn nur einmal vernommen hatte, in jedem Wort einen Abgrund auftat und sehr dazu verlockte, in ihm zu verschwinden.« (Maurice Blanchot, *Der Gesang der Sirenen. Essays zur modernen Literatur*, übers. v. K. A. Horst, Frankfurt/M., Berlin, Wien: Ullstein 1982, S. 11f.)

196 Blanchot, *Der literarische Raum*, S. 266 (Übers. mod.).

197 Adorno schreibt: »Es ist das Mögliche, nie das unmittelbar Wirkliche, das der Utopie den Platz versperrt« (*Negative Dialektik*, S. 66). Denn das Wirkliche ist das Unmögliche – das uns zu erfassen und zu machen unmöglich ist und von dem wir daher neu anfangen können. Alexander García Düttmann hat Adornos Satz durch eine Deutung der Filme Luchino Viscontis ausgelegt in: *Visconti: Einsichten aus Fleisch und Blut*, Berlin: Kadmos 2007, v. a. S. 128f.

198 Aragon, *Pariser Landleben*, S. 138.

199 Ebd., S. 139.

200 Ebd., S. 137.

201 Dass dies *zunächst* gilt, soll sagen, dass Aragon offensichtlich um dieses Problem weiß. Deshalb entwickelt er im letzten Kapitel seines Buchs (»Der Traum des Bauern«) eine Theorie des Denkens. Das Denken aber geht nicht nur aus der Faszination hervor, sondern auch über sie hinaus. Darum geht es u. a. in Abschnitt (c) dieses Kapitels. Hier soll nur gezeigt werden, weshalb der Schritt von der Faszination zum Denken nötig ist – und wie er möglich ist (Kap. 2, Abschn. [b]).

202 Tertullian, *Über die Verschleierung der Jungfrauen* (*De virginibus velandis*), in: ders., *Sämtliche Schriften*, übers. v. K. A. H. Kellner, Köln: Dumont-Schauberg 1882, Bd. 1, S. 354-376, hier S. 355 (Übers. mod.).

203 Schmidt, *Exodus 1-6*, S. 112 (mit einem Zitat von Wolfgang Richter).

204 Lévinas, »La réalité et son ombre«, S. 786; zum Folgenden S. 776 f. Lévinas' Abrechnung mit dem Ästhetischen, und das ist bei ihm die Kunst, gipfelt in der These, dass die Kunst die Freiheit, indem sie sie begrenzt, wieder ans Schicksal verrät. *Einen* Ausweg daraus sieht Lévinas darin, dass die Kunst ihre gegenwärtige »Hypertrophie« aufgibt, in der sie sich mit dem »geistigen Leben identifiziert«, und sich selbst begrenzt: »auf eine Quelle des Vergnügens – das man nicht bestreiten kann, ohne sich lächerlich zu machen –, das seinen Platz – aber nur einen Platz – im Glück des Menschen hat« (S. 788). Der andere Ausweg besteht nach Lévinas darin, dass die Kunst (sich) zu *denken* anfängt und zur Kritik (und damit anders und mehr als Kunst) wird.

205 Schmidt, *Exodus 1-6*, S. 112.

206 Jean-Luc Marion, *La Croisée du visible*, Paris: La Différence 1999, S. 41-46; ausführlich: ebd., Kap. 2: »Ce que cela donne« (S. 47-81).

207 Breton spricht von »images toutes faites« zuerst 1921 für Max Ernsts »Übermalungen«, deren Basis »the readymade images of objects (as in catalogue figures)« ist, die Ernst nicht additiv, wie in der Collage, sondern »subtraktiv«, durch Löschungen, bearbeitet (Rosalind Krauss, *The Optical Unconscious*, Cambridge (Mass.), London: MIT Press 1993, S. 46). Suzanne Guerlacs Übersetzungsvorschlag in: »The Useless Image: Bataille, Bergson, Magritte«, in: *Representations*, 97:1 (2007), S. 28-56, hier S. 47.

208 Zur Faszinationsästhetik des frühen Films und ihrer Rezeption durch die Avantgarden siehe Tom Gunning, »An Aesthetic of Astonishment. Early Film and the (In)Credulous Spectator«, in: Philip Simpson, Andrew Utterson, Karen J. Shepherdson (Hg.), *Film Theory: Critical Concepts in Media and Cultural Studies*, Bd. III, London, New York: Routledge 2004, S. 78-95; ders., »The Cinema of Attractions. Early Film, Its Spectator and the Avant-Garde«, in: Wanda Strauven (Hg.), *The Cinema of Attractions Reloaded*, Amsterdam: Amsterdam University Press, 2006, S. 381-388.

209 Stanley Cavell, *The World Viewed. Reflections on the Ontology of Film*, Cambridge (Mass.): Harvard University Press 1979,

S. 102. So wie die surrealistischen Bilder nach Karl Heinz Bohrer unsere Einbildungskraft überfordern und terrorisieren; siehe oben, S. 130.

210 Hent de Vries, *Le miracle au cœur de l'ordinaire*, Paris: Éditions Les Belles Lettres 2019, S. 71 (De Vries schreibt dies im Blick auf Walt Whitman und seine Faszination für die Wunder der Technik). Siehe auch ebd., S. 77: die Frage nach der kritischen Unterscheidung zwischen Wunder – und Wunder.

211 Emmanuel Lévinas, *Vom Sakralen zum Heiligen. Fünf neue Talmud-Lesungen*, übers. v. F. Miething, Frankfurt/M.: Verlag Neue Kritik 1998, S. 92.

212 Ebd., S. 90.

213 Marion, *La Croisée du visible*, S. 99. Das Paradigma dieser Täuschungstechnik ist für die religiöse Kritik das Goldene Kalb.

214 De Vries, *Le miracle au cœur de l'ordinaire*, S. 31.

215 *Breaking Bad*, entwickelt von Vince Gilligan, 62 Folgen in fünf Staffeln, Erstausstrahlung 2008-2013 auf AMC. – Zu der Frage, ob die mediale, insbesondere filmische »Ästhetik des Erstaunens« (Gunning) historisch, typologisch oder strukturell zu lesen ist, siehe Martin Seel, *Die Macht des Erscheinens. Texte zur Ästhetik*, Frankfurt/M.: Suhrkamp 2007, S. 152-175; ders., *Die Künste des Kinos*, Frankfurt/M.: Fischer 2013, S. 104-108. Zur Faszinationsästhetik in *Breaking Bad* siehe Gertrud Koch, *Breaking Bad*, Zürich, Berlin: Diaphanes 2015, S. 39-51.

216 Lorenz Engell, *Das Schaltbild. Eine Philosophie des Fernsehens*, Konstanz: Konstanz University Press 2021, Kap. 1; zum Beispiel der Nachrichtensendung: ebd., S. 21-23.

217 Lynn Spigel, *Make Room for TV. Television and the Family Ideal in Postwar America*, Chicago, London: The University of Chicago Press 1992, v. a. S. 36-45, 100-109. Das Fernsehen, so fasst Lorenz Engell diese Einsicht zusammen, »etabliert geradezu eine eigene, neue soziale Strukturierung, eine neue gesellschaftliche Formation, nämlich die vorstädtische Hausfrauenfamilie« (Lorenz Engell, *Fernsehtheorie zur Einführung*, Hamburg: Junius 2012, S. 109). Das geschah in den 1950er und 1960er Jahren. *Breaking Bad* handelt – im Guten und im

Schlechten – vom Zerfall dieser Welt 50 Jahre später; dazu unten, Kap. 3.

218 *Current of simultaneous event reception* – im Gegensatz zum Film als »Abfolge automatischer Weltprojektionen« (*succession of automatic world projections*; Stanley Cavell, »The Fact of Television«, in: ders., *Themes Out of School. Effects and Causes*, Chicago: Chicago University Press 1988, S. 235-268, hier S. 251f.). Dabei unterscheidet beide nicht das Automatische oder Mechanische; das gilt für alle technische Bildproduktion (siehe Cavell, *The World Viewed*, S. 20-23). Sondern dass es im Film um eine Erschließung der Welt geht, während nach Cavell im Fernsehen nur Geschehnisse (*events*) empfangen oder überwacht werden (*to receive* oder *to monitor*).

219 Marion, *La Croisée du visible*, S. 95.

220 Theodor W. Adorno, »Prolog zum Fernsehen« (*GS*, Bd. 10), S. 507-517, hier S. 514. Adorno sagt dies hier über die Kulturindustrie; sie ist praktizierter Positivismus. Das Fernsehen ist für Adorno dessen Zuspitzung. – Eine ausführlichere Diskussion, als hier nötig ist, müsste dies als die Differenz zwischen dem traditionell ästhetischen und dem medialen Bild bestimmen. Der Positivierungseffekt des medialen Bilds ist nicht ideologisch (im Sinne der traditionellen ästhetischen Ideologie).

221 Kenneth Burke, *A Grammar of Motives*, New York: Prentice-Hall 1946, S. 109f. Das Folgende: S. 110-112. Zum Diabolischen der Medienmacht siehe unten, S. 176-178.

222 Ebd., S. 93.

223 Georg Simmel, *Philosophie des Geldes* (*Georg Simmel Gesamtausgabe* [*GSG*], hg. v. Otthein Rammstedt, Frankfurt/M.: Suhrkamp 1989-2016, Bd. 6), S. 121f., 133, 122.

224 Karl Marx, *Ökonomisch-philosophische Manuskripte*, in: Karl Marx, Friedrich Engels, *Werke* (*MEW*), Berlin: Dietz 1956ff., Erg.-Bd. 1, S. 465-588, hier S. 564f. In der Auslassung heißt es: »Ich *bin* häßlich, aber ich kann mir die *schönste* Frau kaufen. Also bin ich nicht *häßlich*, denn die Wirkung der *Häßlichkeit*, ihre abschreckende Kraft ist durch das Geld vernichtet. Ich – meiner Individualität nach – bin *lahm*, aber das Geld verschafft mir 24 Füße; ich bin also nicht lahm; ich bin ein schlechter, un-

ehrlicher, gewissenloser, geistloser Mensch, aber das Geld ist geehrt, also auch sein Besitzer. Das Geld ist das höchste Gut, also ist sein Besitzer gut, das Geld überhebt mich überdem der Mühe, unehrlich zu sein; ich werde also als ehrlich präsumiert; ich bin *geistlos*, aber das Geld ist der *wirkliche* Geist aller Dinge, wie sollte sein Besitzer geistlos sein? Zudem kann er sich die geistreichen Leute kaufen, und wer die Macht über die Geistreichen hat, ist der nicht geistreicher als der Geistreiche?« Marx kommentiert hier Mephisto: »Wenn ich sechs Hengste zahlen kann / Sind ihre Kräfte nicht die meinen? / Ich renne zu und bin ein rechter Mann / Als hätt' ich vierundzwanzig Beine.« (*Faust* I, 4)

225 Simmel, *Philosophie des Geldes*, S. 120.

226 Ebd., S. 428 und 135.

227 Ebd., S. 137. Die Steigerungsworte, die Simmel hier verwendet, sollen ausdrücken, dass im Geld eine Grundbestimmung des menschlichen Geistes – die »Projizierung bloßer Verhältnisse auf Sondergebilde« (ebd.) – zu ihrer »reinsten« und höchsten Verwirklichung gelangt. Im Freiheitskapitel der *Philosophie des Geldes* (Kap. 4) beschreibt Simmel, wie dies zu einer »Versachlichung« des Sozialen führt, die Räume öffnet, in denen sich die »Persönlichkeit« in ihrer »Eigengesetzlichkeit« entfalten kann. Dabei tritt hier aber in den Hintergrund, dass (und wie) die freie Persönlichkeit durch die Negativität des Geldes nicht nur in ihrer Entfaltung äußerlich ermöglicht, sondern innerlich konstituiert ist.

228 Heraklit, *Fragmente*, in: *Die Fragmente der Vorsokratiker. Griechisch und Deutsch*, hg. v. Hermann Diels u. Walther Kranz (*Edition Diels-Kranz*), Berlin: Weidmannsche Verlagsbuchhandlung 1960, Fr. 90. Dazu unten, S. 205-208.

229 So Martin Heidegger über das ebenso vorgestellte wie vorstellende »Weltbild« des neuzeitlichen Subjekts (»Die Zeit des Weltbildes«, in: ders., *Holzwege*, S. 69-104, hier S. 85).

230 Adorno, »Prolog zum Fernsehen«, S. 514.

231 Sam Weber, »Television: Set and Screen«, in: ders., *Mass Mediauras. Form, Technics, Media*, Stanford: Stanford University Press, S. 108-128, hier S. 117. Dieses Argument rekonstru-

iert Jenny Slatman (»Tele-Vision: Between Blind Trust and Perceptual Faith«, in: Hent de Vries, Sam Weber [Hg.], *Religion and Media*, Stanford: Stanford University Press 2002, S. 216-226) mithilfe von Merleau-Pontys Theorie der Sichtbarkeit.

232 Weber, »Television: Set and Screen«, S. 122.

233 Aragon, *Pariser Landleben*, S. 137. Benjamin kommentiert: »Es bringt uns nämlich nicht weiter, die rätselhafte Seite am Rätselhaften pathetisch oder fanatisch zu unterstreichen; vielmehr durchdringen wir das Geheimnis nur in dem Grade, als wir es im Alltäglichen wiederfinden, kraft einer dialektischen Optik, die das Alltägliche als undurchdringlich, das Undurchdringliche als alltäglich erkennt.« (»Der Sürrealismus«, S. 307) Soweit der Surrealismus das – in vielen seiner Gestalten – verkennt, bleibt auch er noch »einigen sehr verhängnisvollen romantischen Vorurteilen« verhaftet (ebd.).

234 Aragon, *Pariser Landleben*, S. 138.

235 Zur Klärung dieser Begriffe siehe oben, Kap. 1, S. 157-165.

236 De Vries, *Le miracle au cœur de l'ordinaire*, S. 80. Siehe auch Franco Morettis Beschreibung der *everyday mythology* der Massenkultur: *Signs Taken for Wonders, Essays in the Sociology of Literary Forms*, London: Verso 1997, S. 229-239.

237 Benjamin, »Der Sürrealismus«, S. 307. André Bretons Zeitschrift zwischen 1930 und 1933 heißt *Le surréalisme au service de la revolution*. Diese Formel befragt Maurice Blanchot in seinen »Refléxions sur le surréalisme«, in: ders., *La part du feu*, Paris: Gallimard 1949, S. 90-102, hier v.a. S. 98-102. Er zeigt den Abstand (zwischen Poetik und Politik) auf, den diese Formel nicht überbrücken kann. Dieses Scheitern des Surrealismus lässt sich auf zwei entgegengesetzte Weisen lesen. Nach der einen Lesart zeigt es, dass der Abstand zwischen einer Poetik des Rausches und der revolutionären Politik prinzipiell, also unüberbrückbar ist – dass er nicht überbrückt werden kann und darf. Das ist die These von Karl Heinz Bohrer: Aus dem ästhetischen Terror des Wirklichen (oben, S. 136) darf politisch nichts folgen; er darf keine »reale Bedeutung« erlangen (*Die gefährdete Phantasie*, S. 57). Denn »dann müßte sich die Phantasie an die Praxis anpassen« (S. 54). Daher versteht Bohrer (wie

der *Robinson Crusoe* gewidmete Folgeband erläutert) die ästhetische Erfahrung als utopisch: »Wenn ich plötzlich höre, denke, lese, sage, dann habe ich jenen berühmten Punkt, mit dem die Welt aus den Angeln zu heben ist. Dieser Punkt unterbricht die antizipierbare Linie, zieht die rationalisierte Zeit zu einem einzigen energetischen Augenblick zusammen.« (Karl Heinz Bohrer, *Der Lauf des Freitag. Die lädierte Utopie und die Dichter*, München: Hanser 1973, S. 45.) Gerade hier aber gilt umso mehr, dass die ästhetischen »Formen und Inhalte utopischen Sprechens« nicht mehr als »subjektive Postulate« sein können (S. 61). Das »ästhetische Subjekt« – in dieser These gipfelt Bohrers Robinsonade (S. 120-141) – ist das bestehende bürgerliche Individuum. – Die Gegenthese vertritt Jacques Rancière, der »keinen Konflikt zwischen der Reinheit der Kunst und ihrer Politisierung« sieht (Jacques Rancière, *Das Unbehagen in der Ästhetik*, übers. v. R. Steurer, Wien: Passagen 2008, S. 43). Das heißt aber nicht, dass sie identisch sind oder ineinanderfallen. Ihre Einheit ist ein »Paradox« oder bildet eine »Dialektik« (ebd., S. 47 u. 53). Es bedarf daher eines *Schritts* vom einen zum anderen, eines »Vorgangs«, den Rancière mit Schiller »ästhetische Erziehung« nennt: »Die ästhetische Erziehung ist also der Vorgang, der die Einsamkeit des freien Scheins in gelebte Wirklichkeit umwandelt und den ästhetischen ›Müßiggang‹ [von dem Schiller mit Bezug auf die Juno Ludovesi spricht; die Surrealisten sprechen von Rausch oder Faszination] in Handeln der lebendigen Gemeinschaft.« (S. 47) Benjamins Frage ist: Was ist das für ein »Vorgang«? Am Surrealismus zeigt sich, wie schwierig es ist, ihn auch nur zu denken.

Die folgende Problematisierung des Surrealismus – seines Schritts zur Politik – müsste vertieft werden im Blick auf den »Einfluss«, den er »auf moderne politische und kulturelle Bewegungen in der afrikanischen Diaspora« gehabt hat (Robin D.G. Kelley, »Keeping It (Sur)real: Dreams of the Marvelous«, in: ders., *Freedom Dreams. The Black Radical Imagination*, Boston: Beacon 2002, S. 157-194, hier S. 159). Kelley nennt insbesondere – aber bei weitem nicht nur – Aimé Césaire (ebd., S. 166-181) und liest von hier aus den »Einfluss des Surrealismus in der schwarzen Welt« in Nordamerika neu (S. 181). Hier zeigt sich, welcher Schritt getan werden muss. Kelley beschreibt ihn (im Blick auf »das revolutionäre Wesen des Blues«) so: »Durch seine Treue zur Phantasie und zur Leidenschaft erzeugt der Blues ein irreduzibles und sozusagen gewohnheitsbildendes [*habit-forming*] Verlangen nach Freiheit und dem, was Rimbaud das ›wahre Leben‹ genannt hat.« (S. 164) Das führt zu »neuen Konzeptionen der Befreiung« (S. 192).

238 Breton, »Erstes Manifest«, S. 41f.

239 Breton, *Nadja*, S. 126f.

240 Benjamin, »Der Sürrealismus«, S. 307.

241 Breton, »Erstes Manifest«, S. 28f.; *Nadja*, S. 19.

242 Benjamin, »Der Sürrealismus«, S. 307.

243 Burke, *A Grammar of Motives*, S. 111f.; dazu oben, S. 158-160.

244 Beide Zitate: Niklas Luhmann, *Die Wirtschaft der Gesellschaft*, Frankfurt/M.: Suhrkamp 1996, S. 242.

245 Dieter Thomä, »Symbolisches und Diabolisches. Eine neue Deutung der Krisen moderner Gesellschaften in sozial- und sprachtheoretischer Perspektive«, in: *Leviathan*, 3 (2006), S. 419-439, hier S. 431.

246 Aristoteles, *Nikomachische Ethik*, III.4, 1111b-1112a.

247 Ernst Tugendhat, »Der Begriff der Willensfreiheit«, in: ders., *Philosophische Aufsätze*, Frankfurt/M.: Suhrkamp 1992, S. 334-351, hier S. 349.

248 »[Die] Identifikation von Freiheit mit Wahlfreiheit identifiziert Freiheit mit einer Gegebenheit, und zwar mit der Gegebenheit eines Vermögens« (Ruda, *Indifferenz und Wiederholung*, S. 17). In Kap. 1 hat sich gezeigt, wie unter dieser Voraussetzung die Befreiung aus der Knechtschaft verstanden wird: bloß graduell, als Ausweitung einer Freiheitsmacht, die jede und jeder immer schon hat.

249 Nancy, *Die Erfahrung der Freiheit*, S. 112.

250 Alain Badiou, *Das Sein und das Ereignis*, übers. v. G. Kamecke, Zürich, Berlin: Diaphanes 2016, S. 202: »Die Geschichte ist naturalisierbar, doch die Natur ist nicht historisierbar. Hier besteht eine frappierende Asymmetrie.«

251 S. 149 und 202.

252 Ich verstehe diesen Absatz, der das zuvor Gesagte zusammenfassen soll, so, dass er ein Argument von Alain Badiou reformuliert. Badiou sagt über die beiden Möglichkeiten (zwischen denen zu entscheiden ist): »Entweder gehört das Ereignis zur Situation oder es gehört ihr nicht zu. [...] Es gibt also zwei Möglichkeiten: Entweder ist das Ereignis in der Situation und es durchbricht das Am-Rande-der-Leere-Sein der Stätte, indem es sich zwischen sich selbst und die Leere stellt, oder das Ereignis ist nicht in der Situation und sein Benennungsvermögen schreibt, sofern es überhaupt ›etwas‹ anschreibt, allein die Leere selbst an.« (Ebd., S. 208f.) Es geht also um die Entscheidung, ob das Ereignis mehr ist (Badiou sagt: »das Ultra-Eins«) als die Anschreibung der Leere. Das heißt: Mehr als ein Zusatz, der ohnmächtig ist, weil er nichts hinzusetzt und daher auch nichts ändert. Während für die andere Möglichkeit gilt: »[...] dieses Ultra-Eins-das-die-Leere-benennt entfaltete im Inneren-Äußeren einer geschichtlichen Situation, in einer Verdrehung [*torsion*] seiner Ordnung, das Sein des Nicht-Seins, das heißt *das Existieren*.« (S. 210) – Zur Logik (und Zeitlichkeit) der Entscheidung, die ihre eigene Möglichkeit rückwirkend hervorbringt – eine »seltsame spiegelverkehrte Rücksendung« (S. 238) – und daher sich zwar »rückwirkend als rational erweist«, aber »niemals deduzierbar« ist, siehe S. 248f. (im Blick auf Pascal und die Entscheidung zum Glauben).

253 Walter Benjamin, »Zur Kritik der Gewalt« (*GS*, Bd. II.1), S. 179-203, hier S. 202.

254 Luhmann, *Die Wirtschaft der Gesellschaft*, S. 259.

255 Ebd., S. 260 u. 258.

256 Karl Marx, »Zur Kritik der Hegelschen Rechtsphilosophie. Kritik des Hegelschen Staatsrechts (§§ 261-313)« (*MEW*, Bd. 1), S. 201-336, hier S. 296. Siehe auch die Kritik der Kritik als Unterscheidung zweier Seiten – »[die] *gute Seite* und die *schlechte Seite*« – in Karl Marx, *Das Elend der Philosophie* (*MEW*, Bd. 4), S. 131-133 (gegen Proudhons »kritische« Behandlung der Sklaverei).

257 Alexander García Düttmann, *So ist es. Ein philosophischer Kommentar zu Adornos* Minima Moralia, Frankfurt/M.: Suhrkamp 2004, S. 36.

258 Franz Rosenzweig, »Das neue Denken. Einige nachträgliche Bemerkungen zum ›Stern der Erlösung‹«, in: ders., *Zweistromland. Kleinere Schriften zu Religion und Philosophie*, Berlin: Philo 1926, S. 240-268, hier S. 265. »Der Begriff der Bewährung der Wahrheit wird zum Grundbegriff dieser neuen Erkenntnistheorie, die an die Stelle der Widerspruchslosigkeits- und Gegenstandstheorien der alten tritt und an die Stelle des statischen Objektivitätsbegriffs jener einen dynamischen einführt.« (Ebd.)

259 Der Begriff *emeth* (der letzte der in *Exodus* genannten Gottesnamen) »gehört zu Worten wie *aman*, *omen*, *amen*; alles Worte, die ebenso ›Wahrheit‹ wie ›Treue‹ bedeuten, also auch im Begriff der Wahrheit die Treue-Forderung erheben«. Das steht »im Gegensatz zu den entsprechenden griechischen Begriffen« (Klaus Heinrich, *Parmenides und Jona. Vier Studien über das Verhältnis von Philosophie und Mythologie*, Frankfurt/M.: Suhrkamp 1966, S. 201, Anm. 100, sowie S. 122).

260 Georges Bataille, *Die innere Erfahrung*, übers. v. G. Bergfleth, Berlin: Matthes & Seitz [2]2017, S. 50.

261 Ebd., S. 67, 69 u. 80f.

262 Ebd., S. 81.

263 Siehe oben, Kap. 1, v.a. S.96-99.

264 Žižek, *Weniger als nichts*, S. 219. Die Formel »Materialismus ohne Materie« übernimmt Žižek von Jacobi, der sie für Fichte geprägt hat. Denn nach Fichte verdankt sich die Freiheit einem Anstoß von außen. Das rekonstruiert Carl Hegemann, *Identität und Selbst-Zerstörung. Grundlagen einer historischen Kritik moderner Lebensbedingungen bei Fichte und Marx* [1978], Berlin: Alexander 2017, S. 81-87. Genau so ist auch Adornos ästhetischer Materialismus zu verstehen, den Martin Seel durch die Figur der »aktiven Passivität« erläutert; siehe ders., »Aktive Passivität. Über die ästhetische Variante der Freiheit«, in: ders., *Aktive Passivität. Über den Spielraum des Denkens, Handelns und anderer Künste*, Frankfurt/M.: Fischer 2014, S. 240-268, v.a. S. 251-256. – Gunnar Hindrichs verwendet den Ausdruck

»ästhetischer Materialismus« für einen »Verstehenszusammenhang [...], der die Eigenart des Ästhetischen unter dem Primat der Materie erfasst« (Gunnar Hindrichs, »Ästhetischer Materialismus«, in: *Zeitschrift für kritische Sozialtheorie und Philosophie*, 2 [2016], S. 246-255, hier S. 246). Ich verwende den Ausdruck umgekehrt: Es geht um einen Verstehenszusammenhang, der die Materie oder die Materialität unter dem Primat des Ästhetischen erfasst. Denn das heißt, ihre Vorgegebenheit von der (darin ästhetischen) Erfahrung her zu bestimmen, die das Subjekt über sich hinausführt – so wie Adorno vom ästhetischen Genuss sagt, dass er »ein Weg in gewisser Weise gerade weg vom Subjekt ist« (Theodor W. Adorno, *Ästhetik (1958/59)*, Frankfurt/M.: Suhrkamp 2009, S. 188; zit. nach Seel, »Aktive Passivität«, S. 252).

265 G.W.F. Hegel, *Enzyklopädie der philosophischen Wissenschaften I* (*Theorie-Werkausgabe*, Bd. 8), § 160; hier auch der Ausdruck »absoluter Idealismus« (§ 160 Z, S. 307). Sebastian Rödl erläutert diesen Begriff so: »Das Denken denkt, eben weil es objektiv ist, nichts als sich selbst. Wir müssen verstehen, wie das Urteil [des Denkens] Erkenntnis dessen sein kann, was ist, und zwar so, dass es eben als Erkenntnis dessen, was ist, nichts anderes ist als das Wissen des Wissens von sich selbst oder das sich selbst wissende Wissen. Das ist eine Formel des absoluten Idealismus.« (Sebastian Rödl, *Selbstbewußtsein und Objektivität. Eine Einführung in den absoluten Idealismus*, Berlin: Suhrkamp 2019, S. 34.)

266 G.W.F. Hegel, *Wissenschaft der Logik II* (*Theorie-Werkausgabe*, Bd. 6), S. 251 u. 253.

267 Siehe oben, Kap. 1, Abschn. (a), S. 50-53.

268 Hegel, *Phänomenologie des Geistes*, S. 179.

269 Hegel, *Logik II*, S. 252.

270 Es folgt insbesondere, dass die Selbstverwirklichung des Begriffs seine Selbstentzweiung ist. Denn das bedeutet, dass der Begriff seine Negativität gegen sich selbst wendet – dass er sich selbst, sein eigenes Setzen negiert.

271 Hegel, *Logik II*, S. 253.

272 Ebd., S. 251, siehe auch S. 240.

273 Michael Theunissen, *Sein und Schein. Die kritische Funktion der Hegelschen Logik*, Frankfurt/M.: Suhrkamp 1980, S. 318f. Theunissen bezieht sich auf den Positivismusvorwurf von Marx an Hegel (S. 475f.). Theunissen zeigt, dass dies dem Einwand entspricht, den Hegel selbst gegen die metaphysische Tradition erhoben hat.

274 G.W.F. Hegel, *Enzyklopädie der philosophischen Wissenschaften III*, § 382 Z, S. 27. Diesen Prozess nennt Hegel auch die »Bildung«. Dazu grundlegend Andreas Gelhard, *Skeptische Bildung. Prüfungsprozesse als philosophisches Problem*, Zürich: Diaphanes 2018, v.a. S. 315-319. »Bildung« und »Befreiung« sind bei Hegel keine genetischen, sondern genealogische Kategorien; sie bestimmen die Seinsweise des Geistes bzw. der Freiheit als ihr Werden. Dass die *Logik*, wie Hegel betont, sich dafür nicht interessiert, ist kein Einwand gegen diese Bestimmung. Denn die Perspektive der *Logik* ist begrenzt: Wenn sie nach der »*Genesis* des *Begriffes*« (*Logik II*, S. 246) aus »*den ihm vorausgesetzten Stufen*« (ebd., S. 256) fragt, fragt sie nach dem »*Begriff des Begriffes*« (S. 252): danach, wie wir dazu gelangen, den Begriff zu begreifen (nachdem wir vorher von »Sein« und »Wesen« gesprochen haben; S. 256). Das heißt: den *Begriff* des Begriffs zu fassen. Der Begriff des Begriffs enthält aber noch nicht seine »Realität« (oder der Begriff des Begriffs ist noch nicht die »Idee«; S. 265). Darin liegt die Begrenztheit und daher Defizienz der *Logik*: »Indem es zunächst hier die *Logik*, nicht die Wissenschaft überhaupt ist, von deren Verhältnisse zur Wahrheit die Rede ist, so muß ferner noch zugegeben werden, daß jene als die *formelle Wissenschaft* nicht auch diejenige Realität enthalten könne und solle, welche der Inhalt weiterer Teile der Philosophie, der *Wissenschaften der Natur und des Geistes*, ist. Diese konkreten Wissenschaften treten allerdings zu einer reelleren Form der Idee heraus als die Logik, aber zugleich nicht so, daß sie zu jener Realität sich wieder umwendeten, welche das über seine Erscheinung zur Wissenschaft erhobene Bewußtsein aufgegeben [hat], oder auch zum Gebrauch von Formen, wie die Kategorien und Reflexionsbestimmungen sind, deren Endlichkeit und Unwahrheit sich in der

Logik dargestellt hat, wieder zurückkehrten. Vielmehr zeigt die Logik die Erhebung der *Idee* zu der Stufe, von der aus sie die Schöpferin der Natur wird und zur Form einer *konkreten Unmittelbarkeit* überschreitet, deren Begriff aber auch diese Gestalt wieder zerbricht, um zu sich selbst, als *konkreter Geist*, zu werden.« (S. 264f.) Den Begriff »konkret« oder als »Idee« zu denken heißt, das Aus-sich-heraus-Setzen einer sich zur Unmittelbarkeit verselbständigenden Realität gegenüber dem Begriff aus dem Begriff zu denken. Weil der Begriff sich in seiner Verwirklichung immer schon verloren hat, muss er sich daher immer noch wiederfinden: sich bilden oder befreien. Weder das Erste noch das Zweite lässt sich allein aus der *Logik* begreifen.

275 Siehe oben, Kap. 1, Abschn. (b), S. 80-87.

276 Hegel, *Logik II*, S. 255.

277 Judith Butler, *Subjects of Desire. Hegelian Reflections in Twentieth-Century France*, New York: Columbia University Press 1987, S. 41. Darin ist die befreiende Negation die »bestimmte« Negation. Die bestimmte Negation erschließt die Bestimmung als vermittelte (und in diesem Sinn negative). Denn der Gehalt jeder Bestimmung verdankt sich allein ihren Beziehungen zu allen anderen Bestimmungen. Zu verstehen, dass etwas eine Wiese ist, heißt zu verstehen, dass es *nicht* ein Wald oder Teich und *auch* eine Art von Grundstück ist: Es heißt, die vielfältigen Beziehungen des Aus- und Einschließens dieser Bestimmungen mit anderen Bestimmungen zu verstehen. Durch diese Beziehungen (die nicht ein statisches Netz oder Geflecht, sondern ein Prozess sind, denn mit jedem einzelnen Zug verändert sich das Ganze) sind die jeweiligen Bestimmungen vermittelt.

278 Hegel, *Phänomenologie des Geistes*, S. 74. »Als Resultat aufgefaßt ist es das aus dieser Bewegung herkommende, das *bestimmte* Negative, und hiemit ebenso ein positiver Inhalt.« (Ebd.) Die Negation hat das Resultat zum Resultat: das ›Resultieren‹ der Bestimmung, die in der Gewohnheit positiv da zu sein schien.

279 Hegel, *Wissenschaft der Logik I* (*Theorie-Werkausgabe*, Bd. 5), S. 49.

280 Hegel, *Phänomenologie des Geistes*, S. 57; ders., *Logik I*, S. 49.

281 Hegel, *Logik II*, S. 257.

282 Hegel, *Vorlesungen über die Geschichte der Philosophie I*, S. 336, 340 und 336f.

283 Ebd., S. 330. Hegel betont den Realismus von Heraklits naivem Idealismus. Aber er verwendet dabei weder den Begriff der Erfahrung noch den der Verwunderung. Die These im Folgenden lautet, dass der Realitätsbezug von Heraklits Philosophie ohne diese Begriffe nicht verstanden werden kann.

284 Ebd., S. 320.

285 Manfred Riedel, »Erster und anderer Anfang. Hegels Bestimmung des Ursprungs und Grundes der griechischen Philosophie«, in: Hans-Christian Lukas, Guy Planty-Bonjour, *Logik und Geschichte in Hegels System*, Stuttgart, Bad Cannstatt: Frommann-Holzboog 1989, S. 173-197, hier S. 196. Riedel nennt diesen erinnerten Anfang, den Anfang in der Erfahrung, den »anderen Anfang« des absoluten Idealismus. Der erste Anfang ist logisch, der andere phänomenologisch oder geschichtlich. Dem entspricht Andreas Gelhards Deutung des Erfahrungsbegriffs der *Phänomenologie des Geistes*; siehe *Skeptische Bildung*, S. 210-215 (mit Bezug auf Dina Emundts, *Erfahrung und Erkennen. Hegels Theorie der Wirklichkeit*, Frankfurt am Main: Klostermann 2012, v.a. Kap. I.3).

286 Heraklit, Fragmente, Fr. 90; oben, S. 162.

287 Ebd., Fr. 126.

288 Charles H. Kahn, *The Art and Thought of Heraclitus. An Edition of the Fragments with Translation and Commentary*, Cambridge u.a.: Cambridge University Press 1979, S. 138.

289 Heraklit, *Fragmente*, Fr. 61, 62, 67 und 88.

290 Karl Reinhardt, *Parmenides und die Geschichte der griechischen Philosophie*, Bonn: Cohen 1916, S. 179.

291 Friedrich Nietzsche, »Die Philosophie im tragischen Zeitalter der Griechen« (*KSA*, Bd. 1), S. 799-872, hier S. 827. Das sieht Hegel genauso; siehe *Vorlesungen über die Geschichte der Philosophie I*, S. 319.

292 Nietzsche, »Die Philosophie im tragischen Zeitalter der Griechen«, S. 828.

293 Hegel, *Vorlesungen über die Geschichte der Philosophie I*, S. 324.

294 »*Man soll es ferner nicht* tun als Kinder der Erzeuger, *d.h. schlicht ausgedrückt ›wie wir es überkommen haben‹.*« (Heraklit, Fr. 74; die kursivierten Passagen sind Ergänzungen in den Quellentexten der Fragmente.) – »Wenn er's nicht erhofft, das Unerhoffte wird er nicht finden, da es unaufspürbar ist und unzugänglich.« (Fr. 18; die Übersetzung das »Unerwartete« in der Edition Mansfeld-Primavesi: *Die Vorsokratiker*, hg. v. Jaap Mansfeld u. Oliver Primavesi, Stuttgart: Reclam 2012, Fr. 28.)

295 G.W.F. Hegel, *Vorlesungen über die Ästhetik I* (*Theorie-Werkausgabe*, Bd. 13), S. 408. Eine andere Stelle ist *Enzyklopädie III*, § 449 Z, S. 255 (ebenfalls mit Bezug auf Aristoteles). Frank Ruda hat das Problem an Hegels Diskussion des Wunders minutiös entfaltet; siehe »Wundergeschichte« (unv. Ms.), v.a. S. 9-13.

296 Platon, *Theaitetos* (*Sämtliche Werke*, Bd. VI), 155d.

297 Aristoteles, *Metaphysik*, 982b.

298 Jacques Derrida, *Aporien. Sterben – Auf die »Grenzen der Wahrheit« gefaßt sein*, übers. v. M. Wetzel, München: Fink 1998, S. 31 (mit Bezug auf die Aporie der Zeit in Aristoteles, *Physik*, übers. v. H. G. Zekl, Bd. 1, Hamburg: Meiner 1986, 217b).

299 Jean-Pierre Vernant, »Les origines de la philosophie«, in: ders., Pierre Vidal-Naquet, *La Grèce ancienne*, 1. *Du mythe à la raison*, Paris: Éditions du Seuil 1990, S. 229-238, hier S. 235 (meine Hervorh., C.M.). Hannah Arendt betont dagegen die Kontinuität des philosophischen Staunens zum mythischen, bei Homer: »Das Staunen, mit dem das Denken anfängt, ist weder Verwirrung noch Überraschung; es ist ein *bewunderndes* Staunen.« (*Vom Leben des Geistes*, S. 144) Auch das philosophische Staunen ist nach Arendt ein Anstaunen; es gilt der »unsichtbaren harmonischen Ordnung des kosmos« (ebd.). Für eine Deutung von Aristoteles' Vergleich des Philosophen mit dem Philomythen, die umgekehrt diesen jenem anähnelt, siehe Stefan Matuschek, *Über das Staunen. Eine ideengeschichtliche Untersuchung* (Tübingen: Niemeyer 1991): Demnach »geht es um die psychologische Einsicht, daß wißbegierige Anteilnahme immer durch das Erstaunliche herausgefordert wird: in der Welt und in ihrer sprachlichen Nachahmung« (S. 26), die Aristote-

les in seiner Rhetorik ausarbeitet. »Wie in der *Metaphysik* gilt Staunen hier als Antrieb zum Kennenlernen.« (S. 27)

300 Aristoteles, *Metaphysik*, 982b. Siehe dazu Matuscheks »Unterscheidung zweier epistemologischer Modelle«, in denen Platon und Aristoteles das Verhältnis von Staunen und Erkenntnis entgegengesetzt bestimmen: Bei Aristoteles ist das Erkennen die »Überwindung des Staunens« (*Über das Staunen*, S. 22).

301 Hegel, *Ästhetik I*, S. 408.

302 Derrida, *Aporien*, S. 29.

303 Heraklit, *Fragmente*, Fr. 64.

304 Georges Bataille, »Le bas matérialisme et la gnose«, in: ders., *Œuvres Complètes*, Bd. I: *Premiers Écrits 1922-1940*, Paris: Gallimard 1992, S. 220-226, hier S. 225. Es geht Bataille um »la figuration des formes dans lesquelles il est possible de voir l'image de cette matière basse, qui seule, par son incongruité et par un manque d'égard bouleversant, permet à l'intelligence d'échapper à la contrainte de l'idéalisme.« Das ist »un matérialisme n'impliquant pas d'ontologie, n'impliquant pas que la matière est la chose en soi« (ebd.). Siehe dazu den folgenden Exkurs.

305 Michel Foucault, »Das Denken des Außen«, übers. v. M. Bischoff, in: *Schriften in vier Bänden. Dits et Ecrits*, Bd. I, Frankfurt/M.: Suhrkamp 2001, S. 670-697, hier S. 677.

306 Heraklit, *Fragmente*, Fr. 74.

307 Hegel, *Vorlesungen über die Geschichte der Philosophie I*, S. 330 (siehe oben, S. 117) und 331.

308 Heraklit, *Fragmente*, Fr. 31.

309 Ebd., Fr. 30.

310 Hegel, *Vorlesungen über die Geschichte der Philosophie I*, S. 333. Zu »Heraklits kosmischem Zyklus« siehe Kahn, *The Art and Thought of Heraclitus*, S. 145-153. Siehe den Hinweis auf den »Wesensunterschied der beiden Feuer«, den Origenes betone, bei Draxler, »Das brennende Bild«, S. 73.

311 Karl Reinhardt, »Heraklits Lehre vom Feuer«, in: *Hermes*, 77:1 (1942), S. 1-27, hier S. 3. Der Aufsatz von Reinhardt (wie auch bereits das Kapitel »Weltbrand« in seinem *Parmenides*, S. 163-183) richtet sich gegen die religiöse Inanspruchnahme Heraklits. So, nämlich entschieden antireligiös, hat es auch Nietzsche

verstanden, dass Heraklit »an einen periodisch sich wiederholenden Weltuntergang und an ein immer erneutes Hervorsteigen einer anderen Welt aus dem alles vernichtenden Weltbrande« glaubt (»Die Philosophie im tragischen Zeitalter der Griechen«, S. 829). Denn Heraklits Weltenbrand richte nicht endgültig. Er stelle nur das Maß, die Bestimmung, wieder her.

312 Gershom Scholem, *Die Geheimnisse der Schöpfung. Ein Kapitel aus dem kabbalistischen Buche Sohar* [1935], Frankfurt/M.: Jüdischer Verlag 1992, S. 79. (Die Zusätze in eckigen Klammern sind Erläuterungen von Scholem.)

313 Ebd., S. 91f.

314 Hegel, *Vorlesungen über die Geschichte der Philosophie I*, S. 333.

315 Adornos Notiz lautet: »*Zur Metaphysik der musikalischen Zeit.* Den Schluß der Arbeit beziehen auf die Lehre der jüdischen Mystik von den Grasengeln, die für einen Augenblick erschaffen werden um im heiligen Feuer zu verlöschen. Musik – nach der Lobpreisung Gottes gebildet, auch und gerade wo sie gegen die Welt steht – gleicht diesen Engeln. Ihre Vergänglichkeit, das Ephemere, ist eben die Lobpreisung. Nämlich die immerwährende Vernichtung der Natur. Beethoven aber hat diese Figur zum musikalischen Selbstbewußtsein erhoben. Seine Wahrheit ist eben die Vernichtung alles Einzelnen. Er hat die absolute Vergänglichkeit der Musik auskomponiert. Das Feuer, das seinem – gegen das Weinen gerichteten – Wort zufolge Musik in der Seele des Mannes entzünden soll, der Enthusiasmus, ist das ›Feuer, das Feuer [die Natur] verzehrt‹ (Scholem, Soharkapitel, S. 86). S. Scholem 85f.« (Theodor W. Adorno, *Beethoven. Philosophie der Musik*, Frankfurt/M.: Suhrkamp 1993, S. 254; ich danke Thomas Assheuer für den Hinweis auf diese Stelle.) – Adorno dankt Scholem in seinem ersten Brief an ihn (vom 19.4.1939) für die Zusendung der Sohar-Übersetzung und bekundet darin, dass ihn »die Vorstellung von den allsogleich vergänglichen Engeln auf tiefste und merkwürdigste berührt hat« (Theodor W. Adorno, Gershom Scholem, *Briefwechsel 1939-1969*, hg. v. Asaf Angermann, Berlin: Suhrkamp 2015, S. 11) – offensichtlich so sehr, dass er, als er 1942 die zitierte Notiz schrieb, in ihr die Figur gesehen hat, die es ihm ermöglicht, die

Wirkung von Beethovens Musik zu fassen. Jedenfalls liest Adorno diese Stelle, wie er an Scholem schreibt, im Zusammenhang mit dem, »worum unsere Gespräche im Sommer sich bewegten, [...] der Frage des mystischen Nihilismus« (ebd., S. 10).

316 Hegel, *Vorlesungen über die Geschichte der Philosophie* I, S. 326.

317 Louis Aragon, »Héraclite«, in: *La Révolution Surréaliste*, 9/10 (1927), S. 45-54, hier S. 49. Zum Materialismus Heraklits oder Heraklit als Materialisten (so wie Lenin ihn gelesen hat) siehe Debiprasad Chattopadhyaya, »Heraclitus and Hegel«, in: *Revolutionary World*, 17/18 (1976), S. 12-31, hier S. 18f.

318 Das ist das Programm, in dem Adorno und Scholem zusammenfinden und das ihren Briefwechsel bis zum Ende bestimmt (siehe Adorno an Scholem, 14.3.1967, *Briefwechsel*, S. 414).

319 Foucault, »Das Denken des Außen«, S. 677.

320 »Die Intelligenz ist *wiedererkennend*; – sie *erkennt* eine Anschauung, insofern diese schon die ihrige ist.« (Hegel, *Enzyklopädie III*, § 465)

321 Ernst Cassirer, Martin Heidegger, »Davoser Disputation«, in: Heidegger, *Kant und das Problem der Metaphysik*, Frankfurt/M.: Klostermann 1991, S. 274-296. Werkgeschichtlich liegt dieser Moment auf der Schwelle zu Heideggers »Kehre«, die den Versuch zu einem neuen Denken der Freiheit abbricht, den er nach *Sein und Zeit* beginnt. Darin geht es um die »Befreiung der Freiheit *in Bezug auf* ihre subjektive Aneignung« (Nancy, *Die Erfahrung der Freiheit*, S. 49) – die Befreiung der Freiheit aus ihrer Aneignung durch das Subjekt: die Befreiung zur Erfahrung.

322 Zitate in den vorstehenden Passagen aus Cassirer, Heidegger, »Davoser Disputation«, S. 287, 285, 286 und 289.

323 Gadamer, *Wahrheit und Methode*, S. 339.

324 Nancy, *Die Erfahrung der Freiheit*, S. 107.

325 Adorno, *Zur Lehre von der Geschichte und von der Freiheit*, S. 299. (Auf diese Formulierung komme ich in Teil III zurück; sie bildet das Motto der dort versuchten Synthese.) Die Befreiung als Erhebung zu verstehen, ist kantisch; siehe *Kritik der praktischen Vernunft*, A 143, S. 202. Die befreiende Erhebung

daran zu binden, dass sich im Ich ein Abgrund öffnet, ist der Schritt weg von Kant.

326 Karl Löwith, »M. Heidegger und F. Rosenzweig. Ein Nachtrag zu *Sein und Zeit*«, in: ders., *Sämtliche Schriften*, Stuttgart: Metzler 1984, Bd. 8, S. 72-101.

327 Franz Rosenzweig, »Vertauschte Fronten«, in: *Der Morgen. Monatsschrift der Juden in Deutschland*, 6:1 (1930/31), S. 85-87, hier S. 86f. Der kurze Text ist 1929, im Jahr der Davoser Disputation, aus Anlass der zweiten Auflage von Hermann Cohens *Religion der Vernunft aus den Quellen des Judentums* (Frankfurt/M.: Kauffmann 1929) geschrieben. Reiner Wiehl, der die Quellen und Hintergründe dieses Textes rekonstruiert, erklärt die positive Stellungnahme Rosenzweigs – die er »mehr als befremdlich« nennt – dadurch, dass dieser – nach Wiehl: irrtümlich – in Heideggers Position eine größere Nähe zu Cohens »Bestimmung der menschlichen Individualität als Endlichkeit und als Freiheit« gesehen habe; siehe Reiner Wiehl, »›Vertauschte Fronten‹. Franz Rosenzweigs Stellungnahme zur Davoser Disputation«, in: Dominic Kaegi, Enno Rudolph (Hg.), *Cassirer – Heidegger. 70 Jahre Davoser Disputation*, Hamburg: Meiner 2002, S. 207-214, hier S. 207 u. 213. So ähnlich wie Rosenzweig muss auch Emmanuel Lévinas die Debatte gesehen haben, wenn es zutrifft, dass er beim Abschlussabend in Davos Cassirer als Bildungsphilister karikiert hat – trotz Heideggers Antisemitismus, der nach Toni Cassirers Erinnerung den Davoser Teilnehmern bekannt war (siehe Wolfram Eilenberger, *Zeit der Zauberer. Das große Jahrzehnt der Philosophie 1919-1929*, Stuttgart: Klett-Cotta 2018, S. 24 u. 372).

328 Löwith, »M. Heidegger und F. Rosenzweig«, S. 77.

329 Rosenzweig, »Das neue Denken«, S. 264.

330 Löwith, »M. Heidegger und F. Rosenzweig«, Zitate: S. 80, S. 81, S. 77 und S. 91.

331 Löwith versteht dies so, dass es nur der Anspruch einer – zweiten – Person sein kann (ebd., S. 81f.). Diese personalistische These ist die Prämisse von Löwiths Heidegger-Kritik. Deshalb übersieht er die dritte Möglichkeit, dass das Außen nicht nur entweder als eigenes Schicksal oder als andere Person, sondern

als ein oder das Ereignis gedacht werden kann. Siehe dazu die erhellende Rekonstruktion des Davoser Disputs durch Oswald Schwemmer, der Heidegger mit Lyotard liest, in: »Ereignis und Form. Zwei Denkmotive in der Davoser Disputation zwischen Martin Heidegger und Ernst Cassirer«, in: Kaegi, Rudolph (Hg.), *Cassirer – Heidegger*, S. 48-65, hier v.a. S. 50-54.

332 Löwith, »M. Heidegger und F. Rosenzweig«, S. 93.

333 Samuel Beckett, *Eleutheria*, übers. v. S. Werle, Frankfurt/M.: Suhrkamp 1996, S. 125. Victor sagt zuvor von sich: »Ich wollte immer frei sein. Ich weiß nicht warum. Ich weiß auch nicht, was das heißt, frei sein. Sie können mir alle Fingernägel ausreißen, ich könnte es Ihnen nicht sagen. Aber ganz ohne Wörter weiß ich, was es ist. Ich habe es immer ersehnt. Ich ersehne es immer noch. Ich ersehne nur das.« (Und dann folgen die zitierten Sätze.)

334 Ebd., S. 125f., 127.

335 Oben, S. 19.

336 Samuel Beckett, *Endspiel – Fin de partie – Endgame*, übers. v. E. Tophoven, Frankfurt/M.: Suhrkamp 1974, S. 113-115.

II. Zwei Modelle: Ökonomie und Religion

1 Friedrich Nietzsche, *Schopenhauer als Erzieher*, in: ders., *Kritische Studienausgabe* [*KSA*], hg. v. Giorgio Colli u. Mazzino Montinari, München: dtv 1999, Bd. 1, S. 335-427, hier S. 379. Dazu unten, S. 302-304. Die große Bedeutung von Nietzsches Abhandlung liegt darin, dass sie eine Grundstruktur der Befreiung freilegt, die in beide der im Folgenden beschriebenen Richtungen ausgedeutet werden kann: in die auf die Befreiung als Individualisierung (die den ökonomischen Menschen hervorbringt) und in die auf die Singularisierung (die die religiöse Existenz hervorbringt). Das geschieht ebenso in dieser Abhandlung wie im späteren Werk Nietzsches: Seine Schriften lassen sich zur Erläuterung beider Modelle heranziehen.

2 Siehe das Nietzsche-Zitat im Motto dieses Teils.

3 Nietzsche, *Schopenhauer als Erzieher*, S. 338.

4 Fjodor Dostojewski, *Aufzeichnungen aus dem Kellerloch*, übers. v. S. Geier, Frankfurt/M.: Fischer 2006, S. 31. Der Willensbegriff in Dostojewskis *Aufzeichnungen* ist zutiefst zweideutig – so zweideutig wie der moderne Individualismus: Er meint ebenso die Freiheit des Eigenwillens (und beharrt damit auf dem Selbst und seiner Selbständigkeit, seiner Selbstverwirklichung) wie die Freiheit der Nutzlosigkeit – und gibt das Selbst damit preis. Die zweite Seite betont Carl Hegemann, *Dramaturgie des Daseins. Everyday Live*, Berlin: Alexander 2021, S. 212f.

5 Fernando Pessoa, *Ein anarchistischer Bankier*, übers. v. R. Werner, Berlin: Wagenbach 2006, S. 8f. bzw. 14.

6 Ebd., S. 25.

7 Ebd., S. 25f. u. 55.

8 Ebd., S. 17-22. Siehe Wladimir Iljitsch Lenin, *Staat und Revolution. Die Lehre des Marxismus vom Staat und die Aufgaben des Proletariats in der Revolution*, in: ders., *Ausgewählte Werke*, Berlin: Dietz 1970, Bd. II, S. 315-420, hier S. 392f., 403f.; ders., »Die nächsten Aufgaben der Sowjetmacht«, in: ders., *Ausgewählte Werke*, Bd. II, S. 731-770, hier S. 751-754.

9 Wendy Brown, *Die schleichende Revolution. Wie der Neoliberalismus die Demokratie zerstört*, übers. v. J. Schröder, Berlin: Suhrkamp 2015, v. a. Kap. 1; Grégoire Chamayou, *Die unregierbare Gesellschaft. Eine Genealogie des autoritären Liberalismus*, übers. v. M. Halfbrodt, Berlin: Suhrkamp 2020, S. 279.

10 Oder, weitere Möglichkeit, der Neoliberalismus erneuert durch Zerlegung: »[...] das Individuum im Kampf für sich, für moralische und intellektuelle Autonomie und das Individuum im Kampf ums Dasein werden getrennt« (Herbert Marcuse, »Das Individuum in der ›Great Society‹«, in: ders., *Ideen zu einer kritischen Theorie der Gesellschaft*, Frankfurt/M.: Suhrkamp 1969, 157-184, hier S. 178) – die brüchige Einheit von politisch-moralischem und ökonomischem Subjekt, die den traditionellen Liberalismus ausmachte, wird in ihre Teile zerlegt.

11 Ulrich Bröckling, *Das unternehmerische Selbst. Soziologie einer Subjektivierungsform*, Frankfurt/M.: Suhrkamp 2007, S. 123.

12 Ebd., S. 46 u. 56.

13 Die Deutungen von *Breaking Bad* setzen häufig erst mit dieser

zweiten Erfahrung ein. Damit machen sie aber denselben Fehler wie Walter White: Sie vergessen die Faszination. Sie verstehen seine Entscheidung zur Befreiung – und damit die Befreiung –, so wie er sie versteht: Sie verstehen sie existenzialistisch und vergessen ihre surrealistische Wahrheit. Walter Whites Geschichte ist die Geschichte von den – tödlichen – Folgen dieses Vergessens. Die Deutung seiner Geschichte muss diese Folgen aufweisen und darf daher nicht sein Vergessen vergessen.

14 Fragen wie: »is Walt's killing justifiable in some moral way« (David R. Koepsell, Vanessa Gonzalez); »is Walt a bad guy or a good guy« (Sara Waller); »does cooking make Walt a bad guy« (Greg Littmann). Alle in: David R. Koepsell, Robert Arp (Hg.), *Breaking Bad and Philosophy*, Chicago: Open Court 2012, S. 3-14 (Koepsell, Gonzalez), 125-135 (Waller), 159-168 (Littmann).

15 Thomas Khurana, »*Breaking Bad*: Versuch über die Veränderung«, in: *WestEnd. Neue Zeitschrift für Sozialforschung*, 13:2 (2016), S. 25-52, hier S. 27.

16 Friedrich August von Hayek, *The Constitution of Liberty* (The Definitive Edition), Chicago: The University of Chicago Press 2011, S. 184-196 (dt. Übers.: *Die Verfassung der Freiheit*, Tübingen: Mohr [Siebeck] 1991). Zu Hayeks Diagnose siehe Jerry Z. Muller, *The Mind and the Market. Capitalism in Western Thought*, New York: Anchor 2003, S. 362-377. Der entscheidende Vorläufer ist Joseph Schumpeter, siehe ebd., S. 288-305.

17 Unternehmerisch (und damit ökonomisch frei) kann man auch sein, ohne Unternehmer zu sein. Das zu befördern, ist das Ziel aller Maßnahmen zur Umstrukturierung der angestellten Beschäftigung, die als »Singularisierung« oder »Subjektivierung« der Arbeit beschrieben werden; siehe Andreas Reckwitz, *Die Gesellschaft der Singularitäten. Zum Strukturwandel der Moderne*, Berlin: Suhrkamp 2017, S. 181-224; Frieder Vogelmann, *Im Bann der Verantwortung*, Frankfurt/M., New York: Campus 2014, S. 132-163.

18 Hayek, *The Constitution of Liberty*, S. 520. In einer Rezension von *The Road to Serfdom* hatte Joseph Schumpeter noch behauptet, dass aus Hayeks Position – so überzeugend sie Schumpeter auch erscheint – gar keine Politik, keine Politik

der Transformation, abgeleitet werden könne: »that no politically effective program *could* be presented from that standpoint in the event that its sponsor moved into power« (in: *Journal of Political Economy*, 54:3 [1946], S. 269-270, hier S. 269 f.). Hayeks spätere Ausarbeitung seiner Theorie (und erst recht ihre Umsetzung in der »schleichenden Revolution« [Wendy Brown] seit den 1980er Jahren) widerlegt diesen Einwand.

19 Auf die Pädagogik des Neoliberalismus wird vielfach hingewiesen. Für zwei ansonsten entgegengesetzte Positionen siehe Melinda Cooper, *Family Values. Between Neoliberalism and The New Social Conservativism*, New York: Zone Books 2017, v. a. S. 68, 70 f., und Wolfgang Streeck, *Zwischen Globalismus und Demokratie. Politische Ökonomie im ausgehenden Neoliberalismus*, Berlin: Suhrkamp 2021, v. a. S. 103 f. Eine frühe Deutung ist die von Pier Paolo Pasolini, der Anfang der 1970er Jahre von einer »anthropologischen Revolution« gesprochen hat. Pasolini beschreibt sie an der »hedonistischen Ideologie des Konsums« (*Freibeuterschriften. Die Zerstörung der Kultur des Einzelnen durch die Konsumgesellschaft*, übers. v. T. Eisenhardt, Berlin: Wagenbach 1978, S. 48). Das ist der Wandel des Konsums zum »Konsumismus« (Zygmunt Bauman, *Leben als Konsum*, übers. v. R. Barth, Hamburg: Hamburger Edition 2009, S. 37-70). Denn im Konsumismus geht es nicht um die Bedürfnisbefriedigung, sondern um die »Rekommodifizierung« des Subjekts als Arbeitskraft: »Eine verkäufliche Ware zu werden und zu bleiben, ist das stärkste Motiv eines Konsumenten« (ebd., S. 77). Der Konsumismus zielt auf Produktivität.

20 Auf einer Urkunde in Walters Haus, die der Blick der Kamera in Folge 1 streift, lesen wir, dass er als Hilfskraft an Forschungen beteiligt war, die zum Nobelpreis für Chemie 1985 geführt haben. Albert Brodesco (»Heisenberg: Epistemological Implications of a Criminal Pseudonym«, in: David P. Pierson [Hg.], Breaking Bad. *Critical Essays on the Contexts, Politics, Style, and Reception of the Television Series*, Plymouth: Lexington 2014, S. 53-69, hier S. 55) liefert aufschlussreiche Informationen darüber, um welche Forschungen es sich gehandelt haben könnte.

21 Bröckling, *Das unternehmerische Selbst*, S. 54.

22 Zygmunt Bauman, *Moderne und Ambivalenz. Das Ende der Eindeutigkeit*, übers. v. M. Suhr, Hamburg: Hamburger Edition 2005, S. 318f. Das ist die »Methode der *Responsibilisierung*, die inzwischen in vielen Bereichen eine der wesentlichen Taktiken des ›ethischen Neoliberalismus‹ geworden ist« (Chamayou, *Die unregierbare Gesellschaft*, S. 259).

23 Melinda Cooper hat gezeigt, wie dieses Ethos die »fordistische« Familie des (US-amerikanischen) Sozialstaats definiert hat – und wie seine patriarchale Struktur durch den Neoliberalismus nicht einfach aufgelöst, sondern umfunktioniert wird; siehe Cooper, *Family Values*, Kap. 1, v.a. S. 6-1, 21-24. Der Neoliberalismus ersetzt nicht die familiäre Verantwortung durch die individuelle – er zerstört nicht die Familie –, sondern verbindet beide in neuer Weise (ebd., Kap. 3, v.a. S. 71-73). Das zeigt Marina Martínez Mateo am exemplarischen Fall Chiles: siehe »Life-Protecting Neoliberalism. Hayek and the Biopolitics of Abortion in Chile«, in: *Economy and Society*, 49:4 (2020), S. 596-618. In Walter Whites Geschichte ist das unmittelbar evident. In dieser Geschichte zeigt sich aber auch, wie darin – vormals – emanzipatorische Impulse und Energien aufgesogen werden. Diese Seite unterschätzt Cooper. Siehe dazu Nancy Fraser, *Fortunes of Feminism. From State-Managed Capitalism to Neoliberal Crisis*, London, New York: Verso 2013, v.a. Kap. 9 (»Feminism, Capitalism and the Cunning of History«) und die pointierte Zusammenfassung in dies., »The End of Progressive Neoliberalism«, in: *Dissent* (2017), S. 130-134; Martin Hartmann, Axel Honneth, »Paradoxien der kapitalistischen Modernisierung. Ein Untersuchungsprogramm«, in: Axel Honneth, *Das Ich im Wir. Studien zur Anerkennungstheorie*, Berlin: Suhrkamp 2010, S. 222-248, hier S. 222-248, hier S. 231f., sowie Axel Honneth, »Organisierte Selbstverwirklichung. Paradoxien der Individualisierung«, in: ebd., S. 202-221, hier S. 210-213. Fraser wie Hartmann und Honneth beschreiben es so, dass der paradoxale Umschlag ehemals emanzipatorischer Gehalte in neue Herrschaftstechniken das Programm einer kritischen Theorie als solches in Frage stellt. Zugleich aber wollen sie jene Gehalte vor dieser Infragestellung retten. Wie Rocío Zambrana (in »Paradoxes of Neolib-

eralism and the Tasks of Critical Theory«, in: *Critical Horizons*, 14 [2013], S. 93-119) gezeigt hat, versuchen ebenso Honneth wie Fraser einen normativen Kern jener emanzipatorischen Gehalte zu sichern, der »von den Ambivalenzen des neoliberalen Kapitalismus isoliert« (ebd., S. 108) und als ihre »ursprüngliche Bedeutung« (S. 102) gesichert werden kann. Dem stellt Zambrana die These gegenüber, dass die »Ambivalenz« dieser Gehalte unauflösbar ist (S. 116 f.). Die folgende Lektüre von *Breaking Bad* geht in diese Richtung.

24 Dieter Bögenhold (*Die Selbständigen. Zur Soziologie dezentraler Produktion*, Frankfurt/M.: Campus 1985, S. 243-259) unterscheidet zwischen zwei verschiedenen »Rekrutierungspfaden« zur Selbständigkeit: als Reaktion auf eine ökonomisch ausweglose Situation und als Ausmünzung einer guten Ausgangslage (etwa aufgrund von profitablen Fähigkeiten oder Beziehungen). Die Entscheidung des jungen Walter entspricht eher dem zweiten Pfad, die des älteren dem ersten. Die neoliberale Politpädagogik verbindet beide: Der Weg zur Selbständigkeit beginnt reaktiv und endet proaktiv.

25 Friedrich August von Hayek, *The Road to Serfdom* (The Definitive Edition), Chicago: The University of Chicago Press 2007, S. 124-133, 147-156.

26 Walt Whitman, *Leaves of Grass* [1891-92], in: ders., *Complete Poetry and Collected Prose*, hg. v. Justin Kaplan, New York: The Library of America 1982, S. 147-672, hier S. 409 f. (»When I heard the learn'd astronomer«); dt.: *Grasblätter. Nach der Ausgabe von 1891-92*, hg. u. übers. v. J. Brôcan, München: Hanser 2009, S. 342: »Als ich den gelehrten Astronomen hörte, / Als Beweise, die Zahlen vor mir aufgelistet wurden, / Als Tabellen und Diagramme mir gezeigt wurden, sie zu addieren, zu dividieren und zu messen, / Als ich saß und den Astronomen hörte, wie er unter großem Applaus im Hörsaal las, / Wie bald wurde mir unerklärlich müde und übel, / Bis ich aufstand und hinausschlüpfte und allein davonwanderte, / In die geheimnisvolle feuchte Nachtluft, und von Zeit zu Zeit / In vollkommenem Schweigen zu den Sternen aufblickte.«

27 Kera Bolonik (»Leaves of Grass. *Breaking Bad*'s Walt Whitman

Fixation«, ⟨https://www.poetryfoundation.org/articles/70033/leaves-of-glass⟩; letzter Zugriff: 17.4.2020), die die wechselseitige Spiegelung von Gale und Walter via Whitman beschreibt, weist darauf hin, dass Walter Gales Erzählung auch noch ganz anders verstanden haben wird als bloß eine Parallelgeschichte: nämlich als die Ankündigung, dass Gale auch von seinem Lehrer (und Chef) Walter weggehen, sich selbständig machen – und für Walter dadurch zur Gefahr werden wird.

28 Whitman, *Leaves of Grass*, S. 188 (»Song of Myself«); dt.: *Grasblätter*, S. 41: »Ich, siebenunddreißig Jahre alt, jetzt bei voller Gesundheit, beginne / Und ich hoffe, nicht aufzuhören bis zu meinem Tod. / [...] Ich bin Hafen für Gut und Böse, ich erlaube zu sprechen auf jede Gefahr, / Natur ohne Zaum mit ursprünglicher Kraft.«

29 Hayek, *The Constitution of Liberty*, S. 186, 188 u. 189.

30 Dafür bezieht sich Hayek auf Alexis de Tocqueville; siehe Friedrich August von Hayek, »Individualism: True and False«, in: ders., *Individualism and Economic Order*, Chicago: University of Chicago Press [3]1958, S. 1-32, hier S. 5.

31 Immanuel Kant, »Über den Gemeinspruch: Das mag in der Theorie richtig sein, taugt aber nicht für die Praxis«, A 246, in: ders., *Werke*, hg. v. Wilhelm Weischedel, Darmstadt: Wissenschaftliche Buchgesellschaft 1956 ff., Bd. VI, S. 125-172, hier S. 151, Anm.; vgl. ders., *Metaphysik der Sitten. Rechtslehre*, § 46 (*Werke*, Bd. IV, S. 433 f.). Reinhard Brandt urteilt, Kant sei eine »überzeugende Bestimmung der Selbständigkeit [...] nicht gelungen« (»Freiheit, Gleichheit, Selbständigkeit bei Kant«, in: Forum für Philosophie Bad Homburg [Hg.], *Die Ideen von 1789 in der deutschen Rezeption*, Frankfurt/M.: Suhrkamp 1989, S. 90-127, hier S. 118). Sofern sich dies auf die Selbständigkeit (wie es in der Auslassung heißt) »als eines nicht (nur) natürlichen, sondern privatrechtlichen Selektionsmerkmals aktiver Staatsbürgerschaft« bezieht, ist das Urteil überzeugend. Im Licht der liberalen Bestimmung muss die Selbständigkeit jedoch als ein politökonomischer oder gesellschaftstheoretischer Begriff verstanden werden. Indem sie diese systematische Stelle einnimmt, verdrängt die liberale Selbständigkeit in der revolutionären Trias die Brüderlichkeit.

32 Kant, »Über den Gemeinspruch«, A 246 (S. 151).

33 Hayek, *The Constitution of Liberty*, S. 59.

34 Siehe etwa ebd., S. 338-340. Deshalb spricht Chamayou vom Neoliberalismus als »autoritärem Liberalismus« (*Die unregierbare Gesellschaft*, v. a. Teil VI).

35 Hayek, *The Constitution of Liberty*, S. 142 u. 142f.

36 Robert Nozick, *Anarchy, State, and Utopia* [1974], New York: Basic Books 2013, S. 29f. Die rechtlichen Regeln sind nach Nozick »side constraints« der freien Entscheidung, nicht ein Element ihrer Ziele oder Werte.

37 Kant, »Über den Gemeinspruch«, A 246 (S. 151).

38 Hayek, *The Constitution of Liberty*, S. 70.

39 Aristoteles, *Politik*, übers. v. E. Schütrumpf, Hamburg: Meiner 2012, I.8-9 (1256a-1258a).

40 Hayek, *The Constitution of Liberty*, S. 70.

41 Ebd., S. 87.

42 Ralf Dahrendorf, *Lebenschancen. Anläufe zur sozialen und politischen Theorie*, Frankfurt/M.: Suhrkamp 1979, S. 93. Dahrendorfs Reflexion der Chance setzt dort ein, wo sein *Homo Sociologicus* noch im Paradox – dem Paradox von natürlicher *oder* sozialer Existenz und Freiheit – endete (das sich nach Dahrendorf gerade an Weber zeigt; siehe *Homo Sociologicus*, Opladen: Westdeutscher Verlag [4]1964, S. 92f.).

43 Zitate in dieser Passage: Dahrendorf, *Lebenschancen*, S. 93, 95, 95f., 97, 105 u. 93. An dieser Stelle bleiben die Überlegungen des Selbständigen stehen. Für ihn haben seine Chancen keine »angebbaren strukturellen Bedingungen« (ebd., S. 96). Es gibt daher für den Selbständigen keine »[s]oziale[n] Strukturen« (S. 98), die Chancen ordnen, sie formen und – ungleich – verteilen. Weil es für den Selbständigen daher keine Gesellschaft gibt, gibt es für ihn auch keine Politik. Wenn die Freiheit ökonomisch verstanden darin besteht, Chancen wahrzunehmen, *muss* sie unpolitisch sein: Die Zurückweisung der politischen Freiheit – der Politizität der Freiheit – ist Hayeks erstes Anliegen; siehe *The Constitution of Liberty*, S. 61-64, und Dahrendorfs sozialliberale Kritik: *Lebenschancen*, S. 128f.

44 Niels Bohr, »Wirkungsquantum und Naturbeschreibung«, in:

Die Naturwissenschaften, 17:26 (1929), S. 483-486, hier S. 486 u. 485; vgl. Brodesco, »Heisenberg«, S. 61.

45 Gary S. Becker, *Human Capital. A Theoretical and Empirical Analysis with Special Reference to Education* [1964], Chicago, London: University of Chicago Press [3]1993, S. 9f.

46 Hayek, *The Constitution of Liberty*, S. 144. Das ist die zentrale Bestimmung des unternehmerischen Vermögens, die es vor allen anderen auszeichnet: Wie Smith, Schumpeter und von Mises, an die Hayek hier anknüpft, betont haben, haben sie nur *wenige* – die *innovative, resourceful few*; siehe Muller, *The Mind and the Market*, S. 358, vgl. ebd., S. 289-294, zu Schumpeter (der sich dabei auf Nietzsche beruft).

47 Helmuth Kuhn, »Werte – eine Urgegebenheit«, in: Hans-Georg Gadamer, Paul Vogler (Hg.), *Neue Anthropologie*, Bd. 7, München: dtv 1974, S. 343-373, hier S. 343.

48 »Die *Geltung* oder der *Wert* [Value, or WORTH] eines Menschen ist wie der aller anderen Dinge sein Preis. Das heißt, er richtet sich danach, wie viel man für die Benützung seiner Macht bezahlen würde und ist deshalb nicht absolut, sondern von dem Bedürfnis und dem Urteil eines anderen abhängig.« (Thomas Hobbes, *Leviathan or The Matter, Forme, & Power of a Commonwealth, Ecclesiasticall and Civil*, Cambridge u.a.: Cambridge University Press 1996, S. 63; dt.: *Leviathan oder Stoff, Form und Gewalt eines kirchlichen und bürgerlichen Staates*, hg. u. eingel. v. Iring Fetscher, übers. v. W. Euchner, Frankfurt/M.: Suhrkamp 1984, S. 67 [Übers. mod.].) Hayek erläutert: »Dass Leben und Gesundheit, Schönheit und Tugend, Ehre und Seelenfrieden oft nur unter erheblichen materiellen Kosten aufrecht erhalten werden können und dass jemand die Entscheidung darüber fällen muss, ist so unbestreitbar wie dass wir alle manchmal nicht bereit sind, die materiellen Opfer zu bringen, die notwendig sind, die höheren Werte gegen jede Verletzung zu beschützen.« (Hayek, *The Road to Serfdom*, S. 130.)

49 Immanuel Kant, *Logik*, A 127f. (*Werke*, Bd. III, S. 513). Zu dieser Logik der Wahrscheinlichkeiten, damit von Risiken und Chancen, siehe Wolfgang Bonß, *Vom Risiko. Unsicherheit und Ungewißheit in der Moderne*, Hamburg: Hamburger Edition 1995,

S. 278 f. An den Selbständigen denkt Kant hier nicht. Er spricht über den Umgang mit Wahrscheinlichem in der Philosophie (im Unterschied zur Mathematik).

50 Hayek, *The Constitution of Liberty*, S. 188 (meine Hervorh., C. M.).

51 Siehe oben, S. 273.

52 Robert Spaemann, »Bürgerliche Ethik und nichtteleologische Ontologie«, in: Hans Ebeling (Hg.), *Subjektivität und Selbsterhaltung. Beiträge zur Diagnose der Moderne*, Frankfurt/M.: Suhrkamp 1976, S. 76-96, hier S. 80 f. Die im Folgenden zitierten Texte von Blumenberg, Henrich und Spaemann sind Beiträge zu einer anderen »Diagnose der Moderne« (so der Untertitel des Bandes), die sich gegen die These wendet, die Moderne in der Philosophie sei durch die Figur einer sich selbst begründenden und weltbeherrschenden Subjektivität bestimmt. In dieser »Überzeugung von der grenzenlosen Macht der Subjektivität« und ihrer »Tendenz zur Vergegenständlichung« (Dieter Henrich, »Die Grundstruktur der modernen Philosophie«, in: ebd., S. 97-121, hier S. 109) sehen diese Autoren die untergründige Übereinstimmung von Horkheimer/Adorno und Heidegger. Die moderne Subjektivität sei dagegen nicht von Descartes, sondern von Hobbes und damit von der Selbsterhaltung her zu denken, die wesentlich endlich – von anderem »vorgängig ermöglicht« und daher sich selbst ebenso undurchsichtig wie unverfügbar und daher prinzipiell gefährdet (ebd., S. 112 f.) – sei. Dieses Argument zur modernen Subjektivität ist überzeugend (unabhängig davon, ob dies auch für die begleitende Lektüre von Horkheimer/Adorno und Heidegger gilt). Es muss nur ergänzt werden durch die These, dass diese Struktur der Subjektivität als Selbsterhaltung, die damit als deren moderne Grundbestimmung hervortritt, nichts anderes als die ökonomische Definition der Freiheit (oder die spezifisch moderne Freiheitsdefinition des Ökonomischen) ist. Die Konzeption der Selbsterhaltung, deren Beginn bei Hobbes und Spinoza Blumenberg, Henrich und Spaemann aufweisen, begründet den »Kapital-Diskurs« der modernen Philosophie, der »von Hobbes' ›power‹ über Adam Smiths ›abilities‹ und John Stuart Mills ›capacities‹ bis zu Amartya Sens

›capabilities‹« reicht und Marx und Engels einschließt (Dieter Thomä, »Ästhetische Freiheit zwischen Kreativität und Ekstase«, in: Christoph Menke, Juliane Rebentisch [Hg.], *Kreation und Depression. Freiheit im gegenwärtigen Kapitalismus*, Berlin: Kadmos 2010, S. 149-171, hier S. 158 f.).

53 Henrich, »Die Grundstruktur der modernen Philosophie«, S. 99.

54 Hayek, *The Constitution of Liberty*, S. 121. Zur Kritik des modernen Rationalismus als falschem Individualismus siehe Hayek, »Individualism: True and False«, S. 11.

55 Henrich, »Die Grundstruktur der modernen Philosophie«, S. 99.

56 Hans Blumenberg, »Selbsterhaltung und Beharrung. Zur Konstitution der neuzeitlichen Rationalität«, in: Ebeling (Hg.), *Subjektivität und Selbsterhaltung*, S. 144-207, hier S. 188.

57 Henrich, »Die Grundstruktur der modernen Philosophie«, S. 100.

58 Hayek, *The Constitution of Liberty*, S. 143 f.

59 Ebd., S. 143 (dt. S. 99). »Der Wert der Freiheit, die sich nicht mit sozialistischer Verteilungsgerechtigkeit vereinbaren läßt, ist es, daß durch sie ›jeder Mensch seine einzigartige Kenntnis der besonderen Umstände, in denen er sich befindet, voll nutzen kann – daß er nach eigenen Plänen handeln, und die verschiedenen Gelegenheiten, die sich ihm bieten, selbst beurteilen darf‹.« (Hans Jörg Hennecke, *Friedrich August von Hayek. Die Tradition der Freiheit*, Düsseldorf: Verl. Wirtschaft und Finanzen 2000, S. 144; mit einem Zitat aus dem Nachlass aus dem Jahr 1939.)

60 Charles Taylor hat dies die »expressivistische« Bestimmung der Freiheit genannt; siehe *Hegel*, übers. v. G. Fehn, Frankfurt/M.: Suhrkamp 1998, S. 28-34; ders., *Quellen des Selbst. Die Entstehung der neuzeitlichen Identität*, übers. v. J. Schulte, Frankfurt/M.: Suhrkamp 1996, S. 651-664. Taylor bezieht sich dabei auf die (im weiten Sinn) ästhetische Freiheitsidee, die die Aufklärungskritik seit dem Ende des 18. Jahrhunderts entwickelt hat. Im Unterschied dazu verstehe ich hier Selbstverwirklichung erstens als die Grundbestimmung der modernen Freiheit überhaupt und zweitens die ökonomische Freiheit als ihre konsequenteste Gestalt.

61 Eva Hesse, *Die Wurzeln der Revolution. Theorien der individuel-*

len und der kollektiven Freiheit, München: Hanser 1974, Kap. IV, v.a. S. 92-96.

62 Das gilt im ausgezeichneten Sinn für die Einheit des individuellen Lebewesens; siehe Georg Toepfer, »Individuum«, in: ders. (Hg.), *Historisches Wörterbuch der Biologie. Geschichte und Theorie der biologischen Grundbegriffe*, Stuttgart: Metzler 2011, Bd. 2, S. 159-180, hier S. 159; Volker Gerhardt, *Selbstbestimmung. Das Prinzip der Individualität*, Stuttgart: Reclam 1999, S. 167f. Daran schließt der Begriff der Autopoiesis an: Das Lebewesen (re-)produziert mit seiner Einheit zugleich ihre Elemente; dazu unten, S. 305f.

63 Georg Simmel, »Der Individualismus der modernen Zeit«, in: *Georg Simmel Gesamtausgabe* (*GSG*), hg. v. Otthein Rammstedt, Frankfurt/M.: Suhrkamp 1989-2016, Bd. 20, S. 249-258, hier S. 249f. Innerhalb des modernen Individualismus unterscheidet Simmel weiterhin zwischen zwei Richtungen: Für die eine ist »der besondere, in seiner Eigenheit unvergleichliche Mensch der Gegenstand des Interesses«, für die andere »der allgemeine Mensch, der Mensch überhaupt« (»Die beiden Formen des Individualismus«, *GSG*, Bd. 7, S. 49-56, hier S. 50). Nach Simmel bestimmt die zweite Auffassung »den rationalistischen Liberalismus Englands und Frankreichs«, während die erste »mehr Sache des germanischen Geistes ist« (»Der Individualismus der modernen Zeit«, S. 257). In einer Synthese dieser beiden Formen des Individualismus sieht Simmel die »große Aufgabe der Zukunft« (»Die beiden Formen des Individualismus«, S. 56). Wenn Reckwitz die Gegenwart als eine »Gesellschaft der Singularitäten« beschreibt, in der die Orientierung am Besonderen quantitativ und qualitativ bis zur »Explosion« gesteigert worden sei (*Die Gesellschaft der Singularitäten*, S. 102f.), operiert er mithin mit Simmels typologischer Unterscheidung: Wie Simmel sieht Reckwitz in der »Relation zwischen einer sozialen Logik des Allgemeinen und des Besonderen [...] *das* zentrale Problem der modernen Gesellschaft« (ebd., S. 430). Dagegen hat Simmel selbst später, in seiner großen Abhandlung »Das individuelle Gesetz«, darauf hingewiesen, dass diese Relation als solche überhaupt kein Problem darstellt. Simmel schreibt

(und scheint dabei bereits an die Gesellschaft der Singularitäten gedacht zu haben): »Es ließe sich nämlich sogar als *allgemeines* Gesetz denken, daß ein jeder sich absolut anders verhalten solle als jeder andere.« (»Das individuelle Gesetz«, *GSG*, Bd. 12, S. 417-470, hier S. 463f.) Der Kern des modernen Individualismus kann daher – so Simmel – nicht dadurch definiert werden, dass es um das »Anders- und Besonderssein«, um die »qualitative Unvergleichbarkeit des einzelnen« gehe: »Nicht um die Einzigkeit, sondern um die Eigenheit, in deren Form jedes organische Leben und zuhöchst das seelische verläuft, handelt es sich, um das Wachsen aus eigner Wurzel.« (Ebd., S. 462) Allgemeinheit und Besonderheit sind nur mögliche Inhalte solcher Individualität als Eigenheit. Das heißt es (wie Simmel mit Blick auf Max Stirner sagt) den Individualismus als »bloße Form« zu verstehen, die »seinen beiden Ausgestaltungen entgegengesetzt« ist: Im Individualismus geht es weder um Besonderheit noch um Allgemeinheit, sondern um die spezifisch individuelle Form der »Einheit« als »Eigenheit« (»Die beiden Formen des Individualismus«, S. 56 u. »Das individuelle Gesetz«, S. 462).

64 Friedrich Nietzsche, *Die fröhliche Wissenschaft*, Nr. 335 (*KSA*, Bd. 3, S. 563f.). Redlich zu sein heißt, auf sein Gewissen zu hören: »*Was sagt dein Gewissen?* – ›Du sollst der werden, der du bist‹.« (Nr. 270, S. 519; dazu unten, S. 302.)

65 Martin Heidegger, »Nietzsches Wort ›Gott ist tot‹«, in: ders., *Holzwege*, Frankfurt/M.: Klostermann 1950, S. 193-247, hier S. 217. Heidegger kommentiert damit Nietzsches »Willen zur Macht«, den er als die letzte Konsequenz der neuzeitlichen Subjektivität versteht. Ich verstehe die Figur der Selbstübermächtigung, die Heidegger dabei ins Zentrum stellt, nicht als die Figur einer Selbstgründung, sondern als die kritische Analyse genau der Idee der Selbsterhaltung, durch die Henrich Heideggers Diagnose der Moderne korrigieren will (oben, Anm. 52 in diesem Teil).

66 Ebd., S. 217.

67 Hayek, *The Constitution of Liberty*, Kap. 5, v.a. S. 143-146.

68 So Bröckling, *Das unternehmerische Selbst*, S. 123 (mit einem Zitat von Jan Masschelein und Maarten Simons).

69 Vogelmann weist den Einwand gegen den neoliberalen Verant-

wortungsdiskurs zurück, er fordere von den Einzelnen, Verantwortung für ihren sozioökonomischen Erfolg zu übernehmen, und *über*fordere sie damit; denn dafür sei nicht der Einzelne, sondern die Gesellschaft verantwortlich. Diese Überforderungsdiagnose bleibt nach Vogelmann an der Oberfläche, weil sie nur die Frage nach dem Wer der Verantwortung betrifft (*Im Bann der Verantwortung*, S. 38-40). Das ist überzeugend. Davon bleibt aber die hier gestellte Frage unberührt. Das ist die Frage nach der Verantwortung zur Verantwortung. Das Problem des neoliberalen Verantwortungsdiskurses lautet, wie sich der Einzelne dafür verantwortlich machen kann, sich verantwortlich zu machen.

70 Luc Boltanski, Ève Chiapello, *Der neue Geist des Kapitalismus*, übers. v. M. Tillmann, Konstanz: UVK 2003, v.a. Kap. III: »1968 – Krise und Erneuerung des Kapitalismus«.

71 Nietzsche, *Schopenhauer als Erzieher*, S. 385.

72 Ebd., 337 u. 338. Wie aber kommt es dazu, dass wir für den Ruf des Gewissens nicht länger taub sind, sondern ihn hören? »Jede junge Seele hört diesen Zuruf bei Tag und Nacht und erzittert dabei; denn sie ahnt ihr seit Ewigkeiten bestimmtes Maass von Glück, wenn sie an ihre wirkliche Befreiung denkt« (ebd.). Jung zu sein heißt, zu hören, und zu hören heißt, jung zu sein. Jeder, der jung ist, hört den Ruf des Gewissens immerzu, bei Tag und Nacht. Ist zu hören also ein natürlicher Zustand, in dem jeder und jede einmal gewesen ist und jederzeit erinnern kann? Oder ist Jungsein kein Naturzustand, sondern ein Zustand, in den wir versetzt werden – durch einen anderen oder etwas Anderes?

73 Simmel, »Der Individualismus der modernen Zeit«, S. 252.

74 Nietzsche an Lou von Salomé, vermutlich 10. Juni 1882, in: ders., *Sämtliche Briefe. Kritische Studienausgabe* (*KSB*), hg. v. Giorgio Colli u. Mazzino Montinari, Berlin u.a.: De Gruyter 1981, Bd. III.1, S. 202f., hier S. 203. Siehe Pindar, »Zweite Pythische Ode«, in: ders., *Siegeslieder. Griechisch-Deutsch*, übers. v. D. Bremer, München: Artemis & Winkler 2003, S. 118-127, hier S. 125.

75 Niklas Luhmann, »Individuum, Individualität, Individualismus«, in: ders., *Gesellschaftsstruktur und Semantik. Studien zur Wis-*

senssoziologie der modernen Gesellschaft, Bd. 3, Frankfurt/M.: Suhrkamp 1998, S. 229. Das ist nur die eine Seite des modernen Individualitätsdiskurses: seine deutsche Seite. Eine andere, französische Seite ist die Kritik am Individualismus als Privatismus, Partikularismus, Egoismus; siehe Steven Lukes, »The Meanings of ›Individualism‹«, in: *Journal of the History of Ideas*, 32:1 (1971), S. 45-66, hier S. 45-54.

76 Luhmann, »Individuum, Individualität, Individualismus«, S. 230 u. 228.

77 Ebd.

78 Niklas Luhmann, *Soziale Systeme. Grundriß einer allgemeinen Theorie*, Frankfurt/M.: Suhrkamp 1999, S. 361.

79 Ebd., S. 355 f.

80 Maturana definiert: »ein lebendes System ist ein autopoietisches System, dessen Komponenten Moleküle sind« (Humberto Maturana, »The Biological Foundations of Self Consciousness«, in: Niklas Luhmann u. a., *Beobachter. Konvergenz der Erkenntnistheorien?*, München: Fink 2003, S. 47-118, hier S. 79). Zur Bestimmung des Lebewesens als sich selbst hervorbringende Einheit siehe Gerhardt, *Selbstbestimmung*, S. 153-182.

81 Luhmann, *Soziale Systeme*, S. 359.

82 Ebd., S. 359 f.

83 Luhmann tut alles dafür, diese Konsequenz aus seiner Bestimmung der Individualität als *re-entry* der Differenz von Individuum und Gesellschaft (siehe »Individuum, Individualität, Individualismus«, S. 228) *nicht* zu ziehen. Dazu dient die strikte Unterscheidung zweier Ebenen: der Ebene des »Vollzugs« und die Ebene der Selbst-»Beobachtung« und Selbst-»Beschreibung« der Individualität (*Soziale Systeme*, S. 359). Auf der Ebene der Selbstbeobachtung gibt es die Individualität nur in ihrer differentiellen Selbstherstellung im Verhältnis zum Sozialen (und darin zu sich als »Person«). Um demgegenüber einen »Vollzug« psychischer Autopoiesis sicherstellen zu können, der nicht sozial – das heißt: nicht durch seine Differenz von der sozialen Autopoiesis – konstituiert ist, muss Luhmann einen Begriff des Bewusstseins einführen, das nicht sprachlich verfasst sein soll (*Soziale Systeme*, S. 367 f.; zur Kritik siehe bereits Jürgen Haber-

mas, »Theorie der Gesellschaft oder Sozialtechnologie? Eine Auseinandersetzung mit Niklas Luhmann«, in: ders., Niklas Luhmann, *Theorie der Gesellschaft oder Sozialtechnologie. Was leistet die Systemforschung?*, Frankfurt/M.: Suhrkamp 1971, S. 142-290, hier v.a. S. 171-201. Die Pointe dieser Kritik ist: Luhmann versucht Bewusstsein ohne Selbstbewusstsein zu verstehen; er bleibt, mit Hegel gesprochen, auf der Ebene von Kraft und Verstand stehen und gelangt nicht zur Vernunft, geschweige denn zum Geist). Dafür bezieht sich Luhmann auf Jacques Derridas Begriff der *différance* (*Soziale Systeme*, S. 356). Die *différance* bezeichnet aber nicht – wie Luhmann meint – die selbstreferentielle Prozessualität des sich durch sich selbst erhaltenden Lebens oder Existierens, sondern die Bewegung der Spaltung *zwischen* dieser Prozessualität *und* ihrer (notwendig totalisierenden, vereinheitlichenden) Selbstreflexion; siehe Jacques Derrida, *Die Stimme und das Phänomen*, übers. v. J. Hörisch, Frankfurt/M.: Suhrkamp 1986, S. 139f. Diese Bewegung stellt Luhmanns Ebenenunterscheidung still. Wenn überhaupt, so gelingt das aber nur einem äußeren Beobachter. Das Individuum selbst (oder das Selbst des Individuums) hingegen *ist* die *différance*.

84 Jean-Jacques Rousseau, *Vom Gesellschaftsvertrag*, übers. v. L. Schmidts, in: Rousseau, *Politische Schriften*, Bd. 1, Paderborn: Schöningh 1977, S. 59-208, hier Kap. II.7, S. 100; frz.: *Du Contrat Social*, in: Rousseau, *Œuvres complètes*, Bd. III, Paris: Gallimard 1964, S. 349-470, hier S. 381. Wie Dieter Thomä in seiner großen Studie *Puer Robustus* gezeigt hat, geht es im Verhältnis von Natur- und Gesellschaftszustand um nichts anderes als das Schicksal der Individualität. Die Gesellschaft ist der Verlust der Individualität, die damit, umgekehrt, als Nachahmung der Natur gedacht wird: Rousseaus »*solitaire* tritt das Erbe des natürlichen Menschen an, von dem Rousseau sagt: ›Er ruht in sich. Er ist eine Einheit und ein Ganzes [*l'entier absolu*]; er bezieht sich nur auf sich und seinesgleichen.‹« (*Puer Robustus. Eine Philosophie des Störenfrieds*, Berlin: Suhrkamp 2016, S. 106.) Rameaus Neffe beruft sich für sein individualistisches Opponieren darauf, wie »alles« verfährt, »was lebt« (zit. n. ebd., S. 136); er »kokettiert« mit »seiner animalischen Existenz« (S. 140). Tocqueville

(S. 263-270) und Marx (S. 294-306) werden dann demonstrieren, dass der Kapitalismus die gesellschaftliche Wirklichkeit dieser individualisierenden Nachahmung der Natur ist.

85 Theodor W. Adorno, *Negative Dialektik*, in: ders., *Gesammelte Schriften* [*GS*], hg. von Rolf Tiedemann, Frankfurt/M.: Suhrkamp 1970 ff., Bd. 6, S. 342. Adornos Charakterisierung der individualistischen Ideologie erfasst präzise Luhmanns Konstruktion: »Die gegenwärtige Ideologie rezipiert ebenso als Gefäß die jeweils schon durchs Allgemeine vermittelte Psychologie der Einzelnen, wie sie in den Einzelnen das Allgemeine unablässig aufs neue hervorbringt. Bann und Ideologie sind dasselbe. Diese hat ihre Fatalität daran, daß sie zurückdatiert auf die Biologie. Das Spinozistische sese conservare, die Selbsterhaltung, ist wahrhaft Naturgesetz alles Lebendigen. Es hat die Tautologie von Identität zum Inhalt: sein soll, was ohnehin schon ist, der Wille wendet sich zurück auf den Wollenden, als bloßes Mittel seiner selbst wird er zum Zweck.« (Ebd.)

86 Ebd.

87 Joseph Vogl, *Das Gespenst des Kapitals*, Zürich: Diaphanes 2010, S. 155. Das begründet die konstitutive Rolle von Imaginationen und Fiktionen in der ökonomischen Wertschätzung: Jede Wertschätzung enthält eine Erzählung über wahrscheinliche andere Wertschätzungen – durch eine andere Instanz oder zu einer anderen Zeit. Der ökonomische Wert ist eine »narrative Konstruktion« (Jens Beckert, *Imaginierte Zukunft. Fiktionale Erwartungen und die Dynamik des Kapitalismus*, übers. v. S. Gebauer, Berlin: Suhrkamp 2018, S. 236). Die einzige Weise, in der in einer Gesellschaft der Selbständigen ein Gemeinsames existieren kann, ist daher eine geteilte Imagination über wahrscheinliche Wertschätzungen. Dazu tragen etwa die Prognosen von Experten bei; sie sind »eine Art von Glauben-Machen-Spiel« (ebd., S. 369). Sie überzeugen nicht durch Gründe, sondern gleichen der »durch religiöse Rituale erzeugten kollektiven Ekstase« (S. 241).

88 Der »Name des Spekulanten [kam] einmal von jenem römischen Wachposten her, der nach Gefahren und Missgeschicken Ausschau hielt (*speculari*)« (Vogl, *Das Gespenst des Kapitals*, S. 16). So verstanden, ist es fraglich, ob John Maynard Keynes'

klare Unterscheidung zwischen »Spekulation« und »Unternehmertum« (vgl. Beckert, *Imaginierte Zukunft*, S. 232) haltbar ist.

89 Vogl, *Das Gespenst des Kapitals*, S. 168.

90 Karl Marx, *Zur Kritik der politischen Ökonomie. Urtext*, zit. n. Anselm Jappe, *Die Abenteuer der Ware. Für eine neue Wertkritik*, Münster: Unrast 2005, S. 46f.

91 Hayek, *The Constitution of Liberty*, S. 80. Das heißt, wir kennen genau das nicht, wovon die Gültigkeit unserer Werteinschätzungen abhängt: die »Sicht der anderen Menschen« (S. 158). Diese Unwissenheit der Selbständigen voneinander ist die Bedingung ihrer Freiheit: »[D]as Argument der individuellen Freiheit beruht wesentlich auf der Anerkennung der unvermeidlichen Unwissenheit von uns allen über eine große Zahl von Faktoren, von denen unsere Ziele und unser Wohl abhängt.« (S. 80) Denn wie Karl Popper erläutert, folgt aus dieser Unwissenheit die Unmöglichkeit jeder »holistische[n] Planung« (*Das Elend des Historizismus*, Tübingen: Mohr (Siebeck), [6]1987, S. 80; zur Unwissenheit: ebd., S. 71f.).

92 »Allgemeine, abstrakte Möglichkeit der Krise – heißt nichts als die *abstrakteste Form* der Krise, ohne Inhalt, ohne inhaltsvolles Motiv derselben. Verkauf und Kauf können auseinanderfallen. Sie sind also *Krise* potentia und ihr Zusammenfallen bleibt immer ein kritisches Moment für die Ware. [...] Wodurch aber diese Möglichkeit der Krise zur Krise wird, ist nicht in dieser Form selbst enthalten; es ist nur darin enthalten, daß *die Form* für eine Krise da ist.« (Karl Marx, *Theorien über den Mehrwert*, in: ders., Friedrich Engels, *Werke* [*MEW*], Berlin: Dietz 1956ff., Bd. 26.2, S. 510; siehe Jappe, *Die Abenteuer der Ware*, S. 121f.)

93 Marx, *Theorien über den Mehrwert*, S. 511.

94 Diese Formulierung nach G.W.F. Hegel, *Phänomenologie des Geistes*, in: ders., *Werke*, hg. v. Eva Moldenhauer u. Karl Markus Michel (*Theorie-Werkausgabe*), Frankfurt/M.: Suhrkamp 1969ff., Bd. 3, S. 146. Hegel redet nicht von Vermögen, sondern vom »Tun« des Einen und des Anderen. Aber er begreift ihren Umschlag ineinander – in dem sie einander als einander gegenüber äußerliche voraussetzen – als die Logik der Selbständigkeit: Das »*Tun des Einen*« ist »*das Tun des Anderen* [...]; denn das Andere

ist ebenso selbständig, in sich beschlossen, und es ist nichts in ihm, was nicht durch es selbst ist.« (Ebd.)

95 »Serie« oder Serialität ist nach Jean-Paul Sartre die Struktur kapitalistischer Gesellschaftlichkeit, deren Grundoperation er (mit Hegels Formel) so bestimmt: »Jeder ist der Grund des Anderer-seins des Anderen, insofern ein Anderer sein Seinsgrund ist.« (Jean-Paul Sartre, *Kritik der dialektischen Vernunft*, Bd. I: *Theorie der gesellschaftlichen Praxis*, übers. v. T. König, Reinbek bei Hamburg: Rowohlt 1980, S. 281.) In der Gesellschaft der Serie gibt es »keine gemeinsame Tatsache«; in ihr ist die »Alterität«, die Andersheit des Selbständigen gegenüber den und durch die anderen Selbständigen, »negatives Prinzip einer Vereinigung und Bestimmung des Schicksals eines jeden als Anderen *durch jeden Anderen als Anderen*« (ebd., S. 279). Deshalb ist die Verbindung mit dem Anderen für den Selbständigen nie *da*: »Für jeden ist die Einheit des Marktes die Grundlage der Operation, die er durchzuführen versucht, und gleichzeitig entflieht ihm diese Einheit, weil eben die Aktion dieser Atomisierung *entfremdend* ist.« (S. 305) – Zum Zusammenhang von ökonomischer Selbständigkeit und Serienform siehe unten, »Serialisierung«.

96 Die Alternative zur Arbeit ist das Glücksspiel.

97 Jappe, *Die Abenteuer der Ware*, S. 119; das Zitat aus Karl Marx, *Grundrisse der Kritik der politischen Ökonomie* (*MEW*, Bd. 42), S. 196.

98 Das ist Nietzsches Formulierung: »Der Gesichtspunkt des ›Werths‹ ist der Gesichtspunkt von *Erhaltungs-Steigerungs-Bedingungen* in Hinsicht auf complexe Gebilde von relativer Dauer des Lebens innerhalb des Werdens« (*Nachgelassene Fragmente*, November 1887 – März 1888, 11[73]; *KSA*, Bd. 13, S. 36). Heidegger hat diese Bestimmung als radikale Konsequenz aus der Inversion der Teleologie – der Wille nicht als Wille zum Zweck, zum Guten, sondern zur Macht (zu beliebigen Zwecken) – gedeutet, die er mit Nietzsche »Nihilismus« nennt und die ich oben als Grundstruktur des ökonomischen Begriffs der Selbsterhaltung gedeutet habe (Heidegger, »Nietzsches Wort ›Gott ist tot‹«, v. a. S. 210-214; siehe dazu auch die Nietzsche-Deutung

in Blumenberg, »Selbsterhaltung und Beharrung«, S. 198-200). Aus dieser Perspektive lässt sich Nietzsches Satz als eine Auslegung der ökonomischen Logik des Vermögens in drei Schritten deuten. 1. In Bewertungen geht es um Bedingungen der Erhaltung-Steigerung. Solche Bedingungen sind Vermögen; deshalb werden Vermögen positiv bewertet. 2. Vermögen sind die Bedingungen für die Erhaltung der Vermögen zur Erhaltung. Sie haben keinen Zweck, der über sie hinausweist. Das Subjekt der Bewertung (von etwas als Vermögen) ist ein Subjekt von Vermögen oder der Macht. Es bewertet Vermögen im Hinblick auf Vermögen; Vermögen sind Vermögen zu Vermögen (während praktische Vermögen teleologisch verfasst sind; sie sind Vermögen zu Zwecken). 3. Vermögen sind grundsätzlich exponiert und gefährdet: Das Subjekt der Vermögen, das die Bewertung vornimmt, sind »complexe Gebilde von relativer Dauer des Lebens innerhalb des Werdens«. Sie stehen »unter der Gunst und Ungunst der Umstände« (Nietzsche, *Nachgelassene Fragmente*, November 1887 – März 1888, 11[73], S. 36); sie sind Gebilde, die sich im Werden erhalten müssen, ohne dies sicherstellen zu können. Solche Gebilde, also Vermögensbewerter, führen ihr Leben in Unsicherheit und müssen sich deshalb zu erhalten versuchen, indem sie sich steigern. Wenn es diesen Gebilden um Vermögen um der Vermögen willen geht (oder um die Macht zur Macht), dann muss es ihnen daher um die »Steigerung der Macht« (11[74], S. 37) gehen. Darin finden die selbständigen Gebilde ihre Erfüllung: »[...] daß der Wille vorwärts will und immer wieder Herr über das wird, was ihm im Wege steht: das Lustgefühl liegt gerade in der Unbefriedigung des Willens, darin, daß er ohne die Grenzen und Widerstände noch nicht satt genug ist...« (11[75], S. 37f.) Die »Unlust [wirkt] als der Reiz des Lebens: und stärkt den *Willen zur Macht*!« (11[77], S. 38).

99 Theodor W. Adorno, *Minima Moralia*, Nr. 147 (*GS*, Bd. 4, S. 261).

100 Wenn es etwas Gutes an der ökonomischen Theorie und Praxis der Befreiung gibt, dann liegt es *davor*: bevor es ökonomisch wurde – in der Idee der Naturalisierung (dazu unten, Kap. 5, Abschn. [b] und [c]). Das neoliberale Befreiungsprojekt ist da-

her nicht normativ paradox. Siehe dazu die Bestimmung in Axel Honneth, »Einleitung« (in: ders. [Hg.], *Befreiung aus der Mündigkeit. Paradoxien des gegenwärtigen Kapitalismus*, Frankfurt/M.: Campus 2002, S. 7-12).

101 Christine Blättler, »Wider die Tragödie der Kultur. Vier Thesen zu Serialität und Poiesis«, in: Elisabeth Bronfen u.a. (Hg.), *Noch einmal anders. Zu einer Poetik des Seriellen*, Zürich, Berlin: Diaphanes 2016, S. 137-150, hier S. 140. Zum Folgenden siehe die erhellende Gegenüberstellung der Serienbegriffe von Jean-Paul Sartre (*Kritik der dialektischen Vernunft*, Bd. I, S. 270-365) und Gilles Deleuze (*Logik des Sinns*, übers. v. B. Dieckmann, Frankfurt/M.: Suhrkamp 2003, passim) in Christine Blättler, »Serial Sixties auf Französisch. Zur Ambivalenz der Serie«, in: *Zeitschrift für Medienwissenschaft*, 4:7 (2012), S. 70-79.

102 Lorenz Engell, *Das Schaltbild. Eine Philosophie des Fernsehens*, Konstanz: Konstanz University Press 2021, S. 60f. Engells Gegenstand sind die Serien des Fernsehens, deren erste oder alte Gestalt (»Fernsehen 1.0«) Günther Anders und Stanley Cavell nach dem Modell identischer Wiederholung beschrieben haben; dazu Lorenz Engell, *Fernsehtheorie zur Einführung*, Hamburg: Junius 2012, S. 17-22, 210-216. Das Fernsehen ist aber deshalb das Leitmedium, weil seine Serialität keine andere als die der Gesellschaft ist – und sich beide zugleich grundlegend verändern.

103 Gilles Deleuze, *Differenz und Wiederholung*, übers. v. J. Vogl, München: Fink 1992, S. 38 u. 42f. Ebenso bei Engell wie bei Deleuze ist klar, dass die typologische Unterscheidung von Wiederholungs- bzw. Serialisierungsweisen durch einen »Merkmalsgegensatz« (Deleuze, *Differenz und Wiederholung*, S. 358) nur heuristisch gelten kann: Sie sind nicht nur »nicht unabhängig voneinander« (ebd., S. 43), sondern asymmetrisch verknüpft (S. 43f. u. 359f.).

104 Sartre, *Kritik der dialektischen Vernunft*, Bd. I, S. 277.

105 Deleuze, *Differenz und Wiederholung*, S. 45.

106 Engell, *Das Schaltbild*, S. 62. Die zweite Wiederholungsweise »ist diejenige, die die Differenz umfaßt«; sie ist »dynamisch«,

»intensiv«, »ausgezeichnet und singulär« und »enthält das Geheimnis unserer Tode und Leben« (Deleuze, *Differenz und Wiederholung*, S. 42f.).

107 Engell, *Das Schaltbild*, S. 74.

108 Ebd., S. 87.

109 Hayek, *The Constitution of Liberty*, S. 94.

110 Adam Smith, *The Wealth of Nations*, Buch I, zit. n. Hayek, *The Constitution of Liberty*, S. 96. Die deutsche Übersetzung von Horst Claus Recktenwalde lautet: »Der Aufschwung ist in der Tat für alle Schichten erfreulich und willkommen, die Stagnation hingegen lähmend und der Niedergang trostlos.« (Adam Smith, *Der Wohlstand der Nationen. Eine Untersuchung seiner Natur und seiner Ursachen* [1978], übers. v. H. C. Recktenwald, München: dtv 2005, S. 70.) Hayek nennt dies den Zustand der »Zivilisation«: »Zivilisation ist Fortschritt und Fortschritt ist Zivilisation.« (*The Constitution of Liberty*, S. 92) Hayek ist zugleich skeptisch gegenüber dem Begriff des Fortschritts, weil »Fortschritt«, genau verstanden, das »überlegte Voranschreiten zu einem gewählten Ziel« meint. Das kann es im Ökonomischen aber nicht geben; das Ökonomische ist planlos, denn seine Freiheit beruht auf der Unwissenheit. Daher wäre es nach Hayek besser, statt von Fortschritt von der »Evolution der Zivilisation« zu sprechen (ebd., S. 94, Fn. 4): Das Ökonomische schreitet voran wie das Leben; das Ökonomische ist biologisch. Fortschritt ist ein Zustand erhöhter »Vitalität« (Vogl, *Das Gespenst des Kapitals*, S. 131).

111 Gefahren lassen sich im Unterschied zu Risiken »nicht dem eigenen Tun oder Unterlassen zurechnen« (Vogl, *Das Gespenst des Kapitals*, S. 177). Sie sind die radikalisierte »Ungewißheit« (von der Frank H. Knight das berechenbare Risiko unterscheidet; siehe Bonß, *Vom Risiko*, S. 98-103). Mit Gefahren kann man daher auch nicht so umgehen wie mit Risiken: indem man Risiken für andere schafft (»die sich selbst wiederum nur durch die Schaffung anderer Risiken absichern können«; Vogl, *Das Gespenst des Kapitals*, S. 169). Wer in Gefahr ist, muss die anderen in Gefahr bringen. »Souverän ist, wer eigene Risiken in Gefahren für andere zu verwandeln vermag und sich

als Gläubiger letzter Instanz platziert.« (Joseph Vogl, *Der Souveränitätseffekt*, Zürich, Berlin: Diaphanes 2015, S. 251.)

112 Die Angst als die Leidenschaft der Sicherheit ist eine Reaktion darauf; sie führt zum unökonomischen Mittel der Gewalt (die niemals bloß ein Mittel bleibt, sondern alles ansteckt, das sie berührt). Eine andere Reaktion ist das »Schuldbewußtsei[n] von Ausweglosigkeit«, das Walter Benjamin die »Geisteskrankheit, die der kapitalistischen Epoche eignet«, nennt (»Kapitalismus als Religion«, in: ders., *Gesammelte Schriften* [*GS*], hg. v. Rolf Tiedemann u. Hermann Schweppenhäuser, Frankfurt/M.: Suhrkamp 1974ff., Bd. VI: *Fragmente vermischten Inhalts. Autobiographische Schriften*, S. 100-103, hier S. 102). Darin wendet der Selbständige die Gewalt gegen sich selbst.

113 Simmel, »Das individuelle Gesetz«, S. 447.

114 Ebd.

115 Ebd.

116 Theodor W. Adorno, *Ästhetische Theorie* (*GS*, Bd. 7), S. 39. »Sind tatsächlich die Kunstwerke absolute Ware als jenes gesellschaftliche Produkt, das jeden Schein des Seins für die Gesellschaft abgeworfen hat, den sonst Waren krampfhaft aufrecht erhalten, so geht das bestimmende Produktionsverhältnis, die Warenform, ebenso in die Kunstwerke ein wie die gesellschaftliche Produktivkraft und der Antagonismus zwischen beidem. Die absolute Ware wäre der Ideologie ledig, welche der Warenform innewohnt, die prätendiert, ein Für anderes zu sein, während sie ironisch ein bloßes Für sich: das für die Verfügenden ist. *Solcher Umschlag von Ideologie in Wahrheit freilich ist einer des ästhetischen Gehalts*, keiner der Stellung der Kunst zur Gesellschaft unmittelbar.« (Ebd., S. 351; meine Hervorh., C. M.) Der Weg der Kunst geht nicht zum Gebrauchswert zurück, sondern – durch den ästhetischen Gehalt, also die künstlerische Form – über den Tauschwert hinaus. Gertrud Koch sieht in dieser ästhetischen Übersteigerung des »›Mehr‹, das von seiner eigenen Logik her nach ›mehr‹ verlangt«, die ästhetische Freiheit, die wir im Schauen von *Breaking Bad* gewinnen (Gertrud Koch, *Breaking Bad*, Zürich, Berlin: Diaphanes 2015, S. 14 u. 15f.).

117 So wie die Wiederholung, »die die Differenz umfaßt«, nichts

anderes ist als die »affirmativ[e]« Wiederholung – die Wiederholung in affirmativer Gestalt, die Affirmation der Wiederholung (Deleuze, *Differenz und Wiederholung*, S. 42). Engell hat diesen Gedanken serientheoretisch reformuliert, indem er zwischen der Serie der Signifikate und der der Signifikanten unterscheidet. Sie unterscheiden sich durch – relative – Konstanz und Variation. »Die Signifkanten sind das, was stets, von einem Term zum anderen, wechselt; die Signifikate sind das, was relativ dazu (zunächst) stabil bleibt. [...] Ganz offensichtlich geht es dabei jedoch stets um ein und dieselben Terme, die, je nach Betrachtungsweise, in beiden Serien zugleich fungieren, in aller Heterogenität und Simultaneität, und so die Gesamtserie ausmachen.« (Engell, *Das Schaltbild*, S. 89 f.)

118 Damit ist auch gesagt, dass es keine – einfache, simple – Kritik der Serie gibt. Die Serie ist die Krise der Kritik – der Kritik als Unterscheidung und Trennung von schlechter und guter, ökonomischer und ästhetischer Serialisierung: »There is repetition necessary to what we call life, or the animate, necessary for example for the human; and a repetition necessary for what we call death, or the inanimate, necessary for example for the mechanical; and there are no marks or features or criteria or rhetoric to tell the difference between them. From which, let me simply claim, it does not follow that the difference is unknowable or undecidable.« (Stanley Cavell, »The Uncanniness of the Ordinary«, in: ders., *In Quest of the Ordinary. Lines of Skepticism and Romanticsm*, Chicago, London: University of Chicago Press 1988, S. 153-178, hier S. 158.) Das betrifft ebenso die Frage, wie die von Angela Keppler hervorgehobene Aktivierung des Zuschauers durch die neuen Serienformate (*Das Fernsehen als Sinnproduzent*, Berlin, München, Boston: De Gruyter 2015, Kap. 11) zu deuten ist. Ist sie die Emanzipation des Zuschauers oder seine Mitarbeit an einer neuen Knechtschaft der Gewohnheit? Und wie lassen sie sich unterscheiden? – Siehe dazu den Exkurs zur Medienkritik in Kap. 2, S. 187-189.

119 Khurana, »*Breaking Bad*: Versuch über die Veränderung«, S. 47.

120 Maturana, »The Biological Foundations of Self Consciousness«, S. 72, zum Folgenden: S. 85f.

121 Lorenz Engell hat dies prägnant auf den Punkt gebracht: »Das Neue, so läßt sich ›Breaking Bad‹ zusammenfassen, liegt nicht jenseits des Bekannten, und nicht im Gegensatz zu ihm. Das Bekannte erodiert hier vielmehr immer weiter zugunsten des Neuen. Obschon das Ende das sicherste überhaupt sein wird, nämlich der Tod, wissen wir, genau wie der Held, dennoch nicht, was wir erwarten sollen. Wir können uns auf gar nichts mehr verlassen und daher auch nicht mehr unterscheiden zwischen dem Bestätigen der Erwartung und ihrer Durchbrechung, also dem Erfüllen des Schemas und seiner Verletzung oder Weiterentwicklung.« (Lorenz Engell, »Zur Chemie des Bildes. Bemerkungen über ›Breaking Bad‹«, in: Gundolf S. Freyermuth, Lisa Gotto (Hg.), *Bildwerte. Visualität in der digitalen Medienkultur*, Bielefeld: Transcript 2013, S. 195-206, hier S. 204.)

122 Joseph Vogl, *Kalkül und Leidenschaft. Poetik des ökonomischen Menschen*, Zürich, Berlin: Diaphanes [2]2004, S. 170 u. 175.

123 Georg Lukács, *Die Theorie des Romans. Ein geschichtsphilosophischer Versuch über die Formen der großen Epik*, Darmstadt, Neuwied: Luchterhand 1971, S. 74.

124 Georg Lukács, »Reichtum, Chaos und Form: Ein Zwiegespräch über Lawrence Sterne«, ders., *Die Seele und die Formen*, Neuwied, Berlin: Luchterhand 1971, S. 179-217, hier S. 185, 213, 215. Das Dostojewski-Kapitel in *Die Theorie des Romans* nimmt diese Frage – in ganz anderer Weise – wieder auf.

125 Khurana, »*Breaking Bad*: Versuch über die Veränderung«, S. 47.

126 DJ Stalingrad, *Exodus*, übers. v. F. Meltendorf, Berlin: Matthes & Seitz 2013, S. 99 u. 100f.

127 *The Autobiography of Malcolm X*, with the assistance of Alex Haley, New York: Ballantine Books 2015. Die Autobiographie beruht auf Gesprächen, die Malcolm X mit Haley geführt hat. An der Schlussredaktion war er nicht mehr beteiligt. Es ist daher strittig, inwieweit sie seine (oder Haleys) Sicht der Dinge wiedergibt. Zitate in dieser Passage: Ebd., S. 295, 128 u. 153.

128 Ebd., S. 318.

129 Ebd., S. 293.

130 Ebd., S. 158 u. 250f.

131 Manning Marable, *Malcolm X. A Life of Reinvention*, London u.a.: Penguin Books 2012, S. 76-79.

132 Auch Malcolm spricht die Sprache der Identität: Durch die Konversion wird er, der er ist; er lernt durch sie, zu »akzeptieren, was schon in dir, und um dich herum, ist« (*The Autobiography of Malcolm X*, S. 167). Aber diese Identität ist keine *Ressource* der Konversion; er hat sie erst, indem er sie anerkennt.

133 Ebd., S. 166, 159, 165 u. 176.

134 Emmanuel Lévinas, *Schwierige Freiheit. Versuch über das Judentum*, übers. v. E. Moldenhauer, Frankfurt am Main: Jüdischer Verlag 1992, S. 21.

135 Lévinas schreibt über sein Verhältnis zu Rosenzweig: »Der Widerstand gegen die Idee der Totalität hat uns im ›Stern der Erlösung‹ von Franz Rosenzweig frappiert; diese Schrift ist zu häufig in diesem Buch gegenwärtig, um zitiert zu werden.« (Emmanuel Lévinas, *Totalität und Unendlichkeit. Versuch über die Exteriorität*, übers. v. W.N. Krewani, Freiburg, München: Alber 1987, S. 31.) In seiner »biographie spirituelle« von Rosenzweig – »Zwischen zwei Welten« – hatte Lévinas dieses Gedankenmotiv Rosenzweigs, an das er anknüpft, so formuliert: »Man muß also von der reduzierenden Philosophie zur Erfahrung zurückkehren, das heißt zum Irreduziblen – ein Empirismus, der nichts Positivistisches an sich hat.« (*Schwierige Freiheit*, S. 137)

136 Franz Rosenzweig, »Das neue Denken. Einige nachträgliche Bemerkungen zum ›Stern der Erlösung‹«, in: ders., *Zweistromland. Kleinere Schriften zu Religion und Philosophie*, Berlin: Philo 1926, S. 240-268, hier S. 241.

137 Erich Auerbach, *Mimesis. Dargestellte Wirklichkeit in der abendländischen Literatur*, Bern, München: Francke [3]1964, S. 9 u. 16. Das erste Kapitel, »Die Narbe des Odysseus«, vergleicht eine Szene aus dem 19. Gesang der *Odyssee* mit der Geschichte von Abraham und Isaak in *Genesis* 22. Zu dieser Gegenüberstellung siehe Bernd Witte, *Moses und Homer. Griechen, Juden*

und Deutsche: eine andere Geschichte der deutschen Kultur, Berlin, Boston: De Gruyter 2018, S. 285-296. Witte zeigt, wie Auerbachs Charakterisierung Homers die gattungstheoretisch-geschichtsphilosophische Bestimmung des Epos in Idealismus und Klassik aufnimmt. Darüber hinaus meint Witte, dass Auerbach in seinem Vergleich von *Odyssee* und Bibel »der Sage Homers literarisch den Vorzug gibt« (ebd., S. 292) und sich dadurch in die deutsche Tradition eines philohellenischen Antijudaismus einschreibe, dessen Geschichte seit Winckelmann Wittes Buch erzählt. Das ist nicht nur deshalb abwegig, weil Witte dafür Auerbachs formanalytische Methode verantwortlich macht (S. 288f.). Soweit es Auerbach überhaupt um eine Bewertung geht, hat sie die genau entgegengesetzte Pointe.

138 Auerbach, *Mimesis*; die Zitate finden sich auf den Seiten 15-17.

139 Rosenzweig, »Das neue Denken«, S. 246, 251, 264.

140 Das religiöse Modell der Befreiung verbindet Theorie und Erzählung daher in umgekehrter Weise wie das ökonomische Modell (oben, Kap. 3, S. 249f.). Es ist nicht eine Theorie, die, wie der Neoliberalismus, auch eine Erzählung ist, sondern eine Erzählung, die zugleich »Lehre« ist und daher Wahrheit beansprucht und Glauben (und Gehorsam) verlangt. Und zwar nicht aus theoretischen Gründen, sondern allein wegen der »Tatsächlichkeit der Ereignisse« – in denen »Jahwe für Israel gegenwärtig« ist –, von denen sie erzählt (Gerhard von Rad, *Theologie des Alten Testaments*, Bd. I: *Die Theologie der geschichtlichen Überlieferungen Israels*, München: Kaiser [4]1962, S. 301). Thomas Manns (Nach-)Erzählung des Exodus-Buches, »Das Gesetz« (in: ders., *Späte Erzählungen* [*Gesammelte Werke in Einzelbänden. Frankfurter Ausgabe*, hg. v. Peter de Mendelssohn], Frankfurt am Main: Fischer 1981, S. 337-406), zeigt, was übrig bleibt, wenn man seine Geschichte von der Lehre trennt: Psychologie (Vermutungen darüber, was den Protagonisten ›glaubhaft schien‹; ebd., S. 370) und Moral (Gottes Gebot als »die Quintessenz des Menschenanstands«; S. 393). An die Stelle der Lehre tritt die Ironie.

141 *Namen*, 1,1-3, in: *Die Schrift*, verdeutscht von Martin Buber und Franz Rosenzweig, Heidelberg: Lambert Schneider 1981,

Bd. 1; im Folgenden zit. als B/R. Zu den verschiedenen Titeln des Buches siehe Christoph Dohmen, *Exodus 1-18*, in: *Herders Theologischer Kommentar zum Alten Testament*, Freiburg i. Br., Basel, Wien: Herder 2015, S. 58-60.

142 »Immerhin begegnet der zum Titel gemachte Terminus ἔξοδος im Buch nur einmal in Ex 19,1, um die Sinaitheophanie und letztlich den gesamten Text von Ex 19-40 [also den Rest des Buches] nicht nur chronologisch, sondern auch sachlich an den Auszug aus Ägypten anzuschließen.« (Christoph Dohmen, Matthias Ederer, »Wie Exodus zum Exodus wurde. Ein Buch und sein Thema«, in: Judith Gärtner, Barbara Schmitz [Hg.], *Exodus. Rezeptionen in deuterokanonischer und frühjüdischer Literatur*, Berlin, Boston: De Gruyter 2016, S. 1-16, hier S. 2.) Dohmen/Ederer beschreiben die möglichen Alternativen zu dieser Lesart: Geht es in *Exodus* um »*Heraus*führung« oder »*Herauf*führung«, also um die »Rettung/Befreiung« oder um die »Führung zum/ins [Gelobte] Land« (S. 6)? Und wenn um beides: In welchem Verhältnis stehen diese Beschreibungen? Und vorher noch: Ist die Rettung oder Befreiung ein Auszug, eine Herausführung, ein Aufbruch? Oder noch etwas ganz anderes: eine Flucht – so wie der Photograph Sebastião Salgado seinem großen Buch über Migranten und Flüchtlinge weltweit den Titel *Exodus* (Köln: Taschen 2016) gegeben hat?

143 Michael Walzer, *Exodus und Revolution*, übers. v. B. Rullkötter, Frankfurt am Main: Fischer, S. 17, 16, 20, 16.

144 Ebd., S. 8.

145 Jan Assmann, *Die Mosaische Unterscheidung. Oder der Preis des Monotheismus*, München: Hanser 2003, S. 66; ders., *Moses der Ägypter. Entzifferung einer Gedächtnisspur*, München: Hanser 1998, S. 24f. Zum Verhältnis zu Walzer siehe Jan Assmann, *Exodus. Die Revolution der Alten Welt*, München: C. H. Beck 2015, S. 24. In dieser These stimmt Assmanns Deutung mit der von Ernst Bloch überein, der im Exodus einen »Sprung im religiösen Bewußtsein« sieht – nämlich: zum Messianismus, zur »Utopisierung Gottes« –, ohne dessen (utopisches) Potential es keine wahrhafte politische Befreiung gibt; siehe *Das Prinzip Hoffnung*, Frankfurt/M.: Suhrkamp 1959,

Bd. 3, S. 1453 u. 1455; dazu weiter 1456-1464. Dem entspricht die Kritik an Walzers Deutung durch Gunnar Hindrichs: Der Exodus erzählt keine »Fortschrittsgeschichte«; es geht nicht um Prozesse, die sich »in der Begrifflichkeit des Lernens« beschreiben lassen (*Philosophie der Revolution*, Berlin: Suhrkamp 2017, S. 301 u. 310). Denn die Befreiung ist der Bruch mit dem Lernen, das niemals aus der Gewohnheit herausführen kann. – Für eine eingehende Diskussion der Motive, Verfahren und Argumente von Walzers »Säkularisierung« des Exodus siehe Michael Haus, »No Freedom without Exodus – no Exodus without Spirituality? Reflections on Michel Walzer's Politics of Exodus«, in: Michael Kühnlein (Hg.), *Exodus, Exilpolitik und Revolution*, Tübingen: Mohr Siebeck 2017, S. 305-327, hier v. a. S. 316-325; Michael Kühnlein, »Freiheit als Exodus. Michael Walzers Beitrag zu einer Theorie des Vorpolitischen«, in: ders. (Hg.), *Kommunitarismus und Religion*, Berlin: Akademie 2010, S. 316-387, hier v. a. S. 368-377.

146 Assmann, *Die Mosaische Unterscheidung*, S. 62.

147 *Exodus* 3,4-10, in: *Die Bibel*, nach Martin Luthers Übersetzung, revidiert 2017, Stuttgart: Deutsche Bibelgesellschaft 2017 (Zitate aus *Exodus* ohne weitere Angabe im Folgenden aus dieser Übersetzung).

148 Auerbach, *Mimesis*, S. 10. Das bezieht sich auf die Geschichte von Abrahams Opfer seines Sohns Isaak. Die Geschichte beginnt damit, dass Gott zu Abraham sagt: »Abraham! Und er antwortete: Hier bin ich.« (Gen 22,1, und noch einmal Gen 22,11) Diese Antwort Abrahams wiederholt Mose. Beiden Szenen voraus geht Gen 3,9 f.: »Und Gott der Herr rief Adam und sprach zu ihm: Wo bist du? Und er sprach: Ich hörte deine Stimme im Garten und fürchtete mich; denn ich bin nackt, darum versteckte ich mich.« Auch hier geht es in der Frage nach dem Wo darum, ob (und wie) Adam Gottes Ruf zu hören bereit ist.

149 »Sie bilden das ›Ich-weiß-nicht-was‹ [*je ne sçay quoy*], diesen Geschmack nach etwas«, der uns eigentümlich ist und ausmacht, gerade weil wir nicht von ihm wissen: weil »dieser Geschmack nach etwas« unbewusst ist: Gottfried Wilhelm Leibniz,

Neue Abhandlungen über den menschlichen Verstand, in: ders., *Philosophische Schriften*, hg. v. Wolf von Engelhardt u. Hans Heinz Holz, Darmstadt: Wissenschaftliche Buchgesellschaft 1985, Bd. III, S. XXI-XXV. Zu den folgenden Unterscheidungen siehe Roland Barthes, »Zuhören«, in: ders., *Der entgegenkommende und der stumpfe Sinn*, übers. v. D. Hornig, Frankfurt/M.: Suhrkamp 1990, S. 249-263, hier S. 250-253.

150 Roman Jakobson, »Linguistik und Poetik«, in: ders., *Poetik. Ausgewählte Aufsätze 1921-1971*, hg. v. E. Holenstein u. Tarcisius Schelbert, Frankfurt/M.: Suhrkamp 1993, S. 83-121, hier S. 91 (Großschreibung im Original).

151 So Franz Rosenzweig (»›Urzelle‹ des Stern der Erlösung, Brief an Rudolf Ehrenberg vom 18.11.1917«, in: ders., *Mein Ich entsteht im Du. Ausgewählte Texte zu Sprache, Dialog und Übersetzung*, Freiburg, München: Alber 2013, S. 81-95, hier S. 88) zu der Beziehung, die durch Gottes Anrede an Adam – »Adam, wo bist *Du*?« (ebd., S. 87) – gestiftet wird.

152 Stanley Cavell, *The World Viewed. Reflections on the Ontology of Film*, Enlarged Edition, Cambridge (Mass.): Harvard University Press 1979, S. 18. Das erklärt nach Cavell, »why our access to another world is normally through voices from it; and why a man can be spoken to by God and survive, but not if he sees God, in which case he is no longer in *this* world«. Darin liegt die fundamentale religiöse Bedeutung des Hörens.

153 Auerbach, *Mimesis*, S. 11.

154 Franz Kafka, *Der Proceß*, Frankfurt/M.: Fischer 2008, S. 221 f.

155 Hier geht es nur um diese Frage. Gott redet im Folgenden auch noch ganz anders: als Subjekt des Bundes und der Gesetze. Aber das setzt die Befreiung voraus. Dazu unten, Kap. 4, Abschn. (c).

156 Jacques Derrida, »Glaube und Wissen. Die beiden Quellen der ›Religion‹ an den Grenzen der bloßen Vernunft«, in: ders., Gianni Vattimo, *Die Religion*, Frankfurt/M.: Suhrkamp 2001, S. 53. Derrida bezieht sich auf Émile Benveniste. Dazu unten, Anm. 165.

157 Lévinas, *Totalität und Unendlichkeit*, S. 110.

158 Ebd.

159 Ebd., S. 109 f.

160 Hans Joas, *Die Macht des Heiligen. Eine Alternative zur Geschichte von der Entzauberung*, Berlin: Suhrkamp 2017, S. 351, siehe S. 295 f. Zum Folgenden Emmanuel Lévinas, »Desakralisierung und Entzauberung. Das Sakrale und das Heilige«, in: ders., *Vom Sakralen zum Heiligen. Fünf neue Talmud-Lesungen*, übers. v. F. Miething, Frankfurt/M.: Verlag Neue Kritik 1998, S. 88-119, hier S. 89 f. Der französische Titel ist *Du sacré au saint* (Paris: Les Éditions du Minuit 1977). Lévinas nennt das transzendente Heilige *saint* im Unterschied zu *sacré*.

161 Joas, *Die Macht des Heiligen*, S. 351, siehe S. 296.

162 So die wichtige Klarstellung von Jan Assmann: Die »Mosaische Unterscheidung« leistet eine »Selbstausgrenzung« nicht nur, weil sich durch sie »Israel aus dem Kreise der Völker aus[grenzt]«, sondern mehr noch und vor allem, weil sie sich in Vorschriften und Maßnahmen verwirklicht, die »den Ägypter bzw. den Kanaanäer ›in uns‹ ausmerzen, in unserer Mitte und im eigenen Herzen« (Assmann, *Die Mosaische Unterscheidung*, S. 30 f.).

163 Lévinas, *Totalität und Unendlichkeit*, S. 110. – Nach Benveniste bedeutet »Religion, *religio*«, dass der Mensch, eben indem er vom Heiligen zurückgestoßen und »seines Willens beraubt« wird, zugleich auf es »bezogen« und an es »gebunden« ist (*Le vocabulaire des institutions indo-européennes*, Paris: Les Éditions de Minuit 1969, Bd. 2, S. 268 f.). Durch diese beiden Bewegungen charakterisiert Benveniste die zweite Bedeutung von *religio*, die sich von *ligare*, verbinden, herleitet. Eine andere, erste Bedeutung stammt von *legere*, versammeln, rückführen. Das stellt die Frage, ob nicht beide Bedeutungen jeweils eine negative und eine positive Seite haben und verbinden (wie es Rudolf Otto beschreibt; siehe *Das Heilige. Über das Irrationale in der Idee des Göttlichen und sein Verhältnis zum Rationalen*, München: C.H. Beck 1963, S. 11 u. 14). So sagt Gott zu Mose am Sinai, er solle dem Volk sagen: »Hütet euch, auf den Berg zu steigen oder seinen Fuß anzurühren; denn wer den Berg anrührt, der soll des Todes sterben. Keine Hand soll ihn anrühren.« Danach aber sagt er: »Wenn aber das Widderhorn lange tönen wird, dann soll man auf den Berg steigen.« (Ex 19,12 f.)

Dieselbe Doppelbewegung noch einmal unmittelbar darauf in Ex 19,21-24.

164 Lévinas, *Totalität und Unendlichkeit*, S. 110.

165 Ebd.

166 Emmanuel Lévinas, »Rätsel und Phänomen«, in: ders., *Die Spur des Anderen. Untersuchungen zur Phänomenologie und Sprachphilosophie*, übers. v. W. Krewani, Freiburg, München: Alber 1983, S. 236-260, hier S. 247 und 238.

167 Lévinas, *Totalität und Unendlichkeit*, S. 135.

168 Zitate in dieser Passage: ebd., S. 129f., 128 u. 99.

169 Werner H. Schmidt hebt die Umarbeitung hervor, die Ex 3,2 gegenüber seiner Quellenschrift durch »die Einführung des Boten (2a), der statt Jahwes ›erscheint‹«, vorgenommen hat, um »Gottes Transzendenz zu betonen« und »zwischen Gott und Gottes Erscheinung zu unterscheiden« (*Exodus*, 1. Teilband: *Exodus 1-6*, Neukirchen-Vluyn: Neukirchener Verlag 1988, S. 119 u. 121). »Insofern ist der übliche Terminus ›Theophanie‹ [...] mißverständlich, wenn nicht irreführend« (ebd., S. 155): Gott erscheint Mose nicht, und Mose sieht Gott nicht.

170 Franz Rosenzweig, *Der Stern der Erlösung*, Frankfurt/M.: Suhrkamp 1988, S. 196.

171 Jacques Derrida, »Gewalt und Metaphysik. Essay über das Denken Emmanuel Levinas'«, in: ders., *Die Schrift und die Differenz*, übers. v. R. Gasché, Frankfurt/M.: Suhrkamp 1972, S. 121-235, hier S. 147.

172 Damit die religiöse Beziehung als Beziehung ohne Beziehung möglich ist, »dazu wäre nötig, daß der unendliche Gott dem Menschen so endlich nah käme, so von Angesicht zu Angesicht, von benannter Person zu benannter Person, wie es kein Verstand der Verständigen, keine Weisheit der Weisen je zugeben dürfte. Und wäre zugleich nötig, daß die Kluft zwischen Menschlich-Weltlichem und Göttlichem, die eben in der Unaustilgbarkeit der Eigennamen bezeichnet ist, für so tief, für so wirklich und allen asketischen Menschen- und mystischen Weltkräften unüberspringbar erkannt und anerkannt würde, wie es kein Asketenhochmut, kein Mystikerdünkel in seiner Verachtung des ›Schall und Rauchs‹ der Namen, irdischer wie

himmlischer, je zugeben wird.« (Rosenzweig, *Der Stern der Erlösung*, S. 43) Sarah Rosenhauer reformuliert diesen Zusammenhang in dem Argument, dass nur eine personale Anrede individuell adressierend sein kann (*Die Unverfügbarkeit der Kraft und die Kraft des Unverfügbaren. Subjekttheoretische und gnadentheologische Überlegungen im Anschluss an das Phänomen der Kontingenz*, München: Fink 2018, S. 290-292).

173 Denn »Persönlichkeit« heißt: die besondere Instantiierung eines Allgemeinen. Daher kann Gott nicht »als Persönlichkeit, wenn auch absolute Persönlichkeit« aufgefasst werden. »Absolute Persönlichkeit ist ja eigentlich ein Widerspruch.« (Rosenzweig, *Der Stern der Erlösung*, S. 160)

174 Baruch de Spinoza, *Theologisch-politischer Traktat*, übers. v. C. Gebhardt, neu bearb. von G. Gawlick, in: Spinoza, *Werke*, Bd. 1, Darmstadt: Wissenschaftliche Buchgesellschaft 1989, S. 137.

175 Ebd., S. 19.

176 Ebd., S. 145.

177 Ebd., S. 151.

178 Ebd., S. 175.

179 Ebd., S. 149 bzw. 151.

180 Ebd., S. 423.

181 Zu diesem Subjektbegriff der Freiheit siehe oben Kap. 1 u. Kap. 2, Abschnitt (c). – Der Begriff des Denkens und der Vernunft wird hier bei Spinoza doppelt verwendet: als theoretische Einsicht in Bezug auf die Wahrheiten der religiösen Lehre und als praktisches Urteil in Bezug auf das »eine« Gebot, auf das sich das »ganze« religiöse Gesetz reduzieren lässt, das Gebot der Nächstenliebe (*Theologisch-politischer Traktat*, S. 431). Im Begriff der Autonomie kommt beides zusammen.

182 Ebd., S. 467 bzw. 603.

183 G.W.F. Hegel, »Abraham in Chaldäa gebohren«, in: ders., *Frühe Schriften II* (*GW*, Bd. 2), Hamburg: Meiner 2014, Text 48, S. 59. Hegel radikalisiert dies zu einem antijüdischen Argument: Bei den Juden, so schreibt Hegel im Blick auf Moses Mendelssohns Deutung des Religionsgesetzes, »kommt das Daseyn Gottes nicht als eine Wahrheit vor, sondern als ein Befehl; von Gott sind die Juden durch und durch abhängig, und

das, von dem man abhängig ist, kann nicht die Form einer Wahrheit haben; denn die Wahrheit ist die Schönheit mit dem Verstande vorgestellt, der negative Charakter der Wahrheit ist Freiheit.« (Ebd., S. 59f.) Hegels Polemik gegen Mendelssohn will zeigen: »Judaism and Enlightenment are incompatible.« (Yirmiyahu Yovel, *Dark Riddle. Hegel, Nietzsche, and the Jews*, Cambridge: Cambridge University Press 1998, S. 43.)

184 Spinoza, *Theologisch-politischer Traktat*, S. 461.

185 Leo Strauss, *Die Religionskritik Spinozas als Grundlage seiner Bibelwissenschaft*, in: ders., *Gesammelte Schriften*, hg. v. H. Meier, Bd. 1, Stuttgart, Weimar: Metzler 2001, S. 1-361, hier S. 182. Strauss geht es darum, dieser teleologisch-prozessualen Verhältnisbestimmung von Religion und Aufklärung eine agonale gegenüberzustellen. Seine Kritik an Spinozas Bibelkritik mündet in der Relationsfigur von »Satz« und »Gegen-Satz« (ebd., S. 270), zwischen denen – also zwischen Religion und Aufklärung – es kein gemeinsames Drittes geben kann. Es geht Strauss um die Entgegensetzung der Entgegensetzung zur geschichtlichen Prozessualität oder gar Teleologie.

186 Spinoza, *Theologisch-politischer Traktat*, S. 445.

187 Ebd., S. 393.

188 Jürgen Habermas, *Auch eine Geschichte der Philosophie*, Bd. 2: *Vernünftige Freiheit. Spuren des Diskurses über Glauben und Wissen*, Berlin: Suhrkamp 2019, S. 158. Die Religion ist eine bloße »Zwischen-Stufe« im Prozess der Aufklärung (Strauss, *Die Religionskritik Spinozas*, S. 221f.).

189 Spinoza, *Theologisch-politischer Traktat*, S. 393. Lévinas nennt diese geschichtliche Abfolge vom Judentum zum Christentum (das dann »durch die intellektuelle Liebe zu Gott übertroffen« wird) den »Verrat Spinozas« (*Schwierige Freiheit*, S. 106).

190 Spinoza, *Theologisch-politischer Traktat*, S. 149-151.

191 Ebd., S. 125, 137.

192 »Denn so die Heiden, die das Gesetz nicht haben, doch von Natur tun des Gesetzes Werk, sind dieselben, dieweil sie das Gesetz nicht haben [d.h.: es ihnen nicht gegeben worden ist], sich selbst ein Gesetz, als die da beweisen, des Gesetzes Werk sei geschrie-

ben in ihren Herzen.« (*Römer* 2, 12-15) Daran knüpft Christine Korsgaard unmittelbar an, indem sie die Autonomie im Begriff »praktischer Identität« erläutert; siehe *The Sources of Normativity*, New York: Cambridge University Press 1996, S. 100.

193 Strauss, *Die Religionskritik Spinozas*, S. 207. »Den Gegensatz zwischen Maimuni und Spinoza bestimmen wir also nunmehr durch die Formel: Insuffizienz des Menschen – Suffizienz des Menschen.« (Ebd., S. 208)

194 Nach dem Großinquisitor besteht die Freiheit der Gläubigen (von der Christus gesprochen hat: »Ich will euch frei machen«) allein darin, dass »sie selbst ihre Freiheit uns dargebracht und unterwürfig zu Füßen gelegt haben«. Deshalb sind »diese Menschen mehr denn je von ihrer uneingeschränkten Freiheit überzeugt«. Die Religion ist für den Großinquisitor der Mechanismus, der die Menschen dazu bringt, sich frei ihrer Freiheit zu begeben und daher darin frei zu glauben. Sie errichtet »das Reich des Friedens und des Glücks« durch das »Geheimnis«, das alle gemeinsam anbeten (Fjodor Dostojewski, *Die Brüder Karamasow*, übers. v. S. Geier, Frankfurt/M.: Fischer 2006, S. 404 f., 416).

195 Emmanuel Levinas, »Liberté et commandement«, in: ders, *Liberté et commandement*, o. O. [Montpellier]: Fata Morgana 1994, S. 27-48, hier S. 34 u. 36. »Wahre (positive) Freiheit liegt nach rabbinischer Auffassung in der Knechtschaft für GOTT.« (Walzer, *Exodus und Revolution*, S. 62) Diesen Gedanken gibt Leo Strauss preis, denn er gibt den Freiheitsbegriff preis: Nach oder bei Strauss setzt die Religion der Aufklärung nicht die Idee einer anderen, wahren Freiheit entgegen; denn die Freiheit – als solche – ist »Abfall« vom Glauben (*Die Religionskritik Spinozas*, S. 233). Strauss überlässt den Freiheitsbegriff der Aufklärung. Das steht im Gegensatz zu der »rabbinischen Auffassung«, an die Walzer erinnert und an die Lévinas mit der zitierten Formulierung anknüpft. Ich deute Lévinas' »Kritik der Freiheit« anders als Rachid Boutayeb (*Kritik der Freiheit. Zur »ethischen Wende« von Emmanuel Levinas*, Freiburg, München: Alber 2013, passim, v. a. S. 102-110, 142-151) daher als eine radikale Transformation des Freiheitsbegriffs.

196 Spinoza, *Theologisch-politischer Traktat*, S. 135-137.
197 Eric L. Santner, *On the Psychotheology of Everyday Life. Reflections on Freud and Rosenzweig*, Chicago, London: University of Chicago Press 2001, v.a. Kap. 3. Dieser Deutung folge ich hier.
198 Rosenzweig, *Der Stern der Erlösung*, S. 196.
199 Lévinas, *Totalität und Unendlichkeit*, S. 289.
200 Nach seiner Flucht aus Ägypten kommt Mose an eine Quelle in Midian: »Der Priester in Midian aber hatte sieben Töchter; die kamen, Wasser zu schöpfen, und füllten die Rinnen, um die Schafe ihres Vaters zu tränken. Da kamen Hirten und vertrieben sie. Mose aber stand auf und half ihnen und tränkte ihre Schafe.« (Ex 2,16-17)
201 Assmann, *Die Mosaische Unterscheidung*, S. 72. – Der Ausdruck »Moses der Ägypter« meint in Jan Assmanns gleichnamigem Buch etwas anderes als hier: Der Ausdruck resümiert die lange Tradition, die Moses Bruch mit Ägypten auf ägyptische Bestände zurückbeziehen und dadurch entschärfen will (Assmann, *Moses der Ägypter*, S. 29f., 269f.). Das schließt bei Assmann ein, dass auch die »Gerechtigkeit von unten« – gegen Nietzsche, der sie als eine jüdische Schöpfung präsentiert – eine ägyptische Vorgeschichte hat; siehe Assmann, *Die Mosaische Unterscheidung*, S. 73f. Im Folgenden soll gezeigt werden, dass der Exodus als ein Bruch in der Form mit jeder sittlichen Gerechtigkeitsvorstellung, eingeschlossen der Ägyptens, gelesen werden muss.
202 Assmann, *Exodus*, S. 130. Dabei gilt noch nicht der Frondienst, den Israel in Ägypten leisten muss, als Unrecht – und zwar ebenso wenig nach ägyptischer wie nach späterer jüdischer Vorstellung; Frondienst gibt es während der Königszeit auch in Israel (S. 126-128). Als ungerecht und »sündhaft« gelten erst die Verschärfungen, die das Volk Israel unterdrücken sollen, damit »sie nicht noch mehr werden« (Ex 1,10). Moses gewaltsame Intervention richtet sich nur gegen ein Übermaß an Ausbeutung.
203 Rosenzweig, *Der Stern der Erlösung*, S. 74. Rosenzweig setzt terminologisch »Persönlichkeit« und »Individualität« gleich und

unterscheidet beide von dem »Selbst« oder »Charakter« (ebd., S. 75 f.).

204 Franz Rosenzweig, »Das Büchlein vom gesunden und kranken Menschenverstand«, in: ders., *Mein Ich entsteht im Du*, S. 25-80, hier S. 63. Weil der Familienname den Menschen an seine Vergangenheit und damit seine familiale und soziale Identität bindet, muss er in der Befreiung abgelegt werden. So wie François-Dominique Toussaint, der Führer der haitianischen Revolution, den Beinamen Louverture annahm, so ersetzt Malcolm seinen Nachnamen durch ein Nichts, einen Nichtnamen – das X: »Für mich ersetzte mein ›X‹ den weißen Sklavenhalter-Namen ›Little‹, den irgendein blauäugiger Teufel namens Little meinen väterlichen Vorfahren aufgedrückt hatte.« Das X dagegen »symbolisiert den wahren afrikanischen Namen, den er nie kennen würde« (*The Autobiography of Malcolm X*, S. 203).

205 »Und als das Kind groß war, brachte sie [die hebräische Frau, die das Kind gestillt hat] es der Tochter Pharaos, und es ward ihr Sohn, und sie nannte ihn Mose; denn sie sprach: Ich habe ihn aus dem Wasser gezogen.« (Ex 2,10) In der Buber/Rosenzweig-Übersetzung: »Sie rief seinen Namen: Mosche, Der hervortauchen läßt. Sie sprach: Denn aus dem Wasser habe ich ihn hervortauchen lassen.« Nach einer zweiten, ägyptischen Etymologie ist Mose »der Geborene«, vielleicht auch: »der von Gott Geborene«; siehe Schmidt, *Exodus 1-6*, S. 73-75. Tatsächlich sagt der Name Mose noch mehr, als dass er geboren wurde: Er sagt, dass er männlich ist. Der Name identifiziert ihn geschlechtlich. Diese Begrenzung kann erst ein Name überwinden, der sachlich ist. Oder ein Name, der die Bestimmung in jeder Benennung negiert – wie dies Louverture und Macolm X versucht haben.

206 Rosenzweig, *Der Stern der Erlösung*, S. 207 f. Diese Einsicht reformuliert Santner durch die »Unterscheidung zwischen zwei Arten der Anrufung« (in der er den »Schlüssel zum Verständnis von Rosenzweigs Vorhaben« sieht, den Lévinas verloren hat): »between *being identified* as a part, as a member of a larger social or political whole […] and *being singled out* as a part which is no part (of a whole) and which, in Rosenzweig's view,

transpires in and through a call of love...« (Santner, *On the Psychotheology of Everyday Life*, S. 65)

207 G.W.F. Hegel, *Grundlinien der Philosophie des Rechts* (*Theorie-Werkausgabe*, Bd. 7), § 142.

208 »Sitte – ἦθος – die Alten wußten nichts vom Gewissen – Riemer: ἦθος ion. ἔθος – Gewohnheit, Gebrauch – (vorzüglich Wohnung bei Herodot) – Herkommen des Menschen – *Sitte* – ob von *Sitz*? – Gewohnheit, Charakter, Miene – Im Stil und Deklamation ἠθικός, das Charakteristische – Weise des Seins und Lebens« (ebd., § 151 N, S. 302).

209 Rosenzweig, *Der Stern der Erlösung*, S. 197.

210 Santner, *On the Psychotheology of Everyday Life*, S. 68.

211 Rosenzweig, »›Urzelle‹«, S. 91.

212 Santner, *On the Psychotheology of Everyday Life*, S. 103f.

213 Jan Assmann, *Politische Theologie zwischen Ägypten und Israel*, München: Carl Friedrich von Siemens Stiftung 1992, S. 34. Peter Zeilinger stellt dies in den weiteren Horizont der »altorientalischen Königs- und Herrschaftsideologie«, gegen die der Exodus sich wendet: »Das Exodus-Narrativ stellt in diesem Sinn sogar eine ausdrückliche Gegen-Erzählung dar zum mythischen Entwurf der Stabilisierung des sozialen und politischen Zusammenhalts.« (Peter Zeilinger, »Repräsentation einer Leerstelle, oder: Auszug ins Reale. Zur politischen Bedeutung des biblischen Exodus, der historisch nicht stattgefunden hat«, in: *Interdisciplinary Journal for Religion and Transformation*, 4:7 [2018], S. 212-283, hier S. 236.)

214 Assmann, *Politische Theologie zwischen Ägypten und Israel*, S. 40.

215 Ebd., S. 64.

216 Ebd., S. 41.

217 Assmann, *Exodus*, S. 288.

218 Assmann, *Politische Theologie zwischen Ägypten und Israel*, S. 79f., 76 u. 79.

219 Hegel, »Abraham in Chaldäa gebohren«, S. 47.

220 Ebd. Siehe dazu auch oben, Kap. 1.

221 Franz Rosenzweig, *Hegel und der Staat*, hg. v. Axel Honneth, Berlin: Suhrkamp 2010, S. 112f. Rosenzweig datiert die Abfas-

sung dieses Buchs, das 1920 erschienen ist, in seiner Vorrede auf die Vorkriegsjahre. Der Brief an Ehrenberg, der als die »Urzelle« von *Der Stern der Erlösung* bezeichnet wird und damit schließt, die Differenz von Gesetz und Befehl scharf zu stellen, ist aus dem Jahr 1917. Darin geht es um die Befreiung von »1800«, von Hegel und Goethe.

222 G.W.F. Hegel, »Jesus trat nicht lange«, in: ders, *Frühe Schriften II*, Text 54, S. 158 u. 154. Wollte man dies ausführen, so müsste man daher sagen, dass die religionskritische Formgleichsetzung von (politisch herrschendem) Gesetz und (religiösem) Gebot gleich doppelt falsch ist. Sie versteht nicht nur nicht, wie das göttliche Gebot funktioniert; sie versteht auch die Seite des Gesetzes nicht richtig. Die Aufklärung versteht es so, dass das Gesetz unterdrückend ist, solange man es nicht als Wahrheit, das heißt: als Sein, erkennt (und ebendadurch der Gesetzesform entkleidet). Die Exodus-Lehre sieht es umgekehrt: Das Sein, die Wahrheit, die wir erkennen, begründet die Unterwerfung.

223 G.W.F. Hegel, »Fortschreiten der Gesetzgebung…«, in: ders, *Frühe Schriften II*, Text 44, S. 22; siehe ders., »Abraham in Chaldäa gebohren«, S. 60 u. 67.

224 Hannah Arendt, *Macht und Gewalt*, übers. v. G. Uellenberg, München, Zürich: Piper 1970, S. 46.

225 Theodor Eschenburg, *Über Autorität*, Frankfurt/M.: Suhrkamp 1965, S. 10.

226 Ebd., S. 28.

227 Heinrich Popitz, *Phänomene der Macht*, Tübingen: Mohr (Siebeck), [2]1992, S. 114. Zum Folgenden siehe Judith Butler, *The Psychic Life of Power. Theories in Subjection*, Stanford: Stanford University Press 1997, S. 6-10. Butler fügt der Analyse des Autoritätsbegehrens eine wesentliche Einsicht hinzu: dass das Begehren der Autorität, von der zunächst die physische, dann die soziale und normative Existenz abhängt, unbewusst bleiben muss, vom Begehrenden verneint wird und die Illusion der Autonomie, die Autonomie als Illusion, hervorbringt.

228 Zitate in dieser Passage: Popitz, *Phänomene der Macht*, S. 114, 126 u. 115.

229 Eschenburg, *Über Autorität*, S. 9.

230 Sigmund Freud, *Der Mann Moses und die monotheistische Religion*, in: ders., *Studienausgabe*, Bd. IX, Frankfurt/M.: Fischer, S. 455-581, hier S. 522. Dieser Gedanke steht im Zentrum der zusammenführenden Deutung von Rosenzweig und Freud durch Santner, *On the Psychotheology of Everyday Life*, v.a. S. 31-43.

231 Lévinas, *Totalität und Unendlichkeit*, S. 110; dazu oben, S. 367.

232 Ebd., S. 115.

233 Ebd.

234 Ebd. – Das entspricht Habermas' Rekonstruktion von Thomas' Verständnis des religiösen Grundgedankens der »*Ergänzungsbedürftigkeit des Wesens aller Seienden durch das empfangene Sein*« (Habermas, *Auch eine Geschichte der Philosophie*, Bd. I: *Die okzidentale Konstellation von Glauben und Wissen*, S. 709). Nach Thomas gründet dieser Gedanke in der Erkenntnis, dass das endlich Seiende »sich nicht selbst ins Dasein setzen« kann. Aus dieser Erkenntnis schließt er sodann, dass es »das Sein von einem anderen haben« muss, dass aber, da »die Reihe der Ursachen [nicht] ins Unendliche« gehen kann, es eine »erste Ursache, die Gott ist«, geben muss. Die Metaphysik bestimmt Gott als höchste oder letzte Ursache; sie denkt ihn theoretisch. Das ist der »ontotheologische Grundgedanke« (ebd., S. 711; mit Bezug auf Thomas von Aquin, *Über das Seiende und das Wesen*, übers. v. E. Stein, Wiesbaden: Marixverlag 2014, S. 87-89).

235 Lévinas, *Totalität und Unendlichkeit*, S. 115.

236 Ebd.

237 Lutz Ellrich, »Theatralität, Kampf und Spiel bei Plessner und Kafka«, in: ders., *Vorführen und Verführen. Vom antiken Theater zum Internetportal – Orientierungsangebote in alten und neuen Medien*, Bielefeld: Transcript 2014, S. 142-167, hier S. 161.

238 Lévinas, *Totalität und Unendlichkeit*, S. 116.

239 Hans-Thies Lehmann, »Das Welttheater der Scham. Dreißig Annäherungen an den Entzug der Darstellung«, in: *Merkur*, 45 (1991), S. 824-839, hier S. 832; Georges Bataille, *Die innere Erfahrung*, übers. v. G. Bergfleth, Berlin: Matthes & Seitz [2]2017, S. 56. Bataille nennt dies »die Marter« (*le supplice*). – Das be-

gründet den inneren Zusammenhang von Scham und Religion. Denn zu den Gefühlen gegenüber dem Numinosen gehört wesentlich »das Klein- und Zunichte-werden«, das Rudolf Otto das »Kreatur-gefühl« nennt (*Das Heilige*, S. 66 u. 8-13). Otto denkt offensichtlich an Luther, der die Gebote der fünf Bücher Mose so deutet, dass sie »nur dazu verordnet [sind], daß der Mensch daran sein Unvermögen zum Guten sieht und an sich selbst zu verzweifeln lernt« (Martin Luther, »Von der Freiheit eines Christenmenschen«, in: ders., *Ausgewählte Schriften*, hg. v. Karin Bornkamm u. Gerhard Ebeling, Frankfurt/M.: Insel 1990, Bd. 1, S. 238-263, hier S. 243). Siehe dazu die pointierte Deutung in Felix Ensslin, »Das Subjekt der Wahrheit und sein Doppel. Einige Notizen zur Paulusrezeption Alain Badious im Spiegel des Paulinismus Martin Luthers«, in: Gernot Kamecke, Henning Teschke (Hg.), *Ereignis und Institution. Anknüpfungen an Alain Badiou*, Tübingen: Narr 2008, S. 135-165, hier S. 137-144.

240 Friedrich Nietzsche, *Zur Genealogie der Moral* (*KSA*, Bd. 5), S. 302 u. 322.

241 Ebd., S. 322f.

242 Ebd., S. 323. Mit dem Gedanken der Verinnerlichung, die sich durch die religiöse Scham vollzieht, bricht Nietzsche mit der Tradition, die seit der Renaissance dem christlichen Bewusstsein der »miseria humana conditionis« die »Würde« des Menschen entgegengesetzt hat. Dazu August Buck, »Der Begriff der Menschenwürde im Denken der Renaissance, unter besonderer Berücksichtigung von Giannozzo Manetti«, in: Giannozzo Manetti, *Über die Würde und Erhabenheit des Menschen*, übers. v. H. Leppin, Hamburg: Meiner 1990, S. VII-XXXIV, hier S. IX-XIII. Nietzsche ist – zumindest hier – kein moderner Nachfahre von Pico della Mirandola oder Manetti.

243 Nietzsche, *Zur Genealogie der Moral*, S. 327.

244 Ebd., S. 324.

245 Lehmann, »Das Welttheater der Scham«, S. 827. So kann man verstehen, wenn Nietzsche an anderer Stelle schreibt: »*Was ist das Siegel der erreichten Freiheit?* – Sich nicht mehr vor sich selber schämen.« (*Die fröhliche Wissenschaft* [*KSA*, Bd. 3], S. 519)

246 Henri Bergson, *Das Lachen. Ein Essay über die Bedeutung des*

Komischen, übers. v. R. Plancherel-Walter, Hamburg: Meiner 2011, S. 24.

247 Nietzsche, *Zur Genealogie der Moral*, S. 332 und 330.

248 Robert Brandom, »Freiheit und Bestimmtsein durch Normen«, übers. v. David Horst, in: Thomas Khurana, Christoph Menke (Hg.), *Paradoxien der Autonomie* (*Freiheit und Gesetz I*), Berlin: August 2011, S. 61-90, hier S. 62.

249 Lévinas, *Totalität und Unendlichkeit*, S. 118. Diesen Gedanken findet Lévinas bei Descartes: »Die Idee des Unendlichen ist weder die Immanenz des *Ich denke* noch die Transzendenz des Gegenstandes. Bei Descartes stützt sich das *Cogito* auf den Anderen; der Andere ist Gott, er hat die Idee des Unendlichen in die Seele gelegt.« (Ebd., S. 119) Die Differenz zu Descartes liegt in der Personalität der Anrede (S. 120 f.).

250 Die Könnensscham stellt also nicht nur das »technische« Könnensbewußtsein in Frage, von dem Christian Meier für die griechische Aufklärung spricht: »Ein antikes Äquivalent des Fortschrittsgedankens: Das ›Könnens-Bewußtsein‹ des 5. Jahrhunderts v. Chr.«, in: ders., *Die Entstehung des Politischen bei den Griechen*, Frankfurt/M.: Suhrkamp 1980, S. 435-499, hier S. 469 f. Darin gleicht die religiöse Scham der tragischen Erfahrung, die im zweiten Chorlied der *Antigone* die Hinfälligkeit der Künste zur Unheimlichkeit des Menschen radikalisiert.

251 *Exodus* beschreibt die Reaktion des Volks auf die Ereignisse, die Gottes Erscheinen ankündigen, als Schrecken: »Das ganze Volk aber, das im Lager war, erschrak.« (Ex 19,16) Christoph Dohmen kommentiert: »Die Reaktion des Volkes [...] ist Furcht, ausgedrückt durch das ›Zittern‹ (חרד), was aber nicht mit Angst zu verwechseln ist, sondern die Nähe des Heiligen anzeigt.« (*Exodus 19-40* [in: *Herders Theologischer Kommentar zum Alten Testament*], Freiburg i. Breisgau: Herder [2]2012, S. 70.) Auch der »ganze Berg bebte [zitterte; Übers. Dohmen, ebd., S. 45] sehr«, als Gott zu ihm »herabfuhr im Feuer« (Ex 19,18): Die Nähe Gottes lässt das Seiende erzittern. Rosenzweig, der von »Ehrfurcht« spricht, weist darauf hin, dass die Septuaginta dafür das Wort der aristotelischen Tragödientheorie, Phobos, verwendet (*Der Stern der Erlösung*, S. 188, vgl. S. 88).

252 Die »Theologisierung des Rechts« ist die andere Seite der oben (S. 394f.) beschriebenen »Abschaffung der königlichen Rechtssouveränität« (Assmann, *Exodus*, S. 289). Eckart Otto erklärt, wie sich die »Theologisierung des ursprünglich nicht religiös begründeten Rechts« zur Zeit der Abfassung des Exodus-Buchs im Judentum vollzieht: Es geschieht eine »Unterstellung aller Bereiche jüdischen Lebens unter den Gotteswillen« (*Das Gesetz des Mose*, Darmstadt: Wissenschaftliche Buchgesellschaft 2007, S. 122f.).

253 Habermas, *Auch eine Geschichte der Philosophie*, Bd. 1, S. 312f.

254 Ebd., S. 327.

255 Strauss, *Die Religionskritik Spinozas*, S. 262; siehe S. 200-205.

256 Rosenhauer, *Die Unverfügbarkeit der Kraft und die Kraft des Unverfügbaren*, S. 290-321; dies., »›Negativität und Fülle‹. Von der materialistischen Dialektik des Geistes zum pneumatischen Materialismus«, in: Aaron Langenfeld, Sarah Rosenhauer, Stephan Steiner (Hg.), *Menschlicher Geist – Göttlicher Geist. Beiträge zur Philosophie und Theologie des Geistes*, Münster: Aschendorff 2021, S. 375-426, hier S. 414-418.

257 Niklas Luhmann, »Die Weisung Gottes als Form der Freiheit«, in: ders., *Soziologische Aufklärung*, Bd. 5, Opladen: Westdeutscher Verlag 1990, S. 75-91, hier S. 81.

258 Ebd., S. 80.

259 Walter Benjamin, »Kafka« (*GS*, Bd. II: *Aufsätze, Essays, Vorträge*, Teilbd. 2), S. 409-438, hier S. 428.

260 Kafka, *Der Proceß*, S. 241.

261 Nietzsche, *Zur Genealogie der Moral*, S. 323f. – Die Existenz als Weg, weil Darstellung der eigenen Negativität, ist nach Blanchot die jüdische Existenz: als »Herumirren« (»Jude sein«, S. 187).

262 Lehmann, »Das Welttheater der Scham«, S. 831.

263 Ellrich, »Theatralität, Kampf und Spiel bei Plessner und Kafka«, S. 155. Das macht die Darstellung zu einer spielerischen (ebd., S. 148-158).

264 Santner, *On the Psychotheology of Everyday Life*, S. 32.

265 Ebd., S. 81. Das ist der Unterschied der erneuernden Macht

Jahwes von der hinzufügenden Macht der Autorität (siehe oben, S. 400).

266 Freud, *Der Mann Moses und die monotheistische Religion*, Zitate S. 578 u. 558-560.

267 Rosenzweig, *Der Stern der Erlösung*, S. 201. Allerdings sagt Rosenzweig auch: »Ich habe gesündigt, spricht die Seele und tut die Scham ab.« (Ebd., S. 200) Durch das Geständnis der Scham, meint er, hat die befreite Seele »aller Scham vergessen« (S. 227). Das wäre die direkte Gegenthese zu Kafkas Überleben der Scham. Oder man versteht es so, dass das Vergessen (Rosenzweig) und das Überleben (Kafka) der Scham zwei Seiten desselben sind – jedenfalls zwei Seiten derjenigen Bejahung des beschämenden Gebots, das befreiend ist. Denn diese Bejahung – darin ist sie befreiend – geht ebenso aus der Beschämung hervor wie über sie hinaus.

268 Nietzsche, *Zur Genealogie der Moral*, S. 293. Nietzsche verwendet hier den Ausdruck »autonom« offensichtlich nicht in dem oben kritisierten Sinn.

269 Schmidt, *Exodus, Sinai und Mose*, S. 56.

270 Der Gottesdienst der Erinnerung und der Arbeitsdienst in Ägypten werden in *Exodus* (12, 25f.) durch dasselbe Wort bezeichnet (Dohmen, *Exodus 1-18*, S. 303) – aber nicht, weil sie nicht voneinander unterscheidbar wären (wie Hegel meint; oben, S. 396), sondern um sie aufs Schärfste einander entgegenzusetzen. Zum Dienst der Erinnerung an die Befreiung aus dem Dienst siehe Jan Assmann, *Das kulturelle Gedächtnis. Schrift, Erinnerung und politische Identität in frühen Hochkulturen*, München: C.H. Beck 2007, Kap. 5.2, v.a. S. 218-222; ders., *Exodus*, S. 114: »Man versteht den Sinn der Gesetze nur, wenn man sich an die ägyptische Versklavung erinnert.«

271 Dohmen, *Exodus 1-18*, S. 289 (mit einem Wort von Bernd Janowski).

272 Martin Noth, *Das zweite Buch Mose. Exodus*, Göttingen: Vandenhoeck und Ruprecht [2]1961, S. 69f.

273 Ebd., S. 31. Gottes Dasein ist »Wirksam-Sein« (S. 31). Wie der Begriff der Wahrheit, so ist der Begriff des Seins in *Exodus* nicht ontologisch, sondern ethisch verstanden. Sie bedeuten

Verpflichtung, Bewährung und Treue. Das erläutert Klaus Heinrich in der Gegenüberstellung von Parmenides und Jona; dazu oben, Kap. 2, S. 191 u. S. 625, Anm. 259.

274 Von Rad, *Theologie des Alten Testaments*, Bd. I, S. 145, und Dohmen, *Exodus 19-40*, S. 61.

275 Von Rad, *Theologie des Alten Testaments*, Bd. I, S. 145.

276 Assmann, *Exodus*, S. 255.

277 Dazu oben, Kap. 1, S. 70f.

278 Diese Logik reicht weit über den Exodus hinaus. Sie bestimmt die Geschichte Israels, die mit dem Exodus beginnt und durch die Dialektik von Vergessen und Erinnerung ihres Anfangs strukturiert ist. Dieselbe Dialektik bestimmt auch die Redaktionsgeschichte der Exodus-Erzählung, die ihre definitive Gestalt durch eine Reihe von Katastrophen – die Zerstörung des Nordreichs, sodann des Tempels und das babylonische Exil – erhalten hat. Die Erzählung vom Exodus ist also nichts anderes als der Versuch einer geistigen Verarbeitung des Zusammenbruchs, den sie als eine Folge eigener Verfehlung, der Untreue gegenüber der Wahrheit der Befreiung, deutet. In der Exodus-Geschichte erinnert sich das erneut versklavte Volk an seine Befreiung, die es vertan hat. Siehe dazu die Analyse der geschichtlichen Situation, in der *Exodus* verfasst wurde in Zeilinger, »Repräsentation einer Leerstelle«, S. 225-230.

279 Assmann, *Exodus*, S. 324; siehe Walzer, *Exodus und Revolution*, S. 62.

280 Ich verwende den Gesetzesbegriff hier weiterhin in dem oben bestimmten Sinn (S. 388), nach dem Gesetze Handlungen vorschreiben oder verbieten, dass sie daher an das Können der Adressaten gebunden sind (denn Handelnsollen impliziert, gesetzlich verstanden, Handelnkönnen) und damit auf der Identität oder dem Sein der Adressaten beruhen. Diese Verwendung des Gesetzesbegriffs widerspricht daher nicht der Tatsache, dass es »unmöglich« ist, die »Zehn Worte« (Ex 34,28) »als ›Gesetz‹ im theologischen Sinn des Wortes zu verstehen, als leite das Dt [Deuteronomium; C.M.] Israel an, sich das Heil durch eine umfassende Gehorsamsleistung zu

verdienen« (von Rad, *Theologie des Alten Testaments*, Bd. I, S. 243). In diesem theologischen Sinn des Worts gilt die Feststellung (gegen die Kritik durch Gerhard Ebeling): »Die Zeiten, in denen man im Bereich der alttestamentlichen Theologie mit dem Begriff ›Gesetz‹ operierte, sind lange vorbei« (ebd., S. 214). Im Sinn der oben rekonstruierten Differenz von befreiendem Gebot und sittlichem Gesetz benötigt man den Begriff jedoch weiterhin. Denn fasst man den Begriff des Gesetzes zu eng, nur im genannten theologischen Sinn, dann führt dies umgekehrt dazu, den Begriff des Gebots zu weit zu fassen und die Kluft zu verdecken, die zwischen dem befreienden Gebot, zu hören, und allen weiteren »Geboten« besteht, die etwas Bestimmtes verbieten oder vorschreiben. Das zeigt sich auch bei Rosenzweig, der seine Zurückweisung des »Gesetzesgehorsams« als Kritik am Islam formuliert und dabei im Unklaren lässt, inwieweit die »Liebesgebote« der Juden und Christen selbst durch das Gesetz ihrer Vergesetzlichung bestimmt sind; siehe *Der Stern der Erlösung*, S. 240-242.

281 »Von der Semantik her zielt das verwendete Verb ראה (wörtl.: ›*sehen*‹) auf das *Faktum* des Geschehens ab, nicht auf eine spezifische Form der Wahrnehmung. In Verbindung mit dem erzählten *Faktum* einer göttlichen Rede von Ex 20,1 muss dies so verstanden werden, dass das Volk durch die äußeren Phänomene […] das *Dass* der Mitteilung Gottes wahrnimmt, nicht aber das *Was*. Deshalb ist hier auch nicht das Verb der spezifischen akustischen Wahrnehmung ›*hören*‹ (שמע) das auch das ›Verstehen‹ und sogar das ›Gehorchen / Befolgen‹ mit einschließen kann, gebraucht worden, sondern das allgemeinere ›sehen / wahrnehmen‹.« (Dohmen, *Exodus 19-40*, S. 128f.) Auch so lässt sich die These von Joachim Schaper verstehen: »[…] the book of Exodus does not have a concept of a *hierarchy* of communication or a *hierarchy* of the senses. Rather, it is characterised by a ›dialectic of seeing and hearing‹.« (*Media and Monotheism. Presence, Representation, and Abstraction in Ancient Judah*, Tübingen: Mohr Siebeck 2019, S. 118, mit einem Zitat von Stephen Geller.)

282 Bettine Menke hat dieses Gesetz des Diskurses als die »Aporie

des Etwas-Sagens, von Setzung und Figuration« erläutert: Weil der Anfang der Rede uneinholbar zuvorkommt, geht er zugleich, ebenso uneinholbar, über sich hinaus (*Einfälle, Zufälle, Ausfälle – Der Witz der Sprache*, Paderborn: Fink 2021, Kap. II, hier S. 175f.). – Man kann für die Sinai-Szene dann weiter fragen, wer diesen Übergang in die bedeutende Rede, in den Diskurs macht. Wer diskursiviert? In Ex 19,19 heißt es, dass Gott Mose »antwortet«. Dohmen übersetzt, dass Gott Mose »in einer Stimme« antwortet. In diesem »kleine[n] Satz« sieht er das »theologisch[e] Zentrum dieser Eröffnung«. Zum einen und zuerst, weil dies die einzige Stelle in *Exodus* ist, in dem Gott überhaupt als Antwortender erscheint. Zum anderen aber auch, weil dies »bereits die Rabbinen [als] eine *menschliche* Stimme gedeutet haben« (Dohmen, *Exodus 19-40*, S. 77). Gott redet also so, dass die Menschen ihn verstehen können: Sein Gebot entspricht ihrem Können – und ist darin gesetzlich. In einer anderen, radikaleren Deutung (der Deutung jüdischer Mystiker) ist es erst Moses Übersetzungsleistung, die Gottes Anrede die Form von Gesetzen gegeben hat; siehe Gershom Scholem, *Zur Kabbala und ihrer Symbolik*, Frankfurt/M.: Suhrkamp 1989, S. 46f.

283 Derrida, »Gewalt und Metaphysik«, S. 195. Derridas Argument artikuliert philosophisch, was die Exodus-Geschichte narrativ präsentiert. – Hier liegt mein Unterschied zu Gunnar Hindrichs: Nach Hindrichs entgeht das göttliche Gebot – bei ihm: der neue Bund – der Logik der »transzendentalen Gewalt«. Hier »fallen äußere Vermittlungsinstanzen weg« (*Philosophie der Revolution*, S. 338); es bedarf keines Gesetzes (im oben bestimmten Sinn) mehr.

284 Habermas, *Auch eine Geschichte der Philosophie*, Bd. I, S. 338. Das geschieht in Ex 21,1-23,12.

285 Von Rad, *Theologie des Alten Testaments*, Bd. I, Zitate S. 207-211.

286 Ebd., S. 211f.; siehe zusammenfassend zum Deuteronomium: S. 238-244. So auch Friedrich Wilhelm Graf, *Moses Vermächtnis. Über göttliche und menschliche Gesetze*, München: C.H. Beck 2006, S. 53f. – Von Rad hebt noch einen weiteren

wichtigen Zug der deuteronomistischen Gesetze hervor: dass »wir es hier ständig zugleich mit einer – oft sogar recht eigenwilligen – Interpretation der Gebote zu tun bekommen« (*Theologie des Alten Testaments*, Bd. I, S. 239). Eckart Otto begründet diesen Zug aus der Logik des Zweiten, *deuteron*, dieser Gesetzesverkündigung. Die Tora verdoppelt sich in Sinai- und Moabtora. Dabei weicht die Zweite nicht nur »von dem Wortlaut« der Ersten ab, sondern deren »Gesetze und Gebote, die göttlichen Ursprungs sind, [werden] an historisch-gesellschaftlich gewandelte Situationen angepasst« (Otto, *Das Gesetz des Mose*, S. 88f.). Die Wiederholung der Gesetzgebung ist bereits ihre erste Auslegung und damit die Legitimierung weiterer Auslegung – der »Auslegung der mosaischen Auslegung der Tora« (ebd., S. 96). Diese Öffnung des Gesetzes für die Auslegung muss aber strikt von der ersten These, die von Rad (und Mann) vertreten, unterschieden werden, nach der die Geltung der Gesetze »innerlich« ist; darauf insistiert Lévinas, »Desakralisierung und Entzauberung«, S. 108, 114.

287 Von Rad, *Theologie des Alten Testaments*, Bd. I, S. 213.

288 Mann, »Das Gesetz«, S. 349; siehe S. 370, 384.

289 Von Rad, *Theologie des Alten Testaments*, Bd. I, S. 245. Dazu ausführlich Otto, *Das Gesetz des Mose*, S. 48-70.

290 Von Rad, *Theologie des Alten Testaments*, Bd. I, S. 245.

291 Ebd., S. 266, 264 u. 273.

292 Scholem erläutert in diesem Brief einen Gedanken über die Offenbarung, den er zuerst in einem Gedicht zu Kafka formuliert hat (das einem nur fragmentarisch überlieferten Brief an Benjamin aus dem Juli 1934 beilag; in: Walter Benjamin, Gershom Scholem, *Briefwechsel*, hg. v. Gershom Scholem, Frankfurt/M.: Suhrkamp 1980, S. 154-156). Scholem fasst diesen Gedanken so zusammen: »Die Welt Kafkas ist die Welt der Offenbarung, freilich in jener Perspektive, in der sie auf ihr Nichts zurückgeführt wird.« (Brief vom 17.7.1934, ebd., S. 157) Die ausführlichere Erläuterung besagt: »Ich verstehe darunter einen Stand, in dem sie bedeutungsleer erscheint, in dem sie zwar noch sich behauptet, indem sie *gilt*, aber nicht *bedeutet*. Wo der Reichtum der Bedeutung wegfällt und das Erscheinende, wie auf

einen Nullpunkt eigenen Gehalts reduziert, dennoch nicht verschwindet (und die Offenbarung ist etwas Erscheinendes), da tritt sein Nichts hervor.« (Brief vom 20.9.1934, ebd., S. 175) Nach Scholems Gedicht ist das ihr *gegenwärtiger* Stand: in der »Zeit, die [Gott] verwarf« (ebd., S. 155). Die Frage ist aber, ob die Geltung ohne Bedeutung nicht ein notwendiges Moment der gesetzlichen Ordnung ist: nämlich die Weise, in der sich in ihr ihr vergessener Grund anzeigt. (In diese Richtung weist die unten, S. 447f., zitierte Stelle, an der Scholem auf Kafka zurückkommt.) Dass dies wiederum in sich und zutiefst zweideutig ist – das befreiende Gebot kehrt in der gesetzlichen Ordnung als Autorität wieder (dazu unten, S. 441) –, hat Giorgio Agamben in Bezug auf Scholems Formulierung festgehalten: »Ich möchte in der Tat die Hypothese aufstellen, dass die Formel ›Geltung ohne Bedeutung‹ nicht nur den Zustand der Thora vor Gott [in dem ihre Gesetze ausgesetzt sind: der messianische Zustand], sondern auch und vor allem unser gegenwärtiges Verhältnis zum Gesetz – den Ausnahmezustand, in dem wir laut Benjamin leben – ausmacht.« (»Der Messias und der Souverän«, in: ders., *Die Macht des Denkens*, übers. von F. Raimondi, Frankfurt/M.: Fischer 2013, S. 287-310, hier S. 301.)

293 Von Rad, *Theologie des Alten Testaments*, Bd. I, S. 273.

294 Freud, *Der Mann Moses und die monotheistische Religion*, S. 567. Daran knüpft Jacques Lacan an, der »zwischen dem Rationalisten Moses und jenem Mann mit Eingebungen, dem Obskurantisten«, unterscheidet (*Die Ethik der Psychoanalyse* [*Das Seminar*, Bd. VII], übers. v. N. Haas, Weinheim, Berlin: Beltz Quadriga 1996, S. 212). Siehe Eric Santner, »Freud, Žižek, and the Joys of Monotheism«, in: *American Imago*, 54:2 (1997), S. 197-207, hier S. 201-204.

295 Jacques Derrida, *Gesetzeskraft. Der »mystische Grund der Autorität«*, übers. von A. García Düttmann, Frankfurt/M.: Suhrkamp 1991, S. 24f.

296 Joas, *Die Macht des Heiligen*, S. 446f., 466f.; am Beispiel des Christentums: S. 467-480.

297 Brief vom 20.9.1934 (Benjamin/Scholem, *Briefwechsel*, S. 175). Scholem unterscheidet zwischen der »*Abwesenheit*« und der

»*Unvollziehbarkeit*« der Offenbarung (Brief vom 17.7.1934; ebd., S. 158).

298 Scholem, *Zur Kabbala und ihrer Symbolik*, S. 11. Ich beziehe mich im Folgenden auf die ersten beiden Kapitel des Buchs: »Religiöse Autorität und Mystik« und »Der Sinn der Tora in der jüdischen Mystik«.

299 Gershom Scholem, *Die jüdische Mystik in ihren Hauptströmungen*, Frankfurt/M.: Suhrkamp 1980, S. 9.

300 Scholem, *Zur Kabbala und ihrer Symbolik*, S. 95. »Diese Autorität gründete sich auf bestimmte Erfahrungen der Gemeinschaft und auf die Wechselwirkung zwischen der Gemeinschaft und jenen Individuen, die ihre Grunderfahrungen für sie gedeutet und ihnen dadurch zum Ausdruck verholfen haben, sie sozusagen artikulierbar gemacht haben. Da besteht denn eine Wertleiter, die von der Tradition angenommen ist; da besteht auch eine Gruppe von Lehren und Dogmen, die als authentische Feststellungen über den Sinn der religiösen Erfahrung vorgetragen werden, der in einer gegebenen Gemeinschaft als gültig anerkannt wird. Es besteht auch eine Summe von Handlungen und Gebräuchen, die im Sinne der Tradition Werte zu übermitteln geeignet sind und die die Stimmung und den Rhythmus des religiösen Lebens ausdrücken.« (Ebd., S. 12)

301 Zitate in dieser Passage: Ebd., S. 96, 107 u. 15.

302 Sören Kierkegaard, »Die Wiederholung«, in: ders., *Die Wiederholung – Drei erbauliche Reden*, übers. v. E. Hirsch, Gütersloh: Gütersloher Verlag Mohn 1991, S. 1-97, hier S. 3. Wie Kierkegaard im Blick auf Hiob sagt, bringt die eigentliche Wiederholung die »Befreiung«; durch sie werde ich »geboren zu meinem Selbst« (ebd., S. 90). Scholem bestimmt dies als den utopischen Bezug der mystisch-antinomistischen Intervention (*Zur Kabbala und ihrer Symbolik*, S. 111f.).

303 Ebd., S. 106. Zu verschiedenen Spielarten, moderaten und radikalen, dieser mystischen Relativierung siehe Scholem, *Die jüdische Mystik in ihren Hauptströmungen*, S. 340-352.

304 Die doppelte, ja gegensinnige Bedeutung des Mystischen – in der einen Bedeutung autoritativ und in der anderen befreiend zu sein – gilt auch für Jacques Derrida, wenn er vom »mysti-

schen Grund« des Rechts spricht, in dem »der Diskurs auf seine Grenze« stößt (*Gesetzeskraft*, S. 28). Das meint zunächst den mystischen Grund der Autorität. Diese grundlose Gewalt am Grund des Rechts ist aber die Gewalt der Gerechtigkeit (ebd., S. 25-30). Das ist für eine Theorie des Rechts überzeugend. Aber in welchem Verhältnis stehen diese beiden Bedeutungen des Mystischen? Wie gelangt man von der einen zur anderen? Ich verstehe Eric Santners Vorhaben in *On the Psychotheology of Everyday Life* so, dass er auf diese offene Frage der Dekonstruktion eine Antwort gibt.

305 Scholem, *Zur Kabbala und ihrer Symbolik*, S. 21f.

306 Ebd., S. 19.

307 Zum mystischen Begriff des Buchstabens siehe ebd., S. 104f. Zur mystischen Praxis der Buchstaben siehe Gershom Scholem, »Der Name Gottes und die Sprachtheorie der Kabbala«, in: ders., *Judaica 3*, Frankfurt/M.: Suhrkamp 1970, S. 7-70, hier v.a. S. 63-67.

308 Scholem, *Zur Kabbala und ihrer Symbolik*, S. 20 u. 43. Der nihilistische Mystiker hat (wie Scholem über Jakob Frank sagt; S. 45f.) ein »undialektische[s] Verhältnis« zu den Gesetzen: »er tritt sie mit Füßen«. Das tut er im Namen des »Lebens« (ebd.). Das ständig wiederholte »doppelte Grundmotiv seiner Lehre« ist die »*Abschaffung* aller Werte, positiven Gesetze und Religionen im Namen der Befreiung des *Lebens*. Der Weg dazu führt durch den Abgrund der Zerstörung.« (Gershom Scholem, »Der Nihilismus als religiöses Phänomen«, in: ders., *Judaica 4*, Frankfurt/M.: Suhrkamp 1984, S. 129-188, hier S. 178.) Dazu erhellend: Asaf Angermann, »Redemption *ex negativo*. Critical Theory and the History of Mystical Heresy«, in: *Bamidbar*, 4:1 (2014), S. 1-12, hier 7-11.

309 Scholem, *Zur Kabbala und ihrer Symbolik*, S. 20.

310 Ebd., S. 46f. Zur Unerträglichkeit der göttlichen Stimme (für das Volk) siehe Schaper, *Media and Monotheism*, S. 117-120.

311 Scholem, *Zur Kabbala und ihrer Symbolik*, S. 47.

312 Ebd., S. 48.

313 Dohmen, *Exodus 19-40*, S. 79 (in Übersetzung von 1 Könige 19,12: »ein stilles, sanftes Sausen«). Dieser Entzug übersteigt

noch die »Textualisierung der Macht«, die Zeilinger überzeugend als den revolutionären Grundzug des Exodus entwickelt (»Repräsentation einer Leerstelle«, S. 250-260). Denn in diesem Moment ist das Gebot nicht einmal mehr textuell; es lässt sich nicht lesen.

314 Scholem, *Zur Kabbala und ihrer Symbolik*, S. 16; ebenso ders., »Der Nihilismus als religiöses Phänomen«, S. 135. Deshalb habe ich oben, Kap. 2, S. 136, die mystische Erfahrung der Faszination zugeordnet. Scholem vergleicht daher die Mystik mit der Ästhetik (»Der Name Gottes und die Sprachtheorie der Kabbala«, S. 9).

315 Dohmen, *Exodus 19-40*, 217.

316 Ebd., S. 217f. (Die Abkürzung »Mek« steht für »Mekhilta de Rabbi Jischmael«, einem halachischen Midrasch zum 2. Buch Mose.)

317 Scholem, »Der Name Gottes und die Sprachtheorie der Kabbala«, S. 9. Scholem fährt fort: »und selbst wenn es [das Nichtmitteilbare, C. M.] Ausdruck hätte, so jedenfalls keine Bedeutung, keinen mitteilbaren ›Sinn‹.«

318 Rosenzweig, *Der Stern der Erlösung*, S. 89 u. 229.

319 Rosenzweig, »›Urzelle‹«, S. 86; vgl. *Der Stern der Erlösung*, S. 11.

320 Immanuel Kant, *Kritik der reinen Vernunft*, A 450 (*Werke*, Bd. II, S. 432). Jörg Disse weist darauf hin, dass Kant nicht nur den ihm zugeschriebenen Ausdruck (»Wunder in der Erscheinungswelt«) nicht verwendet, sondern dass es für Kant »undenkbar« ist, dass die Freiheit »irgendwie in der Erscheinungswelt in Erscheinung treten« könne (»Die Philosophie Immanuel Kants im *Stern der Erlösung*. Ein Kommentar«, in: Martin Brasser [Hg.], *Rosenzweig als Leser. Kontextuelle Kommentare zum »Stern der Erlösung«*, Tübingen: Niemeyer 2004, 245-272, hier S. 252).

321 Rosenzweig, *Der Stern der Erlösung*, S. 105. Diesen positiven Begriff des Wunders zählt Rainer Wiehl »zu den großen philosophischen Kühnheiten Rosenzweigs« (»Die Erfahrung im neuen Denken von Franz Rosenzweig«, in: ders., *Metaphysik und Erfahrung*, Frankfurt/M.: Suhrkamp 1996, S. 203-233, hier S. 228). So kann auch nach Leo Strauss die Kritik des Wunders,

die Spinoza entwickelt hat (und die, nach Strauss, seine »zentrale religions-kritische Leistung« darstellt) nur eine »Wunder-Lehre« treffen, »welche die Wunder von dem natürlichen Geschehen grundsätzlich unterscheidet« (Strauss, *Die Religionskritik Spinozas*, S. 251, dazu ausführlich ebd., S. 167-184). Das wahre Wunder ist aber durch diesen Gegensatz gar nicht definiert.

322 Rosenzweig, *Der Stern der Erlösung*, S. 203.

323 Lévinas, *Totalität und Unendlichkeit*, S. 123; frz. S. 61.

324 Rosenhauer, *Die Unverfügbarkeit der Kraft und die Kraft des Unverfügbaren*, S. 281.

325 Rosenzweig, *Der Stern der Erlösung*, S. 190.

326 Ebd., S. 73 u. 83.

327 Rosenzweig, »›Urzelle‹«, S. 89f. Zu diesem Begriff der natürlichen oder pathologischen Freiheit der Willkür siehe die Einleitung zu dem Band *Willkür* ([*Freiheit und Gesetz II*], Berlin: August 2011) von Juliane Rebentisch und Dirk Setton (»Freiheit ohne Gesetz«, S. 7-24, hier v. a. S. 17-20) sowie Juliane Rebentisch, *Die Kunst der Freiheit. Zur Dialektik demokratischer Existenz*, Berlin: Suhrkamp 2012, S. 124-129, und Dirk Setton, *Autonomie und Willkür. Kant und die Zweideutigkeit der Freiheit*, Berlin: De Gruyter 2021, S. 121-130.

328 Rosenzweig, *Der Stern der Erlösung*, S. 84f.

329 Slavoj Žižek, *The Ticklish Subject. The Absent Centre of Political Ontology*, London, New York: Verso 1999, S. 332. – Hier schließe ich in Kap. 6 mit dem Versuch wieder an, die »Dialektik« der beiden Modelle der Befreiung (siehe Kap. 5, Abschn. [c]) zu entfalten.

330 Kap. 2, S. 137f.

331 Jürgen Habermas, *Zwischen Naturalismus und Religion. Philosophische Aufsätze*, Frankfurt/M.: Suhrkamp 2005, Einleitung. – Wenn ich von »ökonomisch« und »religiös« spreche, dann als Abkürzung für diese beiden je spezifischen Verständnisse. Es gibt auch ganz andere Formen des Ökonomischen und des Religiösen.

332 »Erinnern wir uns nun zuerst des israelitischen Volkes in Ägypten, an dessen bedrängter Lage die späteste Nachwelt auf-

gerufen ist teilzunehmen. Unter diesem Geschlecht, aus dem gewaltsamen Stamme Levi, tritt ein gewaltsamer Mann hervor; lebhaftes Gefühl von Recht und Unrecht bezeichnen denselben. Würdig seiner grimmigen Ahnherren erscheint er, von denen der Stammvater ausruft: ›Die Brüder Simeon und Levi! ihre Schwerter sind mörderische Waffen, meine Seele komme nicht in ihren Rat, und meine Ehre sei nicht in ihrer Versammlung! denn in ihrem Zorn haben sie den Mann erwürgt; und in ihrem Mutwillen haben sie den Ochsen verderbt! Verflucht sei ihr Zorn, daß er so heftig ist, und ihr Grimm, daß er so störrig ist! Ich will sie zerstreuen in Jakob und zerstreuen in Israel.‹ Völlig nun in solchem Sinne kündigt sich Moses an. Den Ägypter, der einen Israeliten mißhandelt, erschlägt er heimlich. Sein patriotischer Meuchelmord wird entdeckt, und er muß entfliehen. Wer, eine solche Handlung begehend, sich als bloßen Naturmenschen darstellt, nach dessen Erziehung hat man nicht Ursache zu fragen. Er sei von einer Fürstin als Knabe begünstigt, er sei am Hofe erzogen worden; nichts hat auf ihn gewirkt; er ist ein trefflicher, starker Mann geworden, aber unter allen Verhältnissen roh geblieben. Und als einen solchen kräftigen, kurz gebundenen, verschlossenen, der Mitteilung unfähigen finden wir ihn auch in der Verbannung wieder.« (Johann Wolfgang von Goethe, »Israel in der Wüste«, in: ders., *Noten und Abhandlungen zu besserem Verständnis des West-östlichen Divans* [*Sämtliche Werke*, hg. v. Ernst Beutler, Bd. 3], Zürich: Artemis 1948, S. 504-523, hier S. 506f.) Mose ist »der Mitteilung unfähi[g]« (ebd., S. 507), weil jede Sprache an eine Kultur und damit an einen Ort gebunden ist. Mose und Faust aber sind ortlos, unterwegs. – Konrad Burdach hat in einer umfangreichen Abhandlung die These entfaltet, dass in Goethes Gestaltung der Faustfigur die »durchgehende, in Ähnlichkeit und Gegensatz wechselnde Beziehung auf den *Mosestypus* der Bibel, der jüdischen und islamischen Legende, der christlichen und magisch-theologischen Mystik [...] bestimmend mitgewirkt« hat (Konrad Burdach, »Faust und Moses«, in: ders., *Berliner Akademieschriften [1902-1935]*, Leipzig: Zentralantiquariat der Deutschen Demokratischen Republik 1985,

S. 190-323, hier: S. 319). Am Anfang stehe dieser Bezug für Goethe noch im Zeichen der Weisheit: Goethe begreift Mose, wie eine lange Tradition vor ihm, von den ägyptischen Mysterien her (ebd., S. 203, 229; das ist das Bild von »Moses der Ägypter« [Assmann]). Damit ist ein Bogen zu Faust als Magier geschlagen. Im Blick auf das Faustdrama beschreibt Burdach dann Goethes spätere Sicht so, dass die Gemeinsamkeit von Mose und Faust in einem eigentümlich heroischen Zug bestehe: Nach Burdach ist Mose für Goethe hier »der ideale Typus [...] des auserwählten Menschen [geworden], der unmittelbar, ohne Decke und Schranke eindringt in das Göttliche« (S. 315). Noch einen Schritt weiter geht Burdach, wenn er (im Blick auf Goethes Feststellung, dass Mose »bloß nach Tat strebt«; »Israel in der Wüste«, S. 508) schreibt: »Einen Tatmenschen erblickte er jetzt in Moses, nicht mehr wie in der Geniezeit den heiligen Propheten.« (Burdach, »Faust und Moses«, S. 320) Thomas Weitin hat diese Deutung aufgegriffen, aber dabei die »Tat« (bei Mose wie bei Faust) in ihrer gegensinnigen Verbindung mit dem – neuen – Gesetz gelesen (*Freier Grund. Die Würde des Menschen nach Goethes* Faust, Konstanz: Konstanz University Press 2013, v.a. S. 74-86).

333 Die erste Bedeutung hat der Satz bei Paulus, der bezogen auf die jüdischen Kultordnungen sagt: »›Alles ist erlaubt‹ – aber nicht alles nützt. ›Alles ist erlaubt‹ – aber nicht alles baut auf.« (1 Kor 10,23) In *Die Brüder Karamasow* (2. Buch, 6. Kap.) hingegen steht der Satz für den Egoismus – den »Egoismus, gesteigert bis zum Verbrechen«: *breaking bad.*

334 Karl Marx, »Briefe aus den ›Deutsch-Französischen Jahrbüchern‹« (*MEW*, Bd. 1), S. 337-346, hier S. 337. Marx fährt fort: »Und wenn eine ganze Nation sich wirklich schämte, so wäre sie der Löwe, der sich zum Sprunge in sich zurückzieht.«

III. Ein Begriff radikaler Befreiung

1 Theodor W. Adorno, *Zur Lehre von der Geschichte und von der Freiheit*, Frankfurt/M.: Suhrkamp 2001, S. 299.

2 Siehe oben, Teil I, Einleitung (S. 20-23). Das fasse ich unten noch einmal zusammen (S. 488-490).

3 G.W.F. Hegel, *Vorlesungen über die Philosophie der Geschichte*, in: ders., *Werke*, hg. v. Eva Moldenhauer u. Karl Markus Michel (*Theorie-Werkausgabe*), Frankfurt/M.: Suhrkamp 1969ff., Bd. 12, S. 16. Ich folge hier Catherine Malabou, die die Logik der »Vereinfachung« (*simplification*) in Hegels Begriff der Philosophie herausarbeitet: »La simplification, d'une importance capitale pour Hegel d'un point de vue logique et ontologique, est le sens même de la *teleologie speculative.*« (*L'avenir de Hegel. Plasticité, temporalité, dialectique*, Paris: Vrin 1996, S. 201; zu der zitierten Stelle aus den *Vorlesungen*: S. 203.) Das bestimmt die Operationsweise der Philosophie, wenn »sie nur auf ihr Wissen *zurücksieht*« (*Enzyklopädie der philosophischen Wissenschaften III* [*Theorie-Werkausgabe*, Bd. 10], § 573; zit. n. *L'avenir de Hegel*, S. 187).

4 Das zeigt exemplarisch die Dialektik des Surrealismus; dazu oben, Kap. 2, S. 172-175.

5 Siehe oben, Teil II, Anm. 332, zu Zwischenstand II, S. 464.

6 Daraus ergibt sich die doppelte Aufgabe, *zugleich* nach der richtigen Weise der Naturalisierung und dem richtigen Verständnis der Religion zu fragen; so Jürgen Habermas, *Zwischen Naturalismus und Religion. Philosophische Aufsätze*, Frankfurt/M.: Suhrkamp 2005, S. 12.

7 Herbert Marcuse, »Der Kampf gegen den Liberalismus in der totalitären Staatsauffassung«, in: ders., *Kultur und Gesellschaft 1*, Frankfurt/M.: Suhrkamp 1965, S. 17-55, hier S. 51. – Die beiden Modelle sind nicht ihr wechselseitiges Spiegelbild. Das ist das klassische Verständnis dialektischer Widersprüche. Nach diesem Verständnis sind beide Seiten das genaue Gegenteil der anderen und eben damit zwei Seiten desselben. Denn die beiden Seiten sind selbst der Gegensatz zwischen ihnen und damit dasselbe – dieselbe Selbstentgegensetzung, nur in umgekehrter Besetzung: (A vs. B) vs. (B vs. A). Aufgrund dieser umgekehrten Selbigkeit beider Seiten löst ihr Gegensatz sich in seiner dialektischen Zuspitzung zum Widerspruch auf. Aber gerade diese – die so verstandene – dialektische Auflösung des Widerspruchs erlaubt es nicht, einen wahren Fortschritt zu denken. Oder um-

gekehrt: Wenn sich die Diagnose dialektisch widersprechender Positionen mit der Perspektive des Fortschreitens (durch den Widerspruch hindurch) verbindet, löst sich die Illusion dieser Symmetrie auf. Das gilt für den Widerstreit zwischen Antigone und Kreon (bei Hegel) oder den Kampf zwischen Proletariat und Bourgeoisie (bei Marx). Beide Seiten widersprechen einander und sind daher wechselseitig aneinander gebunden, *und* die eine Seite (Antigone, das Proletariat) weist durch den Widerspruch über den Widerspruch hinaus – während die andere Seite (Kreon, die Bourgeoisie) in ihm stecken bleibt.

8 Jean-Paul Sartre, *Kritik der dialektischen Vernunft*, Bd. I: *Theorie der gesellschaftlichen Praxis*, übers. v. T. König, Reinbek bei Hamburg: Rowohlt 1980, S. 280. Zu Sartres Serienbegriff siehe oben, Kap. 3, S. 326.

9 Sartre, *Kritik der dialektischen Vernunft*, Bd. I, S. 296.

10 Ebd., S. 295.

11 Ebd., S. 270.

12 Ebd., S. 280.

13 Stanley Cavell, »The Fact of Television«, in: ders., *Themes Out of School. Effects and Causes*, Chicago: Chicago University Press 1988, S. 235-267, hier S. 238 u. 258.

14 Axel Honneth, *Die Idee des Sozialismus. Versuch einer Aktualisierung*, Berlin: Suhrkamp 2015, S. 52. Das ist die Gesellschaft, die »im vollen Sinne des Wortes sozial geworden wäre« (ebd., S. 166), und das ist der Sozialismus. Zum Begriff sozialer Freiheit siehe ausführlich Axel Honneth, *Das Recht der Freiheit. Grundriß einer demokratischen Sittlichkeit*, Berlin: Suhrkamp 2011, Kap. A.III (S. 81-118).

15 So wie es in *Breaking Bad*, zu seiner und unserer Überraschung, am Ende Walter White geschieht; siehe oben, Kap. 3, S. 338-343.

16 »So ist der Geist in ihm selbst sich entgegen; er hat sich selbst als das wahre feindselige Hindernis seiner selbst zu überwinden; die Entwicklung, die in der Natur ein ruhiges Hervorgehen ist, ist im Geist ein harter unendlicher Kampf gegen sich selbst. Was der Geist will, ist, seinen eignen Begriff zu erreichen, aber er selbst verdeckt sich denselben, ist stolz und voll von Genuß in dieser Entfremdung seiner selbst.« (Hegel, *Vorlesungen über die Philoso-*

phie der Geschichte, S. 176) Der Gegenbegriff zu Entfremdung ist »Aneignung«. Zu einer nichtessentialistischen, ebenso prozessualen wie responsiven Erläuterung dieses Begriffs siehe Rahel Jaeggi, *Entfremdung. Zur Aktualität eines sozialphilosophischen Problems*, Frankfurt/M.: Campus 2005, Teil III. Dass Walter Whites Genuss seines unendlichen Versuchens und Scheiterns, der ökonomischen Serialisierung seines Lebens, den Gegensatz von (Neo-)Liberalismus und Sozialismus unterläuft, heißt zugleich, dass seine Erläuterung einen Begriff der Freiheit jenseits der Alternative von Entfremdung und Aneignung verlangt.

17 Siehe oben, S. 397.

18 Michael Theunissen, *Hegels Lehre vom absoluten Geist als theologisch-politischer Traktat*, Berlin: De Gruyter 1970, S. 335 u. 342. Analog dazu die Unterscheidung zwischen zwei Verständnissen von Herkunft und Ursprung bei Michel Foucault, »Nietzsche, die Genealogie, die Historie«, übers. v. Michael Bischoff, in: *Schriften in vier Bänden. Dits et Ecrits*, Bd. II, Frankfurt/M.: Suhrkamp 2002, S. 166-191, hier S. 162f.; siehe die Klärungen bei Martin Saar, *Genealogie als Kritik. Geschichte und Theorie des Subjekts nach Nietzsche und Freud*, Frankfurt/M., New York: Campus 2007, S. 188-203.

19 Theunissen, *Hegels Lehre*, S. 336f.

20 Gunnar Hindrichs, »Kritik – Theorie – Krise«, in: ders., *Zur kritischen Theorie*, Berlin: Suhrkamp 2020, S. 12-45, hier S. 20. Zur Kritik bei Parmenides siehe Klaus Heinrich, *Parmenides und Jona. Vier Studien über das Verhältnis von Philosophie und Mythologie*, Frankfurt/M.: Suhrkamp 1966, S. 85-92.

21 Hindrichs, »Kritik – Theorie – Krise«, S. 22.

22 Theunissen, *Hegels Lehre*, S. 344. Klaus Heinrich nennt das metaphysisch Zugrundeliegende und Zugrundebleibende wie Theunissen mit kritischem Bezug auf Heidegger den »ontologischen Rest«. Die Metaphysik sagt Nein zum Schein (in dem wir leben) im Namen eines zugrundeliegenden Rests, den sie als ein »von diesen Bedrohungen unberührtes Sein« versteht (*Parmenides und Jona*, S. 126f.; ders., *Versuch über die Schwierigkeit nein zu sagen*, Frankfurt/M.: Suhrkamp 1964, S. 17). Theunissen wie Heinrich reformulieren hier Adornos Kritik, dass die Metaphy-

sik, soweit sie die Theorie des Ursprungs ist (es gibt für Adorno aber auch einen ganz anderen Sinn oder Zug der Metaphysik), mythisch denkt: Die Metaphysik ist der zur Philosophie gewordene Mythos. Siehe Theodor W. Adorno, *Metakritik der Erkenntnistheorie*, in: ders., *Gesammelte Schriften* [*GS*], hg. von Rolf Tiedemann, Frankfurt/M.: Suhrkamp 1970 ff., Bd. 5, Einleitung, v. a. S. 15-30.

23 Theunissen, *Hegels Lehre*, S. 342 f.

24 Aristoteles, *Metaphysik*, übers. v. H. Bonitz, bearb. v. H. Seidl, Hamburg: Meiner 1978, Buch I, 982b (dazu oben, Kap. 1, S. 66). Zum Folgenden Theunissen, *Hegels Lehre*, S. 327-333.

25 Aristoteles, *Metaphysik*, Buch I, 983a.

26 Ernst Bloch, *Atheismus im Christentum. Zur Religion des Exodus und des Reichs*, in: ders., *Gesamtausgabe*, Bd. 14, Frankfurt/M.: Suhrkamp 1968, S. 141. Daher gilt: »Die Moral wie die Utopie der Propheten wäre aber ohne Moses nicht möglich gewesen, gerade auch nicht als explosiv entspringende.« (Ebd.) Zur Wiedererrichtung Ägyptens durch die aus Ägypten befreiten Israeliten in Kanaan siehe ebd., S. 126: »Die ägyptischen Vögte hatten nur den Namen gewechselt, sie saßen nun in den israelitischen Städten selbst.«

27 Theunissen, *Hegels Lehre*, S. 351. Das ist der Bruch des religiösen mit dem metaphysischen Gottesbegriff.

28 »Auch Jona ist [wie der Theoretiker Parmenides] auf ein eindeutiges Wissen aus, aber er will es als den Ausdruck einer unerschütterlichen Treue seines Gottes zu sich selbst und zu den Menschen, die diesem Gott die Treue halten.« (Heinrich, *Parmenides und Jona*, S. 124) Die religiöse Treue gilt der oder dem Anredenden, dem »Signifikanten« (Lévinas). Alain Badiou versteht die Treue hingegen als Treue gegenüber dem »Ereignis« (*Das Sein und das Ereignis*, übers. v. Gernot Kamecke, Zürich, Berlin: Diaphanes 2016, S. 258, 444 f.). Ich komme unten (siehe S. 517-523) auf das anonyme Moment zurück, das die religiöse Erinnerung über sich hinaustreibt.

29 Oben, Kap. 4, S. 432-442. Der Schritt ins Gesetzliche zeigt sich schon in dem allerersten Akt der Anrede – Gottes Ruf »Mose, Mose« (Kap. 4, S. 357-359, 389-391). Denn kein Name ist rein sin-

gularisierend. Auch wo er nur ein Vor- oder Eigenname ist und daher den Angeredeten nicht in einen familialen Zusammenhang einschreibt, ist er immer noch bestimmend: Der Name weist ein Geschlecht zu – meist binär, männlich oder weiblich –, und er lokalisiert, denn er gehört einer bestimmten Sprache zu. Das gilt auch noch für den Gottesnamen, der »nichts« sagt (Ich bin, der ich bin). Das Gebot entkommt nicht dem Gesetz, das heißt der Bestimmtheit, Allgemeinheit, Sozialität. In anderer Sprache: Die religiöse Befreiung entkommt nicht dem Gesetz der Dekonstruktion (das nichts anderes als die Dekonstruktion des Gesetzes ist). Die Dekonstruktion ist das Denken der Paradoxie, der Tragödie, in die die Befreiung umschlägt – die Tragödie der religiösen Befreiung als Philosophie. Darin liegt die Wahrheit der Dekonstruktion. – Die Gegenthese dazu formuliert Gunnar Hindrichs: Es gibt – oder wird geben und ist also denkbar – eine vermittlungslose Gegenwart des göttlichen Gebots, die es in das »Innere«, die »Herzen aller« einschreibt (*Philosophie der Revolution*, Berlin: Suhrkamp 2017, S. 337f., 340). Hier muss das Gebot weder vorgeschrieben noch eingeübt werden (S. 346): Es steht *jenseits* des Gesetzes. Das sieht auch die mystische Erfahrung so (die Scholem rekonstruiert; siehe unten, S. 516f.). Sie fügt nur die wesentliche Einsicht hinzu, dass das Gebot, das jenseits des Gesetzes ist, auch jenseits seiner selbst ist. Das mystische, andere Gebot ist kein Gebot mehr.

30 Dieses Ende ist nicht dasselbe wie das der ökonomischen Befreiung. Zwar müssen beide immer wieder neu ansetzen, weil beide sich selbst unterlaufen: Sie reproduzieren beide die soziale Form, gegen die sie sich richten. Aber während der Kreislauf der (Selbststeigerung um willen der) Selbsterhaltung, in den die ökonomische Individualisierung sich verstrickt, nur noch Zwang und Mühe ist – davon erzählt *Breaking Bad* –, ist die religiöse Erinnerung immer wieder, wenn sie das Gesetz unterbricht, in ihrer Gegenwart tatsächlich befreiend; sie führt nach draußen.

31 Oben, Kap. 4, S. 443-453.

32 Diesen Schritt hinaus über die Dekonstruktion macht Jacques Derrida in seinen Schriften zur Religion; siehe »Glaube und Wissen. Die beiden Quellen der ›Religion‹ an den Grenzen

der bloßen Vernunft«, in: ders., Gianni Vattimo, *Die Religion*, Frankfurt/M.: Suhrkamp 2001, v.a. S. 31-38 (die Doppelung in Messianismus und Chora); »Vielzahl Ja«, in: ders., *Psyche. Die Erfindungen des Anderen*, Bd. I, übers. v. M. Sedlaczek, Wien: Passagen 2012, S. 171-183, passim (zur mystischen Affirmation). Siehe dazu Hent de Vries, *Religion and Violence. Philosophical Perspectives from Kant to Derrida*, Baltimore, London: The Johns Hopkins University Press 2002, v.a. S. 256-266. – Um diese Frage dreht sich auch die Debatte zwischen Emmanuel Lévinas und Maurice Blanchot: Ist die Gabe, die Anrede, das Höchste? Oder bedarf es der Erfahrung eines anonymen Es gibt? Siehe Emmanuel Lévinas, *Vom Sein zum Seienden*, übers. v. A. Krewani u. W. N. Krewani, München: Alber 1997, Vorwort zur zweiten Auflage, S. 12-15, und Maurice Blanchot, *Der literarische Raum*, übers. v. M. Gutjahr u. J. Hock, Zürich: Diaphanes 2012, S. 273. Klärend zu dieser Debatte: Hent de Vries, *Theologie im Pianissimo. Zwischen Rationalität und Dekonstruktion*, Kampen: Kok 1989, S. 226-232, und ausführlicher ders., *Minimal Theologies. Critiques of Secular Resason in Adorno & Levinas*, Baltimore, London: Johns Hopkins Press 2005, S. 376-408.

33 Hent de Vries weist darauf hin, dass den brennenden Busch so zu sehen, dass er *vor* der göttlichen Anrede liegt, für Lévinas »un persiflage diabolique du buisson ardent« wäre (de Vries, *Theologie im Pianissimo*, S. 232; das Zitat aus Emmanuel Lévinas, *Sur Maurice Blanchot*, Montpellier: Fata Morgana 1975, S. 63). Denn die Erfahrung des Außen *ist* nach Lévinas das Hören der Stimme (oder das Sehen des Gesichts) – also personal. Dem entspricht, wie Enrique Dussel den entscheidenden Schritt versteht, den eine Philosophie der Befreiung tut, die »von der Peripherie, von den Unterdrückten« her denkt (Enrique Dussel, *Filosofía de la liberación*, Bogotá: Nueva America [4]1996, S. 55): Sie versteht das Außen oder Andere als »den anderen Menschen« (ebd., S. 57, siehe auch 186f.). Das anonyme, natürliche Moment fällt in dieser Philosophie der Befreiung aus.

34 Gershom Scholem, *Zur Kabbala und ihrer Symbolik*, Frankfurt/M.: Suhrkamp 1989, S. 45: »Es ist das von keinem Gesetz und keiner Autorität in Fesseln geschnürte frei Wachsende und sich

Wandelnde, das hemmungslose Verströmen und die unaufhörliche Vernichtung aller aus ihm auftauchender Gestalt, die diesen Begriff von Leben bestimmt.« Siehe ders., »Der Nihilismus als religiöses Phänomen«, in: ders., *Judaica 4*, Frankfurt/M.: Suhrkamp 1984, S. 129-188, hier S. 178f.

35 Siegfried Kracauer, »Die Photographie«, in: ders., *Das Ornament der Masse*, Frankfurt/M.: Suhrkamp 1963, S. 21-39, hier S. 37; die folgenden Zitate S. 37f.

36 Heinrich, *Versuch über die Schwierigkeit nein zu sagen*, S. 85. Von der Befreiung als Katastrophe – als »katastrophischer Umwandlung« ihrer »bestehenden Richtung« – spricht Herbert Marcuse, *Der eindimensionale Mensch. Studien zur Ideologie der fortgeschrittenen Industriegesellschaft*, Neuwied, Berlin: Luchterhand 1967, S. 239.

37 Oben, Kap. 4, S. 445.

38 Hannah Arendt, *Vom Leben des Geistes*, übers. v. H. Vetter, München, Zürich: Piper 1998, S. 430. Nach Arendts Deutung zeigt dies nicht nur die römische Gründung der Stadt, sondern auch die »biblische Geschichte vom Auszug der Stämme Israels aus Ägypten und der anschließenden Volkwerdung der Juden durch die mosaischen Gesetze« (ebd.). Die Mosaische Gesetzgebung folgt aber der Befreiung nicht nach, sondern wiederholt sie: Das erste Gesetz ist das Gesetz der Erinnerung, der Wiederholung der Befreiung; das Gesetz der Freiheit ist die Wiederholung der Wiederholung, die die Befreiung ausmacht (dazu oben, Kap. 4, S. 422-426).

39 Albert Camus, *Der Mensch in der Revolte*, übers. v. J. Streller, bearb. v. G. Schlocker u. F. Bondy, Reinbek bei Hamburg: Rowohlt 1969, S. 202.

40 Zitate in dieser Passage: ebd., S. 233, 230 u. 222.

41 Kap. 2, Abschnitt (c), S. 231. Analog die Formulierung von Emmanuel Lévinas oben, S. 660, Anm. 135.

42 Oben, Kap. 2, S. 117-120 u. 155-165.

43 Walter Benjamin, »Gewohnheit und Aufmerksamkeit«, in: »Ibizenkische Folge«, in: ders., *Gesammelte Schriften* [*GS*], hg. v. Rolf Tiedemann u. Hermann Schweppenhäuser, Frankfurt/M.: Suhrkamp 1974ff., Bd. IV: *Kleine Prosa. Baudelaire-Übertragungen*, Teilbd. 1, S. 402-409, hier S. 408.

44 Gilles Deleuze, *Differenz und Wiederholung*, übers. v. J. Vogl, München: Fink 1992, S. 183. Deleuze spricht nicht von Erinnerung, sondern von »transzendentalem Gedächtnis«, weil (oder wenn) »Erinnerung« zu sagen Aneignung meint. – Jean-Luc Nancy spricht von einer Erfahrung, die »zugleich empirisch und transzendental« ist, und weist darauf hin, dass die Erfahrung damit zugleich Erfahrung und Denken – Erfahrung als Denken oder Denken als Erfahrung – ist (Jean-Luc Nancy, *Die Erfahrung der Freiheit*, übers. v. T. Laugstien, Zürich, Berlin: Diaphanes 2016, S. 114). Der Hinweis ist wichtig, weil er zeigt, dass die Erinnerung den Punkt in der Erfahrung bezeichnet, an dem die Erfahrung über sich selbst hinausgeht. (Das habe ich in Kap. 42 in der Abfolge Erfahrung-Entscheidung-Denken diskutiert.) Die Erfahrung als Erinnerung ist die Beziehung der Erfahrung auf ihr Anderes, die Gewohnheit, und diese Beziehung ist das Denken. Darauf komme ich gleich zurück, siehe unten, S. 537f.

45 Deleuze, *Differenz und Wiederholung*, S. 183.

46 Benjamin, »Gewohnheit und Aufmerksamkeit«, S. 408.

47 Oben, Kap. 2, S. 142.

48 Siehe oben, Kap. 1, Abschn. (a).

49 Der Kap. 3 in der Diskussion des ökonomischen Modells gefolgt ist; oben, S. 308.

50 Hegel sagt über das Verhältnis von Geist und Natur zunächst: »Der Geist hat *für uns die Natur* zu seiner *Voraussetzung.*« (Hegel, *Enzyklopädie der philosophischen Wissenschaften III*, § 381) Aber wenn er schon ein paar Zeilen weiter schreibt, dass der Geist seine »Identität« nur als »absolute Negativität« habe und diese Identität daher nur »als Zurückkommen aus Natur« (ebd.) sei, ist klar, dass der Geist diese Voraussetzung *selbst* macht – also selbst *macht*: Das »Offenbaren«, in dem der Geist frei ist (das heißt, in dem er ist), ist das »*Setzen* der Natur als *seiner* Welt […], das als Reflexion zugleich *Voraussetzen* der Welt als selbständiger Natur ist« (§ 384). Der Geist setzt sich, indem er sich – er selbst sich selbst – die Natur voraussetzt.

51 Die Frage der Bildbarkeit diskutiert Catherine Malabou im Begriff der Plastizität, den sie zuerst in ihrer Hegeldeutung einge-

führt hat. Der Begriff verbindet die beiden Züge, die vorher genannt wurden: das aktive Moment – etwas zu bilden – und das passive Moment – gebildet werden zu können. Siehe die Begriffserklärung in dies., *L'avenir de Hegel*, S. 22-26. Für Malabous Verständnis der Plastizität ist es grundlegend, dass Hegel diese Einheit von Aktivität und Passivität auf zwei ganz verschiedene Weisen denkt: griechisch und christlich (oder modern). Das griechische Verständnis erläutert der Begriff der Gewohnheit: Es entspricht dem in Kap. 1 erläuterten Begriff des Subjekts (S. 61-63, 86-88, 99-107). Hier ist die Passivität die Möglichkeit der Selbsttätigkeit. Modern oder christlich verstanden dagegen ist sie radikale Entäußerung (S. 183f.) – »la libération énergetique« (S. 222-224).

52 Thomas Khurana, *Das Leben der Freiheit. Form und Wirklichkeit der Autonomie*, Berlin: Suhrkamp 2017, S. 383. Zum Folgenden siehe Khuranas kritische Diskussion des transformativen Modells des Geistes, das von einer Reihe von Autoren und Autorinnen v. a. im Anschluss an Hegel entwickelt worden ist, ebd., S. 382-388.

53 Ebd., S. 387. Ich verstehe die Kritik der Anthropologie, die Marc Rölli formuliert, so, dass sie einem Denken des Menschen gilt, das in dieser Weise den Geist an die Natur bindet. Dieses Denken fragt danach, welche natürliche Verfassung (des Menschen) die Ausbildung geistiger Strukturen (des Subjekts) ermöglicht – und unterscheidet von hier aus besser und schlechter geeignete Naturen. Rölli nennt das (mit Blick auf Kants evaluative Sortierungen des Menschen) die »implizit normativ[e]« Dimension des »anthropologischen Wissens« (*Anthropologie dekolonisieren*, Frankfurt/M.: Campus 2021, S. 33). Davon unterscheidet sich der hier definierte Begriff des Menschen grundlegend. Er ist unbedingt egalitär; denn er definiert den Menschen so, dass gar keine »Entwicklungsdefizite« (Rölli) *möglich* sind.

54 Claude Lévi-Strauss, *Die elementaren Strukturen der Verwandtschaft*, übers. v. E. Moldenhauer, Frankfurt/M.: Suhrkamp 1981, S. 80f.

55 Theodor W. Adorno, *Probleme der Moralphilosophie*, Frankfurt/M.: Suhrkamp 1996, S. 151.

56 Dazu oben, Kap. 3, S. 305f.

57 Siehe dazu die Klärung des Verhältnisses von Form und Kraft im Leben in Thomas Khurana, »Force and Form. An Essay on the Dialectics of the Living«, in: *Constellations*, 18:1 (2011), S. 21-36. Von Bedeutung ist hier vor allem der differentielle Begriff der Kraft, die Kraft der oder als *différance*, ebd. S. 27-30.

58 Slavoj Žižek, *Weniger als nichts. Hegel und der Schatten des dialektischen Materialismus*, übers. v. F. Born, Berlin: Suhrkamp 2014, S. 682. Das unterscheidet die Bewegung des Triebs von der des Begehrens (ebd., S. 680, 683f.). Dazu auch ders., *The Ticklish Subject. The Absent Centre of Political Ontology*, London, New York: Verso 1999, S. 350-373 (der Kontext ist eine Kritik an Judth Butler).

59 Zitate: Žižek, *Weniger als nichts*, S. 684f.

60 Ebd., S. 683. Zu Walter Whites Erfahrung der Lebendigkeit siehe oben, Kap. 3, S. 338-343.

61 Žižek, *The Ticklish Subject*, S. 359.

62 Giorgio Agamben, *Kindheit und Geschichte. Zerstörung der Erfahrung und Ursprung der Geschichte*, übers. v. D. Giuriato, Frankfurt/M.: Suhrkamp 2004, S. 71. Siehe die Reflexionen zur Figur des Kindes in Alfred Schäfer, *Bildung und Negativität*, Weilerswist: Velbrück 2020, Kap. 1.2, v.a. S. 38f. – Dieter Thomä hat in *Puer Robustus. Eine Philosophie des Störenfrieds* (Berlin: Suhrkamp 2016) den neuzeitlichen Diskurs rekonstruiert, der die Dialektik dieser Figur – zerstörerisch und schöpferisch zugleich zu sein – entfaltet. Das ist die Dialektik der Naturalisierung. In der These, dass die Freiheit oder Befreiung nur durch diese Dialektik hindurch gedacht werden kann, liegt die weitreichende Übereinstimmung meines Vorschlags mit Thomäs Untersuchung.

63 G.W.F. Hegel, *Wissenschaft der Logik II* (*Theorie-Werkausgabe*, Bd. 6), S. 27.

64 Siehe oben, Kap. 2, S. 136 (mit Bezug auf Scholem und Schiller), und S. 614, Anm. 194, zum Zusammenhang und Unterschied der mystischen und der ästhetischen Bestimmung.

65 Dazu oben, Kap. 1, Abschn. (b), S. 82.

66 Ich habe das Zitat in einem Wort verändert. Žižek spricht nicht

von »Selbst«, sondern von »Subjekt«: »Das Subjekt des Triebs ist in einem konstitutiven *Überschuss* begründet – das heißt, in der übermäßigen Anwesenheit eines Dings, das von Natur aus ›unmöglich‹ ist und hier, in unserer Gegenwart, nicht sein sollte – das Ding, das natürlich letztlich *das Subjekt selbst* ist.« (Žižek, *The Ticklish Subject*, S. 371)

67 Dazu Kap. 3, S. 308-311, und die Zusammenfassung in Kap. 5, Abschn. (b).

68 Siehe Kap. 4, Abschn. (b) und die Zusammenfassung in Kap. 5, Abschn. (b).

69 Siehe Kap. 4, Abschn. (c) und die Zusammenfassung in Kap. 5, Abschn. (c).

70 Das erinnert an Emmanuel Lévinas' Formulierung, nach der das »Wunderbare der Schöpfung« darin liegt, »daß sie ein Seiendes hervorbringt, das fähig [*capable*] ist, eine Offenbarung zu empfangen, seine Kreatürlichkeit zu erfahren und sich in Frage zu stellen« (Emmanuel Lévinas, *Totalität und Unendlichkeit. Versuch über die Exteriorität*, übers. v. W. Nikolaus Krewani, Freiburg, München: Alber 1987, S. 123). Dazu oben, Kap. 4, S. 458.

71 Adorno, *Zur Lehre von der Geschichte und von der Freiheit*, S. 295. Žižek meint vielleicht etwas Ähnliches, wenn er, allerdings nur in einer Fußnote, sagt, dass es »sehr produktiv [wäre], Freuds *Hilflosigkeit* mit Kants Begriff des Erhabenen« zu verbinden (*The Ticklish Subject*, S. 349).

72 Oben Kap. 4, Abschn. (a), S. 372-381.

73 Dazu oben, Kap. 4, S. 434f. u. 441.

74 Oben, Kap. 4, S. 377f. – Mit Bezug auf diese Formulierung des religiösen Modells – das die befreiende Ursache »Gott« nennt – heißt dies zu sagen, dass Gott, also Gott allein, die Befreiung des Menschen nicht bewirken kann.

75 Zu dieser Terminologie siehe oben, Kap. 2, S. 134-138. Das ist die Terminologie, in der Aristoteles den Zusammenhang von Ursache und Wirkung formuliert und die Hegel aufgreift. Aristoteles versteht diesen Zusammenhang so, dass er in der Gattungsgleichheit beider Seiten begründet ist. Das habe ich in Kap. 2 zurückgewiesen. Hier erscheint dieser Zusammenhang nun ganz

anders. Denn die passive Kraft ist nicht gegeben, sondern ein Nebenprodukt oder Gegeneffekt der aktiven Kraft. Die aktive Kraft bringt die passive Kraft – das ist Kraft der Bestimmbarkeit – als ihre Voraussetzung mit hervor. Sie bringt sie hervor – aber als ihre Voraussetzung.

76 Oben, Kap. 3, S. 357-361.

77 *Exodus*, 3,1-3; oben, Kap. 2, S. 115.

78 Zu dieser Formel von Herbert Marcuse und ihrer Kritik siehe oben, Kap. 1, v.a. S. 39 u. 100-108.

79 Karl Jaspers, *Vom Ursprung und Ziel der Geschichte*, in: ders., *Gesamtausgabe*, Abtl. I, Bd. 10, hg. v. Kurt Salamun, Basel: Schwabe 2017, S. 57 u. 22. Jaspers bestimmt das »Neue dieses Zeitalters«, der »Achsenzeit«, so, »daß der Mensch sich des Seins im Ganzen, seiner selbst und seiner Grenzen bewußt wird. Er erfährt die Furchtbarkeit der Welt und die eigene Ohnmacht. Er stellt radikale Fragen. Er drängt vor dem Abgrund auf Befreiung und Erlösung. Indem er mit Bewußtsein seine Grenzen erfaßt, steckt er sich die höchsten Ziele. Er erfährt die Unbedingtheit in der Tiefe des Selbstseins und in der Klarheit der Transzendenz.« (Ebd., S. 18) Jaspers versteht dies als einen »Tatbestand [...], der als solcher für alle Menschen [...] gültig sein kann«: »Diese Achse wäre dort, wo geboren wurde, was seitdem der Mensch sein kann, wo die überwältigendste Fruchtbarkeit in der Gestaltung des Menschen geschehen ist in einer Weise, die für das Abendland und Asien und alle Menschen, ohne den Maßstab eines bestimmten Glaubensinhalts, wenn nicht empirisch zwingend und einsehbar, doch aber auf Grund empirischer Einsicht überzeugend sein könnte, derart, daß für alle Völker ein gemeinsamer Rahmen geschichtlichen Selbstverständnisses erwachsen würde.« (S. 17) Aber tatsächlich ereignet hat sich dieser Umbruch zuerst nur in »drei Welten« – »in China, Indien und dem Abendland« (S. 18). »Die Achsenzeit beginnt zwar räumlich begrenzt, aber sie *wird geschichtlich allumfassend*« (S. 22) – durch Ausdehnung. Denn das Neue, die achsenzeitliche Befreiung, hat keinen Grund in dem – dem ungeschichtlichen Zustand als »Naturvolk« –, woraus sie befreit. Sie bleibt unerklärlich.

80 Ebd., S. 27. – Jan Assmann referiert dies als den Einwand gegen die Achsenzeittheorie, »dass die Konzeption dieser Wende nach wie vor eine ›westliche‹ Idee bleibt, auch wenn die Achsenzeit-Theorie sie auf die ganze Welt ausdehnen und den eurozentrischen Standpunkt überwinden will« (*Achsenzeit. Eine Archäologie der Moderne*, München: C.H. Beck 2018, S. 16; ausführlich zu Jaspers' Programm: ebd., Kap. 9). Sich auszudehnen und sich selbst zu überwinden sind offenkundig zwei ganz verschiedene Dinge. Das zeigt die Analyse von Ann Swidler, »Where Do Axial Commitments Reside? Problems in Thinking about the African Case« (in: Bellah, Robert N., Hans Joas [Hg.], *The Axial Age and Its Consequences*, Cambridge [Mass.], London: Harvard University Press 2012, S. 222-247). Im Modell der Achsenzeit kann die Frage nur lauten, inwiefern »Africans and African societies are integrated with – or have integrated into themselves – central elements of the great Axial traditions available in the world today« (S. 223, siehe 233, 237). Die Frage der Achsenzeittheoretikerin ist, ob, wie und inwieweit Afrika den achsenzeitlichen Universalismus von außen übernommen hat. Siehe dazu auch die kritischen Bemerkungen über »Afrikas Absenz in der Achse« in: David Atwood, *Schwellenzeiten. Mythopoetische Ursprünge von Religion in der Zeitgeschichte*, Baden-Baden: Ergon 2019, S. 173-178.

81 Oben, Kap. 2, S. 141-146.

Ausblick: Politik

1 Friedrich Nietzsche, *Nachgelassene Fragmente*, Anfang 1874 – Frühjahr 1874, 32 [44], in: ders., *Kritische Studienausgabe* [*KSA*], hg. v. Giorgio Colli u. Mazzino Montinari, München: dtv 1999, Bd. 7, S. 767. Das sagt Nietzsche über Richard Wagner: »Nur um seiner Kunst eine Stätte in dieser Welt zu bereiten, sehen wir ihn beschäftigt und activ.« Die Notiz entfaltet die Abgründe dieses Vorhabens. Es geht in diesen frühen Notizen immer um dasselbe Problem: »*Das Erhabene festhalten zu können!*« – »Das Problem: die *Kultur zu unserer Musik zu finden.*« (*Nachgelasse-*

ne Fragmente, Sommer 1872 – Anfang 1873, 19[22] u. 19[30]; *KSA*, Bd. 7, S. 423 u. 426)

2 Friedrich Nietzsche, *Schopenhauer als Erzieher* (*KSA*, Bd. 1), S. 341. Dazu weiterführend die Überlegungen von Alfred Schäfer in *Bildung und Negativität*, Weilerswist: Velbrück 2020, Kap. I, der darin eine Grundbestimmung des modernen Begriffs der Bildung – der »Bildung als Befreiung« – sieht. Ihre Grundprämisse ist die »Grenze der Selbstthematisierung, einer möglichen Selbsttransparenz, die sich der symbolischen Ordnungsmuster des Sozialen bedient« (ebd., S. 23).

Dank

Die Arbeit an diesem Buch wurde begonnen während des Jahres 2015/2016, das ich am Wissenschaftskolleg zu Berlin verbracht habe. Die Fortsetzung (vor allem zum zweiten Kapitel) wurde gefördert durch ein Fellowship am Internationalen Kolleg für Kulturtechnikforschung und Medienphilosophie an der Bauhaus-Universität Weimar im Wintersemester 2017/2018. Entscheidend war schließlich die großzügige Förderung durch ein Opus-Magnum-Stipendium der VolkswagenStiftung, die es mir erlaubt hat, von Oktober 2019 bis März 2021 fast nichts anderes zu tun, als den nun vorliegenden Text zu schreiben; ein großer Luxus. Für diese Förderung danke ich allen drei Institutionen, ihren Mitarbeiterinnen und Mitarbeitern, Gremien und Leitungen herzlich.

Eine Reihe von Freunden und Freundinnen, Kollegen und Kolleginnen haben Teile des entstehenden Textes gelesen, kommentiert und mit mir besprochen. Ich danke Thomas Assheuer, Penelope Deutscher, Lorenz Engell, Lutz Ellrich, Isabelle Graw, Jonas Heller, Thomas Khurana, Marina Martínez Mateo, Juliane Rebentisch, Sarah Rosenhauer, Ludger Schwarte, Dieter Thomä, Eva von Redecker, Christiane Voss.

André Möller war eine große Hilfe bei der Redaktion des Textes, Beate Stein bei dem Schlusskorrektorat.

Meine Lektorin Eva Gilmer hat das Vorhaben von Anfang an mit ihrem Rat begleitet. Ihr scharfer Blick für Unklarheiten und Verstiegenheiten hat mir auch bei diesem Buch wieder sehr geholfen.

Namenregister

Ausführliches Inhaltsverzeichnis